マックス・ヴェーバーの比較宗教社会学

――宗教と生活態度――

W. シュルフター 著
田中紀行 監訳
永谷健・水垣源太郎・沼尻正之・瀧井一博 訳

風 行 社

Wolfgang Schluchter
Religion und Lebensführung
(2 Bände, Suhrkamp Verlag, Frankfurt a. M. 1988)

Band 2: Studien zu Max Webers Religions- und Herrschaftssoziologie.
Teil III: Beiträge zu den Typen und Entwicklungsgeschichten
des Rationalismus, Kap. 5-10.

Published by Fukosha, Publishers, Tokyo, 2018.
(Sämtliche Werke von W. Schluchter, Band V)
Japanese language rights arranged with the author through
Hikakuhoseikenkyusho (Institut für vergleichende
Rechtsinstitutionenforschung), Osaka-Kyoto.

[目次]

〔凡　例〕

一　本書は Wolfgang Schluchter, *Religion und Lebensführung*, Band 2: *Studien zu Max Webers Religions- und Herrschaftssoziologie*, Frankfurt a. M.: Suhrkamp Verlag, 1988, Kap. 5 - 10 の翻訳である。

二　本書では、ヴェーバーの著作を以下の略記法に従って表記している。ただし、訳文は必ずしも既存の邦訳に従っていない。

WuG = *Wirtschaft und Gesellschaft. Grundriß der verstehenden Soziologie*, hg. von Johannes Winckelmann, 4. Auflage, Tübingen 1956.

清水訳＝清水幾太郎訳『社会学の根本概念』岩波文庫、一九七二年。

富永訳＝富永健一訳「経済行為の社会学的基礎範疇」『世界の名著50　ウェーバー』中央公論社、一九七五年。

世良訳『諸類型』＝世良晃志郎訳『支配の諸類型』創文社、一九七〇年。

厚東訳＝厚東洋輔訳「経済と社会集団」『世界の名著50　ウェーバー』中央公論社、一九七五年。

武藤・薗田訳＝武藤一雄・薗田宗人・薗田坦訳『宗教社会学』創文社、一九七六年。

世良訳『法』＝世良晃志郎訳『法社会学』創文社、一九七四年。

世良訳『支配』＝世良晃志郎訳『支配の社会学』Ⅰ・Ⅱ、創文社、一九六〇―六二年。

世良訳『都市』＝世良晃志郎訳『都市の類型学』創文社、一九六四年。

安藤・池宮・角倉訳＝安藤英治・池宮英才・角倉一朗訳『音楽社会学』創文社、一九六七年。

RS I, II, III = *Gesammelte Aufsätze zur Religionssoziologie*, 3 Bände（zuerst Tübingen 1920）.

大塚・生松訳＝大塚久雄・生松敬三訳『宗教社会学論選』みすず書房、一九七二年。

大塚訳＝大塚久雄訳『プロテスタンティズムの倫理と資本主義の精神』岩波文庫、一九八九年。

中村訳＝中村貞二訳「プロテスタンティズムの教派と資本主義の精神」『世界の大思想Ⅱ―7　ウェーバー　宗教・社会論集』河出書房新社、一九六八年。

木全訳＝木全徳雄訳『儒教と道教』創文社、一九七一年。

深沢訳＝深沢宏訳『ヒンドゥー教と仏教』東洋経済新報社、二〇〇二年。

内田訳＝内田芳明訳『古代ユダヤ教』上・中・下、岩波文庫、一九九六年。


WL = *Gesammelte Aufsätze zurWissenschaftslehre*, hg. von Johannes Winckelmann, 3. Auflage, Tübingen 1968.

松井訳＝松井秀親訳『ロッシャーとクニース』未來社、一九八八年。

富永・立野訳＝富永祐治・立野保男訳、折原浩補訳『社会科学と社会政策にかかわる認識の「客観性」』岩波文庫、一九九八年。

森岡訳＝森岡弘通訳『歴史は科学か』みすず書房、一九八七年。

松井訳『克服』＝松井秀親訳「R・シュタムラーの唯物史観の『克服』」『完訳世界の大思想1　ウェーバー社会科学論集』河出書房新社、一九八二年。

海老原・中野訳＝海老原明夫・中野敏男訳『理解社会学のカテゴリー』未來社、一九九〇年。

尾高訳＝尾高邦雄訳『職業としての学問』岩波文庫、一九八〇年。

PS = *Gesammelte Politischen Schriften*, hg. von Johannes Winckelmann, 2. erweiterte Auflage, Tübingen 1958.
中村・山田他訳＝中村貞二・山田高生・林道義・嘉目克彦・脇圭平訳『政治論集』1・2、みすず書房、一九八二年。

SW = *Gesammelte Aufsätze zur Sozial- und Wirtschaftsgeschichte*, Tübingen 1924.
渡辺・弓削訳＝渡辺金一・弓削達訳『古代社会経済史』東洋経済新報社、一九五九年。
堀米訳＝堀米庸三訳「古代文化没落論」『世界思想教養全集18　ウェーバーの思想』河出書房新社、一九六二年。
世良訳『古ゲルマン』＝世良晃志郎訳『古ゲルマンの社会組織』創文社、一九六九年。

SS = *Gesammelte Aufsätze zur Soziologie und Sozialpolitik*, Tübingen 1924.
　鼓訳＝鼓肇雄訳『工業労働調査論』日本労働協会、一九七五年。
　中村・柴田訳＝中村貞二・柴田固弘訳『取引所』未來社、一九六八年。

Wirtschaftsgeschichte = *Abriß der universalen Sozial- und Wirtschaftsgeschichte*, Berlin 1958.
　黒正・青山訳＝黒正巌・青山秀夫訳『一般社会経済史要論』上・下、岩波書店、一九五四―五五年。

PE II = *Die protestantische Ethik II. Kritiken und Antikritiken*, München und Hamburg 1968.
　住谷・山田訳＝住谷一彦・山田正範訳「資本主義の『精神』に関する反批判」『思想』第六七四号、一九八〇年八月。

三　本文中の（　）は原著者によるもの、［　］は訳者の補足したものである。ただし、原注に登場する文献の邦訳に関するデータは（　）に入れて表記した。

四　原書においてイタリック体で表記された箇所には傍点を振った。

五　原書において» «および› ‹で囲まれた箇所は「　」で囲んだ。

第一章　現世適応の合理主義

——儒教と道教

「つまりこれら二つの種類の『合理主義』の根本的差異はそこにある。儒教的合理主義は現世への合理的適応を意味する。ピューリタン的合理主義は現世の合理的支配［制御］を意味する。」

Max Weber, RS I, S. 534［木全訳、四一〇頁］

一　世界宗教の経済倫理に関するヴェーバーの比較研究の出発点

マックス・ヴェーバーは、世界宗教の経済倫理に関する宗教社会学的素描の刊行を、より一般的な「序論」と「中間考察」に挟まれた儒教と道教の研究をもって一九一五年に開始した。(1) これによって彼は、プロテスタンティズムの倫理と資本主義の「精神」に関する研究およびそれに続く北アメリカにおける「教会」と「ゼクテ」に関する諸論文においてすでに一〇年も前に中心に据えられていた問題に再び取り組んだ。(2) それは経済倫理と経済心情の宗教的諸前提に関する問題であり、しかも「そこで慣れ親しまれた種類の市民的生活合理化の部分現象として西洋を一六・一七世紀以来支配しはじめた(3)」タイプの経済的合理主義とのそうした諸前提の関係という特別な観点のもとでこれに取り組んだのである。この問題は当初一九〇四／〇五年に禁欲的プロテスタンティズムの諸宗派を例として論じられたが、その後もずっと彼の関心事であり続けたようである。その外面的な根拠は、この最初の研究が激しい論争を巻き起こし、それが彼の反批判の誘因となったことであり[4]、また内面的な根拠は、彼がこの研究をそれ自体で完結したものとは決して思っていなかったことである。ヴェーバーは一九〇五年のプロテスタンティズム研究論文の第二部の末尾に、提示された分析を部分的に補完し部分的に拡張することをもくろんだプログラムを定式化した。拡張とはなかんずく、「プロテスタント的禁欲の方はその生成と特質に関して、とりわけ経済的諸条件も含む社会の文化諸条件の総体からいかに影響を受けたか[5]」に関するものである。彼にとって不愉快だったとされる批判者諸氏との議論に決着をつけた一九一〇年の「『資本主義の精神』に関する反批判的結語」において、彼はこのプログラムを修正された形で繰り返したのだが、それをより広い歴史的パースペクティヴの中に置いた。宗教改革後の発展や「中世における類似した発展」の端緒と並んで、古代キリスト教における発展も今や彼の関心を惹いたのである[6]。

さて、一九〇五年にも一九一〇年にもキリスト教内部の発展について論じられることはあったが、儒教やヒンドゥー教、仏教、イスラム、ユダヤ教については論じられなかった。すなわちこれらは、すでに一九一五年一〇月から一九二〇年一月までに『社会科学・社会政策アルヒーフ』に掲載された宗教社会学的素描、もしくはそれらを補完・拡張する一九一九年のプランのいずれかにキリスト教と共に組み込まれていた文化宗教である[7]。こうしたプログラムの変更はどのように説明できるだろうか。それは偶然の結果なのか、それとも体系的な根拠もあったのだろうか。ヴェーバー自身は少なくとも一つの体系的根拠を挙げている。プロテスタンティズム研究の一九二〇年の改訂版において、彼は自分の当初のプログラムの「運命」に言及したのである。それによると彼はプロテスタンティズム研究を「孤立から抜け出させて文化発展の総体の中に位置づける」ためにまず別のやり方を採った。(8) 彼が他の関連で述べた方法論的所見を用いるなら、これはおそらく、とりわけ「ヨーロッパの文化発展の歴史的特質は比較の方法によって発生論的により鋭く捉えることができる」という理由によるものであろう。(9) 宗教と社会の関連に関するこの比較研究の成果が、世界宗教の経済倫理に関する一連の論文と『経済と社会』の宗教社会学の章である。(10) この両者にとって、プロテスタンティズム研究において提起された問題とそこで得られた認識とがライトモチーフをなしている。プロテスタンティズム研究のこうした位置が特に明確になるのは、まさに宗教社会学的素描においてである。儒教と道教を論じたこのシリーズの第一作を、ヴェーバーは儒教的合理主義とピューリタン的合理主義を直接比較することで締めくくっている。

しかし、プロテスタンティズム研究のみならず儒教研究もまた興味深い作品史的「運命」をたどった。すなわち、儒教研究はヴェーバーが公刊後に最も包括的に改訂した宗教社会学的テクストを含んでいるのである。彼がすでに一九一五年にもくろんでいた計画を実現しようとして、それまでに公刊されていた宗教社会学の論文を四巻本として計画された論文集の最初の二巻に入れるために、校訂するだけでなく「典拠を相当数挿入したり挙げたりすることによって」補完する作業を始めた際、(11) この企てはとりわけ儒教研究にとってプラスになった。プロテスタンティズム研究の場合とは異なり、また「序論」や「中間考察」の場合——そこではテクストの改変は比較的小さな変更や挿入、置き換えに限られていた——とも異なって、儒教研究のテクストは二倍近い長さに拡大されたのである。このことは外面的には目次に反映されている。ヴェーバーは研究のタイトルを変更しただけでなく、彼が

表1

『社会科学・社会政策アルヒーフ』第四一巻第一号（一九一五年一〇月）・第二号（一九一五年一二月）	『宗教社会学論集』第一巻（テュービンゲン、一九二〇年）
『儒教』	『儒教と道教』
Ⅰ 社会学的基礎	Ⅰ 社会学的基礎—A　都市、君侯、神
Ⅱ 儒教的教養の「精神」と経済	Ⅱ 社会学的基礎—B　封建的国家とプレベンデ的国家
Ⅲ その社会倫理的影響から見た正統と異端	Ⅲ 社会学的基礎—C　行政と農業制度
Ⅳ 要約。儒教とピューリタニズム	Ⅳ 社会学的基礎—D　自治、法、資本主義
	Ⅴ 読書人身分
	Ⅵ 儒教的生活指針
	Ⅶ 正統と異端（道教）
	Ⅷ 結論——儒教とピューリタニズム

一九一五年に公刊した際に四章に分けられていた論文が、彼自身によって印刷に付された一九二〇年の『宗教社会学論集』第一巻では八章構成になっている（表1を参照）。

ヴェーバー自身の言によればすでに一九一三年に書かれていたという一九一五年のテクストに対するこの大幅な改変の結果は何であろうか。[12] 彼が儒教と道教を論じる際の中心問題や、またとりわけ結論もこれによって変わったのだろうか。テクスト内容の相当な変化に気づいた読者なら誰でもそう期待するだろう。[13] ところが、私の見るところでは、両方のテクストを読み比べてみるとこの期待は裏切られる。まず、変化は主として旧テクスト内容に手をつけないままでの増補や、さらには新たな章編成に起因する配置換えからなっている。この増補の程度を大雑把に見積もりたければ、新たな章編成がすでにそのための手がかりを提供してくれる。とりわけ加筆されたのはヴェーバーの言う社会学的基礎、つまり経済社会学的・行政社会学的・法社会学的分析であり、結局のところ中国の「国家構造」に関わる章句なのである。[14] 文化社会学的ないし宗教社会学的問題を扱った、したがって中国の指導層の生活指向の心情的基盤を論じた章句はそれほど大幅には増補されていない。[15] とりわけ結論を述べた旧版第Ⅳ章「要約」は本質的な実質的改訂を加えられないままである。ここに存在する変更は相当部分、旧版第Ⅲ章の章句を新版第Ⅷ章に組み込むテクストの並び替えによるものである。さて、こうした作品史的診断から次のような体系的推論を導き出すことができる。プロテスタンティズム研究においてすでにそうだったが、ヴェーバーは儒教研究においても第一に、またとりわけ、宗教的な力とそれに結びついた義務観念が生活態度（Lebensführung）に及ぼす影響に関心をもっていた。[16] しかしプロテスタンティズム研究の場合と異なって、儒教研究においては彼は当初からこの「因果関係の側面」[17]だけを論じたのではなかった。儒教的生活指針やそれと結びついた種類の「実践的＝合理的生活態度」[18]が、社会層から、さらには経済的諸条件も含む社会の文化諸条件の総体からいかに影響を受けているかということも、彼は示そうとしたのである。しかし問題のこの側面は、研究の第一版ではまだあまりに大雑把にしか論じられていなかった。改訂に際してこの側面が特に注目に値するのはそのためである。だがこれは、当初の結論を修正するためでもなければ、ましてや当初の素描を中国の包括的文化分析に改変するためでもなかった。儒教研究も世界宗教の経済倫理に関するその他の研究も、ヴェーバーによれば、選び出された各文化領域において「西洋の文化発展と過去および現在において対照をなすもの」[19]だけを強調しているのだから、包括的な文化分析として理解されてはならないのである。むしろ増補は一九一五年ないし一九一三年に定式化された主要テーゼを補強し、「我々の西洋的文化諸宗教との比較の論点」を以前にもまして徹底的に明らかにするのに役立つ。[20]それらの論点は部分的な文化分析に際しても決して心情的基盤だけに関わるものではない。マックス・ヴェーバーは儒教研究、とりわけその改訂版において、「今後分析する予定の西洋の発展」との心情的比較論点のほかに、とりわけ経済的ならびに政治的＝法的比較論点をも突き止めたのであり、[21]彼にとって最も首尾一貫した形で表現された中国文化とは、西洋の実践的合理主義、とりわけ最初はピューリタン的、その後功利主義的に動機づけられた実践的合理主義に対して、「現実および見かけ上の類似性がたえず存在するにもかかわらず」、正反対の生活規制（Lebensreglementierung）の体系、いやまったく別の世界をなしていた[22]――これが私のテーゼである。

二　宗教的合理主義の諸様態――ヴェーバーのプロジェクトの体系化

したがって、儒教研究および世界宗教の経済倫理に関するその他の研究を導いたのは、文化間の差異への関心であり、より正確には、呪術的ないし宗教的な要因を一因として形成されたさまざまな種類の生活態度が近代の経済的資本主義に対していかなる立場をとるかという問題への関心である。こうした関心が動機となって、自分の文化をもとに展開された諸概念相互の対立関係が、可能な限り明瞭・厳密で時には過度に先鋭化された形で描かれた。これは確かにヨーロッパ中心主義ではあるが、規範的ではなく索出《ホイリスティッシュ》的な性質のヨーロッパ中心主義である[23]。ともかくこの関心が禁欲的プロテスタンティズムと比較される諸宗教の選択と順序を規定した。ヴェーバーが一連の論文［の連載］を一九一五年に儒教から開始したのは、彼がそれをもしかするとアジアの文化宗教のなかで最初に研究したからというわけではなく[24]、禁欲的プロテスタンティズムとの比較のために選ばれた文化宗教のなかでそれが地理的に最も隔たっていたからでもなく、ましてやそれが禁欲的プロテスタンティズムによって乗り越えられた文化発展の段階を表していると彼に思えたからでもなくて、叙述の「内的な合目的性という理由」からであった[25]。儒教は、ピューリタニズムと同様に合理的現世処理（Weltbehandlung[26]）

の一類型、つまり一次的には理論的ではなく実践的な合理主義の類型をなす限りにおいて、ピューリタニズムに対して外面的にどれほど類似していようとも、内面的には最大限の差異を示しているのである。この差異、というより根本的な対立は、ヴェーバーによれば次の三つのメルクマールに起因する。①各倫理の「非合理的なよりどころ」[27]の性格、②これらの倫理の担い手層の性格、③これらの倫理が最終的に埋め込まれている秩序配置（Ordnungskonfiguration）の性格、がそれである。

ヴェーバーの著作の観点から見て、儒教と禁欲的プロテスタンティズムの類型論的位置に関してもっと正確なことが言えるだろうか。彼の比較の論点を体系化すれば可能だと私は思う。ただし、その際に考慮しなければならないのは、ヴェーバーが自らの比較宗教社会学的試論を普遍的段階理論とも宗教の体系的類型論とも理解されることを望んでいなかったということである。もちろん彼はタルコット・パーソンズがまだ考えていたように類型の原子論《タイプ・アトミズム》を信奉していなかったし、[28]まさしく宗教社会学的研究において、自分が選択した宗教とそれらの倫理の単純化された記述に際して恣意的なやり方はしなかったと主張した。[29]その上、彼はこの研究を合理主義の社会学および類型論への寄与、またさまざまな倫理の決疑論への寄与と明確に見なしていた。[30]実際、ヴェーバーの社会学には、上述の比較の論点に準拠しており、観点に依存する体系論に従って整理できるような諸概念が含まれている。[31]この体系論が観点依存的なのは、それが文化と社会への一般的関心ではなく特殊な関心――「西洋文化の『合理主義』[32]」の特質と成立への関心――に基づいているという意味においてであって、他の文化の分析も依然としてこの関心に関連づけられている。この意味においてヴェーバーは自分の概念形成を最終的なものではないと理解していた。しかし、だからと言って、それが非体系的で彼の特殊な問題設定にしか利用できないというわけではない。また、細かく枝分かれした彼の概念系列が明白になっているわけでもない。それらを明らかにするためには解釈が必要であり、部分的には解説(Explikation)も必要である。ヴェーバーの著作との生産的=批判的な関係は概念研究と歴史的内容の吟味を共に含んでいなければならない。

儒教の研究と禁欲的プロテスタンティズムの研究の類型論的位置を確定するのに適しているのはどの概念系列だろうか。私は宗教社会学から二組の概念系列を例示のために選び出すことにする。一方は宗教と宗教倫理に、他方は担い手層に関連する。両方とも宗教社会学にとって中心的な意義を有するものだが、それはヴェーバーがある宗教心(Religiosität)の特質を、とりわけ宗教的源泉と階層の相互作用や、理念と利害関心――物質的ならびにとりわけ観念的な――の相互作用に基づいて分析したからである。[33]

ヴェーバーは自らの宗教社会学において論じられる生活規制の諸体系を特徴づけるために、世界宗教・文化宗教・救済宗教という三つの概念を用いた。これらの概念の意味領域は重なり合っているが、同一ではない。ではどこが違うのか。これを明らかにするためには、ヴェーバーの宗教的行為の理解を想起するのが良い。[34]宗教的行為が成立するのは、数段階の抽象化過程の結果として人間の世界が「二重化」し、人間・事物・過程がもはやあるがままのものだけを意味するのではなく、もう一つの現実の兆候ないし象徴となる時である。この現実とは「精霊」・「神々」・「デーモン」を伴う「背後世界（Hinterwelt）」であって、それらの人間との関係を象徴的手段で整序することが「『宗教的』行為の領域をなす」[35]。これによって人間とその現実は「象徴的呪術圏」に引き込まれるのだが、その中ではもはや単に自然主義的なだけの呪術ではなく、象徴主義的な呪術が支配している。この種の呪術は、タブー的な規範や儀礼主義、また人間にとって有益な「精霊」・「神々」と有害なそれとの区別といった手段で「現世」と「背後世界」の関係を規定する。呪術的＝神話的世界像の「排他的」支配がいかなる条件のもとで崩壊するかは、ヴェーバーにとって歴史的な問題であり、一般的な定式によっては解答できないものである。とはいえ、そのための一つの手段が「背後世界」のさらなる抽象化と体系化である。呪術的背後世界の「精霊」と「神々」は擬人化、権限の限定と専門化、万神殿の形成といった過程を経て観念的に彫琢・整序される。同時に、二つの現実の水準の間に存在する裂け目もこれによって深まる。呪術的関係と並んで今や特に宗教的な関係が登場するのだが、後者を規定するのはもはや「聖なるタブー」ではなく「聖なる法」、神への強制ではなく神への礼拝である。つまり宗教的関係が呪術的関係から脱皮して出てくるわけである。したがって前者は後者を単純に抑圧することはできない。だが前者は後者に対して何か原理的に新しいものを具現している。ヴェーバーはそれを、形而上学と倫理の萌芽に、また祭司・預言者・平信徒知識人といった新しいエリートの登場に見出している。形而上学と倫理を用いて二つの現実水準の差異が今や原理的に把握可能になり、新しいエリートの登場によって、純呪術的な状況のもとでもすでに存在していた宗教的資格の不平等が強められ、ある意味で持続的なものになる。同時に物質的利害関心と観念的利害関心も分化する。そして原生的な幸福と救済の約束も変貌していわば相互に独立したものとなる。今や苦難の経験は説明と意味付与への形而上学的要求と結びつけられ、首尾一貫した神義論の定式化において最も顕著に表現されるこの過程を通して、まさに救済理念は新たな地位を獲得する。(36)それまではもっぱら呪術が人間の運命を決めていたのに対し、今や生活態度もそれを行なうようになる。(37)そして、いかなる条件のもとで宗教的動機から「統一的諸価値への指向という形をとった実践的行為の体系化」が、つまり生活態度が生じるのかという問題が、宗教社会学の中心に置かれるようになるのはこのためである。(38)

さて、三つの概念をこのように思い起こすことから何を学ぶことができるだろうか。まず、類型論的に最も重要な区別は明らかに呪術と宗教の間のそれである。この区別はヴェーバーにおいて、当時の宗教学的議論で普通に行なわれていた自然宗教と倫理的宗教の区別に「倣った」ものである。(39)というのも、呪術からの「離脱」にとって社会関係の一定程度の倫理化は決定的だからである。(40)ところで、確かにあらゆる倫理的宗教は文化宗教であるが、あらゆる文化宗教が救済宗教や世界宗教だというわけではない。文化宗教が救済宗教になるのは、それが救済論ないし救済倫理を展開し、その中で此岸的ないし彼岸的な救済を約束する場合だけであり、世界宗教になるのは、それが「特に多数の信奉者」を有する場合だけである。(41)実際また、ヴェーバーの比較宗教社会学には三つの概念すべてが同時に当てはまらないようなケースは二つしかないのである。すなわち、ユダヤ教は彼にとって救済宗教であるが世界宗教ではなく、儒教は世界宗教であるが救済宗教ではない。(42)

今や体系的に見て重要なのは世界宗教と文化宗教の区別ではなく、救済宗教と文化宗教の区別である。なぜなら、ヴェーバーによれば、宗教的自己完成の体系的方法論（Methodik）を発展させたのは、通例「没救済的」文化宗教ではなく救済宗教だけだからである。[43] その結果、これら二つの類型の文化宗教にはそれぞれ異なる種類の生活態度が結びついている。救済が恩寵授与ではなく「自らの業績」の結果と考えられる限り、こうした方法論は神秘主義と禁欲であって、これらには世俗内的および世俗外的な変化型がある。これらと並んで聖霊信仰（Pneumatik）があり、これを考慮に入れることはヴェーバーの原始キリスト教理解にとって特に重要である。救済宗教においてはこれらの救拯論的救済方法論は、呪術にはごく普通にみられる狂躁的‐忘我的救済方法にとって代わるだけでなく、「没救済的」文化宗教のメルクマールである、人間を単に「教育によって」全面的に陶冶することにもとって代わるのである。だがヴェーバーはさらに、とりわけ救拯論的救済方法論と神観念の間に連関を見出した。「背後世界」が没人格的・内在的でしかも創造されたものではない永遠の秩序と考えられる場合、瞑想的‐神秘主義的救済方法論が好まれる傾向があるのに対し、これが人格的・超越的な創造神と考えられる場合、これに相応しい救済方法論を禁欲に見出す傾向が生じる。もちろんこの結びつきは必然的なものではない。そしてこれは、神観念と救拯論的救済方法論の連関だけではなく、神観念と救済理念の連関についても言えることである。「没救済的」な文化宗教もまた、「現世」と「背後世界」という現実の二つのレヴェルを神観念の助けを借りて原理的に区別することはできるのだが、その場合注意する必要があるのは、原理的な区別を行なっただけでは神々の置かれる位置（内在的／超越的）や救済の様態（幸福／此岸的または彼岸的救済）についてはまだ何も言ったことにならないということである。だがヴェーバーにとって神観念の様態は、文化宗教のレヴェルでさらに二大潮流を区別するうえでとりわけ重要であった。一方にはインドや中国の文化諸宗教があり、他方にはイラン・西南アジアのすべての文化宗教およびそれらの影響を受けた西洋の文化宗教がある。前者が没人格的な永遠の秩序の観念を支持し、その限りで宇宙中心的（kosmozentrisch）な指向をもつのに対し、後者は人格的創造神の観念を保持し、その限りで神中心的（theozentrisch）傾向をもつ(44)。

こうした連関を念頭に置くなら、宗教としての、また宗教倫理としての儒教と禁欲的プロテスタンティズムの類型論的位置を決めるために、少なくとも四つの基準を挙げることができる。①「現世」と「背後世界」の区別（段階的／原理的）。②「背後世界」の概念化（宇宙中心的／神中心的）。③生活態度への「報奨」（幸福／此岸的または彼岸的救済）。④救済方法論（陶冶（Bildung）／神秘主義的または禁欲的自己完成）。これらの基準はこの順で「連結」できる(45)。同時にそれらは世界宗教の経済倫理に関するヴェーバーの比較研究の「配置図《トポグラフィー》」の最初の大雑把な概観を可能にしてくれる（表2を参照）。

ところでこの「配置図」は、とりわけ救済方法論を区別し下位区分することによって、さらに洗練することもできるのだが、ヴェーバーの宗教社会学はそのための一揃いの基準を提供してくれる(46)。しかし、二つの問いを解明するためにはこの大雑把な概観で十分である。第一の問いは全体プロジェクトのなかでのユダヤ教の位置づけに関わり、第二の問いは儒教と禁欲的プロテスタンティズムのそれ

表2

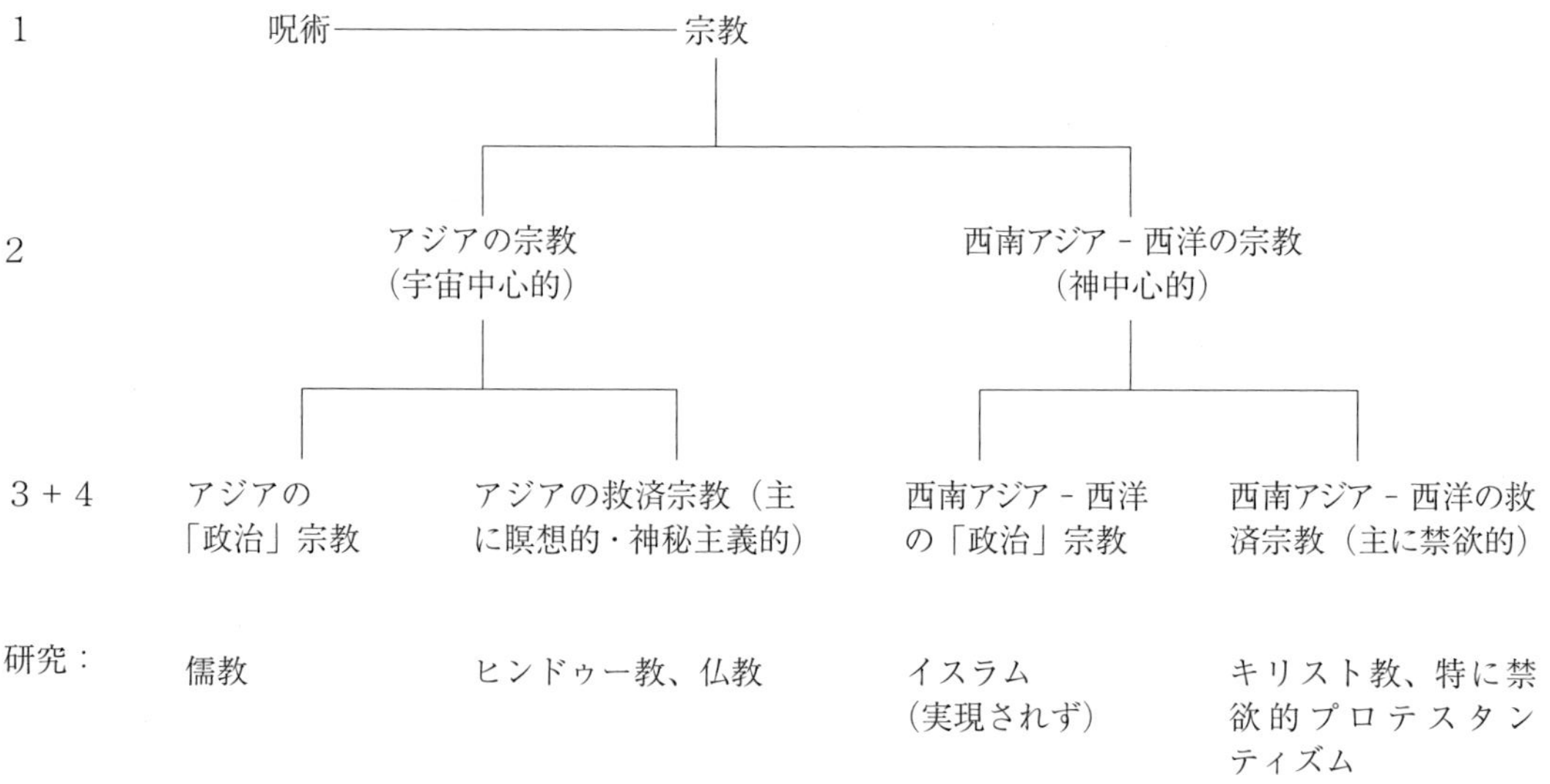
1
呪術
宗教
2
アジアの宗教（宇宙中心的）
西南アジア - 西洋の宗教（神中心的）
3 + 4
アジアの「政治」宗教
アジアの救済宗教（主に瞑想的・神秘主義的）
西南アジア - 西洋の「政治」宗教
西南アジア - 西洋の救済宗教（主に禁欲的）
研究：
儒教
ヒンドゥー教、仏教
イスラム（実現されず）
キリスト教、特に禁欲的プロテスタンティズムに関わるものである。ヴェーバーはユダヤ教に対して類型論的関心よりもむしろ発生論的関心を寄せていたため、ユダヤ教はここには現れない。彼の見解によればユダヤ教は、キリスト教・イスラムと歴史的連関をもつ救済宗教であり、しかも「西洋の近代的経済倫理の発展にとって歴史的に独自の意義を一部は実際にもち、一部はもつと称されている」[47]救済宗教である。とりわけその集合的な此岸的約束が信奉者たちのパーリア民族［儀礼的に隔離され消極的に特権づけられた社会層］としての状況と結びついた結果、ユダヤ教はイスラムのように現世征服的な「政治」宗教にも、またキリスト教の一部のように現世を能動的に変革する禁欲的救済宗教にも発展しなかった、というのがヴェーバーの、きわめて反論の余地の大きいテーゼである。[48] ユダヤ教への類型論的関心が劣位に置かれざるをえなかったのは、このためである。これに対して儒教は、救済とこれに伴う思想上・生活方法上の可能性を完全に放棄した「政治」宗教の「最も純粋な」類型をアジアにおいて代表する。同様に禁欲的プロテスタンティズムは、西洋で「最も純粋な」救済宗教の類型をなしている。それは救済倫理をその儀礼主義的・律法倫理的変化型を超えて心情倫理にまで高め、これを純救拯論的指向をもつ世俗内的禁欲の救済方法論に、そこから全体的生活態度が成立するような仕方で結びつけた。[49] いずれの立場も合理的であり、現世への働きかけ（Weltbearbeitung）を目指してはいるが、それは完全に異なる動機からであって、しかも完全に異なる結果を伴う。宗教の類型論を担い手層の類型論によって補完すれば、このことはさらに明らかになる。

だがその前に、文化宗教の他の二つの潮流の類型論的位置を瞥見しておいてもかまわないだろう。

ただし、ヴェーバーはイスラム研究を最後まで計画していたものの、実現することなく終わったため、イスラムに関する論評は推測的なものにとどまらざるをえない。『経済と社会』、殊に「文化諸宗教と『現世』」の章[50]に書かれたイスラムに関する断片的論評から、次の結論が導き出せる。すなわち、彼はイスラムを何よりもまず厳密な意味での救済宗教としてではなく、「政治」宗教として扱ったであろう、ということである。なぜなら「言葉の倫理的意味における『救済』はイスラムにはまったく無縁である」[51]から。それは当然、儒教からも明確に区別される「政治」宗教である。このことはとりわけ宗教的源泉や神観念に関わっている。神的なものが没人格的でありつづける場合、救済方法論にはまったく無関係に、人間は神的なものの容器として解釈されやすい。また神的なものが人格化される場合、人間は神的なものの道具として把握されがちである。こうしたことは基本的な政治的指向にも反映せずにはいない。儒教においては政治的な根本姿勢は平和主義的で調停を指向しているが、イスラムのそれは「好戦的」で闘争を指向している。アジアの救済宗教もまた、禁欲の著しい重要性にもかかわらず、容器の観念のゆえに西洋の救済宗教と異なって、究極的に瞑想的‐神秘主義的路線を採っている。禁欲的プロテスタンティズムが西洋の救済倫理を一貫した世俗内的禁欲と結びつけたように、古代仏教もアジアの救済教説を一貫した世俗外的神秘主義と瞑想に結びつけた。このように儒教・古代仏教・初期イスラム・禁欲的プロテスタンティズムは、上記の比較点において相互に鋭く対立する文化宗教である。

この点は言うまでもなく単に宗教的源泉の現れとしては解釈できない。いかなる生活態度ももっぱら宗教的源泉だけによって規定されることはない。それは物質的、とりわけ観念的利害関心によっても規定される。そしてこうした利害関心は階層と関わってくる。ヴェーバー社会学の上述のような「二重の顔」に応じて、階層は宗教と宗教倫理の類型論においてすでに考慮されなければならない。それについては、ここでもまた包括的な分析は重要ではない。むしろ問題なのは、「当該宗教の実践倫理に最も強く決定的影響を与え、それに特徴的な――ここではすなわち、それを他の宗教から区別するものであり、しかも同時に経済倫理にとって重要な――性格を刻印した」階層の利害関心を際立たせることである。[52] ヴェーバーが続けて述べるように、そうした階層はそれぞれのケースについて常に一つということは決してないし、時間的経過のなかでも常に同一の階層とは限らない。その際もちろん、社会階層を宗教的階層から分析的に区別しなければならない。「宗教的達人」は必ずしも社会的に上層に位置しないし、「宗教的大衆」は必ずしも下層というわけではない。[53]

ヴェーバーが『世界宗教の経済倫理』で第一に探求した担い手層には、まず次の共通したメルクマールがあった。彼らは宗教的資格証明《クヴァリフィカツィオン》を、それももはや呪術ではなく最広義の生活態度を通して、得ようと努めたのである。ヴェーバーによれば大部分の人間は、社会的地位にかかわらずあらゆる時代に世界中いたるところで「宗教音痴」[54]であり続け、呪術や「聖人・英雄・機能神の崇拝」に甘んじていた。ある担い手層が彼らの宗教的世界像や生活態度をこの大衆に浸透させようとした場合、大衆の呪術的・宗教的「伝統主義」に突き当たって挫折するのが通例であった。「儒教はそれを道教の万神殿の形で自らと並んで存続させたし、通俗化した仏教は布教した土地の神々をブッダに従属する祭儀対象として容認した。イスラムとカトリシズムは地方神・機能神・職業神を聖人という形でもっており、これらは大衆が本来日常的に崇拝するものである」[55]。ヴェーバーの見方によれば、ユダヤ教と禁欲的プロテスタンティズムだけがこの運命を免れたのであり、そのことが特にこの両者の宗教史的意義となっている。だが今度は、これらの担い手層は、彼らが特権的な社会的地位にあるのか特権を奪われた社会的地位にあるのか、つまり彼らが最広義における支配層《ヘレンシヒト》か平民層かによって、宗教的努力の目標を異にする。すなわち、支配層と比べて平民層は、倫理的表現をとった救済理念や現世拒否の傾向を伴う苦難の神義論に対してより大きな親和性を示す。これに対して支配層は、彼らの特権的地位とそれに伴う品位感情からしてすでに、こうした思想から隔たっている。もちろんこの点は、彼らがいかなる課題に取り組んでいるのか、つまり外面的困窮・内面的困窮のいずれの問題に取り組んでいるのか、また彼らが能動的生・瞑想的生のいずれを送っているのかによって左右される。能動的生から「解放」されていれば、支配層といえども現世拒否的帰結を伴う救済理念を受容しうる。こうしたことはしばしば、神・人間・世界の関係を知的‐理論的に彫琢することによって生じる。これは、個人的救済を目指すような形で世界に対する態度を構想する傾向と結びつく。このような態度をとるのはとりわけ「上流知性主義」であり、これはしたがってたいてい理論的合理主義を唱える。これに反し、特に政治的・軍事的に能動的な支配層にとって、高度に彫琢された理論的合理主義を伴うこの「知識人の現世逃避」は所詮無縁でなければならない。彼らはあるがままの世界を肯定し、もし内面的な観念的利害の一層の充足を求めるとしても、救済とは無縁の実践的合理主義に傾きやすい。こうした分化は平民層のもとでも起こる。ここでは理論的合理主義の担い手は小市民的知識人とパーリア知識人であり、実践的合理主義の担い手は商人・手工業者や経済生活に能動的に従事するあらゆる種類の商工業者である。これらを合わせたものが最広義の「市民的」階層を構成する。ヴェーバーが再三強調しているように、それらはおそろしく不均質であって、宗教的解釈の供給物に対してきわめて多様な関係を示す。「市民的」階層はそれ自体としてすでに呪術を拒否する傾向があるわけではないが、呪術への強い嗜好をもった農民層に対してまずは消極的にのみ区別される。それゆえ平民層の宗教への関係を類型論的により詳しく規定しようとすれば、農村と都市の平民層を区別するだけではなく、都市平民層についても、いかなる類型の都市に住んでいるかに留意しなければならない(56)。

したがって、宗教的担い手層についても、その組み合わせによって世界宗教の経済倫理に関するさまざまな研究の類型論的位置を決定できるような、基準を挙げることができる。とりわけ次の三つがそうである。①宗教的地位(「下層」/「上層」)、②社会的地位(「上層」/「下層」)、③課題の種類(実践的行為/思考)。これらの基準もまた連結できる(表3を参照)。

例に示されたような宗教と担い手層の選択的親和性は、したがって特に次の理由から重要である。すなわち、神と人間と世界の関係に対する宗教的に動機づけられた態度の発展する方向が決まるにあたって、この親和性が関与しているという理由である。担い手層が実践的に行為する生活を送っている場合、理論的‐知的態度よりもむしろ実践的‐倫理的態度をとる傾向が強いであろうし、このこと

表3

1	宗教的大衆 —— 宗教的達人			
2	支配層		平民層	
3	政治的官僚と騎士的戦士	上流知識人	商人、手工業者、自営業者	小市民的およびパーリア的知識人
例：	儒教的「官紳」、イスラム的信仰戦士	バラモン、仏僧	ピューリタン的市民	キリスト教的手工業者（パウロ）、ユダヤ教のラビ
研究：	儒教 イスラム（実現されず）	ヒンドゥー教、仏教	禁欲的プロテスタンティズム	原始キリスト教（実現されず）、古代ユダヤ教

は宗教的源泉が救済理念を含むか否かにはまったく関わりなく妥当する。実践的に行為する担い手層は、態度を体系化すれば実践的合理主義を促進し、他方知識人層は理論的合理主義を促進する。だが、その際いかなる種類の実践的または理論的合理主義が成立するかは、利害状況のみならずまさしく宗教的源泉の様態にも左右される。だからたとえば、ある文化宗教が救済理念や「形而上学的約束によって与えられた救済方法」を用いる場合は、救済理念をまったく知らない文化宗教の場合よりも、現世が宗教的に貶価される潜在的可能性は大きいのである。[57] たとえヴェーバー同様、現世の宗教的貶価の程度とその実践的拒否の程度とは「同じではない」ことを前提にしたとしても、今述べたことは現世への関係（Weltverhältnis）に影響せずにはすまない。[58] しかしここから帰結することは、儒教と禁欲的プロテスタンティズムがヒンドゥー教や仏教と異なり、またユダヤ教の特定の潮流とも異なって、理論的合理主義ではなく実践的合理主義を第一に代表するということである。この実践的合理主義は、ある時は救済倫理の体系化・制度化から、またある時は政治的・社会的身分倫理、つまり一種の公民神学（Ziviltheologie）から生じる。[59] というのも、とにかくヴェーバーの主張によれば、儒教は救済倫理も知らなければ根源的な悪や『罪』という一貫して神に対抗する力」も知らず、そもそも宗教倫理と見なしうるものの境界ぎりぎりのところにあるのだから。[60] だがこのため、儒教が現世を宗教的に貶価する潜在的可能性は禁欲的プロテスタンティズムの場合より小さくなる。それがとりわけ明らかになるのは、儒教の現世への合理的対処が現世適応に、禁欲的プロテスタンティズムのそれが現世支配に至るという点においてである。

ところで、ヴェーバーの比較宗教社会学が合理主義の社会学・類型学への寄与であるという彼の主張の意味するところもまた、これによって明確になる。彼の論じた文化諸宗教は現世への首尾一貫した関係を構築した。禁欲的プロテスタンティズムは現世支配を、儒教は現世適応を、インドの個々の知識人救拯論は現世逃避を、現世への関係としてそれぞれ一貫して「合理化」したのである。その際、禁欲的プロテスタンティズムとヒンドゥー教・仏教が救済宗教の枠内で一貫した実践的ないし理論的合理主義のケースを代表するのに対し、儒教は救済とは無縁な「政治」宗教の枠内で一貫した実践的合理主義のケースを代表する。この図式の論理に従えば、「政治」宗教の枠内で一貫した理論的合理主義のケースもあるはずだということになる。だがこの種の分析は欠落している。ギリシアやヘレニズムを考えることもできよう。ただし、「古代農業事情」以外でヴェーバーがこれについて断片的に述べたことからは、根拠のある判断は下せない[61]。

さて、これまでの考察を、一つの文化宗教は実践的合理主義かさもなければ理論的合理主義のいずれかを代表するかのように理解してはならない。むしろ、現世への宗教的態度はいずれも双方の要素を同時に含んでいる。しかもそれだけではない。その際それらは常に二つの「世界」に、つまり「現世」と「超現世《ユーバーヴェルト》」としての「背後世界《ヒンターヴェルト》」とに関わっているのである。ここから、宗教的態度は現世に対する次の少なくとも四つの関係と結びつけることによって現世との関係を構成するというテーゼを導き出せる。「現世」に対する理論的関係と実践的関係、および「超現世」に対する理論的関係と実践的関係がそれである。そこで文化諸宗教は、これらの関係をいかに規定し、それぞれにいかなるウェイトを置くかという点で異なるように見える。たとえば「政治」宗教は救済宗教に比べて、現世への関係を「超現世」への関係に対して前面に出す。このことはとりわけ、それが現世肯定に傾くのに対して救済宗教が現世拒否に傾くことから明らかになる。これがヴェーバーの比較宗教社会学的試論の配列を導く観点、したがって「叙述の目的に適っているという内的根拠」に属する観点である。

だがこうした考察は、この研究の「配列の論理」を理解させるためにのみ重要なのではない。それはまた、この研究において中心的役割を果たしている合理主義および合理化の概念の、体系的に見て十分な定義づけにとっても重要である。ヴェーバーは彼にとって重要なこれらの概念を、確かにまったく「インフレ的」な仕方で用いている。しかもそれは、これらの概念に「おそろしく多様なもの」を結びつけうることを、彼が読者に鋭く意識させようとしたためだけではない[62]。むしろ彼は、概念の用い方を臨機応変《アド・ホック》に選んだかのような印象さえ与える。合理主義や合理化とは何で「ある」かという定義づけは論究の冒頭には不可能であって、せいぜい末尾に置くことができるということを——『経済と社会』の宗教社会学の章の冒頭の文を言いなおして——認めたとしても、やはりこれは欠陥であろう[63]。さて、私見によれば、意味付与的態度の基本的構成要素を分析的に明晰に規定することによって、この欠陥を除去する手がかりが得られる。合理主義と合理化の歴史的‐比較論的分析が組み込まれうる準拠枠を、そこから組み立てることができる。合理化とその結果としての合理主義とは、ヴェーバーによればすべての文化宗教、それどころか呪術のなかにさえ存在した。文化史的考察にとって決定的なのはこれではなく、「いかなる領域が、いかなる方向に合理化されたか」である[64]。「現

表4　合理化と合理主義の基本形態

領域＼関心の方向	理論的	実践的
「現世」	因果的合理化・「経験」・「科学的」合理主義	目的合理化・「技術」・技術的合理主義
「背後世界」	知的合理化・「形而上学」・形而上学的合理主義	価値合理化・「倫理」・倫理的合理主義

世」と「背後世界」は基本的領域として、知的‐理論的関心と実践的‐倫理的関心は基本的方向として解釈しうる。これらの組み合わせによって合理化と合理主義の基本的諸形態を同定することができる。ヴェーバーはそれらの多様な歴史的現象形態を比較研究の中で選択的な仕方で究明したのである（表4を参照）。

　さて、この提案には少なくとも一つの点で制約をつけなければならない。ヴェーバーはさまざまな箇所で、歴史的行為が経過する諸秩序や価値諸領域、生活諸領域について論じている。これらに属するのはたとえば宗教・経済・政治・学問・芸術・「性愛」等であるが、彼はそれらに「対応する」諸価値を挙げるのみならず、文化価値にも言及している。しかもそれらは、あるときはそうした諸価値の総称として、またあるときはそれらと区別される価値カテゴリーとして言及される。[65] だが、経験的に取り上げられたこれらの諸秩序や「価値諸領域」は、私の提案する図式に関係づけられるのではないかと思われる。それらは「現世」と「背後世界」の双方に関して「利害関心の方向」が分化することから生じるのである。この分化は、たとえば「実践的」領域については「倫理」(宗教倫理・経済倫理・政治倫理等) およびこれに対応する「技術」(救済技術・経済技術・政治技術等) の分化をもたらす。だが、理論的および実践的な利害関心と並んで、たとえば審美的利害関心のように、単にこれらの変化型にとどまらない基本的利害関心が存在しないのかどうかという問題も生じてくる。この問題はここでは提起できるだけで、解答することはできない。これに解答するにはヴェーバーの価値理論上のアプローチを体系的に論究することがまず必要なのである。[66]

今やこの図式から次の四つの結論が導き出せる。これらはヴェーバーの儒教研究やプロテスタンティズム研究、否、彼の比較宗教社会学的研究全体の評価にとって重要な点を解明してくれるものである。(1)理論的合理主義・実践的合理主義の二つの概念、つまり広い概念と狭い概念を区別することができる。広い方は現世的領域と超現世的領域を含み、狭い方は現世的領域だけを含むのだが、これは次のテーゼと結びつけられる。すなわち、現世への諸関係がそれら固有の法則に従って合理化されてゆくのに伴って、それらの諸形態を一つに繋ぎ止めておくことはますます困難になるというテーゼである。ヴェーバーの時代診断によれば、「自立した」近代西欧文化においては、いわば科学的合理主義は形而上学的合理主義を切り捨て、技術的合理主義は倫理的合理主義を切り捨ててしまい、したがって、たとえば啓蒙哲学がなお定式化していたような、理論的または実践的合理主義の包括的な概念は、ますます説得力を失うのである。このことが示されるのはとりわけ、「一方における合理的認識と自然の合理的支配、他方における『神秘的』体験、この両者への分裂の傾向」においてであって、神秘的体験の「言葉に表せない内容」は、「神を失った現世のメカニズムと並んで」なお可能と思われる唯一の彼岸を指し示すものである。[67] (2)理論的合理主義と実践的合理主義の二つの結合形態として、形而上学的‐倫理的形態と科学‐技術的形態とを強調することができる。前者はとりわけ文化諸宗教、後者は西欧近代において、それぞれ顕在化した。ヴェーバーが宗教社会学においてまず第一に関心を寄せたのは前者の結合であったが、しかもそれは、理論的構成要素と実践的構成要素、認知的構成要素と評価的構成要素のいずれがそこで前面に立つかという観点からであった。理論的および実践的な「世界像と生活態度の全面的合理化《ドゥルヒラツィオナリジールング》」[68]の様態と程度を捉え、また、この全面的合理化が正統的教説（Ortho*doxie*）と異端的教説（Hetero*doxie*）、正統的実践（Ortho*praxie*）と異端的実践（Hetero*praxie*）のいずれとより強く結びついているか[69]を解明する上で、これは重要な観点である。(3)現世への有意味的態度はどの「部分世界」をも一次的な拠り所としうる。このことは合理化と合理主義の歴史的現象形態に影響を与えずにはすまなかった。もちろん一次的な拠り所となる場だけではなく「部分世界」相互の関係も重要であり、しかも分化と結合という二重の観点から重要である。(4)「背後世界」への根ざし方が弱ければ弱いほど、現世の貶価への潜在的可能性は小さくなる。これは、一次的拠り所が理論的領域、実践的領域のいずれにあるかとは無関係に妥当する。たとえば原始的世界像は、ヴェーバーの見るところでは、すべてが「具体的呪術」にとどまり(70)、基本的な諸領域や利害関心の諸方向の間にせいぜい漸進的な区別しか行なわれない限り、統一されている。この世界像は、すべてがそこに囚われている象徴的呪術圏から脱出し、現世の一部を貶価し呪術から解放するための「アルキメデスの点」をまったくもたないのである。しかし、脱呪術化の成功の上に立脚する近代的世界像もまた、超現世的な拠り所を大幅に欠くため、現世肯定や、さらには現世適応をも促進する。文化宗教の一部にもこの診断は当てはまる。ここで再び「政治」宗教と救済宗教の区別に戻ることにしよう。禁欲的プロテスタンティズムも仏教も強い超現世的な拠り所をもち、それらの由来する宗教的伝統が預言を知っているために、この拠り所はさらに強化される。これに対し、儒教についてはヴェーバーは次のように主張する。儒教はいかなる預言とも無縁であったばかりか、究極的にいかなる形而上学的基盤をももたず(71)、これの主張する倫理は結局は宗教倫理ではなかったのだと。儒教は特に拡張された宇宙生成論《コスモゴニー》に基づいて基本的諸領域の間を区別したにもかかわらず、それだけの理由では現世拒否をなしえなかった。儒教はヴェーバーにとってむしろ、「現世に対する緊張関係を、宗教的貶価も実践的拒否も含めて、絶対的最小限にまで」縮減した「(意図からすれば)合理的な倫理」と見なされるものであった(72)。

三　中華帝国における伝統主義の合理化——儒教倫理と家産官僚制の「親和性」

ヴェーバーの儒教研究の中心問題とはいったい何であろうか。これまでの詳述をふまえればその解答は驚くに当たらないだろう。清朝（一六四四年—）のもとで国土が平定され、かなり広範な自由が認められた後、人口と貴金属貯蔵量が増大し、「職業団体」の法的ではないにせよ事実上の自律性があり、一七世紀末から一八世紀初頭にかけては民衆の間に非常に際立った営利衝動と周知の勤勉さが見られたにもかかわらず、なぜ中国では近代資本主義への発展はおろか近代官僚制への発展すら内側から生じなかったのか——これがヴェーバーの問いであった。[73] その際ヴェーバーの言う近代資本主義とは、形式的に自由な労働つまり賃労働に立脚し、形式的に平和的な営利チャンスを利用する経済経営の、目的合理的組織を意味する。また近代官僚制とは、とりわけ法学の教育を受けた専門官吏を備えた行政経営の目的合理的組織を意味し、この官吏は適切な形式を通して成立した法律や命令を、人物を顧慮することなく適用する。[74] 上述のように、ヨーロッパ的意味での近代的発展がこのように中国で生じなかったことを「説明」するために、ヴェーバーは次の三種類の原因を挙げた。①「宗教的」源泉の性質。②担い手層の物質的・観念的利害関心。③秩序配置の性質。これらを簡潔に検討しよう。

儒教の「宗教的」源泉に関するヴェーバーの評価についてはすでにいくつかの箇所で示唆しておいた。そこには救済理念や「悪の悪魔的な力」[75] の観念、さらには宗教をさす言葉さえも欠如していたと彼は断言する。[76] また西洋的意味における形而上学と哲学もないと彼は主張している。哲学と見なしうるものには「思弁的－体系的性格」も「専門的論理学」もなく、合理的論証の代わりに比喩を用いているというわけである。[77] 儒教のものとされる著作は英雄叙事詩に基づいており、それらの叙事詩は倫理的なものへの「体系的浄化」の道に確かに向かってはいる。[78] しかしその際、儀式と儀礼の規範は、法規範と「完全に同列に」扱われたのみならず、心情倫理ではなくせいぜい儀礼化された倫理や律法倫理（Gesetzesethik）へと体系化されたにすぎないという。[79] この規範体系に対応する「精神」は、カント流にいうなら道徳性《モラリテート》の精神ではなく適法性《レガリテート》の精神である。というのは、禁欲的プロテスタンティズムにも原始仏教にも特徴的な契機、すなわち「方法的に生活を方向づける救済宗教の中心的な力」[80]がまさに欠けていたからである。

さて、ヴェーバーの見るところでは、現世的な約束を伴うこの世俗内的倫理を呪術と同一視してはならない。というのは、この倫理のメルクマールの一つは、まさしく呪術の救済意義を否認することだからである。[81] もちろんこれは、それが呪術的世界像を破砕する諸前提に基づいているためである。そうした前提の一つは神観念である。神観念が一般にそうであるように、ヴェーバーはこれを呪術的表象から成立したものと見る。そしてその発展した形態においてもなお、それはこの「起源」の残滓を伝承しつづける。だが決定的なことは、有益な精霊や有害な精霊を倫理的かつ没人格的なものに転換したことであって、この転換はもちろん「人格概念の永続的遅滞を伴わずにはすまなかった」[82]。ヴェーバーによればこの発展は、中国の精神文化の形成にとって決定的な、紀元前八世紀から紀元前三世紀にかけての時代にほぼ始まり、一二世紀に至るまで続いた。[83] 彼はこの過程を政治的布置状況、とりわけ外交的布置状況に関連づけ、その際中国の状況を西南アジアの状況、殊に古代イスラエルの状況と比較した(84)。古代イスラエルの場合と同様、中国でも呪術的な出発点から倫理的な方向への転回が起こる。だが前者とは異なり後者では、そこから人格的な天上神ではなく「没人格的な天の力」が、また倫理的な神ではなく、天国的なものと現世的なものとを包括する永遠の秩序を守る「倫理的な天」が成立した(85)。この「守護」は、天と地の関係が調和のとれたものでなければならないという要求の形で特に現れたため、この調和が救済意義を獲得した。だが調和は常に呪術的諸力の存在によって脅かされる。この脅威に対抗する手段は、とりわけ政治的支配者たる皇帝とその行政幹部の、有徳な行為である(86)。その際「天子」としての皇帝はヌミノーゼ［R・オットーが『聖なるもの』で提唱した術語で、非合理的体験によってとらえられる聖なるものをさす］に対する人間的秩序の代表者、また人間的秩序に対するヌミノーゼの代表者と見なされた(87)。もっともヴェーバーは、まず第一に皇帝を倫理的なものに転換された雨乞い師として、また――ともすれば誤解を招きかねない西洋的布置状況との類比によって――司教や教皇として見ている(88)。

さて、ヴェーバーによれば、「宗教的」源泉のこうした特徴づけに、二つの点で限定をつけなければならない。まず、没人格的な最高の天の力の観念は(89)、人格化された精霊や神々の「万神殿」への導入を排除するものではない。デ・フロート（de Groot）に従って、ヴェーバーは天の祭儀のほかにさらに二〇の祭儀と、それに対応し国家祭儀に属する精霊や神々――大半は機能神や地方神である――を挙げている。それらの多くは没人格的な力として概念化されているわけではない(90)。ただし、ヴェーバーによれば、人格化された力は人間より上位にあるものの没人格的な力よりは下位にあって、後者よりは容易に必要に応じて取り替えることができる。次に、神観念に結びついた天の祭儀は、祖先崇拝とその表象世界には手を付けずにおいた。ヴェーバーは祖先崇拝を「皇帝教皇主義的政府とその官僚たちによってではなく、家の祭司としての家長によって家族の協力のもとに遂行された唯一の、だが疑いなく古典的できわめて古い『民俗祭儀』」と呼んでいる。[91] こうした宗教的源泉の意義は、皇帝の祖霊が「天の霊とほとんど同格の従士団」になることにおいても示される。[92] しかしそれを通じて国家祭儀と祖先崇拝、没人格的な永遠の秩序の表象世界とアニミズム的な表象世界が提携し、特に倫理的要素と呪術的要素が噛み合わされる。にもかかわらず、私見によれば儒教の「宗教的」源泉に関するヴェーバーの論述からは、次の結論を導き出さざるをえない。すなわち、彼自身述べているように、儒教は呪術ではなく倫理に根ざしている――この倫理的拠り所が宗教的ではなく政治‐社会的方向に転回したことを彼も正しく認識してはいるが。[93]

だがこの転回は、この源泉を合理化した担い手層と関連する。とりわけヴェーバーが中国の指導的階層と呼ぶ階層――「官僚身分と官職候補者身分」――の物質的・観念的利害関心と関連するのである。[94] この身分は中国の家産制国家の形成と相互作用しつつ形成された。支配社会学的分析の際に常にそうするように、ヴェーバーは中国の国家発展をも、とりわけ首長《ヘル》――この場合は皇帝――の行政スタッフに対する関係が如何にして形成されたかという観点から考察する。これについては中国史はさまざまな階層によって「宣伝された」三つの「モデル」をとりわけ展開した。世襲カリスマ的氏族と「有力な家族」が求めた封建制、特に宦官が望んだが多くの皇帝の絶対主義的傾向にも適っていたスルタン制、特に読書人層の利害に適った家産制の三つがそれである。これらの階層は、特に諸侯国が征服され封建制が壊滅してから後、つまり紀元前二二一年以降、相互に激しい闘争状態にあった。ヴェーバーによれば、これには孔子と老子の信奉者たち、つまり儒家と道家の間に――もちろんようやく徐々に――展開しつつあった学派対立もまた関与していた。(95)道教がまず貴族、次には宦官と結びついたのに対し、儒教と読書人層の間にはますます緊密な親和性が生まれ、その結果、読書人層によって好まれた家産制は「儒教精神にとって根本的な構造形態」にまで上昇した。(96)この闘争の帰趨にはかなり長い間決着がつかなかった。しかし読書人層はすでに漢代に重要な転轍に成功した。「読書人たちは（紀元前一二四年に）高級官職が自分たちの許にとっておかれたままであるという主張を貫徹した」のである。(97)このために相対的に開かれたプフリュンデ［俸禄］制に道が開かれた。これの特徴は、軍事ではなく行政の遂行が政治の中心に置かれ、プフリュンデとして扱われる官職が世襲や首長の「自由な恣意」に従ってではなく、個人の資格に基づいて与えられるという点にある。この個人的資格を確保する最も重要な手段は試験制度であった。ヴェーバーはそれが数世紀にわたって持続する過程で徐々に成立したと見る。(98)もちろん、それが官僚の徴募のための唯一のメカニズムであったことは明らかに一度もない。(99)にもかかわらず、それは高級官僚層としての読書人層の生活指針をますます刻印するようになった。というのは、この試験制度は行政の封建制化やスルタン制化を阻止したのみならず、それに結びついた個人的競争のゆえに行政機構に対する皇帝の固有権力を保障したのだが、この試験制度が教育の理想と連結されていたためである。この教育理想は上述の源泉のなかに支持を見出した。これらの源泉はすでに述べた「内的」特性のほかに、まさに比較の観点からは特に注目に価する「外的」特性をも備えていた。それらは初期からすでに、年代記・暦・儀礼書・儀式書の類から成り、文書的であり特殊な意味で典籍的だったのである。[100] これにはカリスマ的覚醒も専門的訓練も放棄した、非軍事的タイプの典籍的教養が連携することができた。それは「文化人」への身分的教育であった。[101] これに伴う排他性は、特に高貴な国家プフリュンデ受領者層の物質的利害関心、とりわけ観念的利害関心に適っていた。この階層は実際また宗教的源泉を実践的な方向、さらには政治的な方向へと振り向け、世俗内的幸福を行政の手段を用いて高めようとする冷徹な政治的‐実践的合理主義をそこから造り出した。こうした幸福は支配者の安寧のみならず臣民・人民の繁栄をも尺度として査定された。しかしだからといってこれは家産制国家の枠組を超えるものではない。福祉の推進は伝統に支えられた実質的な正義の公準を相変わらず指向していた。[102] したがって官職プフリュンデを求める読書人層は、結局「世俗内的平信徒道徳」を造り出したのであり、この道徳は呪術的忘我も救拯論的禁欲や神秘主義もともに、それどころか宗教そのものを「心の底から」軽蔑していた。現世からの救済ではなく現世への順応が究極的目的となったのである。[103]

こうした連関を孤立させて扱ってはならないことは言うまでもない。春秋戦国時代以来数世紀をかけて形成されてきた中国の家産制的統一国家を、ヴェーバーが一つの秩序配置としていかに特徴づけたかということを明らかにして初めて、それは十全な社会学的意義を獲得する。中国で近代資本主義・近代官僚制への内発的発展が起こらなかった諸原因としてヴェーバーが挙げているものは、心情的基盤や中国の支配層の物質的・観念的利害にだけでなく、「国家構造」そのものにも関わっていた。[104]そして国家構造は彼においては、皇帝・官紳層《マンダリン》だけを手がかりにしては明らかにまだ十分に分析されていなかった。むしろ、さらなる秩序連関・行為連関を考慮に入れる必要があった。そのため再び選択の問題が生じる。ヴェーバーはこれを西洋の発展を一瞥することによって再度解決した。先に論じたように、プロテスタンティズム研究の拡張にとって重要な政治的‐法的および経済的な比較の観点は、他のいかなるテクストにもまして儒教研究において明示されている。このことは彼の主張と「説明」に即して例示できる。ヴェーバーの主張によれば、すべての家産制国家の場合と同様、中国でも貨幣経済の発達は経済的伝統主義を掘り崩すどころか強化した。この「通例」には一つだけ例外があった。それがヨーロッパ的西洋というわけである。彼の説明によれば、それは、ここには中国には大幅に欠けていた「自立した強力な諸勢力」が存在したからだという。[105]ではそうした勢力とは何であろうか。

　ヴェーバーがきわめてさまざまな文脈で西洋的発展の特質を分類するにあたって、何といっても次の三つの勢力を考えたことは、私の見るところでは疑いない。教権制を伴う自律的教会、市民層を伴う自律的商工業都市、諸身分を伴うレーエン制がそれである。[106]三つともこうした形では中国には欠如していた。そこでは国家祭儀にまで発展した原生的な皇帝教皇主義が国家と教会の二元対立を妨げた。家産官僚制にまで発展した初期の「官吏（および将校）の組織」が、少なくとも都市の自律的発展と都市の自律的経済政策の法的保証とを妨げた[107]。統一国家は結局封建制の粉砕と貴族の政治的無力化から成立した。確かに大規模な荘園は再三にわたって形成された。だがそれらは結局のところ政治的重要性をもたなかった。ヴェーバーが総括的に表現したように、「法的には小市民・小農のすぐ上に家産官僚制機構が立っていた。法的に、また概して実際上も、中世西洋の封建的中間層がなかったのである[108]」。

したがってヴェーバーの見解によれば、中国では中央と地方の階層が、封建的ないし市民的な中間層によって政治的に媒介されることなく、いわば直接対峙していたわけである。一方における長老・名望家・氏族団体・祖先崇拝・村落、他方における宮廷・家産官僚制・国家祭儀・行政都市――これらが中国の国家構造を構成する最も重要な要素である。国家構造には支配の重心が二つあった。村落の内部では氏族が、外部では家産官僚制が支配した。もちろん、ヴェーバーが繰り返し強調しているように、この官僚制の強度はごくわずかであり、村落の外部の生活諸領域には実際に浸透しえなかったほどである。しかし、統一性・正確性・効率の不足は、内的行政と外的行政の対立、公式の官吏の少なさ、短い勤務期間、出身地での任用の禁止、監察制度、また、公式の官僚が任地の土地や方言に関する知識をもたず、それらに通じている非公式の「官吏」に依存したことに関係がある[109]。こうして特に都市では、「職業団体」・ギルド・ツンフトの自治が法的には保証されなかったものの、事実上成立した[110]。だが決定的なことは、中央レヴェルでは家産官僚制の政治的な独占的地位がこれによって消滅するわけではないということである。国土平定によって「外部の」対抗勢力も消滅したために、家産官僚制は一層強化されたのである。これはヴェーバーにとって、西洋とのさらなる重要な差異である。

しかし、ヴェーバーによれば中国では競争は政治的なものの領域で欠けていたのみならず、国土平定後は精神的なものの領域でも大幅に欠如していたのである。確かに儒家と道家の闘争があって、これは特にまだ「決着のつかない」春秋戦国時代とそれに続く数世紀は政治的にも意義があった。また確かに道教は、当初は完全に救済宗教的特徴を示し、少なくとも個人主義的な救済への努力を促し、さらには道観と教権制を介して皇帝教皇主義に代わる組織形態を打ち立てた。しかしヴェーバーによれば、道教は儒教の重要な諸前提に手を付けなかったばかりか、時とともにますます呪術的世界像とこれに対応する呪術的実践との積極的支柱へと発展していった。しかもその際、呪術を古典から逸脱したものとして軽蔑しつつもこれに対して結局内心はどうすることもできなかった儒教の抵抗を、喚び起こすこともなかったのである。(111) それどころか、ヘルヴィヒ・シュミット゠グリンツァーが特に詳細に述べたように、中国の儒教・道教・仏教は初期の闘争の後に一種の平和共存の状態に入り、同一の枠組の中でさまざまな機能を引き受けたかのように見える。この枠組は、ヴェーバーが、正統・異端の双方に共通する中国的世界像について論じる際に、あるいは念頭に置いていたものかもしれない。(112) 強力な独立勢力があれば、家産制国家の機構と原初的機構の間の経済的・政治的・精神的なかすがいを持続的に断ち切ることができたであろうが、いずれにせよ、中国において近代合理主義への内発的発展が生じなかったことに関するヴェーバーの「説明」にとって中心的なのは、こうした勢力の欠如というテーゼであった。競合する諸勢力があってはじめて、伝統主義を単に合理化するのではなくそれを破砕する発展のダイナミクスが生じるのだが、たとえば第一神殿の時代の古代イスラエルとも宗教改革後の段階のヨーロッパとも異なって、これが欠けていたわけである。事実また、私見では、ヴェーバーは彼の研究の中心的論拠を次のような引用文にまとめているのである。「したがって結局中国では、官吏層の生に対する内在的態度は、彼らに特有の実践的合理主義において成就され、かつ自らに適合した倫理を創出することができた。彼らの内在的態度に対してはなにものも──合理的科学も合理的な芸術訓練も、合理的な神学・法学・医学・自然科学・技術も、神的権威も同格の人間的権威も──競合できなかったし、これを制限したのは氏族と鬼神信仰における伝統の力への顧慮だけであった。特殊近代的な合理主義の、西欧の文化にとって構成的であった他の諸要素は、競合・支持いずれの形でもなんらこれに向かい合うことがなかった。中国の官吏層は、西欧では古代ポリスの発展とともにすでに概ね克服された台木に接木されたままであった。したがって彼らによって担われた文化はほぼ以下の実験と見なしうる。すなわち、官職プフリュンデ受領者層の支配の実践的合理主義は純粋にそれ自身のなかからいかなる作用を及ぼしうるかという実験である。こうした状況の帰結こそ、正統的儒教であった[113]」。

中国の世界を禁欲的プロテスタンティズムの世界から区別するのは、心情的基盤とそれぞれの担い手層によるその習得だけでは決してなかった。前者における家産制的統一国家、後者における身分制国家という秩序配置もまた、両者の発展の特質の規定に決定的に関与した。心情的基盤に関して述べられた、幾多の類似と外的類似性にもかかわらずきわめて大きな内的差異があるという点は、今度は国家構造についてもやはり言えるのである。それは中国と西洋の官僚制の比較によってまさに示しうる。ヴェーバーの見解では、官僚制機構は中国と西洋において最も首尾一貫した合理化を遂げた。儒教とローマ教会は「宗教的合理主義の歴史上の二大勢力」であったという『経済と社会』のなかの言葉は、この意味で読むことができる。[114] だがそれらはその際、同一線上に並ぶ官僚制の二つの「段階」ではなく、異なる発展方向と異なる発展可能性をもった、二つのまったく異なる種類の官僚制を発展させた。このことはとりわけ二つの法の伝統に関わっていた。中国は西洋のようにコルポラツィオーン〔社団法人〕や主観的権利という法形態を知らなかった。だがこの両者は西洋の官僚制の性格に決定的影響を与えるとともに、とりわけ官僚制を「即事象的《ザッハリッヒ》共同体」として理解し、その介入要求を「自由権に基づいて」制限することを可能にしたのである。特にカール・ビュンガーが示したように、ヴェーバーが中国の法発展を多くの点で誤って評価し、特にこれに対する法家の役割を考慮しなかったにもかかわらず、ビュンガーはこれら二つの点を証明しえた。[115] それらは、ヴェーバーの主張の通り、「即事象的共同体」に対する責任感が中国ではなぜ結局発展しなかったのかをも説明できるかもしれない。[116] それはともかく、ヴェーバーにとって中国の官僚制はあくまで家産官僚制であって、これは、国家活動を機能的に区分し「成文法」としての制定法に拘束されていたにもかかわらず、官職と人物、行政手続と訴訟手続、形式的法と実質的正義の間の区別を結局は厳密に行なわないものなのである。それゆえ中国の官僚制は官僚制機構を実際に事象化しえなかった。官紳層は官僚制を一貫して合理化しはしたが、それはピエテート〔恭順〕原理によって規定された伝統的枠組の内部においてであった。そのため彼らはたとえばローマ教会のように、これらの伝統的枠組条件の破砕に寄与することなどはますますできなかったのである。

四　ヴェーバーの儒教研究——批判的評価

ヴェーバーの分析に対して、いかなる異議が喚起されるであろうか。私は三つのものを取り上げたい。第一の異議は研究の「時代的限定」に関わり、第二の異議は中国が儒教倫理の存在にもかかわらず「純呪術的宗教意識の不屈の持続」によって特徴づけられるというテーゼに関わっている[117]。第三の異議は、「説明モデル」そのもの、そこに現れる諸要因、およびそれらの相互連関に関連する。

一般にヴェーバーの比較宗教社会学的試論は、構成と論証の上できわめて限定的にしか、扱われる文化圏の歴史的な年代順に従っていないことによって特徴づけられる。私から見れば、そこに次のような二重の関心が表れている。すなわち、時間的継起と因果的継起の同一視を避けるとともに、ある文化圏において「普遍史的経過」にとっての「転轍手」として効果のある「歴史的遺産」を特定することへの関心である[118]。にもかかわらず、因果帰属が前後関係モデルを必要とするという理由からしてすでに、彼はこの研究の基礎に一つの時代図式を措定している。その際彼の注意は、ある文化圏の精神文化と政治構造が刻印されたと彼が考える「時期」にとりわけ集中している。中国の場合、それは春秋戦国時代およびこれに先行する時期と「後続する」時期、つまり夏・商〔殷〕・周・秦・漢の時代である。ヴェーバーはここから一七世紀の清代に跳び移り、これに関する中心問題を定式化していない。両者の間の時代は著しく不明瞭なままであり、断片的で非体系的にしか参照されていない。ある程度の例外をなしているのが七世紀から一一世紀にかけての時代であり、これは彼にとっておそらく特に家産官僚制が発達した時代なのであろう。(119) 彼には漢と清の間に決定的な革新の時期は存在しないと思われた。彼にとって重要な転轍は秦と漢の時代に行なわれたのである。しかも彼は、時代区分を王朝よりもむしろ中国における支配の構造形態の継起に基づいて行なった。原生的家父長制（夏・商）、政治的封建制（周）、家産制（秦・漢）、最後に発達した家産制的‐プフリュンデ的統一国家（清）というわけである。ここで重要な事件史的年代は紀元前二二一年、すなわち封建制国家から家産制国家への移行が外面的に画された年である。

さて、こうした物の見方はヴェーバーの時代の資料状況とも当然関わっている。特にヴォルフラム・エーバーハルトはこの点に注意を喚起した。(120) にもかかわらず、ヴェーバーが下した初期の時代の「評価」は的はずれとは思えない。そのためカール・ビュンガーは、秦の改革以来中国法と中国国家がたとえばヨーロッパ中世の水準にあったことを詳述している。それでもなおヴェーバーの時代区分には、今日の視点から見て中心的欠陥がある。それは、ほとんど全分野で中国が優勢にあった時代と研究者が呼ぶ、一〇〇〇年から一五〇〇年の間に起こった激しい変動を考慮に入れていないことである。[121] それはまた明らかに、ヴェーバーによって相対的に軽視されている中国哲学が重要な貢献を生み出した時代でもあった。これは、とりわけ当時の資料に依拠している杜維明（Tu Wei-ming）の研究から言えることである。そもそも中国の精神文化についてのヴェーバーの素描には、法家も新儒教も扱っていない限りで限界がある。儒教的正統と道教的異端という構成でさえ、ヘルヴィヒ・シュミット＝グリンツァーが示しているように、もはや今日の研究状況にそぐわない。ネイサン・シヴィンによれば、儒教や道教という概念はすでに漢代にまったく無内容な言葉になっており、それらはもはや特定の担い手層に結びつけられなくなっていたのである。中国仏教についてのヴェーバーのコメントもまた、非常に大雑把な結果に終わっている。これらの限界は、選択された比較の対象だけに関連するわけではない。それらは彼が中心に据えた「内容」にも関わっており、内容的に誤った判断や内容的に疑わしい評価に彼を導いたのである。

中国で呪術が不屈の力を保っていたというヴェーバーの主張もまた、真っ先に批判を招かずにはすまなかった。批判はなかでもS・N・アイゼンシュタットによって提起された。彼の非難によれば、「現世」と「背後世界」の原理的区別に伴って生じる緊張関係と、この緊張の解消とをヴェーバーは十分明確に区別しなかったという。緊張そのものは疑いなく中国の精神文化の根底にあったものの、世俗内的秩序の枠内で加工され、そのためいわば緩和されてしまったのだというわけである。トーマス・メッツガーもまたこの方向での論証を行なった。彼はヴェーバーの緊張関係の定理を定式化しなおすことを提案している。彼は、決定的なのは緊張関係ではなく次の点に関わる表象、すなわち、救済目標と救済手段がいかなる相互関係にあるのか、また目標が手段によって原理的に到達可能であると信じられているのかどうかといった表象だとする。もしこのような信念がなければ、困窮の感情が生じる。ヴェーバーが考えたような際限のないオプティミズムではなく、この困窮の感情が中国の精神文化の刻印に与っているというわけである。[122]

ところで、私見によれば、呪術に関するヴェーバーの主張は当然区別して考えなければならない。つまり、この主張は少なくとも三つの異なった文脈で——すなわち、儒教倫理とその宗教的大衆への関係を論じる際、道教に関するどちらかといえば大雑把な議論において、そして中国の国家組織を分析する際に——述べられているのである。まず第一に——これはヴェーバーがユダヤ教とプロテスタンティズム以外のあらゆる宗教倫理について主張することだが——儒教倫理は大衆に浸透しなかったということが言える。これにはとりわけ二つの根拠がある。すなわち、儒教倫理は身分倫理であって、その担い手は大衆における呪術の根絶をまったく目標としなかったし、呪術の救済意義をすべての生活領域について同様に貶価しなかったのである。なるほど原則としては、呪術は徳に対して無力であるとされたが、それは「正統派儒教のなかに」さえも「承認された地位を」占めていたのである。[123]しかし、儒教が呪術をいずれにせよ大目に見たのに対し、ヴェーバーによると道教はこれを積極的に助長した。道教はその最終段階では「極度に低級になった呪術的長命術・治療法・厄除け法」であり、世界を呪術の園と見る呪術的学問であると彼には思われた。[124]だがヴェーバーの見るところでは、呪術は結局「中国の行政権力分割の構成的基盤」に属しており、これは国家祭儀が存在し、しかもそれが没人格的精霊と人格的精霊を混合し祖先崇拝と結びついていたことからしてすでにそうなのである。[125] これらすべてのことが協働して世界の脱呪術化を妨げた。それどころか、魔術的な呪術の園の維持と養成に好都合な布置状況が造り出されたのである。[126]

それでもなおこの主張には誇張がある。何よりもまず、このためヴェーバーは中国の精神文化の潜在的発展可能性を一般に過小評価するに至った。このことはたとえば、中国の科学の発展が遅れたとされるのは道教が呪術に囚われていたことに「由来する」という彼の判断に当てはまる。ネイサン・シヴィンがジョゼフ・ニーダムやベンジャミン・ネルソンの著作に依拠しつつ示したように、中国の科学は、まさに自然科学も含めて、少なくとも一二、三世紀まではヨーロッパの科学より「進んで」いたし、その上その発展は、錬金術を度外視すれば道教とはほとんど何の関係もなかった。さらに、誇張された主張はヴェーバーを倫理の発展の誤った評価に導いた。彼は呪術に関する主張を最後には儒教倫理にまで拡張した。呪術の園の維持は道教と国家祭儀の作用だけに帰されるべきでなく、「儒教倫理の最も内奥の傾向に」も属しているというのである。[127] そしてピューリタニズムの倫理との比較は次の判定で締めくくられる。「いずれの倫理も非合理的な拠り所をもっていた。前者［儒教］では呪術、後者［ピューリタニズム］では超現世的な神の究極的に窺い知れぬ意思である」。[128] だがこれではヴェーバーのアプローチの枠内でたとえばトーマス・メッツガーの観察を考慮することが困難になるばかりか、ヴェーバー自身の主張に整合性をもたせることも容易ではなくなってしまう。なぜなら、儒教倫理が文化宗教の水準に達しており、したがって呪術に拠り所をもつことは結局ありえないことを、彼自身の分析が示しているからである。儒教の実践的合理主義と禁欲的プロテスタンティズムのそれとは、外面的類似性を示しながらも完全に異なった前提に立脚し、完全に異なった帰結を伴っているが、呪術の現世肯定と儒教倫理の現世肯定についても同じことが言える。この重要な差異をヴェーバーが研究の結論部においてぼかしてしまったのは、彼がここで自らの準拠枠に反して宗教一般を救済宗教と同一視する傾向に陥ったためである。

ヴェーバーの「説明モデル」もまた一連の問題点を惹き起こしている。私見によれば、まず次の点を明らかにしておかなければならない。すなわち、近代資本主義あるいは近代官僚制への内発的発展が中国で起こらなかったことに対して、彼は包摂の判断（Subsumtionsurteil）という意味での説明をなんら行なわず、上述の比較対象にしたがって布置状況の記述を行なったのみである。その際彼は、個々の「要因」やそれらの相互関係を次の観点から評価した。それらがわれわれの「経験則」から見て経済的伝統主義、否、伝統主義全体を解体ないし破砕するのに適しているように見えるかどうかという点である。ここで「自立した強力な諸勢力」という考え方が中心に置かれる。これが大幅に欠如している場合は、いわば「自然に」確立している伝統主義の力を前にして、伝統主義にも備わっている発展のダイナミクスがその革命的変革に有利な方向には作用しえない。この発展のダイナミクスは機械的な力ではなく行為連関から成り立っているので、布置状況の叙述は常に行為の「条件」と「解釈」への二重の参照を前提とする。ヴェーバーがプロテスタンティズム研究の末尾で、彼自身の文化科学によって一面的に唯物論的な「文化・歴史の因果解釈」の代わりに一面的に唯心論的なそれを置くつもりはないと言明したのは、この意味においてである。なぜなら、「両者とも同様に可能ではあるが、研究の準備作業ではなく結論であると主張されるならば、いずれも歴史的真実にとって同様に無益なものである」から[129]。

ヴェーバーの布置状況の叙述に含まれる諸要因のうちで、国家構造に関するものは、精神文化に関連するものと並んで最も広範な場所を占めている。ヴェーバーによるそれらの評価もまた、中国学者たちによって特に批判されている。これは、ヴォルフラム・エーバーハルトとカール・ビュンガーの論文で検討された、中国の官僚制と中国法に対する彼の評価に該当することである。それはまた、科挙制度に対する彼の評価——その構成と作用はペーター・ヴェーバー゠シェーファーの論文で中心的に論じられている——にも当てはまる。さらにこれは、ジビレ・ファン・デア・シュプレンケルによって分析された、中国都市の発展に対する彼の評価にも当てはまることである。ここから出てくる結論は、ヴェーバーの定式化の多くは、今日の研究状況から評価すれば、許されない単純化を含んでいるということである。マーク・エルヴィンの分析に従うなら、個々の要因が不十分かもしくは誤って叙述されているのみならず、ヴェーバーの主張するそれらの相互連関も説得力のある説明をされていない。彼のテーゼによれば、ヴェーバーの説明問題は、経済的・生態学的要因および高水準均衡の罠（high level equilibrium trap）〔中国の技術水準は宋代に人口増加に対応できるほど高かったため、近代的産業技術を導入する必要がなかったというエルヴィンの説〕という考えを第一に用いて作業をする「モデル」を使えば、もっと単純・簡潔で事実に則した解決が可能なのである。この主張によれば、文化的諸要因は劣位の役割しか果たさなかった。そうした要因が関わった場合も、それらはヴェーバーが中心に置いたような要因ではなかったのである。

さて、今日ヴェーバーの儒教研究を評価するにあたってこれらの異議申し立ては疑いなく重要である。というのは、それらがヴェーバーが望ましいと公言したことに関わるようだからである。それは、中国学の専門家が彼の研究のなかに「内容的に誤っていると評価しなければならないようなもので、本題に関して本質的なものを何ら見出さない」ことである。[130] だがそれらの異議申し立ては、アルノルト・ツィンゲルレ（Arnold Zingerle）がかつての中国学のヴェーバー解釈を例に挙げて示したような中国学者と社会学者の意思疎通の問題や、文化の比較分析一般の問題にも注意を向けさせる。文化の比較分析は比較対象を選択し、それに従って諸概念を方向づけなければならない。その際比較対象と諸概念は、比較がその認識を究極的目的とするような文化に由来する。したがって、分析の一面性のどの部分が単に索出的ではない「ヨーロッパ中心主義」に起因し、どの部分が比較の方法に起因するのかは、まさしく比較分析に際して常に未解決の問題であり続ける。[131] その際にどの「等級」の要因が考慮に価するかについては、この意味でもちろん議論の余地はない。いずれにせよこれは単に価値関心の問題ではなく、理論的問題でもある。理論的根拠から、ヴェーバーにとって文化科学的分析はいわゆる文化的要因の導入を放棄するわけにはいかなかった。なぜなら、文化科学的分析は究極的に行為理論と秩序理論に基礎を置かなければならないからである。

ヴェーバーはまさしく儒教研究においてきわめて複合的な論証を行なった。彼の全体的プロジェクトを背景としてこの論証を読まないかぎり、その価値を十分に認めることはできない。それは歴史的批判を受けなければならない。しかしまたその価値は、今日の視点から見てなお歴史的にどの程度正しいものが含まれているかという基準からだけでは測れないものである。それはむしろ、ある問いの方向を基礎づける論証である。そしてこの方向は、文化科学的考察を企図する社会学および中国学にとって今日もなお重要性を失っていないのである。

[原注]

（1）これについてはMax Weber, »Die Wirtschaftsethik der Weltreligionen. Religionssoziologische Skizzen. Einleitung. Der Konfuzianismus I, II«, in: *Archiv für Sozialwissenschaft und Sozialpolitik*, 41. Band, Heft 1, S. 1-87（一九一五年一〇月一四日発行）およびders., »Die Wirtschaftsethik der Weltreligionen.（Zweiter Artikel.）Der Konfuzianismus III, IV.（Schluß.）Zwischenbetrachtung. Stufen und Richtungen der religiösen Weltablehnung«, in: *Archiv für Sozialwissenschaft und Sozialpolitik*, 41. Band, Heft 2, S. 335-421（一九一五年一一月一三日発行）を参照。このシリーズはヒンドゥー教と仏教に関する研究および古代ユダヤ教に関する研究によって継続された。

（2）Max Weber, »Die protestantische Ethik und der ›Geist‹ des Kapitalismus. I. Das Problem«, in: *Archiv für Sozialwissenschaft und Sozialpolitik*, 20. Band, Heft 1, S. 1-54（一九〇四年一一月発行）およびders., »Die protestantische Ethik und der ›Geist‹ des Kapitalismus. II. Die Berufsidee des asketischen Protestantismus«, in: *Archiv für Sozialwissenschaft und Sozialpolitik*, 21. Band, Heft 1, S. 1-110（一九〇五年六月発行）を参照。さ

らにMax Weber, »›Kirchen‹ und ›Sekten‹«, in: *Frankfurter Zeitung*, 50. Jg., Nr. 102, 104（一九〇六年四月一三日、四月一五日付）（安藤英治訳「〝教会〟と〝セクト〟」『成蹊大学政治経済論叢』第一四巻第一号、一九六四年）．この論文の若干加筆された版が同じ年に雑誌『キリスト教世界』（*Die christliche Welt*）に»›Kirchen‹ und ›Sekten‹ in Nordamerika. Eine kirchen- und sozialpolitische Skizze«（安藤英治訳「アメリカ合衆国における〝教会〟と〝ゼクテ〟」、梶山力訳・安藤英治編『プロテスタンティズムの倫理と資本主義の《精神》』未來社、一九九四年、所収）という題で掲載された。プロテスタンティズム研究とゼクテに関する研究は『宗教社会学論集』第一巻（テュービンゲン、一九二〇年）のために加筆され、そこに再掲された。

（3）Max Weber, RS I, S. 265（大塚・生松訳、八一頁）. 私がこの後期の表現を意識的に選んだのは、それがプロテスタンティズム研究の初版の目標設定をも伝えているからである。

（4）これについてはMax Weber, PE II を参照。これはヨハネス・ヴィンケルマン（Johannes Winckelmann）によって編集された論争の記録であるが、さらに広範囲に及んだその影響の一端を裏づけるものともなっている。

（5）Max Weber, *Archiv*, 21. Band, S. 110.

（6）Max Weber, PE II, S. 322 を参照。

（7）これについては一九一九年一〇月の*Neuigkeiten aus dem Verlag von J. C. B. Mohr* (*Paul Siebeck*) *und der H. Laupp'schen Buchhandlung, 1919*, Nr. 3, S. 11 を参照。テクストの全文は*Religion und Lebensführung*, Kap. 7, 13（本訳書、第三章および河上倫逸編『ヴェーバーの再検討』風行社、一九九〇年、第Ⅳ章「宗教社会学」）に引用されている。

（8）Max Weber, RS I, S. 206（大塚訳、三七一頁）参照。

（9）この所見はヴェーバーが古代史家エドゥアルト・マイヤー（Eduard Meyer）と対決した論文に見られるのだが、この論文は「現代文化の普遍史」を提供しようとするヴェーバー独自の試みを理解する上で根本的に重要なものである。私は故意に引用文を元の文脈から切り離している。Max Weber, WL, S. 258（森岡訳、一六五頁）を参照。

(10) 両者が——ヴェーバーがいろいろな箇所で強調しているように——相補的な関係にあるのは、このためである。

(11) これについては注（7）で引用した *Neuigkeiten* を参照。

(12) Max Weber, *Archiv*, 41. Band, S. 1 を参照。

(13) このことに誰もが気づいていると決めてかかることはできない。たとえばヴェーバーの研究への最初のかなり大掛かりな批判である中国学者アルトゥーア・フォン・ロストホルンによる批判は、一九一五年ないし一九一三年のテクストに依拠している。Arthur von Rosthorn, »Religion und Wirtschaft in China«, in: Melchior Palyi (Hg.), *Hauptprobleme der Soziologie. Erinnerungsgabe für Max Weber*, Bd. 2, München-Leipzig 1923, S. 221ff. を参照。

(14) Max Weber, RS I, S. 391（木全訳、一七二頁）.

(15) ヴェーバーは儒教研究におけるこの基礎の解明を「我々の本来のテーマ」と称している。Ebd., S. 395（同訳書、一七八頁）参照。

(16) Ebd., S. 12（大塚・生松訳、二二頁）参照。

(17) Ebd.（同訳書、二四頁）.

(18) Ebd.（同訳書、二三頁）.

(19) Ebd. S. 13（同訳書、二四頁）.

(20) Ebd. S. 15（同訳書、二八頁）.

(21) Ebd. S. 12（同訳書、二四頁）.

(22) Ebd. S. 266（同訳書、八二頁）.

(23) *Religion und Lebensführung*, Kap. 1（佐野誠・林隆也訳『マックス・ヴェーバーの研究戦略』風行社、二〇〇九年、第I部）参照。

(24) ヴェーバーがいつアジア研究を始めたのか、またどの文化圏を最初に取り上げたのかは、これまで解明されていない。ヴェーバーが所属していたハイデルベルクの宗教史・宗教社会学サークルであるエラノス・サークルの日記も、この点について情報を提供してくれない。この日記はM・ライナー・レプシウス（M. Rainer Lepsius）が発見したものである。ただし、ヴェーバーに評価されていたらしい中国学者（RS I, S. 276ff., S. 396［木全訳、四四—八頁、二三〇頁］参照）アルトゥーア・フォン・ロストホルンはこのサークルで一九〇六年七月二九日に「中国の宗教の起源」というテーマで講演をしている。おそらくこれによって彼はヴェーバーの注意を中国に向けたのであろう。

(25) Max Weber, RS I, S. 267（大塚・生松訳、八三頁）.

(26) Ebd. S. 524（木全訳、三九五頁）参照。

(27) Ebd. S. 527（同訳書、三九九頁）.

(28) Talcott Parsons, *The Structure of Social Action. A Study in Social Theory with Special Reference to a Group of Recent European Writers*, 2. Aufl., New York: The Free Press 1949（稲上毅・厚東洋輔・溝部明男訳『社会的行為の構造』1—5、木鐸社、一九七四—八九年）、とりわけS. 610（第4分冊、二一二頁）参照。パーソンズはこの非難を虚構主義《フィクショナリズム》という非難と結びつけた。

(29) Max Weber, RS I, S. 267（大塚・生松訳、八三頁）参照。

(30) Ebd. S. 266, S. 537（同訳書、八二—三頁、一〇一頁）.

(31) 私見によれば、こうした限定は『経済と社会』の中の「社会学の基礎概念」にすら当てはまる。WuG, S. 13（清水訳、四一—二頁）でヴェーバーはたとえば自分が導入した行為指向の諸類型に関してこう述べている。「行為、特に社会的行為がある一つのもしくは他の種類の指向だけしかもたないことはきわめてまれである。同様に、これらの指向の種類はもちろん決して行為の指向の種類の網羅的な分類などではなく、社会学的な目的のために作られた概念的に純粋な類型であって、実際の行為はそれらに多少とも近似しているか、もしくは——さらに多くの場合——それらの混合したものである。我々にとってのそれらの有用性はもっぱらその成果によって明らかになる」と。これを私は、マックス・ヴェーバーがここで自らの社会学的目的のことを述べているものとして理解する。

（32）Max Weber, RS I, S. 11（大塚・生松訳、一二頁）.

（33）これについてはebd., S. 240ff.（同訳書、三八頁以下）およびWuG, Kap. V, §7（武藤・薗田訳、第七節）を参照。こうしたアプローチのゆえに、ヴェーバーは宗教社会学における経済学的還元主義や心理学的還元主義ばかりかあらゆる還元主義を拒否したのである。*Religion und Lebensführung*, Kap. 4（『ヴェーバーの再検討』、第Ⅲ章「『神々の闘争』」）も参照。

（34）これについてはMax Weber, WuG, Kap. V, §§1-3（武藤・薗田訳、第一—三節）を参照。

（35）Ebd., S. 247（同訳書、九頁）.

（36）周知のようにヴェーバーは首尾一貫した神義論を三つ挙げている。隠れたる神（deus absconditus）の予定説、ゾロアスター教の二元論、インドの業《カルマ》の教説の三つである。Ebd., §8（同訳書、第八節）のほか、RS I, S. 247, S. 571ff.（大塚・生松訳、四八—九頁、一六〇—三頁）を参照。これらは同時に、「現世」と「背後世界」の二元性を解釈する三つの可能性——倫理的、唯心論的、存在論的な可能性——を表している。

（37）Max Weber, RS I, S. 485（木全訳、三三〇頁）参照。そこで彼は、道教においては生活態度ではなく呪術が人間の運命を決めたと述べている。

（38）Max Weber, WuG, S. 321（武藤・薗田訳、一九二頁）.

（39）これについては、Gottfried Küenzlen, »Unbekannte Quellen der Religionssoziologie Max Webers«, in: *Zeitschrift für Soziologie*, 7（1978）, S. 215ff., 特にS. 219ff. ならびに彼の著書*Die Religionssoziologie Max Webers. Eine Darstellung ihrer Entwicklung*, Berlin-München 1981を参照。

（40）Max Weber, WuG, S. 262f.（武藤・薗田訳、四七—九頁）.

（41）Max Weber, RS I, S. 237（大塚・生松訳、三三二頁）.

（42）ユダヤ教に関しては、このことは *Religion und Lebensführung*, Kap. 7（本訳書、第三章）で述べた。儒教に関しては以下の記述を参照。

（43）Max Weber, WuG, S. 324（武藤・薗田訳、二〇一頁）の表現による。

（44）Max Weber, RS I, S. 257f.（大塚・生松訳、六五—九頁）を参照。概念の選択については Wolfgang Schluchter, *Die Entwicklung des okzidentalen Rationalismus*, Tübingen 1979（嘉目克彦訳『近代合理主義の成立』未來社、一九八七年）、特に S. 230（同訳書、二二四頁）を参照。

（45）私はここで、クラウス・アラーベック（Klaus Allerbeck）が展開した考えを取り上げている。彼の論文 »Zur formalen Struktur einiger Kategorien Max Webers« in: *Kölner Zeitschrift für Soziologie und Sozialpsychologie*, 34（1982）, S. 665ff. を参照。アラーベックはヴェーバーの概念構成の「生成文法」を突き止めようとし、それを二分法の位階的・選択的組み合わせのなかに見出した。諸概念間のこうした関係は樹状図の形で表せる。したがってそれらは一次元的でも多次元的でもなく、無次元的であって、これはアラーベックによれば、ヴェーバーの概念戦略に関するパーソンズの解釈とも私の解釈とも合致しないという。ところで私は双方の捉え方が相容れないものとは思わない。なぜならそれらは二分法を異なるやり方で組み合わせているだけだからである。とはいえ、アラーベックの提案する手続を用いることで、特にかなり長い概念連鎖をより良く描き出せるし、概念構成の選択的性格を強調しうるということは、私も認める。

（46）自らの行為による救済と恩寵の授与による救済の区別、世俗内的禁欲または神秘主義と世俗外的禁欲または神秘主義の区別については、ここでは言及するだけでさらに展開するには至っていないが、ここで述べたことはこれらの区別についても当てはまる。これについては *Religion und Lebensführung*, Kap. 6A（本訳書、第二章A）を参照。

（47）Max Weber, RS I, S. 238（大塚・生松訳、三三二頁）.

（48）これについてはWolfgang Schluchter（Hg.）, *Max Webers Studie über das antike Judentum*, とりわけギュンター・シュテンベルガー（Günter Stemberger）、フレディ・ラファエル（Freddy Raphaël）、ユジェーヌ・フレーシュマン（Eugène Fleischmann）の論文を参照。

（49）Max Weber, WuG, S. 324 および S. 348（武藤・薗田訳、二〇〇―一頁、二五七―八頁）参照。

（50）Ebd., Kap. V, §12（同訳書、第一二章）.

（51）Ebd., S. 375（同訳書、三二四頁）、さらに詳しくは *Religion und Lebensführung*, Kap. 9（本訳書、第五章）を参照。

（52）Max Weber, RS I, S. 239（大塚・生松訳、三五―六頁）.

（53）ヴェーバーは、宗教上の「身分秩序」が世俗的身分秩序と必ずしも一致しないことを明確に強調している。Ebd., S. 260（同訳書、七〇頁）参照。

（54）宗教的感受性と宗教音痴の区別、およびこれに結びついた宗教的階層分化についてはebd., S. 259f.（同訳書、六九―七一頁）を参照。宗教的大衆と宗教的達人を区別するだけでなく、大衆から身分的に隔絶した「達人」の内部で、担い手層とそのなかの個々のエリートを区別すべきである。

（55）Max Weber, WuG, S. 297（武藤・薗田訳、一三六頁）.

（56）Max Weber, RS I, S. 240（大塚・生松訳、三七―八頁）および、WuG, Kap. IX, 8. Abschnitt（世良訳『都市』）における彼の都市研究を参照。

（57）Max Weber, RS I, S. 514（木全訳、三七九頁）.

（58）Ebd.

（59）Ebd., S. 239（大塚・生松訳、三五―七頁）およびWolfgang Schluchter（Hg.）, *Max Webers Studie über Konfuzianismus und Taoismus. Interpretation und Kritik*, Frankfurt 1983, S. 202ff. のペーター・ヴェーバー＝シェーファー（Peter Weber-Schäfer）の論文による。公民宗教（Zivilreligion）という言葉を用いてもよかろう。

ただしこの概念はデュルケームと彼に続く議論によって特殊な意味づけをされている。

（60）Max Weber, WuG, S. 268, S. 319, S. 341（武藤・薗田訳、六二頁、一八九頁、二四一頁）参照。

（61）ヘレニズムを体系的に考慮に入れることについての考察は、Jürgen Habermas, *Theorie des kommunikativen Handelns*, 2. Bde., Frankfurt 1981（平井俊彦他訳『コミュニケイション的行為の理論』（上・中・下）未來社、一九八五—八七年）、特にS. 198ff.（同訳書、上、二〇〇頁以下）で行なわれている。ただし、彼のヴェーバーへの依拠の仕方はここで提案されているものとは異なる。

（62）たとえばMax Weber, RS I, S. 265（大塚・生松訳、七九—八〇頁）を参照。

（63）Vgl. Max Weber, WuG, S. 245（武藤・薗田訳、三頁）参照。

（64）Max Weber, RS I, S. 12（大塚・生松訳、二三頁）.

（65）これについては特にebd., S. 536ff.（同訳書、九九頁以下）、さらにWuG, Kap. V, §11（武藤・薗田訳、第一一章）およびWL, S. 603f.（尾高訳、五三—五頁）を参照。さらにその解釈としては*Religion und Lebensführung*, Kap. 3（嘉目克彦訳『信念倫理と責任倫理』風行社、一九九六年）を参照。

（66）この方向での試論を私は*Religion und Lebensführung*, Kap. 2で行なった。価値理論と合理主義ないし合理化の理論はもちろん関連している。二次文献では後者についての合意が得られていない。最近の興味深い論考としては、Stephen Kalberg, »Max Weber's Types of Rationality: Cornerstones for the Analysis of Rationalization Processes in History«, in: *American Journal of Sociology*, 85（1981）, S. 1145ff., Donald N. Levine, »Rationality and Freedom: Weber and Beyond«, *Sociological Inquiry*, 51（1981）, S. 5ff., Jürgen Habermas, *Theorie des kommunikativen Handelns*, S. 239ff.（『コミュニケイション的行為の理論』上、二四〇頁以下）がある。私の提案はこれらと一致しない。この提案によって同時に、私は一九七六年に最初に用いた区別を訂正したい。Wolfgang Schluchter, *Rationalismus der Weltbeherrschung*, Frankfurt 1980, Kap. I（米沢和彦・嘉目克彦訳『現世支配の合理主義』未來社、一九八四年、一「合理化のパラドックス」）.

(67) Max Weber, RS I, S. 254（大塚・生松訳、六〇頁）. ヴェーバーによれば、この命題は明らかに近代西洋文化だけに該当するものではない。

(68) Ebd., S. 253（同訳書、五九頁）.

(69) この区別については Wolfgang Schluchter (Hg.), *Max Webers Studie über Konfuzianismus und Taoismus*, S. 298ff. 所収のヘルヴィヒ・シュミット゠グリンツァー（Helwig Schmidt-Glinzer）の論文を参照。

(70) Max Weber, RS I, S. 254（大塚・生松訳、六〇頁）.

(71) Ebd., S. 266（同訳書、八一頁）による。

(72) Ebd., S. 514（木全訳、三七九頁）.

(73) Ebd., S. 290, S. 340f., S. 350, S. 390f.（同訳書、一五頁、九三―四頁、一一七―八頁、一七二頁）.

(74) Ebd., S. 1-9（大塚・生松訳、五―一九頁）.

(75) Ebd., S. 490（木全訳、三三八頁）.

(76) Ebd., S. 432（同訳書、二四四頁）.

(77) Ebd., S. 415（同訳書、二一一頁）.

(78) Ebd., S. 402（同訳書、一九五頁）.

(79) Max Weber, WuG, S. 348f.（武藤・薗田訳、二五九―六〇頁）.

(80) Max Weber, RS I, S. 458（木全訳、二八二頁）.

(81) Ebd., S. 433f.（同訳書、二四五―七頁）.

(82) Ebd., S. 301（同訳書、二九頁）.

(83) Ebd., S. 304, S. 319, S. 459（同訳書、三四―五頁、七一―二頁、二九〇頁）.

(84) Ebd., S. 298ff.（同訳書、二五頁以下）を、また比較に関しては *Religion und Lebensführung*（本訳書、第三章）を参照。

(85) Max Weber, RS I, S. 307（木全訳、三七頁）.

(86) Ebd., S. 310ff., S. 444ff., S. 457f.（同訳書、四〇頁以下、二六〇頁以下、二八一―二頁）. これについてはWolfgang Schluchter（Hg.）, *Max Webers Studie über Konfuzianismus und Taoismus*, S. 229ff. 所収のトーマス・メッツガー（Thomas Metzger）の論文も参照。

(87) *Max Webers Studie über Konfuzianismus und Taoismus*, S. 202ff. 所収のペーター・ヴェーバー゠シェーファーの定式化による。

(88) これについてはMax Weber, RS I, S. 304, S. 311, S. 319ff.（木全訳、三四頁、四二頁、七二頁以下）およびこの解釈に対するペーター・ヴェーバー゠シェーファーの批判を参照。

(89) Max Weber, RS I, S. 466f.（木全訳、三〇〇―二頁）. ここで道《タオ》の概念が論じられている。

(90) Ebd., S. 308f., Fn.（同訳書、六〇頁）参照。

(91) Ebd., S. 376（同訳書、一五五頁）.

(92) Ebd., S. 377（同訳書、一五五頁）.

(93) この点については*Max Webers Studie über Konfuzianismus und Taoismus*, S. 55ff. 所収のヴォルフラム・エーバーハルト（Wolfram Eberhard）の詳論も参照。儒教は宗教ではなく、家と家族の内部の関係にとりわけ妥当する世俗的な規則体系であって、道教・仏教および国家の供犠儀式とともに行為を規制するものであると、彼は示唆している。儒教の政治的転回については特に前掲書所収のS・N・アイゼンシュタット（S. N. Eisenstadt）の論文を参照。

(94) Max Weber, RS I, S. 341（木全訳、九四頁）. この「身分」を細かく区分して見なければならないことを、*Max Webers Studie über Konfuzianismus und Taoismus* でペーター・ヴェーバー゠シェーファーは示している。

(95) RS I, S. 329f., S. 474ff.（同訳書、八二頁、三一四頁以下）. これについては*Max Webers Studie über Konfuzianismus und Taoismus* 所収のヘルヴィヒ・シュミット゠グリンツァーとネイサン・シヴィン（Nathan Sivin）の、批判

的部分を含む論文を参照。

(96) RS I, S. 330（同訳書、八三頁）.

(97) Ebd., S. 329（同訳書、八二頁）.

(98) ヴェーバーは試験制度を、七世紀に初めて完全に実施され、一四世紀に初めて完全に制度化されたものと見ている。Ebd., S. 405f.（同訳書、一九七―九頁）参照。

(99) *Max Webers Studie über Konfuzianismus und Taoismus* でペーター・ヴェーバー＝シェーファーはこのことを示唆している。試験と並んで常に官職・称号の売買が行なわれたのである。

(100) RS I, S. 396ff.（木全訳、一八八頁以下）参照。

(101) Ebd., S. 408ff.（同訳書、二〇一頁以下）. ここでヴェーバーは「教育社会学」の概略を展開している。

(102) ヴェーバーによれば、これは究極的にすべての家産制国家に当てはまり、それゆえ家産制国家は福祉政策に関して近代国家と根本的に異なる。

(103) Ebd., S. 445ff.（木全訳、二六三頁以下）、さらにS. 433ff.（同訳書、二四五頁以下）, S. 441（同訳書、二五六頁）を参照。

(104) Ebd., S. 390f.（同訳書、一七二頁）参照。ヴェーバーは研究の中程で、これまでに挙げられた根拠はすべて主として国家構造に帰着すると述べている。

(105) Ebd., S. 349（同訳書、一〇三頁）.

(106) これは著作の多くの箇所で指摘されている。『宗教社会学論集』第一巻と第三巻の冒頭の節がとりわけ明白である。詳しくは *Religion und Lebensführung*, Kap. 10, 2c（本訳書、第六章二c）を参照。

(107) Max Weber, RS I, S. 298（木全訳、二五頁）.

(108) Ebd., S. 373（同訳書、一四四頁）.

(109) これについてはebd., S. 330ff.（同訳書、八三頁以下）を参照。

(110) ヴェーバーにとって決定的なのは法的保証の欠如であって、その結果、都市の自由と自治が「未発達」なままとなった。他方、彼の見るところでは、職業団体の事実上の力は西洋のギルドやツンフトよりも大きかった。S. 381, ebd.（同訳書、一六〇頁）で彼は次のように極論している。「『都市』は自治のない官紳所在地、『村落』は官紳のいない自治集落であった！」

(111) ヴェーバーはこれを、全階層にとって祖先崇拝がもった不変の意義に究極的に起因するものと見ている。

(112) 正統と異端の共通性については、ebd. S. 466ff. S. 479f.（木全訳、三〇〇頁以下、三二一—二頁）を参照。

(113) Ebd., S. 440（同訳書、二五五—六頁）.

(114) Max Weber, WuG, S. 326（武藤・薗田訳、二〇六頁）.

(115) Max Weber, RS I, S. 381, S. 391ff. S. 435f.（木全訳、一六〇頁、一七二頁以下、二四八—五〇頁）参照。

(116) Ebd., S. 494（同訳書、三三四—四三頁）参照。

(117) Ebd. S. 515（同訳書、三八一頁）.

(118) 歴史的遺産の概念については特に Reinhard Bendix, *Könige oder Volk*, 2 Teile, Frankfurt 1980, Einführung を参照。これによれば、転轍手として作用しうるのは理念ばかりではない。

(119) Max Weber, *Wirtschaftsgeschichte*, 3. Aufl., Berlin 1958 として刊行された講義の筆記ノート、S. 289f.（黒正・青山訳、下、二二五—七頁）によればこうである。

(120) 以下は Wolfgang Schluchter（Hg.）, *Max Webers Studie über Konfuzianismus und Taoismus* 所収の彼の論文による。

(121) これについてはたとえば William McNeill, *The Pursuit of Power*, Chicago: University of Chicago Press 1982（高橋均訳『戦争の世界史』上、中公文庫、二〇一四年）, Kap. 2 や *Max Webers Studie über Konfuzianismus und Taoismus* 所収のヴォルフラム・エーバーハルトやネイサン・シヴィンの論文を参照。

(122) これについては前掲書所収のトーマス・メッツガーの論文のほかに、彼の著書 *Escape from Predicament*, New

York: Columbia University Press 1977, Kap. 3を参照。

(123) Max Weber, RS I, S. 490（木全訳、三三七頁）.

(124) Ebd., S. 481, S. 484（同訳書、三二三頁、三二八―九頁）.

(125) Ebd., S. 485（同訳書、三三〇頁）.

(126) Ebd. S. 513（同訳書、三七八頁）を参照。問題は、ヴェーバーが呪術概念を少なくとも三つの意味で用いていることである。表象世界を特徴づけるため（呪術的世界像）、規範類型を特徴づけるため（タブー的規範、呪術的倫理）、そして救済方法論を特徴づけるため（呪術的儀礼主義）、というのがそれである。このため、この概念が「救済目標」、「救済方法」のいずれに関わるのか、あるいはこの両者に関わるのかも、しばしば不明確なままになっている。

(127) Ebd., S. 513（同訳書、三七八頁）.

(128) Ebd., S. 527（同訳書、三九九頁）.

(129) Ebd., S. 205f.（大塚訳、三六九頁）.

(130) Ebd., S. 13（大塚・生松訳、二五頁）.

(131) ヴェーバーの概念の多くは、たとえば神義論の概念や教会とゼクテの区別のように、「西洋的」起源をもっている。儒教研究においてまさにある役割を果たしている彼の家父長制やピエテートの捉え方にしても、西洋史、殊にローマ史から読み取れるように思われ、そのため、中国の事情にこれらを移し替えるのは歪曲のもとである。ローマの家父長権（patria potestas）の概念を中国の孝と比較したゲイリー・ハミルトン（Gary Hamilton）の研究が、このことを示唆している。»Patriarchalism in Imperial China and Western Europe. A Revision of Weber's Sociology of Domination«, in: *Theory and Society*, 13 (1984), S. 393ff. を参照。トーマス・メッツガーも、ヴェーバーが中国のピエテート観を一面的に解釈し、これ以外の箇所でも中国社会に備わった変革への傾向を見逃していることを指摘している。

第二章　現世逃避と有機体的相対主義の合理主義

――ヒンドゥー教と仏教

「行為の結果への執着を捨て去り、常に満足しており、何にも依存しない者は、たとえ絶えまなく活動したとしても、何をもなさない。」

『バガヴァッド・ギーター』、第四章（二〇）〔宇野惇訳『世界の名著1 バラモン教典、原始仏典』中央公論社、一六二頁〕

「人はどうすれば自分自身を知ることができるのか。観察によってではなく、行為によってである。君の義務を果たすように努めよ。そうすれば君が一体何なのか、すぐにわかるはずだ。」

ゲーテ『ヴィルヘルム・マイスターの遍歴時代』第二巻、第一一章（遍歴者たちの精神による考察）〔登張正實訳『ゲーテ全集』第八巻、潮出版社、一九八一年、二四一頁〕

A「中間考察」

一　現世肯定と現世否定

マックス・ヴェーバーによるヒンドゥー教と仏教についての研究は、三つの部分、すなわち「ヒンドゥー教の社会システム」、「インド知識人の正統派救済論と異端派救済論」、そして「アジアのゼクテ的宗教心と救世主的宗教心」から構成されている。しかし、ヒンドゥー教の社会システム分析から始まるということではない。それはむしろ、ひとつの体系的な考察から始まり、その考察によってインドの救済論の論じ方はより広いパースペクティヴの中に据えられるのである。そこでは教説的な傾向か倫理的な傾向かを問わず、少なくともあらゆる救済宗教が直面する根本問題が取り上げられる。すなわち、救済宗教の要求が現実の生活と緊張関係、さらには葛藤にさえ陥るという問題である。この体系的な考察は、たとえば「序論」やその他の考察にも関連するが、三つのテクストによって伝えられている。こうしたより広いパースペクティヴが厳密にどの点にあるのか明らかにしようとするならば、三つのテクストの関係について手短に語っておく必要がある。

時期的におそらくもっとも早い第一のテクストは、『経済と社会』における宗教社会学の章のなかに見出される。タイトルは「宗教倫理と『現世』」であり、「救済方法とその生活態度への影響」の研究、および「文化宗教と『現世』」の研究の間に挟まれている。また、第二のテクストは、明らかに第一のテクストときわめて近い時期に構想され、一九一五年の『社会科学・社会政策アルヒーフ』一一月号に発表された。それは「中間考察。宗教的現世拒否の諸段階と諸方向」と題され、中国とインドの文化宗教の経済倫理に関する研究の間に置かれている。このテクストはヴェーバー自身が印刷に回した一九二〇年の『宗教社会学論集』第一巻でもこの位置のまま置かれている。そこでは「中間考察——宗教的現世拒否の諸段階と諸方向の理論」というタイトルになっている。ところで、第一のテクストと第二のテクストは内容においてはきわめて近接しているにもかかわらず、テクストの外形の点で異なり、部分的にはテーマと概念の点でも互いにまったく異なる。それに対し、第二のテクストと第三のテクストはこれらの観点においておおむね一致している。確かに、それらのテクストは完全に一致しているわけではないが、ヴェーバーが第二のテクストに施した手直しは、主として以前のテクストにはほとんど手を着けずに章句を挿入することから成っていて、ちなみにこうしたやり方は発表済みのテクストに改訂を施す際のヴェーバー独特のやり方である(1)。

ヴェーバーはなぜ第二のテクストを書いたのか。とりわけ、なぜそれを前述のような位置に配置したのか。これには特に二つの理由が挙げられる。そして二つとも、外面的および内面的な「叙述の合目的性という根拠」に関わっている。[2]まず、中国とインドの文化宗教についての研究を含む世界宗教の経済倫理に関する諸論文は、ヴェーバー自身の言葉に従えば、とりわけ『経済と社会』の宗教社会学の章を補足し、解釈し、同時にこの章によって解釈されることになっている。[3]こうして、一方では「分業」によって互いの負担が軽減され、また、他方では『経済と社会』で展開した体系的な思考を、『世界宗教の経済倫理』において簡潔で先鋭化した形で利用できるようになった。[4]しかもこのことは、叙述の流れから見ても合目的的なのである。こうした意味で、「中間考察」は「序論」とともに、『宗教社会学論集』を『経済と社会』へと外面的および内面的に結ぶ蝶番となっている。それにまた、ヴェーバーの叙述の流れでは、実際ちょうどこの位置に、体系的な補論が必要なのである。やはり中間的な考察というものは一般的に見て、叙述の流れを中断し、それまでに到達した結論を反省し、それ以後の論議のための視角を構想するために役立つ。ヴェーバーの「中間考察」が儒教研究の「結論」と直接つながっているのは偶然ではないのである。しかし、その「結論」によれば、中国の文化宗教は、正統派・異端派いずれにおいても信奉者に強力な現世拒否の動機を「培養」することができなかった。むしろ、まさしく正統派によって、現世肯定の姿勢が、それどころか現世適応の姿勢が合理的に基礎づけられたのである。こうした事情により、儒教倫理は類型論的に見てピューリタニズムの倫理とは著しく対立するものとなっている。というのも、ピューリタニズムの倫理は信奉者に現世否定の姿勢を強要し、それを通じて「『現世』に対する悲壮でとてつもない緊張の連関」の中へ彼らを放り込んだからである。[5] しかしながら、現世否定、あるいは現世拒否の動機はピューリタニズムや他のキリスト教諸派にとってのみ特有なものでは決してない。それどころか、ヴェーバーによると、その動機の最もラディカルな表現は、西南アジアや西洋などではなく、むしろアジアに見出される。ともかくこのことは、「中間考察」の冒頭の文章で次のように述べられる。「我々がこれから入ってゆこうとするインドの宗教心という領域は、中国の場合とは著しく対照的なことに、この世に現れた宗教倫理のなかでも理論的および実践的に最も徹底した現世否定の諸形態の母胎となった。同様に、ここでは宗教倫理に呼応した『技術』が最も高度に発達した。ここでは修道院生活と、禁欲と瞑想の典型的な操作とが、単に最も早くというだけではなく、きわめて徹底的に洗練されたのである。そしてこうした合理化は、おそらく歴史的に見ても、この地から世界中に広がったのだ」。[6] しかし、もしその通りであるならば、中国を例として現世肯定の宗教倫理と教説について叙述したあとには、やはりアジアの文化宗教に関する叙述の枠内で、今度は現世否定の宗教倫理と教説について分析を始めなければならない。見てのとおり、「中間考察」がいわば文化宗教のなかに入れるこの切れ込みは、アジアの文化宗教と西南アジア－西洋の文化宗教の間の区別とは重ならないのである。

だからといって、現世肯定が中国にのみ現れたというわけではもちろんない。ヴェーバーはとりわけ「序論」の中で、「たとえば古代やカトリック平信徒にみられた不屈の人間性からする素朴な『現世肯定』」について語っている。[7] 彼の見解では、行為にとっては重要な、宗教的に基礎づけられた現世拒否の諸動機は、通例であるというよりも例外なのであって、それが現れたところで大量現象には決してならないようだ。宗教的現世拒否はむしろ、主として気分の高揚した「達人」、すなわち宗教的エリートがなす事柄のようである。[8] さらに、宗教的現世拒否は救い（Heil）の理念から救済（Erlösung）の理念［著者によれば、Heil と比べて Erlösung は「どこからどこへ」救済されるのかを特定したより特殊な概念である］へ、救済技術から救拯論的方法論へ、そして意味欲求から救済欲求へという「絶えざる発展」を前提としている。それに対して中国では――このヴェーバーのテーゼには問題がないとは言えないが――結局そうした発展は起こらなかった。それは、厳密な意味で儒教が救済宗教ではなく、むしろ教養宗教（Bildungsreligion）、一種の公民宗教（Zivilreligion）だからである。[9] インド、さらにはイラン、西南アジア、そして西洋では事情が異なる。そこでは救済宗教が発展した。バラモン教の特定の宗派、ジャイナ教、仏教、ゾロアスター教、ユダヤ教、キリスト教、および――ヴェーバーは一定の限定をつけているが――イスラムなどがその例である。[10] これらの救済宗教のなかのいくつかのものが、さらに世界宗教、すなわち「自分のまわりに特別多くの信者を集めえた」宗教に成長した。[11] それは――一つだけ理由を示せば――伝道活動や宣伝活動にとって、宗教に内在する障壁がまったくなかったからである。[12] さまざまな相違にもかかわらずこれらの救済宗教を互いに繋ぐものは、現世否定の傾向と、それに伴う理論における現世貶価および実践における現世拒否の傾向である。他方、この傾向がどれほど深く刻印されているか、そしていかなる方向へと作用しているかによって、救済宗教は互いに区別される。「中間考察」のタイトルのなかに、すでに現世拒否の諸段階と諸方向という言葉が見られるのは偶然ではないのであり、この考察は、こうした共通性と相違を

「図式的で理論的な構成において」提示しようとしているのである。[13] だから「中間考察」は、さしあたり、客観的に見て存在可能な現世拒否の諸動機を例示するためにだけ、個々の宗教を引き合いに出してくる。[14] それに対して、こうした動機の具体的な理念的・社会的構成やその作用については、個別的な叙述のなかで述べられる。『世界宗教の経済倫理』の枠内では、この種の個別的叙述として、まず最初にインドの救済宗教が扱われるのである。[15]

しかし、この図式的で理論的な構成は、客観的に見て存在可能な宗教的現世拒否の諸動機を明確にすることだけに関わっているわけではない。それらを明確化することによって、それ以上のことが明らかにされることになる。すなわち、宗教的に動機づけられた現世拒否の場合、宗教の要求と宗教以外の価値領域や生活秩序の要求の間、そして宗教上の教説や倫理と「現世」の「教説」や「倫理」の間に、いかなる緊張が、いや、むしろ葛藤が客観的に見てありうるのかということである。そのうえ、このような緊張と葛藤から生じた発展のダイナミクスが同時に問題とされ、また、それと並んで緊張と葛藤の「制御」様式、すなわち緊張と葛藤の克服の試みについても問題とされる。

ヴェーバーの「中間考察」を支える根本理念は、興味深いことに、一見完全に無関係なテクスト、すなわち断片のまま残されている音楽社会学のテクストにおいて検討することができる。ヴェーバーはそこで、西洋における音楽の発展にみられる特殊な諸条件を問題にしている。具体的には次の問題である。「この世界のまさに一地点で、少なくとも同じくらい有力な音楽文化をもつ他の地域——とりわけ古代ギリシア、あるいは日本のような——とは対照的に、とにかくかなり広域に広がっていた多声性のなかから、和声的ホモフォニー音楽のみならずポリフォニー音楽、そして近代的な音組織一般が、いったいなぜ発展したのか」[16]。よく知られているように、ヴェーバーはこれと類似した方法で、西洋全体における経済発展の特殊な諸条件、いや、西洋の物質的および理念的文化の特殊な諸条件をも問題にしている。音楽社会学では――他の場合であってもたいていはそうだが――これらの諸条件が「合理的」、技術的、社会的の各条件に区分されている。「合理的」な条件は音楽の理論に、技術的条件と社会的条件は最も広い意味での音楽の実践にそれぞれ関わっている。西洋音楽の発展は、音素材の作成と加工の際に和声原理と調性原理を使うが、和声に敵対し普通広く普及している間隔原理は使わないような音楽理論に基づいている。そうした理論に基づく結果、和音和声法の体系が組織されることになった。この体系は、「合理的に完結した統一体」として現れる[17]。しかし、よく見ると、この合理的な完結性は脆いことがわかる。首尾一貫性への音楽理論上の要請は、どうしてもすんなりとは満たされないのである。音楽理論がこの命令に従えば従うほど、このことは明らかになる。しかし、ちょうどそのとき、合理的な完結性をぶち壊すあの「不可避的な非合理性」が鮮明に浮かび上がる。こうした破壊こそが、新たな合理化の推進力を解き放ちうるのである。まさにこの点に発展力学に対する非合理性の意義がある。そして、この一般的な経過に、やはりあの和音和声法の体系も従っている。この体系は、内在的に見て、多くの「非合理的な」障害と戦わなければならなかったし、「豊かな調性のために」障害の克服を役立てた[18]。その出発点には次の事実があった。すなわち、和音和声的に合理化された音楽は、オクターヴを音響物理学的に見て不均等な音程に分割しなければならなかったという事実である。そこから互いに異なる全音音程と互いに異なる半音音程が生成した。この不均等な音程は、「和声的な」分割基準を厳密に適用した結果である。さて、このことが内在的ないくつかの難点や他の音楽上の「必要」の「不履行」をもたらさなかったとすれば、事態はこれで終わっていたかもしれない。難点の一つは、たとえば次のような経緯で生じた。すなわち、調によって異なる属七和音を得るため、長音階では「自然な」導音が短音階では「作為的に」造り出されなければならなかった。このため、第七音が上げられた（純正短音から和声的短音への移行）。しかし、これに続いて新たな問題がもちあがった。導音の前に形成された音程が、旋律を感じ取るにはあまりに大きくなりすぎたのである。そこで、この音程を縮小する処置が取られた（旋律的短音）。つまり、必要に応じた短音階の構成は純粋な和声原理からの逸脱を「強いた」のである。また、他の難点は次の点から発生した。すなわち、不均等な音程が旋律の移調を困難にしたことや、そこからまた、楽器製作技術、特に鍵盤楽器の製作技術が大きな問題に直面したことである。間隔原則を基礎とする音楽体系では、これらの難点は生じない。しかし、その体系は、たとえば確かに移調の可能性を生み出すのだが、協和音を生み出すことはできないのである。ここで挙げたいくつかの緊張が他の緊張とともに、西洋の音楽理論を整律の道へと駆り立てた。しかし、厳密にいえば、整律とは少なくとも間隔原理の諸要素を受容してゆくということを意味する。したがって、これがひいては理論的な一貫性のなさにゆきつく。他方、こうした音楽の二次的な合理化はまた、たとえば異名同音的変換といった、まったく新しい可能性をも造り出す。そのため整律は——ヴェーバーに従えば——はじめて西洋の和音和声音楽に「完全な自由」をもたらした[19]。しかしながら、同時にそれは、この音楽の不完全な合理的完結性の証でもある。ところで、ここで西洋における音楽の発展という例によって示唆されたことは、救済教説と救済倫理についてもあてはまるのである。そうした教説や倫理が首尾一貫性の命令に厳格に従うほど、次の蓋然性が高まる。すなわち、それらの原則が現実の生活や他の諸原則と衝突し、結果として妥協、すなわち「矛盾するもの」の結合へとゆきつくという蓋然性である。このことこそ実に、歴史的構成体の中心的なメルクマールであると思われる。ヴェーバーが「序論」で定式化しているように、「……人間と同様、宗教も入念に著された書物のようなものではない。宗教は歴史的構成体であって、論理的に、あるいはただ心理的にのみ矛盾なく構成された構成体なのではない。宗教はその内部にきわめてしばしば複数の動機系列をかかえてきたのであり、それらの動機は、仮にそれぞれが一つだけ一貫して追求されれば、その他の動機を妨害し、しばしば真っ向から背かざるをえないのである。ここでは、『首尾一貫性』は例外なのであって、通例なのではなかった[20]」。

それでもやはり、ヴェーバーにとって、首尾一貫性は人間の思考と行為をつかさどる「命令」である。そしてそれは、特に宗教的達人に対して、そのようなものとして歴史的に作用したのである。ここから、観察者が構想する現世拒否的な動機と葛藤といった「合理的」な構成物、すなわち理念型が、この関連でなぜ特別な意義をもつのかがわかってくる。観察者の索出的な整序手段は、当事者の規範的な指向目標と内容的に一致することがある。それを理念型という方法論に違反してしまったかのように見たり、あるいはそこに西洋的 - 合理主義的偏見があるとまで見たりする向きが今までにはあった。私の見るところ、それらはいずれも当たっていない。研究者自身がそれらの違いを意識しつづけ、それに応じた態度をとるかぎりにおいて、観察者の索出的な整序手段と当事者の規範的な指向目標との間の内容的な一致によって、観察者と当事者の差異、および理念型と理想の差異が解消してしまうということはない。理念型を暗黙のうちに歴史的に影響力の大きい理想にすげかえたりしない者ならば、それらの一致をまずは確認し、そのあとで一致の理由づけを行なうだろう。そうした一致は、事例ごとに経験的に裏づけようとすることができるし、あるいはまた、ヴェーバーのように、次のように一般的に仮定することもできよう。すなわち、「知的・理論的あるいは実践的・倫理的な態度における論理的あるいは目的論的な『首尾一貫性』の意味で合理的なもの」は、「人間に対する支配力」を少なくとも限定された形でもっているのだと。[21]こうした一般的な仮定は、確かに合理主義的偏見の現れかもしれないが、西洋的偏見の現れでないことは疑いない。というのも、首尾一貫性の命令は、究極的には文化人としてのすべての人間に対して言い渡されているからである。ただ、首尾一貫性の命令の強さや、その命令と別の「命令」との関係にばらつきがあるだけなのである。その上、首尾一貫性の命令がいかなる必要条件、いかなる前提に対して「妥当」を要求するのかは、それだけでは決まらない。そうした必要条件や前提が常にいろいろと存在する点については、音楽社会学での間隔・和声両原理の比較ですでに述べたとおりである。こうした意味で、観察者と当事者にとって「合理的」なもの、「非合理的」なものとは、採る視点次第ということになる。「後期」ヴェーバーではなく、「プロテスタンティズムの倫理」の初版を著したヴェーバーがこのことをすでに強調している[22]。それゆえに、彼の社会学、特に宗教社会学は合理性そのものの理論を目指しているのではなく、むしろ発展史的パースペクティヴから見た宗教的合理主義の類型論を目指しているのである。この目論見は、現実は多様な合理的形態を取りうるということを前提としている。この社会学は、そうした諸形態どうしの価値関係について語ろうとはしないし、また実際、語ることができない。このことは幾度となく見逃されてきた。おそらく、このことに気づいたがために、ヴェーバーは「中間考察」の第三稿で、彼の図式的・理論的な構成の地位をいま一度、精密な形で提示したのであろう。というのも、彼はこのことに関連して、一つの興味深い文章を挿入しているからだ。「構成された図式は当然のことながら、理念型的な指針としての手段（Orientierungsmittel）にするという目的しかなく、」と一九一五年のテクストでは語られていた。そして今や、「独自の哲学を説くという目的などはない。このように知的に構成された『生活諸秩序』の葛藤類型は、ただ次のことを意味するにすぎない。すなわち、この内的葛藤はこの場所において可能かつ『適合的』であるということであり、したがって、たとえばそうした葛藤を『止揚されたもの』と見ることができるような立場は一切存在しないなどと言っているわけではない。すぐにわかるとおり、そこでは個々の価値領域は現実においてめったに現れることはないほど合理的に完結した形で提示されている。しかし、確かに現れることがあるし、実際、歴史的に重要な仕方で現れたことがある」[23]と続く。したがって、カール・ヤスパースがまさにヴェーバーの宗教社会学から強い影響を受けた『世界観の心理学』で使った意味において、「中間考察」は一種の世界観心理学、あるいは世界観社会学の核心であると見ることができるが、それを預言的な哲学だと誤解してはならないのである[24]。

さて、この体系的な考察のなかで、ヴェーバーはまず第一に宗教的現世拒否の際に客観的に可能となる価値葛藤を取り上げる。音楽の場合と同様、救済宗教の場合もやはり、「首尾一貫した合理主義」だけできれいに割り切れるものではない[25]。ただし、価値葛藤は価値創造と価値破壊の同時性を表現したものである。それは人間の現存在、すなわち客観的世界と主観的世界の二律背反的な構造に注意を促す[26]。現世拒否は、こうした二律背反的な構造を明示するのである。もちろん、現世肯定的な宗教が葛藤を免れているというわけではない。そうではなく、これが意味するのは、現世拒否的宗教が現世肯定的宗教と比べて葛藤の経験を強めるということであり、おそらくまた、それによって投げかけられた「実存的な」問題が、たとえば神義論、あるいは救済目標を中心として体系的に統制された生活態度といった形で、より意識化された理論的・実践的な処理を要求するということでもある[27]。ヴェーバーはここで、宗教の価値領域と生活秩序に、それ以外の価値諸領域と生活諸秩序、すなわち経済、政治、美、性愛、そして知性といった各価値諸領域および生活諸秩序を対置している。彼はこれらの諸領域や諸秩序が人間に対してなしうる可能な要求を、ここでもやはり「合理的完結性」の形で提示するわけである。現世拒否の動機を語る場合と同じく、葛藤とその解決を語る場合でも、個々の宗教はただ例証のためにのみ引き合いに出されている。具体的な諸葛藤の理念的・社会的構成、特に葛藤克服の具体的な試みについては、個別的な叙述に委ねられる。それゆえ、ヴェーバーは「宗教倫理と『現世』」の章では宗教的心情倫理そのものについて語り、「中間考察」では「現世」との葛藤に陥る救済宗教の同胞愛倫理そのものについて語るのである。しかし彼は、この「現世」を既述の価値諸領域および生活諸秩序と、それに結びついた基本的な生活遂行とに分解した[28]。そして、彼はこれらを全体としてではなく個別に、宗教の要請と対決させている。「現世」の価値諸領域と生活諸秩序どうしの間に起こりうる葛藤についても論じられないままである。これら一対の対峙法は明らかに、「宗教」と「現世」の間に起こりうる葛藤の特殊な局面と共に一般的な局面をも浮き彫りにするという目的をもつ。あらゆる価値領域と生活秩序は特殊な前提と条件をもち、行為を特殊な価値と手段に結びつける。その結果、宗教倫理と「現世」の特殊な葛藤が、すなわち、反経済的、反政治的、反審美的、反性愛的、および反科学的な現世拒否に由来する葛藤が引き起こされうるのである[29]。ところが、これらの特殊な葛藤には、ひとつの共通分母がある。その共通分母とは、公正なる補償、同胞愛、および愛を求める宗教的要求、それもとりわけ救済宗教的な要求が、暴力に残虐、エゴイズムに愛情の欠如といった体をなす「現世」とは原理的に衝突するという点である。この共通分母はより大きなパースペクティヴ、すなわち準拠枠なのであって、実質的な宗教社会学はこの枠組に添いながら、さまざまな文化宗教と「それらにとっての現世」とがもつ歴史的な理念的・社会的諸前提と諸帰結を分析するのである。すでに『経済と社会』において、「宗教倫理と『現世』」の研究のあとに――確かに断片的なままではあるとはいえ――「文化宗教と『現世』」の研究が続いているのは偶然ではない。ひょっとすると、このより大きなパースペクティヴ、この指針としての手段には、科学的・索出的な意義とともに生活実践上の意義が認められるかもしれない。歴史上の重要な葛藤状況とその「解決」を理解によって追体験することは、文化人が「それぞれの生活の糸を操る」デーモンを見つけようとする場合、実際にその手助けとなることもあろう。[30] しかし、重大なことは、追体験の過程でデーモンが創造されるわけではなく、また、デーモンの選択が正当化されるわけでもないということである。というのも、こうしたことは、ヴェーバーが不可能だとする価値判断の経験的な根拠づけを前提とするからである。

こうして、宗教社会学においてヴェーバーは、宗教的に動機づけられた「現世」への基本的な諸態度を確認しようとし、そうした諸態度がいかに生じ、諸態度のいかなる作用が宗教自身へ、そして他の価値諸領域や生活諸秩序へと及んだのかを「説明」しようとする。その場合、彼は人間存在の一つの構造を前提にしている。すなわち、首尾一貫性の命令を守る救済宗教の諸要求を現世の非合理性という経験へと至らしめる構造である。それどころかヴェーバーは非合理性というこの経験のことを、あらゆる宗教の発展のための原動力であると言明している。[31] しかしながら、そうした経験は救済宗教の要求を充足することにだけ結びついているというわけでは決してない。ヴェーバーが彼の概念構成論の中心にも据えているこの非合理な裂目（hiatus irrationalis）は、宗教を超えて生の根本問題の一つ、いや、それどころかおそらく生の根本問題そのものなのである。すべての「合理的な」要求は、体系的に見ると二つの限界に突き当たる。まず、要求と現実とがたがいに相容れない。さらに、人間はつねに「合理的ではない」ような要求にも従わなければならないし、そしてまた、生活諸力の固有権と固有法則性に由来し「根本的に没合理的か反合理的な性格を本質とする」ような要求に直面する[32]。したがって、現世肯定と現世否定は、人間が「現世」の非合理性問題に対して理論的かつ実践的に応える場合に採用する二通りの基本的態度として解釈できる。現世肯定はこの「世」をすべての可能な世界のなかで最良のものとして受け入れるが、非合理性の問題とは真剣に取り組もうとしない。それに対して、現世否定は「現世」の不完全性を甘受できず、そのため、非合理性問題を理論的かつ実践的に先鋭化させる。この先鋭化とそれが及ぼす作用とをより微細に把握しうるためには、現世否定の根本的態度自体を細分化しなければならない。ヴェーバーの宗教社会学はこの点に関してどう述べているだろうか。

私見によれば、『経済と社会』の宗教社会学と『世界宗教の経済倫理』の間には、この点に関して興味深い重点移動が生じている。『経済と社会』でヴェーバーは、文化宗教の現世態度（Welthaltung）を主に現世適応、現世志向、現世拒否、そして現世逃避といった概念で描写する。彼はこれらの概念をいわば同列に並べて使用しているが、これは次のことを物語っている。すなわち、現世肯定（そして現世適応）と現世否定（そして現世拒否）の対比が『世界宗教の経済倫理』を叙述および体系論の両面から導いているが、『経済と社会』では、それはまだこのような役割を担っていないということである。そのうえ、さまざまな文化宗教と基本的な現世態度との関連づけは、二つのテクスト集の間で完全に一致するわけではない。いずれにせよ、「中間考察」と「序論」によってここに精密化が行なわれているのであり、それは現世否定ないし現世拒否の概念の地位が変化しているという事情から読み取ることができる。『経済と社会』では、ヴェーバーはたとえばユダヤ教の現世志向性、イスラムの現世適応性、原始仏教の現世逃避性、そして現世拒否的な原始キリスト教について語っている。[33]それに対して、「中間考察」や「序論」では、あらゆる救済宗教にみられる宗教エリートの現世態度をまず初めに特徴づけるときに、彼は現世拒否という概念を使用しているのである。

救済宗教がとるさまざまな現世態度の相違を図式的・構成的に解明しようとするならば、現世肯定と現世否定の対比ばかりにとどまってはいられない。むしろ、「現世拒否の領域における対立」のありうる姿を精密に示さなくてはならない。[34]これもまた「中間考察」においてなされている。

二　禁欲と瞑想

ヴェーバーが選び出したアプローチを浮き彫りにするためには、ここで体系的な予備考察をしておく必要があろう。ある行為は目標、手段、および条件によって規定されるが、これらの要素を調整するための規範的な基準によっても規定されるものである。[35]そして、救済宗教的行為も、やはりこうした目的論的な行為モデルの枠内で分析できる。それは、体系化された救済技術を手段として、救済のために重要な、持続的状態《ハビトゥス》としての霊的状態（status spiritualis）の確立を目指す行為である。それを通じて、自然的状態（status naturalis）、すなわちあらゆる行為の条件が、宗教的に「統制」されることになっている。だから、最終的に問題になるのは、社会的状態（status socialis）をも包括する自然的状態とともに、救済目標と救済方法が人間の生活態度に対していかなる影響を及ぼすのかということである。したがって、宗教的現世拒否の領域における諸対立を特徴づけるには、明らかに、救済諸宗教と結びついた救済財《ハイルスギューター》と、救済経路《ハイルスヴェーク》ないし救済手段《ハイルスミッテル》とが特別な意味をもってくる。ここで救済宗教的行為を構成するこれら二つの成分について、手短に触れておこう。

それでは――ヴェーバーが厳密には区別しなかった――救済経路ないし救済手段からはじめよう。これについては「中間考察」において「禁欲と神秘主義の類型論」というタイトルのもとで論及されている。この節は、すでに「序論」で使用された「対極的な諸概念」を特殊化し、それらの諸概念がさまざまな救済財へといかに関係づけられるかを精密に示しているという点で、明らかに「序論」と関わっている。ところが、これらの諸概念は、そうした関わりを超えて、より大きな作品史上の連関をもつ。体系的な結論を導くまえに、まずはこれらの諸概念自体に目を向けるべきであろう。

ヴェーバーは「プロテスタンティズムの倫理」の第一版で、すでに禁欲と神秘主義の概念を使用している。これらの概念は、そこではとりわけプロテスタンティズム内部での対比を浮き彫りにするために使われている。すなわち、ルター主義、それも特に後期ルター主義、つまり非禁欲的なプロテスタンティズムの代表者と、カルヴィニズム、つまり禁欲的プロテスタンティズムの代表者の間の対比を浮き彫りにするために使われている。前者は、神のなかでの安らぎ、すなわち神秘的な合一（unio mystica）であり、受動性や情緒的な内面性、そして「現世」の諸秩序への「適応」などとセットになっている。後者は、神のまえでの確証、すなわち体系にまで高められたわざによる聖化

(Werkheiligkeit)であり、能動性や体系的な自己統制、特に感情統制、それに、神の意志に応じて平和的にであれ暴力的にであれ改造すべき、課題としての「現世」の諸秩序などとセットになっている。[36] つまり、そこでは「合理性」と「感情」、行為と観照ないし瞑想といった、対極的な概念を使って特徴づけがなされているのである。しかしながら、神秘主義の概念の方は、さながら残余的に規定されているといった観がある。ヴェーバーの興味は第一に禁欲の概念的な細分化にあった。このことは、彼がカルヴィニズムの禁欲を中世修道院制度の禁欲と比較していることからもうかがえる。両者とも「合理的」だが、一方は世俗内で、他方は世俗外で実行される。世俗内的禁欲は証明の場としての「現世」へと志向するが、世俗外的禁欲は「現世」から離れて「現世」を克服する。だから、特に問題となっているのは、改革前および改革後のキリスト教のなかで合理的かつ計画的な行為による規定性をもった宗教的な諸態度を詳述し、それらを合理的でも計画的でもない感情による規定性をもつような宗教的態度と区別することである。つまり、行為文化が感情文化と対置されているのである。ヴェーバーは感情文化をとりわけ神秘的と称するが、それは特定化されない意味においてである。また、このことは「「倫理」論文に関する」反批判でも明らかにされている。そこでは、彼は神秘主義という概念を使用することなくキリスト教の感情による規定性を描写している。ここではとりわけ次のように述べられている。「私がカトリックの禁欲と言う場合、それは、たとえば(カトリックの側での)『無計画な現世逃避』や(プロテスタントの側での)素朴な感情面での『禁欲』とは対立する、(イエズス会において最高度に示された)合理化された禁欲のことをはっきりと指している[37]」。ヴェーバーがなかんずくロシアにおける宗教の状況を診断した一九〇五年のロシア革命についての研究によっておそらく刺激を受けて、神秘主義の概念もまた深められたのである。とにかく、こうした印象は、トレルチによる「ストア派的・キリスト教的自然法と近代の世俗的自然法」についての講演に対して一九一〇年一〇月の第一回ドイツ社会学会大会でヴェーバーが行なった討論からも得られる。彼はここではギリシア正教会には神秘主義が混ざっているとみている。この神秘主義は、たとえばタウラー的な神秘主義のような異端運動を単に指しているのでは決してないし、また、後期ルター主義の感情文化のことでもない。まさに原始キリスト教のように、正統派の教会は信者どうしが互いに献身しあい無条件に尽くしあう愛情で結びついたゲマインシャフトである。ヴェーバーはこうした献身について、無対象的、無差別主義的（akosmistisch）、生活の諸現実の否定、魂の神聖な売淫などと表現している。それゆえ彼はこの態度を、ゲゼルシャフトに関わる禁欲的なわざによる聖化を伴ったものとしてのカルヴィニストの態度と、類型論的にきわめて鋭く対比させているのである[38]。こうしてヴェーバーは、「秩序ある（kosmisch）」合理的倫理に「無差別主義的」な情緒的愛情を対置しながら、福音書の二側面、すなわち絶対的な普遍主義と絶対的な個人主義についてのトレルチのテーゼを彼流に受容している[39]。というのも、徹底して秩序を指向する合理的倫理と、徹底して無差別主義的な情緒的愛情とは、彼の見解では、きわめてよく似た結果をもたらしうるからである。すなわち、それはエゴイズム、ある時は極端な即物性から生じ、またある時はまさにその愛ゆえに自己愛ともなる極端な隣人愛から生じる、非友愛的なエゴイズムである。しかし大事なことは、神秘主義の概念が、すでに「プロテスタンティズムの倫理」の第一版で設定された座標軸内部に依然として留まっているということである。すなわち、一方の禁欲的な行為文化に対する他方の神秘主義的な感情文化という座標軸である。ただし、禁欲的な行為文化は、それが世俗内的な指向であれ世俗外的な指向であれ、現世拒否と結びついており、神秘主義的な感情文化は（非計画的な）現世逃避と結びついている。その場合、現世逃避は同時に、すべての他者に対する献身、それも相手が偶然そこにいるというだけでの献身を意味する。そうした意味で、キリスト教は類型論的に見て、二つの極端な立場を知っている。一方は現世逃避的献身をなす神秘主義的な愛の無差別主義であり、他方は現世への働きかけをなす禁欲的なわざによる聖化である。

ところで、推測するにヴェーバーは、特にインドへの取り組みを通じて、神秘主義の解釈を変更したように思われる。というのも、彼は原始仏教において、計画的な、すなわち「合理的な」現世逃避という現象に出会ったからである。この現世逃避は、そのうえ、キリスト教の意味での愛の無差別主義には至らないのである。さらに、こうした取り組みによって、キリスト教の禁欲とキリスト教以外の禁欲の間にも厳密な区別を設けるのが重要であることが明白になったのである。これらの歴史上の諸現象間の差異を考慮しようとするのなら、禁欲概念と神秘主義概念の両者を「同程度に」細かく記述するよう努めなければならないし、同時に、それらの基本的概念が（発生的な）分類概念、および（相対的なものと絶対的なものの両方を含めた）歴史概念として、ここでいかなる形で併存しているか、という問題を明らかにしなければならない。私見によれば、ヴェーバーはこれら二重の問題に対して「中間考察」ではじめて、いくらか満足できる程度にまで解答できた。そこへゆくまでのきわめて重要な「中間ステップ」が『経済と社会』のなかの「救済方法とその生活態度への影響」に関する研究、すなわち、「中間考察」の第一稿たる「宗教倫理と『現世』」に関する研究の前に置かれた研究である。

　このなかでヴェーバーは、救済方法と生活態度の関連に関する彼の比較宗教社会学研究の成果を、一つの主要問題のもとに議論している。つまり、人間はいかに自己の救い、すなわち恩寵の堅固さ（perseverantia gratiae）を確保し、いかに救いの確かさ（certitudo salutis）を手に入れるのか、という問題である。[40] 彼の見解では、この問いに対する解答は、宗教的人間すべてにとって重大な意義をもつ。「ここから、純粋に宗教的な性格をもった心理学的推進力のすべてが生じるのである」と、後のテクストで、まさにインドの救済宗教を念頭に置きながら語られる。[41] この確かさは、第三者によって「施される」ことができるものか、それとも自ら戦い取らねばならないものかのどちらかである。施される場合、それは個人によって、あるいは制度によって可能となる。戦い取らねばならない場合、「業績《ライストゥング》」をあげることが必要となる。業績は儀礼的ないし祭儀的な種類のものであることもあれば、社会的ないし倫理的な種類であることもある。それに、個々の業績が重要な場合もあれば、業績の総体が重要な場合もある。しかし、「業績」を通じて自然的状態が克服されることになっている。「業績」は多かれ少なかれ方法的に惹起される一個人の「再生」に役立つのである。それには次の三つの方法ないし手段が重要な役割を演じる。すなわち、忘我、禁欲、そして瞑想である。このなかでも忘我は、それがどれほど昇華された形であっても、やはり特殊な位置を占めている。というのも、忘我は厳密に理解すれば、瞬間的な「再生」しかもたらさないから、すなわち持続的状態《ハビトゥス》としての「再生」はもたらさないからである。しかし、他の二つの救済技術は呪術的な前提条件から解放され、救拯論的な前提条件の下に置かれる限りにおいて、こうした「再生」をもたらすのである。そのうえ、これらは救いに役立つ持続的な自己完成のための、すなわち方法的な規律化のための手段である。忘我は救済宗教の前提のもとでも現れるが、たいていは瞑想が忘我の代わりに現れる。それというのも、瞑想は計画的な実行が可能だからである。したがって、禁欲と瞑想は最も重要な救拯論的方法であると見ることができる。その際、禁欲はどちらかといえば実践的な規律化、瞑想はどちらかといえば知的な規律化を促進する。このことは、両者が導くそれぞれの主要な帰結から読み取れる。すなわち、一方で禁欲は精神物理学的過程の方法的統制、あるいは「正しい行為」へと到達しうるが、他方、瞑想は意識の空虚化、あるいは「正しい知識」、開悟、したがってヴェーバーが神秘主義と呼んだ状態へと到達しうるのである。禁欲は「不断の行為」を作り上げるのに役立ち、瞑想は「不断の意識状態」を作り上げるのに役立つ。これが一つの理由となって、ヴェーバーは禁欲を倫理に、瞑想を霊知《グノーシス》に結びつけがちであり、さらには禁欲を行為、瞑想を神秘主義へと結びつけがちなのである。それゆえに彼は、「手段」と「結果」とを一つのカテゴリーに合一させることになる。

　しかしながら、このことにはまた別の理由がある。その理由は、宗教的伝統を概念構成へと取り込むことに関するものである。すなわち、二つの救拯論的な救いの方法論、つまり両者の救済方法は、ヴェーバーにとっては神的なものに関する諸観念と密接に関連しているのである。というのも、それらが救済財を造り出すからである。そして、これらの諸観念のなかでも、とりわけ彼が関心をもつのは次の二つである。一方の観念は、たとえばキリスト教の伝統において優勢であるような、この世を創造し、いつの日か今度はそれを壊滅させる人格的な超越神の観念である。他方は多くのアジアの文化宗教において優勢であるような、創造されたものではないとされるがゆえに永遠である、非人格的で内在的な秩序の観念である。既述のように、あらゆる宗教的努力の目標は、神的なものとの「確実な」関係を打ち立てることである。この関係がいかなる外観を取りうるかは、やはり神観念に左右される。とりわけこの関係は、キリスト教の伝統では神の僕たることや神の子たることとして定義されるが、アジアの伝統では神の所有として定義される。キリスト教徒はそうした関係を神意にかなった行為を通じて「確保する」が、アジア救済宗教に帰依する者は神的なものとの合一を通じてそれを「確保する」。また、ヴェーバーはこのことを、人間はある場合には神の道具であり、また別の場合には神的なものの容器である、とも表現する。こうして彼は、禁欲的行為に能動的な形を与え、他方、瞑想的神秘主義に受動的な形を与える。もっとも、これが分類的な規定であるか歴史的な規定であるかは、依然、不明瞭なままである。ここで「プロテスタンティズムの倫理」の第一版と比較すれば、もちろん、この禁欲と瞑想の相違を規定する要因を、さらにいくつか得ることができる。道具／器、闘争／安らぎ、行為／行為しないことないし思考しないこと、業績（Leisten）／所持（Haben）――これらはヴェーバーが駆使している二項対立の一部である。ここから、彼が当初は著しく残余的なものであった神秘主義の定義を克服していることがわかる。禁欲と神秘主義とが概念的に「同等に」扱われ、その上、さらなる詳述が施されるのである。

そのためにヴェーバーは現世関係(Weltbeziehung)を選んだ。救済のために努力する者にとってできることは、この「現世」の秩序に留まるか、それともそれに背くかのいずれかである。ただ、背くと言っても、当然、以後それに依存しないというわけではない。[42]こうして、「プロテスタンティズムの倫理」とその反批判でヴェーバーは、世俗内と世俗外という一対の概念を選びだし、その概念を、とりわけ「プロテスタント的」禁欲から西洋修道士の禁欲を区別するために使った。[43]『経済と社会』では、彼は世俗内的禁欲の概念に固執しているが、興味深いことに、世俗外的禁欲についてはは語らず、現世拒否的禁欲について語っており、それを瞑想的神秘主義の現世逃避に直接対置している。このように、彼は現世逃避的禁欲について論じるのを明らかに避けている。というのは、とりわけ現世忌避的な禁欲ですら、瞑想とは対照的に、行為に対してある種の積極的な作用を及ぼすものだからである。それでもやはり、ヴェーバーもここで述べているように、現世拒否的禁欲と現世逃避的瞑想の間のこうした対比は「そうとう特別な程度に」流動的である。[44]第二の対概念、すなわち、一方での世俗内的な禁欲者と、他方での「現世とその秩序内部で生活する」瞑想的な神秘家、という対概念については事情が異なる。[45]というのも、世俗内的な禁欲者と世俗内的な神秘家は現世とその秩序に対して完全に相反する態度を展開するからである。すなわち、一方は現世への働きかけ、いや、それどころか経済と社会の支配であり、他方は現世甘受(Welthinnahme)、つまり、あるがままの現世への「順応（Schickung）」である。多少長くなるが、次の一節はここで引用しておく価値があるだろう。これは瞑想的な救済追求が及ぼす効果一般についてヴェーバーが行なった解釈のなかでも、中心となる一節である。ヴェーバーの見解によれば、この種の救済追求からは、「現世的諸秩序の合理的な改造」を進める推進力は何も出てこない。[46] ヴェーバーは世俗内的な禁欲者の現世態度と世俗内的な神秘家の現世態度を以下のように描写する。「現世そのものは、禁欲によっても肯定されないし、瞑想によっても肯定されない。しかし、（世俗内的）禁欲によって、現世がもつ被造物的で、かつ倫理的に非合理的で経験的な性格、および現世の快楽の倫理的な誘惑と、その喜びや恵みを享楽し、そこに憩うことへの誘惑は、ともに否定される。逆に、現世の秩序内での自分自身の合理的な行為は、恩寵確証のための課題および手段として肯定される。これに対して、世俗内で生活する瞑想的な神秘家にとって、行為、それも世俗内での行為はそれ自体が純粋に誘惑であり、神秘家はそれに対抗して恩寵状態を主張しなければならない。こうして神秘家は、あるがままの現世の秩序に『順応』することによって、自己の行為を極小化する。現世の秩序のなかで、神秘家は『国のうちに穏やかに住む者』がいつの時代でもしてきたように、いわば匿名（inkognito）で生きるが、それは、われわれは現世で生きなければならないと、かつて神が定めたからなのである。瞑想的な神秘家のこの世俗内的行為では、謙譲が入り交じったある種独特の『無気力さ』が際立っている。そうした世俗内的行為から離れ、神との近しさ（Gottinnigkeit）の平穏へと逃避することを神秘家は望み、また事実、逃避するのである。他方、禁欲者は自己自身だけ、単独で行為する場面では、自分は神の道具であると確信している。そのことからして、禁欲者に独特の義務的で被造物的な『謙譲』は、その純正さがつねに疑わしいのである。彼の行為の帰結は、それでもやはり神自身が導く帰結である。彼はその帰結に寄与しただけなのであるが、少なくともそれは、彼と彼の行ないに対する神によるまったく特別な祝福の印なのである。それに対して、世俗内的な行為の帰結は、純正な神秘家にとっては救済のいかなる意義ももつことはできない。そして、現世で純正な謙譲さを保持することが、彼の魂が現世に帰属していないことの、事実上、唯一の保証である」[47]。この引用箇所ではキリスト教の事情も論じられているとはいえ――このことは、ヴェーバーが瞑想的神秘主義の一般的な影響について解説するために挙げた諸例によって裏づけられる[48]――、発展させられ洗練されたこの両概念をここで彼が使用するのは、キリスト教の救済宗教的伝統をその内部で区別するためというよりは、むしろ、キリスト教的な伝統と、何といってもインドの救済宗教的伝統とを、次のような観点のもとで区別するためである。すなわち、禁欲と瞑想がいかなる現世態度に有利にはたらくのか、そして、禁欲と瞑想によっていかなる効果が行為において発揮されたのかという観点である。ヴェーバーは次のように定式化している。「ところで、救済宗教心の種類に関して、東洋およびアジアにおいて優勢なものと西洋において優勢なものの間の歴史的に決定的な差異とは、本質的には前者が瞑想へと通じるのに対し、後者が禁欲へと通じるという点である[49]」。

この引用で述べられているのは、これらの伝統の間の「基本的な差異」である。音楽の場合と同様、ヴェーバーはここでもまた、理論的な差異のみならず、実践的な差異にも目を向けている。『経済と社会』では基本的な相違点が六つ挙げられる。そのいくつかを、ここで体系的にまとめながら取り出してみよう。さて、宗教的世界像に関わるのが理論的な相違点である。それぞれの宗教の伝統を構成する要素は、この相違点において体系的に結びあわされている。少なくとも、多くの救済宗教のように救拯論的な前提諸条件が理論的合理化の対象とされる場合はそうなっている。要素としては神観念のほかに「現世」の観念があり、神の行為の観念と救済にとって重要な人間の行為の観念とがある。つまり、「神学」があり、宇宙論と義認論——人間の前での「神」の正当化（「神義論」）、そしてとりわけ「神」の前での人間の正当化——がある。したがって、救済宗教の世界像は人間がどこからどこへ、またいかにして救済されるかを提示する。すなわち、「神」‐人間‐「現世」という関係がもつ意味を解釈してみせるわけである。[50]ところで、理念型的に先鋭化させてゆけば、キリスト教の救済宗教的な世界像とインドのそれとの間の基本的な差異をいくつか際立たせることができる。そこで、神‐人間関係、義認論、そして宗教的要請と「現世」の関係という三つの視点をここで問題にしてみよう。神‐人間関係について言えば、キリスト教においては神と人間の間の距離が少なくとも此岸では強調されている。「これとともに救済方法論には、少なくとも言葉の本来の意味での自己神格化へと通じ、また、純粋に神秘主義的な神の所有へと通じる道が冒瀆的な被造物神格化であるとして閉め出され、同様に、最終的には汎神論的な帰結へ通じる道も閉め出された」[51]。そのかわり、人間の道具的な性格、それに禁欲、戒律、「正しい行為」、つまりは倫理が焦点となる。それに対してインドでは、此岸においてさえ人間の神的なものとの合一がある。そこでは、人間の容器的な性格、それに瞑想、規準（Richtschnur）、「正しい知識」、つまりは霊知《グノーシス》が焦点となる。また、人間の義認について言えば、キリスト教で強調されるのは「わざ（Werke）」ではなくて、恩寵と信仰である。ただし、「わざ」は最終的には決して救済の実在根拠とはなりえない。「わざによる聖化」は、まさにカルヴィニズムで大きな役割を演じるが、しかし、そのカルヴィニズムにおいてさえ恩寵による選びの教説によって破壊されたのである。このことが、キリスト教において「わざによる聖化」と「アンシュタルト恩寵」の間、「ゼクテ」と「教会」の間に解消しえない緊張が存在する原因の一つである。インドでは、単に「わざ」だけが問題とされる。救済はもっぱら各自の「業績」の結果である。インドの救済宗教は秘蹟なき宗教である。それらは教会をもたらさなかった。また、宗教的要請と「現世」との関係について言えば、キリスト教では宗教上の平等要求と自然的・社会的不平等の間の矛盾が強調される。「宗教的自然法」がそこにはあり、それは改革的、あるいは革命的でさえある諸帰結をもたらしうる。それに対してインドでは、宗教的自然法といったものは欠如している。各自の社会的運命も、とりわけ宗教的な報いとされる。定式化して言えば、キリスト教が行為のなかで、そして行為を通じて自己完成と現世完成にむかう態度、すなわち自己支配と現世支配にむかう態度の基礎を合理的に固めたのに対して、インドの救済諸宗教は瞑想のなかで、そして瞑想を通じての自己神格化と現世逃避、および現世放棄の態度を促したのである。

　こうして、『経済と社会』においてヴェーバーは禁欲と神秘主義の自らの区別を、西洋とインドの救済宗教的伝統と密接に結びつける。そのうえ、彼は現世拒否的禁欲について語ることによって、現世拒否の概念を少なくとも術語の上で厳しく限定している。キリスト教の禁欲のみならず、インドの禁欲も存在し、同じように、インドの神秘主義のみならず、キリスト教の神秘主義もまた存在する、とヴェーバーが考えているのは確かなことである。ヴェーバーは、これらが歴史的な概念であって、それぞれがきわめて複雑な歴史的意味連関と歴史的行為連関を表現しているということを明言している。しかしながら、その際、歴史的な観点と分類的な観点とがたがいに絡み合ったままである。とりわけ、これによってキリスト教的な救済宗教とインド的な救済宗教の基本的な共通性は曖昧になる。この問題に対処するには、分類的な視点と歴史的な視点とを厳しく区別し、現世拒否の概念を一般化することが必要である。事実、それをヴェーバーは「中間考察」のなかで精密に行なったのである。

世界宗教の経済倫理に関する研究の枠内で、この点について「中間考察」にはいかなる課題が課されているのか。これはまさにこのシリーズの「序論」と比較することによって明らかになる。というのも、「序論」では「中間考察」とは違った形で文化諸宗教の間の区分が行なわれているからである。「中間考察」では、何よりも現世肯定的な文化宗教と現世否定的な文化宗教の差異が中心を占めている。それに対して、「序論」で中心を占めるのは、アジアの文化宗教と西南アジア‐西洋の文化宗教の差異、すなわち二つの「大きな歴史的伝統」の差異であり、その各々の中で現世肯定的な態度と現世否定的な態度が成立したのである。ところで、これらの体系的なテクストにおいて、ヴェーバーがこうして文化宗教をその時々に異なる形で「区分」するのは決して偶然ではない。それどころか、このことはテクストそれぞれの機能と関わっているのである。「序論」はシリーズ全体への導入となっているが、それに対して「中間考察」は、――先ほど示したように――シリーズのなかでも特に宗教的現世拒否の前提条件と帰結に関わる部分への導入となっている。しかし、アジアの文化宗教と西南アジア－西洋の文化宗教とを区別する場合は、基礎概念的な観点や「類的な」観点ではなく、むしろ歴史的な観点が区別の基準となっている。とりわけ、神概念や救済技術の性質、そして担い手層の性質といった観点である。したがって、「序論」でヴェーバーは、救済技術についてさしあたり『経済と社会』で到達した議論の一部を再確認することになる。最も重要な救済技術とは、忘我、禁欲、そして瞑想の三つであり――能動的な禁欲と瞑想的で無感動－忘我的な生活について論じられている――、それらは神観念に対してそれぞれ特殊な親和性をもつが、それだけではなく、預言の形式、すなわち使命預言と垂範預言の形式に対しても、それぞれ特殊な親和性をもっている。さらに、態度に当てはめれば、禁欲的な現世加工と瞑想的な現世逃避が最も際立った対極を形成する。[52] この時点で両者ははっきりと、現世拒否という領域における対立物として提示される。それでもやはり、分類的な観点と歴史的な観点の間には明晰な区別がなされていないし、そのうえ詳細な説明がない。詳細な説明については、「序論」は『経済と社会』で到達した水準にさえ達していないのである。

ヴェーバーはこの水準に立脚して「中間考察」を書いた。それと同時に、『経済と社会』で下した結論の水準を、実質的にも術語の上からも、より厳密に提示している。まず、実質的な点においては、ヴェーバー自身にとってはまったく新しいことではないのだが、彼は次のような見解を強調している。すなわち、現世を超えた人格的な創造神の観念と能動的な禁欲という救済方法、すなわち労働禁欲（Arbeitsaskese）の間には、確かに親和性は存在するが、両者のつながりは必然的なものではないという見解である。歴史的には次の事実がこのことを物語っている。すなわち、神概念の点ではキリスト教と大いに一致するにもかかわらず、ユダヤ教もイスラムも、こうした禁欲を育むことがなかったという事実である。こうした独立性は預言、すなわち預言者によるものであれ救世主によるものであれ、救済宗教的メッセージの伝達についても妥当する。[53] この点でもまた、ユダヤ教やイスラムに使命預言はあるが、それがそうした宗教のなかでは能動的な禁欲に至ることはなかったのである。しかし、どちらかといえば西南アジア－西洋的な救済宗教について言っておくべきことは、アジアの救済宗教についても言える。すなわち、内在的・非人格的な神の力という観念と瞑想的な神秘主義との間には、確かに親和性はあるが、両者が無条件に一つのセットになるわけではないということである。つまり、世界像は分析的に救済方法から分離しておかなければならないのである。というのも、一方は理念的な要因、他方は制度的な要因を指しているからである。

ヴェーバーは今や用語法において現世拒否的禁欲の概念を削除している。こうして彼は語句の選択を通じても、実質的には以前から確定していること、すなわち、禁欲と瞑想とはその発展した形では現世拒否の救済技術であるということを明示した。ただし、「現世拒否の領域でみられる対立」の詳述は、『経済と社会』において、そしてそれ以前にすでに展開されていた一つの観点に則って行なわれる。その観点とは、現世拒否の救済技術が現世志向として（世俗内で）使用されるか、それとも現世忌避として（世俗外で、現世逃避的に）使用されるか、という観点である。ヴェーバーは首尾一貫した形で世俗内的禁欲と現世逃避的禁欲とを区別し、同時に、世俗内的な瞑想ないし神秘主義と現世逃避的な瞑想ないし神秘主義とを区別するのである。そして、『経済と社会』のときとは異なり、今や彼はラディカルな対立を、世俗内的禁欲と世俗内的瞑想ないし神秘主義の間に見るのではなく、むしろ世俗内的禁欲と現世逃避的瞑想ないし神秘主義の間に見る。それに、このことは彼が実質的な分析によって解明しようとしている対立とも関わりがあるかもしれない。というのも、ここでの関心は第一にキリスト教の世俗内的労働禁欲とキリスト教の愛の無差別主義の間の対立にあるのではなく、むしろ、キリスト教の行為文化とインドの「知識」文化（感情文化ではなく）の間の対立にあるからである。

ヴェーバーの比較宗教社会学研究の理解にとって、これら二つの点から精密化が行なわれたことはきわめて重要なのだが、それらは依然、完全に満足のゆく形にはなっていないと思われる。私の見るところ、それらは十分前進していない。ヴェーバーが禁欲と神秘主義を定義し詳述する一節は、次のような文章で書き始められる。「現世拒否の領域でみられる対立として、序論では次の二者をすでに提示しておいた。一方は行動的な禁欲、すなわち神意にかなった神の道具としての行為である。そして他方は神秘主義による瞑想的な救済の所有である。それは行為を意味するのではなく、『持っていること』を意味し、その場合、それぞれの人間は神的なものの道具ではなく、むしろ『容器』である。したがって、現世での行為は一貫して非合理的で現世の外部にある救済の状態性を脅かすこととして現れるはずである」[54]。これは禁欲と神秘主義の定義であり、この定義を出発点として類型論は展開している。続いて展開される解説でこの定義は詳述されるわけだが、補足も修正もなされない。このような出発点の選択は少なくとも誤解を招きやすいと私には思われる。それによってヴェーバーは、禁欲と神秘主義の類型論によって明らかに到達しようとしている地点に、実際には十分はっきりとは到達していないのである。だが、定義の問題というのは合目的性の問題であり、そのうえ問題依存的であるとも言えるであろう。実際、ヴェーバー自身、究極の歴史的概念など存在しないし、「型にはまった『禁欲』概念」なども、なおさらのこと存在しないということを絶えず強調している(55)。だから、概念の選択によって著者が目指しているものが何であるか明らかであるならば、定義をめぐってあれこれ議論しても無意味であろう。しかしながら、ヴェーバーは確かに神概念と救済方法の間には変動がまだありうるような形に、自らの類型論を表現しようとしているのである。だが、出発点のあの選択では、まさにこのねらいが妨げられているように思われる。そこで語られる禁欲はキリスト教の禁欲であり、道具という概念はキリスト教の神概念に結びついている。こうして、歴史的には確かに重要だが、決して絶対的なものとは言えない結びつきが、この禁欲の定義へと入り込む結果になっている。

しかし、この結びつきは定義的に確定するよりも、むしろ歴史的に確定するほうが得策であることが、まさに「序論」および「中間考察」で展開される説明ではっきりする。というのも、そこでヴェーバーは、呪術的な禁欲と宗教的ないし救拯論的な禁欲とを単に区別しているだけではなく、そのうえ、救拯論的な禁欲のすべてが能動的な禁欲であるとは限らないということも当然わかっているからである。したがって、この類型論を概念的な分析と実質的な分析とが互いに矛盾しないように整備しなければならない。しかし、そのためには、分類的な視点と歴史的な視点とを、出発点の定義で行なわれたよりも厳密に分離させることが求められる。

さらに、術語的に不明瞭な点も残っている。依然として禁欲は行為と同一視され、瞑想は神秘主義と同一視される傾向がある。そのうえ、私には世俗内的／現世逃避的という対置がうまくいっていないように思われる。私は現世志向（Weltzuwendung）／現世忌避（Weltabwendung）が適切な名称であるとみている。しかし、こうした術語の問題には二次的な意義しかない。重要なのは、むしろ禁欲と神秘主義の類型論を拡大すること、それも宗教的現世拒否がもたらす作用を細かなところまで把握できるように拡大することである。ただし、この拡大を試みる前に、救済宗教的行為を構成する他の成分を少しばかり考察しておかねばならない。それは、これまで神概念との関連で間接的にしか話題にしていない救済目標ないし救済財のことである。ヴェーバーの「純粋に経験的な考察」、「きわめて冷徹な叙述」にとって、[56]信者のための救済財とは、とりわけ第一にすでに此岸にいるうちに獲得しておく必要のある心理的な状態のことであり、それは、今ここで意義のある感情価値を孕んでいる。これと同じことは、ある救済財が「彼岸的」なものであって、たとえばカルヴィニズムの場合のように、それが神意にかなった神の道具としての行為によって追い求められる場合にも当てはまる。この場合、すでに此岸で体験されるあの救済状態は、一種の道具感情（Werkzeuggefühl）のなかに存在するのである。[57]そして、このような特質の感情を作り上げることは、神的なものとの関係を「確保」

する過程のなかの一局面である。ゆえに、この特質がいかなるものになりうるかは、事実上、おもに神概念が何であるかにかかっている。

つまり、ヴェーバーは救済財が本質的には二つの要因群によって影響されると見ているのである。第一に、それは救済財を追求する人間の外的な利害状況に、すなわち人間の社会的な状況によって影響を被り、第二に、人間の内的な利害状況によって影響を被る。つまり、最終的には人間の「外的」および「内的」な困窮によって影響を被るのである。そして、この困窮は宗教的な世界像およびその世界像の価値と関わっている。これらによって困窮にはある種の解釈が施される。さらに、ヴェーバーの有名な定式化で述べられるとおり、困窮に施された解釈が「軌道を決定し、この軌道に乗って利害のダイナミクスが行為を」前へと推し進めるのである。(58) さらに、「神」‐人間関係の解釈もこの解釈の一部である。この解釈は、先の体験可能な心理的救済状態を確定するうえで特別な重要性を担っている。道具／容器、隔たり／隔たりの欠如、行為／所有、闘争／安息、自己完成／自己神格化——これらの対立概念をヴェーバーは「神」‐人間関係の分析と多少とも密接に関連させて使用している。それぞれの対の前者は能動性を示し、後者は受動性を示す。「確証」と「謙虚な甘受」、能動性感情と受動性感情——これらが事実上、二つの神概念に対して内的な親和性を示す心的な救済状態である。しかし、だからといって、こうした救済状態がそれぞれの神概念と必然的に関連しているというわけではない。ヴェーバー自身、道具と容器、道具感情と容器感情といった彼独自の区別を、最終的にそういうものとして位置づけている。少なくとも、このことは彼が一九二〇年の『プロテスタンティズムの倫理』第二版に挿入した一節から看て取ることができる。そこでは次のように述べられる。「あらゆる（！）実践的な宗教心一般を分類する際に有効である決定的な救済状態性の根深い差異がここに表現されている。すなわち、宗教的達人が自己の恩寵状態を確かめる場合は、自分を神的な力の容器と感じることによってか、さもなければ、神的な力の道具と感じることによってかのいずれかである。前者の場合、彼の宗教生活は神秘的な感情文化に傾き、後者の場合、禁欲的な行為に傾く。ルターは前者の類型に近く、カルヴィニズムは後者の類型に属している」[59]。しかし、このように、もし道具と容器の間の区別があらゆる実践的な宗教心を分類する際に有効であり、キリスト教内部の分化にも利用できるのならば、その区別は引用箇所のように神概念から独立しているだけではなく、救拯論的な救済方法論からも分析的に独立させるべきであろう。とすると、能動性感情と受動性感情、道具感情と容器感情は、いずれも禁欲的な規律化の結果でも瞑想的な規律化の結果でもありうることになる。

三　救済宗教の現世態度の類型論

これをもって、ヴェーバーの宗教社会学の中心部分、すなわち宗教的現世拒否の領域における現世への立場（Welteinstellung）ないし現世態度の類型論を、体系的に要約できる。この類型論は宗教的達人、宗教エリートに関して有効なのであって、宗教的「大衆」に関してはそのかぎりではない。平信徒のカトリック信仰に関するヴェーバーの論評に示されるとおり、宗教的「大衆」は救済宗教の枠内でも素朴な現世肯定に傾くが、それゆえに彼らは呪術的な前提条件のもとで生活している人間に似ている。したがって、この類型論は「救済貴族主義（Heilsaristokratismus）」の諸形態、つまり宗教的な貴族の諸形態を提示しているのである。すなわち、「地位」ではなく、「資質」あるいは「業績」の貴族の諸形態を、[60]それらが文化宗教の発展水準において現れうるような形で提示しているのである。というのも、ある宗教的な階層分化を示しているということが文化宗教にとってとりわけ特徴的なことだからである。そうした階層分化は、およそ理念のうえでは達人道徳と大衆道徳ないし平信徒道徳の形成に、つまり宗教的な教説および倫理の一種の等級づけに基礎を置いている。この等級づけは、キリスト教の伝統では、特にスコラ哲学で発達した福音的勧告（consilia evangelica）に関する教説のなかに、とりわけ具象的な形で見出すことができる。その教説は平信徒倫理と祭司倫理の双方から区別された修道僧倫理の基礎の一つとなった。[61]また、こうした宗教的階層分化は資質エリートや業績エリートおよび「大衆」と並んで、同時に地位エリートをも含みうるうえに、社会階層とは必ずしも重なり合うわけではない。そのうえ、宗教エリートに対して、それも、まさに平信徒エリート（これもまた資質エリートもしくは地位エリートのいずれかでありうる）の姿で、たいてい宗教エリートが要求する意味解釈の独占をめぐって一種の競争が起こりうる。このことは、特に「平信徒知性主義」の場合に妥当する。たとえば、供給される解釈の基盤を救済宗教とは別の諸前提にもつ哲学者たちがその例である。[62]しかし、それによって文化宗教はヴェーバーが分化した社会生活の一般的な過程として提示した次の過程に巻き込まれる。すなわち、社会関係の開閉をめぐる闘争、つまり、「救済民主主義」と「救済貴族主義」の緊迫した対立である。[63]その際、ヴェーバーは比較の観点から、宗教エリートの構造と「闘争」にとりわけ興味をもっている。それは、伝統社会において、宗教エリートが解釈者として戦略的な位置を占めるからである。宗教的な生活領域から発した発展力学的な衝撃が他の生活領域へと波及するかどうか、波及するとしたらいかなる衝撃が波及するのかは、何よりもまず、現世に対する宗教エリートの立場に左右されるのである。こうして、ヴェーバーはとりわけそうした衝撃が経済的な生活領域に及ぼす影響を研究したのである。[64]

さて、類型論の出発点は、「神」－人間－「現世」関係である。これは二つの部分的な関係に区分できる。すなわち、規範的に命じられた神的なものとの関係、それに規範的に命じられた「現世」との関係である。また、神的なものとの関係は二つの構成要素をもつ。一方は救済目標ないし救済財、すなわちここでは救済状態であり、他方はそうした救済状態の獲得のために用いられる救済経路ないし救済手段である。これに先の「現世」との関係を合わせると、類型論の三要素ないし三次元が出来上がる。それらにはそれぞれ二つの形態がある。救済状態に関しては、能動性感情・道具感情か受動性感情・容器感情か、要するに能動的か受動的かである。救済手段に関しては、禁欲か瞑想かであり、現世関係に関して言えば、志向か忌避かである。そして、それらを組み合わせることによって、救済宗教的達人の類型を得ることができる。また同時に、各類型ごとに現世拒否がいかに作用するのかを細かに規定することができる（表1を参照）。

今やこの図式から興味深い示唆をいくつか得ることができる。1から4までのケースは心理的かつ歴史的に「首尾一貫した」ケースのようである。「中間考察」は主にそれらを用いて考察している。これらのケースでは、救済財と救済経路、それに現世関係が、「合理的に完結した統一体」を形成している。もちろん「統一体」の作用はそれぞれにおいて異なる。これらにおいて問題とされている

表1　救済宗教的達人の類型論

神的なものとの関係／「現世」との関係	能動的・禁欲	能動的・瞑想	受動的・禁欲	受動的・瞑想
志向（世俗内的）	1 能動的 現世志向的 禁欲者（現世支配）	5 能動的 現世志向的 神秘家（現世無関心）	7 受動的 現世志向的 禁欲者（現世無関心）	3 受動的 現世志向的 神秘家（現世への順応）
忌避（世俗外的）	2 能動的 現世忌避的 禁欲者（現世超克）	6 能動的 現世忌避的 神秘家（現世無関心）	8 受動的 現世忌避的 禁欲者（現世無関心）	4 受動的 現世忌避的 神秘家（現世逃避）

のは、「歴史的に重要な仕方で」現れるような宗教的な生活態度の諸形式である。(65) たとえば、プロテスタンティズムの能動的な職業禁欲やカトリックの能動的な修道士的禁欲の形をとるか（ケース1および2）、それとも社会的な絆から外れ、漿果をつまんで暮らすインドの「森林の民」の形をとるか（ケース4）ということである。これらのケースのすべてにとって問題となるのが永続化された「再生」である。しかし、これらのうち、「再生」が直接、「現世」の秩序へと発展力学的な作用を及ぼすのは、第一のケースだけである。というのも、このケースでは少なくともその意図するところによれば、「現世」の秩序はその全体であるか個々の部分であるかを問わず、いずれにしても宗教的統制の下に置かれるからである。これが「世俗内的禁欲」のケースであり、ヴェーバーは早くからそれがもつ文化史的意義に気づき、自らの比較宗教社会学のなかでその「普遍史の上での」位置づけに努めている。次に、ケース5と6の場合であるが、ここではすでに救済財と救済経路の間に心理的な「緊張」が存在する。このことがケース7と8に同じ意味で当てはまることはない。というのも、確かに禁欲によってすっかり受動性の状態、すなわち安息の状態に至ることはできるが、瞑想によって能動性の状態、ましてや闘争の状態に至ることはできないからである。最後に、この図式に二つの神概念をもち込み、「神」‐人間‐「現世」の関係を包む意味連関を内容的にさらに具体化すれば、「首尾一貫性」と「首尾非一貫性」とは、さらにわかりやすいものとなる。というのも、刑罰と愛情とを通じて達人に命令を下す超現世的な創造神は、能動主義を強化して、それをさらに道具的な能動主義にまで高めるし、他方で、達人が実際に一体化できるような被造物ではない内在的な秩序のほうは、受動主義を強化して、それを生理的に可能な限りの非能動性にまで高めるからである。ここから、労働禁欲を核心とする点でインドの禁欲とは区別される、あの西洋の禁欲の特殊な形態が出てくる。また、やはりここから、自己神格化の神秘主義を核心とする点で西洋の神秘主義とは区別される、あのインドの神秘主義の特殊な形態が生まれるのである。その神概念ゆえに、西洋の神秘主義者が自らの神とはどうしても一体化できないで、むしろ神の前で「確証」されなければならないことは、「インドの神秘主義にはない」パラドックスと緊張をこの神秘主義にもたらす[66]。また、ジャイナ教が傾倒した能動的な自己神格化の禁欲は、インドの伝統のなかでジャイナ教をそれとよく似たパラドックスと緊張へと導いた[67]。しかしながら、「首尾一貫した」歴史的構成体だけが存在するのではなく、まさに「矛盾した」歴史的構成体も存在するのである。しかし、これと結びついた生活態度は現世に対する無関心な姿勢を助長する。その姿勢が「現世」への献身であっても、「現世」の甘受であってもよいし、したがって、そこから醸し出される特色が能動的なものであっても受動的なものであってもよいのである。

現世拒否の領域における対立――より適切な言葉を使えばヴァリエーション――のこうした精密化は、別の方向へと転じることもできる。そうすることで、ヴェーバーの比較宗教社会学のプロジェクトの体系的な構図を垣間見ることができる。ある文化宗教はたった一つの宗教エリート類型しか養成しないということはなく、時間的な経過のなかで指導的なエリート類型も頻繁に交替するとはいえ、やはり一つの文化宗教においては概して一つの基本的な現世態度が優勢である。すでに示したように、世界宗教の経済倫理についてのヴェーバーの研究は、儒教の姿をとって現れる現世肯定的文化宗教をまず第一に取り上げるような形で構想されている。そのあと、「中間考察」では、救済宗教という点で共通する現世拒否的ないし現世否定的な文化諸宗教へと話題が移される。これらの文化宗教は展開された図式を用いて「整理」される。まず、文化宗教は現世志向的救済宗教と現世忌避的救済宗教という二つの大きなグループに分かれる。そして、さらにそれぞれが、禁欲的な生活の優勢なグループと瞑想的で無感動‐忘我的な生活の優勢なグループとに分かれる。この「整理」は文化宗教を神概念や他の重要な内容的指標との関連なしに分類しているわけであるから、形式的なものである。そして、この「整理」からは次のことを読み取ることもできよう。すなわち、宗教による「現世的行為」に対する制約を分析するという全体的なプロジェクトにおいて、ヴェーバーは包括的な比較の観点としていかなるものを選んだのかということ、そして、実行されたものも計画されたものも含めて、部分的なプロジェクトがこの点において相互にいかなる関係にあるのかということである[68]（表2を参照）。

「中間考察」の冒頭でヴェーバーは、彼が試みる宗教社会学の企ては「いずれにせよ合理主義自体に関する類型論と社会学にも貢献[69]」するはずだし、貢献しようとするものだと定式化したが、その際に彼が思い描いていたことも、これで一層明らかになるだろう。というのは、これまで述べた基本的な宗教的現世態度や現世への立場は理論的に首尾一貫していたり、あるいは実践的に計画通りの形で実現したりすることは現実にはめったになかったし、それも、きわめて複雑な諸条件の下でしか実現

表2　文化宗教の分類

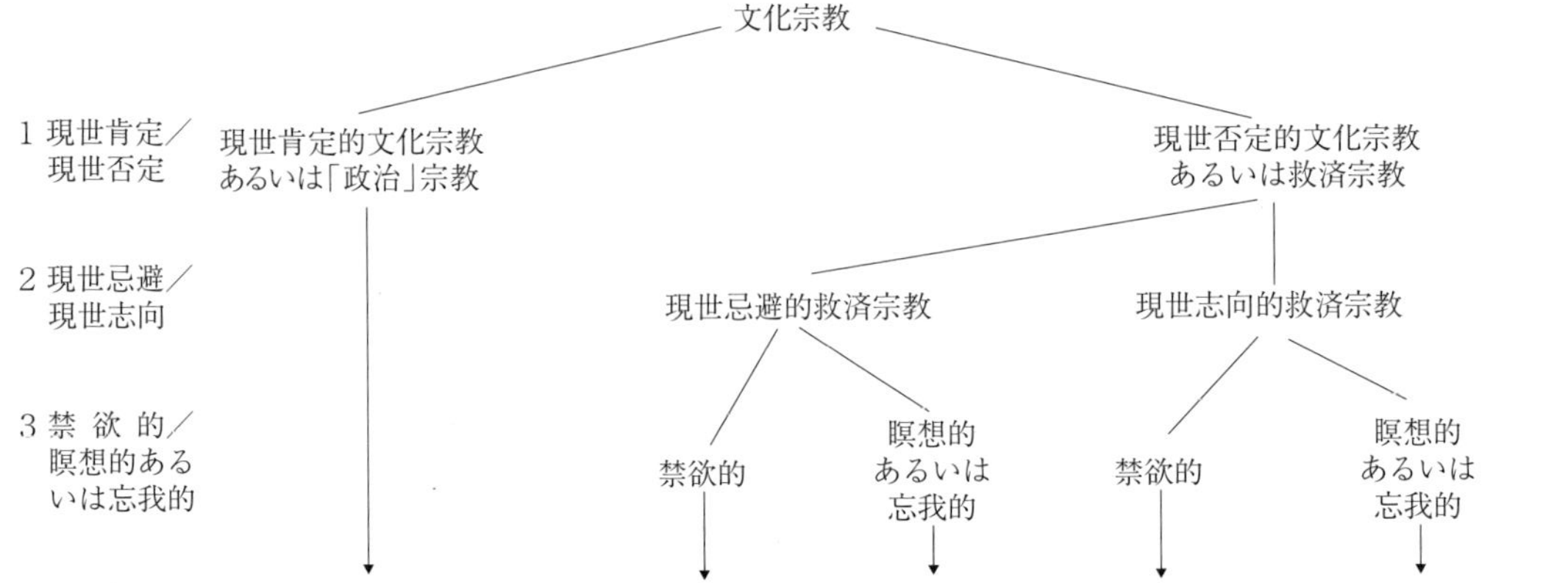

「現世」への基本的態度	現世適応	現世超克	現世逃避	現世支配	現世への順応
研究	儒教と道教 イスラム（?）	西方キリスト教（修道制）	ヒンドゥー教と仏教	プロテスタンティズムの倫理	古代ユダヤ教 原始キリスト教 東方キリスト教 イスラム（?）

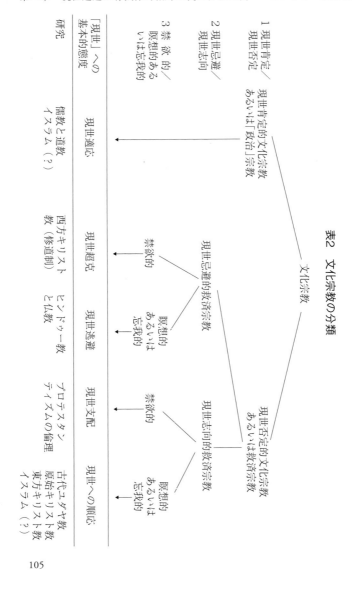

しなかったからである。それに、こうした諸条件はそれぞれの文化に固有のものであるというだけではなく、さらに、選択的に作用を及ぼすものでもあるということである。つまり、これらの現世態度の最も合理的な諸形態のすべてのものが、それぞれ一つの文化宗教の伝統のなかに鮮明な像を刻印できたというわけでは必ずしもないのである。儒教が現世適応を、そして禁欲的プロテスタンティズムが現世支配を、それぞれの最も合理的な形態へと導いたように、インドの救済論は現世逃避をその最も合理的な形態へと導いた。確かにヴェーバーはそれだけではなく、たとえば古代仏教のことを「救済努力のなかでおよそ考えられるかぎり最も徹底的な形態」であったと主張している。[70]しかしこれは、インドの文化世界がその存在によって西洋を「凌ぐ」ような唯一の宗教的「業績」というわけでは決してないし、「普遍的な意義と妥当性」をもつかもしれない唯一の文化現象というわけでもない。ヴェーバーはこれと同じようなことをインドの「神義論」やインドの瞑想および禁欲に関しても述べているし、インド哲学に関してさえ、やはり同じようなことを述べているのである。ヴェーバーは最晩年に、西洋の「業績」リストを宗教社会学の試論集の冒頭にあの有名な「序言」の形で提示したが、先のインドの「業績」はまさしくそれらと匹敵するものであろう。ところが、インドでは現世逃避の合理主義と並んで合理主義の第二の形態が存在し、合理主義の類型論および社会学のなかで一つの地位を与えられている。すなわち、それは「宗教的な有機体的社会論の合理主義」、「有機体的な救済実践論」、あるいは『有機体的な』社会倫理」などと呼ばれるものである。ヴェーバーの見解では、これはトマス主義に劣らずインドで最も首尾一貫した形で発展し、さらには行為に効果を及ぼすものへと変換されたという。[71]ここから「中間考察」で図式的・構成的に提示された最後の観点が導かれる。すなわち、緊張・葛藤を引き起こした宗教的現世拒否のもとで緊張・葛藤を克服するために採られる最も合理的な戦略という観点である。

四　緊張と葛藤の克服戦略

宗教的現世拒否は、二つの前線で緊張・葛藤を引き起こす。すなわち、第一に「再生した」個人においてであり、そこでは霊的状態と自然的状態が対立しあっている。そして第二に、宗教上の要請と「現世」との間、すなわち宗教上の「律法」と自然法（lex naturae）、つまり非宗教的な生活秩序をつかさどる「法」との間の関係においてである。厳密に言えば、第三の前線をも考慮しなければならない。それについてはすでに手短に述べた。すなわち、達人と「大衆」の間に生じる前線である。これら三種類の前線は「再生者」の人格のなかで交差している。「再生者」はこれらの前線に結びつく緊張・葛藤を、最終的に克服しなければならない。しかし、「個人的な」解決だけではだいたいにおいて間に合わない。「個人的な」解決には制度的な解決が付け加わらねばならない。それも、とりわけ個人的な宗教生活ではなく集合的な宗教生活が問題となる場合、つまり、宗教的な生活秩序の形成やその生活秩序が非宗教的な生活秩序との間に結ぶ関係が問題となる場合には、制度的な解決が付け加わらねばならない。「個人倫理」や「個人教説」の他に、「社会倫理」や「社会教説」が現れなくてはならないし、宗教組織の他に、最も広い意味での「教会制度」、つまり「宗教」と「現世」の制度的結合が現れなくてはならないのである。

さて、ヴェーバーはまず二種類の緊張・葛藤の克服戦略を取り上げる。一方は絶対化と呼ぶことができるものであり、他方は実際に相対化と呼ばれ、特殊化や分化とも呼ばれている。(72) 絶対化とは、個人と「大衆」、それに「現世」全体の自然的状態を徹底的に宗教的要求に従わせることである。この戦略は最終的には緊張を緩和するのではなく先鋭化させてしまう。なぜなら、これは人間の間の自然的・社会的不平等を許さないし、また、「現世」の固有権を許すこともないからである。それゆえ、この戦略は徹底的に行なわれると暴力や現実逃避に至る。もしくは、妥協へと衰弱し、結局は宗教の要請に応えることができなくなったりする。それに対して、相対化は霊的状態と自然的状態、達人倫理と平信徒倫理、宗教と他の生活秩序といった両極端が秩序をもって併存・共存することを当てにしている。それは多様な諸要求が主張する相対的な妥当性を認め、それらを互いに有機的に結びつけようとするのである。つまり、それは全面的な上下関係のモデルなのではなく、むしろ有機体的編成のモデルであり、また、〝あれかこれか〟のモデルではなく、〝あれもこれも〟のモデルである。

これらの戦略は主として宗教的生活秩序もしくは「現世」全体のいずれかに方向づけられうる。そして、それぞれの方向に対応した制度的な「解決」が下される。もし絶対化が宗教的生活秩序だけに向けられるのならば、「業績」を基礎とした貴族主義的な達人共同体が築かれる。人間が信じる者と信じない者、選ばれた者と選ばれない者、救済された者と救済されない者、というふうに分けられるのである。そしてこうした分割は、たとえばカルヴィニズムの教会のように、宗教的な制度が両方のカテゴリーを含むところでもなお存在する。しかし、やはりそれに親和する制度はゼクテと修道会、すなわち、あたかも正面に「救済貴族主義」を掲げているかのような制度である。たとえばプロテスタントのゼクテ、あるいはサンガ、つまり、仏教の特に初期の僧団である。次に、もし絶対化が「現世」全体に向けられるならば、神政政治（Theokratie）が適切な制度的解決となる。それはジュネーヴのカルヴィニストからニューイングランドのゼクテまで、まさに現世支配の傾向のある達人を再三引きつけてきた。また、相対化が宗教的生活秩序に向けられるならば、今度は達人倫理と平信徒倫理の間の段階づけが成立する。それはたとえば教会とその特別な宗教制度を伴う中世カトリシズムのように一つの制度の枠内で起こるか、それともたとえばインドの「異端的」救済宗教の諸潮流に特徴的と思われたように、達人層と平信徒層のゆるやかな結合を通して起こるかのいずれかでありうる。しかしながら、相対化が「現世」全体に向けられる場合、教権制的な権力と政治的な権力の二元論が帰結するか、そうでなければ、多様な価値領域と生活秩序の固有権および固有法則性をはっきり認める有機体的多元論が帰結する。これは、ある意味ではルターの二王国論について当てはまるし、また、特にトマス主義とバラモン教の諸変種にも当てはまる。しかしながら、この有機体的相対主義の戦略を完全な首尾一貫性をもって追求したのは、西洋ではなく、むしろインドであった(73)。したがってインドに関しては、おそらく「普遍的な意義と妥当性」をもつかもしれないものとして、二つの文化現象が研究しうることになる。すなわち、現世逃避的な救済への努力と有機体的な社会倫理の二者であり、これらはインドで最も合理的に発展したのである。

ヴェーバーが「中間考察」で解説したのは以上のようなより広いパースペクティヴであり、このパースペクティヴのなかに彼はヒンドゥー教と仏教についての研究を配置する。この研究の結論は「中間考察」の末尾において先取りされている。というのも、このテクストはインドの救済宗教が生み出した顕著な業績を指摘することで終わっているからである。すなわち、「自力による達人的な自己救済と救いへの普遍的な近づきやすさの結合、このうえなく厳格な現世拒否と有機体的社会倫理との結合、最高の救済経路たる瞑想と世俗内的職業倫理との結合」である。(74)

B　ヒンドゥー教と仏教の研究

五　アプローチ

一見結合できないものどうしが、いかにしてこのように結合するのか。基本的な葛藤――すなわち伝統的な社会的コスモスを破砕するような発展力学的な衝動――が発生することなく、世俗外的な行為と世俗内的な行為がいかにして同時に首尾一貫した形で合理化されたのか。以下ではおもにインドの「正統派」救済論についてのヴェーバーの解釈をもとに、こうした問題を議論しようと思う。そのあとで、彼がバラモン教の解決とキリスト教、特に禁欲的プロテスタンティズムの解決の間の差異をどのように見ていたのか、簡潔に描くつもりである。

『世界宗教の経済倫理』のなかでは、ヴェーバーは一つの「説明モデル」に従っている。それは、シンプルな形式で示せば宗教的達人の生活態度を規定する二重の条件、すなわち階層的条件と宗教的条件を出発点としている(75)。この条件の複合体は、まずそれぞれが相対的に独立したものとして展開され、その後で一つに組み合わされる。ヴェーバーがこうした手続をとったことには、方法的な理由と実質的な理由がある。まず方法的には、そこでは最終審級の理論といった形をとって現れる還元主義を却下することが意図されているからである。他方、実質的には、相対的に独立した「精神」と相対的に独立した「形態」とが、互いに支え合うという形で、ある種の親和性を現実に形成するということを、歴史的に証明することが意図されているからである。彼が両方の視点をひとまとめにして「理念的下部構造」を論じるのも偶然ではないのである(76)。そして、すでに儒教研究を決定づけたこの手続きは、ヒンドゥー教研究においても見出すことができる。すなわち、まずヒンドゥー教の社会システムが考察され、次いでインド知識人の正統派および異端派の救済論が考察される。この二つは起源を同じくするものではない。そのうえ、それらは始めから相互に順応していたわけではないし、調和しながら葛藤とは無縁に順応してきたというわけでもない。こうした相互の適応過程を、ヴェーバーは事件史的に叙述するのではなく、むしろ図式的かつ構成的に叙述する。しかしながら、ここで第一に意図されていることは概念の形成なのではなく、むしろ概念を史料へと適用することである。史料は「原典」から取り出され、文化間での比較を通じて関連づけられたあと、一つの主要問題へと関連づけられる。その問題とは、なぜインドでは西洋的な意味での資本主義の発展が「内部から」現れなかったのか、そしてその際に、他の要因とともにインドの宗教はいかなる役割を演じたのかである。(77)

六　ヒンドゥー教の社会システム

それでは、これら二つの問題それぞれの第一のステップを手短にたどってみよう。そのステップとは、インドの社会構造およびインドにおいて供給された宗教的解釈を特徴づけることである。まず、ヴェーバーはインドの社会システムに関する分析の中心にカースト秩序概念を据える。すなわち、儒教研究の場合のような政治秩序や「国家構造」ではなく、むしろ社会秩序を分析の中心に据えるのである。これは社会階層分化の特殊形態を意味するが、その形態の正確な規定は、あらゆる歴史的生活の特殊性を規定する場合と同じように比較を通じてのみ可能である。そして、比較には分類的な側面と歴史的な側面とがある。分類的な側面は社会階層理論の枠内におけるカーストの定義と関わっており、他方、歴史的な側面はインドの職業カーストと西洋の職業団体の対比と関わっている。

階層システムとは社会的不平等のシステムである。このシステムは、たとえば分業に由来するような、集合的に評価された分化の結果として捉えることができる。ここからすでに、どんな階層システムも分割のメカニズムと調整のメカニズムを組み合わせるものであることがわかるだろう。一方で分割は社会関係の閉鎖とそれに伴う特権付与となって現れるが、他方で調整は社会的障壁を超えた協働となって現れる。この協働関係は、特権付与と結びつくと、たいていが権力関係や支配関係となる。他方、特権付与は財産、市場で通用する仕事能力、出自、あるいはある定められた流儀の生活態度を遂行する能力に基づいてなされる。これに応じてヴェーバーは財産階級と営利階級を区別し、同時に出生身分と生活態度身分――それは職業身分の場合もある――を区別している。区別の基準は分類的なものとされ、歴史的にはそうした基準が組み合わされて現れる。それはたとえば次のことによって示される。階級的な要素は身分的な要素とふつう密接に結びついているが、それはもちろん、人間というものは物質的な利害関心ばかりでなく、観念的な利害関心をももつものであり、このことは彼の外的な利害状況にも反映されるからなのである。人間は通常、物質的な利益および社会的な承認、つまり社会的な名誉を追い求めるわけである。そして、人間の外的な利害状況のこの観念的な側面は、人間の内的な利害状況とは相対的に独立していることもある。しかしながら、階級的な要素と身分的な要素とがこうして結合しているにもかかわらず、階級社会は身分社会とは区別できる。階級社会とは異なり、身分社会では生活態度の規則こそ中心的な秩序原理である(78)。そして、ヒンドゥー教の社会システムとは身分社会の一例なのである。このシステムの特殊性の手がかりをつかもうとするならば、身分概念とカースト概念の関係を説明しなければならない。

一つの身分社会は常に複数の身分から成り立っている。それぞれの身分は社会的な部分団体であって、経済的にも政治的にも自立してはいない。諸身分が一つの社会的な全体団体に統合されることにより、身分によって分節化された分業システム内で個々の部分団体がもつ経済的な障壁は取り除かれるが、そうした統合はそのまま政治的な全体団体への統合であるということにはならない。政治的組織がさらに付け加えられなければならないのである。最も原生的な政治的組織の一例が部族(Stamm)である。他方、カーストは一つの政治的な組織形態を意味することによって、身分とは区別できる。それゆえに、ヴェーバーはカースト概念を身分および部族との二重の比較のなかで規定している。それだけでなく、ツンフトやギルドといった職業団体も比較のために言及される。これと同時に歴史的な側面も関わってくる(79)。

まずヴェーバーは、次の三つの指標を援用してカーストを規定する。カーストは領土をもたず、また、経済的に制約されているという二点が部族との相違点であり、カーストへの加入は世襲的であるという点がツンフトやギルドには一般に妥当しない点である。カーストはまた、内部へ向かってのみ同胞関係を結ぶ閉鎖的な社会的部分団体である。カーストはこの点では出生身分と一致する。しかし、カーストは閉鎖性が法的にではなく、主として宗教的に保護されている点で出生身分とは異な

表3

	基準		社会現象	
1	社会的か	政治的か	身分	― 部族
2	閉鎖的か	開放的か	出生身分	生活態度身分ないし職業身分
3	宗教的か	非宗教的か	宗教的出生身分＝カースト	法的出生身分

る。ふつうよく見られる障壁に儀礼的な障壁が付け加わるのである。したがって、ヴェーバーがユダヤ人をパーリア民族として特徴づけたときの定義を修正すれば、この事情は次のように表現できるであろう。すなわち、カーストとは社会的な全体団体の内部にあって、儀礼的な伴食・婚姻障壁によって外部と境界づけられ、積極的な特権付与ないし消極的な特権付与［特権剥奪］と経済的な特殊態度とによって内的に結び合わされた世襲的共同体である[80]（表3を参照）。

次に、伝統的な西洋の職業団体との比較によって、インド・カーストの儀礼的出生身分としての歴史的特殊性が明らかにされる。これには、開放的か閉鎖的かという純粋に形式的な区別だけでは、もちろん間に合わない。決定的なのは、開放性と閉鎖性がどういう具合に基礎づけられているかである。この場合であれば、宗教的な下部構造がどういう性質なのかが決定的である。その際、宗教生活の儀式的‐祭儀的側面が問題とされるのである。キリスト教的な規定を受けている西洋の商工業都市では、宗教生活の中心は聖餐である。しかし、聖餐は社会的に見れば、身分間

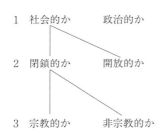

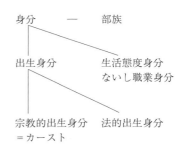

の同胞関係を実現する宗教的制度である。これは伴食障壁を取り払うが、のみならず、それ以上の作用を及ぼす。ヴェーバーはこの点にユダヤ人キリスト教徒の顰蹙を買ったアンティオキアでのペテロの行動の文化史的な意義を見出している。ガラテヤ人への手紙にペテロが伴食障壁を蔑み、異教徒と食事を共にしたと書かれている行動のことである。それに対してカーストの宗教的下部構造は、伴食障壁を身分間に存在する他の障壁とともに安定させ、それを劇的に誇張しさえする。それゆえ、ヴェーバーの宗教社会学的プロジェクトの枠組内でインドの職業カーストと西洋の職業団体の文化史的な差異を定式化するなら、次のように表現できる。すなわち、インドの職業カーストでは、経済的に利害が同等である場合でさえ儀礼的な分離が働いているのに対し、西洋的な職業団体では、経済的に利害が正反対であっても儀礼的な同胞関係が働いているのである。[81]

カーストの規定は述べたが、カースト秩序の規定はまだ述べていなかった。これを規定するには、複数のカーストを序列化できる一つないしそれ以上の基準が必要である。ここで、多くの階層理論のなかでよく知られている問題が生じてくる。これらの諸基準は観察者の基準か、それとも当事者の基準か、もし当事者の基準であれば、それらは普遍的なものか、あるいはそうではないのか、そしてもし普遍的なものならば、さらにそれぞれが「同等に」使用されているのかどうか、といった問題である。インドの社会史にとって特殊なこととしては、カースト秩序はある程度まで「観察者」の作為的産物であるという点が挙げられる。より正確に言えば、イギリス植民地行政の作為的産物であって、特に一九〇一年と一九一一年の国勢調査の統計データにヴェーバーの分析は主に依拠している。[82]しかしながら、彼は分析を社会学的に行なったと私は考えている。すなわち、統計的に構成された諸カテゴリーを行為へのレリヴァンスに基づいて判断し、それによってインドのカースト秩序についての驚くほど「ダイナミックな」考察に達したと考える。

もしもカーストが宗教的な出生身分であるのなら、カースト秩序では経済的・政治的序列の基準だけではなく、とりわけ宗教的序列の基準が一つの役割を果たさなければならない。こうして、宗教的な基準を「管理する」者に特別な位置が与えられるのである。ヴェーバーによれば、それがバラモンであり、彼の見解では、バラモンなしにはいかなるカースト秩序も存在しないのである。バラモンは統計的目的をもった観察者のみならず、当事者もが手引きとするような尺度をある程度まで構成する。だからといって、バラモンがインドにこの秩序を強要し、また、それを物質的な強制力や、あるいは単に心理的な強制力の独占によってでも保証するような、等質な社会層を形成していたというわけではもちろんない。バラモンは等質な階層をなすわけではないし、政治的権力や「教会的」権力をもちさえしない。それでもバラモンは、宗教的専門家、儀礼についての有識者として、この秩序の維持と発展に寄与する。というのも、社会集団間に現れるあらゆる序列の問題に際して、バラモンは「調停者」としてと同時に尺度として関与してくるからである。もちろん、まさにこうした問題にあっては、儀礼官吏たるもの、世俗的権力に協力しなければならない。そしてここに、世俗的権力と「祭司的」権力の間に著しい緊張がもたらされる可能性が生じる。ヴェーバーはヒンドゥー教のシステムにとって根本的なことであるこの事情を以下のようにまとめている。「ここで国王がかなりの実質的な権力を発達させることができた原因は、他でもなくバラモン・カーストがヒエラルヒー的に編成された祭司層でもなく、それに組織化された呪術師ギルドでもなくて、ずっと以前から一貫して統一的な組織を欠いていたという点にあった。したがって国王は、最も自分の言うがままになるバラモンを選びだせる境遇にあった。しかし、こういう事情の下で驚くべきは彼の権力ではなく、逆にバラモンとカースト一般の強力な権力地位のほうである」[83]。

このように、とりわけ閉鎖的な社会集団の識別に利用される社会的‐宗教的内婚規則に、カースト・システムは基づいている。そのおおよその区分はヴァルナの理論［肌の色による支配者、被支配者の区別］に由来する。そして最終的には、四つの大きな古典的カーストに行き着いた。すなわち、バラモン、クシャトリア、ヴァイシャ、そしてシュードラの各カーストであり、これらはこの順序で威信ヒエラルヒーを構成している。もちろんヴェーバーは、これは外側から見たおおよその区分であり、ここから得られた単位は行為の単位では決してないことを明確に認識している。高度に細分化された国勢調査ですら行為の単位を提供しない。こうしたやり方では、行為の諸単位から構成されるシステム全体へ到達することなどとてもできない。それは次の四つの理由による。第一に、地域に固有のカーストが数多く存在する。第二に、カースト間およびサブカースト間の序列について絶えず異論が出されている。第三に、カーストとサブカーストは自分自身の分類についてそれぞれ異なる基準を使用している。第四に、サブカーストはなるほど実際の行為の単位でありうるが、その単位は「数百」を数える場合があり[84]、その「集計水準」の低さのためにシステム全体について云々することができない。それゆえ、ヴェーバーにとってカースト秩序は一枚岩なのではないし、それはまた、単調な威信尺度であるというわけでもない。むしろそれは、地方・地域ごとに多様に区分される社会的な部分単位の複合体であり、部分単位内部および部分単位間に常に序列紛争が存在するのである。したがって、この秩序はその高い社会的流動性にも特徴がある。もちろん個人の流動性ということではなく、社会集団の流動性である。その単位としては、カーストとサブカースト、政治的な自立性を喪失したのち重層化を通じてヒンドゥー化した外来部族、成員を何よりもカーストに関わりなく補充した後で社会秩序のなかでの新たな位置を確保しようとするゼクテ、あるいは、分業の発達によって新たに生起した職業集団がある。まさにこの高い集合的流動性のせいで、明らかにカースト秩序は驚くべき同化能力を発達させたという。ヴェーバーによれば、これは「客人民族」の処遇に、すなわち一般的には民族の多様性への対処——これはあらゆる社会階層システムや社会秩序にとって特に重要な問題である——に現れる。ヒンドゥー化する力はきわめて強いので、カースト秩序の圏内にうっかり入り込んだ民族は、「外来の野蛮部族というよりも、むしろヒンドゥー教の分類に基づく『不浄なカースト』」となる。[85] 高い集合的流動性と強い同化能力とのこうした組み合せは、一つの不可欠な前提に結びついている。すなわち、あらゆる社会集団の順位は、バラモンの教説や儀礼の権威を受け入れない集団の順位でさえ、バラモンとの「積極的あるいは消極的な関わり方」によって規定されているという前提である。[86] したがってヴァルナの理論は、実際にはこのシステムの単なる外観を反映しているのではなく、むしろこのシステムを内側から見た捉え方の一部なのである。

もちろん、ヒンドゥー教のシステムは社会的‐宗教的内婚規則だけにではなく、たとえば血統カリスマの点から解釈された氏族原理にも基づいている。しかし、ヴェーバーのテーゼでは、社会的なダイナミズムの存在にもかかわらず、このシステムは伝統主義の世界を打ち破ることはない。中国の官僚制的家産制国家と同じように、カースト秩序も確かに伝統的な諸構造の合理化には貢献したが、その超克に貢献することはなかった。その理由は特に理念上の障害にあるとヴェーバーは見ている。ただし、この障害は個々の難点にあるのではなく、むしろ「システム全体の『精神』に」あるという。(87)

七　ヒンドゥー教の「信念システム」

こうした「精神」については、一体どのようなことが言えるのか。「信念システム」としてのヒンドゥー教とはどんなものなのか。ヴェーバーはまず、それが我々がイメージする西洋的な意味での宗教ではないことを明確に認識する。(88) 確かに「教義の核」、ある種最小限度の教説として、サンサーラの教説とカルマの教説、すなわち霊魂輪廻と因果応報の教説がある。これらによれば、偶然的な出生などは存在せず、個人の運命とは功徳によって決まるものである。それも、このことは、「倫理に関連する個々のあらゆる行為は行為者の運命へと不可避的に効果を及ぼし、この効果は決して消滅することはない」という「事実」によるのである。(89) しかしながら、この教義の核のまわりには多種多様な宗教的・哲学的な諸学説がはびこっており、そこに多種多様な救済目標や救済経路、組織形態が纏いついている。したがって、この信念システムを統合する絆——この絆は当然長きにわたる歴史的プロセスのなかではじめて結晶化してきたものだが——とは、この「教義の核」と並んで、社会的な境遇によって異なるダルマと呼ばれる儀礼的義務である。後者は「バラモンによる判決および文献として合理的に発展した彼らの教説」に基礎をもつ。つまり、「もっぱら祭司と祭司が創作した文献によって生み出された所産」なのである。[90] もちろん、ヒンドゥー教にもヴェーダという「聖典」はある。しかし、ヴェーダには「教義の核」はないし、信念システムとしてのヒンドゥー教が準拠している一連の儀礼的義務もない。そのうえ、カースト秩序やそれと結びついた発展した形態の儀礼的な諸義務もない。ヒンドゥー教徒にとってヴェーダは、ユダヤ人やキリスト教徒にとっての聖書のような、義務づけられた宗教生活の純然たる表現ではない。むしろヴェーダは、「解釈し続ける伝統」といったものの正当化、とりわけバラモン層の「社会的位階」の正当化のための出発点やきっかけとして役立っている。[91] ヴェーダの神々は——おそらくヴェーバーはここでは特にオルデンベルクに依拠している——倫理的な神ではなく、むしろ機能神であり、英雄神である。そのうえ、それらはホメロスの機能神・英雄神のように互いに関わりあい、「現世」とも関わりあう。[92] しかし、ここの議論で重要なのは、「教義の核」と「儀礼的義務」とが内的および外的に結び合わされていることである。個々人の運命はとりわけ儀礼的義務への同調、あるいは儀礼的義務からの逸脱を通じて獲得されるのである。ヴェーバーが神義論と呼んだこの構成物は、知的・倫理的な合理化の産物である。すなわち、それは社会秩序と「結託する」前から「完成」しているのである。「業の教説、つまり特殊バラモン的な神義論とカーストの正当性との独創的な結合は、まさしく合理的に倫理的な思考の産物にほかならないのであって、何らかの経済的な『条件』の産物なのではない。思考のこうした産物が再生の約束によって現実の社会秩序と結託してはじめて、この秩序はそのなかに埋め込まれた人間の思考と希望に対して抗いがたい力をもち、個々の職業集団やパーリア民族の位置を宗教的かつ社会的に整序できる確固とした図式をもつに至った[93]」。

このように、ヴェーバーはカルマの神義論のなかに、倫理的ならびに経済的な原因から生じた出生身分秩序を支える独創的な理念的下部構造を見出す。この下部構造は、この秩序の閉鎖傾向を強化しはしても、それを妨げることはない。そのうえ、伝統的な世俗内的行為、特に職業的行為に対して救済意義を付与する。キリスト教にもある伝統主義的な「汝の職にとどまれ」がここでは極度に高められ、職業的伝統主義は宗教的に変革されることなどなく、むしろ合理的に正当化されるという。ただし、汝の救済目標が、汝の再生機会の改善であり、未来の此岸でのより良い、よりすばらしい生活であるかぎり、「汝の職にとどまれ」は、同時に「汝のカーストにとどまれ」ということをも意味する。人がそうした構成物を信じている場合、必ず極端な職業的伝統主義が帰結するのみならず、極端な社会的・政治的伝統主義も帰結するにちがいない。以上のようにヴェーバーは、彼がインドに見た社会的および理念的なすさまじいダイナミクスが、伝統的な制度的枠組たるカースト秩序の原則的な安定性といかに協動できたかを「説明」する。

もちろん、とてつもないこの社会的および理念的なダイナミクスは、歴史的に見れば、何の帰結ももたらさないで終わることはない。結局はインドで、一時的にではあるが、バラモン層の特殊な地位やカースト秩序を認めない仏教が「異端派」の運動として優勢になった[94]。このダイナミクスは「正統派」の伝統にも足跡を残さずにはいなかった。それどころか、理念レベルでは常にこの伝統は仏教を糧としてきたのである。カーストとカルマの結託についてきわめて印象的に描いていた「閉鎖的なイメージ」を、ヴェーバーは自ら打ち壊すわけである[95]。それは、世俗内的行為のなかでもとりわけ職業義務に救済意義をもたせるためにバラモン教が見つけた「解決策」は、いかなる葛藤からも解放されているというわけでは決してないし、そのうえ、すべての者がその「解決策」に満足するわけでもないからである。改善された再生を追求する努力は主として宗教的「大衆」の救済目標であるとヴェーバーは見なす。そのうえ、宗教的「大衆」はあるときは擬人化により、あるときは恩寵や気紛れといった「偶然」を組み込むことにより、厳格なカルマのメカニズムを解釈しなおしてしまう。これによってウェンディ・オフラハーティが解説するように、「時計」が「雲」にすり替えられてしまうのである[96]［「時計」と「雲」はK・ポパーが『客観的知識』のなかで、それぞれ運動の正確に予測できるものと予測不可能なものをさした言葉］。これに対して、宗教的「達人」は、それがどれほど修正された形式であろうと、救済目標としての再生にはしばしば満足することなく、救済、それも再死からの救済を望む。このことは正統派の運動にもまさしく当てはまる。異端派の運動は正統派の運動ですでに構想されていたものを急進化させただけなのである。

私の見るところ、この考えはヴェーバーのヒンドゥー教研究の中心に位置するが、これをさらに発展させるには、まず、ヴェーバーが正統派運動の担い手であったと見る宗教的達人の歴史的類型を一瞥しておく必要がある。すなわち、彼が知識人、高貴な教養階層、あるいは祭司貴族と呼んだバラモンのことである。(97) その背景には呪術から救拯論へ、呪術師から祭司へという、彼が通例用いている宗教史の「発展図式」がある。さらには中国との比較がある。すなわち、インドでは積極的に特権づけられ、「脱政治化され」、それゆえ理論的合理主義に傾く階層があるが、他方、中国では積極的に特権づけられ、「政治化され」、それゆえ実践的合理主義に傾く階層があるという比較である。(98) これは特に知識の種類に表れる。いずれの場合も、その中核は儀式的 - 儀礼的な知識だが、それが前者では哲学的 - 霊知《グノーシス》的な知識へと拡張され、後者では文献的な教養知へと拡張される。インドには、中国で通例となっている徹底した文献的教養の代わりに、禁欲的および瞑想的な救済技術と対になった複雑な存在論的・宇宙論的思索がある。そうしたものによって、いずれの場合も呪術的な技術が克服される。しかし、中国では、徹底した文献的教養がもっぱら官紳《マンダリン》の日常生活の営みにしか役立つことはないのに対し、インドの禁欲と瞑想はさらに発展し、バラモンの供犠祭司の日常生活の営みのための必要をはるかに超える技術へと高められる。なぜなら古典時代のバラモンの教説にとっては、次のことが妥当したからである。「儀礼的な行ないやその他の高潔な行ないだけでは、再生機会の改善には到達できるが『救済』には到達できない。救済は常に、カーストの世界における諸義務を質的に超えた非日常的な態度、すなわち現世逃避的な禁欲あるいは瞑想によって可能となる」。(99)

しかし、これによって宗教的指導層の内部に根本的な緊張が、いや、それどころか分裂がもたらされる。というのも、ここではもはや宗教的・哲学的教義の多元主義や学派の多元主義だけが問題となるのではなく、宗教的生活態度の二者択一も問題となるからである。すなわち、一方における儀礼技術者、供犠祭司、「法学者」、司牧者と、[100]他方における隠者、出家者《シュラーマナ》、偉大な禁欲者の間の二者択一である。大きなダルマと小さなダルマの間、つまり救済と日常的諸義務の間に、妥協を許さぬ葛藤が生じるのである。救済を求めずに日常的な諸義務を遂行するか、日常的な諸義務を遂行せず、したがってカーストの諸義務の遂行をせずに救済を求めるかという葛藤である。したがって、国王／バラモンの二者関係は国王／バラモン／隠者の三者関係に取ってかわり、[101]二者間の葛藤は三者間の葛藤——それは個々人それぞれの社会的義務と救済関心の間の葛藤でもある——に取ってかわる。そして、この葛藤は理念レヴェルおよび制度レヴェルに複雑な調停の問題を引き起こす。理念的には、救済理念や再生理念と、世俗内的な価値領域や生活秩序の「固有権」とが、合理的に満足のゆく関係を相互にいかに結べるかが問題となろうし、制度的には、カーストに縛られた役割と「カーストに縛られない」役割、あるいはカルマに縛られた生活とカルマに縛られない生活がいかに関係しあうかが問題となろう。

八　「正統派」の反応と「異端派」の反応

正統派はその古典的なテクストの一つのなかでこの問題を扱っている。すなわち、『バガヴァッド・ギーター』である。これは『マハーバーラタ』の一部分であり、いわばウパニシャッドとスートラの「中間」に位置し、これらとともに三部構成の正典を構成している。ヴェーバーによれば、この教説詩（Lehrgedicht）は祭司の編集を経ているが、そこには高度な教養をもつ小王国時代のクシャトリア社会において見られた内面的苦悩の諸問題が反映されている。[102] しかし、ヴェーバー自身は、このような社会史的な観点だけからこのテクストに関心を寄せているわけではない。それどころか、ここにはインドのケースを超えた、ある現世態度の定式化された姿が見出されるのである。そのかぎりで、私の見るところ、この教説詩は彼のヒンドゥー教研究の中心であるばかりでなく、同時に彼の「世界観社会学」全体の中心でもある。「中間考察」の問題、すなわち、普遍主義的救済宗教の要求と「この世」の秩序の固有権や固有法則性の間の葛藤という問題に対して、このテクストは一つの「首尾一貫した」解決を提供しているのである。ただし、この解決は文化史的に見ればこうした形ではインドだけにしか認められなかったものである。こうしてインドのケースは、とりわけ宗教社会学的試論――すなわち、先の引用のとおり、ともかく「合理主義に関する類型論と社会学にも貢献」しようとする宗教社会学的試論――にとって、普遍的な意義をもつケースとなる。[103]

この教説詩の中心は英雄アルジュナと戦車の御者クリシュナである。アルジュナと同じように、クリシュナにも多くの名前がある。そして、最高の神の力の化身としてクリシュナはアルジュナと向かいあう。戦う運命、それも近親者と戦う運命にあるアルジュナには究極的な問いが生じる。戦って暴力の行使に身を委ねたとしても、いや、世俗内的行為の固有法則性の全体に身を委ねたとしても、私は自己の救いを取り逃がすことはないのだろうか。クリシュナの回答はこうである。正しい知識がもたらす内面的な距離をもって、汝に対して不当に要求された現世内での義務を全うするならば、救いを取り逃がすことはないであろう。確かに外面的には「現世」の諸秩序から離れる必要はない。しかし、いわば内面的には離れなければならないのである。そうしてはじめて、世俗内的な行為は救いに不利になるどころか、「救いに好ましい効果を与える」ことができる。(104) ヴェーバーは『バガヴァッド・ギーター』で主張される現世態度に関する自分の見解を次のように要約している。「知識ある者はまさに行為において、より正しくは現世での自分自身の行為に反して自らを確証する。すなわちそれは、確かに彼が命令——それは常にカースト義務による命令である——を果たすことによってなされるのだが、むしろ命令に対して内面的には完全に関与しないでおくこと、つまり、あたかも行為していないように行為することによってなのである。これには、行為の際に、結果を一切欲せず、行為の成果に欲望を抱かずにこれを遂行するということがとりわけ条件となる。なぜならば、この欲望は現世への関わり合いを、したがってカルマの発生をもたらすであろうからである。古代キリスト教徒が『正しく行ない、結果は神に委ねる』ように、バーガヴァタ信者は『不可欠な仕事』、すなわち——

『日々の要求』とも言えるような――『自然によって決定された責務』をなす[105]」。

「カースト・イデオロギー」を思想的にいわばより高度な反省の段階へと高めるこうした解決は、今や一種の首尾一貫した相対化の一部分として解釈できる。すなわち、「現世」の生活諸秩序がもつ固有権や固有法則性を前にした救済目標の相対化であり、救済宗教の要請の相対化である。というのも、究極的には、やはり「現世」の秩序から外面的にも離れる者、すなわち出家者《シュラーマナ》のように暮らす者のみが、解脱者、つまり生前解脱者《ジーヴァンムクタ》の救済状態に到達できることに変わりはないからである。外面的に「現世」にとどまる者、たとえば国王、そして儀礼に忠実なバラモンや家長には、改善された再生「だけ」が待っているにすぎない。確かに、現世内のカルマ倫理と現世逃避的な救済への努力の間の葛藤は、内面的な現世逃避の理論によって緩和できる。しかし、除去はできないのである。たとえば「世俗内的」な役割と「世俗外的」な役割を生活サイクルのなかで交互に担うといったやり方によって、段階化された救済目標を連続して到達できるものにしたとしても、やはり事情は変わらないのである。そのうえ、この相対化は、救済宗教の要請から世俗内的伝統主義に対する破壊力をも奪い取る。これにより、救済宗教の要請と現世内での義務の規準は外面的および内面的に調整されるだけであり、日常的な規範の変容にまで至ることはなおさらない。したがって、インドでは中国と異なり、価値諸領域および生活諸秩序の固有権と固有法則性があくまで首尾一貫した形で展開した。しかしながら、それらの合理化は「内部から」、すなわち「宗教的心情」から生じるのではなく、むしろ「外部から」、すなわち手段から生じるのである。インドが政治領域で一種のマキャヴェリズムを発展させたこと、それも、これほど強烈なものはマキャヴェリ自身にも西洋の他の思想家にも見出せないことを、ヴェーバーは繰り返し強調している。(106) そして、政治の技術について言えることは、他の技術、たとえば禁欲と瞑想といった救済の技術についてもまた言えるのである。

ところで、バラモン教自身によって際立たせられ、相対化を通じて「解決された」この緊張は、構造的に見れば、「異端派」の運動が侵入してくるとば口である。ヴェーバーはこの運動をとりわけ、高貴な俗人身分が未解決のまま残した救済問題に対する一つの反応とも見なしている。ジャイナ教と仏教という二つの重要な「異端派」運動には、数ある相違にもかかわらず、次の共通点がある。すなわち、両者とも反バラモン的かつ反儀礼的であり、それゆえカースト秩序から理念的下部構造を奪うのである。正統派の伝統内部で出家者《シュラーマナ》を中心に結晶化したもの、すなわち個人的な現世放棄の宗教文化が取り入れられ、それが同時に修道生活の社会形態へと組み込まれる。そして、この形態は個々の現世放棄者を互いに緩やかに結び合わせると同時に、彼らを平信徒、つまり「現世」の代表者とも緩やかに結び合わせる。元来、こうした現世放棄者は流浪の托鉢僧である。このことは、彼らによる日常的なものからの離脱を如実に示している。彼らは外面的な現世逃避と内面的な現世逃避を結び合わせるのである。しかし後者の現世逃避は、仏教の場合、ジャイナ教とは異なり、瞑想の方向に向かった。その結果、神概念の面では仏教的な現世逃避の方が首尾一貫したものであると同時に合理的なものとなり、他方、ジャイナ教的な現世逃避ではそうはならなかった。ヴェーバーはブッダを垂範預言者とみなし、原始仏教を「特殊に非政治的で反政治的な身分宗教、より正確に言えば、知的訓練を受けた流浪の托鉢僧による宗教的『技術論』」と見なした。確かにそれらが全般的に正しい評価であるのかどうかには議論の余地がある。[107] さらに、ヴェーバーが仏教の発展に正しい診断を下しているのかにも一層議論の余地がある。[108] しかしながら、我々の議論との関連からすれば、重要なのはそんなことではなく、むしろ議論の余地のない別の事態である。すなわち、初期の形態であれ発展後の形態であれ、仏教は修道僧倫理と平信徒倫理の差異、つまり宗教倫理の段階的性格を堅持してきたという事態である。したがって類型論的に見れば、インドにおける正統派と異端派の救済論は中世カトリシズムと同じ系列に属する。ただし、前者では異なる諸道徳が秘蹟によるアンシュタルト恩寵を介して調停されることなどないという、文化史上決定的な差異があったのだが。

しかし、あらゆる内容的な問題を度外視すれば、禁欲的プロテスタンティズムの特殊な位置がここで明らかになる。すなわち、プロテスタンティズムは宗教倫理の段階構造を廃棄する、それも、修道僧倫理が平信徒倫理になるような形で廃棄するのである。したがって、プロテスタンティズムは相対化の戦略ではなく、むしろ絶対化の戦略に従うのである。しかし、このことは同時に、自然法、すなわち世俗内的行為の「自然道徳」が、単に宗教的要請にあわせて外面的および内面的に調整されうるだけではなく、むしろそれがそうした要請に服し、かつ宗教的規準に沿って改造されうるということをも意味している。このことが現世超越的な神概念の枠内で禁欲の助けを借りて生じたことにより、世俗内的伝統主義を破壊する傾向がさらに強まることになる。もし西洋的な神概念が、もっぱら自分の業績のみによる救済というインド的な理念を一貫して容認していたなら、おそらくこの破壊傾向はより一層強烈なものとなっていたであろう。しかし、周知のようにそれは現実とはならなかった。真に信心深いキリスト教徒にとって、救済とは自力で獲得するものではない。まさに、首尾一貫したプロテスタントの禁欲者はこうした事態に苦悩しなければならなかった。この緊張により、彼らの救済貴族主義的な要求も絶えず危機にさらされた。インドで相対化が再生と救済の間の根本的な葛藤を除去できなかったように、西洋では絶対化が業績と恩寵の間の葛藤、すなわち貴族主義的なわざによる聖化と民主主義的なアンシュタルト恩寵の間の葛藤を除去できなかった。

こうして、インドは有機体的相対化、つまりは宗教倫理の段階構造を、事実、西洋よりも首尾一貫した形で展開させた。その刻印力はきわめて強力だったので、西洋とは異なり、異端派の諸運動さえもがそこから抜け出せなかったほどである。インドはまた、世俗内的な価値諸領域および生活諸秩序の固有権と固有法則性を西洋よりも首尾一貫した形で展開させた。しかしながら、これは単に外からの合理化にしか至らず、西洋で最終的にそうなったように、内からの合理化に至るということはなかった。まさに、インドの正統派および異端派の救済論では、救済が究極的には自力で獲得されるものであり、そのうえ神的なものとの実際の合一へ行き着くゆえに、「現世」と「背後世界」は、一方で有機体的社会倫理の枠内での世俗内的行為の宗教的合理主義、他方で瞑想的神秘主義の枠内での現世逃避的な救済努力の宗教的合理主義へと分裂するのである。

私の見るところ、ヴェーバーはこれらをインド「宗教史」の二大業績と見ている。だからこそ、彼にとってバガヴァッド・ギーターにおける両者の首尾一貫した結合の試みはとりわけ魅力的であったのだろう。私には、彼が感じた魅力には学問的な側面と同時に個人的な側面があったように思われる。インドの英雄が避けえぬ行ないを遂行する際に抱く内面的な距離――このなかに、ヴェーバー自身のそれと親和したに違いない生活感情が表現されている。おそらくヴェーバーは、学問においても個人的な生活においても、距離の喪失を何にもまして軽蔑していた。そのうえ、可能であるならどこででも、これと戦っていたのである。確かに、彼は自分の分析を他者の、あるいはまさに自分自身の人生の手引きのように考えていたわけではない。それに、もしも彼が人生の手引きを必要としたのなら、おそらくバガヴァッド・ギーターよりも後期ゲーテにそれを求めただろう。しかし、まさに彼のヒンドゥー教研究は、人間の究極的な態度が問題となる場合には、彼自身が自分の譲り受けた文化的遺産からどれほど距離を取りえたかをも示しているのである。そこで、少なくとも一つの問いが未解決の問題として残される。すなわち、彼は次のいずれにより多くの個人的共感を寄せたのかという問いである。幸福な偏狭さであらゆる問いを放棄するか、もしくは信仰戦士的な熱狂で自己および現世と戦う能動的な禁欲的プロテスタントなのか、それとも、内面的な安らぎのなかで、避けえぬ行ないをなすか、もしくはこの世を捨てる高貴なインドの知識人なのか。

[原注]

（1）作品史上の問題に関しては、Wolfgang Schluchter, *Rationalismus der Weltbeherrschung. Studien zu Max Weber*, Frankfurt 1980, S. 208ff.（『現世支配の合理主義』、五五頁以下）、および、*Religion und Lebensführung*, Kap. 13（『ヴェーバーの再検討』、第Ⅳ章「宗教社会学」）参照。三つのテクストの相違を初めて指摘したのはエドゥアルト・バウムガルテン（Eduard Baumgarten）である。残念ながら、そこでは日付の特定が不正確にしかなされていない。そのうえ、私の考えでは、彼は事実として誤った強調をした。このことはその後の二次文献に影響を及ぼしている。そこには——特にバウムガルテンに関連して——私にはまったく満足のゆかない一種の「個人史還元主義」が見られるのだが、もちろん彼にその責めを負わせることはできない。確かにバウムガルテンには、自分のアプローチについての説得的な方法的基礎づけが欠けているものの、それでも作品と人物の関連に関して、彼は還元主義的な見地に立っているわけでは決してないのである。Eduard Baumgarten, *Max Weber, Werk und Person*, Tübingen 1964、特に、S. 472ff. 参照。不正確な点について次にいくつか列挙しておこう。バウムガルテンは「宗教倫理と『現世』」の章は一九一一年には既に書かれていたと述べる。その証拠を彼は提示しない。このテクストを調べれば、ヴェーバーが一九一二年に初めて出版された文献——たとえば Hermann Levy, *Die Grundlagen des ökonomischen Liberalismus in der Geschichte der englischen Volkswirtschaft*, Jena 1912——を利用していることがわかるであろう。また、バウムガルテンは一九一六年に「中間考察」が出たと述べる。しかし、それは一九一五年の『社会科学・社会政策アルヒーフ』（*Archiv für Sozialwissenschaft und Sozialpolitik*）の一一月号に出たし、おそらくそれよりかなり以前から構想されていたのである。さらに、バウムガルテンは、一九一一年版で描かれた経済的・政治的合理化と心情宗教心・救済宗教心の緊張についての像は、一九一六年版では、「一つの重要な点を除いてほとんど変更されていないし、知性や認識、および科学の領域でもほとんど変更はない」と述べる。しかし、第一稿では、この領域はまったく登場しないのである。また、バウムガルテンは、ヴェーバーがおそらく個人的な経験に依拠しながら、とりわけ生活力（Lebensmacht）としての性愛とエロティシズムについての評価を変更したことを、「テクスト・レヴェルで」提示しようとした。これにも根拠は見あたらない。確かに、ヴェーバーは一九一五年と一九二〇年の間にこの節に対して少なからぬ加工を施している。しかし、ここでの要点は改訂なのではなく、まさしくバウムガルテン自身が正しく捉えているように、むしろ補完なのである。一九二〇年版のこの節に新たに加えられた美しい最後の一節でさえ、そこに「科学的な」動機を見出せても「個人的な」動機は見出せないのである。ヴェーバーはプロテスタンティズム研究、それもゼクテ研究の改訂のために、おそらくもう一度ピューリタニズム、特にクエーカー教徒に取り組み、とりわけゲルハルト・フォン・シュルツェ゠ゲーヴァニッツ（Gerhard von Schultze-Gaevernitz）の著書 *Britischer Imperialismus und englischer Freihandel zu Beginn des zwanzigsten Jahrhunderts*, Leibzig 1906 に依拠した。その四八頁以下に［ウィリアム・］ペンと彼の妻との関係がヴェーバーが記したものと似た形で出てくる。当然ヴェーバーは補完しただけではなく、改訂もしている。しかし、一九一五年と一九二〇年の間の改訂の核心は概念の標準化にある。こうして洗練（Raffinierung）が昇華（Sublimierung）（これは一九一五年以前からすでに必要とされていた概念である）となり、野獣のような（bestialisch）が獣的な（animalisch）となり、いくつかのケースで達人的（virtuosenhaft）が英雄的（heldenhaft）となり、同じくいくつかのケースで達人（Virtuosen）が英雄（Held）となった。この最後の変更の根拠については、彼自身が注釈を加えている。RS I, S. 260, Fn.（大塚・生松訳、七三頁）参照。バウムガルテンの「知見」を利用した個人史還元主義の例としては次のものがある。Arthur Mitzman, *The Iron Cage. An Historical Interpretation of Max Weber*, New York: Grosset & Dunlap 1971（安藤英治訳『鉄の檻――マックス・ヴェーバー　一つの人間劇』創文社、一九七五年）. ミッツマンのこの試みは、比較的シンプルな精神分析モデルを知識社会学的および文化社会学的に充実させようとするものだが、根本的な事態はそれによって何も変わらない。

（2）RS I, S. 267, Fn. 1（大塚・生松訳、八三頁）参照。そこでは次のように語られる。「考察の順序は――ついでに注意しておけば――地理的に偶然、東から西へと進んでいるにすぎない。本当のところ、順序を決定しているのはこうした外面的な地域的配置ではなく、よく考察すればおそらく明らかになるように、むしろ叙述の内面的な合目的的な根拠なのである」。この定式化は『アルヒーフ』にも見られる。

（3）RS I, S. 237, Fn. 1（大塚・生松訳、二一一―二頁）参照。

（4）これについてより詳しくは、*Religion und Lebensführung*, Kap. 13（『ヴェーバーの再検討』、第Ⅳ章「宗教社会学」）.

（5）RS I, S. 513（木全訳、三七九頁）.

（6）Ebd., S. 536（大塚・生松訳、九九頁）.

（7）Ebd., S. 263（同訳書、七七頁）.

（8）宗教社会学の枠内でのヴェーバーのエリート理論については後述する。ヴェーバー自身、はっきりと強調しているように、「達人」という概念は価値的なニュアンス抜きで使用されている。もしも、「英雄的な」宗教心という表現が、「ここで取り上げられている多くの現象にとってそれほど不適切でなかったとしたら」、彼はこの表現の方を好んで使用したであろう。Ebd., S. 260, Fn. 1（大塚・生松訳、七三頁）参照（なお、この脚注は一九二〇年に挿入された）。つまり、この概念の選択に際し、ヴェーバーは宗教史における次のような根本的な事態を問題にしているのである。すなわち、ほとんどすべての宗教が「宗教的感受性のある人（religiös Musikalische）」のための、それも普通の信者よりも高度なことを「達人」に要求するような特別倫理を養成してきたという事態である。

（9）詳しくは、*Religion und Lebensführung*, Kap. 5（本訳書、第一章）、および、Wolfgang Schluchter（Hg.）, *Max Webers Studie über Konfuzianismus und Taoismus. Interpretation und Kritik*, Frankfurt 1983 参照。

（10）ヴェーバーがイスラムをどう分類しているかは明らかではない。一方で、彼はイスラムを、儒教のように第一に政治を指向するような現世適応的な宗教として特徴づけた。ただし、それは平和的な行政を指向するのではなく、むしろ信仰闘争を指向するものである。したがって、彼にとってイスラムとは、少なくともその起源において「身分を指向する戦士宗教」、あるいは「支配者宗教（Herrenreligion）」なのであり、「ことばの倫理的な意味における『救済』概念とは……縁遠い」ものである。担い手層の核を形成するのは騎士であって、高貴な知識人や市民ではない。それに、この騎士団を鍛えた禁欲とは、せいぜい戦士的な禁欲であって、「修道士的な禁欲ではないし、いわんや市民的な生活態度の禁欲的体系化でもない」。そのうえ、信者でない者を征服することが、そのまま彼らを改宗させる試みと結びつくわけではない。また、他方でイスラムは厳密に超現世的な神概念と予定説――ヴェーバーによれば、それは宿命論を意味し、それゆえ「彼岸での救いにではなく、此岸での運命に」関わる――をもった一神教的宗教の一つである。WuG, S. 375f.（武藤・薗田訳、三二一―七頁）、また後者の引用については RS I, S. 102, Fn. 2（大塚訳、一七六頁）参照。したがって、適応が現世肯定の枠内で生じるのか、それとも現世否定の枠内で生じるのかは依然、未解決のままである。ヴェーバーのイスラム評価についてさらに知るための二次文献としては次のものを参照。Bryan S. Turner, *Weber and Islam. A Critical Study*, London and Boston 1974（樋口辰雄・香西純一・筑紫建彦訳『ヴェーバーとイスラム』第三書館、一九八六年）、Wolfgang Schluchter (Hg.), *Max Webers Sicht des Islams. Interpretation und Kritik*, Frankfurt 1987. ターナーは、ヴェーバーの暗黙のテーゼ、すなわちイスラムの戦士倫理が西洋的な意味での資本主義の発展を「内部から」妨げてきたというテーゼは誤りであると見る。しかし他方、東洋的家産制の理論の枠内での中世イスラムの分析は、おおむね正しいと見る。論集［前掲 *Max Webers Sicht des Islams*］の諸論考では、これとは部分的に異なった像を描いている。

（11）RS I, S. 237（大塚・生松訳、三三三頁）.

（12）ヴェーバーによれば、たとえば第二神殿の崩壊後のユダヤ教には、こうした障壁が存在した。

（13）RS I, S. 536（大塚・生松訳、九九頁）.

（14）ヴェーバーがリッカートに影響を受けた文化科学的アプローチの枠内で歴史的説明の「論理」を明らかにしようとして以来、客観的可能性の概念はヴェーバーの著作で重要な役割を演じている。それだけになおさら、作品史に関するものであれ体系的考察に関するものであれ、二次文献においてこの「カテゴリー」に対してこれまでしかるべき注意が払われてこなかったのは驚くべきことである。この点については、転換の動きが出始めている。たとえば、Stephen P. Turner und Regis A. Factor, »Objective Possibility and Adequate Causation in Weber's Methodological Writings«, in: *Sociological Review*, 29 (1981), S. 5ff. および Gerhard Wagner und Heinz Zipprian, »Methodologie und Ontologie – Zum Problem der kausalen Erklärung bei Max Weber«, in: *Zeitschrift für Soziologie*, 14 (1985), S. 115ff. を参照。「中間考察」での定式化は、この問題に関するヴェーバーの「最終的な」認識上の立場――『経済と社会』の巻頭に書き綴られたような立場――と関わっているのである。したがって、ここでの眼目は、第一に意味適合的な類型の「適切な」構成にある。

(15) 「中間考察」をも扱ったヴェーバーの合理性概念についての興味深い研究として、次のものがある。Rogers Brubaker, *The Limits of Rationality. An Essay on the Social and Moral Thought of Max Weber*, London: Allen & Unwin 1984, 特にS. 61ff. 同時に、彼は価値葛藤に関する価値論的理解、規範的理解と因果的理解との区別を提案している。もちろん、「中間考察」を彼がやっているように実質的な分析から切り離してはならない。このことについては、あとで証明したい。

(16) WuG, S. 911（安藤・池宮・角倉訳、一七二頁）.

(17) Ebd., S. 878（同訳書、一七頁）.

(18) RS I, S. 253（大塚・生松訳、六〇頁）. この箇所では、ヴェーバーの著作における合理主義問題の展開にとって音楽社会学がいかなる意義をもつのかも示されている。このことに関しては、*Religion und Lebensführung*, Kap. 13（『ヴェーバーの再検討』、第Ⅳ章「宗教社会学」）参照。

(19) WuG, S. 919（安藤・池宮・角倉訳、二〇一頁）.

(20) RS I, S. 264（大塚・生松訳、七八頁）.

(21) Ebd., S. 537（同訳書、一〇一頁）.

(22) Ebd., S. 62（大塚訳、九三―四頁）（および *Archiv*, Band XX, S. 35）参照。ここでは次のように述べられる。

「実際、生活というものは、このうえなく多様な究極的観点の下、非常に多様な方向へと『合理化』できるのである。『合理主義』は莫大な矛盾を内に孕んだ歴史的概念である……」（一九二〇年にヴェーバーは「実際」という言葉のあとに次の節を挿入している。すなわち、「――この素朴な命題はしばしば忘れられてしまうのだが、『合理主義』を扱うあらゆる研究の冒頭に置かれるべきであろう――」）。また、反批判のなかでも彼はこの見解を強調している。たとえば、Max Weber, PE II, S. 156（住谷・山田訳、九一頁）参照。この見解はまた、ルヨ・ブレンターノの異議に対する一九二〇年の以下のような回答のベースにもなっている。「『非合理的』というのは、常にあるもの自体がそうなのではなく、むしろある特定の『合理的』な観点からみてそうなのである。不信心な者にとっては宗教的な生活態度のあらゆるものが、快楽主義者にとっては禁欲的な生活態度のあらゆるものが、たとえそれ自体の究極的な価値からすれば『合理化』であろうとも、それぞれ『非合理的』なのである。もしも、この論考が何かに寄与するところがあるとすれば、それは一見一義的に見える『合理的』という概念の多面性を暴くことであってほしい」。RS I, S. 35, Fn. 1（大塚訳、四九―五〇頁）参照。したがって、ここで問題にしているのは「堅持された」立場、すなわち『世界宗教の経済倫理』ではまったく修正されず、むしろ一貫して――それも文化内および文化間の比較に適用されることを通じて――展開されている立場のことである。まさしくこれによって、合理的なものの「多面性」が暴かれることになる。このことは、究極的に「合理的」な観点がいくらでも存在するなどということではないし、それがどんな観点であってもよいということでもない。むしろ、そうした観点が文化史的に見ていくつか存在し、それらの価値関係についてヴェーバーの比較文化社会学は何も言うことができず、したがって、それらを「同等」なものとして扱わねばならないということにほかならない。ユルゲン・ハーバーマスは、ここにヴェーバーの立場のアンビヴァレンス、すなわち、普遍主義と文化主義ないし相対主義の間の動揺を看て取った。そして、彼はこのアンビヴァレンスを普遍主義に有利な形で解決しようとする。そのために、彼はとりわけ文化的合理化と社会的合理化の区別、それに構造と内容の区別を駆使する。ハーバーマスによれば、ヴェーバーが、もしも「西洋的合理主義の特殊性の由来を、文化的な特性にではなく、近代資本主義の諸条件の下で合理化のプロセスがとった（！）選択的なパターンに求めていた」ならば、彼は近代に対する相対主義的な留保を放棄できたという。これについては、Jürgen Habermas, *Theorie des kommunikativen Handelns,* Band 1, Frankfurt 1981, S. 255（『コミュニケイション的行為の理論』上、二五五頁）参照。しかし、ヴェーバーの分析の眼目は西洋、それも特に近代西洋の文化的特性――いわば社会的特性に先んじるような――の特定に、まさしく存在するのである。彼にとって、西洋の合理主義は文化的水準と社会的水準を包括する一つの歴史的概念なのである。また、彼の社会主義批判もこの表象に係留されている。というのも、近代西洋の文化的特性は、たとえば近代社会主義の諸条件の下に合理化のプロセスを置くなどということによって変化することはないからである。社会主義もまた依然として現世支配の文化的合理主義であり続けるのである。すなわち、社会主義はこうした合理主義を他の「手段」で継続しているにすぎない。これについては、Wolfgang Schluchter, *Aspekte bürokratischer Herrschaft,* München 1972, 特にS. 301ff.（Neuauflage Frankfurt 1985）参照。ハーバーマスの準拠枠で言えば、合理化だけが二段階（すなわち文化的合理化と社会的合理化）なのではなく、選択的なパターンもまた二段階である（すなわち文化的特性と、制度化と内面化によるその選択的な使用）。その結果、構造－内容の問題も二段階になる。思うに、ヴェーバーの文化社会学がハーバーマスの追求しているような合理性の理論に投げかける挑戦とは、まさに、歴史に裏づけられた次のような「推測」にある。すなわち、文化人のさまざまな歴史的表現形態の間の両立不能性は、現世理解や現世への関係の形式的な諸特性に対してそれらの各々の内容がもつ必然的な選択性と、関わっているという推測である。ハーバーマスはコミュニケーション的行為の概念に二重の地位を与えることによって、この問題を「克服する」。こうして、最終的に彼は生活世界そのものの形式的諸特性を近代の生活世界の諸特性と同一視するのである。すなわち、これは実践的に真理となる概念に関する理論の一種だと言える。

（23）RS I, S. 536f.（大塚・生松訳、一〇〇頁）.

（24）Karl Jaspers, *Psychologie der Weltanschauungen,* Berlin 1919, Einleitung, S. 2ff.（上村忠雄・前田利男訳『ヤス

パース選集』25「世界観の心理学　上」理想社、一九七一年、三一頁以下）参照。ヴェーバーは「序言」でこの試論について（ルートヴィヒ・クラーゲス（Ludwig Klages）の*Prinzipien der Charakterologie*, Leipzig 1910（千谷七郎・託摩武元訳『性格学の基礎』岩波書店、一九五七年）とともに）肯定的見解を述べている。また、カール・マンハイムは特にヴェーバーを意識しながら、初期の文化社会学を一種の世界観社会学として始めた。Karl Mannheim, *Strukturen des Denkens*, Frankfurt 1980、特にS. 101ff.（澤井敦訳『文化社会学草稿』学文社、一九九五年、八八頁以下）.

（25）RS I, S. 253（大塚・生松訳、五九頁）.

（26）これについては、Karl Jaspers, *Psychologie der Weltanschauungen*, S. 198ff.（上村・前田訳『ヤスパース選集』26「世界観の心理学　下」理想社、一九七一年、三〇頁以下）参照。彼は価値衝突の経験と極限状況の経験の間にアナロジーを見ている。

（27）したがって、厳密に言えば、現世拒否的宗教すなわち救済宗教だけが神義論を知っている。ただしヴェーバーはこの概念を、とりわけ「序論」で示されるような、より一般的な意味で使用している。

（28）すでに示唆したように、価値領域と生活秩序の「カタログ」は、二つのテクストの間で等しいわけではない。それに、ヴェーバーは、より早い時期のテクストでは（価値領域と生活秩序のかわりに）「宇宙（Kosmos）」という語句を好んで使っているようだ。この語句から、おそらく無差別主義的（akosmistisch）という語句の使用法についても明らかになるであろう。

（29）ヴェーバーはこの定式化を次の箇所で用いているWuG, S. 352ff.（武藤・薗田訳、二六五頁以下）.

（30）これは講演『職業としての学問』での有名な結語である。WL, S. 613（尾高訳、七四頁）参照。デーモンとは、明らかにゲーテが使う意味での個性もしくは性格のことである。少なくとも、ゲーテは――ヴェーバーがおそらくここで引き合いに出している――この「始源の言葉」（Urwort）の第一スタンザをそのように解説している。Johann Wolfgang von Goethe, *Werke*, Hamburger Ausgabe, Band 1, S. 359ff., S. 403ff.（田口義弘訳『ゲーテ全集』

1、潮出版社、一九七九年、三三五頁以下）参照。また、ヴェーバーの態度を理解するためにも興味深いことだが、ここでゲーテは『弁明』、それも『弁明』で展開されたダイモニオンの概念にことよせて説いているわけである。Platon, Apologie, 31c-32aそして39c-40c（山本光雄訳『ソクラテスの弁明』角川文庫、一九六七年、七九—八〇頁、九四—六頁）参照。この概念はそこでは次のように述べられる。「一種の声。聞こえてくるときは、しようとしていることをいつも思いとどまらせ、それをするように勧めたことは一度もない、そんな声である」。Ebd., 31d（同訳書、七九頁）.

(31) PS, S. 542（中村・山田他訳、六〇五—六頁）.

(32) RS I, S. 554（大塚・生松訳、一三〇頁）.

(33) WuG, §12（武藤・薗田訳、三〇四—三七頁）参照。ヨハネス・ヴィンケルマンは『経済と社会』第五版の「注釈篇」(*Erläuterungsband*)で、ヴェーバーは儒教、カルヴィニズム、ユダヤ教、それにイスラムという四つの宗教を現世志向的なものとして分類したと述べている（*Erläuterungsband*, S. 80, S. 91, S. 100参照）。

(34) RS I, S. 538（大塚・生松訳、一〇三頁）.

(35) Talcott Parsons, *The Structure of Social Action. A Study in Social Theory with Special Reference to a Group of Recent European Writers*, 2. Aufl., New York: Free Press 1949、特にS. 43ff.（稲上毅・厚東洋輔訳『社会的行為の構造』1、木鐸社、一九八〇年、七七頁以下）. パーソンズはこうした方法でヴェーバーの目的‐手段図式を「解剖」している。

(36) RS I, S. 106（大塚訳、一八二頁）参照。ここでは当然、私は一九二〇年になされた挿入には留意していない。*Archiv*, Band 21, S. 21ff.

(37) Max Weber, PE II, S. 155（住谷・山田訳、九一頁）.

(38) これについては次のものを参照。Max Weber, »Zur Lage der bürgerlichen Demokratie in Rußland«, in: *Archiv für Sozialwissenschaft und Sozialpolitik*, Band 22 (1906)、特にS. 273ff.（雀部幸隆他訳『ロシア革命論』I、名

古屋大学出版会、一九九七年、四三頁以下）. *Verhandlungen des Ersten Deutschen Soziologentages*, Tübingen 1911, S. 197ff., S. 210f.

（39）これについては次のものを参照。Ernst Troeltsch, *Die Soziallehren der christlichen Kirchen und Gruppen*, Aalen 1977, S. 39ff.（高野晃兆他訳『古代キリスト教の社会教説』教文館、一九九九年、六四頁以下）（これは一九一二年に初めて出版されたが、それ以前に論文形式ですでに発表されていた）. その解釈としては、Wofgang Schluchter, *Die Entwicklung des okzidentalen Rationalismus. Eine Analyse von Max Webers Gesellschaftsgeschichte*, Tübingen 1979, S. 243ff.（『近代合理主義の成立』、一三七頁以下）参照。

（40）WuG, S. 326（武藤・薗田訳、二〇七頁）.

（41）この節の全体は次の通りである。「ところで救いの確かさ（certitudo salutis）という問題それ自体は、秘蹟によらないすべての救済宗教――それが仏教であれジャイナ教であれ、あるいは他の何であれ――にとって、まさに中心的な問題であった。このことは看過されてはならない。ここから、純粋に宗教的な性格をもった心理学的推進力のすべてが生じるのである」。RS I, S. 103, Fn. 2（一九二〇年の挿入）（大塚訳、一七七頁）.

（42）そればかりか、忌避の仕方次第で、こうした依存性は高まるとさえ言える。たとえば労働を免れて現世忌避をなす仏教の修道僧は、「労働」が禁欲的な規律化の一部である西洋の修道士よりも、はるかに「現世」に依存している。これについては、次の論集のなかのスタンリー・タンバイア（Stanley Tambiah）の仏教の修道生活とキリスト教の修道生活の相違に関する論考も参照のこと。Wolfgang Schluchter（Hg.）, *Max Webers Studie über Hinduismus und Buddhismus. Interpretation und Kritik*, Frankfurt 1984, S. 202ff. さらには WuG, S. 331（武藤・薗田訳、二一八―九頁）参照。

（43）RS I, S. 116ff.（大塚訳、二〇〇頁以下）.

（44）WuG, S. 330（武藤・薗田訳、二一五―七頁）.

（45）Ebd., S. 331（同訳書、二一九頁）.

（46）Ebd., S. 333（同訳書、二二四頁）．

（47）Ebd., S. 332f.（同訳書、二二一―二頁）．

（48）この文脈でヴェーバーが言及しているのは、タウラー、ルター主義、原始キリスト教、東方キリスト教、それに、こうした東方系の教会概念が世俗化されつつ継続しているスラブ主義的共同体概念である。

（49）Ebd., S. 334（同訳書、二二五頁）．

（50）RS II, S. 220（深沢訳、二八五頁）参照。「序論」のこれに対応する箇所では、「いかに」という語句が欠けている。Ebd., S. 252（大塚・生松訳、五八頁）．

（51）WuG, S. 334f.（武藤・薗田訳、二二六頁）．

（52）RS I, S. 263（大塚・生松訳、七六頁）．

（53）*Max Webers Studie über Hinduismus und Buddhismus* 所収のガナナート・オベーセーカラ（Gananath Obeyesekere）の論考の説明に従えば、ブッダを垂範預言者とするヴェーバーの分類には問題があるし、また、そもそも倫理預言と垂範預言という区別が十分に詳述されているとはいえないという。それによるとブッダは個人的継承を求めたのではなく、むしろ「正しい」生活のための一種の規準をもくろんだ教説を告げた。その限りで、ブッダは実際は倫理預言者ではないが、垂範預言者でもない。ブッダを適切に分類するには、垂範預言の概念を、倫理的に導かれた禁欲という概念へと変更するほうがよいというのである。しかし、これにはかえって問題があると私には思われる。確かに、実際、ヴェーバーは区別の基準にしても現象への類型の関係づけにしても曖昧である。たとえば次の箇所を参照。WuG, S. 268, S. 273（武藤・薗田訳、六四―五頁、七六―七頁），RS I, S. 248ff.（大塚・生松訳、五二頁），S. 257f.（同訳書、六五―六頁）．それゆえに、オベーセーカラの考えに注目しながらも、私はそこから彼とは異なる方向に展開したい。つまりヴェーバーは、私の見るところ、次の二つの分類基準を交互に駆使していたのである。すなわち、第一にメッセージの種類（倫理／教説、命令／規準）であり、第二に信奉者の関心（メッセージへの関心か、人物への関心か）である。これら二つの次元を組み合わせれば、カリスマ的な宗教的指導者の諸類型が次のように出来上がる［左の表を参照］。

次の箇所も参照のこと。*Religion und Lebensführung*, Kap. 7（本訳書、第三章）.

（54）RS I, S. 538f.（大塚・生松訳、一〇三―四頁）.

（55）Max Weber, PS, S. 61, Fn. 1、および PE II, S. 155（住谷・山田訳、九一頁）参照。

（56）WuG, S. 334（武藤・薗田訳、二二五頁）, RS I, S. 14（大塚・生松訳、二六頁）.

（57）Ebd., S. 141, Fn. 2（大塚訳、二四八―九頁）.

（58）Ebd., S. 252（大塚・生松訳、五八頁）.

（59）Ebd., S. 108（大塚訳、一八三―四頁）.

（60）これについては、Max Weber, »›Kirchen‹ und ›Sekten‹ in Nordamerika. Eine kirchen- und sozialpolitische Skizze«, in: *Die Christliche Welt*, Nr. 25, 21. Juni 1906, S. 580（「アメリカ合衆国における〝教会〟と〝ゼクテ〟」、三八一頁）参照。

メッセージの種類／信奉者の関心	倫理／命令	教説／規準
メッセージ	倫理預言者 例：捕囚前の預言者（エレミヤ）	教説預言者 例：ブッダ
人物	倫理救世主 例：ゾロアスター、イエス、ムハンマド	教説救世主 例：インドの導師《グル》

（61）福音的勧告とは、当初は助言であったのであり、それに従うことで人は功徳を得た。次に、それは修道士の誓詞の要素となり、つまり要求へと変化した。そこから大衆倫理と区別される達人倫理が生じた。達人倫理はその要求水準のためというよりも、むしろそれと結びついたわざによる義（Werkgerechtigkeit）のために、宗教改革では攻撃の対象とされた。

（62）ヴェーバーはさまざまな箇所で、このような諸前提が相容れないことについて議論している。たとえばある箇所では、救済宗教の信仰の反理性性（Widervernünftigkeit）ならぬ超理性性（Übervernünftigkeit）を指摘するために、彼はテルトゥリアヌスに帰せられた文句、「不合理なるがゆえに我信ず（credo quia absurdum）」を利用したりする。また、こうした相容れない前提からもたらされる帰結も、たとえば自殺についての評価のように異なってくる。RS I, S. 570（大塚・生松訳、一五八頁）参照。

（63）この二つの概念は、救済財獲得の機会と関わっている。ヴェーバーは、しばしばこれらを「救済個別主義」および「救済普遍主義」と同一視する。これは術語的には不適切なことである。なぜなら、後者の一対の概念は救済財の妥当根拠に関わるからである。開放と閉鎖の戦略については、特にFrank Parkin, *Marxism and Class Theory. A Bourgeois Critique*, London: Tavistock 1979を見よ。

（64）明らかに、分析をこの領域だけに限定する必要はない。特にシュムエル・N・アイゼンシュタットは政治的な生活領域にヴェーバーに準拠したアプローチで取り組んだ。

（65）Wolfgang Schluchter, *Die Entwicklung des okzidentalen Rationalismus*, S. 235ff.（『近代合理主義の成立』、二二九頁）参照。ここでは、そこで展開した考えを継承している。イスラムの位置づけについては、前記の注（10）参照。

（66）WuG, S. 335（武藤・薗田訳、二二七頁）.

（67）RS II, S. 217（深沢訳、二七三頁）.

（68）以下の分類は、Wolfgang Schluchter, *Die Entwicklung des okzidentalen Rationalismus*, S. 217ff.（『近代合理主義

の成立』、二一〇頁以下）と、とりわけ *Religion und Lebensführung*, Kap. 5（本訳書、第一章）とを継承するものである。ヴェーバーの宗教社会学のプログラムについては、*Religion und Lebensführung*, Kap. 13（『ヴェーバーの再検討』、第Ⅳ章「宗教社会学」）。現世態度ないし現世への立場の類型論については、Jürgen Habermas, *Theorie des kommunikativen Handelns*, Band I、特に II, 2（『コミュニケイション的行為の理論』上、第二章第二節）.

(69) RS I, S. 537（大塚・生松訳、一〇一頁）.

(70) RS II, S. 220（深沢訳、二八五頁）.

(71) これについては、RS I, S. 551f.（大塚・生松訳、一二五—六頁）参照。

(72) これについては、ebd. および WuG, S. 360f.（武藤・薗田訳、二八七—九頁）.

(73) PS, S. 543（中村・山田他訳、六〇六—七頁）.

(74) RS I, S. 573（大塚・生松訳、一六三頁）.

(75)「序論」でも同様である。

(76) Ebd., S. 257（同訳書、六五頁）.

(77) RS II, S. 4（深沢訳、四頁）. ヴェーバーが依拠する文献については、*Max Webers Studie über Hinduismus und Buddhismus* 所収のカール＝ハインツ・ゴルツィオ（Karl-Heinz Golzio）の論考（S. 363ff.）を参照。

(78) WuG, S. 180（世良訳『諸類型』、二一五—七頁）.

(79) この点、および以下の箇所については、RS II, S. 32-109（深沢訳、四二—一四五頁）.

(80) WuG, S. 300（武藤・薗田訳、一四二頁）.

(81) RS II, S. 36ff.（深沢訳、四五頁以下）.

(82) ヨーロッパにおけるインドのイメージが植民地主義によって影響を被ったことが、ヴェーバーにおいてもやはり観察できるが、この影響については、Jakob A. Rösel, *Zur Hinduismus-These Max Webers. Eine kritische*

Würdigung, München 1982 参照。また、国勢調査の問題性については *Max Webers Studie über Hinduismus und Buddhismus*, S. 72ff. 所収のヤン・C・ヘースターマン（Jan C. Heesterman）の論文を参照。

（83）RS II, S. 50（深沢訳、六三頁）. バラモンの調停者としての機能については特に *Max Webers Studie über Hinduismus und Buddhismus*, S. 178ff. 所収のJ・ダンカン・M・デレット（J. Duncan M. Derrett）の論文を参照。

（84）RS II, S. 48（深沢訳、六〇頁）.

（85）RS II, S. 13（同訳書、一七頁）. この文脈でヴェーバーが発展させたヒンドゥー化という概念が社会学的指向をもった今日のインド学にとっても有益かもしれないと論証したのは、とりわけヘルマン・クルケ（Hermann Kulke）である。彼の論考、»Hinduization, Legitimation and the Patrimonial State in the Context of Max Weber's Studies on India«, Manuskript, Heidelberg 1984 参照。

（86）RS II, S. 32（深沢訳、三九頁）. 結局カースト秩序を矛盾する原理の上に樹立したヴァルナの理論およびジャーティ［生まれ］の秩序［ヴァルナとジャーティの両者を重ねて一般にカーストと呼ぶ］については、*Max Webers Studie über Hinduismus und Buddhismus*, S. 72ff. 所収のヤン・C・ヘースターマンの論考を参照。彼が示したところによれば、これらによってこの社会秩序に解決できぬ緊張がもたらされたが、この秩序の中心となっているのは、本来はバラモンではなくむしろ国王である。彼もまたカースト秩序のダイナミックな性格を強調している。

（87）RS II, S. 110（深沢訳、一四七頁）. このテーゼがカール・マルクスのインド分析に対する批判と関わっているのは偶然ではない。

（88）これについては、RS II, S. 24（同訳書、三一頁）参照。当然、ヴェーバーによればヒンドゥー教は西洋的な意味での教会でもない。ヴェーバーが西洋の宗教概念に最も近いのはサンプラダーヤの概念だと考えるのはおそらく正しい。

(89) RS II, S. 118（同訳書、一五七頁）.

(90) Ebd., S. 27（同訳書、三四頁）.

(91) Ebd., S. 31（同訳書、三八頁）.

(92) Ebd., S. 28（同訳書、三六頁）、および Hermann Oldenberg, *Die Religion des Veda*, Stuttgart o. J. 特に S. 275-306 参照。カール＝ハインツ・ゴルツィオは、ヴェーバーにとってのオルデンベルクの意義をそれほど認めていない。しかし、ヴェーバーはオルデンベルクの研究を典拠としてのみならず、むしろ一種「同水準の」宗教史的かつ宗教社会学的パースペクティヴとしても利用しているのである。このことはオルデンベルクのブッダ論にも当てはまる。

(93) RS II, S. 131f.（深沢訳、一七二頁）. バラモン的な神義論と、それがカースト秩序に救拯論的意義を与えるといった神義論の支持機能とからなるこのテーゼは、おそらく一種の理念型的な「誇大表現」であろう。このことは、*Max Webers Studie über Hinduismus und Buddhismus* 所収のヤン・C・ヘースターマン、ウェンディ・オフラハーティ（Wendy O'Flaherty）、デイヴィッド・シュルマン（David Shulman）の諸論考のいずれからも示唆されることである。いずれにしても、この際ヴェーバー自身が繰り返し強調する彼の分析の限定に注意せねばならない。その限定とは、方法的かつ実質的な性質のものである。方法的には、多様な文化における宗教と階層分化両者の相互適応過程は、「次に分析すべき西洋の発展との比較の基準点を見つけるために必要な」限りにおいてのみ、追究されねばならないのである。RS I, S. 12（大塚・生松訳、二四頁）参照。実質的には、ヴェーバーは当初彼の分析を明らかに宗教エリートに限定している。知識人による象徴的構成物が「大衆」の諸要求へと適応する過程などは、話題の中心ではない。もちろん、こうした適応が常に存在することは、ヴェーバー自身見逃してはいなかった。それに、仏教の分析では、同時に変形過程でもあるようなそうした適応過程を提示している。スタンリー・タンバイアの議論にあるように、この分析はうまくいっていないかもしれない。しかしここから、ヴェーバーが宗教社会学的分析にとってのこの問題の意義を十分に認識していたことがわかる。その限りで、特にウェンディ・オフラハーティとデイヴィッド・シュルマンの論考はヴェーバー批判としてというより、むしろ彼のヒンドゥー教研究を補完するものとして読めるのである。

（94）インドのケースに関わる「正統派」と「異端派」の区別の問題性については、特に *Max Webers Studie über Hinduismus und Buddhismus*, S. 293ff. 所収のヘルマン・クルケ（Hermann Kulke）の論考を参照。当然、この区別はここだけに問題があるというわけではない。というのも、正統派と異端派は相互に関連づけずに定義できるわけではないし、また、それらが歴史的に不変の定数であるというわけでもないからである。

（95）このイメージの問題性については、特にヤン・C・ヘースターマンの論考を参照。彼の推測によれば、ここには合理的な社会倫理の支配の下で完璧に秩序づけられた現世の総体に対するヴェーバーの欲求が表れているが、それでもやはり、同時に彼はそうした支配の結末を恐れていたのだという。私は、ヴェーバーが自ら描いた閉鎖的なイメージを打ち破る「歴史的な」根拠をもっていたことを示そうと考えている。

（96）前掲ウェンディ・オフラハーティの論考を参照。

（97）RS II, S. 134ff.（深沢訳、一七九頁以下）. ヴェーバーは、バラモンを中国の読書人およびギリシアの哲学者と比較している。残念ながら、後者との比較は詳述されていない。

（98）これらの親和性については *Religion und Lebensführung*, Kap. 5（本訳書、第一章）が詳しい。

（99）RS II, S. 154（深沢訳、二〇〇—一頁）.

（100）本来は学者である「法学者」、すなわちシャーストリーについて、および彼らとスートラ［通常の経典］との関係については、*Max Webers Studie über Hinduismus und Buddhismus*, S. 178ff. 所収のJ・ダンカン・M・デレットの論考を参照。さまざまなシャーストラ［讃誦］にはさまざまな機能が絡み合っている。ヴェーバーでは、RS II, S. 137, S. 162f.（深沢訳、一八二頁、二一四—五頁）参照。

（101）これについては、ヤン・C・ヘースターマンの論考のほかに *Max Webers Studie über Hinduismus und Buddhismus* 所収のシュムエル・N・アイゼンシュタットの分析を参照。その分析では、この三者関係を仏教における国王／僧《サンガ》の二者関係と対照させている。
(102) RS II, S. 189（深沢訳、二四八頁）.
(103) RS I, S. 537（大塚・生松訳、一〇一頁）.
(104) RS II, S. 196（深沢訳、二五四頁）.
(105) Ebd., S. 193f.（同訳書、二五二頁）. 同時にヴェーバーは、教説詩のなかに信仰宗教心（Glaubensreligiosität）への移行を認めている。
(106) Ebd., S. 143ff.（同訳書、一八九頁以下）. 特にS. 145（同訳書、一九一頁）、および、カウティルヤの『実利論』［アルタ・シャーストラ］との関連はPS, S. 543（中村・山田他訳、六〇七頁）参照。
(107) RS II, S. 220（深沢訳、二八五頁）. ガナナート・オベーセーカラの指摘によれば、ヴェーバーが垂範預言者の典型例として語るブッダは、確かに模範を示したのだが、しかし、個人的な継承を意図してのことではない。仏教の教説の中心にあるのはブッダの崇拝者ではなく、むしろアルハト［阿羅漢］の理想であるという。確かに倫理預言者と異なり、ブッダは命令を言い渡すことなく、むしろ正しい生活のための規準を定式化した。しかし、こうしたことは、垂範預言というヴェーバーの概念では十分にカバーできないという。これについては前出の注(53)を参照。たとえばハインツ・ベッヒャート（Heinz Bechert）は、ヴェーバーによる初期の正典仏教の分析は原則的には相変わらず妥当であると見るが、それに対してスタンリー・タンバイアは、分析のために選ばれた出発点がすでに間違っていると見る。*Max Webers Studie über Hinduismus und Buddhismus* における両者の論考を参照。ガナナート・オベーセーカラの見解は、この点に関して両者のちょうど中間である。
(108) とりわけこのことは、ヴェーバーの上座部仏教に関する詳説に当てはまる。これについては前掲の論集でのハインツ・ベッヒャートの論考を参照。

第三章　現世支配の合理主義の起源

――古代ユダヤ教

「預言者とは、世界に対する人間の関係を究極的一元的価値観点から統一するという意味での体系構成者である。これに対して祭司は、預言または聖なる伝承の内容を、決疑論的・合理的に分類し、それを自分の階層や支配する平信徒の思考慣習・生活慣習へ応用するという意味で体系化する。」

Max Weber, WuG, S. 2806［武藤・薗田訳、九五頁］

「獅子がほえる、誰が恐れないでいられよう。主なる神が語られる、誰が預言しないでいられよう。」

アモス書、第三章第八節

一　問題設定

マックス・ヴェーバーは、その著作のさまざまな箇所、また作品展開のさまざまな局面においてユダヤ教の文化意義に言及している。このことがすでに、世紀の転換期以後に生み出された最も重要な諸論考の表面的な見通しを示している。ユダヤ教の文化意義についての見解は、すでにプロテスタンティズムの倫理の研究の第一稿の中に見出され、したがって一九〇四—〇五年にさかのぼる。その見解はとりわけ、旧約聖書の規定、特に旧約聖書の神観念と選民思想が禁欲的プロテスタンティズムに対してもっている意義に、また「旧約聖書規範の生活への浸透」がどのような「性格学的結果」をもちえたのかという問題に関するものである。(1)ヴェーバーは、この研究においてその問題を提起しているだけで、解決しているわけではない。しかしながら彼にとってその解決は、明らかに必要なものとして残った。(2)古代農業事情の研究の第三版には、「古代イスラエル」または「イスラエル」と題された一節がある。ここで彼は、パレスチナ占領からヨシュア治下の「官僚制的都市国家」形成に至る社会史、政治史および部分的ではあるが宗教史を扱っている。つまりそこには主にバビロン・ペルシア捕囚前の時代が含まれることになる。ただしここに初期の発展史的方向づけ以上のものが含まれているわけではない。この節は、メソポタミアやエジプトの節とも同様に、ギリシアやローマの農業事情の分析と比べるとささやかなものである。(3)これに対し、通例一九一〇年から一九一四年の間に成立したとされる『経済と社会』の宗教社会学の章では、ユダヤ教は、古代イスラエルの宗教とユダヤ教とに細分され、捕囚前・捕囚期・捕囚後、特にタルムード的段階に整理されていて、すでに顕著な役割を演じている。ユダヤ教は、ここではヴェーバーが論ずる現世関係をもった文化宗教群のなかで一つの重要な役柄なのである。その上ヴェーバーは、ユダヤ教に刺激され、次のような宗教社会学的諸概念を案出した。すなわち、倫理預言、救済宗教心や合理的・倫理的宗教心といった概念、またルサンチマン、応報宗教心、パーリア民族状況、パーリア的知性主義やパーリア的宗教心といった概念である。[4] さらにユダヤ教と資本主義との関係に関するヴェルナー・ゾンバルトのテーゼ[5]によって、ヴェーバーとゾンバルトとの論争が引き起こされたために、ヴェーバーは、ユダヤ教が反呪術的で合理的な宗教倫理をもっていたにもかかわらず、近代資本主義の経済システムや経済心情の創出に必ずしも決定的に関与しなかった理由を同時に説明しようとしたのである。[6] ヴェーバーが一九一五年に公刊した世界宗教の経済倫理に関する比較宗教社会学試論（彼自身の証言によればすでに一九一三年に書かれたという）の序論においても、ユダヤ教は宗教的動機をもった現世態度の一つの重要なモデルであり、諸概念を決定する基礎なのである。『経済と社会』と同様にここでもまた重要なのは、特にルサンチマンの概念、およびこれと否定的特権付与［特権剥奪］や救済宗教心や苦難の神義論といった諸概念との関係、そして使命預言の概念である。[7] 振り返ってみるとこれはすべて、古代イスラエル人やユダヤ人の宗教倫理の独特な社会学的分析の前奏曲とも読める。その分析とは、世界宗教の経済倫理のシリーズの一部として、「古代ユダヤ教」という広範で、同時に計画的なタイトルで、一九一七年の一〇月から一九二〇年の一月まで、まったく「不揃いな順」で『社会科学・社会政策アルヒーフ』に掲載され、おそらく一九一七年初頭以来はじめてこの形式に整えられたものである。[8] ヴェーバーは、そこでユダヤ教を世界宗教とは見なさなかったが、[9] それでもこのシリーズの枠組でこれを詳細に論じるのを断念しようとはしなかった。それには二つの理由がある。一つは、ユダヤ教がキリスト教やイスラムの宗教倫理に対してもつ「決定的な歴史的前提条件[10]」のためであり、もう一つは、「西洋の近代的経済倫理の発展に対する、一部は現実の、また一部は通説になっている、歴史的な独自の意義[11]」をもっているためである。第二の理由は明らかにゾンバルトの挑戦と関わっているのに対して、第一の理由はその裏にさらに深く潜んでいる関心を示唆する。明らかにヴェーバーは「イスラエル－ユダヤ－キリスト教的宗教発展」の再構成、西洋の倫理に至るある種の系譜学を意図しているのである[12]。しかしそれは、捕囚前、捕囚期、捕囚後に形成された特徴を伴う古代ユダヤ教をも考慮に入れなければ不可能である。そして、捕囚後のユダヤ教の分析が他方で示しているように、そのためにはさらに古代キリスト教をも考慮に入れなければならない。こういった見解は、ヴェーバーがユダヤ教、特に古代ユダヤ教の文化意義について述べた最後の意見にも反映している。この意見は、一九二〇年のプロテスタンティズムの倫理の研究の改訂稿や、一九一九―二〇年の冬学期にミュンヘン大学で、――好んでというより明らかに義務感から――行なわれた講義「一般社会経済史要論」の筆記ノートのなかにみられる[13]。ヴェーバーは、「プロテスタンティズムの倫理」の改訂稿において「古代ユダヤ教の預言とともに始まり、ギリシアの科学的思考と連携しつつ、救済追求のあらゆる呪術的手段を迷信や冒瀆として退けた、世界の脱呪術化」という大規模な宗教史的過程について述べている。この過程は、禁欲的プロテスタンティズム、つまり一方ではカルヴィニズム、他方では再洗礼派の諸ゼクテに終わるものであった[14]。ミュンヘン大学の講義の中で、彼は西洋にとって決定的であった三つの宗教史的事件を挙げた。すなわち、「第一に、ユダヤ教の内部で呪術を根絶したために、呪術を現実的なものと認めながら、神的なものではなく何か悪魔的なものとみなしたユダヤ教の預言、第二に、古代キリスト教の熱狂が驚異的に普及する決定的要因となった聖霊降臨の奇蹟とキリストの聖霊《プノイマ》における兄弟盟約《フェアブリューデルング》、最後にパウロが（ペテロとは逆に）無割礼者たちとの祭儀共同体を育んだアンティオキアの会合（ガラテヤ人への手紙第二章第一一節以下）」である。(15)

こういった作品史的状況を概観すると、ヴェーバーは、作品展開の流れの中で、ユダヤ教の文化意義についての評価を変更していったのではないかという推測が生じてくる。私の見るところ、実際その通りなのである。彼はすでにプロテスタンティズムの倫理の研究の第一稿で、ユダヤ教と禁欲的プロテスタンティズムとにある種の選択的親和性を認めて、「ピューリタニズムにおける旧約的・ユダヤ教的精神の浸透」を述べてさえいるけれども、(16)ここではまだ西洋合理主義に対する古代ユダヤ教のより広範な文化意義そのものを考慮に入れているわけではない。彼は、大幅に禁欲的プロテスタンティズムの視角からユダヤ教を理解しているのである。特に彼の関心をひいたのは、禁欲的プロテスタンティズムがわがものとした旧約聖書の構成要素である。そのためヴェーバーが旧約聖書の中で文化意義をもつものとして強調したのは、ソロモンの箴言や多くの詩篇の「実際的なヘブライ人の処世訓」、ヨブの神の賛美、そして族長たちの生活管理であった。(17)こういった「狭い」見解と対応したことであるが、ヴェーバーは、ユダヤ教と禁欲的プロテスタンティズムとの最も重要な類似性が、後者に表現された「旧約的合理主義」(18)に両者が共に関連しているということよりも、むしろ「神の御心にかなった行状の証としての形式的合法性」を両者が共通して重視しているという点にあると考えている。(19)というのは、ヴェーバーによれば、この合法性の重視とは、ユダヤ教の場合でも、パレスチナのユダヤ教ではなく、「何百年もの形式主義的‐律法的またタルムード的教育の影響を受けて徐々に成立したような」[20] ユダヤ教について当てはまるからであって、この合法性は、とにかくいずれの場合にも、あるときは外的義務履行、あるときは内的確証、またあるときは適法性や道徳性といったように、さまざまな意味をもったことだろうと、彼自身もすでにここで主張しているのである。[21] 確かにヴェーバーは、プロテスタンティズム研究の第一稿でもまたすでに「預言者たちの強力なパトス」やそのパトスと旧約的合理主義の間に緊張が生じたことを指摘している。[22] しかしながら、ヴェーバーが、「旧約諸文書成立期以来のパレスチナ・ユダヤ教」の西洋合理主義に対する巨大な文化意義についてまだ完全に把握していないのは明らかなのである。[23] そしてこれは、古代ユダヤ教の、特に捕囚前の預言の巨大な文化意義をもまだ完全に把握していないということでもあるのだ。

『経済と社会』の宗教社会学の部分では、これがすでに修正されている。ヴェーバーも言うように、この宗教社会学の章は、世界宗教の経済倫理に関する諸論文を補足する関係にある。[24] ここでは特に古代ユダヤ教と禁欲的プロテスタンティズムとの類似性がより広い関連で扱われている。両者はイスラムとともに、宗教史における厳格な一神教を代表しており、[25] またこれらだけが「大衆の要求に応ずる際に聖人・英雄・機能神崇拝」からのがれるすべを理解していた。[26] 後の表現を使えば、古代ユダヤ教と禁欲的プロテスタンティズムだけが「呪術や非合理的救済追求のあらゆる形態から解放された世俗内的行為の宗教倫理」を実現させたのである。[27] そして古代ユダヤ教が禁欲的プロテスタンティズムだけでなく、キリスト教に共通して伝えたのは、反呪術性であった。[28] しかしこの反呪術性は、古代ユダヤ教、特に捕囚前の預言によって育まれたものであった。そのためヴェーバーにとって、紀元前九世紀から六世紀までの期間というのは、紀元一五世紀から一七世紀までの期間と同様に、明らかに多方面に結果を及ぼした「西洋の」革新を示しているのである。[29] しかし地中海世界だけではなく、インド・中国世界にとっても、この紀元前九世紀から六世紀までの期間は重要であった。たとえば、ヴェーバーの弟アルフレートも次のように述べている。「しかし、大きな民族移動の高まりを見せた時代の後半、すなわち紀元前九世紀から六世紀にかけて、その間に形成されてきた世界の三つの文化圏、西南アジア-ギリシア、インド、中国は、奇妙な同時性をもちながらも表面上は互いに無関係に、普遍的方向をもった宗教的・哲学的探求、問題、決定に達した。それらの文化圏は、その出発点、すなわちゾロアスター、ユダヤ教の預言者たち、ギリシアの哲学者や、ブッダ、また老子、孔子以来、同時代に次のような宗教的・哲学的な世界解釈や態度を展開する。すなわちその解釈や態度は、形成・改造・統合され、あるいは新しく生まれ、また相反する影響を受けて変形しながら、世界宗教の信仰の実質や人間性の哲学的解釈の実質を形成したが、この期間が終わって後、つまり一六世紀からはその宗教的部分に根本的に新しいことが付け加わることはもはやなかった。[30]」

この論評の意味で、『経済と社会』の宗教社会学や世界宗教の経済倫理の諸研究は、実際次のような試みとして読むことができる。一つには、はるか紀元前に、さまざまの偉大な文化的伝統を基礎づけた軌道決定を跡づける試みとして、[31] もう一つには、西南アジア-西洋の軌道決定の特殊性が何に基づいているのかをその成立期を手がかりにして突き止めようとする試みとしてである。ヴェーバーがこの軌道決定を、神概念や、比較的合理的で体系的な宗教倫理およびその反呪術的な制度化に見出していたのは明らかである。そのため彼は、古代イスラエルにおける脱呪術的な倫理的一神教の成立を普遍史的重要性をもつ出来事として扱っているのである。この過程は、バビロンやアテナイ、アレクサンドリア、ローマといった古代の文化的中心ではなく、捕囚前のエルサレム、後期ユダ王国のガリラヤ、後期ローマ帝国の属州アフリカといった文化的周縁において始まった[32]。その過程の担い手もまた、第一に正統派のエリートではなく、むしろ特に異端的エリートなのである。つまり祭儀祭司やパリサイ人、教会員ではなくて、旧約・新約の預言者や、たとえば新約聖書の中のゼクテを形成させうる力を利用し、それによって西方キリスト教史を貫く「一連の大きな反教会的ゼクテ形成」を開始したドナトゥス派「ゼクテ成員」といった人々なのである[33]。祭儀と言葉、律法と精神、教会とゼクテといった対立が、古代のイスラエル－ユダヤ教－キリスト教という宗教発展を支配した緊張の軸を示す標語であるが、しかしこの発展の内部できわだった意義を認められなければならないのは、古代イスラエルの段階と、そこで成立した古代イスラエルの宗教倫理なのである。

実際、ヴェーバーの古代ユダヤ教研究は、大部分が古代イスラエルの宗教倫理の成立条件およびその発展条件の解明に向けられている。それどころか、こういった前提に立ってはじめてこの本を「正しく」読むことができるのだと私は主張したい。もちろんヴェーバーは、さらに彼が呼ぶところのユダヤ的パーリア民族の成立にも関心をもっていた。同時にこれは、祭司的形式主義の影響や、特に忘我的倫理預言が終焉に至った理由に対する関心でもある。しかしながら、西洋合理主義にとって重要な出発状況をつくりあげたのは、祭司法典ではなく申命記であり、また祭司預言者エゼキエルではなく、アモスからエレミヤまでの「自由な」預言者であり、詩篇ではなくヨブ記だったのである。そしてこれらは、その文書への定式化が捕囚期および捕囚後の時代にあたるとしても、バビロン・ペルシア捕囚前の時代の「成果」なのである。ユリウス・ヴェルハウゼンと同様にヴェーバーもまた、この捕囚前の「成果」が外面的にはヨシュアの改革につながったのだと考えており、また古代イスラエルの宗教倫理をエジプトやメソポタミアといった最も重要な近隣諸文化の宗教倫理と対立させるに至った「比較的進んだ合理的体系化」のドキュメントが申命記にあると考えている。[34] しかしこの倫理は都市文化の産物であり、「都市的」利害関係者や教説祭司、宗教的に動機づけられた平信徒知識人、および古代イスラエルのみがもっている都市的土壌で育まれた特殊なタイプの使命預言者といった人々によってつくられた作品なのである。確かにモーセの社会律法と結びついたヤハウェ崇拝が当初から周辺世界の諸倫理からきわだっていたのは、ヤハウェの要求の内容のためというより、その「構成原理」、つまり契約思想と結びついた連帯の原理のためであった。[35] しかしながら、古代イスラエルの倫理もはじめはまだ呪術的影響のなかにあったのであり、国家建設以前および預言時代以前のイスラエルの宗教心は「いまだ強い農民的宗教心[36]」だったのである。だがイスラエルの宗教心それ自体も、世界のすべての農民宗教が結局とどまった呪術圏内からいまだ完全に離脱できてはいない。イスラエルの宗教心は、「都市国家エルサレムの土壌」ではじめてそこから脱することができたのであり、そうしてはじめて、イスラエルの宗教は「真の倫理的宗教」となった。[37] こうしてそれは「西洋と西南アジアの全文化発展の中心点」にまで発展していった[38]。

私のテーゼは次の通りである。すなわちヴェーバーは古代ユダヤ教研究において、世俗内的行為に関する西洋の宗教倫理の初期の発展史を描いていたということ、またその際に西洋のさらなる発展の中心点を明らかにするという目論見によって導かれていたということである。この発展史には四つの段階がある。一つは、すでに律法倫理でありながら依然として呪術と混在していた預言以前の時代の倫理、二つめは心情倫理として昇華された捕囚前の預言者の時代の律法倫理、三つめは心情倫理的傾向を保ちながらも、これをますます情緒宗教（Stimmungsreligion）の方向に転換させていった捕囚期・捕囚後の預言者の時代の律法倫理、そして最後に形式主義的な様式を保ってタルムード的ユダヤ教の地ならしをした預言者以後・捕囚後の時代の律法倫理である。ここでのヴェーバーの関心は、呪術の克服に至る諸過程だけでなく、この宗教が余儀なくされた心情倫理への転回にも向けられている。別な言い方をすれば、彼にとって自然性と文化性の永続的な分離だけではなく、適法性と道徳性の分離もまた重要なのであった[39]。この発展史を叙述するために、彼は一つの発展の理念型構成物を用いている。これとの比較によってのみ、ある宗教の歴史的発展水準が同定でき、それが他の変数との間に取り結んだ常に複雑な歴史的混合関係が概観できる。ヴェーバーは、自分の研究の中でこの理念型的発展構成を明確に特徴づけているわけではないが、それを彼の分析から再構成し、『経済と社会』の宗教社会学の部分から熟考を加えることができる。私はまず第一にこの再構成を試み、第二にこの枠組が中命記、特に捕囚前の預言のきわだった意義を適切に理解する上で、どれだけの説明能力があるのか検討してみようと思う。そして最後に、ユダヤ教は反呪術性と合理的な宗教倫理をもっていたにもかかわらず、近代西洋の経済エートスの「分娩」に対して決定的な貢献をなさなかったと主張するヴェーバーの論拠は何なのかということを簡単に描き出してみたい。さらにいくつかの推論がこれに続く。

二　準拠枠

エミール・デュルケームを視野に入れつつ、体系的準拠枠の再構成を始めてみよう。デュルケームは、宗教を多少とも鍛え上げられた信念や行為様式つまり慣行〔実践〕の体系であると定義した。これらは「聖なるもの」と結びついており、教会と名付けられる共同体は、これらにより道徳的・連帯的共同体として構成される。聖は俗から隔てられ、特に禁令によって守られている。聖と俗は、特に戒律に「媒介されて」いる。諸宗教は、何が聖なるものとして表象されているのか、聖と俗がどのように媒介されているか、に従って区別される。聖と俗の対立が維持され続けるように、こうした「媒介」は絶えず行なわれなければならない(40)。したがって一つの宗教は、規範的核のまわりに配置されている集合表象や実践から成り立っているのである。そしてそれは諸個人の間の連帯を引き起こすある継続的な「経営」を前提としている。デュルケームによれば、その点で宗教は呪術から区別される。

すなわち呪術には連帯的共同体形成が欠けているのである。[41]
ヴェーバーが『経済と社会』の宗教社会学の章で選んだパースペクティヴは、これと似てはいるが同一ではない。なるほどまずは類似性が目をひく。デュルケームの信念と実践との区別は、ある宗教の思想内容とそれに結びついた「道徳的」実践とのヴェーバーの区別に相当するし、[42]またデュルケームの聖と俗の区別は、ヴェーバーの非日常性・日常性の区別に相当するからである。[43]さらに類似した点も見出される。デュルケームとヴェーバーは、特に諸宗教の規範的核に関心をもっているという点である。もちろんヴェーバーは、デュルケームとは異なり、「宗教的信仰や宗教生活の実践によって作り出された」社会的行為の特定の形態に特に注意を払っている。その際、彼は宗教的誘因と宗教的衝動の共働を分析の中心にもってきた。[44]彼は、すべての宗教的行為の原初的な動機状況を申命記の一節をもって特徴づけている。「汝に幸いがあり、汝が地上にながらえんがために」。[45]しかしこの動機状況は、宗教的に規定された行為のみならず、特に呪術的に規定された行為にもまったく当てはまるのである。ラインハルト・ベンディクスも述べたように、聖なるものへの特殊な関係に基づいて非日常的なカリスマ的諸力をもつとされる物や人への「探求」は、そこから成立するのである。[46]しかしこのことは特に二つの帰結をもつ。一つは、ヴェーバーが、デュルケーム以上に、宗教的に規定された行為のみならず呪術的に規定された行為にも共同体を形成する性格を認めたこと、二つめは彼が、デュルケーム以上に、宗教社会学の分析全体を呪術的エリートと宗教的エリート、すなわち救済財を与え管理する個人群に向けて組み立てたことである。[47]

実際ヴェーバーは、古代ユダヤ教の研究において、捕囚前の宗教生活の思想生活や実践、また重要な担い手について記している。彼は、契約の書・申命記の中の法律集、たとえばデボラの歌に現れているようなイスラエルの文学、ヤハウィストやエロヒストの集成、また繰り返して申命記について記している。[48] また死者崇拝、バール崇拝、ヤハウェ崇拝とそれらの間に存在する競合についても述べている。[49] また軍事的ならびに法的‐宗教的意義をもつ呪術的忘我や、ナジーラ、ネビイームについて、さらにカリスマ的戦闘忘我者や法の啓示の担い手としての、また他の箇所ではヤハウェ宗教の救世主としての士師について、[50] 神託祭司・供犠祭司・祭儀祭司や教説祭司について、また先見者や救済預言者・禍の預言者、語る預言者や著述する預言者についても述べている。[51] これらと並んで彼は、同様にさまざまな形を取って現れる平信徒合理主義に言及している。

現象の多様性に十分対応したこれらの概念の多様性に体系的整理を施すことができるのであろうか。体系的な整理を諸次元にそって行なうならできると私は考える。そのために『経済と社会』の宗教社会学の章から最も重要な考察を用いることができる。ヴェーバーは、その最初の数節で基本的な「聖なる」思想内容（呪術「倫理」／宗教倫理）、基本的な「聖なる」実践（精霊強制および神への強制／神への礼拝）、そして基本的な宗教的役割（呪術師、祭司、預言者）を扱っている。[52] このような区別は、当然一つの歴史的事例のためだけに考えられたものではないから、これを古代ユダヤ教の視野から読むこともできる。それどころか作品史的に見ればおそらく、ユダヤ教への取り組みは、体系的宗教社会学の記述を相当程度規定した要素の一つであったと思われる。[53]

ところでこの基本的な区別がどうして正当と認められるのであろうか。私は自然宗教と文化宗教との区別に比すべき呪術と宗教倫理との区別から始めたい。呪術はタブーという形の禁令を知っているが義務を知らないし、タブー規範は知っているが、律法を知らない。確かに呪術は「聖なる行為」であるだけではなく、「聖なる知」でもあり、また儀式であるだけではなく、呪文および託宣（Spruch）でもある。さらに呪術的技術と並んで、夢占い者・幻視者の霊感神託や、呪術的「法預言者」の法啓示をも表すような、呪術的忘我、すなわち個人的「啓示」がある。しかしながら、呪術的法啓示の結果は、具体的な箴言（Weisspruch）であって、普遍化可能な「法命題」ではない。呪術的法啓示は、宗教倫理への移行過程で成立するような、十戒のような特質をもつ戒律目録にいまだまったく貢献してはいない。実際文化宗教はもはや、占いや神託にのみ基づいてはいない。文化宗教は、ヴェーバーの場合重要な制限がつくにしろ、たとえばモーセに代表される立法者のタイプを知っている。それゆえにここでは具体的な箴言や神託に代わって教説が現れ、司牧や説教、つまり宗教的達人と信者との間の教説を媒介にした関係が占いに代わって現れるのである。(54)

「聖なる」思想内容のレヴェルにおけるタブーと律法の区別は、託宣と教説の区別と同様、集合的な「聖なる」実践のレヴェルにおける呪術儀式と祭儀の区別に相当する。神への強制――というより精霊への強制――と神への礼拝の相違に関するヴェーバーの指摘を、デュルケームを参照しつつ解釈すれば、いずれにせよこのことは推論できる。そうすれば呪術的に動機づけられた行為は、神々や精霊、デーモンを祈願や祈りによってではなく、強制や買収によってわがものにすべしという「格律」

のもとにあると言える。なるほどそういった行為は供犠も知っているが、供犠は強制または買収の手段として用いられるのである。宗教倫理のレヴェルにおいてはじめて供犠は新しい意義を得る。一般に宗教倫理のあるところでは、人間と超感性的諸力との関係は、相互により高度の「自由」をもっているという特徴があるように、今や供犠は「神々」に対する祈願や崇拝の表現であり、「神々」によって定められ保護される戒律の表現である。確かにヴェーバーは、強制と礼拝との区別、またそれに伴う呪術儀式と祭儀との区別を厳密に貫きとおしたわけではないのだが、おそらくそれは一つには彼が正当にも述べているように、それらの区別が歴史的に「完全に通用するところがほとんどどこにもない」からであろう。そのため彼は、聖と俗の呪術的媒介を時として聖俗の宗教的媒介、特に秘蹟的な媒介と同一視することになった。このことは、脱呪術化概念に対して影響を与えずにはおかなかった。それでもやはり、「聖なる行為」に関するヴェーバーの議論は、呪術儀式と祭儀の区別の延長線上にあるのだ。彼が包括的に定式化したように「我々は祈願、供犠、崇拝として表現されるような超感性的諸力に対する関係の諸形式を『宗教』および『祭儀』として、これを呪術的な力による強制としての『呪術』から区別することができる。またそれに応じて宗教的に崇められ祈られる存在者を『神々』と名づけ、呪術的に強制され、調伏される存在者を『デーモン』と名づけることができる」[55]。

こうした知見から第三の区別が導かれる。すなわち呪術師と祭司の区別であり、その結果としての祭司と預言者の区別である。まず、ヴェーバーにとって祭司の役割は祭儀と結びついている。これは祭司のない祭儀はありえないという意味ではない。古代イスラエルの特定の時代にみられるとおり、祭儀はたとえば家父長のような平信徒によってとり行なわれることも十分ありうるのである。しかしヴェーバーにとって依然として祭司を定義する際に決定的なことは「特定の規範、場所、時間と結びつき、また一定の団体と結びついた定期的な祭儀経営を行なうべく、ある選別された一群の人々に準備ができていること」なのである。(56) しかしすべての祭儀が祭司祭儀ではないように、またすべての祭司が祭儀祭司ではない。それどころか多くの場合、宗教倫理が発展するにつれて、「理論」と「実践」は、固有法則性を展開する。そのため、祭儀祭司、供犠祭司と並んで、たとえば教説祭司が成立しうる。これは、古代イスラエル倫理の発展を理解するうえで根本的意義をもつ現象である。そしてそれだけではなく、「行為」と「聖なる知」や、「職務上」の召命と「個人的」召命は、呪術の場合より宗教において一層はっきりと分化しうる。このような分化が生じると、古代イスラエルの宗教史の見地からして、祭儀預言者または教説預言者として特徴づけられるような宗教的カリスマ保持者が成立する。(57) この区別にもとづいて、呪術とは別に宗教的エリートの四つの重要なタイプが措定される。すなわち、祭儀的行為を「職務的」召命または個人的召命によって行なう祭儀祭司と祭儀預言者、そして、宗教的な救いの真理《ハイルスヴァールハイト》を「職務的」召命または個人的召命によって教えたり告知したりする教説祭司と教説預言者である。(58)

こうした考察は体系的・図式的に提示できる。ヴェーバーの呪術と宗教の区別はその出発点をなしていて、これは疑いもなく宗教発展の諸段階に関わっている。宗教は呪術に比べて、人間の自由の余地を拡大し、「聖なる」行為領域をより高度に組織化することができた。[59] 精霊信仰／神信仰、タブー／律法、託宣／教説、強制／礼拝――これらは、ヴェーバーが呪術的に規定された行為を宗教的に規定された行為から区別するときの対概念である。しかしヴェーバーは「純粋な」形態の呪術と宗教だけでなく、両者の間に成立する混合状態にも関心をもっている。一方での託宣・タブー・呪術儀礼および他方での律法・教説・祭儀は、なるほどある「選択的親和性」をもっており、その限りで共に一つの全体をなす構成要素ではあるが、この相互関連性を無条件的なものとして理解してはならない。したがって「聖なる」表象と「聖なる」実践、すなわち救済内容と救済手段を相互に独立した次元として取り扱うのはもっともなことである。そうすることによって、四つの可能なケースができるが、その各々が歴史上存在する蓋然性はもちろん同等ではない（表1を参照）。

「救いに関与する」共同体のこの基本的な類型論は、今や呪術的・宗教的エリートの類型論へ拡張

表1　「救いに関与する」共同体の基本的類型論

「聖なる」表象 ／ 「聖なる」実践	託宣とタブー	教説と律法
呪術儀礼	呪術的実践を行なう呪術「倫理」	呪術的実践を行なう宗教倫理
祭儀	宗教的実践を行なう呪術「倫理」	宗教的実践を行なう宗教倫理

できる。その際、私は「救いに関与する」共同体については、単純化するために、混合状態からでなく、文脈条件としての「純粋」形態から出発する。つまり呪術的・宗教的発展水準の内部には、複数の「聖なる」役割があるわけである。それらはその保持者がまず第一にいかなる機能を果たすか、またその役割遂行がどのように正当化されるかに従って特徴づけられる。こうして集合的な「聖なる」実践によって主に遂行される役割が、とりわけ集合的な「聖なる」表象に与えられる役割から区別でき、「職務上」の召命によって正当化されて担われる役割が、個人的召命を根拠に正当化されるものから区別できる。ただし、両者の文脈条件を互いに比較すれば、呪術は宗教に対して役割の専門化されている度合いが低いということが推測される。このことは呪術の組織水準に関係がある。呪術の組織水準は宗教の組織水準に比べて低いのである（表2を参照）。

この区別を用いて、私は古代イスラエルの宗教倫理の発展に関するヴェーバーの分析を研究してみたい。宗教的実践を伴う一つの宗教倫理の形成と、その心情倫理への昇華という二重の視点で彼がこの発展を論じている限り、この分析がこれらさまざまの救いに関与する共同体や「聖なる」エリートの歴史的諸形態を扱っていることが期待できる。さらに平信徒が「聖なる」エリートのところへ、あるときは救いの対象として、またあるときは「救いの形成者」としてやってくる。それは祭司層や預言者と並んで特に平信徒知識人が「宗教倫理の体系化・合理化の担い手」であったからである。[60]

私がこの類型論を用いる前に、二点補足しておくのが適当であろう。一つはこの分析の追加要因にかかわるものであり、もう一つは、宗教的エリートと合理化戦略との親和性にかかわるものである。

表2　発展水準・機能・正当化による「聖なる」エリートの類型論

正当化 ＼ 発展水準と機能	呪術		宗教	
	「聖なる」実践	「聖なる」表象	「聖なる」実践	「聖なる」表象
「職務」による救済財の施し	（操作）	（卜占）	祭儀祭司	教説祭司
	呪術師			
「個人的啓示」による救済財の施し	（忘我）	（幻覚）	祭儀預言者	教説預言者

ヴェーバーは、宗教的な「聖なる知」の伝達に関連して、くりかえし「媒体」の意義を強調している。この知の特質にとって、この伝達が口頭で起こるか文書において起こるかということが重要な意味をもつ。たとえば捕囚前の預言者は、ヴェーバーにとって語る者として、また場合によっては誹謗文書作者と見なされる。すなわち、「補囚期にはじめて著述する預言者が現れた[61]」。そのため彼らの資格は、部分的には徹底して短期の影響機会をねらった宗教的デマゴーグというものであった。そのような預言者は文書預言とは異なり、原則的に倫理的指向をもっているにもかかわらず、高度に感情的な

色彩を帯びていた[62]。

ヴェーバーは、さらに「聖なる知」の伝達に関連して、くりかえし経済的規制の意義を指摘している。すなわちこの知の特質にとって重大な意義をもつのは、その伝達が「報酬」を拒否するかどうかである。ヴェーバーは、たとえば捕囚前の預言者を特に「形式的に純粋な私人」と見なす[63]。そのため彼は、禍の預言への性向をもっている。無報酬の預言は、王の預言や捕囚期・捕囚後の預言者の慰めと救済の教示とは異なり、基本的に民族や「個々人の（此岸的）幸福[64]」を指向しているにもかかわらず、個人的・社会的・政治的顧慮から自由であった。その預言が激しい怒り、特に権力者やそれを支持する階層、また「全イスラエル」に対する怒りによって支えられていたことは偶然ではない[65]。しかしヴェーバーは、重要な宗教的役割と知の合理化との親和性をも仮定している。預言者、特に教説預言者が、人間の現世に対する関係を統一するという意味で救いの真理を体系化し、したがってこれを心情倫理的な方向に変化させるという傾向がある一方で、祭司、特に教説祭司は、教義的に基礎づけ、決疑論的に構成していくという意味で救いの真理を体系化し、したがって律法倫理的な解釈を施す傾向がある。

さらに予備的考察を続けてみるのも有益であろう。つまり呪術的エリートと宗教的エリートとの間の、また宗教的エリート相互の競合・緊張関係についてである。古代イスラエルのように、宗教が少なくとも比較的倫理的な一神教を主張しているところでは、宗教と呪術の間を鋭い緊張が支配しているはずである。すなわち、ヤハウェ祭司はただの呪術師ではありえないし、ヤハウェ預言者も単なる狂燥的忘我者ではない。[66]しかしイスラエルのように祭司層に自由な預言が対立しているところでは、宗教的エリートの内部でもまた緊張が高まっていく。この緊張は、特に自由な教説預言者と祭儀祭司の間に現れてくるが、宗教の教説的・倫理的側面についての関心を同じくする教説預言者と教説祭司との間ではそれほど顕著に現れてこない。もちろんこれは祭司層と預言者層との間に結合や媒介が存在しないということを意味するのではない。そのようなことは、制度的にも個人的にも妥当しない。[67]しかしながらヴェーバーによれば、預言の成立、特に自由な預言の成立は、一般に祭司権力の弱体化に伴っているのである。たとえば捕囚前の時代に「祭司の地位がエジプトや、少なくともバビロンないし捕囚後のエルサレムと同様でありさえすれば、自由な預言は疑いもなく、最も危険な競合者として、彼らによって抑圧されたであろう[68]」。

先に挙げた類型論を利用するための適切な出発点を探してみると、まずアントナン・コースの研究に準拠することができる。彼の研究を導く問いは、「まだ宗教が呪術から完全に解放されていない、こうした原始的・前論理的・群衆的な心性から、進化のより進んだ論理的・合理的・個人主義的な概念への」移行は、いかにしてパレスチナで生じたのか、というものである。[69]この問いは、確かにヴェーバーに通じるものだが、同時にコースをヴェーバーから隔てる点にも関わっているために興味深いものである。というのは、コースにとってヴェーバーは、広範にヴェルハウゼン学派に依拠して、確かに古代イスラエルの発展について多くのものを正しく見ているが、彼の見解では、ヴェーバーのアプローチは二つの点で、修正の必要をとどめている。彼は、国家建設以前のイスラエルの原始的心性やそれと結びついていた社会組織を十分に明らかにせず、パーリア・テーゼによって中世の発展段階を古代に投影してしまったという。(70)第二の非難はさしあたってここでは問題にしないが、第一の非難は私にとって出発点として役立つものである。というのは、コースとは異なり、ヴェーバーはイスラエルについて、原始的心性およびそれに対応した社会の組織形態の構成へと遡源することをまったく故意に回避したからである。ヴェーバーの見解では、確かに前国家時代の古代イスラエルはその歴史的存在を農民の盟約共同体として始めたが、「しかし（スイスに似て）その周囲の世界の中では文書文化、都市組織、海上およびキャラバン通商、官僚国家、祭司の知識、天文学的観察、宇宙論的思索がずっと以前から発達して」いた。(71)したがってまた、このことが古代イスラエルに影響を及ぼさずにはいなかったのである。さらにその上、農民連合が確固たる地歩を占めたパレスチナは、遠距離通商、すなわち「エジプトや、オロンテス、ユーフラテス地方、紅海と地中海の間」の通商の古くからの中継地であった。(72)古代イスラエルは、もともとは農民盟約共同体であったが、前国家時代にすでに、文化的にも社会的にも近隣の文明と同程度の発展水準に十分あった。その上「当初」から、純呪術的‐父系的な団体でなく、すでに宗教的‐政治的団体だったのである。これは確かにまずは規制された無政府状態とカリスマ的指導の形態をとって現れた。(73)ロバート・ベラーの有名な分類にしたがえば、エジプトの「奴隷の家」を脱出した後の古代イスラエルの前国家時代の宗教は、古代的‐歴史的であると特徴づけられる。しかし、連合体が国家化するにつれて、この宗教も、すぐれて（kat exochen）一つの歴史的宗教となるのである。(74)

三　初期の宗教的布置状況

こうしてヴェーバーは、古代イスラエルの宗教史の分析の出発点として原始的心性やそれに対応した社会の組織形態の構成を選んだのではなかった。パレスチナを、「単に野蛮な呪術やまったく原始的な宗教的観念が支配していて、何かある歴史的時代に固有の教養層を失っていた地域であるというように考えて」はならないとヴェーバーははっきり警告している。[75] 確かにパレスチナにおいても「世界中いたるところで非常に類似した呪術の諸段階」が確認できることは疑いの余地がない。[76] そして呪術的な現世関係の文化意義が捕囚前の時代まで、さらにそれ以降の時代も影響していた。しかしながら、ヴェーバーの見解では、こうした事実によって次の重要な事態が隠されてしまってはならないのである。パレスチナは諸大帝国に囲まれ、その影響を受けただけではなく、すでに早くからそれらに対する知的文化の「偉大な自立性」を維持していたということである。[77] パレスチナは、政治的独立をたえず脅かされていたにもかかわらず、こうした知的自立性が存在したのである。というのはパレスチナは、この近隣諸国、特に西南アジア・イランの大帝国が略奪する恰好の対象の一つとなってきたからである。これらの大帝国は、「恐るべき戦争行為」を伴った拡張政策を押し進めた。そしてヴェーバーによれば、このことが長く続けば続くほど、まさに古代イスラエルの住民のもとで、「無慈悲な侵略者に対する狂気じみた不安」が高まった。[78] そういうわけでこの住民の生活感情の形成には、トラウマ的集合体験の連続、特にエジプトでの奴隷体験、北王国の没落、バビロン・ペルシア捕囚という一連の体験もまた関与しているのである。紀元前一三世紀から一〇世紀の間だけ、パレスチナは諸大国の政治的意志からかなり独立して発展することができた。またこの時期には、古代イスラエルの直面していた近隣諸国は、はじめから軍事面ではっきりと優勢だったわけではない。ヴェーバーは、この期間を中間期と呼んで、対外的にも対内的にも古代イスラエルの勢力が最も発展した時代と考えている。この期間が「イスラエル連合の、またダビデ王国、さらにイスラエルおよびユダ王国の軍事的絶頂」をもたらしたのである(79)。確かにこの対外的強化の期間でさえ、イスラエル住民にとって唯一政治的脅威がなかったわけではない。というのは古い連合を決定的に破壊しただけでなく、エジプトの奴隷の家の記憶を新たに鮮明にした賦役国家の成立は、この時期にあたるからである。したがって古代イスラエルのエリートや大衆の解釈・救済要求が生まれる契機となったのは、特に政治的苦難の経験であった。そしてほかならぬ宗教領域においてたえず新しい意味構成を促したのは、世界の政治的過程に対する不安に満ちた驚きである(80)。ヴェーバーにとってすべての宗教発展の推力を意味する世界の非合理性の経験が、古代イスラエルの場合には特に世界の政治的非合理性の経験であったこと、このことは、ここで特に政治と宗教との間に存在した密接な関係を指し示している(81)。そしてこの関係は、古代イスラエルの宗教的エリートの意味構成の中心であるだけでなく、ヴェーバーが古代イスラエルの宗教発展を再構成する際の中心でもあるのだ(82)。それゆえこの再構成の根底に次の基本的見解を置くことができる。古代イスラエルは、近隣諸国に対して偉大な知的自立性を勝ち取り、これらに対して独自の文化を発展させたが、それは絶えずその政治的自立性が脅かされていたから、だ、ということである。

この偉大な文化的自立性は、まず第一に神概念の中に読み取ることができる。この概念は、「人格的・倫理的世界救済神」[83]の理念へ高められていく「超現世的、人格的で、怒り、許し、愛し、要求し、また罰する」[84]創造神の観念を中心としている。すなわち、世界神・世界史の神の理念へ昇華していく政治的・軍事的な歴史の神の理念を中心にしているのである。[85]この神は、もともと特に戦争の試練にさらされていた農民・牧羊者の神であったが、その後非軍事化して圧倒的に都市定住化した平民の神、すなわち「政治的権力の所有に関与せず、王の軍事・賦役国家や都市貴族の社会的権力地位の担い手でなかった」階層の神となった。[86]この神概念は、これらの階層の宗教的要求のみならず、政治的要求にも影響されている。もちろんこれは、神概念が単に「イデオロギー」ないし彼らの物質的・観念的利害関心の「反映」にすぎないという意味ではない。すべての宗教的な意味構成と同じく、それも「宗教的源泉」から流れ出ているものである。[87]しかし他方で、宗教的源泉の方も知的文化の性格や自立性の程度と無関係に流れているわけではない。ヴェーバーがその宗教社会学的アプローチについてまったく一般的に述べていることは、彼の古代ユダヤ教研究についてもあてはまる。すなわち一つの宗教心の独自性は、あらゆる還元主義を放棄してはじめて理解できるということである。宗教的生活秩序は、経済的または政治的生活秩序の単なる関数ではないし、理念や世界像も、利害状況――物質的性質であれ観念的性質であれ――の単なる関数ではないからである。[88]

さて、この特殊な神概念の発展条件やその類型上の位置について言えることは何であろうか。この問いに答えるためには、古代ユダヤ教の研究に依拠するだけでなく、儒教と道教の研究にも目を向けなければならない。そこでヴェーバーが、天の王という神観念の一般的発展条件を述べ、同時に西南アジアと東アジアの神観念を相互に対比しているからである。(89) このように視野を広げることによって、この神観念の発展諸条件の中でも特殊なものから普遍的なものを区別することができ、またヤハウェと道《タオ》、ヤハウェとバールといった二重の比較による類型論上の位置づけを行なうことができるのである。

古代イスラエルの神概念は、天の王の理念を基礎としている。しかしこれは古代イスラエルに限られたことではない。そこでは、雨と灌漑に関わる二つの観念の系列が結びついているように見えるが、雨や灌漑といったものは、特に砂漠から来た民族や砂漠と永続的に戦うことを余儀なくされた民族の問題である。原始的精霊信仰では、有益なゆえに良い精霊や有害なゆえに悪い精霊だけでなく、地や天の精霊もすでに知られていた。雨や灌漑が特別な問題となる所では、天の精霊、また後の天の神々の優位が仮定されたり、「雨は山から来るのだから、山や河水の神々が世界を支配する」と信じられたりするのは当然である。(90) 特にエジプトやメソポタミア、また中国南部は、治水問題の制御から経済的にかなりの程度独立していた。そのためそこでは、天の神の理念の彫琢を促進する客観的諸条件が存在する。そのうえ、この場合のように、この問題が全能の王や河岸改修・運河建設を用いた行政によって「解決された」ところでは、全能の王がこの神概念の彫琢のモデルとして役立つのである。それは彼が「収穫を直接」もたらした存在と見なされるからである。[91] 事実この因果帰属がヴェーバーの分析の根拠となっており、そのため彼は次のように簡潔に書いている。「西南アジアの神は、世俗の王をモデルとして形成された」。[92]

天の王の理念は西南アジアだけではなく、中国においても存在していたわけである。そのためヴェーバーの見解では、決して西南アジアと東アジアの神概念との間にもともと「非常に際立った」対照が刻印されていたわけではない。[93] 初期状況はこのように類似していたのだが、発展の過程でこうした際立った対照に至ったのである。さらにこのことは、特に両文化圏におけるさまざまな政治的-軍事的枠組条件と関連している。古代イスラエルは、敵対する「世界帝国」のただ中にある「小国家」にとどまっていた。つまり政治的にも経済的にも結局は危機にさらされた周縁地域であった。それに対して古代中国は、対外的な、特に対内的な闘争にもかかわらず、平和な世界帝国へ向けてますます発展していき、広範に平和化された政治的・経済的中心へと展開していった。そのためその決定的な基本的特徴は、古代イスラエルのような動揺や無秩序ではなく、常に安定と秩序であった。したがってここでは、天の神もまた、超現世的な戦争神ではなく、超神的な天の秩序すなわち「非人格的な天の力」へと加工されたのである。[94] ヴェーバーは特徴的な書き方で次のように定式化している。「こうした理由で、中国では、戦争や勝利や敗北や捕囚や郷愁の中で崇敬され、民族の外交上の運命の非合理の中で示現する英雄神という形を『天』はとることができなかった。このような形をとるには、モンゴル人襲来の時代を別とすれば、万里の長城の構築以来外交上の運命はもはや原則的に重要ではなかったし、また十分非合理的でもなかった。また宗教的思弁の静かに展開したこの時代においても、この民族の外交上の運命は、威嚇的な、または切り抜けられた摂理として、また生存全体を厄する問題としては決していつも十分明瞭には眼前には浮かばなかった。特に民族同胞の関心事ではなかったのである」[95]。

したがってヴェーバーの見解では、とりわけさまざまな政治的‐軍事的な、また経済的な枠組条件が次の事態をもたらした一因であった。天の王の理念から、中国では非人格的な天の力の理念、イスラエルでは人格的な天の力の理念が発展し、この天の力と現世との関係は、中国では調和するものとして、イスラエルでは闘争に満ちたものとして考えられた、ということである。この枠組条件は、生存上の問題状況をつくり出す。そしてその問題状況は、伝承された諸観念を援用して宗教的に解釈されるのである。しかしながら、この宗教的解答が問題状況や伝承された諸観念によって決定されないのは明らかである。問題状況と伝承された諸観念は、受容・構成作業を媒介に相互に関連づけられねばならない。そしてこれらの作業は、知的文化の独立性の性質や程度に依存している。まさしく古代ユダヤ教の研究において、ヴェーバーはそうした受容・構成作業の意義を指摘しているのである。それは、さしあたって古代イスラエルの宗教が近隣諸国で支配的であったものと原則的に異ならないような諸観念で作用していたからである。確かにヤハウェはすでにはじめから単なる機能神や地方神ではなく、「遠くに在す神」だったのであり、イスラエル人と「古くから懇意な地域神・種族神ではなく、外来の神秘に満ちた形象」であった[96]。またヤハウェ祭儀がすでにはじめから形のないものであり、その崇拝の対象も目に見えないために、特殊な聖気に包まれていたのも確かである。しかしながら、近隣諸国にも山の神々や天の神々があったし、ヴェーバーも言うように、無形象性は多くの初期ギリシア文化、古代クレタ文化においても実証が可能なのである。[97] ヤハウェの宇宙創造説の構築、すなわち地上に起こることはすべてただヤハウェのなしたことであるという観念さえもが、こういった形で広く流布していた。それというのも「ほとんどすべての宇宙創造説において、単一の神が世界を創造するのであり、他の神々のことは考えられていない」からである。[98] さらに、大半の「古代の」神々と同様にヤハウェもさしあたっては単なる「自然神」として、正確には著しく擬人化された嵐や天災の神として現れた。[99] ヤハウェは呪術的特質をもっていたが、それに比べて宗教的・倫理的特質はむしろ少なかった。ヤハウェは特に「強烈なデーモン的・超人間的力」[100]と見なされ、その行為は知恵や善ではなく、恣意や激情や怒りという特徴を与えられていた。[101]

しかし古代イスラエルの「原初的」受容・構成作業の特殊性はどこにあるのだろうか。また誰がそれを達成したのだろうか。ヴェーバーは決定的な受容作業が次の点にあると考えている。すなわち、山に居住する嵐・天災の神として、知られざる、同時に「すでに出来上がった」神であったヤハウェが、古代イスラエルによって選ばれた、という点である。しかしヴェーバーは、決定的な構成作業が、この選択が相互的なものと考えられ、それゆえに一つの契約《ブント》が構成されたという点にあると考えている。この構成物の二つの要素、契約と神観念とは、それ自体として見れば何ら新しいものではなかった。それらの特殊な結びつきかたが新しかったのである。ヤハウェは「契約の相手」として現れるが、[102] 自由に選ばれただけでなく、ヤハウェの方も自由に選んだのであり、契約はヤハウェの前で結ばれたのではなく、ヤハウェと結ばれたのだというこの事実は、もちろん両者の立場を等しくするものではない。ヤハウェの方が契約の基礎となる規定を与えているのであり、古代イスラエルではなく、ヤハウェがそれを変更し、その遵守を監督するのである。[103] 確かにその契約は、近隣の諸国と比べて、さしあたって特に要求が多いとは言えない儀式的‐祭儀的、および法的‐倫理的規定をもった実定的な神の規則に基づいているばかりでなく、古代イスラエルの契約の遵守、およびその返礼としての神によるエジプトの奴隷の家からの解放とその後のカナンの支配権の授与といった相互的約束にも基づいている。[104] しかしそれによって契約観念は、その「契約当事者」間の非対称な関係にもかかわらず、宗教的行為の倫理的理解に導く決定的な媒体となることができたのである。というのも、それを通じて「聖なる行為」が——デュルケームの技術的規則と道徳的規則の区別を利用すれば——もはや機械的にではなく、意図的にその結果と結びつくと見なされるからだ。[105] 神は契約成立にあたって、あまねく知られた命令をはっきりと据え、それに基づいてイスラエルの自由な行為を評価した。これらの行為が命令にそうものであれば肯定的なサンクションを、はずれたものであるならば否定的なサンクションを彼らは与えられる。契約成立とともに一般に認められた実定的な神の規定に対する服従と離反の理念は、世界像構築の中心に位置することができた。契約観念は、「祭司教説や預言の倫理思想」[106] にとって一つの決定的な発展力学的要因となったのである。

ヴェーバーは、さらなる発展にとって中心的な軌道決定が、古代イスラエルにおいて外在的ですでに「出来上がった」神が人的団体の神として選ばれ、それによって「盟約共同体員の契約神」が成立したという事実にある(107)と考えている。というのは、この伝承された観念の受容と構成によって、ヤハウェは、はじめから呪術的カリスマをもった個別主義的機能神・地方神という既存の神を超えるものとなっていたからである。確かにそのように受容され構成されたヤハウェも、依然個別主義的であり、そのために「永遠に妥当する倫理」(108)を主張する神にもまだなっていない。またそれゆえに唯一の支配者にもなっていない。普遍主義的・倫理的一神教は、むしろもっと後の発展の産物であったのだ。しかしながらこの「原初的」神概念は、モーセの第二書・第五書、すなわち出エジプト記と申命記によって我々に伝えられているように、古代イスラエルの契約法に決定的な特徴を与えたのである。この法は、はじめは定住農民を対象とし、その後都市貴族と搾取された農民との関係を対象にしたものであったが(109)、もとより単に儀礼的指向だけではなく、倫理的指向をもっていた。確かにこの法は、「さしあたりその絶対的倫理的価値を疑われない、また疑われてはならないようなまったく積極的な義務」から成り立っていて(110)、つまり分類していえば原理的性格を欠いた律法倫理のレヴェルにとどまっていた(111)。しかしながらこの法は、相互に結びついた三つの発展系列の初期状況を生み出したのである。それは、神概念の精神化、宗教倫理の合理化、および法の神学化であった(112)。

しかしながらこれは受容・構成作業の一つを述べたにすぎない。この受容・構成作業を、「聖なる」観念ではなく、「聖なる」実践に関わる第二の受容・構成作業が支えるのである。二つの受容・構成作業は、確かに互いに内面的な関係を保つとはいえ、互いに他方から演繹されるのではない。神概念の様式は、確かに神崇拝や神への伺いのあり方を方向づけるのではあるが、それを決定するわけではないからである。さて「聖なる」観念について述べたことは、「聖なる」実践についてもあてはまる。「原初的」布置連関にとって決定的であったのは、新しい実践の発明というよりは、受け継がれた実践の選択的・構成的利用だったのである。実際ヴェーバーによれば、ヤハウェ崇拝の場合も、特にヤハウェへの伺いの場合も、古代の諸条件のもとで広まっていた手段のほとんどが現れる。しかしながら神概念のゆえに、特定の手段が特に選ばれる機会を得るのである。すなわち、ヤハウェ崇拝では、供え物、後には罪の代償としての贖罪の犠牲が、祈り求めていることや罪に陥ったことを表現するために選ばれ[113]、他方、伺いでは、「全権を委任され説法をなす先見者と預言者の手になるヤハウェのお告げ」、それに「神託板を使った職業的神託祭司のくじによる神託」が、神の意志を探求し、どの命令が破られているのかということを確定するために選ばれる[114]。しかしこれによって次の二つのことが明らかになる。一つは、ヤハウェの自らの民族や個々人に対する関係は強制的関係ではなく、自由意志による服従関係であって、この関係は特に「知に規定されていた」ものであるということ、もう一つは、契約思想は、倫理的指向を促進しただけでなく、神への伺いを「少なくとも相対的に合理的な問題設定や回答の合理的手段という方向へ[115]」向けたということである。確かに遣わされたカリスマ保持者も神託祭司も特に合理的なものとは見なされない。しかしながら彼らは一方で夢の幻視者と比べて、他方で「占い師、鳥占い師、日の占い師、占星術師、霊媒術師」たちと比べて、少なくとも相対的に合理的である[116]。

この二つの中心的な受容・構成作業、すなわち契約神ならびにくじ神託や使命カリスマ主義は、当然古代イスラエルの社会体制やその「聖なる」エリートに関わっている。つまり社会体制が「土地を所有している戦士氏族の客人部族に対する、契約に規制された継続的関係にきわめて本質的なところで[117]」基づいており、またそれによって刻印を受けた契約思想と知られざる神が祭司によって媒介されていたという事実に関わっているのである。[118]この祭司層は、レカブ人の教団的祭儀団体の中に「組織」されていたが、ヴェーバーは、この祭司層が永続的政治機関をもたない不安定な契約組織でありながら、特に平和時に強い立場にあったことを証明している。それは、連合に対して祭儀的「統一」と並んで政治的‐軍事的「統一」をいわば押しつけたのが戦争だけだったからである。そのために、ヴェーバーにとって、古代イスラエルは特に祭儀・戦争連合であり、この意味で「信仰戦士組織」の性質をもっている。[119]これはまた、嵐や天災の神から戦争神、つまり政治的‐軍事的歴史の神が非常に速く成立した原因でもある。しかしこれによってまた、社会的構造形態のもとで宗教的団体類型が政治的団体類型に対してまず選択上の利点をもつことになった。[120]同時にこれによって、第四の発展系列、すなわちイスラエルの社会体制の神政政治化（Theokratisierung）にとっての初期状況が示唆されている。[121]

　したがってヴェーバーは、国家建設以前の古代イスラエルにおける、イスラエル的‐ユダヤ教的‐キリスト教的宗教発展にとっての初期状況を規定した構成要素を特に三つ見ている。すなわち、第一に天の力の相対的人格化・倫理化・普遍化、第二に供犠概念の倫理的転回および神への伺いの知による規定性、第三に宗教的生活秩序の優位な状況におけるその政治的生活秩序との融合である。第一の要素は「支配的」思想に、第二の要素は宗教的生活秩序の内部の「支配的」実践に関わるものであるが、第三の要素は宗教的生活秩序と政治的生活秩序の間に生じる分化のあり方に関わっているものである。ヴェーバーは、古代ユダヤ教の研究において、特に狭い意味での宗教史に関心をもっていたために、広範な章節にわたって分析の中心には最初の二つの要素がある。しかし第三の要素を見落としてはならない。それによってはじめて、宗教的生活秩序内部のダイナミクスが完全に理解しうるのである。しかしながらヴェーバーによれば、狭い意味での宗教史的初期状況の創出には、もとよりモーセも関わっていた。ヴェーバーによれば、モーセの世界史的業績は、十戒の「発明」ではなく、この宗教的初期状況に見るべきなのである。その宗教史的意義を見通した上で彼は次のように定式化している。「ヤハウェを契約の神として受容し、レビ人の神託を受容したことは、正当な理由でモーセに帰せられる二つの業績である。このことは少なからぬ意義をもつ。契約神やレビ人の独自性から——特定の歴史的連鎖が共に働くことにより——後にすべてが生じたのだから」[122]。

国家建設以前の古代イスラエルの「聖なる」表象や「聖なる」実践の独自性に、すべてではなくともかなり多くのものが由来するというこのテーゼは、注目に値する。それにはまず、古代イスラエルの神概念の類型論的位置をより正確に特定するのが適切である。先に述べたように、これは次の二重の比較によって限定できる。一つは古代イスラエルと古代中国の文化間比較であり、もう一つは古代イスラエルとカナンの文化内比較である。

比較宗教社会学的素描・試論においてヴェーバーは、文化宗教、特に世界宗教の共通点と相違点を明らかにし、宗教的・宗教外的行為、特に経済的行為に対するそれらの結果を査定する作業に取り組んでいるが、周知のようにそこでは神概念が中心的役割を果たしている。すなわち特に「超現世的または内在的神概念のいずれに向かうかという重大な発展[123]」のことである。この二つの神概念のうち、前者は「イランや西南アジアの宗教心、またそこから派生した西洋の宗教心を支配し、後者はインドや中国の宗教心[124]」を支配したものだが、これらの区別は、ヴェーバーの見るところはじめからあったものではない。この区別はむしろ、さまざまな歴史的環境、すなわち特に支配者層の外的・内的利害状況や「聖なる」エリートの受容・構成作業といったものの影響のもとで「至るところで非常に類似した原始的なアニミズム的精霊観念や英雄的神観念[125]」から現れてきたのである。すでに古代イスラエルと古代中国を比較した際に手短に指摘したように、天の力という理念をもった二つの神概念がここでは作動している。この両者に特徴的なことは、天の神の理念が、地の神の理念、すなわち下界の精霊や神々およびそれらと結びついた観念世界の理念に「打ち勝った」ということである。さらにこの天の神、天の力は一つの妥当要求をもって現世に対立し、しかもこの妥当要求の実現は、救いにとって重要なのである。なるほど救済財は、神概念に応じてだけでなく、この神概念を実現する宗教に応じても変化する。[126]このことはまた、救済理念さえもが一つの変数であるということをも意味する。しかしながらこうした天の神や天の力の理念は、ますます「感覚的」にだけでなく、ますます「超感性的」・形而上学的に解釈されるようになる。そしてそこから現世拒否の潜勢力が増大し始めるのである。世界像を宗教的・形而上学的に基礎づけることによってはじめて、態度決定を行ない、そこに意味を構築する人間は、現存する世界に拒絶的態度を取ったり、現世をそれ自体意味のないものと解釈したり、「神の名において」「世界の構造は全体として、何らかの意味のある『宇宙《コスモス》』である、またはそうなりうるし、またなるべきである」[127]という要求をかかげることができる。まさにそこにおいて、救済発展の呪術的・神話的局面が、宗教的・形而上学的局面から区別される。すなわち、事物の背後には精霊や神々があるだけでなく、世界と「背後世界」の間には、もはや漸進的区別だけではなく、原理的区別が存在するということである。この原理的区別は、思惟や行為によって橋渡しされなければならない。そしてそうするためには、旧来の神話的・呪術的手段ではますます間に合わなくなってくる。このことは、天の秩序と世俗の秩序の間に前提されるのが、古代中国の場合のように調和であるか、古代イスラエルの場合のように闘争であるかということにはまったく関係なくあてはまるのである。なぜなら、天の王の理念がヤハウェのような超現世的神概念または道《タオ》のような内在的神概念に発展したところでは、事実と意味の間の原生的な関係は崩壊しなければならないし、それとともに、人間の外的世界また内的世界に対する「関係の原生的な素朴さ」も崩壊しなければならないからである。[128]

古代中国の神概念を古代イスラエルの神概念と結びつけるのは、こうした事情なのである。そして同時に古代イスラエルの神概念を、フェニキアやバビロンの影響のもとにあったカナンの神概念から分け隔てるのもこうした事情なのである。これは外面上すでに妥当していることである。バールがヤハウェや道《タオ》とは異なって下界の神、地の神だったからである。だがこのことはとりわけ内面的にあてはまる。それは、バールがヤハウェや道とは異なり、地方神かつ機能神であったからであり、神への強制の理念が支配する観念世界の一部に結局はとどまっていたからである。(129)

しかしながら、古代中国や古代イスラエルの神概念がカナンの神概念と比較して共通性をどれほど示すにせよ、やはり両者は互いに区別されるのである。それは、古代中国においては天の力の理念は脱人格化・脱歴史化されたのに、古代イスラエルでは人格化され歴史化されたからである。そこから一方では、永遠で非人格的であり、この意味で内在的な秩序が、また他方では歴史的・人格的であり、この意味で超現世的な創造神が成立したのであった。後者が天災の神として現れ、「永遠の自然秩序」の神として現れなかったのは偶然ではない。(130) そして、世界過程に介入するというこのような特質は、この神に永く残った。ヤハウェは歴史的行為の神であって、永遠の状態の神ではない。このことは、なぜこの神概念に倫理的意識のみならず歴史的意識もまた結びついたのかということを説明している。古代イスラエルはすでに明確な歴史意識によって際だっていたのである。(131)

これによって、古代イスラエルの神概念の類型論的位置は、形式的にも示しうる。［本書の］解釈で示したように、精霊または神々が世界の中に在るか世界を超えたところに在るのか、また世俗の秩序と「聖なる」秩序の二元性が段階的なものとして把握されるのか、それとも原理的なものとしてとらえられるのか、という視点のもとで、ヴェーバーは神観念を区別した。第一の区別は、呪術的‐神話的世界像および宗教的‐形而上学的世界像の枠組の中に存在する可能性に関わっている。したがって呪術的諸条件のもとでもすでに、地の精霊と天の精霊または地の神々・天の神々が存在するが、同時にこの観念世界は、有益か有害か、男性的か女性的か世俗的か天のものかといった原生的な二元論を用いているのである。それに対して第二の区別は、救済発展の段階に関わっている。この区別は最終的には根本的な世界像の相違に関わっているのである（表3を参照）。

ゆえにヤハウェは、直接競合する最も重要な神として、道からも特にバールからも類型論的に区別される。ヤハウェはバールのように地の神でなく山の神であり、呪術的機能神や地方神ではなく、少なくとも萌芽的には超地域的な団体の法的‐倫理的神であった。バールとヤハウェは長い間平和的に共存してきたにもかかわらず、この異なるメルクマールの組み合わせは、長期的にはそれらの敵対関係を決定的なものとした。それは、神観念の相違が「聖なる」実践の相違と結びついていただけになおさらのことであった。ヤハウェの無形象性よりもむしろヤハウェの積極的な歴史的行為への関係性

表3　神観念の類型論(132)

世界像 ／ 「神々」の所在	呪術的‐神話的	宗教的‐形而上学的
内在的	バール	道
超越的	——	ヤハウェ

に由来する、狂躁的祭儀や植物の成長・豊作の祭儀、祖先・死者礼拝の拒絶がここでは決定的であった。そしてこのことは、彼岸についての思索とまったく同様、下界の秘儀の拒絶を含んでいた。[133]

しかしこの点において、ヤハウェが実際のところ元来、一種の古代的－歴史的な中間的地位にあるという事実が明らかになる。機能神、天災や戦争の神、また「強度に擬人化された」特徴[134]をもつ神として、ヤハウェはなお古代の神々の世界の一員であるように思われる。そして近づき難く、形もなく、「妻をもたず、それゆえ子をもたず[135]」、自由で律法に準拠した世俗内的行為を促進する遠くに在る神として、ヤハウェは古代の神々の世界の彼方を指し示す。人はそのような神をもはや呪術的に強制することはできないし、それと神秘的に合一しようとすることもできない。こうした神に対してはむしろ行為によって自己を確証しなければならない。それに応じて、神は現世内での幸福を約束するのである。救いに関わる他の共同体が呪術にはまりこんでいたり、神話化や彼岸についての思索にふけっていたりするのに対して、ヤハウェは、超人間的ではあるが「しかし理解可能な、服従すべき人格的支配者[136]」として現れる。そしてこの実践的で同時に知に規定された方向づけから、はじめは軍事化され、その後非軍事化された平民層の生活状況や生活感情に対してこの神がもっている親和性が説明される。それゆえヴェーバーは、古代イスラエルの文化意義の評価を次のテーゼで要約しえたのである。「ここで、ここにおいてのみ平民層が合理的な宗教倫理の担い手[137]」となったのだと。

つまりヴェーバーは、次の四つの基本仮説によって古代ユダヤ教の宗教史を解釈しているわけである。神観念の精神化、宗教倫理の合理化、法の神学化および社会体制の神政政治化である。最初の三つの基本仮説によって宗教的観念世界や宗教的実践の発展が描かれ、第四の基本仮説によって宗教と政治の関係における発展が描かれる。しかしこれら四つのすべては、次の二つの相互に結びついた問題の解決に役だっている。（1）古代ユダヤ教の発展条件を考察する場合、我々は「西洋と西南アジアの全文化発展の中心点に[138]」いるとなぜ言えるのか。（2）なぜ古代ユダヤ人は、「著しく特殊な[139]」形のパーリア的状況に至ったのか。別の言い方をすれば、なぜ古代イスラエルの宗教倫理は、西洋に対する卓越した文化意義を得たのか、そしてそれなのになぜユダヤ教は、周辺に追いやられた信仰団体にしか発展しなかったのか[140]、ということである。この四つの基本仮説は、右に略述した出発点のさまざまな面にあたかも配置され、それらの諸側面を視野の中に入れるのである。もちろんだからといって、古代ユダヤ教の宗教発展が、すでにこの出発点に含まれているというわけではない。他の関連で利用されたオットー・キルヒハイマーの定式化を借りていうなら、この出発点は、確かに限定諸条件を課す。しかしながら、それらを成功裡に乗り越えて、革命的突破へと至る諸力がそこから結果として生じるのである[141]。この四つの基本仮説は、限定諸条件と革命的突破の弁証法というこのモデルには め込まれている。これらは、秩序配置のそれぞれの部分的発展の連続性を示しているのでも、その直線性を示しているのでもなく、ましてや単なる同時性を示しているのでもない。これらは、この部分的発展が純粋に内生的なものとして規定できるという想定に立脚しているわけでもない[142]。ただしこれらは、部分的には「普遍史的影響力」をもつ発展条件を再び生み出す革命的突破を指し示している[143]。

四　宗教倫理の合理化と法の神学化

これらの部分的な発展のうち、ここで特に興味を惹くのは、宗教倫理の合理化と法の神学化の二つである。大ざっぱに簡略化すれば、これらは互いに異なる二つの宗教的エリートの所産として特徴づけることができる。一つには、アモスからエレミヤまでの捕囚前の預言者および補囚前のレビ人トーラー教師の所産であり、もう一つには、戦争預言者と農民戦争連合の供犠祭司や神託祭司とから錯綜した歴史的過程を経て生じた教説預言者や教説祭司の所産なのである。[144] ヨシュアの改革は、これら諸発展が結合したものの制度的表現と見ることができる。そこでは、少なくとも彼らの主張によれば、エルサレムの指揮下にあるレビ人が、祭儀的な意図に対抗して教育的な意図を主張し、また両者を独占することに成功した。[145] 一方、申命記はこの諸発展が結合したものの理念的表現と見ることができる。ヴェーバーは、それをはっきりと「一方では法の神学化、他方で宗教倫理の合理化」の結果であると解釈している。[146] ヴェーバーは申命記に、伝承された命令を体系化・統一・拡大し、同時に儀礼的規定や社会政策的規定から特に倫理的規定を分離した罪業の目録を見ていた。さらにヴェーバーにとってそれは他の命令、特に性的・祭儀的十戒に対して倫理的十戒を強調する綱要である。[147] しかしながら申命記は、「外からの」体系化・統一化のドキュメントであるだけでなく、「内からの」それでもある。すなわち、この「統一的にまとめられ宗教的に基礎づけられた倫理」に対応するのは、神に対する心情倫理的傾向を帯びた一つの全体態度《ゲザムトハルトゥング》への要求であった。[148]その要求は、特に預言者によって広められ、祭司が編集にあたってその要求を神概念の中に移植した。このことは、申命記において古代の戦争神の力が「巨大な一神教的なもの」へ高められ、[149]自由気ままにふるまう王のごとき支配者が「究極的には合理的・計画的に行為する知識人の神」に変化したということに示されている。[150]

もちろんこうした複合的な諸発展は、それ自体からのみ理解できるわけではない。この諸発展は、むしろもはやかつての農民・牧羊者連合のときのものではない政治的‐軍事的・経済的枠組条件に常に裏打ちされている。この枠組条件は、特に王権が社会的生活連関の重心を地方から都市へ、家父長制から家産制へ、また農民軍から騎士軍へと移すことによって成立した。これによって政治的生活秩序と宗教的生活秩序の関係もまた変容することになる。すなわち、宗教的生活秩序から政治的‐軍事的生活秩序が分化し、解釈機能から保護機能が分化する。その際、宗教的大衆すなわち農民や牧羊者だけでなく、特に宗教的エリートも「非軍事化」を被る。すなわち、私的な顧客のための神託が政治的共同体のための神託に取って代わり、「忘我的予言（Weissagung）」[151]が戦争預言に取って代わる。同時に規則的な供犠を行なう王の礼拝所が成立し、[152]宮廷預言者が現れて宮廷外の祭司や預言者に対立することになる。[153]宗教的生活秩序の上には、都市貴族と平民という古代の階級対立がますます影を落とすようになった。ヴェーバーが禍の預言とも称した宮廷外預言がなぜ結局「都市貴族や王に敵対し」[154]、依然とりわけソロモン以前の伝統に指向していたのかという問題は、この基礎的布置連関から説明されるのである。[155]また祭司の編集において、貴族の英雄的行為ではなく、かえって「平和的で敬虔な農民や牧羊者」がまず第一に美化されたのはなぜかという問題、「地方や都市における理想的イスラエル平民の徳」がますます祭司の文学作品の準拠点となっていったのはなぜかという問題もそこから説明されるのである。[156] もちろんまさしく王制は宗教的‐形而上学的発展に対しても決定的な衝撃を与えたし、地方から都市への重心の転移は呪術の抑止を助けることとなった。そして政治的生活秩序と宗教的生活秩序の分化は、より高度な集積水準での両者の再組織化を伴った。そのうえ賦役王制のもとでさえ、政治的生活秩序が宗教的生活秩序を自分にうまく従属させることはできなかった。確かに王は祭司を任命し、罷免する権利をもっていたが、「神託を与え聖別や贖罪を施す」という資格は欠けていた。「これはカリスマ的有資格者、すなわち預言者や後には訓練されたレビ人たちにとってておかれていた」[157]。

結局、古代イスラエルの宗教倫理の大きな文化意義は、特に捕囚前のレビ人トーラー教師と捕囚後の「禍の預言者」の業績が結合した結果であるとヴェーバーは見ている。彼らは、特にS・N・アイゼンシュタットが示したように、大きな不均質性という一般的特徴をもった秩序配置の枠組の中で行動した。[158] この大きな不均質性は、まさしく宗教的生活秩序にも確認することができ、紀元前九〇〇年頃から紀元前六〇〇年頃にかけての時代、すなわち王国分裂からペルシア・バビロン捕囚までの時代にも確認できる。この時代にはヤハウェ信仰は呪術的神強制を排除することができず、教説祭司は祭儀祭司を、祭司は預言者を排除することができなかった。[159] しかし宗教的生活秩序のこの大きな不均質性は、部分的に重層化した多数の宗教的闘争戦線と関わっている。地方／都市、平民的なもの／貴族的なもの、祭儀／教説、世襲カリスマ・官職カリスマ／個人的カリスマの資格——これらはいくつかの闘争戦線のキーワードである。そのうえ、王国の分裂以来、政治的意味だけでなく宗教的意味でも南北は対立していった。[160] これが、すでに独立していたパレスチナの知的文化に豊かな展開能力を与えた布置連関である。[161] また増大する国土の政治的危機のために、この知的文化が宗教的な意味付与をせざるをえない状況へとますますはまりこんでいったのもこの布置状況においてである。[162]

特に古い契約観念によって政治的問題を宗教的に解釈する捕囚前の禍の預言者が、この意味付与への要請を受容した。彼らの行為は宗教的に動機づけられ、政治的関連をもつものであった。[163] 彼らは、政治状況に宗教的解釈を与えたために、政治的に危険なものとされた。そのため彼らは、宗教的のみならず政治的な党派対立や利害闘争にもかかわり合うようになっていく。しかしこの宗教的に動機づけられた預言には、理念的・制度的前提条件があった。何人かの解釈者の意見とは異なり、[164] ヴェーバーはその研究においてこの前提条件を比較的明確に説明している。理念的には、捕囚前の禍の預言は「トーラーから生じた知識人の諸観念」[165]、すなわち特に私的な顧客の宗教的利害関心に指向したレビ人トーラー教師によって定式化された諸観念を基礎としている。[166] この諸観念を彼らは契約思想と結びつけた。すなわち禍の預言にとって民族全体の連帯一致を劇的に表現することが重要だったのである。[167] 制度的にはこの預言は、「祭司」と「預言者」が連合時代に「共に起源をもつこと」を基礎とし、また王国時代に導入されたような皇帝教皇主義的媒介を伴わない政治的生活秩序と宗教的生活秩序の分化を基礎としている。とりわけ王権自体が、宮廷預言を承認することによって、預言一般に対して

「確固とした威信」を与えたのである。[168] その上、捕囚前の禍の預言は決して「社会的に自由に浮動する」ものではなく、学派を形成し、強大な「敬虔な平信徒の諸氏族」によって支持されていた。[169]

こうして捕囚前の禍の預言は、政治的問題の圧迫が強まるにつれて古代イスラエルにとってますます意義をもつようになる。さらにヴェーバーは、禍の預言なしには古代イスラエルの宗教心が生き残ることはできなかったかもしれないということを示唆している。[170] この増大する意義は、もとより前述の外生的諸要因からだけでは理解できない。それはヴェーバーも言うように、内生的諸要因とも関わっており、こうした要因は預言者の「病理的な状態や病理的行為」に関係している。[171] より正確にいうと、この状態や態度の、平信徒知識人やレビ人によって練り上げられた実定的な神の規定との関わり方に関係しているのである。つまり、それらはトーラーから生じた彼らの諸観念をいわば総合するのに役立っているのである。しかしそのような総合を方向づける「原理」は、反省ではなく感情である。この感情は一つの新しい信仰に現れている。その信仰とは、「ヤハウェにはおよそあらゆることが可能であり、ヤハウェの言葉は真剣に述べられたものであり、外面的にはいかにありそうにないようなことであっても実現されるのだということを無条件に信頼すること」を意味するものである。[172]

しかしレビ人の知識と預言者の信仰、祭司の合理性と預言者の感情性はどのように関連しているのであろうか。まず両者の間には闘争関係・対立関係が、しかも理念的かつ制度的に存在している。しかしながらこの闘争関係・対立関係は、捕囚前の時代にはある特質をもっていた。すなわち預言者の情緒性は、祭司の合理性の成果を単純に白紙に戻したのではないというものである。というのは、預言の情緒性が単なる忘我の結果なのではなく、解釈された忘我の結果であり、その点で預言もまた合理的要素をもつからである。捕囚前の禍の預言者は、自分の病理的な状態や態度の意味をよくよく考える。彼がそれを理解しない限り、彼は依然「一人だけの恍惚」や「孤独な苦悩」に支配されている。それらは、「解釈のひらめき」によってはじめて解消される。[173] そのため預言者が弟子たちや民衆に語りかけるときには、彼の興奮は、特に「忘我の後に現れる」性質をもっているのである。[174] しかし彼の解釈作業は、神概念によって狭く局限される。というのは、確かに神は超現世的であるが、同時に理解しうる神でもあるからである。[175] そのため預言者の情緒性は、神の掟の実定的性格の克服ではなく、その強化に絶えず向けられているのである。それは旧来の世界像が課す障壁を突破することはない。[176]

しかしそこから次のことが帰結する。捕囚前の禍の預言者は、新たな解釈の成果をもたらしたが、新しい命令を発明したわけではない。彼らは、契約締結の理念や捕囚前のレビ人のトーラー教説によって境界の決められた解釈枠組の中で動いていた。それでも捕囚前の預言は、捕囚前のトーラー教説に対していくらか新しいものを創造したのである。すなわち、捕囚前の預言は、本来律法倫理的であったトーラー教説が心情倫理的転回をするのに決定的な役割をはたしたのである。申命記とは異なり、多くの預言書には、精神修養的で柔和な、慈善的な、その上時として感傷的でもある精神ではなく、「中心的な宗教的心情」[177]の精神が行き渡っている。申命記とは異なり、多くの預言書では、「道学者風の、繁栄や災害の予言」[178]ではなく、ヤハウェが現世で起こすであろう「甚大な変革」[179]の預言が重要なのである。この変革はすぐ目前に迫っているのであり、契約締結において自ら義務づけた「生活態度」に戻らない限り、離反した民族に災いをもたらすであろう。この預言者が、レビ人や平信徒知識人とは異なる色調を神に与えるのは偶然ではないのである。預言者にとって、神は合理的・計画的行為者というより、とりわけ「恐るべき神」と見なされている。[180] 捕囚前のトーラー教説によって集成され、体系化され、拡張された命令を捕囚前の禍の預言が根本から神の自由意志に関連づけ、神自身によって実行される禍または救済の計画の中に「律法」をはめ込むことによって、禍の預言は、宗教に律法倫理のレヴェルを越えて発展させえたかもしれないような強力な刺激を与えたのである。それゆえに「この巨人たちは数千年の時を越えて現代にまで影をのばしている」のである。[181]

結局、捕囚前のレビ人トーラー教師、平信徒知識人、捕囚前のトーラー預言者は、古代イスラエルの宗教を「普遍史的影響力」を発揮しうるほどの水準に発展させたのである。教説祭司は、反呪術的なピューリタン的ヤハウェ信仰を創造し、教説預言者はそれに心情倫理的傾向を与えている。これによってさらなる倫理的発展が予示されているように思われる。すなわち、世俗内的行為の、呪術を免れた普遍主義的な宗教的心情倫理が、可能性の地平に存在するのである。この心情倫理に伴って、聖なる法から聖なる心情へ、規範から原理への移行が起こったかもしれない。なぜなら、宗教的心情倫理とは、個々の成果や行為の価値に代えて「個人的全体態度の価値」が重視され、「宗教的救済目標に対する生活態度の『有意味な』関係全体のために個々の規範が」侵害されるということを意味するからである。[182] しかしながらヴェーバーによれば、この発展は生じなかった。彼はその原因を特に二つあげている。それは、捕囚期および捕囚後の民族の状況において表面化してきた神の約束と宗教的規定の種類である。神の約束は、ほかならぬ捕囚前の預言のせいで、主として個々人の運命でなく、集合的運命に向けられた此岸的約束にとどまっていた。[183] しかし、捕囚期および捕囚後の民族の状況は、他の世界からの遮断を宗教的に正当化できるような諸規定を助長した。[184] このことは特に次の二つの関連で示されている。「生活態度のために祭儀規則と儀礼的命令を確立し、文書的に確定することと、集成されそのときまでに文書として存在した歴史的伝承やレビ人のトーラーの全体をこれに合致するよう改訂すること[185]」である。捕囚期にはじめて神の普遍主義が徹底して練り上げられ、[186] ここではじめて「真に真摯な神義論」が成立したのであり、[187] これらは普遍主義的な宗教的心情倫理の発展に好都合なはずの二つの条件だったのであるが、にもかかわらず捕囚期にも捕囚後にもそうした発展は生じなかった。捕囚後、特にタルムード的ユダヤ教を瞥見してヴェーバーが定式化したように、「すべてがそこから生命を注がれる中心点としての、救いの確かさ（certitudo salutis）という視点からの、『現世』に対する統一的関係が欠如していた[188]」のである。

五　後続する宗教的立場

つまりヴェーバーは、捕囚前の時代の古代イスラエルの宗教倫理には多くの発展の可能性をもった中心点があると見ているわけである。部分的にあちこちに散見される彼の論評を重視するなら、彼は特に四つの「後続する立場」、すなわちエゼキエル書、第二・第三イザヤ書、詩篇、ヨブ記に関心をもっているように思われる。祭司預言者であるエゼキエルは、禍の預言から救済預言への移行、およびユダヤ教自体における預言者時代の終わりを引き起こした祭司層と預言者主義との「和解」を印している。第二イザヤは、神の普遍主義を押し進めて、その救済預言と、いわれのない苦難に報いる苦難の神義論を結びつける。第三イザヤは、神の普遍主義をさらに高めて、世界伝道に利用しようとした。ヴェーバーにとって彼は、「宗教の世界宣伝」[189]の精力的な主張者である。詩篇では、新しい苦難の宗教心は、ルサンチマン道徳主義と結びつけられている。詩篇は、大部分が「むき出しの、また苦労して抑えてきた復讐要求の道徳主義的な充足や正統化」の表現である。[190]最後にヨブ記には、禁欲的プロテスタンティズムの方向を指し示す諸観念がみられる。ここでは「被造物に対する神の絶対的な主権に従うこと」という理念によって、予定説を先取りした個々人の運命の神義論が定式化されている。[191]これら「後続する立場」のうち、最後のものは「ほとんど完全に理解されない」ままであった。[192]また世界伝道の理念と実践も、どちらかというと過渡的現象であるように思われる。[193]それに対して預言は、とりわけ二重の没落体験によって威信を高めたために新しい形態においてもさらに作用し続けたが、捕囚以来権力を強化し続けた祭司の形式主義的合理主義によりますます飼い慣らされることになる。[194]捕囚期および特に捕囚からの帰還後の、いまや政治的には他律的な宗派団体という制度的枠組の中で、世界神の観念、集合的苦難の救済意義の観念、そして教団の儀礼的遮断の観念が理念レヴェルで前面に押し出された[195]。これらの諸観念は、新たな世界像構築の核を形成する。この世界像構築は、宗教的‐政治的契約観念が純粋に宗教的な選民観念へ昇華したことを基礎としている[196]。特にこの観念によって、「殺戮的な侮辱や迫害がユダヤ人に加えられれば加えられるほどますます」ヤハウェとその民族との絆は「引き裂けない」ものとなるのである[197]。しかし此岸的約束の理念は依然として残存し、そのため、捕囚前の世界像構築と同様、この世界像構築は、宗教的に動機づけられた現世そのものの拒否に導かれることはなかった。むしろ拒否されたのは、「現世で通用している社会的序列」なのである[198]。

しかしこの世界像と結びついた宗教的実践は、すでに乗り越えられた立場に逆戻りしはしなかった。倫理的指向は消えず、呪術に対する防御線もゆるめられなかった。逆に、時代が下るにつれて預言や政治の競合を排除して増大する祭司支配によって、合理的で呪術から解放された「世俗内的行為の宗教倫理」がさらに押し進められた[199]。けれどもこの倫理的合理主義は、依然として律法宗教心の合理主義にとどまった。心情宗教心の倫理的合理主義からそれを区別するのは、たとえば律法に従っているかどうかといった外面的なことではない。ヴェーバーはこれをはっきりと否定している[200]。決定的な区別はむしろ次の点にある。律法宗教心では、抽象的原理ではなく、具体的な個々の規範が中心になっており、全体態度ではなく、「他の個々の行為と比較され、差引勘定される個々の行為」が中心となっている[201]。捕囚後の、特にタルムード的ユダヤ教の律法倫理的合理主義は、ヨブ記で先取りされたカルヴィニズムの現世関係と同一のものには帰着しなかった。それは、宗教的に動機づけられた体系的現世支配を容認しなかったからである。ヴェーバーが特徴的な仕方で定式化したように、「世俗内的禁欲の立場から、この世界を――すなわち、今やイスラエル人の罪の結果としてまったく混乱し、しかも人間が強いることも早めることもできない自由なる神の奇跡によってのみ正しい秩序に戻されるこの世界を――神の栄光と自らの選びの前兆を示すための一つの『課題』として取り扱い、またその世界とそこでの罪が啓示された神意の合理的規範のもとへと否応なしに収めとられていく、一つの宗教的な『召命』の舞台としてこれを取り扱うといったカルヴィニズム的な立場は、もちろん、伝統に基づく敬虔なユダヤ教徒には、思いつくことの最も困難なものであった。ユダヤ教徒は、彼岸に対する自らの『選び』を確信していたピューリタンよりも、はるかに過酷な内的運命を克服しなければならなかった[202]」。

こうして古代イスラエルの宗教倫理は、捕囚期や特に捕囚後のユダヤ教によって選択的にしか利用されなかった可能性の地平を創出した。「律法」と預言者的告知との弁証法は消滅し、それとともに伝統と「革命」の弁証法も消滅する。祭司層が前面に押し出されてくるのに応じて、捕囚前の布置連関のうち、レビ人トーラー教師によって練り上げられた諸要素が、重要性を増した。しかし同時に、倫理的規定に対して儀礼的・祭儀的諸規定を「貶価」する彼らの態度は修正された[203]。とはいっても儀礼的・祭儀的要素を強調することは、宗教の教説としての特徴を弱めることにはならない。逆に「決疑論的律法専門家や律法学者」、「あくまでも聖典や注解を研究し続ける『知識人』」、つまり世俗化された教説祭司が、捕囚後の、特にタルムード的ユダヤ教において、本来の生活の理想となるのである。[204]しかし、預言の精神がますます排除される過程は、社会体制の神政政治化とともに進行してきた。ヴェーバーは、すでに捕囚時代、それも特に第二神殿時代における祭司の教権制の成立をはっきり述べている。[205]捕囚前の時代には、呪術的エリートと宗教的エリート、祭司と預言者、祭儀祭司と教説祭司、宗教的エリートと政治的エリートとの間の持続的競合関係のために、彼から見れば大きな革新の可能性をもった構造的に開かれた状況が存在したのに対し、彼にとって捕囚後の時代は、社会的関係がますます閉じられたものとなっていくという特徴をもっている。[206]ただヴェーバーが非常に大まかなタッチで描写した捕囚後の古代ユダヤ教の姿が、特に第二神殿の時代について証明できる構造的不均質性や文化的多様性を考慮しても、堅持されうるかどうかはもちろん疑問である。[207]

さてヴェーバーは、よく知られているように、結果として古代イスラエルの宗教をユダヤ教の宗教倫理に変形したこの軌道決定を包括的なテーゼに結びつけた。すなわち、彼によれば、ユダヤ教の宗教心が近代資本主義の「精神」を生み出すのに中心的な貢献をなしえなかったことの根拠はこの軌道決定にある。[208]宗教的動機による周囲世界からの儀礼的遮断の結果、対内・対外道徳の原生的な二元性、すなわち対外関係で許されていることを対内関係では禁止するという二重道徳は、克服されるのではなく、実に荘重に基礎づけられるということになるのである。[209]しかしこれによって、ユダヤ教の宗教倫理は必然的に自らの適用範囲を制限している。この二重道徳は当然すべての生活領域に適用されうる。ヴェーバーによれば、ユダヤ教にとって特徴的なのは、経済的生活領域にこれを適用したことである。これは、異邦人との経済的行為には何ら宗教的意義はなく、いずれにせよ異邦人との経済的交流は「正の倫理的価値記号」のもとにはないということを意味する。[210] したがって経済は宗教倫理に「従属」する必要がなく、営利衝動も救済欲求に「従属」する必要はない。経済は、「著しく倫理とは無関係な領域」にとどまっていて、それを規範のもとに置くには、原生的なまたは伝統的な経済倫理があれば十分なのである。[211] 経済領域が宗教的に重要であり、経済的行為が何らかの仕方で救済目標と結びついたときにのみ、原生的または伝統的な経済倫理の革命が起こりえたはずである。しかしこの結合は、ユダヤ教では確立されなかった。ユダヤ教の宗教倫理は世俗内的行為の倫理であったにもかかわらず、ユダヤ教の信者は、禁欲的プロテスタンティズムの信者とは異なり、経済的行為において自らの宗教的確証を行ないえなかった。禁欲的プロテスタントとは異なり、ユダヤ教徒の宗教的生活方法論は全面化されず、「分割」されていたのである。[212]

ヴェーバーによれば、ユダヤ人が経済的行為の二重道徳を守っているのは、捕囚期以来発展したパーリア民族状況に関わっている。彼の見解では、ユダヤ人はカーストのない環境で生活するパーリア民族になった。[213] ヴェーバーの概念でこれほど厳しく批判されたものもないだろう。それも、この概念が歴史的に不正確であり、イデオロギー的コノテーションから自由でないという正当な理由のためである。[214] それでもやはりこの概念は、ユダヤ人が近代資本主義の「精神」を創造しなかったのはなぜかという問題の解決にとって重要な位置価をもっている。ヴェーバーは、この概念で結局一つの異邦人の周縁的位置を示していたのである。さらにさまざまな歴史上の時代や国でのこの民族の内的状況がどのように評価されようとも、[215] その外的状況には、次のことが言えるようである。すなわち、自立的政治団体を欠き、大幅に属性によって成員を定め、儀礼的障壁によって外部に「閉ざされた」特殊共同体としてのユダヤ人は、個人的にではなく集団として、他者と自分自身によって課せられた周縁的位置にとどまったということである。[216] 社会学的にみて決定的なのは、二重道徳のテーゼではなく、周縁的位置に関するテーゼだというのが私の見解である。それはそのテーゼがディアスポラ・ユダヤ教において高度の革新能力がわずかな普及能力としか結びつかなかった理由を説明するからである。確かに禁欲的プロテスタンティズムも元来は「周縁に」存在した。しかしその位置は、もともとマージナルな位置だったのではなく、異端的な位置であった。異端運動は、次の点でマージナルな運動から区別される。異端運動は、単に中心と関わっているだけでなく、同時に中心を攻撃する可能性を客観的にもっている。異端運動では、高度の革新能力が高度の普及能力と結びついているのである。[217]

このように、ユダヤ教が世俗内的行為の合理的宗教倫理をもっていたにもかかわらず、近代資本主義の経済心情の発生に決定的な貢献を果たさなかったとヴェーバーは述べるのであるが、それには理念的根拠と同時に制度的根拠もあった。彼の見解では、ユダヤ教の宗教倫理は、経済的対外関係の倫理的合理化と結びつかない律法倫理にとどまっていたし、それは他者と自分の双方によって課せられた周縁的位置において、その時々の文化的中心と関わりながら生活する集合的担い手をもっていた。しかしこの宗教倫理は経済に宗教的確証の領域を見出すことがなかっただけでなく、「『現世』の合理的克服」に対して総じていかなる宗教的報償も与えなかった。[218] むしろそれは、ヴェーバーが現世適応と名づけた現世に対する態度を要求する。[219] このことは、主として此岸的約束と、心情倫理の欠如に関連する「体系的禁欲の欠如」という二つの宗教的要因の結果であった[220]。

ヴェーバーの古代ユダヤ教とその歴史的影響についての分析の解釈はこれで終わりである。この解釈は、なぜヴェーバーが古代イスラエルの宗教倫理に、特に西洋の文化発展にとっての本質的意義を認めたのか、そしてそれにもかかわらず、そこから生じたユダヤ教の宗教倫理が禁欲的プロテスタンティズムの宗教倫理とは異なり、近代資本主義の経済心情の形成に決定的に寄与しなかったとヴェーバーが主張するのはなぜかということを説明しようとしてきたのである。ヴェーバーは、イスラエル－ユダヤ教の宗教発展の再構成において、はじめ次のような歴史的時代区分に従った。すなわち、連合時代、さまざまな変種をもつ王国時代、捕囚時代と、捕囚後時代である。捕囚後時代は、さらに第二神殿の崩壊の前と後の時代に分けられる。これらの歴史的時代区分に、三つの社会学的布置連関が組み込まれる。最初に地方に生活の重点を置く戦闘的農民・牧羊者連合の布置連関があり、ここでは呪術師と神託祭司、戦争預言者が競合し、宗教と政治が「一体」となっている。次に、都市に生活の重点を置く王国の布置連関があり、これは祭儀祭司、トーラー祭司、トーラー預言者の競合および宗教と政治の分化を伴っている。最後に、都市に生活の重点を置く教権制の布置連関があり、ここでは、レビ人や祭儀礼拝者、教団成員から完全な資格を備えた祭司が階層分化していく際にさまざまな祭司諸氏族が競合し、宗教と政治は神政政治的に「統一」される。この三つの布置連関のうち、第二のものが分析の中心となっている。この布置連関が最大の革新可能性をもっているのである。このことは、第二の布置連関に伴う開かれた競合状況、すなわち一方での、呪術的エリート・宗教的エリート・政治的エリートの競合、他方でのすべてのカテゴリーの宗教的エリート相互の競合に起因する。このように開かれた競合状況は、王権成立以前にも、二王国の没落後にもないものであった。前者には、制度的枠組がなかったし、後者には、預言と政治的自律が欠如していたからである。そのため、第二の布置連関でモーセという出発点に対して一つの革命的突破が起こったのは偶然ではない。それが結果として、心情倫理的諸要素をも同時に含んだ合理的・宗教的律法倫理をもたらしたのである。この発明がはじめてユダヤ教・キリスト教双方の宗教発展を可能にした。しかしながら、その心情倫理的諸要素を世俗内的行為の合理的心情倫理へと体系化したのは、ユダヤ教ではなくキリスト教であり、より正確には禁欲的プロテスタンティズムである。禁欲的プロテスタンティズムだけが古代イスラエルの宗教倫理を新たに革命的に変形し、それと結びついた宗教的に動機づけられた現世関係を現世支配の合理主義へさらに発展させえたのである。それに対してユダヤ教は結局、現世に積極的に立ち向かい、加工するという意味での「現世適応」の合理主義のもとにとどまったのであった。

六　結論——発展と比較

以上の推論から我々は、最後にもう一度、先に提起した解釈を体系的な視点で考えなおすよう促される。それはこの推論が、次のことを示唆するものとして理解できると思われるからだ。すなわちヴェーバーはその宗教社会学において、諸宗教の作用を特定の歴史的・社会学的問題設定のもとで価値自由に研究しただけでなく、それらの関係を評価的にも規定したのではないかということである。禁欲的プロテスタンティズムは、ヴェーバーにとってユダヤ教よりも高度の発展段階にあったために、より高い地位にあると推測できるかもしれない。また、古代イスラエルの宗教倫理からユダヤ教の宗教倫理への移行を分析する際にも、そのような価値判断が関与していたかもしれない。この移行が彼にとって進歩ではなく、衰退によって特徴づけられていたように思われるからである。キリスト教の特定の潮流が、ユダヤ教によって歪曲された古代イスラエルの宗教的伝統に繰り返し立ち返ったからこそ、この衰退に対抗することができたのである。このことによってのみ、この倫理が西洋文化を方向づけた発明は維持されたのである。[221]

しかしながら、こういった見方は非常にわかりやすいとはいえ、ヴェーバー宗教社会学の体系的アプローチや体系的問題にはとうてい到達しえない。これは、彼の立場を表面的にしか見ていない。確かにヴェーバーの視角では、ユダヤ教の宗教倫理よりもむしろ古代イスラエルの宗教倫理のほうが、「西洋と西南アジアの全文化発展の中心点」になった。[222]だから彼にとっては、後者に立ち返ることは、発展史的意義をもつはずであった。しかしながら、この中心点は、一つだけでなく、複数の宗教的発展をまさしく可能にしたのである。それは、どこにおいてもこれらの発展を単線的発展モデルのコルセットに押し込めたりはしなかったのである。確かにこれらの宗教的発展は、平行して進行するだけでなく、交差しもするために、相互に制約しあったり、歴史的に継起したりする関係にもある。しかしそれらは、「固有の法則」にも従うのである。したがってそれらとともに代替的な現世関係が成立するのである。私の見解では、ヴェーバーは実際に宗教社会学において、代替的な現世関係の理論を用いている。彼は、能動的態度と受動的態度、また世俗内的態度と世俗外的態度のいずれを促進するかということによって諸宗教を区別している。これは、互いに独立した二つの次元の現れと見ることができる。ここから、現世支配・現世超克・現世適応・現世逃避と名づけられる四つの現世関係が成立するのである[223]。この現世関係の類型論は、文化間および文化内の比較に利用することができる。ヴェーバーは、イスラエル‐ユダヤ‐キリスト教の宗教発展の分析において、これを行なっている。私のテーゼは次の通りである。古代ユダヤ教の研究においてヴェーバーは、西南アジア‐西洋の文化諸宗教の一般的発展方向——その枠内で代替的な、つまり同格の、宗教的に動機づけられた現世関係が彫琢された発展方向——を、解明したのである。そしてこの代替的選択項のうちには、禁欲的プロテスタンティズムおよびユダヤ教が含まれるのである。

　宗教倫理にとっての一般的発展方向は、古代イスラエルの宗教が作り出した。古代では「ギリシアの精神文化の発展、そして西欧に限っていえば、ローマ法の発展、ローマの官職概念に基づくローマ教会の発展」[224]しか匹敵するものがないような傑出した文化意義はそこにある。この意義は、とりわけ超現世的神概念に関連している。この神概念によって、アジアの内在的神概念のように永遠の秩序や「行為しないこと」ではなく、歴史や行為に強調点がおかれるのである[225]。この超現世的神概念は、神の秩序と現世秩序との原理的二元論をもたらしただけではなく、両者の関係を対立的なものと解釈し、倫理的規範によってそれを統制した。こうしてこの神概念は、さまざまな修正を伴いつつも、西南アジアや特に西洋の文化諸宗教を規定した、倫理的一神教を主張した。この倫理的一神教は、神中心的と称しうるこれら諸宗教の基本的世界観の基礎となった。[226] そしてこの世界観は、現世忌避としての現世拒否ではなく、現世志向としての現世拒否を促進したのである。

しかしアジアとの比較から得られた西洋の文化諸宗教のこうした一般的発展方向は、それらの宗教が展開する一般的な理念的枠組をなすにすぎない。この発展方向は、それらが被る制約諸条件を確定した。しかしその現世関係は、この一般的枠組からは演繹できない。それは、神概念が「宗教的約束やそれによって規定された救済方法の種類」と結びついてしか作用しないという理由からしてそうなのである。[227] しかしまた、この神概念を発明した古代イスラエルの宗教倫理さえもが、入念に考案された書物の態をなしているわけではなく、おそろしくさまざまな、部分的には矛盾した一連の主題を自身の中で結合したからでもある。したがってそれは、さまざまな後続する選択肢の余地をも残したのである。また実際、それらの選択肢は捕囚後のユダヤ教に限られたままではなかった。ヴェーバーの考えでは、少なくとも原始キリスト教や禁欲的プロテスタンティズムは、等しく古代イスラエルの宗教倫理の諸相と関連していた。捕囚後のユダヤ教が、特に捕囚前のトーラー教師の合理的律法倫理を受け継いでいった一方で、原始キリスト教は神の僕の預言に依拠し、禁欲的プロテスタンティズムは預言者の「合理的心情倫理」に依拠していた。[228] このため、これら三つの潮流において、まったく多様な現世関係が成立するに至った。原始キリスト教が現世逃避と現世超克との間で揺れ動き、結局現世に無関心であり続けたのに対し、禁欲的プロテスタンティズムによって現世支配が、ユダヤ教によって非禁欲的な現世加工という意味での現世適応が、それぞれ超現世的神概念の枠組内で一貫して合理化されたのである。そのため後二者は、西洋における宗教的に動機づけられた世俗内性の態度の二つの最も重要な代表者となった。ただしヴェーバーにはこういった解釈とは相容れない一つの論証の筋道があった。これは律法倫理と心情倫理との区別に関わるものである。この区別は順序に関係するものであり、二者択一の問題ではない。そして禁欲的プロテスタンティズムが心情倫理を、ユダヤ教が律法倫理を代表する限り、後者に対して前者はより高度の発展水準にあるように思われる。実際ヴェーバーの分析はそのようなインプリケーションを免れていない。しかしそれは、イデオロギー的偏見というよりむしろ体系的問題に関わるものなのである。

つまりヴェーバーは、自らの宗教社会学において、還元主義のほかに旧来の進化主義をも克服しようとしたのである。この進化主義は人類史を普遍的発展段階論によって再構成するものであり、この発展段階論は、各々のより高度の段階がそれより下位の段階に基礎を置き、後者の成果を自らの内に「保存する」というようにできている。このアプローチがもしヴェーバーの宗教社会学に適用されれば、実際に世界諸宗教のなかではキリスト教が、そしてキリスト教の諸潮流のなかでは禁欲的プロテスタンティズムが宗教発展の最高段階となったことだろう。こうした見方に対抗するためにヴェーバーは、人間の歴史的可能性を汲み尽くしうるような宗教や文化形態はないという根本的確信に立脚する理念型的発展構成を基礎に、代替的な諸発展の理論を主張する。にもかかわらず、彼はまた発展水準の区別を強いられているが、このことは、呪術と宗教についての彼の議論がすでに示している。そういうわけで類型論的な比較の視角と発展史的視角は対立している。作品には、一方が支配的な部分もあれば、もう一方が支配的な部分もある。ヴェーバーの作品が今日進化論者と比較社会学の擁護者の双方にとって接点として役立っているのは、偶然ではない[229]。この二重のアプローチは、まさに彼のユダヤ教の分析を研究することで明らかになる、ある緊張を作り出している。彼のユダヤ教分析は、いわば比較論的解釈と発展史的解釈の交点にある。ヴェーバーは、この緊張に身を置くことによって、彼以前の社会学者や大多数の同時代人よりもユダヤ教について多くのことを認識できた。そして彼は、ユダヤ教を禁欲的プロテスタンティズムに照らして「相対化した」だけでなく、禁欲的プロテスタンティズムをユダヤ教に照らして「相対化した」。彼の分析の理論的・歴史的および実践的射程を正当に評価しようとするなら、これをイデオロギー批判的に失効させたり、また類型論的比較もしくは発展史の方向に一面化してはならない。さもなければヴェーバーの宗教社会学、いや彼の社会学全体のアクチュアリティーをとらえ損なうことになる。というのは、彼の社会学は、文化的発展水準とその代替的な現世態度の理論ならびにそれらの発展史を目標としていたからである。

（1）Max Weber, RS I, S. 181（大塚訳、三二四頁）を参照。

（2）Ebd. を参照。なおヴェーバーは、古代ユダヤ教の研究の出版後もこういった書き方をしている。とはいえおそらく彼は、この研究がこの「魅力的な課題」の部分的達成だとすら考えていた。

（3）Max Weber, SW, S. 83ff.（渡辺・弓削訳、一五八頁以下）を参照。このことは量的に妥当するばかりでなく、用いられる概念にもあてはまる。ヴェーバーは、明らかにまず第一にギリシア・ローマの法制史と社会史に照準を合わせていた。これについてはWolfgang Schluchter (Hg.), *Max Webers Studie über das antike Judentum. Interpretation und Kritik*, Frankfurt 1981, S. 78ff. 所収のクリスタ・シェーファー（Christa Schäfer）の論考を参照。また詳しくは、dies., *Stadt und Eidgenossenschaft im Alten Testament. Eine Auseinandersetzung mit Max Webers Studie ›Das antike Judentum‹*, Berlin 1983 を参照。

（4）これについては、Max Weber, WuG, 特に Kap. V, §7 und 12（武藤・薗田訳、第七節「身分、階級と宗教」、第一二節「文化宗教と『現世』」）を参照。

（5）これについては、Werner Sombart, *Die Juden und das Wirtschaftsleben*, Leipzig 1911（金森誠也訳『ユダヤ人と経済生活』荒地出版社、一九九四年）. プロテスタンティズムの倫理の資本主義の「精神」に対する意義に関するヴェーバーの研究の第一版がすでに、もちろん部分的にはゾンバルト「に反対して」書かれたものだったかもしれない。ゴードン・マーシャルは、次の傑出した研究でそのように推測している。Gordon Marshall, *Presbyteries and Profits. Calvinism and the Development of Capitalism in Scotland, 1560-1707*, Oxford: Clarendon Press 1980, S. 23f.（大西晴樹訳『プロテスタンティズムの倫理と資本主義の精神――スコットランドにおけるウェーバー・テーゼの検証』すぐ書房、一九九六年、四〇頁以下）. ゾンバルトは一九〇三年に初版を出した次の本の中で、ヨーロッパにおける資本主義の発展に対するユダヤ人の意義を指摘している。*Die deutsche Volkswirtschaft im neunzehnten Jahrhundert.* ヴェーバーは、その研究の第一版でゾンバルトの偉大な（つまり初期の）業績を認めた一般的論評の文脈においてこの本を引用している。Max Weber, RS I, S. 42（大塚訳、六三頁）を参照。

（6）Max Weber, WuG, S. 369（武藤・薗田訳、三〇九頁）を参照。

（7）Max Weber, RS I, S. 237ff.、特にS. 241ff., S. 257ff.（大塚・生松訳、三一頁以下、特に三九頁以下、六五頁以下）を参照。

（8）*Archiv für Sozialwissenschaft und Sozialpolitik*, 44. Band（1917/18）, S. 52ff., S. 349ff., S. 601ff. および46. Band（1918/19）, S. 40ff., S. 311ff., S. 541ff. を参照。ヴェーバーは以下のような注釈をつけてこの論文を始めている。「以下の叙述は、ここではエジプトやバビロン、ペルシアの諸事情の研究を省いて公表される。今後これを集成し、改訂して（そして中国については文献の出典をつけて補い）出版する際には、他の以前の論文やいくつかの未公表論文と合わせ、欠落した部分を補足するであろう」。Ebd., S. 52を参照。この脚注は多くの点で興味を引く。第一に、ヴェーバーは『宗教社会学論集』の出版という確かな計画をすでに一九一七年に公表したが、この計画はもっと古くからあったものだということを我々はすでに知っている。第二に、「これを……他の以前の論文……と合わせ」と彼が述べていることは、古代ユダヤ教の研究もまた少なくとも部分的には、すでに一九一七年以前に書かれていたということを示唆している。第三に、パレスチナの発展を近隣諸文化の発展とより強く関連づけざるをえないということ、したがって当時の学問的問題状況に合わせて、ユリウス・ヴェルハウゼンの視点に対立するエドゥアルト・マイヤーの視点を考慮せざるをえないこと、そしてヤハウェ宗教の発展傾向に関しては、その内生的説明と同時に外生的説明をも不可避的に行なわざるをえないことをヴェーバーは認めていた。よく知られたことであるが、この最後の問題は、ヴェルハウゼンとマイヤーとの間で激しく議論されたものである。もちろんヴェーバーがその研究を決定稿にまで結実させたのが、一九一七年以降のことであるというのは、多くの証拠からわかることである。これに関しては、特に以下のような証拠があると思う。第一に、ヴェーバーは特定の連載論文の最後に計画をほのめかしておきながら、それを完全には実行しなかった。たとえば第四四巻第二号の末尾には、最終回は第四四巻第三号に掲載予定とあるが、予告されていた最終回は、その後第四六巻第一号にはじめて発表された。第二に、この研究は、六回連続で掲載された。その分量を見れば、ヴェーバーの生産力が第三回で急に停滞してしまったような印象を受ける。第三に、この第三回と第四回は、古代イスラエルの倫理が合理化される際にレビ人や平信徒知識人が果たした役割を扱っている。ヴェーバーの研究の構成と、一九一七年一月に行なわれた講演「ユダヤ教発展の社会学的基礎」（これは *Das Jüdische Echo. Bayerische Blätter für die jüdischen Angelegenheiten*, 4 (1917), am 26. Januar, S. 40 に紹介された）とを比較すると、前者では、ヤハウェ宗教の発展にとってレビ人と平信徒知識人が果たした役割についての指摘がない。中心となっているのは、預言だけなのである。そのため私は、レビ人や敬虔で教養ある平信徒群の思想に関する段落は、一九一七年にはじめて書かれたのではないかと推測している。ただし次の限定を加えねばならない。合理的宗教倫理の形成にかかわる祭司・預言者・平信徒知識人の布置連関は、まさに『経済と社会』の宗教社会学の章において、すでに一つの中心的役割を果たしていた。

（9）Max Weber, RS I, S. 237f.（大塚・生松訳、三三―四頁）を参照。ここで彼は五つの「宗教的な、または宗教的に制約された生活規制の体系」について述べている。それは「自分のまわりに特別多くの信者を集めえたもの、すなわち儒教、ヒンドゥー教、仏教、キリスト教、イスラムの宗教倫理」である。この定義の意味では、ユダヤ教は世界宗教とは見なされない。ただし、たとえばヴェーバーがユダヤ人とサマリヤ人との相違を説明しようとするときなど、少なくとも暗にユダヤ教を世界宗教として特徴づけている文章はあるのだが。これについては、RS III, S. 376（内田訳、下、八五五頁）を参照。ここで決定的なのは、宗派的《コンフェシオネル》発展であるように思われる。

（10）RS I, S. 238（大塚・生松訳、三三頁）を参照。ユダヤ教が単に歴史的前提条件であるだけでなく、キリスト教やイスラムにとって決定的な歴史的前提条件でもあったということを、ヴェーバーは、一九二〇年にテクストに挿入した。このことは、古代ユダヤ教の研究が少なくとも「序論」の第一稿が印刷された後ではじめて完全に定式化されたことを示唆するかもしれない。

（11）Ebd.

（12）Max Weber, RS III, S. 2, Fn.（内田訳、上、六頁）を参照。ここでヴェーバーは、当時のプロテスタンティズム神学で普通に行なわれていた時代区分に依拠している。すなわち、イスラエルからユダヤ教、さらにキリスト教まで、というものである。それでもやはり彼が（「イスラエル盟約共同体とヤハウェ」というタイトルの）イスラエルの局面と（「ユダヤ的パーリア民族の成立」というタイトルの）ユダヤ教の局面とをはじめから古代ユダヤ教というタイトルによって結びつけていたということは、ヴェーバーにとってバビロン・ペルシア捕囚が確かに一つの重要な区切りでありながら、連続性の裂け目を際立たせるものではなかった、ということを示している。ヴェーバーは、その研究を構想するときに、とりわけヴェルハウゼンとその一派のテーゼに従ったようである。そのテーゼとは、モーセ五書は、エホウィストの立法、申命記の立法、祭司の立法といった三つの層に分けることができるが、エズラの時代の祭司法典、ヨシュア時代の申命記およびエホウィストの立法は、申命記以前にゆ

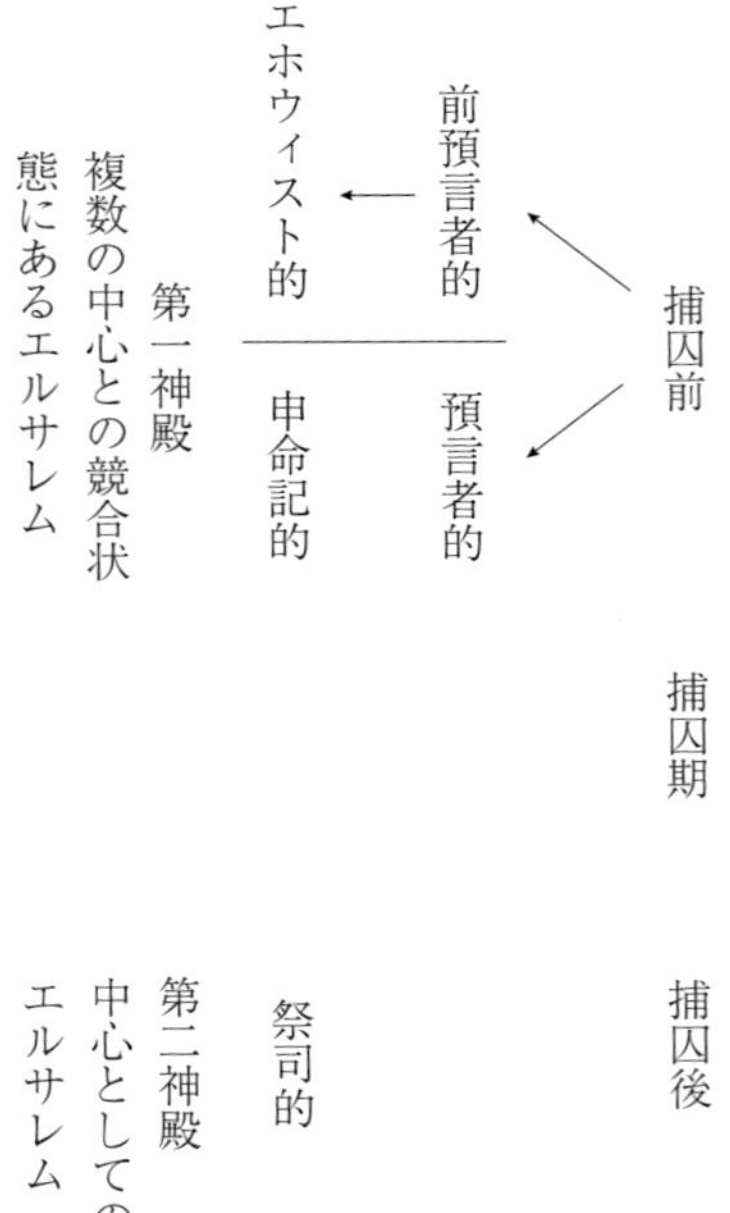

るやかな伝承として成立していた、ということである。これについては、Julius Wellhausen, *Prolegomena zur Geschichte Israels*, 4. Aufl., Berlin 1895 および ders., *Israelitische und jüdische Geschichte*, 7. Aufl., Berlin 1914、特にKap. 9を参照。もっとも、捕囚とともに始まる伝統の断絶、すなわちヴェルハウゼンにとっては預言者のマントをまとった祭司であったエゼキエルにおいて、過去が現在を基礎として書き換えられたことを、ほかならぬヴェルハウゼンが強調しているのである。ヴェルハウゼンの時代区分は、ヴェーバーにとっても標準的なものであった。それは次［前頁の図］のように描くことができる。

（13）Max Weber, *Wirtschaftsgeschichte*（黒正・青山訳）を参照。このテクストを利用するにあたっては、その初版、Erste Auflage, S. XVIII（同訳書、上、四七頁）で編者が明確に述べた次の事柄を思い出さなければならない。「マックス・ヴェーバーは、ここに公表する講義を、一九一九―一九二〇年の冬学期に、学生たちに懇願されて『一般社会経済史要論』と題して行なった。彼はこの講義を行ないたくなかったのだが、それは、彼が自分の取り組んでいる社会学の重大な問題に注意を上げて集中していたからである」。さらに「またマックス・ヴェーバーがもっと長い人生を享受していれば、彼は『経済史』を少なくともここで提示されるような形では公表させなかったであろう。彼も言明しているように、彼はこの本を、せがまれて作った多くの不備な点をもった即興曲であると考えていた……」。出版されたテクストは、講義の筆記録に基づくものであって、オリジナル原稿に基づいたものではない。

（14）Max Weber, RS I, S. 94f.（大塚訳、一五七頁）. よく知られているように、ヴェーバーはカルヴィニズムと並んで、一六・一七世紀の再洗礼派（バプテスト、メノナイト、クエーカー）を、プロテスタント的禁欲の独自の担い手と見なしていた。Ebd., S. 150f.（同訳書、二六二―四頁）を参照。

（15）Max Weber, *Wirtschaftsgeschichte*, S. 276f.（黒正・青山訳、下、一八四頁）. S. 377ff.（同訳書、下、二四六頁以下）および RS II, S. 40（深沢訳、四九頁）も参照。

（16）Max Weber, RS I, S. 110, Fn. 1（大塚訳、一八九頁）を参照。それに対応する箇所は、*Archiv*, 21. Band, S. 23

にみられる。

(17) Max Weber, RS I, S. 121f. および S. 178ff.（同訳書、二一一―二頁、三一七頁以下）、およびそれに対応する *Archiv*, 21. Band, S. 33f. und S. 87ff. の箇所を参照。

(18) RS I, S. 122（同訳書、二二一頁）による。

(19) Ebd., S. 180（同訳書、三一九頁）を参照。

(20) Ebd., S. 181f.（同訳書、三二〇頁）.

(21) Ebd., S. 182, Fn.（同訳書、三二五―六頁）.

(22) Ebd., S. 122（同訳書、二一二頁）.

(23) Ebd., S. 181（同訳書、三二〇頁）. これらはすべて以前のまま変わらない定式化である。

(24) Ebd., S. 237（大塚・生松訳、二二二頁）を参照。「ついでながらこの諸論文は、『社会経済学綱要』の一冊『経済と社会』と同時に発表され、その中の宗教社会学の章を注釈し、補足する（またもちろん多くの点で、その章に注釈される）ものとなるはずであった」とされる。この定式化は一九二〇年のものである。これは一九一五年のものと同一である。つまりヴェーバーは、二つの論集が相補的関係にあるという見方を保持しているのである。

(25) Max Weber, WuG, S. 257（武藤・薗田訳、三五―七頁）を参照。

(26) Ebd., S. 297（同訳書、一三六頁）.

(27) Max Weber, RS III, S. 6（内田訳、上、二一頁）.

(28) Max Weber, *Wirtschaftsgeschichte*, S. 307（黒正・青山訳、下、二四六頁）を参照。ヴェーバーは、遅くとも一九一三年以降、この過程を脱呪術化の概念で特徴づけている。しかしこの概念は、おそらくすでに以前から彼が利用していたものであろう。これについては、たとえば Max Weber, WL, S. 433（海老原・中野訳、二三頁）を参照。ここで彼がこの概念を使った節は、彼の言うところによれば、「すでにかなり以前に」すなわちこの論文が発表される一九一三年よりかなり以前に書かれたものである。この脱呪術化概念については、Johannes

Winckelmann, »Dir Herkunft von Max Webers ›Entzauberungs‹ -Konzeption«, *Kölner Zeitschrift für Soziologie und Sozialpsychologie*, 32（1980）, S. 12ff. をも参照。ただしこれは、前述のヴェーバーの論評に別の解釈を加えている。Ebd., S. 14f. を参照。

（29）「古代ユダヤ教」が革新の社会学についての研究でもあるということを特に強調したのは、ラインハルト・ベンディクスである。Reinhard Bendix, *Max Weber. Das Werk*, München 1964, S. 205（折原浩訳『マックス・ヴェーバー』下、三一書房、一九八八年、三一四頁）を参照。

（30）Alfred Weber, *Kulturgeschichte als Kultursoziologie*, München 1960, S. 24.

（31）西洋の発展に関するマックス・ヴェーバーの研究のみならず、中国やインドの発展に関する彼の研究もこの時期までさかのぼる。それに対応する論評、Reinhard Bendix, *Max Weber*, S. 78（折原浩訳『マックス・ヴェーバー』上、三一書房、一九八七年、九八頁）およびS. 124（同訳書、上、一五二―三頁）、これに関連してさらにS. 378（同訳書、上、二七三―四頁）およびS. 386（同訳書、上、二八六頁）を参照。マックス・ヴェーバーは、中国の研究のなかで、儒教に関連して、「精神文化を決定的に特徴づけた紀元前八世紀から紀元前三世紀の時代」という表現をしている。RS I, S. 304（木全訳、三四頁）を参照。

（32）これについては、Max Weber, RS III, S. 220f.（内田訳、中、五〇七―九頁）を参照。彼はさらに続けて、托鉢僧院、ルター主義、ツヴィングリ主義やカルヴィニズムからメノナイトやニュー・イングランドのプロテスタント諸ゼクテを列挙している。これらは、西洋の宗教倫理の系譜学における、一部は彼が論じ、一部はおそらくこれから論じねばならない諸段階である。

（33）これについては特に、Ernst Troeltsch, *Die Soziallehren der christlichen Kirchen und Gruppen*,（3. Neudruck der 2. Aufl., Tübingen 1922）Aalen 1977, S. 189（高野晃兆訳『中世キリスト教の社会教説』教文館、二〇一四年、二三三頁）を参照。

（34）前者については、Max Weber, RS III, S. 181（内田訳、中、四二三―四頁）、後者については、ebd., S. 271（同

訳書、中、六二〇頁）を参照。ここで彼は、たとえばエジプトとバビロンの非体系的な罪業の目録と倫理的十戒を比較して次のように述べている。「この二つの文化地帯からは、申命記のような様式の一つの組織化された宗教的 - 倫理的説教に匹敵しそうなものや、あるいはそれに単に類似する程度のものさえ、一切伝承されてはいないのである」。そしてさらにこの二つの文化地帯には、「捕囚前のイスラエルにすでに存在していたような、統一的に総括され宗教的に基礎づけられた倫理というものは、まったく存在しなかった」。

(35) Ebd., S. 280 および S. 260ff.（同訳書、中、六三九―四〇頁、中、五九七頁以下）を参照。ここでヴェーバーは、古代イスラエルの倫理とエジプトやバビロンの倫理との比較を行なっている。すでにこの研究書の冒頭でヴェーバーは、「十戒の倫理は、その重要な諸要求の点でインド（特にジャイナ教）やゾロアスター教の倫理と比較しても、エジプトの倫理に比較しても、ずっと控えめで」ある、と述べている。Ebd., S. 2, Fn.（同訳書、上、五頁）を参照。

(36) Max Weber, WuG, S. 287（武藤・薗田訳、一一〇頁）および農民と呪術的宗教性の親和性については、ebd., S. 285ff.（同訳書、一〇七頁以下）.

(37) Ebd., S. 286（同訳書、一〇八頁）.

(38) Max Weber RS III, S. 7（内田訳、上、二四頁）を参照。

(39) この区別およびその理論的背景については、Wolfgang Schluchter, *Die Entwicklung des okzidentalen Rationalismus. Eine Analyse von Max Webers Gesellschaftsgeschichte*, Tübingen 1979, S. 59ff., 特にS. 76f.（『近代合理主義の成立』、六二頁以下、特に七八頁）およびこれを修正したものとして、*Religion und Lebensführung*, Kap. 3（『信念倫理と責任倫理』）を参照。

(40) Emile Durkheim, *Die elementaren Formen des religiösen Lebens*, Frankfurt 1981, S. 61ff.（古野清人訳『宗教生活の原初形態』上、岩波文庫、一九七五年、七〇頁以下）を参照。

(41) Ebd., S. 45ff.（同訳書、第一章）. これについてはMarcel Mauss und Henri Hubert, »Entwurf einer allgemeinen

Theorie der Magie«, in: Marcel Mauss, *Soziologie und Anthropologie* I, München 1964, S. 43ff.（有地亨・伊藤昌司・山口俊夫訳『社会学と人類学』I、弘文堂、一九七三年、五五頁以下）。この二人は、デュルケームと同じように、表象・実践・担い手という三つの要素を用いて呪術を定義しようとし、宗教から呪術を、祭儀から儀礼を除外しようとした。それによると、「組織化された祭儀の一部ではなく、私的で隠された、まったく秘密のものであり、極端な場合は禁止された儀礼になる傾向をもつ」「聖なる行為」が「儀礼」と見なされる。Ebd., S. 58（同訳書、六二―三頁）を参照。以下で私は、この限定的な呪術概念を引き継ぐことはしないものの、この定義の三つの要素を受け継ぎ、ヴェーバーと同様に、特に呪術倫理と宗教倫理の区別を受け継ぐとともに、モースとユベールに倣って、儀礼と祭儀の区別を受け継ぐであろう。そして再びヴェーバーに依拠して、呪術師・祭司・預言者の区別をこれに加える。この区別は、デュルケーム学派が示唆しはしたものの、貫徹しなかったものである。

(42) ヴェーバーは、くり返し次のような指摘をしている。宗教の心理的・実際的帰結に関心をもち、その教説や教義的基礎に関心がないからといって、「教義の基礎も倫理学説も無視してしまって、ひたすら道徳的実践を問題とする」ことは許されない。ウィリアム・ジェイムズに対して、彼は「直接の宗教的『体験』をいわば捕らえて自分の軌道にのせる思想体系がどのような種類のものであるかが実践の上ではまさしく最高度の重要性をもつ」ということを強調している。Max Weber, RS I, S. 86 および S. 112, Fn.（大塚訳、一四〇―一頁および一九三―四頁）を参照。さまざまな信仰観念（この概念は、ヴェーバー自身の作品に出て来る）や実践の区別は、ヴェーバー宗教社会学にとっても中心的なものであった。

(43) これは、タルコット・パーソンズがはじめて指摘している。Talcott Parsons, *The Structure of Social Action*, 2. Aufl., New York: The Free Press 1941、特に S. 661ff.（稲上毅・厚東洋輔・溝部明男訳『社会的行為の構造』5、木鐸社、一九八九年、三六頁以下）を参照。さらに Reinhard Bendix, »Two Siciological Tradition«, in: Reinhard Bendix and Guenther Roth, *Scholarship and Partisanship. Essays on Max Weber*, Berkeley: University

of California Press 1971, S. 294（柳父圀近訳『学問と党派性』みすず書房、一九七五年、四〇〇頁）を参照。ただしベンディクスは、両者の類似性に限定を加えた。

（44）Max Weber, RS I, S. 86（大塚訳、一〇二頁）.

（45）Max Weber, WuG, S. 245（同訳書、三頁）. 私は、この指摘をベンディクスの論文から引用している。

（46）ここでベンディクスは、宗教的行為と結びついた此岸的関心、つまり宗教によって常に満たされうる外面的幸福への「パリサイ的欲求」を強調している。こうして欲求は、依然として「社会的または経済的な抑圧状態」をも表現しうるとはいえ、次第に内的苦難をも表現し、内的そして時には彼岸的幸福さえめざすような、救済要求へ昇華するのである。たとえば、Max Weber, WuG, S. 299（同訳書、一三九頁）を参照。フリードリヒ・H・テンブルック（Friedrich H. Tenbruck）は、この視点を彼の近年のヴェーバー解釈の中心に置いている。彼の論文»Das Werk Max Webers«, in: *Kölner Zeitschrift für Soziologie und Sozialpsychologie*, 27 (1975), S. 663ff. 特にS. 684f.（住谷一彦他訳『マックス・ヴェーバーの業績』未來社、一九九七年、特に五五頁以下）を参照。このことに関連して興味深いのは、『経済と社会』の宗教社会学の章の冒頭で、ヴェーバーがカリスマ概念に関して、デュルケームにどれほど近づいているかということである。WuG, S. 245f.（武藤・薗田訳、三―五頁）を参照。彼は、まずはじめにすべての物やすべての人が呪術的強制の能力をもつと見なされるわけではないと述べて、次のように続ける。「必ずしもこれだけとは限らないが、主としてこのような非日常的な諸能力が『マナ』とか『オレンダ』とか、あるいはイラン人の場合『マガ』（ここから呪術的（magisch）という語が派生する）とかいう特殊な名称を与えられているのである。我々はここで、これらの諸能力に対して、一括して『カリスマ』という名称を用いたいと思う。カリスマとは、まず――そしてこの場合にのみ十全な意味でその名に値するのであるが――生来それを所有している物ないしは人にもっぱら宿り、何物をもってしても手に入れることのできない、一つの賜物でありうる。それ以外の場合には、それは何らかの（もちろん非日常的な）手段を介して、物ないしは人に人為的に付与されうるし、またそうされねばならない」。ただし、同時にこの定義は、考えうる差異を示している。

デュルケームにとって、人や事物の聖性は、それらに内在している特性の結果なのではなくて、こうした特性に付加されたり課せられたりするものなのである。この意味でヴェーバーのカリスマ概念も「社会的に帰属させられるもの」として解釈しなければならない。Edward A. Shils, *Center and Periphery. Essays in Macrosociology*, Chicago and London: The University of Chicago Press 1975, Kap. 15 をも参照。

(47) これについては、Reinhard Bendix, »Two Sociological Traditions«, S. 295（『学問と党派性』、四〇一頁）および Wolfgang Schluchter, *Rationalismus der Weltbeherrschung. Studien zu Max Weber*, Frankfurt 1980, Kap. I（『現世支配の合理主義』、第一章一五頁以下）を参照。

(48) Weber, RS III, S. 66ff. および S. 207ff.（内田訳、上、一五七頁以下、中、四八〇頁以下）を参照。

(49) Ebd., S. 150ff., S. 165ff. および S. 202ff.（同訳書、中、三五〇頁以下、中、三八六頁以下、中、四六九頁以下）を参照。

(50) WuG, S. 286（武藤・薗田訳、一〇八頁）による。士師の分析については、アブラハム・マラマート（Abraham Malamat）の論考（*Max Webers Studie über das antike Judentum*, S. 110ff. 所収）を参照。

(51) RS III, S. 87ff., S. 173ff., S. 281ff.（内田訳、上、二〇六頁以下、中、四〇六頁以下、下、六四七頁以下）を参照。

(52) WuG, Kap. V, 1-4（武藤・薗田訳、第一—四節）を参照。

(53) これが預言に妥当することは確かである。ただし類似した記述が事典 *Die Religion in Geschichte und Gegenwart*, hg. Von Friedrich Michael Schiele und Leopold Zscharnack, Tübingen 1909ff. の対応する項目にみられる。これは、ヴェーバーの宗教社会学とくり返し比較対照すべきものである。

(54) これについては、聖なる知、説教、司牧についての詳論、WuG, S. 279ff.（武藤・薗田訳、九二頁以下）を参照。

(55) Ebd., S. 259（同訳書、三九頁）.

(56) Ebd., S. 260（同訳書、四二頁）.

(57) これについては特に、Dorothy Emmet, »Prophets and Their Societies«, in: *Journal of the Royal Anthropological*

Society, 86 (1956), S. 18ff. を参照。

(58) WuG, S. 268（武藤・薗田訳、六五頁）でヴェーバーは次のように書いている。「預言者とは対照的に、祭司はその職務によって救済財を施すものである」。さらに題辞として本文の冒頭に掲げた引用文を参照。

(59) これについては、原則的に Robert N. Bellah, *Beyond Belief. Essays on Religion in a Post-Traditional World*, New York: Harper and Row 1970, S. 20ff.（河合秀和訳『社会変革と宗教倫理』未來社、一九七〇年、四九頁以下）. ヴェーバーを考慮した呪術的世界像の概念としては、Murray Wax, »Ancient Judaism and the Protestant Ethic«, in: *The American Journal of Sociology*, LXV (1960), S. 449ff. 特に S. 450f. を参照。

(60) Max Weber, WuG, S. 268（武藤・薗田訳、六二―三頁）.

(61) Max Weber, RS III, S. 282（内田訳、下、六四頁）.

(62) Ebd., S. 285ff.（内田訳、下、六五五頁以下）を参照。ヴェーバーは政治的デマゴーグについても述べているので、ここでは宗教的デマゴーグが論じられているということを強調しなくてはならない。しかしながら後者は、緊急の危機、たいていは外交上の危機に直面して、これに宗教的解釈を施すときにだけ、政治的なのである。彼らは現実政治にも、また通例社会政策にも関心をもたない。これについては、Efraim Shmueli, »The ›Pariah-People‹ and its ›Charismatic Leadership‹. A Revaluation of Max Weber's Ancient Judaism«, in: *Proceedings of the American Academy for Jewish Research*, Vol. XXXVI (1968), S. 167ff. 特に S. 228 をも参照。シュムエリはこうした預言の政治的転換を、「異教の世界のただなかに」ある一神教的宗教の特殊な位置に起因するとしている。

(63) Max Weber, RS III, S. 285（同訳書、下、六五五頁）.

(64) Ebd., S. 298（同訳書、下、六八六頁）を参照。S. 320（同訳書、下、七三四頁）で彼は次のように説明している。「最終的な神殿の崩壊とともに禍の預言は終結し、そして慰めと救済預言が始まった」。

(65) 預言は徹底した「平民的」指向をもっていたけれども、第一義的にはそれは社会階級脱落者の利害のための支配者批判ではなく、現存するイスラエル「全体」への批判であった。

(66) これについてはたとえば、RS III, S. 236f.（同訳書、中、五四三―五頁）を参照。

(67) たとえば、ebd., S. 296（同訳書、下、六八一―二頁）を参照。二次文献においてもこの問題は議論の的になっている。自由は時折制度的また個人的にも「自由に浮動する」ことであると解釈されることがあるし、特に祭司と預言者を分極させる場合にヴェルハウゼン学派のいわば非社会学的影響がみられる。この見解に特に批判的で、スカンジナビアの旧約学派の成果を基礎にしたものとして、Peter Berger, »Charisma and Religious Innovation: The Social Location of Israelite Prophecy«, in: *American Sociological Review*, 28（1963）, S. 940および、慎重ではあるが似たような傾向をもつEfraim Shmueli, »The ›Pariah-People‹ and its Charismatic Leadership«、さらにHerbert B. Huffmon, »The Origins of Prophecy«, in: F. Cross, W. Lemke und P. Miller（eds.）, *Magnalia Dei: The Mighty Acts of God*, New York: Doubleday 1976, S. 171ff. を参照。

(68) Max Weber, RS III, S. 296（同訳書、下、六八一頁）.

(69) Antonin Causse, *Du groupe ethnique à la communauté religieuse. Le problème sociologique de la religion d'Israel*, Paris 1937, S. 9を参照。コースの意義およびヴェーバーと彼の関係については、S. T. Kimbrough, »A Non-Weberian Sociological Approach to Israelite Religion«, in: *Journal of Near Eastern Studies*, 31（1972）, S. 195ff. を参照。

(70) Antonin Causse, *Du groupe ethnique*, S. 9を参照。

(71) Max Weber, RS III, S. 3, Fn.（内田訳、上、九頁）.

(72) Ebd., S. 26（同訳書、上、六八頁）.

(73) これについては、ジークリストとヴェーバーに依拠した *Max Webers Studie über das antike Judentum*, S. 78ff. 所収のクリスタ・シェーファーの論考を参照。さらにHayim Tadmor, »›The People‹ and the Kingship in Ancient Israel. The Role of Political Institutions in the Biblical Period«, in: *Journal of World History*, II（1968）,

S. 46ff. を参照。

(74) これについては、Robert N. Bellah, *Beyond Belief. Essays on Religion in a Post-Traditional World*, New York: Harper and Row 1970, S. 20ff.（『社会変革と宗教倫理』、四九頁以下）を参照。さらに、Talcott Parsons, *Societies. Evolutionary and Comparative Perspectives*, Englewood Cliffs, N. J.: Prentice Hall, S. 95ff.（矢沢修次郎訳『社会類型』至誠堂、一九七一年、一四三頁以下）および Victor Lidz and Talcott Parsons（eds.）, *Readings on Premodern Societies*, Englewood Cliffs, N. J.: Prentice Hall 1972、特に Part 3, 4, 5.

(75) Max Weber, RS III, S. 219（内田訳、中、五〇五頁）.

(76) Max Weber, WuG, S. 261（武藤・薗田訳、四三頁）.

(77) Max Weber, RS III, S. 219（内田訳、中、五〇五頁）.

(78) Ebd., S. 281（同訳書、下、六四七頁）.

(79) Ebd., S. 9（同訳書、上、二七—八頁）.

(80) Ebd., S. 220f.（同訳書、中、五〇八—九頁）を参照。ヴェーバーはこの考察に宗教的革新の「一般」理論を結びつけている。

(81) これについては、Max Weber, PS, S. 542（中村・山田他訳、六〇六頁）における定式化を参照。

(82) この限りで、ヴェーバーはこの研究において経済的歴史解釈よりは、むしろ政治的歴史解釈の視点に立っていると言える。歴史解釈の概念とその限定については、Max Weber, WL, S. 163ff.（富永・立野訳、五九頁以下）を参照。

(83) Max Weber, RS I, S. 306（大塚・生松訳、六七頁）.

(84) Ebd., S. 257f.（木全訳、三六頁）.

(85) Max Weber, RS III, S. 239f., S. 386f.（内田訳、中、五四九—五〇頁、下、八七七—八頁）を参照。

(86) Ebd., S. 238f.（同訳書、中、五四八頁）.

(87) これについては、Max Weber, RS I, S. 240f.（大塚・生松訳、三八―九頁）. この考察は、よく知られているように、「いわゆる史的唯物論」とニーチェに向けられたものである。それは「多世界理論（Mehr-Welten-Theorie）」を基礎にしている。いずれにせよ、ヴェーバーが宗教の教義や教説ではなく、その心理的・実際的帰結に関心をもっていると自身で明言しているからといって、彼が理念と利害関心、また価値や意味と財とを区別しないよう要求しているのだと誤解してはならない。

(88) ヴェーバーのアプローチにとって決定的なのは、彼が物質的利害関心と並んで、観念的利害関心をも知っていたということ、そしてこの両者を理念と理念に基づいた世界像に対置したということである。

(89) これについては、Max Weber, RS I, S. 298ff.（木全訳、二五頁以下）.

(90) Ebd., S. 306（同訳書、三七頁）.

(91) Ebd., S. 299（同訳書、二六頁）.

(92) Ebd., S. 298（同訳書、二六頁）. また Max Weber, WuG, S. 273f.（武藤・薗田訳、七八頁）も参照。

(93) Max Weber, RS I, S. 299（木全訳、二七頁）.

(94) Ebd., S. 307（同訳書、三七頁）.

(95) Ebd., S. 304f.（同訳書、三五頁）.

(96) Max Weber, RS III, S. 133（内田訳、上、三〇六頁）.

(97) Ebd., S. 168（同訳書、中、三九二頁）を参照。これは明らかに初期イランの祭儀についても言えることである。

(98) Ebd., S. 241（同訳書、中、五五二頁）.

(99) Ebd., S. 138（同訳書、上、三二〇頁）.

(100) Ebd.（同訳書、上、三一九頁）.

(101) Ebd., S. 139（同訳書、上、三二二頁）.

(102) Ebd., S. 126（同訳書、上、二九二頁）.

(103) Ebd., S. 142（同訳書、上、三二七—八頁）. ヴェーバーは次のように述べている。「法《レヒト》は、永遠の道《タオ》や法《ダルマ》とかいうものとは性質を異にしており、むしろヤハウェがその遵守を熱心に求めた一つの実定的な神の法であった」。そしてさらに、「神の諸処置は、神自身の手中にあるのであって、それ自身変化しうるものなのである」。ヤハウェは、何よりもまず世俗の王というモデルにしたがって構成された。ともかくも、当初からヤハウェの怒りを引き起こすのは、儀礼的侵犯であるだけでなく、倫理的侵犯でもある。Ebd., S. 147（同訳書、上、三三八頁）を参照。

(104) Ebd., S. 136（同訳書、上、三一四—五頁）. ヴェーバーは、この素朴な原始的自然主義がこの点に作用しているのを見出した。彼は一般に「原初的」ヤハウェやその崇拝の本質的諸特徴を、古代イスラエルにおける原始的な物質的・社会的文化事情と関係づけた。このことが確認されたからといって、惑わされて［アントナン・］コースの路線へ転換してはもちろんならない。しかしこれは、発展水準の区分を分析的にきっちり行なってはじめて避けることができる。

(105) これについては、Emile Durkheim, *Soziologie und Philosophie*, Frankfurt 1967, S. 92ff.（佐々木交賢訳『社会学と哲学』恒星社厚生閣、一九八五年、五三頁以下）を参照。よく知られているように、デュルケームはここで歴史的に常に妥当する二つの規則、すなわち自然的規則と社会的規則とを区別しようとしている。しかし同時に呪術的思考にとって特徴的なのは、それが自然的規則と社会的規則とを同一視しているという点なのである。この混同は契約思想によって妨げられた。

(106) Max Weber, RS III, S. 129（同訳書、上、二九七頁）.

(107) Ebd., S. 218（同訳書、中、五〇四頁）.

(108) Ebd., S. 147（同訳書、上、三三七頁）.

(109) ヴェーバーは二つの法令集の社会経済的背景をそのように解釈する。その際の中心は地方と都市の区別である。Ebd., S. 66ff.（同訳書、上、一五七頁以下）を参照。

(110) Ebd., S. 147（同訳書、上、三三八頁）.

(111) これについては、Wolfgang Schluchter, *Die Entwicklung des okzidentalen Rationalismus*, S. 59ff.、特にS. 70f.（『近代合理主義の成立』、六二頁以下、特に七二頁）およびさらに、*Religion und Lebensführung*, Kap. 3, 3b（『信念倫理と責任倫理』、第二章二）.

(112) これについては、Max Weber, RS III, S. 81, S. 139, S. 170, S. 259（内田訳、上、一九一頁、上、三三一―二頁、中、三九八頁、中、五九四頁）を参照。

(113) Ebd., S. 177（同訳書、中、四一四頁）.

(114) Ebd., S. 178（同訳書、中、四一七頁）. ヴェーバーはそれに加えて、「ますます制限を加えられていく」夢の幻像に触れている。

(115) Ebd., S. 179（同訳書、中、四一九頁）.

(116) Ebd. ただし、ヴェーバーは次のように述べている。確かにくじ神託は、「バビロニアの肝臓占いよりも」合理的であるわけではない。「ただ後者のごとき宇宙的思弁に対する接触点が存在しなかったという違いがあるだけである」。Ebd., S. 180（同訳書、中、四二〇頁）.

(117) Ebd., S. 87（同訳書、上、二〇六頁）.

(118) RS I, S. 301（木全訳、二九―三〇頁）を参照。呪術師や預言者とは対照的に、強調点はここでは祭司に置かれている。

(119) Max Weber, RS III, S. 105（内田訳、上、二四四頁）.

(120) Ebd., S. 88（同訳書、上、二〇八―九頁）を参照。ヴェーバーはこれに関連して次のように述べている。この文章は、彼のアプローチ全体にとって特徴的なものである。「ところでその場合の事実関係は、ベドウィンおよび半遊牧民の生活諸条件が、それ自身のうちから一つの教団建設を、たとえば彼らの経済的存在諸条件のいわゆる『イデオロギー的指数』として『作り出した』というようなことでは断じてなかった。この種の唯物論的歴史観は、他の場合と同じくここでもあてはまらない。むしろ事実関係はこうである。ひとたび一つのそのような教団建設がなされたときには、そこにさらにこれらの社会層の生活条件が与えられると、その教団建設は、淘汰の闘争において、その他のもっと流動的な政治的構成体に勝ち残りうる最強度の機会をもったのであった。だがこの教団建設が成立したかどうか、というまさにその点は、まったく具体的な宗教史的ならびにしばしばきわめて個人的な諸事情や運命に依存したのである」。

(121) Ebd. S. 81（同訳書、上、一九一頁）を参照。

(122) Ebd. S. 257（同訳書、中、五八九頁）.

(123) Max Weber, RS I, S. 258（大塚・生松訳、六八頁）による。

(124) Ebd.（同訳書、六七頁）.

(125) Ebd.

(126) これについては、ebd. S. 252（同訳書、五七—八頁）を参照。ここでヴェーバーは、さまざまな救済理念とそれらに結びついた救済財を列挙している。

(127) Ebd. S. 253（同訳書、五九頁）. 決定的なのは、世界の意味が問題を含むものとなったということ、さらにそれが「意識的に」構築されなければならないということである。ヴェーバーはこの世界の意味への要求を「本来の宗教的合理主義の中核的産物」と呼んでいる。したがってこの要求とその「充足」とはともに発展の産物であった。

(128) Ebd. S. 541（同訳書、一〇八頁）.

(129) Max Weber, RS III, S. 165ff.（内田訳、中、三八六頁以下）.

(130) Ebd. S. 139（同訳書、上、三三二頁）. これはまた、なぜヴェーバーの見解ではヤハウェ主義がもともと自然法を知らなかったとされるのかを説明する。さらなる西洋の発展にとってきわめて大きな意義を獲得した自然法の理念は、彼の見解では、ギリシア世界に由来するものであった。ヤハウェは、自分が変更できる実定的な契約法を作った。ヴェーバーにとって永遠の秩序に関するすべての観念は、祭司的編集の産物なのである。

(131) これについては、特に *Max Webers Studie über das antike Judentum*, S. 110ff. 所収のアブラハム・マラマートの論考を参照。これに結びついた、呪術的世界像の時間意識とは区別される時間意識については、Murray Wax, »Ancient Judaism and the Protestant Ethic«, S. 452ff. を参照。

(132) この類型論は、現世的秩序と「聖なる」秩序、調和と闘争という二つの代替的な関係観念をも組み込むことによって精緻化しうる。この図式は同時に、私が他の箇所で行なった解釈提案を修正するきっかけとなった。ヴェーバー宗教社会学に関する以前の仕事で、私は、ベラーにしたがって、内在的／超越的という区別に一元論的／二元論的という区別を対比させた。これは、ヴェーバーが二元論の概念をさまざまな文脈で使っている限り、誤解を招く可能性がある。一方で、彼は原始的精霊信仰がすでに二元論的構成物を用いていると考えており、また他方では、彼はこの二元論を三つの首尾一貫した神義論の一つと見なしているからである。「光、真理、純粋、善意という力と、闇、虚偽、不純、邪悪という力の、永遠の昔からそして永遠にわたって存続する併存と対立という考えは、結局のところ、呪術的な精霊の多元論を、良い（有用な）精霊と悪い（有害な）精霊とに区別することによって直接に体系化したものにすぎず、そこから神々とデーモンの対立という考えも生まれてきた」。RS I, S. 572（大塚・生松訳、一六一頁）を参照。さらにヴェーバー独自のアプローチは、それが価値の事実への還元、当為の存在への還元、文化の自然への還元等々に対立している限りで、二元論的であると特徴づけることができる。したがって、一元論／二元論という対概念の代わりに二元論の種類を特徴づけ、それから現世的秩序と「聖なる」秩序の間に措定される関係の観念（調和／闘争）を区別するほうが用語法としてより正確であるように思われる。そのとき、どれほど多くの精霊ないし神々が立てられるのか、つまり、一つの精霊ないし神かそれとも複数の精霊ないし神々が立てられるのかということから、さらなるヴァリエーションが生じるのである。

(133) Max Weber, RS III, S. 155ff., S. 202ff.（内田訳、中、三五九頁以下、中、四七〇頁以下）.

(134) Ebd., S. 137（同訳書、上、三二六頁）.

(135) Ebd., S. 148（同訳書、上、三四一頁）.
(136) Ebd., S. 239（同訳書、中、五五〇頁）.
(137) Ebd.（同訳書、中、五四九頁）.
(138) Ebd., S. 7（同訳書、上、二四頁）.
(139) Ebd., S. 8（同訳書、上、二四頁）. 第一の問いは西南アジア‐西洋のさらなる発展に向けられたものである。古代ユダヤ教の研究では第二の問いが前面に出されている。そのためヴェーバーはS. 8（同訳書、八頁）で次のように述べるのである。「したがって問題は、いかにしてユダヤ人は、こうした高度に特殊な性質をそなえたパーリア民族になったのか、ということである」。しかしながらこの第二の問いは、第一の問いにつながっている。このことに留意した場合にだけ、ヴェーバーがユダヤ教を［特定のテーマに絞って］選択的に分析した理由を見通すことができるのである。これについては、*Max Webers Studie über das antike Judentum*, S. 263ff. 所収のユジェーヌ・フレーシュマンの批判を参照。
(140) これについては、Max Weber, RS III, S. 350（同訳書、下、八〇〇頁）を参照。同時にヴェーバーは、この発展だけが「エルサレム破壊後のヤハウェ共同体の存続を可能にした」と考えている。
(141) Otto Kirchheimer, *Politische Herrschaft. Fünf Beiträge zur Lehre vom Staat*, Frankfurt 1967, S. 30ff. を参照。
(142) ヴェーバーは、宗教社会学におけるあらゆる下部構造還元理論と闘ったように、上部構造還元理論とも闘った。彼はすでにプロテスタンティズムの倫理の研究において、理念流出論の観念に対して次のように抵抗している。「こうした理念の青年期は、一般に『上部構造』の理論家たちが考えるよりははるかにいばらに満ちたもので、その開花は、草花の場合と同じようには行かない」。RS I, S. 38（大塚訳、五二―三頁）を参照。
(143) Max Weber, RS III, S. 7（内田訳、上、二四頁）を参照。
(144) Ebd., S. 138, S. 191, S. 235（同訳書、上、三一九頁、中、四四五頁、中、五三九―四〇頁）を参照。
(145) これは多くの点で一つの主張にすぎないが、申命記改革と共に、祭司層の地位がとてつもなく飛躍したことをヴェーバーが確認したのなら、おそらく彼が正しいのであろう。同時に申命記では、エルサレムのために祭儀の独占が要求されている。そのためヴェーバーは、申命記を「エルサレムの祭司層のまわりに集まった知識人層」の産物だと考えている。Ebd., S. 188（同訳書、中、四三九―四〇頁、中、四五八頁）を参照。ただしこの解釈が確かな根拠のあるものかどうかは疑わしい。そこで、こうした一連の問題に関する最近の研究を基礎として、ハンス゠ヨアヒム・クラウス（Hans-Joachim Kraus）はこう述べている。「しかしレビ人とは何だったのか。他でもなく、全国に散在し、地方都市に居住し、十二部族団体の伝統を義務づけられた律法の番人であり、保護者であった。この『地方のレビ人』は、エルサレムで神殿礼拝を行なうのではなく、村落、すなわち地方住民の間近で神の法を解釈した。そのうえ最近は、もともとこの祭司層の大部分がイスラエル北部に居住しており、サマリヤの破壊後初めてユダの地方都市に避難所を見出したという想定が優勢になりつつある。ヨシュアの時代には、彼らの中から『申命記運動』が生じた。八歳のヨシュアを王権につけるにあたって決定的影響を与えた自由な地方住民の背後にもまたおそらくレビ人がいたであろう。いずれにせよ、原初的ヤハウェ信仰の伝統は、宮殿や神殿ほど外国の影響にさらされなかった地方において、首都よりも長く維持されたはずである。というのは、ゲルハルト・フォン・ラート（Gerhard von Rad）によれば、自由な地方住民やレビ人祭司に由来する、祭儀的なものと政治的なものの双方において効力を発揮した復古的傾向もまた、そこから説明できるからだ」。復古的傾向を「古き法」すなわち古い律法の伝統への復帰であると理解するなら、これは、レビ人トーラー教師は、さらにトーラー預言者はなおさら、都市や王に敵対的な立場を取っていたというヴェーバーのテーゼと再び合致する。Hans-Joahim Kraus, »Israel«, in: Golo Mann und Alfred Heuss (Hg.), *Propyläen Weltgeschichte*, Zweiter Band, I. Halbband, Frankfurt-Berlin 1976 (Taschenbuchausgabe), S. 302を参照。

(146) Max Weber, RS III, S. 259（内田訳、中、五九四頁）.

(147)「十戒」の由来やその位置づけに関するヴェーバーの解釈については、ebd., S. 250ff. 特にS. 259（同訳書、中、五七五頁以下、特に中、五九四―五頁）.

(148) Ebd., S. 271 および S. 261（同訳書、中、六二一頁、中、五九八―六〇〇頁）を参照。
(149) Ebd., S. 261（同訳書、中、五九九頁）.
(150) Ebd., S. 238（同訳書、中、五四六頁）.
(151) Ebd., S. 111（同訳書、上、二五九頁）.
(152) Ebd., S. 176（同訳書、中、四一二頁）を参照。
(153) Ebd., S. 112ff.（同訳書、上、二六一頁以下）を参照。
(154) Ebd., S. 126（同訳書、上、二九二頁）.
(155) Ebd., S. 292 および S. 120（同訳書、下、六七〇―一頁、上、二七七―八頁）. しかしここには、批判の基準が「批判者の理解していたような、古代イスラエル連合の『古き良き法』」である、と書かれている。
(156) Ebd., S. 239（同訳書、中、五四八―九頁）.
(157) Ebd., S. 122（同訳書、上、二八二頁）. ただしヴェーバーは、王権に対する宗教的反抗が統一されたものではなかったということを指摘している。特に興隆期において高かった王権の威信がこれを妨げた。
(158) これについては、*Max Webers Studie über das Antike Judentum*, S. 134ff. におけるS・N・アイゼンシュタットの分析を参照。
(159) ただしヴェーバーの見解では、呪術が祭司によって「大衆を馴化するために体系化さ﹅れ﹅な﹅かった」ということが宗教史的に見て決定的なのであった。Max Weber, RS III, S. 236（内田訳、中、五四三頁）を参照。
(160) Ebd., S. 206（同訳書、中、四七九頁）を参照。北王国・南王国にとっての政治的没落や捕囚のさまざまな意義について、またこの二つの地域における捕囚後のさまざまな発展については、ebd., S. 360ff., S. 370f., S. 376（同訳書、下、八二三頁以下、下、八四四―六頁、下、八五五―六頁）を参照。
(161) これについては、ebd., S. 317（同訳書、下、七二七―八頁）を参照。
(162) これについては、ebd., S. 281ff.（同訳書、下、六四七頁以下）を参照。

(163) Ebd., S. 296（同訳書、下、六八〇頁）を参照。ここでヴェーバーは次のように説明している。「対外政策においても対内政策においても、すべての態度は純粋に宗教的に動機づけられていたのであり、現実政治的に動機づけられていたのではなかったということがわかるのである」。

(164) ここでは特にピーター・バーガーの前述の論文があげられる。私の考えでは、この論文は、ヴェーバーにおいて構想されていた、古代ユダヤ教の研究、また特に『経済と社会』におけるカリスマ概念の社会学的把握の可能性を十分利用していない。

(165) Max Weber, RS III, S. 298（内田訳、下、六八六頁）.

(166) Ebd., S. 310, S. 318（同訳書、下、七一一頁、下、七二九―三〇頁）を参照。それに加えて、預言者は、「庶民のためにレビ人の説教の社会倫理的な慈善の命令」を主張した。これについては、ebd., S. 291（同訳書、下、六六八―九頁）を参照。

(167) Ebd., S. 330ff.（同訳書、下、七五五頁以下）.

(168) Ebd., S. 296（同訳書、下、六八一頁）.

(169) Ebd. なおヴェーバーは、この箇所でエレミヤがエルサレムの祭司たちと親密な関係にあったこと、エゼキエルも一貫して祭司的指向をもっていたということにも言及している。

(170) Ebd., S. 280（同訳書、中、六四一頁）を参照。

(171) Ebd., S. 300（同訳書、下、六九〇頁）.

(172) Ebd., S. 333（同訳書、下、七六三―四頁）.

(173) Ebd., S. 306f.（同訳書、下、七〇二―四頁）.

(174) Ebd., S. 305（同訳書、下、七〇一頁）.

(175) Ebd., S. 330（同訳書、下、七五六頁）.

(176) Ebd., S. 240（同訳書、中、五五一頁）を参照。

（177）Ebd., S. 333（同訳書、下、七六二頁）．申命記については、S. 264（同訳書、中、六〇五―六頁）を参照。

（178）Ebd., S. 347（同訳書、下、七九四頁）．

（179）Ebd.

（180）Ebd., S. 324（同訳書、下、七四三頁）．

（181）Ebd., S. 350（同訳書、下、八〇〇頁）．

（182）Max Weber, WuG, S. 324, S. 349（武藤・薗田訳、二〇〇頁、二六一頁）．

（183）たとえば、ebd., S. 302（同訳書、一四七頁）を参照。

（184）Ebd. 参照。

（185）Max Weber, RS III, S. 365（内田訳、下、八三三頁）．

（186）Ebd., S. 384ff.（同訳書、下、八七二頁以下）を参照。同様の見解として Martin Buber, *The Prophetic Faith*, New York: Harper and Row 1966, S. 208ff.（高橋虔訳『ブーバー著作集7　預言者の信仰Ⅱ』みすず書房、一九六八年、一六二頁）．

（187）Max Weber, RS III, S. 384（内田訳、下、八七二頁）．

（188）Max Weber, WuG, S. 373（武藤・薗田訳、三一八頁）．

（189）Max Weber, RS III, S. 388（内田訳、下、八八一頁）．

（190）Max Weber, WuG, S. 301（武藤・薗田訳、一四五頁）．

（191）Ebd., S. 302（同訳書、一四七頁）．

（192）Ebd. ヴェーバーは、その根拠として、捕囚期・捕囚後の著作において準備され、ユダヤ教の宗教心をますます規定していった集合的応報思想をあげている。

（193）ただし捕囚からの帰還後にまず第一に重要であったのは、改宗への勧誘であるように思われる。ヴェーバーは、儀礼的遮断と改宗者の加入奨励との平行現象を指摘している。RS III, S. 376f.（内田訳、下、八五七頁）を参照。

この状況は、大体において第二神殿の崩壊まで続いた。Ebd., S. 435ff.（同訳書、下、九八六頁以下）をも参照。しかしその際、外圧がますます増大していくなかで、［ユダヤ人の認定基準としての］宗派・国籍・出生の間の緊張に満ちた均衡は、出生が優勢になる形で崩れていった。

(194) すでに捕囚期に顕著であった祭司支配は、明らかに、捕囚教団に対するペルシア人の政策と祭司自身の利害関心の双方に起因している。彼らの支配は、はじめは王の権力に向けられていたのだが、後にはますます預言者権力に向けられていった。ヴェーバーは、ebd., S. 365（同訳書、下、八三二頁）で、次のように書いている。「祭司たちは、ダビデ一族の王権を再建するというようなことには関心がなかった。むしろ必要な場合には他国人たる代官の、したがってユダヤ教団とは直接の内的関係をもたない代官の支配下であっても、一切の社会的および内政的諸関係に対しては、自分たちが決定的な勢力たりうるならば、その方を好んだ」。

(195) これについては、ebd., S. 373f.（同訳書、下、八四九―五二頁）を参照。自由な宗教教団という理念がイスラエルの宗教的地位のみならず、政治的地位の相続要求とも結びついており、したがって宗派と国家の原理が緊張関係に陥る限りで、ヴェーバーは、捕囚帰還後の再建をアンビヴァレントなものと特徴づけている。しかし最終的には、宗教的観点が政治的観点を克服する。ヴェーバーは、発展全体を「政治団体から宗派団体へ」というテーゼで要約した。Ebd., S. 350（同訳書、下、八〇〇頁）を参照。捕囚後の政治的生活秩序と宗教的生活秩序との関係について彼は、ebd. S. 373f.（同訳書、下、八五〇頁）で次のように述べている。「しかし現実の政治的実権は、常にペルシアの属州および後にはヘレニズム諸国家の代官ならびにその官僚の手中にあるか、あるいは事実上ネヘミヤがそうだったように王から特別に全権を委ねられた者の手中にあった」。

(196) Ebd., S. 356f.（同訳書、下、八一五頁）を参照。

(197) Max Weber, WuG, S. 300（武藤・薗田訳、一四三頁）.

(198) Ebd., S. 367（同訳書、三〇四頁）.

(199) Max Weber, RS III, S. 6（内田訳、上、二一頁）を参照。

(200) Max Weber, WuG, S. 373（武藤・薗田訳、三一九頁）.「宗教的に要求されたのが律法遵守の外面性だけであったというならば、それは正しくない」。

(201) Ebd.

(202) Ebd.（同訳書、三一八頁）.

(203) これについては、Max Weber, RS III, S. 365ff.（内田訳、下、八三二頁以下）を参照。この修正とともに「祭儀祭司（コーハニーム）とそれ以外の、供犠の際に資格のない『レビ人』との身分上の区別」がますますはっきりしていった。Ebd., S. 363（同訳書、下、八二九頁）を参照。

(204) Max Weber, WuG, S. 371（武藤・薗田訳、三一三頁）.

(205) Max Weber, RS III, S. 363ff.（内田訳、下、八二八頁以下）. フレーシュマンは、ヴェーバーが再建という複雑な現実から、神政政治的傀儡国家を作り上げたと述べている。

(206) ヴェーバーに従った、社会的関係の閉鎖の問題については、Frank Parkin, *Marxism and Class Theory: A Bourgeois Critique*, London: Tavistock 1979、特に Kap. 4-6.

(207) これについては、*Max Webers Studie über das antike Judentum*, S. 34ff. および S. 201ff. 所収のS・N・アイゼンシュタットとハンス・G・キッペンベルク（Hans G. Kippenberg）の分析を参照。

(208) ヴェーバーがゾンバルトを意識して議論したこの問題については、WuG, S. 369（武藤・薗田訳、三〇七—九頁）を参照。良く知られていることだが、彼は自分のテーゼを経済心情に限定したのではなかった。「近代の経済システムに特有の新たなものも、また近代の経済心情に特有の新たなものも、共に特にユダヤ的であるわけではないのである」。ここで私が関心をもっているのは、宗教倫理と経済倫理との関係だけである。

(209) これについては、ebd., S. 369f.（同訳書、三〇九—一〇頁）および RS III, S. 357ff.（内田訳、下、八一五頁以下）を参照。

(210) Max Weber, WuG, S. 370（武藤・薗田訳、三一一頁）.

(211) Ebd.（同訳書、三〇九頁）.

(212) 一つの倫理について、その妥当する基礎とその適用範囲とは区別しなければならない。両者は、互いに独立に変化する。たとえば、宗教的心情倫理は、宗教領域にのみ完全に妥当するが、他方で宗教的律法倫理は、すべての生活領域に対する規定を首尾一貫して定式化しうる。ヴェーバーによれば、ユダヤ教にとって特徴的であったのは、それが経済領域を宗教的に規制しなかったということなのである。

(213) これについては、Max Weber, RS III, S. 5（内田訳、上、一九頁）、および *Max Webers Studie über das antike Judentum*, S. 224ff. 所収のフレディ・ラファエルの客人民族概念についての研究、さらに詳しくは、ders., *Judaïsme et capitalisme. Essai sur la controverse entre Max Weber et Werner Sombart*, Paris 1982, Kap. 3を参照。

(214) 文献は豊富にあるが、歴史的欠陥については *Max Webers Studie über das antike Judentum*, S. 289ff. 所収のユリウス・グットマン（Julius Guttmann）の論文のほか、特に Werner J. Cahnmann, »Der Pariah und der Fremde: Eine begriffliche Klärung«, in: *Europäisches Archiv für Soziologie*, 15（1974）, S. 166ff. を、またイデオロギー的歪曲については、Jacob Taubes, »Die Entstehung des jüdischen Pariavolkes«, in: K. Engisch et al.（Hg.）, *Max Weber. Gedächtnisschrift der Ludwig-Maximilians-Universität München*, Berlin 1966, S. 185ff. さらに *Max Webers Studie über das antike Judentum*, S. 263ff. 所収のユジェーヌ・フレーシュマンの論文を参照。

(215) これについては、特にカーンマン（Werner J. Cahnmann）による批判的論評、»Der Pariah und der Fremde«, S. 170ff. を参照。このS. 172で彼は次のように述べている。「ユダヤ人の職業構造は、第一のディアスポラの諸国、すなわち地中海諸国では一五世紀初頭までさまざまに分節化していた。ところが第二のディアスポラの諸国、すなわち西欧・北欧では、特定の分野によって偏っていたにもかかわらず、十字軍の時代まで非常に尊重されていた」。一般に、ヴェーバーの［議論の］構成には次の点で困難が伴う。おそらく捕囚後の古代ユダヤ教についての彼のテーゼの多くがすでに、重大な修正をされなければならないこと、彼が仮定した古代末期から近世初期までのユダヤ教の連続性は存在しなかった、ということである。第一の問題については、*Max Webers Studie über das antike Judentum*, S. 185ff. 所収のギュンター・シュテンベルガー（Günter Stemberger）の論考を、第二の問題については、特に Hans G. Liebeschütz, *Das Judentum im deutschen Geschichtsbild von Hegel bis Max Weber*, Tübingen 1967, S. 320 を参照。そこでは、次のように言われている。「しかしながらヴェーバーが自分の問題設定から教父時代と中世を研究するという意図をもし実現させていたとしたら、ユダヤ教の存在形態が堅固に連続しているというこのテーゼに彼が固執していたかどうかは疑わしく思われる」。

（216）私はここで、WuG, S. 300（武藤・薗田訳、一四二頁）におけるヴェーバーの定義を修正し、ユダヤ人を周縁商業民族としてだけでなく、異邦人としても定義するカーンマンの提案を採用する。»Der Pariah und der Fremde«, S. 173 を参照。

（217）このことは、マージナルなエリートないしは大衆の類型をつけ加えることによって宗教理念の担い手の基本的類型論を拡張する動機となった。これについては、Wolfgang Schluchter, *Rationalismus der Weltbeherrschung*, S. 12（『現世支配の合理主義』、一九頁）を参照。

（218）Max Weber, RS III, S. 360（内田訳、下、八二一頁）.

（219）Max Weber, WuG, S. 367（武藤・薗田訳、三〇四頁）を参照。ここで彼は、儒教やイスラムと並んでユダヤ教を「ある意味で『現世に適応する』、あるいは少なくとも『現世に志向する』第三の宗教」と位置づけている。

（220）Ebd.

（221）この解釈は、ユジェーヌ・フレーシュマンが *Max Webers Studie über das antike Judentum*, S. 263ff. で提起している解釈と類似している。

（222）Max Weber, RS III, S. 7（内田訳、上、二四頁）.

（223）これについては、Wolfgang Schluchter, *Die Entwicklung des okzidentalen Rationalismus*, S. 230ff.、特に S. 242（『近代合理主義の成立』、二二四頁以下、特に二三六頁）を参照。私は、この研究書においてこの基本的な現世関係を、はっきり東洋・西洋の比較という方向に向け、こうして神概念をいわば類型論の中に取り込んだ。現在は私は次のように考えている。東洋の文化宗教についても、また同様に西洋の文化宗教についても、すべての基本的現世態度を指摘することができ、したがってこの二つの神概念をこの類型論を利用するための文脈条件として取り扱わねばならないと。これについては、*Religion und Lebensführung*, Kap. 6A（本訳書、第二章A）を参照。

（224）Max Weber, RS III, S. 7（内田訳、上、二四頁）.
（225）これについては、Max Weber, RS I, S. 538ff.（大塚・生松訳、一〇二頁以下）を参照。
（226）これについては、Wolfgang Schluchter, *Die Entwicklung des okzidentalen Rationalismus*, S. 230ff.、特にS. 234（『近代合理主義の成立』、二二四頁以下、特に二二八頁）および、ders., *Rationalismus der Weltbeherrschung*, S. 15f.（『現世支配の合理主義』、二二―四頁）を参照。
（227）Max Weber, RS I, S. 538（大塚・生松訳、一〇三頁）.
（228）Max Weber, RS III, S. 233（内田訳、中、五三五頁）を参照。
（229）米国ではパーソンズとベンディクスが、ドイツではヴィンケルマンとテンブルックが、この二つのヴェーバー受容の方向を代表している。

第四章　現世支配の合理主義の起源

——古代キリスト教

「一方で国民的‐神政政治的ユダヤ人国家という思想からの解放が行なわれたことと、他方でキリスト教の信奉者にとって（古代の意味での）『社会』問題が欠如していたということが、そもそもキリスト教を『可能』にした根本条件にほかならなかったのである。世の終わりまでローマ人の支配は続くのであり、したがって『社会改革的』努力は無意味であると信じること、すなわちすべての『階級闘争』から逃避することこそがまさに、キリスト教的で純粋に倫理的な、また慈愛的で非世俗的な『隣人愛』の湧き出る地盤だったのである。」

Max Weber, SW, S. 189f.［渡辺・弓削訳、三四一頁］

一　出発点――パリサイ人

マックス・ヴェーバーは、世界宗教の経済倫理についての一連の論文の枠内で原始キリスト教に関するモノグラフをも書こうとしていたが、もはやその実現には至らなかった。これは、彼の著作のなかで原始キリスト教が何の役割も果たしていないということを意味するのではない。それどころか、古代キリスト教は、『経済と社会』の宗教社会学の章や、またたとえばヒンドゥー教と仏教の研究においてたびたび議論にのぼっているのである。さらに『経済と社会』の支配の社会学の章では、イエス運動はカリスマ的支配の類型がそこから展開する「素材」の一つとして使われている。しかし特に古代ユダヤ教の研究では、原始キリスト教は研究の流れが向かう収束点の一つというはたらきをしている。それは、このモノグラフでヴェーバーが旧約聖書の特色と成立を描こうとしただけでなく、タルムード的ユダヤ教と古代キリスト教がいかに分離したか、ユダヤ教とは区別される一つの文化宗教がユダヤ教内部の革新運動としての洗礼者運動およびイエス運動からいかに成立したかをも示そうとしたからである。ヴェーバーにとってこの漸進的分離は、宗教エリート、すなわちユダヤ人ラビとキリスト教的伝道者（特にパウロ的な伝道者）の活動にもまた影響されていた。この二つのグループは、共にその活動にあたってパリサイ的ユダヤ教の成果を受け継いでいる。ヴェーバーは、パリサイ人に関する断章でこの両者のつながりを少なくとも示唆的に論じている。この断章は、おそらくすでにより包括的な研究の一部として構想されていたものであろう。この研究は、マカベア時代からタルムードの構成にまで及ぶことになるはずのものであったと推測される。そのために用意されたタイトルは、「タルムード的ユダヤ教」である。(1)

その際ヴェーバーは、ユダヤ教が市民的教団宗教心（Gemeindereligiosität）への発展過程にあって、市民的‐都市的発展のなかに組み込まれ、小市民的集団、特に手工業者集団によって精神的な刻印を受けたと考えている。この集団がここで一つの宗教心の精神的担い手に上昇しえたということは、ヴェーバーから見れば宗教史的に新しい現象であった。しかしさらに彼は、まさにこの局面においてユダヤ教がますます内的に多元化していく過程にあると考えていた。もとよりそれは、パリサイ派がサドカイ派との闘争の中で出生本位の原理に対して教育本位の原理を貫徹させ、それを通して宗教上の地位の貴族主義を宗教上の資質や業績の貴族主義に置きかえた、という事実の結果なのである[2]。このことにより、社会的・精神的諸関係が開放されることになる。さらにパリサイ派運動は、他の達人運動、たとえばヴェーバーが急進的パリサイ派または急進的パリサイ教団と呼ぶ[3]エッセネ派などの達人運動をこうして刺激したのである。エッセネ派は、「秘蹟的密儀宗教心とレビ人の清潔儀礼主義とを結びつけ[4]」ており、その際、外国特にペルシアの影響を受けたけれども、パリサイ主義の準拠枠の中にとどまっている。こうした特殊な発展は確かに緊張を生み出したが、そのために支配的な象徴体系と断絶するに至ったわけではなかったために、エルサレムにおいて「神殿や律法に忠実なユダヤ人キリスト者のナザレ人教団」がユダヤ教の特殊運動としてさしあたり許容されたように、結局はエッセネ派も許容されることができたのである[5]。

ただし、ヴェーバーの判断によれば原始キリスト教運動は、古い準拠枠を破壊する潜在力をはじめからもっていた。パリサイ主義によって与えられた条件を儀礼主義的にのりこえていたエッセネ派に対して、原始キリスト教運動の場合、この条件の心情倫理的昇華が中心となっていた。しかしそれは伝承された価値の修正だけでなく、その失墜をも意味する。「霊」が「律法」において統制されるのでなく、今や「霊」が「律法」を統制するのである。こうして規範の適用は柔軟になるが、もちろんそれによって問題意識が先鋭化され内面化されるとともに、無規範主義《アノミスム》に陥る危険も生じる。(6) ヴェーバーの見解では、「霊」と「律法」の関係における価値転換が、「律法」を無効とするのではなく、それが妥当する仕方や範囲を新しく規定し直すものであったからこそ、原始キリスト教運動はユダヤ教内部の霊《プノイマ》的ゼクテにとどまることを免れたのであった。彼は、紀元前二〇〇年頃から紀元二〇〇年頃までの宗教史的発展だけでなく、古代ユダヤ教の分析全体をもこの視野のもとに置いた。このことは、ヴェーバーが古代ユダヤ教の研究の冒頭で述べた以下の文章に表れている。「ユダヤ人の宗教的発展が世界史的意義をもつのは、彼らが『旧約聖書』を創造したということにとりわけ基づいている。それは、パウロの伝道の最も重要な精神的達成の一つが、このユダヤ人の聖典をキリスト教の聖典として保存しながら、しかもその際、この旧約聖書の中に教え込まれている倫理のなかで、あのほかならぬパーリア民族としての状況というユダヤ人独特の特殊な地位と儀礼的に固く結びついている倫理の諸特徴を、救済主キリストが無効としたために、もはや拘束力のないものとして一切廃棄したということであったからである。このようなパウロの事業がどんな広範な意義をもっていたかを推し量るには、それなしに何が起こったかを考えてみさえすればよい。もしも［ユダヤ人の］旧約聖書を［キリスト教の］聖典として継承しなかったならば、ヘレニズム世界において、なるほど主キリスト礼拝を伴った霊《プノイマ》的諸ゼクテや、密儀共同体はありえたであろうが、しかしキリスト教会やキリスト教的日常倫理のごときものはとうていありえなかったであろう。というのは、その場合に必要なあらゆる基礎が欠けていたからである。しかしもしもまた、ユダヤ人のカースト的遮断を基礎づけているトーラーの儀礼的諸規定から解放されなかったとすれば、キリスト教団は、たとえばエッセネ派やテラペウタイ派とまったく同様に、ユダヤ的パーリア民族の一つの小ゼクテにとどまっていたであろう(7)」。

初期キリスト教運動は、特に一世紀の後半には確かに新しい聖書を創造したが、同時にユダヤ人の聖書をも受け継いだ。もちろんその際、ヴェーバーにとって決定的であったのは、このキリスト教運動が選択的に、かつ新しい準拠枠のなかでこれを行なったということである。この新しい運動が構成される段階でその観念の流れの源となったのは、とりわけ三つの宗教的典拠であった。イザヤ書、ダニエル書、ヨエル書がそれである。ヴェーバーは、この捕囚期・捕囚後時代の預言書にはこの運動にとって最も重要な「旧約聖書的」出発点があると考えた。それは、イザヤ書、特に第三イザヤでは不当な苦難の積極的評価と倫理的転回であり、ダニエル書では人の子の教説、ヨエル書では「『霊』を忘我を伴う大量現象として」正当化しえた、聖霊降誕の教説であった(8)。これら三つのうち、第一の典拠は傑出した意義をもっている。というのは、「神の救世主の贖罪死というキリスト教の教義が、外面的には類似した他の密儀的教説とは異なる特殊な発展を遂げることができたのは、預言者的な苦難の神義論（イザヤ書第四〇―五五章）を書き記した捕囚期の、無名の偉大な預言者の非常にユニークな約束があったからなのであって、もしこの約束がなかったなら、そしてまた特に教えをなし、罪なくしてしかも自らの意志で罪の犠牲として悩みを負い、死んでいく『ヤハウェの僕』の教説がなかったならば、人の子の奥義という後の教説にもかかわらず、そういう特異な発展はありえなかったと思われる」[9]からである。こうして、トーラーおよびユダヤ教預言の倫理的内容との結びつきは、感情的霊《プノイマ》を方向づけた。しかしこの新しい準拠枠は、たとえばヨエル書やイザヤ書も用いている（イザヤ書第六三章第一〇―一一節）ようなユダヤ教の「霊」概念を改めて特徴づけなおした際に最も明白に表れている。ヴェーバーは、キリスト教運動において「この霊《プノイマ》は儀礼的に厳正なユダヤ教におけるルーアッハ・ハッコーデシュ［聖なる霊］とは本質的に異なるダイナミクスをもつものとなった」[10]と明確に述べている。

もっとも、この初期キリスト教運動の特殊なあり方は宗教的諸典拠やそれらの連関のみによっては規定されえない。これら宗教的典拠と並んで、宗教的エリートやその「影響を受けた」大衆の物質的・理念的利害関心を、同等の価値をもつ諸要因として考慮したのは、まさにヴェーバー宗教社会学の成果である。しかし特に、新しい運動の衝撃方向を明らかにしうるのは、布置連関分析だけである。というのも、一つの運動が何のために生じたのかということだけでなく、何に対抗して生じたのか、またそれはどのような反作用を招いたのかということも知らねばならないからである。どのような社会運動やまた宗教運動も、周囲世界の作用・反作用に対して反応することなく、もっぱら「自律的」に展開することはできない。さて、ヴェーバーは、興味深いことに特にイエス運動を、反呪術的・知性主義的でありながら本来哲学的というより実践的‐倫理的な指向をもったユダヤ教的合理主義に向けられたものと見なしている。ヴェーバーによれば、イエスはこの知性主義的特徴に対立していた。「エルサレムという都市を基盤にして成長した諸階層にこの点で対立した」のは、カール・カウツキーが考えたようなプロレタリア本能ではなく、「小都市市民および地方手工業者たちが示した（律法知識の達人とは正反対の）信仰心のあり方と律法遵守の水準」[11]だったのであり、異なる階級状況ではなく、大都市と小都市、大都会人と「田舎者」の対立、すなわちローマ帝国自体のなかで周縁と化した地域自体のなかの中心と周縁の対立だったのである。イエスは、自らの「地方的」反知性主義にふさわしく、呪術やデーモン信仰を受け継いだ。確かにユダヤ教の伝統から受け継がれた倫理的合理主義は、初めからこの呪術やデーモン信仰に救拯論的・心情倫理的色調を与えていた。この背景がなければ原始キリスト教も霊《プノイマ》的ゼクテまたは密儀宗教の水準にとどまっていただろうと、ヴェーバーは繰り返し強調する。しかし彼はまた、その合理的構成要素ではなく無合理的構成要素こそがその魅力を形成したのだということをも強調するのである。パリサイ派ユダヤ教がその神概念や倫理およびそれらと結びついた儀礼によって、特に合理的に動機づけられた人々に訴えかけたのに対して、原始キリスト教は非合理的な救済の状態性を望む人々の意にかなった[12]。ユダヤ教の生活秩序の冷徹な宗教的合理主義が「精神的に貧しいまま」放っておいた人々、その彼らにとって恩寵の賜物のしるしとも思われるような非日常的・反制度的行為を行ない、外的苦難やとりわけ内的苦難から救ってくれるような「霊《プノイマ》的『超人』[13]」を希求する人々にとって、原始キリスト教は魅力だったのである。

二　イエスとパウロによる心情革命

このようにヴェーバーの見解では、洗礼者ヨハネやイエスは霊《プノイマ》的預言運動を確立した。類型論的に見ると、結局パリサイ派達人層との決定的相違をなしたのはそのことなのであって、この運動の社会的構成や「周縁的」起源ではなかった。ゲルト・タイセンによれば、この運動は同時代の遍歴カリスマ主義（Wandercharismatismus）に関与していた。この遍歴カリスマ主義は、パレスチナやさらにそれを越えて広がっていた「社会の周縁の」一つの生活形態を表していた。(14)ヴェーバーの支配の社会学の主要テーゼの一つによれば、こういった種類のカリスマ的運動には長期的に存続する見込みがない。それは、その流動的な構造に関係がある。この構造は、非定住民にも定住民にも等しく存在するが、それは、「経済を等閑視した」結果であり、またとりわけ、通常の意味での組織を許容しないほど、カリスマ的権威関係を極端に人格化した結果なのである。それは当然、カリスマ的運動が無構造であるということではない。カリスマ的運動は、その使命にとって外的ではなく「内的な規定と限界」のみを知っており、自らを貫徹するにあたって「官僚」ではなく、たとえば弟子といった形態の人格的「機関」のみを認めるのである。運動は、この構造形態を守った場合にのみ「激動的‐感情的で、経済と疎遠な生」を営むことができる。(15)そのためそれは他のより強固な構造形態に依存し続けるのである。これは弟子という最も狭い枠を超えて活動していこうとする試みにすでに表れている。イエスやパウロでさえ、シナゴーグという「パリサイ派的」制度を、これに寄生するかのように利用していたのは偶然ではない。確かにこの制度は、もうすでに「自由な」説教の場、特に訓練された遍歴教師の説教の場であったが、[16]彼らは、律法的知識よりも霊《プノイマ》的恩寵授与を前面に押し出していた。

ヴェーバーの見解では、預言者的・黙示録的・救済主的‐終末論的な傾向にもかかわらず、根本は冷静で知に規定されていたユダヤ教の生活秩序の合理主義と、新しい霊《プノイマ》的預言との間には、当初から闘争の火がくすぶっていて、そこではユダヤ教における「祭司」と「預言者」との弁証法も続けられていたが、闘争は同時にそれをも越えて広がっていった。イエスは、信仰宗教心（*Glaubensreligiosität*）に至る心情革命を惹き起こした。その革命の急進性は、まず第一に「聖なる心情」を「聖なる法」の上位に置いたことや、トーラーと倫理的預言の内容を愛の命令で満たしたこと、未熟なルサンチマン道徳主義と結びついた再臨待望といったことに見られるのではなく、「限りなく神を信頼する」という無合理的な内的態度のなかにこれらやその他のさまざまな観念を組み込んだ点に見られるのである。[17]イエスは、知性を超えた心情的性質をもった信仰をめざした。彼のメッセージは、宗教的生活態度を統一し、単純化し、内面化させたが、また律法の達人を信仰の達人に置きかえる一つの新しい救済貴族主義をも生みだしたのである。

しかしそれはユダヤ人の伝統とは結局相容れないものであり、このことは、この信仰宗教心がヨハネやイエスのようにどちらかといえば情緒的特性をもつものであろうと、たとえば後のパウロのようにむしろ倫理的‐合理的特性をもつのであろうと関係なく当てはまる。[18]自分自身の知的能力に頼らずに神を完全に信頼しきる意志のある者、この信頼関係のためには自分の知性さえも犠牲にする者だけが、真にイエスの弟子となり、神の子または神の僕となることができるのである。[19] ヴェーバーによれば、古代キリスト教の構成条件の一つをなしていたのは、この内的反知性主義である。この反知性主義は、自由意志に基づく知の断念と理解されてはならないし、懐疑の結果と理解されるべきでもない。それはむしろ、こうした神への新しい信仰の超理性性の表現なのであり、その反理性性の表現なのではない。[20]『経済と社会』には、古代キリスト教の独自性と発展に関してヴェーバーが定式化した主要テーゼの見られる箇所がある。「しかしながら、古代キリスト教の運命にとって決定的であったのは、何といっても次のことであった。すなわち古代キリスト教は、その成立の経緯やその典型的な担い手［パウロ］やまた彼が重要視する宗教的生活態度の内容からみて、一つの救済論であり、しかもそれは――そこに見られる救拯論的神話の多くの部分がオリエント全般に見られる図式と相通じるものを含み、おそらく多くはこれをそのまま変形して借用したものであったにせよ、さらにはまたパウロが律法学者的な方法論を受け継いでいたにせよ、やはり――最初からきわめて意識的にかつ終始一貫して知性主義に対抗するものとして立てられていた、という点であった。この救済論は、ユダヤ教の儀礼的‐法律的な律法学識にも、グノーシス主義による知的貴族階層の救拯論にもひとしく敵対し、さらに古代哲学にも全面的に敵対したのである。グノーシス主義による『信心家《ピスティカー》』蔑視が排斥されたこと、『こころの貧しい者』こそが霊《プノイマ》の恩寵を受けた者であって、『知ある者』が模範的キリスト教徒ではないということ、また救済への経路は律法、生命と苦悩の宇宙的および心理学的諸根拠、現世における生の諸条件、儀礼のもつ隠された意義、そして彼岸における魂の未来の運命などについての訓練された知識を経由するのではないこと、以上のようなことがらが、さらには次のような事情とも結びついて、すなわち教義形成をも含めて古代キリスト教の内的教会史のかなり本質的な部分があらゆる形態の知性主義に反対する自己主張を示しているという事情とも結びついて、キリスト教固有の特徴的性格を形づくっているのである」[21]。しかし、そうだとすれば、初期キリスト教運動は、まさにシナゴーグの基盤であるユダヤ教の体系的な宗教的訓練と教育の世界から、理念的にも制度的にも解放されなければならなかった。十分な独自性と持続性を獲得しようとするなら、教団組織者が遍歴カリスマ保持者と肩を並べねばならず[22]、救済を求めるこの信仰宗教心の表明の場としてふさわしいような新しい制度がシナゴーグに代わって現れなければならなかった[23]。

おそらく、最初でなくとも最も重要な教団組織者は、ヴェーバーの見解によればパウロであった。彼はハルナックが言うように「第二世代の最初のキリスト教徒[24]」なのである。彼は、第二の運動、すなわちパウロ的運動の中心で活動したが、この運動はイエス的運動と関わりをもちながら、それに対して相対的に独立していた。この運動は一個人の運動でもなければ唯一の「二次的」運動でもない。それはただ原始キリスト教運動全体のなかで最もよく文書に記録された一部分にすぎないのである[25]。このことは次のようにも思い描くことができる。すなわち、複数の中心点のまわりに同心円が形成されていて、それらは相互に接したり、交差したり、時には妨害しあってもいる。その際、正当化の委譲という特殊な問題が生じる。というのは、「二次的」運動やそれに後続する運動も、当初の運動の霊《プノイマ》的 - カリスマ的特質から活力を引き出しているからであり、それも「独自の」霊《プノイマ》的カリスマをもちえた場合でさえそうだからである。その構成としては、原点に、弟子たちの一派に囲まれたイエスが存在する。弟子たちは使徒《アポステル》のサークルに属しているが、使徒のサークルは弟子のサークルと同一ではない。使徒はまた、より広範な伝道者のサークルに属している。原点との距離が大きくなるにしたがって正当化の委譲もより困難になる。(26)パウロは使徒であったが、弟子ではなく、したがってまた弟子のようにイエスによって個人的に「派遣された」のではない。彼は第二世代の人であり、このような「正当化」委譲の問題に直面していた。したがって、重要なのは彼の伝道者としての経歴が悔い改めの経験、すなわち再生と共に始まり、それも漸進的な浄化過程の結果としてではなく、「突然の心情の変化（悔い改め《メタノイア》）」によって始まったということである。(27)特殊な心情的特性をもった「信仰の飛躍」が、「彼の」使命を正当化したのである。この後彼は、古代キリスト教にとって決定的な貢献を行なうことができた。ヴェーバーがこの決定的な点をどこに見出していたかについては、古代ユダヤ教の研究の冒頭の数節からすでにはっきりと読み取れる。同様の文章は、『経済と社会』にも見られる。ここでは、パウロがユダヤ教聖典を原始キリスト教運動のために救い出した仕方によって、キリスト教の世界伝道を可能にしたということが強調されている。(28)

イエスはパレスチナ農村部の環境の出身であり、その反知性主義は、都市の「高貴な」ユダヤ・ギリシアの「賢人」に対立する地方および地方都市の敬虔な人々の動機を受容したが、彼とは異なりパウロは、ヴェーバーの見解ではまさに都市的知性主義の環境に属していた。ヴェーバーはパウロをディアスポラ律法学者と呼び、また、パリサイ派やラビたちによって形づくられ、とりわけ彼を介して初期キリスト教に浸透していた小市民的知性主義の代表者と呼んだ。[29] もちろんパウロがこれによってイエス的反知性主義を廃したというように理解してはならない。反対に彼は、まさに知性主義的環境に属していたがために、知性の可能性と限界とを信仰宗教心の枠組のなかで一層厳密に規定したのである。彼自身の再生やパウロ書簡におけるその論述が示しているように、パウロは原生的な感情的霊《プノイマ》を否定するのではなく、いわば知性的要素を取り入れることによって合理的に調節しようとした。その結果、出発点からのずれが生じることになる。信仰宗教心の枠組における宗教的生活態度の統一性は、情緒的気分の内容か、もしくは倫理的確証の意識のいずれからも生じうるものである。[30] ヴェーバーがパウロについて論及しているところを見ると、おそらく彼は、パウロの場合、倫理的確証意識が前面に出てきていると見ていたようである。パウロはとりわけこれによって、たとえば「霊《プノイマ》と教団との関係や、日常の身近な事柄への相対的な適応の仕方」について有効な構想を展開させることができた。しかもこうした構想は、彼の義認の教説とは異なって、即座に受容されたのである。[31] もちろん、倫理的実証意識を強調することによって、同時に霊《プノイマ》と倫理、すなわち「霊」と律法の間に初めから存在していた緊張が明らかになった。ヴェーバーは、「すでにパウロ書簡が示しているように、またイエスが語ったと伝えられる言葉に含まれているいくつかの矛盾からも読みとれるように、この信頼関係という意味での『信仰』に基づく本来的な『救済』宗教心を特定の倫理的要請と一義的に関係づけることには非常な困難がある」[32] と考えている。したがってここには、原始キリスト教のメッセージを別様に解釈するための第一の「内的」侵入口が暗示されているのである。

三　カリスマ的臨時ゲマインシャフト結合から
カリスマ的永続ゲマインシャフト結合へ

ゲルト・タイセンは、自分の導入した遍歴カリスマ保持者と教団組織者との区別に対して、両者は並存して、部分的には互いに対抗して作用した原始キリスト教の遍歴説教師の二類型であるとしてはっきり限定を加えている。(33) もしタイセンの提案を、それに合致するヴェーバーの支配と宗教の社会学を背景にして読むならば、この二つの概念はカリスマ的運動の二類型として理解しなければならない。タイセンはこれら二類型がまず第一に生計をたてる方法、すなわち信者の喜捨によるのか自身の労働によるのか、ということによって区別されると説明している。この観点はヴェーバーの場合にも中心をなしていた。真正カリスマ保持者は自身の労働によって生活するのではない。したがってパウロは、このいわゆる被扶養の特権を放棄することによって自分のカリスマ的正当性を危険にさらしたはずである。(34) しかしヴェーバーは、アジアや西洋の修道院制度の分析において、「自分で生計をたてること」とカリスマ的正当化とが原理的に排除しあうわけではないことを示している。その限りで、彼のアプローチの枠組では、パウロの伝道は一次的にカリスマ的な運動として理解されうる。それはとりわけ「規範的指向《ノーミッシュ》」をより強くもつという点で遍歴カリスマ主義から区別される、教団組織者の運動であるように思われる。原始キリスト教の遍歴説教師を遍歴カリスマ保持者と教団組織者とに区分する際、すでに述べた霊《プノイマ》と倫理、「霊」と律法、無規範的傾向と規範的傾向の弁証法が、最初の「現実弁証法的」脱皮をとげたかどうかということを検討しなければならないであろう。どのような立場を取ろうとも次のことははっきりしている。ヴェーバーにとってイエス運動とパウロ運動とは、カリスマ的運動として構造的に類似しているにもかかわらず、成立の経緯や典型的担い手、およびこの担い手が決定的なものと見なす宗教的生活態度の内容といった点では異なっていたということである。これは今まで引用してきた所論ですでに示されたとおりである。イエスもパウロもともに小市民の出自であったが、両者は異なる色彩を帯びていた。すなわち村や地方都市と「ポリス」、民衆語と共通語（lingua franca）、「無学」と知性主義的律法学識、演説と文書といった違いをもっていたのである。特に、両者は地理的拠点を異にしていた。しかもこれは、両者が関わる社会経済的・文化的環境が異なっていたということである。パウロ運動は、イエス運動のようにパレスチナに地理的拠点を置かず、東地中海地域、特に東から西に見て、ローマの属州であるガラティア、アシア、アカイア、マケドニアに拠点を置いた[35]。パウロ運動はそこで、都市生活様式一般と、また特に都市的なディアスポラ・ユダヤ人の生活様式と対立した。ウェイン・ミークスは、パウロ的キリスト教徒、すなわち最初の都市的キリスト教徒に関する研究のなかで、次のように指摘している。紀元一世紀には約五〇〇～六〇〇万人のユダヤ人がディアスポラの状態で、したがってパレスチナの外で生活しており、地中海沿岸の諸都市では人口の約一〇％から一五％がユダヤ人だった。彼らの政治的地位は統一的に規制されたわけではなく、しばしば不安定なままだったにもかかわらず、彼らはディアスポラのシナゴーグを中心に拡充された教団生活を送り、都市の政治機関との闘争に際しても、時には皇帝の保護を受けることさえあった。(36)

したがってディアスポラ・ユダヤ人は、ゲットーに押しこめられ特権を剥奪された階層ではない。むしろ彼らは、特に宗教的・社会的に自己組織化する権利や、ローマ政務官に対する政治的代表権をもった、主に農耕市民や手工業者、商人からなる都市定住デーモス［民衆］だったのである。(37)また彼らは決して自らを進んで異邦人から閉鎖しているわけではない。ヴェーバーは、まさに原始キリスト教運動時代のディアスポラ・ユダヤ人に対して改宗運動がもっていた意義を明確に指摘している。改宗者たちがユダヤ人共同体に加入するには三段階のシステムがあるが、これによって伝道の仕事は容易になった。これは、この時代に通用していた、民族原理（Gentilizität）と宗派原理（Konfessionalität）の妥協の表現なのである。(38)これは、ユダヤ人のディアスポラにとってまさしく都合の良いものであった。というのは、彼らは、「構成員の増加だけでなく、彼らの外部に、特に影響力があり職権を握っているグループのなかに『友人たち』を獲得することにも、強い利害関心」をもっていたからである。(39)しかしそのような「友人たち」は、まったく表面的に教団につけ加えられただけであって、受動的な構成員にさえなったことはなかった。ことによると彼らはユダヤ教の神を信じ、十戒に従ったかもしれないが、必ずしもユダヤの儀礼を行なったり割礼したりしたわけではなかった。こうして彼らは、受動的な構成員とともに無割礼改宗者のカテゴリーに属していた。ヴェーバーによれば、このカテゴリーをもってユダヤ教はキリスト教伝道、特にパウロの伝道の「場所を用意」した。ヴェーバーの見解では、それは彼らがパウロの伝道教団の「精鋭部隊」を形成したからである。社会学的に見れば、それは特に小市民層の出身だった。[40] イエスの「呪術的な奇跡の力」は、特に「貧しい者、困窮している者、取税人、罪人、そしてローマの兵士にも」働いたが、[41] それに対してパウロの伝道は、少なくとも中程度の教養をもつ小市民的都市中流階層を動員した。おそらくヴェーバーは、アドルフ・ダイスマンの著作の影響を受けて、[42] パウロ伝道の布教領域をむしろ低い社会層に移してとらえ、パウロの伝道教団内部の高度な社会的不均質性を過小評価する傾向があるけれども、[43] パウロ書簡が小市民的知性主義の教養水準と議論の水準とを要求するものだということは認めていた。人は「たとえばローマ人への手紙の書面において、この手紙の宛先である階層にどれほど高度の『論理的想像力』が前提されていたかに、驚かされるであろう」[44]。

しかしながら、これだけではヴェーバーの見解から両運動の相違点を特定するための決定的観点を挙げたことにはならない。そのためには、それらの目標とその実現のための戦略、すなわち宣伝の仕方に移らなければならない。そしてそれには『経済と社会』の一節が出発点として役立つ。ここでヴェーバーは類型論を意図して、また原始キリスト教のみに言及したわけではないが、宗教的教団《ゲマインデ》の概念を導入した。この文章は、「預言者」の定義と直接関わっている。ヴェーバーは次のように書いている。「預言者は、もし彼の預言が成功したときには、やがて永続的な助力者を得る。仲間内《ゾダーレ》（バルトロメウスが偈頌《ガーサー》の言葉をこう訳している）、子弟《シューラー》（旧約聖書やインド）、従者《ゲフェールテ》（インドおよびイスラム）、弟子《ユンガー》（イザヤや新約聖書）などがそれであって、彼らは、ツンフトないしは官職階層性によってゲゼルシャフト結合した祭司や占い師たちとは対照的に、まったく個人的にその預言者を信奉する。この関係については、さらに支配の諸形態の決疑論を述べる際に触れるであろう。これらの永続的な助力者たちは、預言者の伝道に積極的に協力し、また彼ら自身もたいていはある種のカリスマ的資格を与えられたものであるが、さらに彼らのほかに、預言者に宿泊所や金銭や労役を提供することによって彼を扶助し、彼の伝道から自分たちの救いを期待する信奉者《アンヘンガー》の一団がある。これらの人々は、ただその場その場に応じて一時的な行為に加わるだけのこともあれば、あるいはまた一つの教団に持続的にゲゼルシャフト結合することもある(45)」。さらに「『教団宗教心』は、さまざまな際立った特性を備えた不安定な現象である。我々は次のような場合にのみ、それが存立すると考えたい。すなわち平信徒たちが、(1)一つの継続的なゲマインシャフト行為を営むようにゲゼルシャフト結合している場合、そしてこの行為の経過に対して、彼らが、(2)何らかの意味でまた積極的に働きかけている場合である(46)」。

これらの定義は次のことを明らかにしている。(1)カリスマ的運動の従士《ゲフォルクシャフト》と信奉者《アンヘンガーシャフト》とは、はっきりと区別せねばならない。(2)信奉者に対する関係は場合に応じて［臨機的に］決められたり、または永続的に制定されたりしうるが、それは運動のカリスマ的性格にただちに影響を与えはしない。確かに、臨時の関係と比べれば、永続的関係の方が反カリスマ的圧力をつくり出す。それは単に、この永続的関係が構造分化を伴う「耐久性の『構成体《ゲビルデ》』」を生み出し、それとともに日常化の力が強まるからである(47)。しかし、カリスマの制度的転換すべてが日常化という結果をもたらすわけではない(48)。まさに預言的運動の場合など、教団は通例は日常化の産物なのだが(49)、たとえば構造分化を放棄することによって結果的に教団がカリスマ的共同体の制度的担い手になることがありうるのである。ヴェーバーの宗教社会学では、宗教的教団の概念は、教会よりもゼクテの概念に近い。ただもっと重要なことは、それがこのどちらの概念とも一致しないということである(50)。

預言者・従士・信奉者の相互関係に関するヴェーバーの定義が、遍歴カリスマ保持者と教団組織者との区別に十分調和するということはすぐにわかる。ただそのとき、「生計問題」よりもむしろ、伝道者の二類型がそれぞれどのように信奉者を「組織する」のか、またそれが権威構造に対してどのような結果をもたらすのかということに強調点が置かれている。イエスが信奉者を永続的に組織するという目標をもって伝道したのでないことは明らかであるが、それにもかかわらず宗教的教団が成立したのは、むしろ偶然であったと思われる。一方、パウロは、宗教的教団を永続的に組織するという目標をもって計画的に伝道を行なった。これは、教団の地理的広がりぐあいや教団の内的構造にも当てはまる。私はここでゲルト・タイセンの以下の言明に従っている。「パウロはひたむきに目標を達成しようとする『教団組織者』として特徴づけることができ、新天地を獲得しようとし、すでに存在していた同調者集団を『くまなく捜しまわる』ことをせず、ユダヤ教から分離した独立集団を設立したタイプの伝道者の代表であった。こうして彼はスペインに至る全『世界』への伝道を決意していた。［彼の］考慮は、すべてこの偉大な事業に従属していた(51)」。

イエス運動やパウロ運動を、ともに「霊《プノイマ》的核」をもったカリスマ的運動として理解するなら、それらはさしあたって、使命原理すなわちカリスマ的正当化原理に該当する支配の二つの構造形態しか実現していないことになる。(52) もちろん、臨時的関係と永続的関係の概念は、「実在弁証法的」運動を始動させうるような緊張をも表している。預言的運動から生じるあらゆる教団形成の場合、カリスマ的指導と信奉者の間で、重点は後者の方へ移っていく。平信徒がゲマインシャフト行為の経過に積極的に影響を及ぼす場合にのみそれを教団と見なしたいとヴェーバーが言うのも偶然ではない。実際、教団の形成を通して平信徒の要求は、カリスマの担い手がその使命がそれによって危険にさらされているように思うほど、前面に出てくるのである。その結果として、カリスマの担い手の反制度的態度が急進化する。こうなるとたとえば、霊《プノイマ》と教団の間に亀裂が生じる。ここに、原始キリスト教のメッセージがいくつかの代替的な仕方で制度的に移しかえられるための「外からの」最初の侵入口が暗示されているのである。

しかしながら、二つの運動の区別を規定するのに目標を特徴づけるだけではまだ不十分である。イエス運動やパウロ以前の伝道運動に対するパウロ伝道の独自性は、実現の戦略、宣伝方法をも分析に加えることによってはじめて完全に明らかになる。というのはイエスと彼に続くパウロまでの教団形成は、パリサイ派ユダヤ教を理念的には越えるものであったが、制度的にはそうではなかったからである。「パリサイ的」制度は寄生的に利用されるか、またはそのまま受け継がれた。すなわちエルサレムのユダヤ人キリスト教団は、「厳密に儀礼および神殿祭儀の地盤に(53)」立脚していたのである。無割礼改宗者や異邦人の下で始まっていったパウロの伝道さえも、まだ状況の変動をもたらすことはなかった。それは彼の伝道がいわばユダヤ教に触れることなく行なわれたからである。決定的な転機は、アンティオキアにおいてはじめてやって来る。ヴェーバーはその著作の多くの箇所で、この原始キリスト教史上の出来事の文化史的意義を強調している[54]。特に含蓄深い定式化がヒンドゥー教と仏教の研究のなかに見られる。「『ガラテヤ人への手紙』第二章第一二―一三節以下において、パウロはペテロを非難して、ペテロがアンティオキアで非割礼者たちと食事を共にしながらその後エルサレム人たちの影響を受けてこれから離れ、『そして、ほかのユダヤ人たちも彼と共に偽善の行為をし』たと述べている。まさにこの使徒に対して向けられた偽善についての非難が取り消されなかったということは、おそらくこの出来事それ自体と同じくらいはっきりと、古代のキリスト教徒がこの事件に対していかに大きな意義を認めたかを表している。実際、こういった儀礼的な伴食制限の打破は、どのような強制的ゲットーよりもはるかに有効に機能した自発的ゲットーの打破、つまりユダヤ人に課せられた儀礼的パーリア状況の打破を意味したし、キリスト教徒にとっては、パウロが繰り返し誇らしく讃美したキリスト教的『自由』の成立、つまり民族や身分を越えた彼の使命の普遍性の成立を意味した。アンティオキアにおいて生じたように、聖餐共同体のために一切の出自に関する制限を除去することは――宗教的先行条件に注目すれば――西洋の『市民層』の受胎時にも当った。もっとも、その生誕は千年以上も後に中世諸都市の革命的な『兄弟盟約(conjurationes)』のなかで生じたのであるけれども[55]」。

アンティオキアにおいて、ユダヤ教の準拠枠は制度的にも放棄された。ヴェーバーは明確に次のように強調している。この経緯はディアスポラ・ユダヤ人だけでなく、あからさまな敵意をもってパウロに対抗する古代ユダヤ人キリスト教団をもパウロに対して激昂させた。[56]しかしそれは、遅くともパウロの伝道とともにユダヤ教徒とキリスト教徒の間の緊張が先鋭化し、キリスト教徒内部の激しい闘争が始まったことを意味する。また、それと同時に新しい形の教団形成への道が開かれたということでもある。

四　カリスマ的教団としてのパウロ教団

ただしここでは、パウロが「教団」という組織原理の創造者ではないということに留意しなければならない。ヴェーバーの見解では、パリサイ派ユダヤ教はすでに教団宗教だったのである。サドカイ派との闘争において、パリサイ派は教団を宗教の担い手とした。そのためヴェーバーはシナゴーグを、形成期のタルムード的ユダヤ教のまさに教団宗教的特徴を決定的に支えた教団制度と見なしている。[57]キリスト教の最初の永続的構成体もまた、教団であった。それらは、たとえば洗礼や聖餐式のように非キリスト教的モデルをとりながらも、真にキリスト教的なものである教団制度を形成している。[58]したがってパウロの組織者としての業績は、教団を創造したという点にあるのではなく、まず第一にユダヤ教団に対してキリスト教団を独立させた点にあるということができる。しかしこのことは、制度的視点からしても、「霊」が律法の上位に置かれ、それによってユダヤ教儀礼から解放されるということを意味する。パウロは徹底的に霊に関わった祭儀教団を望んだ。こうしてはじめて自立が可能となったのである。ヴェーバーはそれほどはっきりとは述べていないものの、この熱狂的な解放感に論及してそれを「卓絶したパウロの伝道事業の推進力」と称しているが、これはこのように解釈できる。(59) この解釈は、エルンスト・トレルチによって裏付けられる。トレルチは、アドルフ・フォン・ハルナックやプロテンタンティズム的に規定された「宗教史的考察様式」の他の「唱道者」と同様、原始キリスト教の発展の分析についてはヴェーバーとほぼ同じ解釈をしている。(60) トレルチは「パウロ」という題の章で、イエスに対する根本的転回を強調して次のように書いている。「神の国を待ち望み、その到来のために準備をなす、自由で流動的なイエス信者の教団は、復活者としてのイエスを信じ、イエスを救い主として、またそれとの密接な関連で救済を行なう神の世界原理として解釈することによって、新しいキリスト礼拝とその神秘的救済理念、今ここにおわす天上のキリストと一体化する手段としての洗礼や聖餐式によって、独立した宗教的共同体となった。それは少なくとも理想としては厳密に閉じられ、一つに結びついていた。これは新しい祭儀である。この祭儀教団は、キリストの体であり、人は洗礼によってそこに合体し、それを通して聖餐式で飲食物を与えられた(61)」。

ヴェーバーの支配の社会学の枠組でこういった性格描写を読むなら、この新しい祭儀教団はカリスマ的教団と言える。これは、カリスマの担い手である人物がいなくなって、その後継者問題が特定の方法で解決されたときに成立するものである。ヴェーバーはこの解決を決疑論的な仕方で論じている。その際、後継者の任命によって権威関係の純粋に人格的な性格が復元されるか否かが注目される。イエスは根源的なカリスマの担い手である。最初の永続的関係は、当初はまったく一時的でしかないゲマインシャフト関係を継続させ、常に新しく活性化しようという観念的ならびに物質的利害関心を弟子や信奉者がもつゆえに生じる。パウロは後継者のサークルに属していたが、前述のように、すでに第二世代の人でもあった。彼が任命される際にすでにいくつもの「解決」が共に作用していなければならなかった。すなわち技術的意味（くじ、神託、神の判決）ではなく、質的意味（改宗経験）での啓示と、弟子たちやまた教団自身による承認がそれである。「不純物を取り除いた」伝承は、この第一の要素を強調している。おそらくそれは、それが要求される権威の人格的特質を最もよく保つからであろう[62]。

ただし、まさにカリスマ的教団構造こそがカリスマを「没支配的」または反権威主義的に変形する傾向を生み出したのである。これは、教団構造とともにカリスマの承認構造も変化しうるということを意味する。従士や信奉者がカリスマの担い手に対して行なうべき承認は、場合によっては「正当性の帰結ではなく正当性根拠と見なされる」のであって、ヴェーバーにとって、これは民主制的正当性の起源の一つであった[63]。しかしこの変化は、教団の成員が積極的な役割についたという事実、そしてまさにそのことによって、権威主義的承認原理と反権威主義的承認原理との間に緊張が生じたという事実の表現にすぎないであろう。近代的な民主主義の観念の意味ではなく、この意味において、カリスマ的教団は「民主的」になりうるのである。このことがまたパウロ教団にもあてはまることは明らかである。しかし何よりもパウロ教団は、合理的ゲゼルシャフト結合ではなく、感情的ゲマインシャフト結合であるように思われる。ヴェーバーは、この概念を『経済と社会』の新しい部分で導入した。彼は、そこでこの概念を、もちろん支配団体という性格をいまだ失っていない、カリスマ的教団と結びつけている(64)。ただしそれは、ほとんど構造分化していない支配団体であり、大衆の永続ゲゼルシャフト結合が遂行されえないような単純な社会システムであったが。というのは、カリスマ的教団は、たとえば洗礼のような状況に左右されない成員資格の基準を確かに利用しながらも、その構造的な予防措置を、成員がその場に居合わせるという原則のもとに置くからである(65)。この対面原則は、単純な社会システムにとって基礎的なものである。こうして新しい祭儀教団も、感情的ゲマインシャフト結合や成員の出席に基礎づけられた霊《プノイマ》的教団として理解できる。これに対して、それと分離したユダヤ教団は、律法儀礼主義的教団であり、合理的ゲゼルシャフト結合とより高度な構造分化とに基づいている。ユダヤ教団が多数の非宗教的課題を宗教的課題のほかに達成し、その中心制度、すなわちシナゴーグが、すでに二つのより単純な社会システム、すなわち世帯（オイコス）とギリシアないしローマの「結社」とを統合したというだけの理由からしてすでに、ユダヤ教団はより高度に分化していたのである(66)。

もっともヴェーバーは、シナゴーグや諸制度を伴ったパウロ教団に関して組織社会学的分析を行なっているわけではない。パリサイ派に関する断章から、少なくともシナゴーグの分析が意図されていたということは明らかである。[67] おそらくその際彼が、パウロ教団と密儀的祭儀との歴史的関係や両者の構造的相違を明らかにするために、それらを考慮に入れていたと想定してよいであろう。これはまぎれもなく、この時代の宗教史的文献のなかでも、彼の社会学的関心を喚起したにちがいない論点の一つであった。[68] この空白を「埋め」ようとするなら、ここまでの考察で述べたものよりもさらに広範な推定をせざるをえない。そのために、私の見たところ「ヴェーバーの精神」に十分のっとってウェイン・ミークスがパウロのエクレシアの形成について行なった研究を援用しようと思う。[69]

ウェイン・ミークスは、どのような「模範」すなわちどのような組織モデルがパウロのエクレシアの形成に影響を及ぼしえたのかということを問題にする。制度の発明は真空の空間では起こらないからである。彼は、ギリシア－ローマの都市を組織する際採用された、少なくとも外的にはエクレシアにほぼ近い諸制度をひととおり検討している。すなわち、世帯、クラブ形式の「結社」、「ギルド」または合議体《コレーギエン》、シナゴーグ、最後に哲学や修辞学の学校である。彼の結論は、これらすべての組織モデルの諸要素がエクレシアにもまた見出されるけれども、エクレシアはこれらモデルのいずれとも同一ではないということである。エクレシアは、独自の（sui generis）制度なのである。[70] その独自性をヴェーバー的な視角から明らかにするために、ミークスの「厚い記述」——ここでは概略を示せるだけだが——から二つの局面を選び出してみたい。すなわち、世帯と儀礼、特に「連帯の儀礼」と「自発性の儀礼」である。というのは、これらの諸要素が社会的ないし宗教的な構成にとって中心的意義をもっているように思われるからである。つまりそれらを手がかりとして、エクレシアが社会的・宗教的な不平等問題をどのようにして処理したかを示しうるのである。

エクレシアの社会的な基礎的単位は、世帯である。伝道は、個人ではなく世帯を対象としたのであり、そしてパウロの集団は、個人の家すなわち、「ゲマインシャフト行為への『生得的』な参加」が行なわれる場所に集まったのであった。(71) 世帯は家族やさらに親類以上のものである。ヴェーバーはここでも言及されているような構造形態を表現するために、オイコスからも区別しつつ、家共同体の概念を用意した。それは、純粋な形では、「厳密に人格的な恭順《ピエテート》関係を基礎とした堅固な統一体として、外部に対しては連帯性を、内部に対しては日用財の共産主義的使用・消費共同体（家共産主義）(72)」を意味している。支配の社会学の概念では、それは支配の家父長制的構造の一種、したがって、カリスマ的にではなく伝統的に正当化される、厳密に人格的な支配形態を表す。パウロ教団は複数の家共同体を「結びつけた」。その際、それは、特に空間的な近さを基盤とするため、近隣団体の一種でもある。これによって社会的に不平等な諸単位は、相互に、またその各々の成員に関しても、さまざまに結びつく。これは、教団内の緊張をもたらしうる。しかしさしあたってより大きな意義をもつのは別の観点である。すなわち、近隣団体または近隣共同体は、環節的分化に基づいており、したがって単純な社会システムだということである。

ヴェーバーは近隣団体をごく一般的に、教団の原生的な基礎(73)と考えていた。しかもそれは同胞倫理の原始的形態をもなしている。隣人は「典型的な救難者であり、それゆえ『近隣性』とは、この言葉のまったく冷静で非情動的で、特に経済倫理的な意味での『同胞性』の担い手(74)」である。対内・対外道徳の二元主義の枠組においてなお厳密な互恵倫理を示すこの単純な同胞倫理を起点として、いわば内的な救難を約束する救済預言がまさしく始まるのである。特に初期キリスト教をも念頭に置いて、ヴェーバーはこうした関係を「中間考察」で述べている。「救済の理念が合理的かつ心情倫理的に昇華された形で把握されればされるほど、近隣団体の互恵倫理から生まれるあの命令は、外的にも内的にもいっそう高められていった。外的には同胞的な愛の共産主義にまで及び、内的には慈悲、悩める者そのものへの愛、隣人愛、人間愛、ついには仇敵愛等々の心情にまで高められた」[75]。経済的近隣倫理から宗教的同胞倫理へ、相互的な救難義務から一方的な「愛の義務」へ、対内・対外道徳の二元主義から普遍主義への移行によって、隣人が同信者となった――忘れてはならないことだが、女性の場合も同様である――だけではない。この移行によって、連帯の性格や範囲が変化したのである。特定の地域を越えた範囲に及ぶ超民族的および超身分的な連帯が、ある地域に限定された原初的な連帯にとって代わり、「与えられんがために与う」(do ut des)［という原則］は廃されて厳密な（世俗的）互酬性は放棄される。特権をもった同信者が窮状に陥った同信者に援助をしなくてはならないように、特権をもった教団もまた窮状に陥った教団を援助する義務がある。パウロが教団にくり返し教えこんだ、貧しい者たちやエルサレムの教団に対する援助の義務は、実際の援助の結果がどうであろうとも、個々の教団や信仰団体全体の内部での普遍主義的同胞性の象徴的表現でもあるように思われる[76]。

さて、この新しい連帯は、中心的教団儀礼によっても担われる。エミール・デュルケームによれば、宗教は社会学的にはその一定数の基本的表象と儀礼的行為によって特徴づけられる。そこでは、儀礼的行為が基本的表象を外部に表現し、現実化する。(77)この意味での儀礼的行為の一つが聖餐式である。ヴェーバーがこの制度にどのような意義を帰したかはすでに強調した通りである。社会学的に見れば、それは超民族的・超身分的な兄弟盟約《フェアブリューデルング》の儀礼を示している。それは、すべての人間が神の前に平等であり、また互いにも平等であることを表象しており、食卓の共同（Tischgemeinschaft, Kommensalität）によってこれを現実化するのである。この宗教的平等は先述した社会的不平等と緊張関係に陥りうる。この緊張はすでにパウロ教団で小さからぬ役割を果たしていたようである。この緊張を緩和する戦略の一つは、明らかに、宗教的な食卓の共同を社会的な食卓の共同から明確に分離することであった。そのためにはおそらく家共同体がモデルとして役立ったであろう。(78)

しかしそれにもかかわらず、社会的不平等に基づく「家共産主義」と宗教的平等に基づく「愛の共産主義」との間の緊張は、預言の霊《プノイマ》が教団を「嵐のような情熱をもって」貫流している限り、(79)より正確には、霊《プノイマ》的カリスマや特に再臨待望が教団生活を規定している限りは、処理されえた。というのは、この場合には「世界は主が来られるときまで、あるがままである」ということが妥当したからである。(80)その世界とは、まさに経済的・社会的・政治的構造をもった「ポリス」とローマ帝国の世界であり、この世界の強制や要求には、「罪」を犯すことが要求されない限り従うことができるし、いや従うべきなのである。(81)ヴェーバーはトレルチとともに、社会的・政治的問題に対するキリスト教の極端な無関心主義を強調している。キリスト教は、そうした問題への反応から成立したのでもなく、またその解決を準備しているのでもない。古代農業事情の研究の、ヘレニズムの節の終わりに次のような表現がみられる。「世の終わりまでローマ人の支配は続くのであり、したがって『社会改革的』努力は無意味であると信じること、すなわちすべての『階級闘争』から逃避することこそがまさに、キリスト教的で純粋に倫理的な、また慈愛的で非世俗的な『隣人愛』の湧き出る地盤だったのである」[82]。

こうして霊《プノイマ》的カリスマは平等を促進する。人は、家共同体や近隣共同体のなかでどのような社会的位置にいるかにまったく関わりなく、「霊」というカリスマ的賜物を所有することができるからである。アンティオキアでの出来事に対する態度決定に際しても、この観点はすでに重要な役割を果たしていた。それは、律法に忠実なエルサレムのキリスト教徒が、「異教からの改宗者たちが、ユダヤ人キリスト教徒と同様に、霊にとらえられ、同一の現象にとらえられた」という事実に直面していたからである[83]。この事実によって、彼らの特別の地位への要求は、少なくとも批判にさらされうることになった。ユダヤ人キリスト教徒や異邦人キリスト教徒にあてはまることは、社会的に高い地位にあるキリスト教徒にも、低い地位にあるキリスト教徒にもまたあてはまるのである。すなわち「霊」は民族的境界も身分的境界も知らない。霊的－忘我的行為は、もちろん教団生活に二つの危険をもたらす可能性がある。つまり、宗教的不平等をもたらしうるし、教団を維持している構造を危険にさらしうるのである。少なくとも第二の危険を最小化するための方法は、カリスマを儀礼的に拘束することにある。これはパウロ教団で異言を語ることによって行なわれたようである。これは「自発性の儀礼」として特徴づけることができるであろう。これはそれ自体として教団の堅固な制度となった。ウェイン・ミークスが書いているように「それは、集会の枠組のなかで起こり、それを行なうよう期待されている人々によって行なわれた。それは予測できる時間に起こり、独特の身体の動作を伴い、おそらく自然な言語の特徴的フレーズによって開始され、さらにこうしたフレーズがこれに続いた。それは儀礼が行なうことを行なった。つまり、(コリントの場合のように、除外されていると感じて話さない人々を除いて)集団の連帯感情を刺激し、個々人の威信を高めて、役割を創造したり強調したりし、またこの機会を荘厳なもの(古い意味でのそれであって、今のごく普通の、退屈でおもしろくないそれではない)として際立たせる[84]」。

このような「自発性の儀礼」は、二つのことを明らかにする。(1)非日常的行為がある程度まで習得できるということ。ヴェーバーはその著作のさまざまな箇所でカリスマ的教育という現象を指摘している。(2)非日常的行為は種々の役割と結びつきうるし、それによって宗教的役割分化や宗教的階層分化の始点となることがある。ヴェーバーの宗教社会学では、この現象は達人倫理と平均倫理、達人宗教心と大衆宗教心との区別によって概念的に表されている。パウロ教団を嵐のような情熱をもって貫流した霊《プノイマ》的カリスマは、こうした区別の意味で同時にこの教団の宗教的平等性を爆破する可能性をはらんでいるのである。重要なことは、これが社会的爆破力ではなくて「宗教的」爆破力だということである。パウロ書簡の大部分の論述は、教団形成のカリスマ的核を犠牲にすることなく、こういった爆破力を抑えようとする試みと見なすことができる。たとえばヴェーバーは、女性をカリスマの担い手として低く評価する（これは、ヴェーバーの見解では、パウロの時に始まった）ということも、霊《プノイマ》的カリスマを規制しようとする試みであると考えている。この試みは、あまり行きすぎると、結果として日常化をもたらしたはずである。[85]ただしギリシアやローマの「結社」と比べれば、パウロ教団は、この規律化傾向や日常化傾向にもかかわらず、はっきりとした宗教的役割分化を知らず、確定した任官規則を伴った官職の制度化さえも知らなかったのであるが。ウェイン・ミークスは、この観点から資料（コリント人への第一の手紙第一二章第二八—三〇節、コリント人への第二の手紙第一二章第八—一〇節、ローマ人への手紙第一二章第六—八節、エペソ人への手紙第四章第一一節）を吟味し、次のことをつきとめている。「これらの文章には共通して、地域共同体における主要な役割を（神・キリスト・聖霊による）賜物（charismata）としてとらえている。ここにあげたリストのなかの多様性は、カリスマ的指導に地域的多様性と、かなりの自由があることを示している」[86]。イエス運動と比べると、パウロの伝道では、知性主義的・教訓的・修辞的要素が前面に現れ、感情的指向に合理的-倫理的指向が重ねられ、都市の家共同体の空間的に近接した連合体が「結社」や学校、またシナゴーグの諸要素を取り入れ、それによって合理的ゲゼルシャフト結合の道へ駆り立てられていった。にもかかわらず、いずれにせよ「教団の第一期」には、カリスマ的支配と感情的ゲマインシャフト結合がパウロ伝道の決定的特徴であり続けたのである。ヴェーバーは、タルムード的ユダヤ教の担い手であるラビたちを、平民的で宗教的-合理的な儀礼教師として特徴づけた。[87]これとの類比によって、これまでの分析から、パウロ伝道団が平民的で宗教的-霊《プノイマ》的な恩寵授与者であると特徴づけられることは明らかである。

こうしてパウロ教団は民族的・身分的境界を突き破った。しかしさらに重要なことは、それがユダヤ教団に類似して、地域的連関をも越えたということである。エクレシアの概念は、初めから少なくとも二つの文脈に関わるものである。すなわち地域的教団であるということ、そして諸教団の（それらがすべて神の教団である限りでの）連合体ということである。[88] おそらくパウロの組織者としての決定的な業績は、ユダヤ教団に対してキリスト教団を独立させたことと並んで、次の点にあるだろう。彼は主として、彼自身であれ、使者であれ、書簡であれ、何度も往復させるという入念に考案されたシステムによって、教団間の超地域的なコミュニケーション・ネットワークを築いたということである。もちろんこれは、依然として、地域的教団の自律性に影響しない地域間「連合」の一時的な形態にとどまっている。ともかくもこのネットワークは堅く結合していたために、カリスマ的指導者を「支えた」だけでなく、信奉者をも支えたのである。私は、キリスト教が「遍歴手工業者の教説」として進展し始めた、というヴェーバーの有名で悪評高い定式化をこの意味で理解している。[89]

このようにエクレシアは、実際に地域的でありながら超地域的でもある独自の組織である。すでに述べたように、それはゼクテに近いが、第一期にはむしろカリスマ的教団としてよりよく特徴づけられるものだった。しかしながら、それは教会ではない。正しくもウェイン・ミークスは、エクレシアを教会（Kirche）と訳すのは（社会学的にみて）時代錯誤であると指摘している。[90] 教会の概念を広い意味で用いるとき、つまり教会をアンシュタルトではなく教権制的団体として定義する場合にもこのことは妥当する。(91) 祭司と平信徒の典型的な関係をもった教会教団が、「霊《プノイマ》的な教団的敬虔」の担い手となったことは一度もない。(92) それにはカリスマ保持者と並んで、活動的な「平信徒」と感情的ゲマインシャフト結合とが前提となるのである。要約しよう。パウロは、第二世代の最初のキリスト教徒であったが、イエスと比べると実際に教団組織者であった。これによって彼は、構造的に見てキリスト教運動を新しいレヴェルに引き上げた。それは、ユダヤ教団からキリスト教団を独立させ、また超地域的コミュニケーション・ネットワークを築くこと――これは一定の共通の方向性をとてつもない地域の多様性と結びつけることを可能にした――によって行なわれた。その場合にも彼は、パリサイ的律法儀礼主義の心情倫理的な昇華によって予示された「路線」に依然として忠実である。彼の教団は、永続的関係の問題を感情的ゲマインシャフト結合という手段で解決する霊《プノイマ》的・カリスマ的教団であり、それに起因する日常化への圧力にも屈せず、その宗教生活の非日常的特質を堅持していた。教団の成員の宗教的指向にとって、「『霊』というカリスマ的賜物の圧倒的意義」と再臨待望とが依然決定的であったからこそ、このようなことがありえたのである。(93) キリスト再臨が遅延するとともに日常化の圧力が増大するのも偶然ではない。いずれにせよこのことは、初期キリスト教発展の十二使徒以後の段階における一つの重要な要因であるように思われる。もう一つの要因は、成功した伝道事業の結果もたらされた規模である。キリスト教運動ははじめはむしろゆっくりと広まり、おそらく三世紀後半、四世紀に入ってはじめて大衆運動の規模を備えたであろう。(94) けれども、パウロ教団の構造の単純さを考えれば、わずかな成長でも構造分化へと突き進むのに十分であった。日常化と構造分化という二つの傾向は確かに原因こそちがったが、いわば手に手をとって作用する。ただしその発展方向は、「最終的に」次のように示される。すなわちもはやユダヤ教への後退でなく、それからの離反である。ユダヤ教は依然として競争相手であったが、ますます複数の競争相手の一つになっていった。[95]両側からますます多くの橋がこわされ、ますます多くの壁が築かれていった。ヴェーバーは、「……ユダヤ教からキリスト教への改宗者の数は著しく急激に減っていき、実際上たとえば四世紀以来ゼロに等しく」なったと確言している。[96]こういうわけで、パウロ伝道の発展条件を考察するにあたって、我々はヴェーバーが世界宗教の経済倫理に関する一連のモノグラフで跡づけ、さらに跡づけようとしていた全文化発展の「中心点」の一つ、すなわちこの場合「西洋と西南アジアの全文化発展の中心点」に実際に直面しているようである。[97]

五　タルムード的ユダヤ教、初期キリスト教と「現世」

この中心点、この軌道決定はどのように特徴づけられるだろうか。「後期ユダヤ教」と初期キリスト教の発展条件における決定的相違点は何だろうか。この問題に関しては、次の二つの比較が適している。第一の比較はアジアの救済宗教と西南アジア - 西洋の救済宗教との比較であり、これについてはヴェーバーが詳述している。第二の比較は西南アジア - 西洋における個々の救済宗教相互の比較であり、彼が少なくとも暗示的に練り上げていたものである。第一の比較でヴェーバーはヒンドゥー教や、なかでも仏教を、ユダヤ教、キリスト教およびイスラムに対照させており、第二の比較では特にキリスト教をユダヤ教、それも「捕囚後の、特にタルムード的な形態」のユダヤ教に対照させている。(98)この第二の比較はまた、「旧約聖書的およびユダヤ人キリスト教徒的動機の著しい影響の下に、後に西南アジア的一神教の伝統を継承して生まれた」イスラムにまで及んでいたはずである。(99)しかしここではそれを行なうことはできない。(100)これらの比較を「導いた」基本問題は、現世に対する関係に関するものであった。その問題とは、救済宗教がその担い手の「現世」に対する態度決定をどのように動機づけ、この態度決定すなわち意味付与はどのような結果になるのかということであった。(101)これに対する社会学的解答にとって特に重要なのは、救済財ないし救済状態、救済方法ないし救済手段、および担い手層の社会的構成と制度上の位置という三つの視点である。

第一の比較でのヴェーバーの課題は、アジアと西南アジア‐西洋の救済宗教の基礎観念における基本的な差異を明示することであった。ただ単に仏教がヒンドゥー教から成立し、キリスト教がユダヤ教から成立したことに由来するそれぞれの内部の共通性も、彼はこれによって同時に明らかにしている。キーワードをあげるなら、霊知《グノーシス》的知と瞑想に対して倫理と神に導かれた行為、というのがこの基本的差異であるが、それは次の事実によってさらに強められるのである。すなわちアジアの救済宗教の担い手が第一に高貴な知識人層であるのに対し、西南アジア‐西洋のそれは平民的な「実生活者」であり、特に農耕市民・商人・手工業者といった層である、ということだ。それゆえ「後期ユダヤ教」と初期キリスト教との内的共通性は、とりわけそれらが「共通の」神と「共通の」倫理および類似した担い手層をもっていたという点にある。両者とも倫理的救済宗教であり、それ自体は平民的であって制度的に古代ポリスと結びつき、後には中世西洋都市と結びついている。このような型の諸制度は、ヴェーバーによればアジアには存在しなかった。こういった諸制度がなければ、おそらくタルムード的ユダヤ教は生まれなかっただろうし、いずれにせよキリスト教も長くは続かなかったであろう。それは、独特の、いや比類のない市民層をもつ西洋の諸都市が、「古代の霊《プノイマ》的教団の敬虔にとっても、中世の托鉢修道会や、敬虔派やメソジストに至る宗教改革期の諸ゼクテにとっても、主要な舞台であった」[102]からである。

第二の比較においてヴェーバーが問題としたのは、この共通性の枠組内での区別であった。ここでもまた基礎観念や、儀礼的行為が中心となる。共通の基礎観念が存在していても、その基礎観念はさまざまに解釈されるため、そこから差異が生じうる。ヴェーバーは倫理すなわち「律法」の解釈が主に霊に結びつくのか知に結びつくのかによって成り立つ差異を指摘している。キリスト教は、「霊」＝愛を「律法」の基礎としたが、それに対してタルムード的ユダヤ教は、「知」＝学習を「律法」の基礎とした。「共通の」神観念や倫理への「補足」、つまり新約聖書ないしタルムードには、共通の伝統に対するこうした異なる態度が表現されているのである。また特にそれは中心となる儀礼的行為、すなわち一方での洗礼や聖餐式、他方での割礼やトーラーの朗読にも表れている。こういった差異はたとえば、初期キリスト教にとって遍歴手工業者が「担い手」であり、タルムード的ユダヤ教にとっては遍歴商人が「担い手」であったというように、階級理論的に理解できるものではない[103]。それというのも、農民や高貴な戦士や官僚、知識人と比較すると、「市民」層の宗教的態度は著しく多義的だからである。まさにここでは選択的親和性について言明することは特に難しい[104]。それでもなおヴェーバーは、互いに分岐する諸発展を社会構造に関連づけることができるためには、他の構成を使わざるをえないと考えていた。すなわち、遅くとも第二神殿の崩壊およびバル・コクバの乱の失敗以来、ユダヤ人は市民的パーリア民族になりつつあったが、その際彼らはこの状況を大幅に自身で選んでいたというのである[105]。この構成には理論的観点からしても歴史的観点からしてもいかに議論の余地があるにせよ[106]、これによってヴェーバーは、発展しつつあるユダヤ教の教団宗教心の儀礼主義的特徴を特に強調しようとした。それは、初期キリスト教の霊《プノイマ》的特徴とまさに正反対である。しかし「信仰」対「知」――アジア的霊知《グノーシス》の意味ではなく、決疑論的律法知の意味でのだが――が決定的な発展条件であった。ヴェーバーの見解では、それらは市民的教団宗教心の二つのまったく異なった形態をもたらしたのである。

こういった差異は、現世関係においてもまた見られる。ヴェーバーにとってタルムード的ユダヤ教は救済宗教ではあったが、「ラディカルに」現世を拒絶する宗教ではなかった。さまざまな救済宗教についてその現世拒否の程度を概観すると、タルムード的ユダヤ教は、いわば最も低い段階にある。現世適応的とは言えないにせよ、少なくとも現世志向的であった[107]。これはもちろん、たとえば儒教に特有の現世志向ではないし、古代キリスト教のラディカルな現世拒否から生じたような無関心主義でもない[108]。この現世拒否は、究極的には霊《プノイマ》的カリスマ主義から生じたのである。この霊的カリスマ主義は、初期キリスト教を心情倫理的な信仰宗教心の方向へ駆り立てた。ラビの律法儀礼主義的な知識宗教心（Wissensreligiosität）が到達した合理性レヴェルに比較すれば、これは決して単なる「進歩」なのではない。周知のように、ヴェーバーは、ある宗教が到達する合理性の程度を二つの基準で測定した。一つはその宗教が呪術を脱している度合い（脱呪術化）、もう一つは「神と現世との関係、またそれに応じて現世に対する独自の倫理的関係が、その宗教によって[109]」体系的に統一化されている度合いである。第二の基準で測定すると、初期キリスト教は、その心情倫理への転換のゆえに「後期ユダヤ教」に対しておそらく「進歩」している。これに対して、第一の基準で測定すれば、それは明らかに「後退」を示している。それは初期キリスト教が、ユダヤ教の到達していた反呪術的態度を維持しなかったからである。そのことは初期キリスト教における無合理的な救済の状態性の重視や、また特に中心的儀礼行為の呪術的傾向にも現れている。ヴェーバーにとって昇華した呪術的救済手段である秘蹟は、それらから発展したのである。

六　カリスマ的ゲマインシャフト結合からカリスマ的ゲゼルシャフト結合へ

さて、すでに述べたように、パウロ運動は原始キリスト教運動と同一ではない。アドルフ・フォン・ハルナックが、成果全体をパウロ主義の所産と考えてはならない、またパウロを「キリスト教の第二の創設者とも、また単に教会の創設者とも」見なしてはならないとすでに警告している。[110]さらに彼は、イエスからパウロへの過程で現れてきた変化が不可避であり、したがって第二世代の仕事によってのみ引き起こされたものでは決してないと考えている。すでに第一世代がイエスの宗教から別のものを作り出しているのである。ハルナックは、いわゆる使徒時代の終わりに互いに協同したり対立したりした四つの主要な方向（パウロの運動もこれに含まれる）を特定し、これらの方向において始まるイエスという出発点に対する変化が、空洞化ではなかったのかどうかという問題を同時に設定している。[111]ヴィルヘルム・シュネーメルヒャーの提案に従えば、原始キリスト教を論じるうえで三つの主要テーマを挙げることができるが、それらは標語的に次のように定式化できる。イエスから原始教団へ、エルサレムからアンティオキアへ、ギリシアのユダヤ人キリスト教徒から律法から自由な異邦人キリスト教徒へ。[112]これらの標語は、連続する時代段階を表したものというより、むしろ平行する発展の路線、おそらく発展の推進力をも表したものである。パウロは第三のテーマに関わるが、パウロだけが独占的に関わるわけではない。パウロの伝道についてこれまで述べてきたことは、同時にまた、内容的にも時代的にもパウロを越えたところに向かう諸発展の分析の出発点として役立つはずである。したがってハルナックやシュネーメルヒャーに従うなら、次のような問題が提起できる。「第二期およびそれ以降の時代」の、律法から自由な異邦人キリスト教について、ヴェーバーから学びうることは何か。またキリスト教内部の多元主義や、その普及過程で使命が被った空洞化の問題についてはどうか。または、パウロがキリスト教会やキリスト教日常倫理の基礎を築きはしたが、それらを自分自身で構築したわけではなかったとすれば、それらを発展させたものは何であろうか。

すでにパリサイ的ユダヤ教、イエス運動およびパウロ運動の比較の場合がそうだったように、ここでもヴェーバーに事件史的解答を求めてはならない。この場合に限らず、彼の宗教社会学的モノグラフにおいては、「諸要因」が「歴史的にみて我々にとって有意義な文化現象」にまとめあげられた布置連関の特徴を明らかにすることが問題なのである[113]。これらの「諸要因」のうちのいくつかは前述の分析で明らかにした。関連が認められる三つをあげるなら、次のとおりである。すなわち、平等・不平等問題をめぐる、理念的前提をもった緊張と葛藤、次に日常化問題と結びつき、利害関心に基づいた緊張と葛藤、そして規模の増大した結果としての、構造的条件をもった緊張と葛藤である。これらはすべて、パウロ教団の組織と、すなわちそれが何よりもまず感情的ゲマインシャフト結合という基礎をもつカリスマ的教団であるという事実と関連しているのである。

この布置連関からその後の展開を推論し、この推論を選ばれた諸事実を手がかりとして検証しようとするなら、私の見解では、理論的中間考察を挿入しなければならない。というのは、ヴェーバーの支配の社会学と宗教社会学に無批判に従うと、パウロ以後の教団発展を単純に「カリスマの日常化」という基調から理解してしまう危険があるからである。もっともヴェーバー自身は、そのようなやり方を正当化しうるのに十分な示唆をしているのだが、それでも私はそれは短絡的だと考えている。作品のなかにはさしあたって遠回りをするよう促す根拠も十分にある。それらは日常化概念のアンビヴァレントな理解に関係するものである。

ヴェーバーにとって、真正カリスマ的支配とは、彼が「日常的構成体《ゲビルデ》」すなわち伝統的支配や合法的支配と対立させた「非日常的構成体」である。この非日常的構成体は、通常の人格的権威関係とは異なり、特殊な意味で「自由」な人格的権威関係を中心にしていた。この自由とは、伝統的にであれ合法的にであれ「根拠づけられた」外的規則からの自由であり、カリスマの担い手に承認を与える義務を負う被支配者の「意志」から自由だという意味である。このことは、少なくとも彼のカリスマの実証されている間は、被支配者がカリスマの担い手を無条件に信頼して帰依するという形で表れる。したがってカリスマ的支配者は、自分の用いる「超自然的」力を立証しなければならないという意味において、被支配者に徹底した責任がある。しかしながらこれが、従士や信奉者の承認を失ったときでさえ固執するのが通例である「使命」の正当性根拠なのではない。彼らの関係は、すでに述べたように不安定であるが、それは特に二つの理由による。すなわちそれが構造性に乏しいものであって、またそれが他と取り換えうる人物でなく、特定の人物の現存に左右されるということである。そのためこの関係によっては、「恒常的な『制度的』構成体[114]」は可能ではない。しかしここでそれを恒常化することは、まさに従士層または信奉者層、または両者の利益になりうる。この利害関心は、遅くともカリスマの担い手が欠落したときに現実的なものとなる。そのためヴェーバーは、後継者および後継者指名の問題を恒常化過程の分析の中心に置いているのである。ところが後継者指名は、カリスマ的「使命」を外的規則に拘束する。これは日常化を意味する。このことだけでなく、カリスマの制度的なものへの転換はあたかもすべて日常化という意味での変形になっていくかのように思われる。このとき人格的カリスマは「伝統化されるかもしくは合理化（合法化）」される。(115)

実際ヴェーバーは、支配の社会学や宗教社会学のかなりの部分にわたって、この「モデル」に従っている。もしこのモデルの「単独支配」を認めるならば、イエスからパウロへの移行でさえも、イエスのカリスマの日常化、すなわち変位としてだけでなく――避けることのできないことかもしれないが――「使命」の信憑性をも脅かす空洞化としても解釈しなければならなくなるであろう。しかしながら、ヴェーバーが日常化という標題の下で論じながらも、私の見解では前述の日常化モデルとは根本的に区別される第二の「モデル」がまだあるのだ。それは、カリスマの事象化について述べられている箇所に現れている。事象化が起こるのは、カリスマの恒常化すなわちカリスマの制度的なものへの転換が次のように行なわれるとき、すなわち最初の人物のカリスマ的特性が他の人物にではなく、社会的構成体に移し換えられることによって行なわれるときである。これに関するヴェーバーの最も重要な例は「社会制度それ自体が特殊な恩寵を受けているという信仰(116)」に基づく官職カリスマである。彼自身の言葉によれば、ここでカリスマは「独特の制度的転換(117)」をなす。この転換は、規則によって人格的なカリスマの担い手を「選び出す」ようなものとは明らかに区別される。というのは、たとえこれらの規則にカリスマ的特性が認められ、それが後継者指名の問いわば選ばれた者たちに移し換えられたとしても、したがってこの意味で規則がカリスマ的制度であったとしても、正当性信仰は結局具体的個人としての選ばれた者に依然として結びついているからである。このことは官職カリスマや類似した諸制度には当てはまらない。この場合には、カリスマ的諸制度の人格からの分離が原則的に維持されたままである。正当性信仰は制度に固着するのであって、それを代表する個人に固着するのではない。たとえば恩寵授与能力は、今や一つの制度に帰属しうる。しかし官職と個人とのこうした分離の結果、「官職に値しない」個人も支配構造のカリスマ的性格を破壊することはなくなる。これはカリスマ的後継者指名の場合とは異なる。後者の場合、カリスマ的支配構造は選ばれたカリスマの担い手が自らを確証する間だけ維持されるのである。

したがって、つかの間の人格的な、「規則から自由な」非日常的支配を「持続させる」ためには、原則的に、伝統化ないし合法化、さもなければ事象化という二つの異なる方法がある。カリスマの日常化と事象化を同一視してはならないということはここから容易に理解できる。というのは、事象化の要点はまさに、人格的カリスマが変形されるものの、それによってその力が永続的に維持されつづけるということだからである。さらに、後継に関する規定それ自体の制度化に日常化過程を結びつけることには、理論的信憑性がまったくない。ヴェーバー自身も言うように、それは解決の仕方次第なのである。確かにカリスマ的支配は、社会の周縁におけるつかの間の関係にとどまるというのが本来の形態である。しかしカリスマから生じる力は、消滅することなく社会の中心にも歩み出ることが可能なのである。したがって日常化は、一般にカリスマ変形の多くの形態のうちの一つとして理解するべきである。日常化とは、カリスマが最終的に衰弱し、伝統化または合法化にとって代わられるような形態なのである。しかしそれと並んで、カリスマ的な力を維持する変形の他の形態が二つ存在する。制度と結合した人格的カリスマと、先に述べた意味での官職カリスマである。

最後にあげた二つの変形戦略は、一時的な関係から次のようにして永続的関係を生み出す。すなわちカリスマ的支配関係のもつ人格的諸要素の帰結たる不安定性を取り除くことによって、つまり最初の人物から使命を分離し、他の人物に移し換えるか、もしくは人物一般から使命を分離し、社会的構成体へそれを移し換えることによって、永続的関係を生み出すのである。しかしそれと並んで、この支配関係の権威主義的諸要素に加えられる変形戦略もある。カリスマの没支配的または反権威主義的解釈替えというヴェーバーの「モデル」はこれに属する。このモデルの基本的特徴はこれまでの分析ですでに簡単に説明したのだが、決定的なのは次の点である。すなわち、元来使命によって、つまり彼「固有のカリスマ」によって正当化されていた首長が「被支配者の恩寵による首長に」なるということ、承認がもはや彼の使命の結果ではなく、彼がそのような使命を主張できるための根拠になるということである。結局首長は被支配者の委任を受けて行為する、自由に選ばれた指導者となるが、これはすでに述べたように、ヴェーバーにとって最広義の民主主義の起源であった。私が提案した区別を受け入れるなら、このカリスマの解釈替えは何よりもまず、制度に拘束された人格的カリスマの一変種を表すことになるだろう。この「モデル」の論理に従って、ヴェーバーが人民投票的民主主義を指導者民主主義の最も重要な類型として特徴づけ、それをカリスマ的支配として認定したのは偶然ではないのである。(118) というのは「外典的な一節」には、有名な三つの正当性原理ではなく四つの正当性原理が言及されているからである。すなわち伝統的正当性原理、合理的 - 合法的正当性原理、カリス

マ的正当性原理と並んで、民主主義的正当性原理が存在するのである。(119)

ヴェーバーの支配の社会学の枠組でこの第四の正当性原理の体系的な位置価をいかに判断しようとも、この理論的中間考察によって一つのこと、すなわち、通常の三つに代えて四つの支配の基本構造を区別しなければならないということが明らかになった。支配構成体は主として日常的または非日常的性格のどちらかをもっているし、正当性信仰は主として人物または構成体全体のいずれかに向けられる。ヴェーバーを受け継いで、この四つの基本構造を伝統的（日常的‐人格的）支配、合理的‐合法的（日常的‐非人格的）支配、人格カリスマ的（非日常的‐人格的）支配および制度カリスマ的（非日常的‐非人格的）支配と呼ぶことができる。これらは各々重要な構造的および発展史的ヴァリエーションを示し、歴史的現実のなかでは融合した。その「純粋な形態」を前提とすれば、日常化は真正カリスマが伝統的または合理的‐合法的な支配構成体に変形される過程を表している。一時的なカリスマ的関係がカリスマ的永続関係に変貌する過程は、それとは厳密に区別されなければならない。この過程は、人格カリスマ的な永続的構成体、またはたとえば官職カリスマ的な永続的構成体のいずれかに至りうる（表1、表2を参照）。前述の分析は、パウロ教団がこの意味で人格カリスマ的な永続的構成体として理解されうるということを示そうとしたのである。

表1　支配の基本形態

支配構成体の種類＼支配要求の承認の様式	人格的（個人に拘束されている）	非人格的（制度に拘束されている）
日常的（機能価値）	伝統的支配	合理的－合法的支配
非日常的（固有価値）	人格カリスマ的支配	制度カリスマ的支配

表2　カリスマの変形

出発点	変型の様式	結果
真正な人格的カリスマ（反制度的）	カリスマ的後継者指名	制度に拘束された人格カリスマ的支配
	事象化	官職カリスマ的支配
	伝統化	伝統的支配
	合理化	合法的支配

七　カリスマ的アンシュタルトとしてのキリスト教会

私のテーゼは、イエスからパウロへの移行において日常化過程が全面的に始まったわけではなかったということである。あるいはむしろ、日常化の「モデル」ではこの移行を適切に描写することはできない、と言った方がよいであろう。ヴェーバーの見解も結局このとおりであるように思われる。もっともこの点についての彼の論評は一貫してもいなければ、一義的でもないということは認めねばならないが。それでもやはり私は、古代キリスト教の発展に関する彼の見解を適切に解釈しようとするなら、先に提起した図式が不可欠のものだと考える。それは、パウロの教団形成の霊《プノイマ》的核についてのテーゼのみならず、初期キリスト教会の特殊な性格についてのテーゼもまた、前述の区別を前提しているからである。すなわち使徒後時代にようやく徐々に成立した初期キリスト教会は——ヴェーバーによれば——単なる教権制ではなく、キリストのカリスマの、つまり霊《プノイマ》の事象化から成立した官職カリスマ的構成体なのである。ヴェーバーは特にキリスト教を念頭に置いて、教会について次のような定義を与えている。「教権制は、次の条件が満たされるとき、『教会』に発展する。(1)その給与・昇進・職業的義務・特殊な（職業外的）生活様式が規制され、かつ『世俗』から分離された特別な職業的祭司身分が成立していること。(2)教権制が『普遍主義的』支配権の要求を掲げること。言い換えれば、それが少なくとも家・氏族・部族への拘束を克服していること。完全な意味では、民族的－国民的制約も崩れ、したがって完全な宗教的平準化が達成されていること。(3)教義や祭儀が合理化され、聖典に書き記され、注釈を加えられ、体系的な仕方で――単に技術的熟練を養成するという仕方でなく――教授の対象となっていること。(4)これらのことがすべてアンシュタルト的な共同体の形をとって行なわれること。というのは、一切を決定しているのは、カリスマが人格から分離され、制度、特に官職と結びつくという点であり、上述の、きわめてさまざまな純粋度で展開した諸原理は、この点からの派生的原理にすぎないからである[120]」。

エルンスト・トレルチに従えば――ヴェーバーもある程度まで同様に彼に従ったことは疑いがない――古代教会はとりわけ、福音書に示されているようなイエス主義、パウロ主義、および「パウロ主義以後の第二の大きな福音の継続[121]」である初期カトリシズムという三つの基礎をもっていた。その際初期カトリシズムの教会形成は、パウロ主義の教団形成やその他の原始キリスト教運動を基礎にしていた[122]。しかしそれは、それらに対して同時に質的に新しいものを示している。ヴェーバーの教会の定義が示しているように、彼は、この新しい特性をまず第一にカリスマの事象化、すなわち自由で制度と結びついた人格的カリスマが官職カリスマによってとって代わられ、さらに駆逐されるということに結びつけねばならなかった。この意味で、『経済と社会』での以下の定式化は、使徒後時代の発展を彼が分析する際の指針として利用できる。ただし、この分析にあたって、ヴェーバーはこれまで批判した日常化モデルを用いたのだが。「カリスマの日常化の一般図式に対応して、古代教会においてカリスマ的『預言者』や『教師』の占めていた地位は、司教や司祭の手中で行政の官僚制化が進展するにつれて消滅する[123]」。

原始キリスト教団において、何がこの過程の発展条件として挙げられるだろうか。人格的カリスマに拘束された教団組織が、官職カリスマ的恩寵アンシュタルトとしての教会に変容するに際して、どのような緊張と葛藤が関与したのであろうか。というのは、ヴェーバーがたとえトレルチと同様に、福音の教会形成力が中世教会において初めて十分に発展したと考えていたにせよ、こうした発展の軌道決定はコンスタンティヌス大帝の政策転換〔ローマ帝国によるキリスト教の公認〕以前の時代にまでさかのぼるからである。つまりすでに早くから遍歴カリスマ保持者や教団組織者と並んで教会組織者が現れていたと思われるのである。この教会組織者は、ヴェーバーが教会と結びつけた、祭司層、恩寵普遍主義、教義と祭儀の合理化、さらにアンシュタルト的な組織形態——これは同時に真正な教会法を必要とし、したがって宗教的生活を法制化することになる——という四つの基礎を作り出そうとした人々である。(124)

これまでの分析によって、以上の事態の二つの出発点がすでに明らかになっている。すなわち、原始キリスト教団における理念と利害関心の布置連関に基づいて成立する「実在弁証法」がそれである。理念レヴェルでの緊張と葛藤は、原始キリスト教の信仰宗教心としての基本的特徴に関連している。神に対する無条件の信頼関係としての信仰を倫理的・知的要求に一義的に関係づけるのはまったく困難であるし、霊《プノイマ》・倫理・知の間、「霊」・「律法」・「知性」の間、または無規範的傾向と規範的傾向の間の永続的調停は容易なことではない。しかし利害関心のレヴェルにおける緊張と葛藤とは、原始キリスト教の人格的カリスマ的な特徴に関連している。個々人の「霊」というカリスマ的賜物の圧倒的意義を宗教的教団生活の諸要求に一義的に関係づけるのはまったく困難なことであるし、反制度的急進主義と感情的な永続的ゲマインシャフト結合、権威主義的傾向と反権威主義的傾向とを永続的に調停することは同様に容易なことではない。しかしこれまでの分析で、さらに二つの定理、すなわち日常化モデルと分化モデルという二つの「モデル」を挙げたが、こういった諸条件から成立する発展諸傾向はこのモデルを用いて描くことができるのである。これまで主張したように、日常化と構造分化は、さまざまな原因をもちつつも協同的に作用する諸過程を記述するものである。これらが協同的に作用することで、人格的カリスマの変形が惹き起こされる。この際日常化はカリスマを合理化によって置き換え、他方で構造分化はカリスマの事象化を惹き起こす。したがってこの二つの過程は原始キリスト教運動の理念的基礎とも制度的基礎とも「関係を断つ」。その際、カリスマは部分的にしか消滅しないけれども、これら二つが結合した過程は人格カリスマ的反撃を呼び起こす。このことは、初期キリスト教修道院において、また——ヴェーバーによれば——「人格的・直接的な神への道を切り開くことによって自分の魂の個人的救済」を追求し[125]、その模範的な生や特に模範的な死を崇拝・祭儀の優先的対象にまで高めるような[126]「禁欲者」において、観察できる。元来カリスマ的だった運動の合理化だけではなく、ほかならぬそのカリスマの事象化もまた、そのような人格カリスマ的反作用を呼び起こすが、それは官職カリスマが人格カリスマを単に自身のなかに「保存する」わけではないからである。それはすなわち次のような理由による。「最高度の一貫性をもって発展した官職カリスマは、純粋に人格的で人物そのものに付着し、何物にも頼らず神に至る道を奨励し教え、『経営』

の威厳を（破砕する）預言的・神秘的・忘我的カリスマの不具戴天の敵となる」[127]のである。ここで再び明らかになるのは、人格的カリスマと官職カリスマの相互関係のあり方である。すなわちそれらが構造的ヴァリエーションではなく、構造的オルタナティヴ、すなわち支配自体の二つの異なる構造形態だということである。

日常化の原因の一つは、キリストの再臨が遅れていることであり、構造分化の原因の一つは、キリスト教伝道の成功であった。再臨が遅れることによって、原始キリスト教諸教団を貫流し、彼らをしっかりと結びつけた情熱は弱まった。そしてキリスト教伝道の成功によって、宗教的エリートと宗教的大衆の間の亀裂、また宗教的エリートのなかでも「預言者」と「祭司」との間の亀裂が深まった。この祭司は、預言や聖なる伝承の内容を「決疑論的 - 合理的に分類し、自分の階層や自分が支配する平信徒の思考慣習や生活慣習に適応するという意味で」体系化[128]し、本来預言的だった説教や司牧を経営に適するように合理化する。[129]それは、信奉者数の増加によって、役割分化・地位分化——これは同時に宗教的不平等性すなわち宗教的階層分化をもたらす——が起こらざるをえないからである。これは社会的階層分化といわば「交差」する［一致しない］。さらにこのことは、「担い手」の圧倒的大多数の出自が平民である初期キリスト教会にも明らかに妥当する。しかしながら対内的にも、またとりわけ対外的にも教会が強化されるにつれて、宗教的階層分化と社会的階層分化を「調和させる」傾向が強まる。これはすでに、キリスト教会の「初期カトリック的」発展段階に当てはまる。トレルチはこの事態を次のように要約している。古代の司教は「まだ単純な手工業者、商人、事情によっては奴隷でさえ」あった。「祭司職は単なる名誉職であり、そのかたわら市民的生業が行なわれていた。そしてようやく徐々にキプリアヌスのような知的・金銭的に傑出した人々が官職に参入するようになり、教会の所有地が獲得され、コンスタンティヌス大帝以後の時代に皇帝の特権が確立してはじめて、司教は支配層となった[130]」。

成立期のキリスト教祭司層、すなわち司教団の制度的出発点をなしたのは、原始キリスト教団の指導構造であった。すでに解説したように、それらは不明確であり、パウロ教団ではカリスマ的、他の教団ではむしろ伝統的であって、ユダヤ教の長老支配体制を模範としていた。ヴェーバーは教団官職および指導者カテゴリーの形成という行政社会学的に興味深い過程には考察を加えなかった。比較論的視角でそのような分析が行なわれていれば、計画されていた原始キリスト教、東方キリスト教、そして西方キリスト教に関するモノグラフはことによると互いに関連するものとなっていたかもしれない。しかしヴェーバーは、発展の行き着く「終点」を強調したのである。それはキリスト教会の形成、すなわち世界史上最初の合理的官僚制の形成であった。これは合理的なローマ法や、あらゆる忘我を嫌悪するローマの官職貴族の実践的合理主義がなければ不可能だったであろう。ヴェーバーはこれとの関連で、コリントの教団などとは異なり、この実践的合理主義を受け入れ、その上で霊《プノイマ》を規律化した、ローマ教団の文化史的意義を指摘している[131]。しかしながら重要なのはこのことではなく、この「統一的・合理的組織」が外的および内的な合理化の結果を表しているという事実である。この外的合理化は原始キリスト教的カリスマの日常化に、内的合理化はその事象化にそれぞれ由来する。

キリスト教会は単なる官僚制組織ではなく、むしろカリスマ的アンシュタルトである。より正確には、あらゆるニュアンスをもった人格的カリスマ保持者の手から恩寵授与権を奪いとり、同時にもっぱら自らの「わざ」の力によって救済を獲得しなければならないという心理的抑圧から宗教的平信徒を解放した、恩寵アンシュタルトであった。この恩寵アンシュタルトには、結局次の三つの原則が妥当する。「⑴教会の外に救いなし（Extra ecclesian nulla salus）。つまり恩寵アンシュタルトに帰属することによってのみ、人は恩寵を手に入れることができる。⑵恩寵授与の有効性を決定するのは、規則に従って賦与される職権であって、祭司の個人的なカリスマ的資質ではない。⑶救済を求める者の個人的な宗教的資質の有無は、職権の恩寵授与権を前にしては全然問題にならない[132]」。

確かにキリスト教会は、自由に浮動する原始キリスト教の霊《プノイマ》を「飼い慣らす」が、それはあくまで、制度化された形でそれを再び活性化するためである。そのためキリスト教会は、原始キリスト教がパリサイ派ラビ的ユダヤ教に対抗して行なった再呪術化をも逆戻りさせることなく、それを制度的に固定したのであった。個人的にはイエスおよびパウロにさえ由来する奇跡の力は制度となった。それは秘蹟が祭司によって平信徒に与えられるときに常に働く。したがってヴェーバーにとって近代西洋合理主義の成立の宗教史的前提条件の一つは、奇跡の力が秘蹟から取り去られたという点にあるのである。これは禁欲的プロテスタンティズムにおいて起こったことであるが、実際また禁欲的プロテスタンティズムは、古代ユダヤ教の預言と共に始まった脱呪術化過程を、古代・中世のキリスト教が反動をもたらした後、宗教史的結末まで導いたからである[133]。しかし結局、これはユダヤ教の遺産に依拠することによってのみ可能なのであった。それゆえ、ユダヤ教がなければ脱呪術化はなかったと言えるのである。

原始キリスト教団からこのような教会へ至るためには長い道のりを経なければならなかった。この道をとることをめぐっては、初めから争いが絶えなかった。それはまたキリスト教が歩んだ唯一の道でもなく、結局教会に至らなかった道もあったのである。すでに原始キリスト教運動からして多元的であった。この多元性は常に新しい形で数世紀にわたって維持され、中世教会でさえ、疑いもなくそれを非常に制限したものの、それを取り除くことはできなかった。エルンスト・トレルチによれば、この多元性は歴史的偶然ではない。それは、福音が「生のなかに場所」を占めるや否や、福音自体から出てくるものなのである。福音の中心には神の愛の理念がある。それは神と人間の二重の関係をつくりだす。一つは絶対的な宗教的個人主義に至り、もう一つは絶対的な宗教的普遍主義に至るものである。第一の関係によれば、人間は個別的に神の子へと召命されるのであり、人は自己犠牲と自己聖化によって、簡単に言えば孤独な自己修養によって、神の子にふさわしくあらねばならない。第二の関係によれば、人間は他者と共に神の子へと召命される。人間はまだこうした神の愛を知らなかったり、それを拒否したりするすべての人々――彼らには愛によって神の子となる道が開かれているのだが――にさえ結びついている。第一の関係は正しく理解された「自己」愛に基づき、第二の関係は兄弟愛、隣人愛、さらに敵への愛にさえ基づいている。この種の愛は、ヴェーバー流に言えば、一方では救済貴族主義の追求の動機を、他方で救済普遍主義ないしは救済民主主義の追求の動機を与える。

これらの動機が共同体形成的に作用し、たとえば神秘主義やスピリチュアリズムの場合のように共同体そのものを否定しない限り、二つの根本的に異なる社会的構成体をつくりだす。すなわち、絶対的個人主義は、「ゼクテ」を、絶対的普遍主義は「教会」をつくりだすのである。そのためトレルチは、福音がその宗教的基礎理念に対応して「社会学的二重性格」をもっているというテーゼを定式化した[134]。

トレルチは、ヴェーバーとの対話のなかで教会とゼクテとの区別を練り上げた。ヴェーバーはそれを「より技術的に」区別すると同時に、キリスト教的背景から解放した。にもかかわらず、トレルチの場合にこの区別を根拠づけていた連関は、古代キリスト教に関するヴェーバーの見解に無理なく移し換えられる。彼にとってもまた、キリスト教内部の多元性は歴史的偶然ではなく、彼もゼクテと教会を形成するキリスト教的「使命」の潜在力から出発している。ただし、この多元性に関するヴェーバーの見解をただゼクテと教会の概念だけに還元するのは、あまりに単純すぎるだろう。というのは絶対的個人主義と絶対的普遍主義の区別には、社会学的に深められた意味があるからである。絶対的個人主義は、救済がもっぱら救済を求める者の「業績」——それが個々の場合にいかに定義されようとも——として現れる場合に必ず存在するが、絶対的普遍主義は、この救済がもっぱら次のような業績の結果として、すなわち「神の恵みを受けた英雄、あるいはまさに受肉した神が成就し、その信奉者たちに『為された業から（ex opere operato）』の恩寵として利益をもたらすような[135]」業績の結果として表象される場合に存在する。この第二の場合、救済は「救済する業」の結果ではなく、「救済的恩寵授与」の結果なのである。これは人格カリスマ的または官職カリスマ的に認証されうる。したがって、ゼクテと教会、すなわち「純粋に人格カリスマ的資格を与えられた人々の共同体」と官職カリスマの担い手や管理者との間ばかりでなく、[136]「自己救済」と恩寵授与による救済との間にも闘争はあったのである。そしてこうした根本的な事情は、初期キリスト教の場合にもまた妥当する。類型論的に見ると、初期キリスト教が進む道が最初から少なくとも三つ、ここから生じる。一つは自己完成による個人的「自己救済」の道である。トレルチの言う絶対的な宗教的個人主義はそこで実現される。それは初期キリスト教の信仰の達人、すなわち「禁欲者」、殉教者やまた修道僧といった、もっぱら彼ら自身の魂の救済のために「荒野へ」赴くようなすべての人々に代表される。もう一つの道は自己完成による個人的「自己救済」の道ではあるが、カリスマ的恩寵授与という目的をもった道である。トレルチの絶対的個人主義は、この道において——絶対的普遍主義と結びついてではあるが——実現される。これは初期キリスト教の一部の修道院や、「荒野に」赴いたことが従士層の形成に直接役立ったような「救世主」・「聖者」によって代表される。しかしさらにもう一つの道は恩寵授与を完全に恩寵授与者と彼の「業績」から分離する場合に成り立つ。これが一種の愛の家父長制として作用するトレルチの絶対的普遍主義であった。[137]これは成立期のキリスト教会に代表され、したがってヴェーバーはこの教会を「永遠の救済財という一種の信託財産の管理人」[138]とも見なしたのである。

しかしながら再び類型論的に見れば、これら三つの道のほかにも最初から第四の道があったのである。それは、他の救済財と結びついているという点でこれまで述べたものとは区別される。これまでの道は、すべて神への信仰的帰依を要求する限りで同じ救済財へたどりつく。それらは真正の信仰宗教心の枠組内における代替的な道であった。先に示したようにヴェーバーはキリスト教の教説の信仰宗教的特徴を繰り返し強調している。彼はアジアの救済宗教あるいはタルムード的ユダヤ教に対するキリスト教の独自性をその点から根拠づけるのである。アジア救済宗教の場合のように霊知《グノーシス》的知であろうが、タルムード的ユダヤ教のように律法知であろうが、ともかくそうした知の救済力に、それらは結局——キリスト教と異なって——立脚していたからである。しかしながら初期キリスト教のこうした信仰宗教的特徴である特殊な反知性主義は、非ユダヤ的な二つの知性主義的潮流に直面した。それはギリシア哲学と、「認識」のもつ救済力をその救済貴族主義の基盤にしたグノーシス主義とであった。初期キリスト教はギリシア哲学と対決することによってキリスト教神学を「生みだした」が、この対決は「より高いまたは唯一の救いを保証するのは神学的『グノーシス』か、それとも素朴な信仰つまり『ピスティス』か」という論争をも初期キリスト教にもたらしたのである。[139]この論争は、宗教における合理的討議の限界をめぐる絶え間ない闘争にも同時に現れた。私が「中間考察」の一節を正しく理解しているならば、アリウス派との論争におけるアタナシウスの立場は、ヴェーバーにとって、知性に対して信仰を守ろうという試みの表現であった。おそらくここで彼は、アタナシウスがいなければ教会は哲学の手に落ちたであろう——しかしそれはキリスト教の独自性の放棄を意味するだろう——と述べたハルナックに従っている。[140]グノーシス主義との論争においては、哲学に対する関係だけが問題だったのではなく、別の救済宗教の可能性もまた問題であった。そのうえこの可能性とは、たとえばマルキオン派のように、まさにパウロ主義に「よりどころ」をもっているものであった[141]。初めの三つの道とは異なり、グノーシス主義の道は初めから異端として扱われ、ヴェーバーによってもそう見なされていた。彼のグノーシス主義像は確かに、ナグ・ハマディで発見された資料の影響をまだ受けていない研究状況によって特徴づけられている[142]。

したがってキリスト教の場合、使徒時代以後の段階ですでに、信仰／認識、自己完成／恩寵授与——人格カリスマ的形態であろうと官職カリスマ的形態であろうと——という少なくとも二つの闘争前線が鋭く引かれていた。この闘争前線で最も重要な戦いが始まり、一部は信じられないほどの非情さで解決された。それはグノーシス主義との闘争、ギリシア哲学との戦いであり、さらに叙任された祭司の消えざるしるし（character indelebilis）に対するドナトゥス派の闘争、すなわち恩寵を与える個人の適性から恩寵の賜物を分離することに反対する闘争であった[143]。闘争状況で作用していたいくつかの諸力を抑制したことは、パウロ教団の業績である。しかしその前提となっていたのは、狭い範囲内での感情的ゲマインシャフト結合であった。構造分化と日常化の圧力によって、この「総合」は二つに分裂した。その結果感情的ゲマインシャフト結合の代わりに合理的ゲゼルシャフト結合が、宗教的平等の代わりに宗教的不平等が生じたのである。確かに、まさしく宗教的不平等、すなわち信奉者が宗教的達人と大衆に分離することによって、感情的ゲマインシャフト結合には一つの場所が残されるが、それはますますゼクテと修道会の中にいわば隔離される。ただし、感情的ゲマインシャフト結合は、教会の合理的ゲゼルシャフト結合形態に対抗する革命的潜在力を、この隔離のなかで担い続ける。この潜在力は、最終的に宗教改革において爆発的に展開したのである。

八　終点――禁欲的プロテスタンティズム

初期キリスト教は、世界の脱呪術化という点で大きな後退を意味するとはいえ、宗教的に動機づけられた個人的自己完成という点ではやはり大きな進歩を意味する。どちらの点においても、古代ユダヤ教は、ヴェーバーがこういった初期キリスト教の革新的要素を際立たせるための引き立て役である。彼は能動的禁欲の成立のなかにこの革新的要素を認めている。絶対的な宗教的個人主義という意味での急進的な自己完成を追求するときには、自己超克、すなわち俗なる人物が「聖なる」人物として方法的に統御され、体系的に導かれた形で「再生」することが要求される。(144) 救拯論的前提の下ではそのためにとりわけ三つの「手段」、すなわち忘我、禁欲および瞑想というものがある。これら三つの手段は、すべて初期キリスト教において大きな役割を演じていた。霊に憑かれた原始キリスト教の「預言者」・「教師」・「伝道者」の場合にはそれは忘我であり、初期キリスト教の信仰の達人の場合は禁欲、グノーシス主義者の場合は瞑想であった。ヴェーバーはユダヤ教の預言者とキリスト教の預言者との連続性をはっきりと認めていたが、その連続性は禁欲の変化型ではなく、忘我の変化型に関わっている。そして彼はごく一般的に次のように述べている。「初期キリスト教の宗教心の『禁欲的』要素は、およそユダヤ教に由来するものではなく、まさにパウロの伝道団の異邦人キリスト教団においてみられるものである」[145]。ラビたちによって教示された行為は呪術から解放された世俗内的なものであったが、体系的禁欲から来たのではなかった。ヴェーバーは、儒教とピューリタニズムとの比較の場合と同様に、タルムード的ユダヤ教とピューリタニズムとの比較でも、外見上類似した行為経過がまったく異なる意味連関から生じうるということを示そうとした。まさにそれゆえに、理解社会学は外的行為経過を確定することだけに甘んじていてはならないのである。むしろ外的行為経過と結びついた「内的根拠」を考慮しなければならない。そのときにはじめて外的な類似性がまったく多様なものを意味しうるということが明らかになるのである。そしてこのことは、キリスト教の達人とは異なる仕方でユダヤ教の達人が実践した生活態度についても妥当する。それは「儀礼規範やタブー規範の遂行が『禁欲』でないのと同様、ユダヤ教的『律法』の遵守は『禁欲』ではない」[146]からである。「律法」の心情倫理的昇華を伴った原始キリスト教の急進的な宗教的個人主義においてはじめて、「神の道具としての神の意にかなった行為」[147]を意味する能動的禁欲の諸前提が生み出された。こうした禁欲は、古代キリスト教や中世キリスト教においてもなお、世俗外へ向けられた状態にとどまっていた。禁欲的プロテスタンティズムがはじめてそれを世俗内的なものとして全面的に実現するのである。

しかしこれは、近代西洋合理主義の宗教史的諸条件に関連していえば、初期キリスト教が「後退」も「進歩」ももたらしたということを意味する。救済への道が「呪術化」されたという限りでは「後退」であるし、禁欲の新しい形態、すなわち能動的禁欲が成立したという限りでは「進歩」である。この能動的禁欲は、初めは散発的に発展する程度で、それも世俗外に向けられていたが、ユダヤ教の倫理的神や反呪術性と相俟って、西洋の特殊な道にとって本質的な発展諸条件を形成した。宗教改革の結果、禁欲的プロテスタンティズムがユダヤ教と初期キリスト教の遺産を共に再び受け入れ、急進的な宗教的個人主義の土台の上で両者を融合させたときにはじめて、神と人間とを媒介する一切の審級が破壊され、神への一切の道は根本的に脱呪術化されることになった。この限りでヴェーバーは、世界の全面的脱呪術化がここにおいてのみ、徹底して遂行されたと主張しえたのである。(148)

したがって、ヴェーバーが一九一九年に原始キリスト教に関するモノグラフの近刊を予告したことには相応の理由があるのである。マリアンネ・ヴェーバーも報告しており、(149)本章でも示そうとしているように、彼はそのための準備作業をずっと前に行なっていた。当然我々は、このモノグラフが外的にどのように組み立てられるはずだったのかについてしか推測できない。にもかかわらず、その内的構成も私にははっきりしているように思われる。その出発点を成したのは、パリサイ主義とタルムード的ユダヤ教を、知性主義的・教訓的特徴をもった律法倫理的・市民的教団宗教心として類型論的に特徴づけることであっただろう。ヴェーバーはそれから霊的‐預言的特徴をもった心情倫理的・市民的信仰宗教心としての原始キリスト教運動を区別したことであろう。ヴェーバーはこの新しい信仰宗教心の発展について、三つの構造的推進力を区別している。第一の推進力はイエスからパウロへの移行に伴って生じる。このとき、純粋な人格的カリスマは制度に拘束された人格的カリスマに変形し、弟子層の感情的臨時ゲマインシャフト結合は信奉者層の感情的永続ゲマインシャフト結合に変形し、経済からの根本的超越はゆるやかに経済に拘束される形に変形した。第二の推進力は、パウロの諸教団が第一期から次の時期へ移行するときに生じた。この使徒以後の時代に原始キリスト教運動のとてつもない多元化が始まった。宗教的階層分化は宗教的達人と宗教的大衆によって現れたが、宗教エリート自身の分裂という形でも現れた。この分裂は信仰か認識か、人格的カリスマか官職カリスマか、自己完成か恩寵授与かといった選択肢に従って生じた。感情的な臨時ゲマインシャフト結合または永続ゲマインシャフト結合の事例がますます増大するとともに、合理的なゲゼルシャフト結合の最初の形態がこれに加わった。経済に対する関係もまた、経済から完全に超越したものから自家経済の最初の形態まであらゆる可能性の段階をすでに示していた。最後に第三の推進力は、教団組織が内的に解体し、ローマ帝国の支配構造に外的に組み入れられると同時に生じた。コンスタンティヌス大帝の政策転換は、そのための強力な衝撃を与えたのである。今や感情的ゲマインシャフト結合に対して合理的ゲゼルシャフト結合が前面に出てくるようになり、その領域をますます支配する。しかし重要なのは、官僚制化や宗教的生活の法制化を伴った合理的ゲゼルシャフト結合が、カリスマの事象化からその内的なよりどころを受け取ったということなのである。成立した官僚的組織とは、秘蹟的恩寵アンシュタルトであり、その合理性は、人格的カリスマ的支配諸形態、特に修道院制度をも捉えたものである。しかし教会自身は、ますます一つの経済権力になってゆき、その担い手は特権的身分に統合された。もちろん、原始キリスト教運動を支配していた現世に対する無関心がこれによってまだなくなったわけではなく、まだ宗教と「現世」の相互浸透という結果にはならなかった(150)。だがともかく原始キリスト教運動からは、キリスト教会だけでなくキリスト教の日常倫理もまた成立し、ユダヤ教内部の新生運動からは、強化された一つの新しい文化宗教、というより世界宗教が成立した。その際出発点からの変位が生じたが、空洞化はほとんど生じなかった。ともかく、ヴェーバーがこの自律化・強化の過程をまとめて空洞化として理解しているという証拠は、私の見るところでは、ほとんどない。このことは、「一次元的」日常化モデルを越えるならば、いずれにせよ言えることなのである。しかしヴェーバーは、まさに初期キリスト教発展の分析に際してこれを行なっている。これはもう一度図式にまとめて示しうる（表3を参照）。

今日、ヴェーバーのひそみにならって、古代キリスト教の社会学的研究論文を執筆しようとするなら、この内的構成や準拠枠に確実に従うことができよう。この準拠枠は、上述の三つのステップを要求する。イエスから原始教団へ、エルサレムからアンティオキアへ、そしてギリシアのユダヤ人キリスト教団から律法から自由な異邦人キリスト教団へのステップがそれであり、さらに、感情的ゲマインシャフト結合を伴う初期教団から合理的ゲゼルシャフト結合を伴う初期の教会へという第四のステップがこれにつけ加えられる。この研究にあたってヴェーバーの基本理念や諸概念を利用するなら、利するところは確実に大きいであろう。しかし少なくとも二つの連関を新たに熟考しなければならないだろう。ユダヤ教と初期キリスト教との連関およびグノーシス主義と初期キリスト教との連関である。ヴェーバーはその儀礼的遮断を強調するために、パリサイ的ユダヤ教とタルムード的ユダヤ

表3　古代および初期中世のキリスト教における宗教的諸関係の基本形態と宗教発展の基本線

行為調整の様式 ＼ 行為調整の恒久性	臨時的関係	永続的関係
ゲマインシャフト結合（感情的連帯）	人格カリスマ的な忘我的‐預言的運動（例：イエス運動、「救世主」運動、神秘的祭儀）	人格カリスマ的「感情的」教団（例：パウロの伝道、修道院教団、ゼクテ教団）
ゲゼルシャフト結合（価値合理的動機をもった心情結合）	人格カリスマ的「合理的」祭儀（例：商業化された聖地）	a．心情的結社という意味での人格カリスマ的「合理的」ゼクテ（例：ベネディクト修道会） b．心情的アンシュタルトという意味での官職カリスマ的「合理的」教会（例：「初期カトリック」教会）

教とを市民的パーリア宗教心として特徴づけた。これによって彼は、パウロ伝道の成果が第一に「ユダヤ人のパーリア的地位を固定化していたあの決定的な鎖を断ち切る」ことにあると理解することができたのである。[151]しかしながら、ユダヤ人はこの時点では市民的パーリア民族ではなかったし、信

奉者も律法を「望みのない『奴隷法』」だと感じていたようには思われない[152]。ユダヤ教に対して向けられた反儀礼主義を一面的に強調すると、パウロ伝道の成果も誤って評価されることになる。またヴェーバーは、その「反キリスト教的」特徴を強調するために、グノーシス主義を知性主義的アジア救済宗教の一種と特徴づけた。これによって彼は最初からグノーシス主義を、反知性主義的なキリスト教の信仰宗教心を背景にして、周縁運動と見なすことができたのである。しかしながら、「信仰」と「認識」との関係が定まっていない——ヴェーバーも当然これを認めていた——だけではなく、グノーシス主義はまた、おそらく完全に西南アジア的な現象として、キリスト教とユダヤ教の発展に対してヴェーバーが考えたよりはるかに大きな意義をもっているのだ。それは特に最も厳格な禁欲の発祥地でもあったように思われる[153]。しかしこのような研究は、何よりも最近の研究成果を採り入れ、それらをこの内的構成や準拠枠のなかに統合しなければならないだろう。これはヴェーバーの古代キリスト教の見方が根本から修正される必要はないという限りでの話である。

［原注］

（1）この作品史的連関については、*Religion und Lebensführung*, Kap. 13（『ヴェーバーの再検討』、第Ⅳ章「宗教社会学」）を参照。

（2）これらの区別については、*Religion und Lebensführung*, Kap. 6A（本訳書、第二章A）を参照。こうした観点の下でのパリサイ派とサドカイ派の関係については、Max Weber, RS III, S. 407f.（内田訳、下、九二五—六頁）。

（3）Ebd., S. 423.（同訳書、下、九六〇—一頁）. ヴェーバーはそれらの成立が紀元前二世紀にまでさかのぼるものと推定している。彼は明らかにヨセフス（Josephus）を利用してその成立の概要を示している。*Jüdischer Krieg* Buch II, 8. Kap.（秦剛平訳『ユダヤ戦記』第一巻、ちくま学芸文庫、二〇〇二年、二七五頁以下）を参照。彼は他のゼクテの存在やユダヤ教における禁欲的制度の欠如を否定してはいない。ヴェーバーにとって禁欲的ゼクテ形成の一例である、コラ族についての指摘をも参照。彼は当然、クムランの発掘物［死海文書］を利用することはできなかった。それがユダヤ教の発展の紀元前の段階に関する彼の「像」にどの程度修正を迫ることになるはずだったかについては明言しがたい。これについては、Wolfgang Schluchter (Hg.), *Max Webers Sicht des antiken Christentums. Interpretation und Kritik*, Frankfurt 1985, S. 233ff. 所収のシェマリヤフ・タルモン（Shemaryahu Talmon）の論考を参照。

（4）RS III, S. 426（内田訳、下、九六七頁）.

（5）Ebd., S. 426f.（同訳書、下、九六七—八頁）.

（6）ヴェーバーは律法倫理と心情倫理との区別に関連してこう述べている。これについては、WuG, S. 349（武藤・薗田訳、二六〇—一頁）を参照。

（7）RS III, S. 6f.（内田訳、上、二一—三頁）.

（8）Ebd., S. 397（同訳書、下、九〇一頁）. ヴェーバーは使徒行伝第二章第一六—二一節に基づいて新約聖書との結びつきを明らかにした。

（9）RS III, S. 7（同訳書、上、二三頁）.

（10）Ebd., S. 441（同訳書、下、九九九頁）.

（11）WuG, S. 371, S. 379（武藤・薗田訳、三一三頁、三三二—四頁）. カウツキーへの言及は間接的なものでしかない。原始キリスト教は、ヴェーバーにとって当然「道徳の奴隷反乱」の産物でもない。

（12）RS III, S. 437f.（内田訳、下、九九三―四頁）を参照。ところでヴェーバーは、民族的ギリシア諸国家の崩壊後やローマ共和国の最終段階においてギリシア人をひきつけた、儀礼的に規制されたユダヤ的生活秩序の大きな魅力について述べている。その限りで、ユダヤ教の魅力はまさにその儀礼にあるというジョン・G・ゲージャー（John G. Gager）の所見と根本的な対立はない。Wolfgang Schluchter (Hg.), *Max Webers Sicht des antiken Christentums. Interpretation und Kritik*, Frankfurt 1985, S. 385ff. 所収の彼の論考を参照。

（13）この定式化については、RS III, S. 430（内田訳、下、九七五頁）を参照。ここでヴェーバーは、他の多くの箇所と同様、ニーチェ的概念をアイロニカルに取り入れている。

（14）Gerd Theißen, *Studien zur Soziologie des Urchristentums*, 2. Aufl., Tübingen 1983, 特に S. 83ff. を参照。

（15）WuG, S. 663, S. 669（世良訳『支配』II、四〇〇―一頁、四二三頁）. 私は、新旧両稿の『経済と社会』の支配の社会学を共に用いているが、それら二つの関係を議論はしない。その体系的考察については、Wolfgang Schluchter, *Die Entwicklung des okzidentalen Rationalismus. Eine Analyse von Max Webers Gesellschaftsgeschichte*, Tübingen 1979, Kap. 5, 特に S. 180ff.（『近代合理主義の成立』、第五章、特に一七五頁以下）を参照。さらに *Religion und Lebensführung*, Kap. 12（『ヴェーバーの再検討』、第II章「カリスマの変形」）.

（16）RS III, S. 431（内田訳、下、九七七頁）におけるヴェーバーの所見による。

（17）WuG, S. 343（武藤・薗田訳、二四六頁）.

（18）Ebd. S. 344（同訳書、二四八―九頁）と関連して、S. 345（同訳書、二五〇―一頁）. どちらの場合にも、おそらく神の子という意識は保持されていた。この禁欲的な神の道具という観念は、修道院制度と禁欲的プロテスタンティズムの産物である。

（19）Ebd., S. 343（同訳書、二四七頁）.

（20）Ebd. 参照。ヴェーバーは、ここやその他の箇所（たとえば、RS I, S. 566［大塚・生松訳、一五〇頁］を参照）で、「不合理なるがゆえに我信ず」（credo quia absurdum）（ただし「不合理なるものをではなくて、不合理なるがゆえに、我信ず」（credo, non quod, sed quia absurdum est）という通常とは異なる表現で）という文言を利用し、それと知性の犠牲（sacrificium intellectus）という文言を結びつけた。前者はテルトゥリアヌスによるものとされており、後者は第一バチカン公会議に由来する。これらの文言は「啓蒙主義的」さらに「文化闘争的」色調を帯びていたけれども、これらはヴェーバーが信仰を積極的に定義するのに役立った。ヴェーバーの場合、信仰の超理性性が前面に押し出されているが、これは反理性的態度を含みうる。ヴィンデルバントはこのことを考慮に入れて、テルトゥリアヌスの文言に以下のようにもっともな解釈を与えている。「したがって、理性を人間の自然的認識活動と理解する限り、テルトゥリアヌスの場合、啓示の内容は超理性的であるばかりでなく、ある意味で反理性的でもあった。福音は、理解不可能なものであるばかりではなく、現世的認識と不可避的に矛盾する。すなわち、不合理ゆえに信じらるる、有り難きことなれば確かなり、不合理なるがゆえに我信ず（credibile est, quia ineptum est; certum est, quia impossibile est – credo quia absurdum）。そのため、これに従えば、キリスト教は哲学と何のかかわりももたず、エルサレムはアテナイとは何のかかわりもない。すなわち自然的認識としての哲学とは不信仰である。それゆえにキリスト教的哲学というものは存在しない」。Wilhelm Windelband, *Lehrbuch der Geschichte der Philosophie*, 4. Aufl., Tübingen 1907, S. 187（ついでながら、この版はヴェーバーも用いている）を参照。ただしこの表現は、テルトゥリアヌスの原文どおりのものではない。これについては、*de carne Christi* V, 3（マタイによる福音書第一〇章第三三節、マルコによる福音書第八章第三八節、ルカによる福音書第九章第二六節と関連した一節、「我らが信仰の不可欠なる不実を破りたもう方は誰か」Quid destruis necessarium dedecus fidei?）を参照。ところでヴェーバーは、テルトゥリアヌスの文言をある箇所で誤ってアウグスティヌスのものとしているが、それについての彼の解釈は、ヴィンデルバントの解釈にかなり近いと見てよかろう。いずれにせよ、ヴェーバーの信仰の概念は、同様にこの二つの文言を用いたニーチェの概念とは一致しない。ニーチェは「反キリスト者」の五二（原佑訳「反キリスト者」『ニーチェ全集』第一三巻、理想社、一九八〇年、二一四頁）で「『信仰』とは、何が真理であるかを知ろうと欲しないことである」と定式化している。

おそらくこれは、ヴェーバーが「パリサイ的」と呼びそうな表現の一つである。ニーチェ哲学全体のパリサイ的特徴については、RS II, S. 174（深沢訳、二二八頁）を参照。

(21) WuG, S. 311（武藤・薗田訳、一六八頁）.

(22) これについては、Gerd Theißen, *Urchristentum*、特にS. 209ff.

(23) ヴェーバーにとって、シナゴーグは「知的」宗教心ないし「律法」宗教心の中心であって、信仰宗教心の中心ではなかった。RS III, S. 431（内田訳、下、九七六―七頁）を参照。信仰宗教心には、次のことが妥当する。それは、「一なる人格神、仲保者、預言者を前提し、これらのもののために自己義認や独自の知は何らかの点で断念される。この点からして、それは同じ形態をもつアジアの宗教心とはまったく異質のものなのである」。WuG, S. 344（武藤・薗田訳、二四八頁）を参照。この観点からのシナゴーグと「教会」の区別については、後に述べる。ヴェーバーは、インドの信仰宗教心の発端がバーガヴァタ宗教にあると考えている。RS II, S. 196ff., 339ff.（深沢訳、二五四頁以下、四二九―三〇頁）、同様にバガヴァッド・ギーターと新約聖書の比較、S. 192ff.（同訳書、二五〇頁以下）を参照。

(24) Adolf von Harnack, *Lehrbuch der Dogmengeschichte. Erster Band: Die Entstehung des christlichen Dogmas*, 5. Aufl., Tübingen 1931（写真復刻版）, S. 105. ハルナックにとってパウロは、「キリストの精神の創造的力のもとで生まれたユダヤ教精神の最高の産物であった。パリサイ主義は、この男を生み出すことで、世界史的使命を果たした」。

(25) これについては、Wayne Meeks, *The First Urban Christians. The Social World of the Apostle Paul*, New Haven and London: Yale University Press 1983, S. 7f.（加山久夫監訳『古代都市のキリスト教』ヨルダン社、一九八九年、二五―九頁）. ここでは初期パウロ教団の理解にとって重要な観点から正典および外典文書の分類が行なわれている（「真作の」パウロの書簡、使徒行伝、パウロの弟子の書簡、牧会書簡、偽典）。資料の研究状況、特にパウロ文書と偽作パウロ文書、「著者自身による」文献と偽作の文献の区分については、また Karl Hermann

Schelkle, *Paulus*, Darmstadt 1981, Kap. 1.

（26）これについては、使徒行伝第一章第二六節、第九章第一節以下、第一五章第四〇節、および Theißen, *Urchristentum*, S. 83-92 の解釈、さらに *Max Webers Sicht des antiken Christentums*, S. 404ff. 所収のラインハルト・ベンディクスの論考を参照。委譲の問題については、後ほど述べる。

（27）これについては、WuG, S. 321（武藤・薗田訳、一九二頁）. ヴェーバーはこのことをパウロ独特のものとしてでなくまったく一般的に、救済と再生という標題の下で定式化している。再生とは一般に自然的状態（status naturalis）が霊的状態（status spiritualis）により克服され凌駕される過程である。悔い改め《メタノイア》は同時に、ヴェーバーが宗教社会学と支配の社会学、特にカリスマ的支配の社会学とを接合させた概念の一つである。というのも、カリスマは常に「内からの革命」をもたらすものであるから。

（28）Ebd., S. 374（同訳書、三二〇—一頁）を参照。

（29）Ebd., S. 310（同訳書、一六五—七頁）.

（30）Ebd., S. 345（同訳書、二五一頁）.

（31）Ebd., S. 310（同訳書、一六七頁）. 義認の教説に関しては、信仰による義認とわざによる義認、より正確には「律法のわざ」による義認との対立が重要であった。そしてパウロは、信仰による義認に固執する（ローマ人への手紙第三章第二八節、第四章第三節）ことによって、教説がすべての律法からの自由として誤解される（ローマ人への手紙第三章第八節）という困難に明らかに陥った。Schelkle, *Paulus*, S. 24 を参照。

（32）WuG, S. 344（武藤・薗田訳、二四八頁）.

（33）Theißen, *Urchristentum*, S. 202 を参照。

（34）パウロは教団に養われることをやめて自活していた。それによって彼は自らの「非日常性」要求を危険にさらしうる「経済的日常」に関わったのである。ゲルト・タイセンは特にコリントでの闘争の原因を、そこでは「扶養を受ける権利に対する立場を異にする」（S. 214）伝道者の二類型が対立していたこと、またこの点に異なる正当化要求もまた表現されていたことだとしている。「パウロの競合者は伝統的正当化によって支えられるカリスマ的正当化をよりどころにした。それに対してパウロは別の形態の使徒的正当性、すなわちカリスマ的正当性の諸要素と結びつけられた機能的正当性を主張した（このとき彼は、ほかならぬ自分のカリスマの不足、すなわち「弱さ」を使徒としての存在の印として強調した）。この二つの正当化の形態は異なる生計の立て方に関連していた。すなわち教団組織者にとっては、この問題もまた効果的伝道の問題に従属していたのである。遍歴カリスマ保持者にとって、使徒的生活（vita apostolica）の規範に従うことは独自の重みをもっていた」（S. 225）。扶養問題が闘争の対象であり、さらにまたその時々の解決が要求される正当化と関係していたということを否定するつもりはない。しかし「他者に扶養されること」と「自活すること」との対立の解決が、少なくとも理論的には、カリスマ的正当化の可能性に対して無関係であるということは認めねばなるまい。たとえば、初期仏教の僧院は純粋な托鉢僧院であり、さらに（雨季を除けば）定住することはなかったが、これに対して西洋の修道院の特定の流派は、純粋な「労働修道院」であり、定住をしていた。そしてこの両者は共に自らのカリスマ的正当化に成功していたのである。したがって、正当性問題の説明に際して、必ずしも扶養問題の解決をゲルト・タイセンほどに重視する必要はない。だからといって彼の分析やその成果をすべて棄却しなければならないわけでもない。それどころかまったく反対に、ヴェーバーの原始キリスト教に関する論評について私は、本質的にゲルト・タイセンの著作に「示唆された」解釈をしているのである。

（35）キリスト教の地理的拡大については、総じて、Adolf von Harnack, *Die Mission und Ausbreitung des Christentums in den ersten drei Jahrhunderten*, Wiesbaden 4. Aufl. O. J. (unveränderter Nachdruck der Ausgabe von 1924), Anhang. パウロについては、Wayne Meeks, *The First Urban Christians* 所収の地図および S. 1, S. 42（『古代都市のキリスト教』、八頁、一五—六頁、九六頁）.

（36）Ebd. S. 32ff.（『古代都市のキリスト教』、七八頁以下）.

（37）RS III, S. 400（内田訳、下、九〇七頁）を参照。

(38) Ebd., S. 438（同訳書、下、九九五頁）．

(39) Ebd.（同訳書、下、九九四頁）．

(40) Ebd., S. 440（同訳書、下、九九八頁）．ヴェーバーは、奴隷もまた小市民のうちに含めていた。WuG, S. 295（武藤・薗田訳、一三〇―一頁）を参照。「古代キリスト教団内の奴隷は、都市の小市民層の構成要素であった。というのは、ギリシアの奴隷や、またたとえばローマ人への手紙に述べられているナルキソの家の人々（ナルキソとは、おそらく有名な皇帝直属の被解放奴隷であったと思われる）などは、大金持ちの、比較的優遇され自主性を認められた家僕や召し使い――ナルキソの家の人々は多分これであったであろう――であるか、または多くは独立した職人として、めいめいの主人に利息を払いながらも、自ら工面して自分自身の身請け金を稼ぎ出せる望みをもっている人々であった」。キリスト教団「組織の核」としての家共同体の意義については後で述べる。

(41) Ebd., S. 379（同訳書、三二四頁）．

(42) Adolf Deissmann, *Paulus. Eine Kultur- und religionssoziologische Skizze*, Tübingen 1911; ders., *Das Urchristentum und die unteren Schichten*, 2. Aufl., Göttingen 1908; ders., *Licht vom Osten. Das Neue Testament und die neuentdeckten Texte der hellenistisch-römischen Welt*, Tübingen 1909 を参照。ダイスマン批判としては、Meeks, *The First Urban Christians*, S. 51ff.（『古代都市のキリスト教』、一四四頁以下）．ヴェーバーがハイデルベルクでダイスマンと個人的に接触していたのは明らかだ。

(43) パウロ教団の社会的不均質性については、すでに述べたウェイン・ミークスとゲルト・タイセンの著作のほかにAbraham J. Malherbe, *Social Aspects of Early Christianity*, Baton Rouge and London: Louisiana State University Press 1977.

(44) WuG, S. 310（同訳書、一六七頁）．

(45) Ebd., S. 275（同訳書、八三頁）．

(46) Ebd., S. 277（同訳書、八八頁）．ところでこれらの定義については、それが一九一三年のカテゴリーないし社会学的基礎概念［『理解社会学のカテゴリー』の概念規定を指す］によって定式化されているのであって、一九二〇年のそれ［『社会学の基礎概念』を指す］によってではないということに注意しなければならない。たとえばゲマインシャフト行為は後に社会的行為（soziales Handeln）に変更され、ゲマインシャフト結合とゲゼルシャフト結合が区別される。一九一三年にヴェーバーは、ゲゼルシャフト行為と了解行為（Einverständnishandeln）を互いに対立させ、（ゲゼルシャフト行為について論じる際に）臨時ゲゼルシャフト結合や永続ゲゼルシャフト結合について述べている（しかし臨時ゲマインシャフト結合や永続ゲマインシャフト結合については述べていない）。これについては、Max Weber, WL, S. 441ff.、特にS. 450f., 452f.（海老原・中野訳、四三頁以下、特に六九—七二頁、七七—九頁）およびWuG, S. 21f.（清水訳、六六—七頁）を参照。私は、述語の混乱が起きないように定式化しようとしているのである。

(47) Max Weber, WL, S. 451（海老原・中野訳、七三頁）.

(48) これについては、Wolfgang Schluchter, *Die Entwicklung des okzidentalen Rationalismus*, S. 186ff.（『近代合理主義の成立』、一八一頁以下）. ここで提起された解釈は、後に取り上げ、同時に修正する。

(49) WuG, S. 275（武藤・薗田訳、八三頁）を参照。ここでヴェーバーは、宗教的教団は、「一般に日常化の産物としてはじめて」成立すると述べている。これがアンビヴァレントな定式化であることは後に示す。

(50) この三つの概念相互の関係については、ebd., S. 278（同訳書、八八—九頁）. 言うまでもなくこれらの関係によって、教会教団およびゼクテ教団の概念を構成することが可能になる。

(51) Gerd Theißen, *Urchristentum*, S. 213f.

(52) 使命原理の概念については、Wolfgang Schluchter, *Die Entwicklung des okzidentalen Rationalismus*, S. 180ff.（『近代合理主義の成立』、一七五頁以下）. すでに示唆したように、ゲルト・タイセンは、この点について別の考え方をしているように思われる。彼はパウロに対して、カリスマ的正当化原理によって補完される機能的正当化原理をあてはめた。

(53) RS III, S. 439（内田訳、下、九九六頁）.

(54) RS II, S. 39f.（深沢訳、四九頁）. さらに、RS III, S. 439（内田訳、下、九九六―七頁）. WuG, S. 374（武藤・薗田訳、三二〇―一頁）. *Wirtschaftsgeschichte*, S. 277（黒正・青山訳、下、一八四頁）.

(55) RS II, S. 39f.（深沢訳、四九頁）.

(56) RS III, S. 439（内田訳、下、九九七頁）.

(57) Ebd., S. 404（同訳書、下、九一八―九頁）. ヴェーバーはさらに、パリサイ派によって作られた教団制度としての愛の交わりの会食、水運びの行列および家族・シナゴーグでの祝祭をあげている。

(58) 特に水運びの行列と愛の交わりの会食は「モデル」であったように思われる。

(59) WuG, S. 374（武藤・薗田訳、三二一頁）.

(60) ヴェーバーが宗教史学派に「依存」していたことは有名である。ただしその際彼は、この学派がもっていた、経験的‐歴史的問題と教義的‐規範的問題とを混同する傾向に同調しなかった。トレルチもまたこの混同から完全に自由だったわけではないが、こういった［同調しないという立場を取る］点では、トレルチは、おそらくハルナックよりもヴェーバーに近かっただろう。これと関連して興味深いのは、「キリスト教の本質」に関するハルナックとの論争である。これについては、Ernst Troeltsch, *Gesammelte Schriften. Band 2: Zur religiösen Lage, Religionsphilosophie und Ethik*, Tübingen 1922 (2. Neudruck, Aalen 1981), S. 386ff.（高森昭訳「『キリスト教の本質』とは何か」『トレルチ著作集2　神学の方法』ヨルダン社、一九八六年、三七頁以下）.

(61) Ernst Troeltsch, *Die Soziallehren der christlichen Kirchen und Gruppen*, Aalen 1977 (3. Neudruck der 2. Aufl. Tübingen 1922), S. 58f.（『古代キリスト教の社会教説』、八七―八頁）.

(62) 「不純物を取り除く」というのは、およそ正典の形成には、選択（および検閲）がつきものであり、パウロが直接したためたとされる書簡（ローマ人への手紙、コリント人への手紙、ガラテヤ人への手紙、ピリピ人への手紙、テサロニケ人への手紙第一、ピレモン人への手紙）についても、それらがどの程度まで編集の結果なのかということがはっきりしていないためである。Karl Hermann Schelkle, *Paulus*, S. 17を参照。二つのコリント人への手紙の前文は、次のような正当化の文言を含んでいる。「神のみこころによってイエス・キリストの使徒に用いられたるパウロ」、そしてガラテヤ人への手紙では——さらにはっきりと——「(人によるのでなく、また人を通じてでもなく、イエス・キリストと神による) 使徒パウロ」と書かれている。特にこれは、カリスマ的正当化要求のための古典的定式化である。後継者指名の決疑論については、WuG, S. 143f.（世良訳『諸類型』、八一—四頁）.

(63) Ebd., S. 156（同訳書、一二八頁）.

(64) Ebd., S. 141（同訳書、七二—四頁）. 用語法の変更については、注（46）を参照。

(65) これについては、Niklas Luhmann, *Soziologische Aufklärung, 2. Aufsätze zur Theorie der Gesellschaft*, Opladen 1975, S. 21ff.（土方昭監訳『社会システムと時間論』新泉社、一九八六年、五頁以下）.

(66) これについては、Wayne Meeks, *The First Urban Christians*, S. 80f.（『古代都市のキリスト教』、二一七—二〇頁）を参照。

(67) RS III, S. 404（内田訳、下、九一八—九頁）を参照。ここでは、パリサイ派がシナゴーグを生み出したことが述べられている。「これ［シナゴーグ］は後に論究するはずの後期ユダヤ教の中心的制度で、これをディアスポラ・ユダヤ人は、祭司のつかさどる祭儀の代用とした。また彼らは律法についての上級および下級の授業を開始したが、これはユダヤ教を明確なものに形成するのに基礎的となった」。原稿は、その論評に至る前に中断している。

(68) これについては、トレルチが引用した文献を見よ。たとえば、*Soziallehren*, S. 59（『古代キリスト教の社会教説』、八九頁）を参照。初期キリスト教の競合相手としてのミトラ祭儀については、またWuG, S. 290（武藤・薗田訳、一一七—八頁）.

(69) これについては、Wayne Meeks, *The First Urban Christians*, Kap. 3-5、特にKap. 3、さらに、*Max Webers Sicht des antiken Christentums*, S. 363ff. の彼の論考を見よ。

(70) Ebd., S. 84.
(71) WuG, S. 227（厚東訳、五八七頁）を参照。
(72) Ebd., S. 214（同訳書、五五八頁）.
(73) Ebd., S. 217（同訳書、五六五頁）.
(74) Ebd., S. 216（同訳書、五六二頁）.
(75) RS I, S. 543（大塚・生松訳、一二頁）. これについては、また Gerd Theißen, *Urchristentum*, S. 100ff. も参照。ただしヴェーバーは考察をキリスト教に限定しているわけではない。
(76) エルサレムにおける教団の「特殊な位置」には、当然さらに他の象徴的根拠（原始教団）があった。ただしヴェーバーはここでもまた、エルサレムからコリントをへてローマへという移動がその発展と関わっていると考えているのである。
(77) Emile Durkheim, *Die elementalen Formen des religiösen Lebens*, Frankfurt 1981, S. 22（古野清人訳『宗教生活の原初形態』上、岩波文庫、一九七五年、三一頁以下）を参照。デュルケームは、「儀礼的」という概念を、たとえば祭儀的なものから区別された意味で技術的に用いたのでなく、規定されたすべての宗教的行為に対して用いている。
(78) これについては *Max Webers Sicht des antiken Christentums*, S. 404ff. 所収のラインハルト・ベンディクスの論考を参照。
(79) Max Weber, WL, S. 612（尾高訳、七二頁）.
(80) WuG, S. 381（武藤・薗田訳、三三七頁）.
(81) Ebd.
(82) エルンスト・トレルチと明白な関連をもっている、Weber, SW, Tübingen 1924, S. 189f.（渡辺・弓削訳、三四一頁）による。

(83) RS III, S. 440（内田訳、下、九九九頁）.
(84) Wayne Meeks, *The First Urban Christians*, S. 149（『古代都市のキリスト教』、三八七—八頁）.
(85) WuG, S. 298（武藤・薗田訳、一三七—八頁）を参照。
(86) Wayne Meeks, *The First Urban Christians*, S. 135（『古代都市のキリスト教』、三五一—二頁）. ヴェーバーは、ハルナックがディダケー［十二使徒の教えを示した二世紀初めの教義書］を参照して行なった区分におそらく依拠しているのであろう。すなわち、使徒、預言者、教師としてのキリスト教伝道団である。Adolf von Harnack, *Die Mission*, Drittes Buch、特に Erstes Kap. を参照。この図式は維持されなかった。Meeks, a. a. o., S. 136（『古代都市のキリスト教』、三五三頁）を参照。
(87) RS III, S. 432（内田訳、下、九七九頁）.
(88) これについては、Wayne Meeks, *The First Urban Christians*, S. 108（『古代都市のキリスト教』、二七四—六頁）. この本は、エクレシアのさまざまな意義を一通り検討しており、その際次のことを明らかにした。その語の最も慣習的な使用法が、「ギリシア的構造をもつ都市の自由な男子市民の市民集会」を指していたということである。
(89) RS I, S. 240（大塚・生松訳、三七頁）および WuG, S. 311（武藤・薗田訳、一六九頁）による。他の箇所でヴェーバーは、手工業者の知性主義について述べている。WuG, S. 308（同訳書、一六二頁）を参照。
(90) Wayne Meeks, *The First Urban Christians*, S. 108（『古代都市のキリスト教』、二七四頁）.
(91)『社会学の基礎概念』においてさえ、ヴェーバーはこの区別をしている。WuG, S. 30（清水訳、九一—二頁）を参照。
(92) RS I, S. 240（大塚・生松訳、三八頁）.
(93) WuG, S. 381（武藤・薗田訳、三三七頁）.
(94) これについては、ハルナックおよびその後の文献に依拠した *Max Webers Sicht des antiken Christentums* 所収のラインハルト・ベンディクスの論考（Abschnitt: Expansion des Christentums）を参照。

(95) ミトラ祭儀に関しては、すでに言及しておいた（前出の注（68））。競合状況については、また John G. Gager, *Kingdom and Community, The Social World of Early Christianity*, Englewood Cliffs, N. J.: Prentice Hall 1975, S. 132ff.

(96) RS III, S. 442（内田訳、下、一〇〇二頁）.

(97) Ebd., S. 7（同訳書、上、二四頁）.

(98) WuG, S. 367（武藤・薗田訳、三〇四頁）.

(99) Ebd., S. 375（同訳書、三一二頁）.

(100) これについては、本訳書、第五章および ders. (Hg.), *Max Webers Sicht des Islams. Interpretation und Kritik*, Frankfurt 1987. ここでは比較を示唆しただけだが、そうした比較は次の書でより詳しく展開している。Wolfgang Schluchter, *Die Entwicklung des okzidentalen Rationalismus*, S. 230ff.（『近代合理主義の成立』、二二四頁以下）.

(101) 態度決定ないし意味付与の概念を介して、ヴェーバーの科学論と宗教社会学は結びついている。特に、WL, S. 180（富永・立野訳、九二―三頁）を参照。態度決定は、前者では文化科学の「先験的前提」として、また後者では同じ文化科学の「対象」として機能する。

(102) RS I, S. 240（大塚・生松訳、三八頁）. これについてはまた、WuG, S. 287（武藤・薗田訳、一一〇―二頁）.

(103) WuG, S. 311（同訳書、一六八―九頁）による。この背景には、近代の合理的資本主義の成立に対するユダヤ教の貢献についてのヴェーバーのゾンバルトとの論争も当然ある。

(104) たとえば、小市民層と宗教心との関連について述べている WuG, S. 293（同訳書、一二五―七頁）の説明を参照。ともかくヴェーバーは、小市民層のうち少なくとも手工業者たちが、教団宗教心、救済宗教心、合理的‐倫理的宗教心との親和性をもっていたことをつきとめている。

(105) ヴェーバーは、自発的孤立化を強調している。RS III, S. 434f., S. 442（内田訳、下、九八五―八頁、下、一〇〇三頁）を参照。当然のことながら、自発的孤立化は、それが周囲世界による拒絶への反作用であるにせよ、それが最初に拒絶を誘発したにせよ、その周囲世界による拒絶とともに進行する。これに続いて累積的過程が生じるのである。ヴェーバーは、「パーリア民族の形成」についておそらくそのような過程を考えていたのであろう。ヴェーバーがもっていたそれに関する最良の指標は、改宗運動の終焉ということであった。これは、宗派原理と民族原理との妥協が広範に解消することを意味する。宗派原理が民族原理に結びつけられるのである。この結果、個別主義的閉鎖に至る。問題は、この過程がいつ始まったかをヴェーバーが未解決のままにしていることである。パーリア民族の形成は、まず第一神殿の崩壊後に始まり、それから第二神殿崩壊後、さらにタルムード構成後、また中世にも進行した。

(106) これについては、Wolfgang Schluchter (Hg.), *Max Webers Studie über das antike Judentum. Interpretation und Kritik*, Frankfurt 1981. ここでのS・N・アイゼンシュタット、ギュンター・シュテンベルガー、フレディ・ラファエル、ユジェーヌ・フレーシュマンの論考、さらに *Max Webers Sicht des antiken Christentums*, S. 281ff. および S. 386ff. 所収のアブラハム・ヴァッサーシュタイン (Abraham Wasserstein) とジョン・G・ゲージャーの論考を参照。

(107) これについてはWuG, S. 367（武藤・薗田訳、三〇四頁）. さらに、RS III, S. 418（内田訳、下、九四九—五〇頁）. ある救済宗教を現世適応的として分類すると、現世への関係の類型論にとって特殊な問題が生じる。ヴェーバーの見解では、救済宗教もまた、現世への関係の全段階を明らかに実現している。すなわち、現世支配、現世克服、現世無関心、現世逃避および現世適応（現世への順応）である。これについては、*Religion und Lebensführung*, Kap. 6A（本訳書、第二章A）を参照。

(108) これについては、WuG, S. 379（武藤・薗田訳、三二一—三頁）を参照。

(109) RS I, S. 512（木全訳、三七七頁）.

(110) Adolf von Harnack, *Dogmengeschichte* I, S. 106.

(111) Ebd., S. 90. この興味深い問題については、*Max Webers Sicht des antiken Christentums* 所収のJ・ダンカン・

M・デレットの論考をも参照。

(112) Wilhelm Schneemelcher, *Das Urchristentum*, Stuttgart 1981, Einleitung、特にS. 12ff. ハルナックは、一世紀に起こった二つの大規模な移行について述べている。「キリストから、パウロを含めた第一世代の信者への移行と、この第一世代（ユダヤ人キリスト教徒）の信者から異邦人キリスト教徒への移行、言い換えれば、キリストからキリスト信者たちの祭儀教団への移行と、そこから成立期のカトリック教会への移行である」。Harnack, *Dogmengeschichte* I, S. 81.

(113) Max Weber, WL, S. 174（富永・立野訳、八一頁）.

(114) WuG, S. 664（世良訳『支配』II、四〇二頁）.

(115) Ebd., S. 143（世良訳『諸類型』、八〇頁）.

(116) Ebd., S. 683（世良訳『支配』II、四七九頁）.

(117) Ebd., S. 682（同訳書、四七八頁）.

(118) Ebd., S. 156（世良訳『諸類型』、一三八―四〇頁）.

(119) これについては、*Neue Freie Presse*, Nr. 19102, 26. Oktober 1917, S. 10 収録の、ウィーンにおけるマックス・ヴェーバーの都市社会学の諸問題についての講演の新聞記事を参照。ヴェーバーはこの第四の正当性原理を『経済と社会』の新しい版にも採り入れている。S. 156（世良訳『諸類型』、一三八―四〇頁）を参照。

(120) Ebd., S. 700（世良訳『支配』II、五三六―七頁）.

(121) Ernst Troeltsch, *Soziallehren*, S. 85（『古代キリスト教の社会教説』、一一八頁）.

(122) ハルナックがすでに四つの主要な方向を区別している。*Dogmengeschichte* I, S. 101f. を参照。さらなる発展について重要な点は、カリスマ的指導から伝統的長老体制に及ぶ教団体制の多様性である。これについては、使徒行伝第二一章第一八節、ペテロの第一の手紙第五章第一―二節、ヤコブの手紙第五章第一四節。

(123) WuG, S. 702（世良訳『支配』II、五四四頁）.

(124) これについては、Ernst Troeltsch, *Soziallehren*, S. 89ff.（『古代キリスト教の社会教説』、一二三頁以下）（ギールケに準拠している）．さらに、Max Weber, WuG, S. 480f.（世良訳『法』、四二三―七頁）および、当然のことながら Rudolf Sohm, *Kirchenrecht. Band I: Die geschichtlichen Grundlagen*, Berlin 1892. この本はヴェーバーのキリスト教発展の理解にとって重要なものであった。

(125) WuG, S. 702（世良訳『支配』Ⅱ、五四五頁）．

(126) これについては、Peter Brown, *The Cult of the Saints. Its Rise and Function in Latin Christianity*, Chicago: University of Chicago 1981. さらに、*Max Webers Sicht des antiken Christentums*, S. 444ff. 所収のヤン・J・W・ドライヴァース（Han J. W. Drijvers）の論考。

(127) WuG, S. 701（世良訳『支配』Ⅱ、五四四頁）．

(128) Ebd., S. 280（武藤・薗田訳、九五頁）．

(129) Ebd., S. 283（同訳書、一〇一―二頁）．

(130) Ernst Troeltsch, *Soziallehren*, S. 93（『古代キリスト教の社会教説』、一二七頁）．

(131) WuG, S. 336（武藤・薗田訳、二二九頁）．

(132) Ebd., S. 339（同訳書、二三六頁）．

(133) RS I, S. 94f.（大塚訳、一五七頁）を参照。制度の秘蹟的性格によってユダヤ「教会」からキリスト「教会」が区別されるのは偶然ではない。WuG, S. 729（世良訳『支配』Ⅱ、六四〇―二頁）を参照。

(134) Ernst Troeltsch, *Soziallehren*, S. 39ff.（『古代キリスト教の社会教説』、六四頁）．さらに S. 377（『中世キリスト教の社会教説』、二四〇頁）を参照。

(135) WuG, S. 337（武藤・薗田訳、二三二頁）．

(136) Ebd., S. 701（世良訳『支配』Ⅱ、五三七頁）．

(137) トレルチに依拠したゲルト・タイセンの定式化による。*Urchristentum*, S. 104f. を参照。

(138) WuG, S. 700（世良訳『支配』Ⅱ、五三七頁）.
(139) Ebd., S. 342（武藤・薗田訳、二四三頁）.
(140) Adolf von Harnack, *Lehrbuch der Dogmengeschichte. Zweiter Band: Die Entwicklung des kirchlichen Dogmas*, S. 22ff., S. 226 を参照。
(141) WuG, S. 310（武藤・薗田訳、一六六頁）. マルキオン派は、愛の神である新約聖書の神と復讐の神である旧約聖書の神とを対決させ、両者のいかなる結びつきも遮断しようとしたのに対し、パウロは愛の神を立法者たる神の上位に置くという形ではあるが、両者の結びつきをまさしく維持しようとした。マルキオン派についてはまた Adolf von Harnack, *Marcion: das Evangelium vom fremden Gott. Neue Studien zu Marcion*, 2. Aufl., Leipzig 1924.
(142) Hans G. Kippenberg, »Intellektualismus und antike Gnosis«, in: Wolfgang Schluchter（Hg.）, *Max Webers Studie über das antike Judentum*, S. 201ff. および *Max Webers Sicht des antiken Christentums*, S. 151ff. 所収の彼の論考を参照。パウロに対するグノーシス主義の考えうる影響については、Karl Hermann Schelkle, *Paulus*, S. 45ff. を参照。
(143) WuG, S. 144, S. 702（世良訳『諸類型』、八四頁、世良訳『支配』Ⅱ、五四四頁）を参照。ヴェーバーによれば、これがドナトゥス派論争の決定的な点である。その場合、「教会」か「ゼクテ」かということではなく、「教会」についての二つの理解があったということが重要なのである。
(144) これについては、*Religion und Lebensführung*, Kap. 6A（本訳書、第二章A）.
(145) WuG, S. 367（武藤・薗田訳、三〇四頁）.
(146) Ebd. 初期キリスト教の禁欲については、H. Strathmann, *Geschichte der frühchristlichen Askese bis zur Entstehung des Mönchtums. I. Band: Die Askese in der Umgebung des werdenden Christentums*, Leipzig 1914, K. Suso Frank（Hg.）, *Askese und Mönchtum in der alten Kirche*, Darmstadt 1975, ならびに *Max Webers Sicht*

des antiken Christentums, S. 444ff. 所収のヤン・J・W・ドライヴァースの論考を参照。

(147) RS I, S. 538（大塚・生松訳、一〇三頁）、および能動的禁欲の概念の分類的‐歴史的二重地位については、*Religion und Lebensführung*, Kap. 6A（本訳書、第二章A）を参照。

(148) RS I, S. 513（木全訳、三七八頁）を参照。

(149) これについては、das Vorwort zu RS III.

(150) トレルチは、古代キリスト教会と中世キリスト教会の決定的相違点がそこにあると考えている。*Soziallehren*, S. 184ff.（『中世キリスト教の社会教説』、一八—二二頁）を参照。

(151) WuG, S. 374（武藤・薗田訳、三三一頁）.

(152) Ebd.

(153) これについては Hans G. Kippenberg, »Intellektualismus und antike Gnosis«, S. 210. もちろんこの知見がヴェーバーの能動的禁欲の概念に一致するかどうかは検討を要する。というのは、禁欲はインドや他の地域にも当然あるからである。グノーシス主義の評価については、Elaine Pagels, *The Gnostic Gospels*, New York 1979（荒井献他訳『ナグ・ハマディ写本』白水社、一九八二年）（ナグ・ハマディとその意義についての記述がある）、および *Max Webers Sicht des antiken Christentums*, S. 486ff. 所収のゲダリアフ・G・ストルムサ（Gedaliahu G. Stroumsa）の論考を参照。

第五章　現世征服と現世適応の間

——初期イスラム

一　イスラム研究の運命

マックス・ヴェーバーは、文化諸宗教およびそれらの非宗教的諸秩序・諸力との関係、ことに経済的・政治的諸秩序・諸力との関係についての比較類型論的・発展史的分析に携わった際、イスラムにも取り組んでいた。イスラムは彼が特に関心を抱いた六つの文化宗教の一つであった[1]。他の文化宗教の場合もそうであったように、イスラムへの関心も第一に初期の発展段階に向けられていた。すなわち、メッカとヤスリブ――後のメディナ――におけるイスラムの「生誕」、初期カリフ（六三二―六六一年）とウマイヤ家（六六一―七五〇年）の支配した「英雄時代」、そして盛期イスラムと一般に称されるアッバース朝時代（七五〇―一二五八年）における「完全な発展」が関心の対象であった。この「完全な発展」はとりわけ次の事態に表れている。すなわち、決定的な宗教的典拠が正典化され、正統および異端の最も重要な諸潮流が確定し、達人宗教心と大衆宗教心への宗教上の階層分化が確立したことである。しかしそれはまた、世界征服をめざす当初のダイナミズムが衰え、統一化を進める「アラブ民族」運動が宗教的多極主義、ことに政治的多極主義に行き着いたことにも表れている。ただし、だからといって一次的発展に二次的発展が続かなかったわけではない。むしろ逆であって、イスラム抜きには考えられない、帝国の「国家形成」力を伴ったそうした二次的運動の進行を、ヴェーバーはおそらくオスマン帝国やムガール帝国の支配のなかに見出していた。

だがこれらについての彼の論述はどちらかといえば乏しい。このことは、ヒンドゥー教と仏教に関する研究の彫琢ぶりに鑑みれば、少なくともインドのイスラムについては驚くべき事態である。もちろん、初期のアラブ・イスラムについても、解釈の基礎に据えられるような関連したテクストは存在しない。したがって、それでもなお解釈を試みるなら、それに先だって、計画されながら書かれることのなかったイスラム研究——これにはアラブとペルシアのイスラムに関する研究のほかにトルコとインドのイスラムに関する章も含まれるはずだった——の運命について一言述べておくのがよかろう。

キリスト教以外の文化宗教やその影響を受けた文化圏[2]へのヴェーバーの関心は、一九一〇年頃から強まったようである。こうした関心が呼び覚まされたのはおそらくもっと以前であり、とりわけ、学際性を重視するハイデルベルクの宗教学サークル、エラノスにおいてであったと推測される。[3]当時の宗教学が宗教の比較を目指していたことも見落としてはならない。[4]そしてヴェーバーは、この研究傾向に強く準拠していた。[5]次のことを明確にしておこう。一九〇九年に彼は「古代農業事情」に関する浩瀚な研究を刊行し、さらに「工業労働の精神物理学」に関する一連の論文を公表し終わっていた。そのうえ彼は、宗教史的研究「プロテスタンティズムの倫理と資本主義の『精神』」によって引き起こされ三年間に及んだ論争が、一九一〇年九月刊行の「反批判的結語」によって終結したと宣言した。[6]一つの研究局面が過ぎ去り、新たな局面が始まったのである。新たな研究局面は、宗教社会学への復帰（ラッハファールへの二編の反批判がそれを示唆する）と、後に『社会経済学綱要』と改題される大プロジェクト『政治経済学ハンドブック』の計画・遂行とによって特徴づけられる。この点はマリアンネ・ヴェーバーによる伝記も裏付けている。同書で彼女は、一九〇九年九月三〇日に最後の部分が刊行された「精神物理学」の完結に触れつつ、こう述べている。「これら一切が明らかにされた後、ヴェーバーは普遍社会学的研究に、しかも二つの点で、戻っていった。宗教社会学の論文を継続しようとし、同時に出版社パウル・ジーベックの誘いに応じて巨大な共同作品『社会経済学綱要』の準備を進めたのである。彼は計画を起草し、共同執筆者を募り、自らも組織運営の仕事のほかに重要な部分を引き受けることにした。宗教社会学上の著作は部分的にはこの新しい仕事と同じ源泉から産み出され、これと並行して進められた[7]」。

完結したばかりの研究局面の成果が、さしあたって新たな研究局面の方向を定めたのは明らかである。「農業事情」はなかんずく古代国家圏の経済理論、また古代「地中海－ヨーロッパ」文化圏とその発展に関する一種の経済社会学・支配社会学を含んでおり、そのなかに後の経済社会学・支配社会学の前段階を見出せるのである[8]。「反批判的結語」においてヴェーバーは、自らの宗教社会学的研究にとって「実際最も緊急性の高い問題」を定式化している[9]。それは次の三つである。(1)カルヴィニズム・再洗礼派・敬虔派の倫理が方法的生活態度に及ぼしたさまざまな作用の研究。(2)「中世および古代キリスト教における類似した発展の端緒」の研究。(3)経過の経済的側面の研究、または後の表現に言う因果関係の別の側面の研究――すなわち、宗教による経済心情の規定を研究した後に、今度は階級による宗教の規定を研究するわけである[10]。この企ては一種の市民層の社会学に帰着するはずであった。すなわち、市民的階級状況と宗教に規定された生活態度との間の親和力、選択的親和性——もっぱらというわけではないが「最も首尾一貫して禁欲的プロテスタンティズムが示した」[11]親和性——を説明することに行き着くはずであった。特に「農業事情」の結末を研究計画に関するこうした発言と併せて読めば、ヴェーバーは新しい研究段階において、合理的‐資本主義的経済行為の、つまり経済システムとしての近代資本主義の、さらなる歴史的「前提条件」を解明しようとしているように思える。しかもこの前提条件には、「主観的」なものとともにとりわけ「客観的」なもの、動機づけに関するものとともにとりわけ制度的なものが含まれ、[12]こうした諸条件の間およびそれらのもとで生じる妨害、中立もしくは促進といった関係も解明の対象となる。[13]だがこれは、価値理念に基づく特殊な、したがって一面的な観点のもとで、西洋の発展を再構成することを意味する。そしてこの再構成は、発生的な根拠からも類型論的な根拠からも、ユダヤ教とイスラムを扱うよう促す。「反批判的結語」では、この両者を研究対象にする意図をもちろんヴェーバーはまだ表明しなかったものの、別の意図は表明していた。すなわち、「精神《ガイスト》」と「形態《フォルム》」、「主観的」要因と「客観的」要因、動機づけの要因と制度的要因の共働のなかでの近代資本主義の発展が、いかなる歴史的「前提条件」によって可能になったかを、「プロテスタンティズムの倫理」および「農業事情」に立脚して示そうという意図である。ヴェーバーの一九一〇年の解決の「パラメーター」は、注意しておく価値がある。それらは「反批判的結語」の末尾に定式化されている。そこでヴェーバーはまず、近代資本主義の発展のみならず、いかなる資本主義の発展についても、これを純技術的に説明することを拒否する。だが彼にとって問題は単一原因論的アプローチの拒否だけではなく、動機づけの面であれ制度の面であれ、因果関係の一つの面しか考慮しないような複数原因論的アプローチの拒否でもあった。彼は次のように書いている。「古代の資本主義は技術的『進歩』なしに――それどころか、技術的進歩が止まると同時に、と言っても過言ではない――発展した。大陸中世の技術的剰余生産は近代資本主義の発展が可能になるために少なからぬ意義があったが、ただし決定的な『発展への刺激』ではなかった。最後に、客観的要因に関しては、生活態度や労働費用に影響する特定の気候上の諸要因や、これとならんで次の諸要因が、歴史的前提条件のうち最も重要なものに数えられる（『国家科学事典』所収の私の前掲論文を見よ）。すなわち、中世の内陸文化的性格（古代と比較して相対的にいえばの話である）によってかなりの部分規定された中世社会の政治‐社会的組織と、これに起因する中世都市、ことに内陸都市およびその市民層の特殊な性格、この両者から生みだされた諸要因がそれである。これらに加えて、特殊経済的要因として、工業《ゲヴェルベ》（家内工業）の特定の組織形態があり、これは古代に比べておそらく絶対的に新しいわけではないにせよ、その構造・普及度・意義の点で新しい形態であった。後期中世の依然きわめて不安定な資本主義的発展経過と、現代の資本主義にとって決定的な技術の機械化との間に横たわる巨大な発展過程は、後者にとって重要な、客観的‐政治的ならびに客観的‐経済的な特定の前提条件の創出によって、しかしとりわけ合理主義的・反伝統主義的「精神」の、そしてこれを実践的に受容した人間全体の、創出と準備によって、満たされた。一方における、近代科学の歴史ならびに近代においてはじめて発展したその経済との実践的関係の歴史、他方における、経済への実践的意義をもった近代的生活態度の歴史、この両者が上述の点について主要な説明を与えてくれるはずである」[14]。

経済的・政治的組織形態の——また科学および生活態度の——歴史、発展、というより発展史と言ったほうがよかろうが、要するにこれを書くことが必要なのであって、しかも、その際性急に一方を他方の単なる関数や単なる流出物にしてしまわないように書かなければならないのである[15]。しかしまたそれは、古代に始まり中世、さらに後期中世と近代の間に起こった質的な変化を顧慮して書かれなければならない。したがって西洋の発展の、より正確には西洋資本主義の再構成は、一つの特殊で一面的な観点のもとでのみ行なわれるのではなく、さらに個々の部分発展に「分解」されなければならず、そしてこれら部分発展はその都度改めて相互に関係づけられなければならない。ヴェーバーは発展の構成そのものに反論したのでは決してなく、規範的に特別扱いされた方向基準に基づく完結した包括的な段階モデルを用い、かつこの基準を物象化するような発展構成に反論したのである。これに対し、価値への関係づけを伴う理念型的発展構成は、彼自身のプログラムの遂行にとって不可欠である。なぜ西洋においてのみ合理的な産業資本主義が発展したのかと彼がその後繰り返し問い、西洋においてのみ成立した条件の布置連関でもってこれに答えるとき、これは次のことを意味するわけではない。すなわち、これと異なる条件の布置連関ならばそのような結果を産み出すことはありえなかっただろうとか、後に近代的産業資本主義への道を歩んだかもしくは歩もうとした他の文化圏が、西洋の発展をその一つ一つに「分解」できるような「諸段階」と同じ「諸段階」を通過しなければならなかったとかいうわけではないのである。ヴェーバーにとって普遍史は、文化圏に拘束される人間存在《メンシェントゥム》の諸形態に結びついた複数の発展史に解消されるものであった。[16] ただし、どの次元を再構成のために選択するかは恣意的ではない。それは価値理念の問題ではなく理論の問題である。ヴェーバーはこのことを確信していた。すべての再構成は「精神的準備」を真剣に受けとめなければならないし、すべての発展はこれを考慮しなければならない。そしてそれらを理解するにもそれらを「生産」するにも、経済的な生活諸力に関連づけるだけでは不十分なのである。[17] というのは、生活態度を形成する最も重要な諸要素のなかには、決して経済的諸力のみではなく、とりわけ文化的諸力、資本主義以前の時代にあっては第一に呪術的諸力、とりわけ宗教的諸力もまた――そこでは常に規範に根ざした義務観念も問題になるがゆえに――含まれるからである。[18]

しかし、新たな研究段階へのこうした移行が単に外面的な区切り以上のものであることは、すぐにわかる。この際ヴェーバーの研究は質的な変化も被った。[19] 彼は一つの発見をしたのである。これもマリアンネ・ヴェーバーの『伝記』によって証言されている。彼が正確にいつこの発見を行なったかは不明なのに対し、それがいかなる点にあるかは不明ではない。それは、一九一〇年の引用文のなかで論じられている近代科学の歴史についての見方と関連する。そこから読み取れるように、近代の経済発展に対する独自の意義を彼は近代科学に認めている。だがそれだけではない。近代科学、近代合理主義の発展は、芸術的な発展、特に西洋音楽の発展とも関連を示しているのである。[20] そしてこれによって、まったく新しい、一見遠く隔たった研究領域が突然開かれた。マリアンネ・ヴェーバーは次のように述べている。「時代は合理主義を誹謗しており、とりわけ多くの芸術家はこれを自分たちの創造力への障害と評価していたため、かの発見（科学的発展と芸術的発展の関連についての——シュルフター注）はヴェーバーを特別に興奮させた。彼は今や芸術社会学をも計画し、一九一〇年頃にその最初の試みとして、他の仕事を進めるかたわら、音楽の合理的・社会学的基礎に関する研究を手掛けた。この研究を通じて彼はきわめて縁遠い民族学の領域や、音響数学・象徴学の最も困難な研究へと導かれた。しかしながら、この部分が暫定的に書き留められると、彼は開始され約束されていた著作へと戻っていくほかなかった(21)」。

だが発見は「回り道」へ導いたばかりではなく、主要問題にとっても重大な意義があった。それはヴェーバーが宗教社会学的問題設定を拡張する動機となったのである。確かに西洋資本主義の特質と発展とは彼にとって依然重要であり続けたが、今や西洋資本主義は、普遍的意義をもつ西洋の複数の文化現象の一つ——それらのなかで「最も運命的な力(22)」であるにせよ——にしかすぎなくなった。すなわち、宗教と経済の発展の研究に加えて新たな研究、とりわけ支配と法の諸形態ならびに家族から「国家」に至る社会的組織諸形態の研究が行なわれなければならないのである。さらに、西洋文化全体の特質を規定し、合理的‐方法的生活態度や合理的経営資本主義、合理的アンシュタルト国家、形式的‐合理的法、合理的科学、和音和声音楽といった文化現象がなぜ西洋でのみ現れたのかを説明しようとするなら、この文化圏を他の文化圏と比較し、これらの現象がなぜそこには現れなかったのかを示さなければならない。これを実行するには、比較の基準とそれに対応した概念が必要である。

ヴェーバーがこの上なく望ましい明晰さで強調しているように、こうした比較基準は文化圏に拘束されており、我々自身の文化圏の文化価値から取り出されたものである。このことは、理論的価値関係論に従えば、索出的ヨーロッパ中心主義にはつながるものの規範的ヨーロッパ中心主義につながるものではない。この作業の遂行には、さらに他の文化圏の基本的知識、特にそれを刻印した文化宗教や経済・支配・法の諸形態に関する知識が必要であって、少なくとも西洋での発展との「比較点」を発見するために必要な限りで、[23] つまり少なくとも西洋的発展との類似点と対立点とを明らかにしうるほどには十分に、こうした知識をもたなければならない。合理的な産業資本主義が西洋においてのみ成立したこと、より正確にいえばここで最初に出現したこと、そしてこれが上述した西洋の他の文化現象にも当てはまること、これは歴史的事実である。この事実に興味をもつ必要はないし、他の事実を重要視してもかまわないが、これを否認することはできないのである。ヴェーバーはこの事実に関心を抱き、かつ重要視したのであり、まさにそれゆえに自分自身の文化圏の外へ――忘れてはならないことだが、自らの専門の外へも――駆り立てられた。[24] これにはとりわけ次の三つの理由がある。同定問題の解明（特殊性の特定）、［因果］帰属問題の解明（歴史的前提条件の特定）、診断問題の解明（「犠牲」や「失われた」可能性の特定）がそれである。なぜなら、比較は西洋の特殊性を示し因果帰属を容易にするだけではなく、他の文化と異なってここでは実現されなかったものをもまた明らかにするからである。その限りで文化科学には理論的次元・歴史的次元と並んで、少なくとも間接的には実践的な次元もある。[25] ヴェーバーが自らの文化圏を超えて歩みだしたのはまず音楽の研究との関連においてであったとみられるが、これにはとどまらなかった。マリアンネ・ヴェーバーが報告しているように、「続いて（一九一一年頃）宗教社会学の研究を再開した際、彼は東洋に――中国、日本、インド、次にはユダヤ教とイスラムへ――引き込まれていった」。[26]

つまりヴェーバーは遅くとも一九一一年から、彼の二重の研究計画にとって重要な「資料」を消化しはじめていたわけである。これらの資料は、「西洋以外の」文化圏に関しては、「西洋」文化圏の場合よりもはるかに大きな比重を二次的性質のものが占めていた。[27] イスラムについては、コーラン、スンナ、シャリーアといった二次文献を通して利用したと推測される聖典以外に、彼はとりわけ、カール・ハインリヒ・ベッカー、ユリウス・ヴェルハウゼン、イグナーツ・ゴルトツィーハー、ヨーゼフ・コーラーといった当時のドイツのイスラム学者たち――彼らの研究は今日なお意義を失っていない――に依拠していたようである。さらに、クリスティアン・スヌック・ヒュルフロニェのほか、おそらくあれこれのイギリス・フランスの著者も利用された。[28] このことは、彼の行なった他の文化圏の分析からも得られるイメージと一致する。ヴェーバーの比較研究は、中国学・インド学・セム学・エジプト学・イスラム学、そして宗教学的志向をもったプロテスタント神学などの領域での同時代のドイツの研究状況をとりわけ反映していたのである。ただしこうしたイメージは、彼がモノグラフの叙述に到達するにつれて分岐してゆく。

それでは、イスラムが儒教・ヒンドゥー教・仏教・ユダヤ教・キリスト教およびそれら「内部」の下位区分と並んで重要な役割を果たす、二つのプロジェクトはどのように発展したのであろうか。

ヴェーバーは明らかに、一九一三年末には両方のプロジェクトの大半を書きとめており、その間に一つのプロジェクトは『世界宗教の経済倫理』、他方は『経済と社会的諸秩序・諸力』と題されていた。先に引用したマリアンネ・ヴェーバーの言葉に示されているとおり、新しい研究段階において開拓された「資料」は両プロジェクトに利用された。ヴェーバー自身が後に公言しているように、両者は少なくとも宗教社会学的部分に関するかぎり、相互に注釈・補足しあう関係にあり、同時に出版される予定だった。[29] 一九一三年末の時点での二編の草稿の状態と内容は、二通の手紙から比較的明確に推定できるので、それらをここに引用することにしよう。一九一三年一二月三〇日にヴェーバーは出版社ジーベックに自分の草稿『経済と社会的諸秩序・諸力』について次のような手紙を書いた。彼は「家族と家共同体から経営、氏族、種族共同体、宗教（これは地球上のすべての大宗教を含みます。トレルチが研究した救済論と宗教倫理の社会学を、今度はすべての宗教について、ただしずっと簡潔に行ないます）に至る巨大な共同体の諸形態を経済と関係づける、完結した社会学的な理論と叙述を、そしてようやく包括的な社会学的な国家論・支配論を彫琢しました。このようなものはまだまったくないし、『手本』さえないと言ってさしつかえないでしょう」。[30] 一九一五年六月二二日にヴェーバーは出版社ジーベックに、『世界宗教の経済倫理』に関する一連の論文を『社会科学・社会政策アルヒーフ』に掲載するようもちかけ、これについて次のように述べている。それらは「戦争の勃発以来」彼のもとにあり、「儒教（中国）・ヒンドゥー教と仏教（インド）・ユダヤ教・イスラム・キリスト教」を含み、さらに禁欲的プロテスタンティズムの研究から取り出した「方法を一般的に遂行」することになろう。これらはそれぞれ全紙四、五枚分の論文で、『社会経済学綱要』のための——つまり一九一三年一二月三〇日付の手紙で言及されている草稿のための——「体系的宗教社会学の予備研究と解説」であった。ヴェーバーによれば、論文は将来いずれ他の論文と共に、推敲された形で別個に刊行されるかもしれなかった。つまり彼は、自らの手でなお印刷に付された第一巻を皮切りに実際一九二〇年に刊行された『宗教社会学論集』を予見していたわけである。[31] しかしこのシリーズの少なくとも一部が戦争勃発後に初めて書きとめられたのではなく、すでに一九一三年に書きとめられていたにちがいないことは、ヴェーバーがシリーズの最初の論文の刊行の際に書き加えた脚注から判明する。この論文は、シリーズ全体への「序論」と共に、すでに一九一五年一〇月一四日に刊行された。そこでは、以下の記述は「二年前に書きとめられ友人たちの前で朗読されたとおりに」「変更を加えずに」公刊されると述べられている。[32] しかしここから推論できることは、イスラムが分析に組み込まれていた双方のプロジェクトの相当部分の草稿が一九一三年末、遅くとも戦争勃発の時点で、存在したということである。

これらの草稿のうち『経済と社会的諸秩序・諸力』と題されたほうを、ヴェーバーは生前公刊しなかった。これは遺稿の一部であり、彼の死後、彼自身によって印刷に付された後の原稿と共に、『経済と社会』の第二部・第三部として、また後には単に第二部として出版された。きわめて問題の多いこの編者たちによって「構成された図書」の第二版[33]以来、この草稿はとりわけ次の四つのテクストを含んでおり、イスラム文化圏もそこに登場する。比較宗教社会学・比較支配社会学・比較法社会学・

比較都市研究がそれである。これらの草稿のうち『世界宗教の経済倫理』と題されたもう一方は、ヴェーバーによって公刊されはしたものの、それは一部だけであり、しかも、最初の二論文と「序論」・「中間考察」の印刷後、残りの論文は一九一五年六月二二日の書簡で述べられている版の形では公刊されなかった。つまり、ヴェーバーは（儒教に関する）最初の二論文の刊行後、ヒンドゥー教に関する論文をすでに最初の公刊以前に書き直しており、このことは仏教と古代ユダヤ教に関する論文にも当てはまるのである。(34) だがさらに重要なことに、一連の論文は一九二〇年一月までにはそもそも古代ユダヤ教までしか進捗していなかった。書簡に言及されているイスラムとキリスト教に関する部分をヴェーバーはもはや公刊することはなかった。

この事態は二つの問いを惹起する。一、ヴェーバーにはこの論文をなお刊行する気がそもそもあったのか。二、『経済倫理』の草稿中のイスラムとキリスト教を扱った部分はどうなったのか。最初の問いにははっきり答えられる。ヴェーバーがイスラムとキリスト教の研究論文を、もはや『社会科学・社会政策アルヒーフ』に連載するのではなく『宗教社会学論集』に収録しようとしていたことに、まったく疑問の余地はない。このことは、一九二〇年の「序論」第二稿(35)のみならず、四巻本として計画されていた『宗教社会学論集』の構成をヴェーバーが世間に公表した一九一九年九月の「自著広告」によってとりわけ裏づけられる。この論集について彼は、さしあたり二巻が印刷中であると述べた。この二巻には、これまでに刊行済みの宗教社会学の論文を改訂された形で含んでいた。すなわち、禁欲的プロテスタンティズム・儒教と道教・ヒンドゥー教と仏教・古代ユダヤ教に関する論文に、エジプト・メソポタミア・ゾロアスター教の宗教倫理および「古代・中世におけるヨーロッパ市民層の発展」に関するこれまで未公刊の叙述を補ったものである。これに続くさらなる二巻はもっぱら未公刊の、しかも大幅に未執筆の――と付け加えねばならない――研究論文から成る。まず第三巻は「原始キリスト教・タルムード的ユダヤ教・イスラム・東方キリスト教についての叙述」を、そして「最終巻」は「西方キリスト教」についての叙述を含むものだった。[36] さて、私見によればこの「自著広告」は次の二つのことを明らかにする。イスラムについての叙述は儒教・ヒンドゥー教・古代ユダヤ教のそれよりも短いものになっていたに違いなく、おそらく発生的関心および類型論的関心の二つに向けられていただろうということである。なぜなら、ユダヤ教と同様にイスラムは一方で西洋の発展の歴史的「前提条件」の範囲に属しており、他方で西洋の発展に対して歴史的に固有の意義をもつ発展を示すからである。[37] 一方ではその歴史的先行者の文脈で、他方ではその最も重要な競争相手の文脈での、イスラムの位置づけもこのことを示唆する。

一方、第二の問いにはこれほど明確には答えられない。もちろん、さしあたり次のような解答が思い浮かぶけれども、こうした解答に甘んじたくなければ、回り道をとらなければならない。すなわち、ヴェーバーはイスラムに関する原稿をまったく所持しておらず、これと異なることを述べた彼の申告は誤った事実の粉飾と理解しなければならないとの解答である。また実際、一九一五年六月二二日付けの書簡における言明が正しいとすれば、遺稿のなかに原稿が見つかるはずではなかったのか。さらには、たとえば『経済史』――そこにヴェーバーの「最後の言葉」を見出そうとする者もいる[38]――にはイスラムに関するまとまった長さの文章が含まれないという事実は、彼が少なくとも大戦勃発以来もはやイスラムに取り組んでいなかったことを示唆するのではないか。遺稿のなかに「イスラム」と題された原稿がなく、実際ヴェーバーが大戦勃発以来集中的にこの文化宗教に取り組むことはなかったことに、私にはほとんど反論の余地がないように思われる。にもかかわらず私は、一九一五年六月二二日付けの書簡での言明は正しいと思う。しかし、それではヴェーバーはこの書簡でどの原稿に言及しているのか。あくまでも推測だが、私は一つの解決を提示したい。

私の見るところ、ここで問題になっている唯一の原稿は、今日『経済と社会』中の体系的宗教社会学のなかに見出される。それは「文化宗教と『現世』」と題された第一二節である。その前には第一一節として、ヴェーバーが有名な「中間考察」に「昇華」させたテクストが置かれている。私は別稿で、『経済と社会』と『宗教社会学論集』が相互に外的・内的な分業関係にあることを示した[39]。第一一節と同様、第一二節もまた『世界宗教の経済倫理』のために利用されたのである。だが第一一節が保存されているのに対し、第一二節は一部が欠落している。このことは同節の冒頭が示している。つまり、冒頭の文章は第一一節ではなく、体系的宗教社会学にはもはや見出されないテクストないしその一部を承けて書かれているのである。私見によれば、ヴェーバーが儒教とヒンドゥー教の研究論文を改訂した際に一緒に追加したのがこのテクストないしその一部であった。冒頭の文章はこう書かれている。「ある意味では『現世適応的』な、あるいは少なくとも『現世志向的』な、したがって『現世』そのものをではなくて現世で通用している社会的序列だけを拒否する宗教、このような宗教の第三の（！）ものとして、我々がここで唯一取り上げる捕囚期以後の、とりわけタルムード的形態におけるユダヤ教がある。タルムードの社会学的な全体的位置については、すでに先に少し述べた[40]。この「巻頭文」の後で、宗教的動機をもったタルムード的ユダヤ教の現世関係が描写され、カトリック・ピューリタン・原始キリスト教徒のそれと比較されている。その次にイスラムが登場する。これは第四の現世適応的文化宗教として分類されている。その後分析は現世拒否的な文化宗教の現世関係に方向を転じる。ここでは古代仏教と古代キリスト教が論じられる。そこで原稿はとぎれている。それは継続されるはずだった。だが、はるかに重要なのは、明らかにかつて存在した冒頭部分が欠けていることである。さらに、残りの原稿は書簡で言及された文化宗教の素描を、儒教とヒンドゥー教を除いてすべて含んでいる。ヴェーバーが儒教、そして仏教の一部をも少なくとも一九一五年以前は「ある意味では現世適応的な、あるいは少なくとも現世志向的な宗教」と完全に見なしていたことはよく知られている。ということは、一九一三／一四年の原稿「文化宗教と『現世』」は最初の部分だけが『経済倫理』に実際に利用されたのではなく、残りのトルソもまたシリーズの継続に際して基礎の一部として役立ったのかもしれないのである。ヴェーバーが出版社に一九一五年に一連の論文を持ち込んだ際に、この原稿をも念頭に置いていたことは、少なくともありそうにないことではない。そして、彼がさらに体系的宗教社会学の他の部分をも『経済倫理』のために活用していたであろうこと、したがって、今日我々に遺稿から編集されたものとして残されている姿の原稿は、遅くとも一九一五年以後は彼にとって体系的宗教社会学の暫定版でしかなくなっていたことも、同様にありそうもないことではない[41]。

イスラム研究のこうした運命から何が生じたであろうか。次の四点は確言できる。(1)第一次世界大戦勃発までにヴェーバーはイスラム文化圏についての基礎知識を獲得しており、それをとりわけ宗教社会学・支配社会学・法社会学の連関において加工していたものの、モノグラフ的素描の形では書きとめていなかった。だが彼はこの素描を『世界宗教の経済倫理』の枠内で——まず『社会科学・社会政策アルヒーフ』への連載のために、次いで『宗教社会学論集』のために——書きたいと思っていた。(2)ヴェーバーにはこうした意図があったにもかかわらず、世界大戦勃発から死に至るまで、彼はイスラム文化圏にもはや集中的に取り組まなかったのだろう。彼がその著作でイスラムに関して述べていることは、遅くとも一九一一年から遅くとも一九一四年までに遂行された予備研究に主に基づいており、概念の面でもこの時期のヴェーバーの傾向を反映している。(3)ヴェーバーが予定していたモノグラフ的な素描は、儒教と道教、ヒンドゥー教と仏教、あるいは古代ユダヤ教に関する研究論文の分量にはまず達していなかったであろう。確かにイスラムは、タルムード的ユダヤ教・原始キリスト教・東方キリスト教と同様、ヴェーバーが『宗教社会学論集』の最終巻でおそらく相互に関連づけて論じようとしていた、西洋の文化発展の歴史的「前提条件」のより広い圏域に属していた。しかし、「旧約聖書的およびユダヤ人キリスト教徒的動機の著しい影響のもとに生まれた末流」として、イスラムが彼にとって古代ユダヤ教や古代・中世のキリスト教と同等の発生的意義をこの発展に対してもつことはまずなかった[42]。(4)ただしイスラムはヴェーバーにとって特に類型論的な関心を惹くものだった。それはとりわけ、すぐ後で示すように、イスラムが禁欲的プロテスタンティズム、特にカルヴィニズムとの類似性を示すからである。だがこれはまったく外面的な類似性である。ヴェーバーはきっとこのテーゼを中心に素描を行なったことであろう。

こういうわけで、ヴェーバーのイスラム研究の基本的特徴、というよりイスラム分析を再構成しようとするなら、第一に『経済と社会的諸秩序・諸力』と題された草稿中のテクスト、特に宗教社会学・支配社会学・法社会学・都市社会学に関する詳述を参照すべきである。ヴェーバー自身がなお一九二〇年に印刷に付した支配社会学の新稿［『支配の諸類型』をさす］が旧稿［『支配の社会学』をさす］に基づいているかぎりで、そこにもイスラムへの言及は見出されるけれども、これらは一九一三／一四年の草稿と比べて何ら新しい事実を表していない。このことは、イスラムに関する所見が散見される「プロテスタンティズムの倫理と資本主義の精神」の第二版や『経済史』にも当てはまる。

二　イスラム分析の基本的特徴

a　方法に関する予備考察

イスラムに関するヴェーバーの言明はいかにして整理しうるであろうか。それらからいかにしてある程度まとまりのある像が得られるのであろうか。この問いに答えるためには、とりあえず方法に関する予備考察が役に立つ。これはすでに述べた考えを受け継ぐものである。ヴェーバーの比較文化研究は索出的なヨーロッパ中心主義という留保のもとに置かれていて、包括的な文化分析ではないのである。彼の関心は西洋の文化諸現象とその特殊性、それをもたらした「諸事情の連鎖」に向けられている。[43] この関心によって提起される同定問題・帰属問題の解明に役立つのは文化比較だけである。それゆえヴェーバーは、彼が関心をもつ西洋の文化諸現象との対立点を暴くという格率のもとですべての比較を行なう。こうした対立点は複数の領域にわたりうるのであり、この領域を確定することもまた一つの理論的問題である。

さて、先に紹介した一九一五年六月二二日付けの書簡が示すように、『世界宗教の経済倫理』に関する比較論的素描は、プロテスタンティズム研究の「方法を一般的に遂行する」ものだとされる。だがそうすると、問題はさしあたりいずれにせよ、経済心情の宗教による規定だということになる。しかし次には宗教の階級による規定もまた問題になる。しかし階級の問題は同時に「社会構造」(Gesellschaftsaufbau) への問いでもある。[44] 換言すれば、単に経済と宗教だけではなく、経済・支配(法も含む) と宗教が問題であり、こうした諸秩序の構造形態とそれらの相互関係が問題なのである。まさしくここに、新たな研究段階への移行に際しての発見がもたらした拡大がある。すなわち、西洋文化は経済発展のみならず、科学・芸術の発展においても、だがとりわけ政治的・法的発展において他の文化圏から区別されるという発見、要するに西洋文化の「社会構造」——というよりその秩序配置――は他の秩序配置から最も重要な特徴において異なっているという発見である。それゆえ『世界宗教の経済倫理』においては、再三強調されるようにその目的が限られているにもかかわらず、因果関係の両面が論じられ、宗教の領域のみならず支配と法の領域においても――またインドと中国の場合には、少なくとも暗示的に科学の領域までも――対立点が強調されている。[45]

さてヴェーバーは西洋の特殊な文化諸現象を類型論的にだけでなく発生的にも整理している。これらは相互に因果関係のもとにあり、そのことを認識するには全体的発展を部分発展および発展段階に区分することが前提となる。本章ではヴェーバーによる西洋の文化発展の複雑な分析を跡づけることはできない。[46]しかし、その「終点」が合理的資本主義と合理的アンシュタルト国家の親和関係であることは明らかである。この「結果」をヴェーバーは説明しようとする。彼が知りたいのは、この「結果」がなぜ宗教に刻印を受けた西洋文化圏において発展しえ、宗教に刻印を受けた他の文化圏では発展しえなかったのかということである。

ヴェーバーにとって資本主義は（なお！）上述の二つの力のうちでより運命的なものであった。だが、彼が「終点」として比較研究の前に掲げる合理的資本主義を、彼はいかなるものと理解していたのか。「プロテスタンティズムの倫理」の第一版に始まって『経済と社会』第二稿中の経済社会学に至るまで、ヴェーバーは多くの定義を加えているが、それらは完全には一致しない。重要なのは、個々の企業に関わる規定を経済システムに関わる規定からひとまず区別することである。合理的 - 資本主義的な個別企業は、たとえば大家計（オイコス）やエルガステリオンから、また手工業経営からも、四つのメルクマールの組み合わせによって区別されうる。すなわち、それは営利経営であり、工場経営であって、家計から独立しており、合理的簿記・合理的資本計算によって自らの経済行為を制御する。他の三つの［経営］単位にはこれらのメルクマールの少なくとも一つが欠けている。合理的な資本主義的経営に最も近いのは手工業経営だが、これには機械化された技術と固定資本が欠けている。だが個別企業が合理的に行動しうるためには、自由な財産と契約の自由を保証する法秩序が存在しなければならない。なぜなら、物的な調達手段が「自由な財産として自律的な私的営利企業に」占有されており、市場の自由が労働市場でも（形式的に自由な労働！）財と資本の市場でも成立している場合にのみ、合理的計算が可能になるからである。さらに、司法と行政が計算可能な形で行なわれなければならない。これには手続の合理性と法の確実性が実質合理性と「正義」に優先することが前提となる。(47) もちろんこれらすべてを合わせても、資本主義的経済システムを確立するにはまだ不十分である。このシステムは、上述のような多数の企業が拡張された市場に向けて、日常的需要の充足に役立つ大量生産財を生産し、かつこれが需要充足の支配的な形態である場合に初めて成立する。確かに、需要充足の合理的‐資本主義的形態が排他的に支配することは決してない。しかし、資本主義の時代という表現が可能になるのは、「需要充足の重点が資本主義的であり、したがって我々がこの種の組織が仮になかったものと考えるなら、需要充足一般が崩壊するほどになっているような場合」だけである。(48)

ここで二つの点が明確になる。一つには、資本主義的需要充足がすでに優勢になっていなくとも、拡大された市場に合理的な営利企業が存在しうることである。そうするとこの形態の需要充足は、他の形態、たとえば手工業的または荘園制的な形態と競合するし、市場の縮小によって「窒息死」する危険にたえず脅かされている。他方では、この形態の資本主義的需要充足には、法的・政治的、さらには心情的な諸前提が必要なのだが、それらは他の形態の資本主義的需要充足――たとえば商人資本主義・租税貸借的資本主義・官職貸借的資本主義・官職売買的資本主義・御用商人的資本主義・戦費調達的資本主義・プランテーション的資本主義・植民地的資本主義といった――が必要としないような諸前提である。こうした類の需要充足は、むしろ伝統的な経済心情・経済倫理のもとで、事情によっては華々しく繁栄しうるのである。[49] 結局は常に政治的指向をもっていたこの種の資本主義は、ヴェーバーによれば世界中いたるところに存在した。われわれの関心を惹くのはこの種の資本主義の歴史的「前提諸条件」ではなくて、経済システムとしての合理的資本主義の歴史的「前提諸条件」なのである。

ヴェーバーはこれらの歴史的「前提諸条件」を、すでに一九一〇年九月の「反批判的結語」のなかで完全に叙述していた。このことは、後の表現、たとえば『経済史』における表現と比較していればわかる。ただし、これはその複雑なテクスト状況のゆえに常に幾分割引いて（cum grano salis）しか利用されない。しかし、そこで報告されている表現は、ヴェーバーの見解を歪曲するにはあまりにも他の表現に似ている。そして、『経済史』の表現が特に興味深いのは、特殊西洋的文化諸現象の純類型論的な配列からむしろ発生論的な配列へという前述の歩みが、ここで少なくとも暗示的に踏み出されているからである。まず西洋資本主義の特性が特徴づけられ、次にそれがなぜ西洋においてのみ出現したかが「説明」される。そして、そのために「その一般的文化発展の特定の特徴」が列挙される。「ただ西洋だけが、制定された憲法・専門官僚・公民権を備えた近代的意味における国家を知っている。古代およびオリエントにおけるその端緒は完全な発展には至らなかった。ただ西洋だけが、法律家によって創造され、合理的に解釈・適用される合理的な法を知っている。西洋においてのみ市民（キヴィス・ロマーヌス、シトワイヤン、ブルジョワ）の概念が存在した。というのは、特殊な語義における都市が存在したのも西洋だけだったからである。さらに、今日使われている語義における科学を有していたのも西洋だけである。神学や哲学や人生の究極的諸問題についての思索は中国人やインド人も知っていたし、おそらくそれもヨーロッパ人が決して到達しなかったほどの深さにおいて知っていた。だが合理的科学は、そして合理的技術もまた、これらの文化には知られずにとどまった。最後に、西洋文化は他のあらゆる文化から、生活態度の合理的エートスを備えた人間の存在によってさらに区別される。われわれはいたるところで呪術や宗教に出会う。しかし、突き詰めていけば特殊な合理主義に行き着かざるをえないような生活態度の宗教的基礎となると、これまた西洋にのみ固有のものなのである(50)」。

国家、都市、法、科学、方法的生活態度——これらが、同時に「経済倫理」のための「比較点」ともなるキーワードである。これら文化諸現象の形態如何によって、合理的資本主義への諸発展——これらは端緒としては、比較されるすべての文化圏に存在しはした——が、抵抗に遭遇するかどうかが決まる。[51] その際、外的抵抗の程度にとっては政治的支配と法の構造が、内的抵抗の程度にとっては宗教に根ざした義務観念とこれに結びついた生活態度が決定的である。他の［文化圏についての］研究の場合と同様に、イスラムについてのヴェーバーの草稿もとりわけそこに焦点を合わせていたことであろう。

実際、イスラムに関してヴェーバーがあちこちで述べていることは、これらの「比較点」のもとに整理できる。すなわち、宗教倫理は現世征服および現世適応としての現世支配であり、政治的支配はオリエント的プフリュンデ封建制、都市はオリエント的な都市アナーキー、法は神政政治的・家産制的カーディ裁判、これら諸秩序と諸権力の間の相互関係すなわちそれらの「統合様式」は「中央集権制」というわけである。科学に関してだけは何も見出せない。科学は芸術と同様に、他の研究においても非常に等閑視されている。とはいっても、これが過失ではなく研究の限られた目的と関連しているのは疑いない。確かに、たとえば宗教・経済・政治・美・性愛・知性の諸領域を際出たせた「中間考察」や、特殊西洋的文化諸現象を「領域」ごとに列挙した『宗教社会学論集』の「序言」といったヴェーバー自身の理論的アプローチに従うなら、あるいは「反批判的結語」や『経済史』からの前述の引用文だけに従うなら、これは一つの欠陥ではある。なぜなら、この理論的アプローチによれば、とりわけ科学の発展と科学的思考の諸形態は、あらゆる文化発展にとって構成的な、固有の法則性をもった作用を及ぼしうる要因に含まれるからである。

b　イスラムの宗教倫理——現世征服と現世適応としての現世支配

因果関係の一つの面は宗教倫理と生活態度の関係にかかわる。ヴェーバーは遅くとも世紀転換期以来この問題に関心をもち、それ以後この関心は衰えることがなかった。すでに一九〇四／五年の「プロテスタンティズムの倫理と資本主義の『精神』」において、彼はこの関係を比較論的視角において——ただ宗教改革以前と以後のキリスト教的文化宗教の諸潮流に限定してではあるが——追求していた。宗教倫理と生活態度の関係は第一に内的な関係であって、外的な関係によって支持されたり屈折させられたり妨害されたりすることはあるが、それとは独立に分析できるものである。[52]「特定の種類の実践的－合理的生活態度をとりうる人間の能力と性向」とは、宗教倫理のなかに定式化された義務が模範的であるとの信念のみによって決まるものではないが、これによってもまた左右される、というのが彼のテーゼである。いずれにせよ、このことは、宗教がまだ一つの生命をもった《レーベンスマハト》力であった「資本主義以前の時代」に当てはまる。[53]義務を定式化するこの力は、その内容ともども歴史的経過のなかで確かに変化しうる。しかし価値指向は人間が文化人として所有する一つの基本的特質なのである。人間は目的に応じて行為するだけでなく、価値に応じても行為する。目的も価値も行為の原因となる表象であるが、前者が結果の表象であるのに対して、後者は義務の表象である。[54]確かに人間の行為は、効用動機と有用性の考量によって疑いなく広範囲にわたって規定されており、究極的に処世術に従った成果指向的行為である。しかし行為はさらに義務動機と固有価値の考量をも知っており、これらは合理化・客体化された形では倫理のなかに書きとめられている。人間は倫理的な存在であって、すでにそこからして価値論的転回（axiologische Kehre）をなしうる能力をもつ[55]。そして、文化宗教がその信者のもとでこの価値論的転回を多少とも徹底的に、また多少とも成功裡に貫徹したことは、そうした宗教の偉大な教育的達成であった。たとえばこの点で、文化宗教は呪術から区別される。確かに、価値論的転回はその徹底性の度合いがさまざまでありうるばかりでなく、さまざまな方向にも作用しうる。とはいえ、段階と方向とは、ある文化宗教がいかなる現世関係を支持するかについて決定する。ヴェーバーの比較宗教社会学が、宗教的に動機づけられた現世関係およびこれに結びついた生活態度の類型論にいかに帰着するかは、すでに別稿で示しておいた[56]。こうした考えは彼のイスラム分析の中心にもあったと推測される。これを可能なかぎり精確に捉え、「我々の西洋文化宗教との比較点をできるだけ明らかにする[57]」ために、さしあたりこれらの文化宗教、とりわけヴェーバーの問題設定のもとでは最も首尾一貫したその代表者たるカルヴィニズムを、一瞥しておくことが適切であろう。

周知のようにヴェーバーは、短期間に有名になった禁欲的プロテスタンティズムに関する宗教史的研究を、「一般に『理念』が歴史のなかで効力を発揮する」仕方を具体的に説明するための寄与としても理解できるように構想した[58]。彼はこの指摘によって、この研究論文を『社会科学・社会政策アルヒーフ』に掲載することを理由づけたのであるが、それは、ヤッフェ、ゾンバルト、ヴェーバーによって編集部が引き継がれて以来この雑誌が「一般に……純歴史的な研究には」関与し「ない」[59]ことを望んでいたからである。さて、興味深いことにヴェーバーは、彼から見て誤った二つのアプローチ、すなわち誤った革新アプローチと誤った拡散アプローチから、この関連ではっきりと一線を画していた。誤った革新アプローチは、歴史的意義のあるすべての理念は既存の諸形態による淘汰によって、もしくは「経済的状況の『反映』ないし『上部構造』」として「成立する」という前提から出発する。しかし、合理的資本主義の「精神」にとって構成的な理念や職業義務が、そもそも淘汰されて上部構造として機能しうるためには、「それがまず成立していなければならないのは明らかであるし、それも個々の孤立した個人のなかにではなく、人間集団がとるものの見方として成立していなければならない」[60]。誤った拡散アプローチは、一旦発明された理念は花のように展開し伝播するという前提から出発する。しかし理念が歴史上効力を発揮しうるには、「敵対勢力の世界との激しい闘争において」勝利を収めなければならず、この闘争は必ずしも「最良のもの」が生き残って終わるわけではない[61]。後にヴェーバーが非常に頻繁に用いる固有法則性という概念の二つの意味が、ここで明らかになる。すなわち、理念や世界像は物質的な利害布置状況——また観念的な利害布置状況でさえも——の関数や流出物として成立するとは限らないのであり、たとえ「逆機能的」になっていても状況によっては闘争しながら生き残ることもあるのである。しかし、合理的資本主義の「精神」がそれに対抗して発明され貫徹されなければならなかった敵は、伝統主義の「精神」であった。これを克服するためには、現実に内部から「生を変革する力」が必要だった[62]。ヴェーバーは自分の主張を、論文の第二版への挿入文によって、部分的にはゾンバルトとブレンターノの批判への応答として、もう一度強調したのだが、その主張とは、いかに洗練された処世術にもそれ［伝統主義の克服］は果たしえなかったというものだった。そのためには宗教倫理と、この倫理によって確かな信仰上の基礎づけを与えられた、著しい救済関心をもった人間集団とが必要だったのである。

ところで、理念はもちろんひとりでに作用するものではない。理念は人間の頭脳と心情を通してしか作用しない。こうした経過の作用を理解するには、二つの関連を区別しなければならない。つまり、そのような理念の主観的習得には強弱の差がありうるし、受動的または能動的でありうるということと、理念は常に利害関心と一致するとは限らないし、「実践上の利害の錯綜」をもたらすということである。(63) 理念の習得が能動的になればなるほど、また理念が利害関心から遠ざかれば遠ざかるほど、理念に規定された実践的‐心理的緊張が強くなる。そして、緊張が強まれば強まるほど、そうした「実際上の利害の錯綜」をもたらす傾向が強まり、この錯綜した利害の影響下に主観的習得の意味内容が変化する。だからこそヴェーバーは、倫理と生活態度の関係を考察する際には倫理の教義上の作用と実践上の作用とを峻別しなければならないと最初から強調したのである。ある信仰上の基礎づけから論理的に生じる帰結と心理的‐実践的に生じる帰結とは必ずしも同一の方向を指すとは限らず、異なっているのが通例だというのである。時としてこれは、信仰上の基礎づけの内容、つまり「教義」がどうでもいいかのように解釈されてきた。だがこれはなおさら誤っている。二つの経過が同一でないということは、それらが相互にまったく無関係だということを意味しない。信仰上の基礎から論理的に媒介される帰結と心理的に媒介される帰結との間の区別は彼のアプローチ全体にとって根本的に重要であるが、にもかかわらずヴェーバーは、たとえばウィリアム・ジェイムズへの示唆に富む批判のなかで、次のように力説した。すなわち、ジェイムズはそのプラグマティックなアプローチによって、「直接の宗教的『体験』をいわば取り込んで自分の軌道にのせる」思想内容の固有の意義を否認したのだと。(64) 理念を生におけるその確証を基準として原理的に格付けする者は、結局は還元主義的なやり方をしているのである。そういう人は実践上の利害の錯綜がなぜ生じるのかをまったく説明できない。だがこの利害の錯綜には二重の意味がありうる。一つには、宗教的理念が宗教的利害関心を「取り込む」のではなく、逆に後者が前者を「取り込む」ということ、一つには宗教的利害関心は他の利害関心に取り込まれる、つまり救済への利害関心は社会的名誉・政治権力・物質的富への利害関心に取り込まれるということである。

さて、ヴェーバーにとって恩寵による選びの教説はカルヴィニズムの教義上の基礎の一つだった。それは唯一の教義ではなく、最も重要な教義でもないけれども、能動的に習得された場合には上述の緊張を最も強くかき立てた教義なのである。もし宗教的に動機づけられた人間がいわば孤独で無媒介にこの教義を信じるとしたら、その人は宿命論に陥るだろう。だがカルヴィニズムの実践的‐心理的作用は反対の結果、つまり不断の能動性をもたらした。予定説の思想が孤立していなかったというのがその一つの根拠である。この思想はむしろ確証思想、つまり信者は自らの行為において神の前で神の命令の遵守を通して自らを確証しなければならないとする正当化の思想と結びついていた。これは恩寵による選びの教説と比べてより重要な理念でさえある。[65] しかしこうした結びつきは、緊張を和らげるどころか増大させる。つまりそれは、広く普及し容易に思いつく至福への二つの道を信者に封じてしまうのである。それは神との合一という神秘主義的解決を禁じ、互酬性への期待に基づく義務の遵守という「伝統主義的」解決を禁ずる。というのは、この教説によれば善行は原理的に至福の原因とはなりえないからである。世界は神が礼賛される場なのだから、むしろ至福はそれ自身のために――より正確には、もっぱら神の栄光のために――成就されなければならない。さらに、至福はそれ自体としてではなく、全体的生活態度の構成要素としてのみ「意味がある」のである。「カルヴィニズムの神はその信者に個々の『善行』ではなく、体系にまで高められたわざによる聖化《ヴェルクハイリヒカイト》を要求した」[66]。さらにこの神は、人間全体の持続的変化を、内から外へ向かう自覚的・自己規律的な方法的全体生活態度を要求した。しかし、いかに確証の思想が実践的な指示を含んでおり、そこで能動性へと方針を定めていようと、心理学的に見れば、神の思し召しは変更することも窺い知ることもできないとする恩寵の選びの教説が、たえずこの思想の前に立ちはだかったのである。そして、このことは二番目の根拠につながる。予定説はどの信者にも、自分が救済される運命にあるかどうかについて、著しい不確実性をもたらした。だがこれは不安を生み出した。教義学者の論理的欲求は、自分の救済の心配をしている信者の確実性への欲求と鋭く和解の余地なく対立する。確実性への欲求、つまり救いの確かさ（certitudo salutis）への欲求が何らかの方法で満たされなかったとしたら、こうした対立は結局は行為の障害、宿命論という結果をもたらしていたであろう。したがって、「実践上の利害の錯綜」が生じるのはまさにこの点においてである。救済の確実性への関心がいわば理論を取り込んだのである。確証思想には顕在的意義のほかに潜在的意義も付与される。それは確かに依然教義につなぎ止められてはいたが、部分的に解釈の変更を施された。個々人が自分自身ではなく神の栄光を増大させるために達成する善行は、確かにその後も神によって望まれ、とりわけ神によって成し遂げられたものと見なされねばならなかった。だがそれは同時に、選ばれていることの徴として解釈を変更されたのである。

こうした「実践上の利害の錯綜」が実際に成立し、教義に逆作用したことを、ヴェーバーは、「回答文献（Responsenliteratur）」とでも名づけうる特定のタイプの神学文献を手掛かりに実証しようとした[67]。この種の文献は理念と利害関心の「同化」過程をとりわけ見事に示している。というのは、それらは救済の確実性への信者の欲求に対する決定的な神学的回答を含んでいるからである。したがって、こうした文献によって理念の活性化もまた跡付けることができる。その際決定的なことは、ヴェーバーにとってこの「同化」過程は相互的だったことである。理念と利害関心は相互に作用しあうのである。理念還元主義も利害還元主義もこのことを考慮していない。確かに人間の行為を直接規定するのは物質的・観念的利害関心だが、理念によって作り出された世界像が非常にしばしば軌道を設定し、「そのなかで利害関心のダイナミックスが行為をつき動かす」のだという後の有名な定式化[68]でも述べられているのは、まさにこのことである。予定説の思想と確証の思想の結合がなかったとしたら、また解釈変更の後もこの結合の教義上の核心が固守されなかったとしたら、「此岸的な指向しかもたない純功利主義的なわざによる聖化へと転落」していた公算が高い(69)し、この結合がなければ、彼岸の運命との結びつきを生み出し「考えうるかぎり最も強力な『心情倫理』の体系的集中化」へのきっかけとなった緊張(70)も広範になくなっていたであろう。解釈の変更は元来の教義上の基盤を破砕せず、選ばれている徴としての行為の成果は「至福を購うためではなく至福をめぐる不安を払拭するための(71)」手段であったため、この解釈変更は生活全体の徹底的なキリスト教化をもたらし、此岸での幸福ではけっしてなく彼岸での救済を重視する「資本主義の英雄時代の鋼鉄のようなピューリタン商人(72)」の形をとった、自信に満ちた聖人を生み出した。神の前での神の栄光のための確証という思想が「営利生活における方法的職業確証の思想」として具体化されたこと(73)には、同様に教義上の根拠もある。なぜなら、カルヴィニズムの教説によれば、確証の行なわれる領域は厳密に言えば神が創造した世界全体だからである。ヴェーバーによれば、これは「自然法（lex naturae）によって与えられる職業課題」の遂行が神が望み神意に適った行為にとって決定的になりうるように、隣人愛の思想を事象的‐没人格的に捉えた結果なのである(74)。確かに、このように宗教的義務を職業義務として具体化することは、新興市民層――この場合、もはや都市に居住する［が農村に農場を所有・経営する］商工業者のみならず都市の［市民的］商工業者も含む――の観念的・物質的な非宗教的利害関心に対立する。そして、この非宗教的利害関心が宗教的利害関心とそれを解釈する世界像に付加されることが、職業義務の理念が他の諸理念との闘争において「確証」される拡散過程の適切な社会学的理解にとって重要である。だがこうした付加は一次的なものではないし、宗教倫理と生活態度の内的関係の理解にとっては決定的でもない。利害関心自体はいずれにせよ盲目であって、非宗教的利害関心は資本主義以前の時代には何ら内面的な「生を変革する力」を生み出さないのである。

要するにヴェーバーは、宗教倫理と生活態度の関係において決定的な役割を演じた諸要因がカルヴィニズムにあることを示したのである。この諸要因とは、一方における宗教的基礎ないし理念内容、他方における教義上の一貫性への欲求と救済の確実性へのプラグマティックな欲求——宗教的正当化欲求と言ってもよかろう——である。彼はこの欲求と並んで、これと組み合わされてはいるがこれと同じではない非宗教的正当化欲求、すなわち、権力・社会的名誉・富といった現世的な財の配分の正当化に関わる欲求を論じた。[75] これらの要因が相互「同化」過程において支持される場合、それらは「人格」を産み出すのに適している。それらは人間の生活に秩序をもたらし、「計算可能な」行為様式に表れる恒常的な動機を作り出す。これがいかなる軌道の上でいかなる方向に向かって起こるかは、理念の内容次第で決まる。予定説は二重に解釈された確証思想とともに、禁欲の軌道および世俗内的職業生活に通ずる。これらの思想は職業義務を中心的義務観念とする世俗内的職業禁欲へと路線を設定する。この職業禁欲は、現世支配の合理主義および課題《ザッヘ》に献身する職業人・専門人の生活理想へと導く。

以上の分析と宗教的基礎の論理的作用と実践的 - 心理的作用の間に生じうる差異についてのテーゼを背景として、今や二つの興味深い布置状況がある。すなわち、一方では他の宗教的基礎のもとでも類似した実践的 - 心理的作用が現れうるし、他方では類似した宗教的基礎のもとでも実践的 - 心理的作用は別のものでありうる。前者のケースは洗礼派の、後者のケースはイスラムの宗教倫理のケースである。洗礼派の宗教倫理には予定説の欠如にもかかわらずカルヴィニズムと同様の実践的-心理的作用があり、イスラムの宗教倫理には予定説の存在にもかかわらずカルヴィニズムとは異なる実践的-心理的作用があったわけである。[76]

ヴェーバーのイスラム分析のこうした最初の主要テーゼにあらかじめ誤った整理を施さないために、カルヴィニズムとイスラムの宗教的基礎がいかなる点で本質的に異ならないかをまず強調しておく必要がある。それは、単一の創造神の超現世的性格が無条件に堅持されたことである。[77]すべてのアジア宗教の場合とは異なり、またユダヤ教を除くすべての古代宗教の場合とも異なって、ここでは神は「絶対的な不変性と全知全能、要するに絶対的な超現世性を備えていた」。[78]神は「普遍的・超現世的な統一神」[79]であって、その充溢した力は計りがたいほどに高められていた。これによって神と人間の隔絶は架橋しがたいものになった。このような神観念はあらゆる媒介者――人格的性質のものであれ制度的性質のものであれ――の救済意義を限定する。ムハンマドは預言者であるが、それもその口を通して神アラーが自らの意思を人間に最終的に告知した最後の預言者であった。彼は「委託によって服従を倫理的義務として要求する、告知する道具」であって、要するに倫理預言者の原型なのである。しかし彼は神の子でもなければ、原罪を負った人類の救済のために犠牲となって死ぬわけでもない。[80]秘蹟的恩寵アンシュタルトとして救済を授与する教会の観念にいたっては、イスラムには完全に無縁なままであった。教会の観念は古代末期・中世のキリスト教の創造物であった。カルヴィニズムもまたあらゆる媒介者の救済意義を限定した。イエスは選ばれた者たちだけのために死んだのであって、教会的‐秘蹟的救済の観念は呪術の疑いをかけられた[81]。実際、神概念と予定説の思想とはきわめて密接に関連している。神の超現世性がラディカルに考えられれば考えられるほど、まさしく救済されるかどうかの運命は予め決定されているように思えてくる。そして信者が予定説の思想を一貫して信奉すればするほど、神と人間との緊張は高まるのである。ヴェーバーはこうした一般的連関を、古代ユダヤ教（ヨブ）・初期イスラム・初期カルヴィニズムを視野に入れつつ次のように解説している。「『摂理信仰』は呪術的神占術の首尾一貫した合理化であって、それに結びついているが、ほかならぬこの摂理信仰がこれを原理的に、また相対的に最も完全に貶価するのはまさにこの結びつきゆえである。宗教的関係のさまざまな理解のなかで、西南アジアと西洋の有神論的な大宗教を支配したこうした摂理信仰と比べて、（一）理論的にも実践的にもこれほど徹底的にあらゆる呪術に対立しているものはありえないし、（二）神的なものの本質をこれほど強く能動的『行為』に、つまり摂理による人格的な現世の支配に狭めて捉えたものもありえない。さらに（三）自由に施される神の恩寵、被造物にとっての恩寵の必要性、神に対する一切の被造物の途方もない隔絶といった観念をこれほどしっかりと打ち立てているものはなく、したがって（四）「被造物神化」を神に対する最大の冒瀆としてこれほどきっぱりと排斥しているものはない。この信仰が実践上の神義論問題の合理的解決を何ら含んでいないからこそ、それは世界と神、当為と存在の間の最大限の緊張を孕んでいるのである」[82]。

カルヴィニズムの場合と同様、イスラムにおいても、まさしく神観念において旧約聖書的ならびにユダヤ人キリスト教的な契機が引き続き作用している。[83] また、カルヴィニズムの場合と同様、摂理信仰がまずもたらしたものは、おそらく理論上の神義論問題の合理的解決ではあったろうが、実践上の神義論問題の合理的解決ではなかった。すでに見たとおり、カルヴィニズムにおいてはこれは二重に解釈された確証思想によって可能になった。相互「同化」は初期イスラムにおいていかなる様相を呈したであろうか。

　この困難な問いにヴェーバーとともに答えたければ、あえて推測をしなければならない。ただし、彼はいかなる方向に答えを探すべきかについて示唆を与えている。一九二〇年の「プロテスタンティズムの倫理」第二版には、Ｆ・ウルリヒのハイデルベルクの神学博士論文に賛同しつつこれへの参照を求めている箇所が二つある。また体系的宗教社会学では、カルヴィニズムとイスラムの予定説とそれら各々の影響が簡潔に比較されている。[84] これらの示唆は拠り所にできる。それらを彫琢すれば、比較的明確なイメージが生まれるのである。

　ウルリヒの博士論文から始めよう。そこではまず、一方で運命（Destination）と予定（Prädestination）が、他方で決定（Determination）と宿命（Prädetermination）が区別される。宗教的な信仰の基礎を記述するためにこれらの概念のうちのどれを選択するかは、神の特性として全能と万能（決定）もしくは万人に対する慈悲と恩寵（運命）のいずれが優勢か、また神の意志行為が太古の過去にさかのぼって措定されているかどうか（予定ないし宿命）に左右される。さて、イスラムとカルヴィニズムの神概念は類似した源泉に由来している。いずれの場合もアクセントは新約聖書の神よりもむしろ旧約聖書の神に置かれている。もっとも、キリスト教の伝統のなかでは新約聖書の神、つまり恩寵と救済の神が、完全に旧約聖書の神、つまり全能の神の犠牲になったことは一度もなかった。このことは、キリスト教的伝統のなかではその神概念に関しておそらく古代ユダヤ教およびイスラムに最も近い位置にあるカルヴィニズムにさえ当てはまる。ヴェーバーもすでに「プロテスタンティズムの倫理」第一版でカルヴィニズムの神観念のなかの緊張を示唆している。カルヴィニズムは二重の神、すなわち「新約聖書で明示された恩寵と慈悲に満ちた父……と、その背後にある」旧約聖書の「恣意的に振る舞う専制君主としての『隠れたる神（Deus absconditus）』」を知っていたというのである。[85] これに対し、イスラムには――ウルリヒの立証によれば――こうした緊張は欠けている。神の際だった特徴はその全能と――これに関連して――その親切《フロイントリヒカイト》と好意《フルト》であって、「罪を赦す恩寵《グナーデ》」ではない。[86] 原罪の観念や、生全体が罪を負っているとか、善をなしえないとかいう観念、また救済をもたらす恩寵の観念、これらを包括する思考圏全体がイスラムにおいては周辺的なものにとどまったのである。前面に出ていたのは神の能力の形而上学的・宇宙論的・目的論的な解釈であって、倫理的・救拯論的なそれではなかった。世界像の構成においては一般に認知的構成要素が評価的構成要素より優先していた。信仰と理性の関係はイスラムにおいてはキリスト教におけるよりもはるかに問題が少なかった。確かにイスラムも神と人間の間の倫理的関係を知っていた。イスラムにも罪や最後の審判の観念はあった。だが罪は原罪ではなく最後の審判は罪を赦す恩寵の場所ではなかった。誰も善をなしえないことはなく、最後の審判はある程度まで商業的な当座勘定の原理で動いていた。ユダヤ教の場合と同様、倫理的関係は法的・律法倫理的な指向をもっており、［人間の］行ないが最終的には救済運命の原因として捉えられた。確かに、救済運命は神によって規定される――あるスーラ［コーランの章］には「神は自ら欲する者を導く」とある――のだが、神は「その啓示を感受しうることを示し、それを信仰のなかに取り入れる」者を導く。[87]これを行なわず、頑固に自らの心を閉ざす者は、自ら責任を負うべき罪を負うのである。誤りは人間自身の行ないである。神はこの罪過を罰する。しかし神は警告なしに罰しはしない。中心にある概念は過誤、違反、正当な処罰、理解のある服従であって、（原）罪、救済する恩寵、愛といった概念ではない。「言葉の倫理的な意味における『救済』の概念は［イスラムには］まったく疎遠なものである。その神は無限の力に満ちているが、恩寵に満ちた主でもあり、その命令に応じることは決して人間の力を超えていない」[88]とヴェーバーが述べたとき、彼もこの事態を念頭に置いていたようである。

要するにイスラムの神は第一に全能・万能の神であり、キリスト教の神は第一に万人に慈悲と恩寵を施す神なのである。さて、こうした強調点は摂理信仰に影響を与える。ウルリヒによれば摂理信仰を最も重要な「教義」の一つとするとされる[89]イスラムにおいて、摂理信仰は救拯論ではなくむしろ宇宙論・目的論の方向に転回をとげ、予定説というより宿命論となった。しかしもっと重要なことは、スンナ［イスラムの口伝律法］でもコーランでもこの信仰は理論的に筋の通った一貫した立場を発展させなかったことである。むしろ二つの思考系列が比較的無媒介に対峙していた。すなわち、一方で悪をもたらす神の全能・万能が措定され、他方で人間は自らの救済運命に対して自己決定権と責任をもつとされた。理論的実行はカルヴィニズムほどの徹底性と一貫性に到達しなかった。ヴェーバーは、この教説が「二重の決定を」知ら「なかった。地獄に落ちる予定はあえてアラーのせいにされることはなく、その恩寵の剥奪と、それとともに――人間の至らなさからすれば――避けがたい過ちの『許容』だけがアラーに帰せられた」[90]と述べたとき、このことを同じように捉えていた。

こういうわけで、イスラムにおいては摂理信仰はカルヴィニズムと比べて決定論的色彩を帯びているだけでなく、同程度の合理的完結性に到達することもなかった。さらに、この信仰は確証思想と結びつかなかった。神‐人間関係は支配者‐臣民関係であり、服従と仰ぎ見る尊敬の関係であって、この関係が要求するのはアラーと預言者への信仰と神の法の従順な遵守であり「人格の中心的・恒常的特質」としての全体生活態度における心情倫理的確証ではなかった。[91]法の義務的な履行／倫理的「人格全体」、実在根拠／認識根拠――類型論的に見ればこれがイスラムとカルヴィニズムの宗教倫理の最も重要な差異であるように見える。これらの差異は信仰の内容に基づいている。イスラムにおいて信仰内容は、摂理信仰にもかかわらず世俗内的職業禁欲の宗教的基礎づけに何ら貢献しなかった。このため、平信徒カトリシズムやルター派の場合と同様に――もちろん別の根拠からだが[92]――イスラムにおいても、体系にまで高められたわざによる聖化は生じなかった。イスラムは前二者と同様、非体系的・功利主義的なわざによる聖化に堕落する危険に絶えず脅されていたのである。

この話はこのあたりで打ち切ってよかろう。だがヴェーバーの分析は、ウルリヒの比較論に適合するこうした解釈の先に進んでいる。[93]摂理信仰は、この教説によってもたらされた緊張とそこから成立する実践的「解決」を検討してはじめて把握できるような特殊な作用を、イスラムにおいてもまた発揮したというのが、彼の断固とした見解である。すでに見たとおり、予定説の思想は確証思想とではなく宿命思想と連結されている。そのためにこの教説の倫理的性格が弱まり、カルヴィニズムに特有なごとき生活の体系化への強制力が緩和されたことは疑いない。しかし、こうした弱められた形においてもなお、予定説の思想は「世界征服のための信仰戦争という宗教的命令を受けたイスラム信仰戦士たちの仮借ない自己忘却」をもたらしえた。(94) これはなぜであろうか。

ヴェーバーの主張はこうである。イスラムにおいて予定――というより宿命と言ったほうがよかろう――は、究極的には彼岸の運命にではまったくなく、此岸での運命に第一に関わっていた。すなわち、「彼岸ではなく、此岸での非日常的運命――たとえば（またとりわけ）信仰戦士が戦闘において倒れるかどうかという問題――こそが予定によって決められているのだという観念が支配していた」。(95) これに対して、彼岸での運命は五行――アラーと預言者たちへの信仰［告白］、一日五回の礼拝、ラマダン月の断食、メッカへの巡礼、喜捨の施し（シャハーダ、サラー、サウム、ハッジ、ザカート）――の遵守によって保証された。コーランとスンナにおいて決定論的思考系列と非決定論的思考系列が大幅に無媒介に並存していたことが特に原因となって、また初期イスラムの未来像が単純で乏しいものだったこともあり、(96) 救済の確実性（certitudo salutis）の問題は、イスラム教徒にはカルヴィニズム信者と同じ徹底性をもって提起されることはなかった。摂理信仰は同程度の不確実性と不安を生み出しはしなかった。確かに双方のケースともに死の不安が問題になるのだが、前者のケースでは彼岸を前にしての死の不安、後者では戦闘を前にしての死の不安がそれぞれ問題なのである。ところが後者にとって、決定論的に解釈された摂理は、その宿命論的な傾向のある帰結ゆえに、不安を生み出す解釈ではなくまさに不安を妨げる解釈である。というのは、この摂理は、アラーが前もって決めたことしか自分の身にふりかからないという確信を信仰戦士に与えるからである。イスラム信仰戦士の死の不安を誇り高い此岸性の精神にある程度まで変えるのは、彼岸をめぐる確信にほかならない。教理神学の基本的特徴が決定論的であったことは、信仰戦士の無敵さの動機づけ上の源泉をなし、彼らが世界征服に向けた軍事的規律を身につけるのを可能にした[97]。「プロテスタンティズムの倫理」第二版でヴェーバーは、こうした自らのイスラム分析の第一の主要テーゼを的確に要約している。カルヴィニズムにおいても完全に廃絶されなかった摂理信仰の宿命論的帰結がイスラムにおいて実際に現れたと彼は確言している。彼はその原因を問い、次のように答えた。「イスラムの運命づけが予定説的ではなく宿命論的なもので、彼岸での救済にではなく此岸の運命に関わるものだからであり、またその結果、倫理的に決定的なこと、すなわち自分が予定された者であることの『確証』がイスラムにおいて何の役割も果たさず、したがってそこから生じえたのは（『モイラ』におけるように）戦士としての勇敢さだけであり、生活方法上の帰結――それには宗教的『報酬』が欠けていた――ではなかったから」だと[98]。

　つまり、イスラムにおいては宗教的利害関心が、教説自体からは引き出されないような論理的帰結を捻出するほどに、宗教的教説を「取り込んだ」のである。「実践上の利害の錯綜」は、こうした帰結にいわば能動主義的・受動主義的という二重の符号が付けられるという性質のものである。ということはしかし、教説がただちに行為の断念をもたらすわけでは決してないということである。むしろ教説は戦士的大胆さを宗教的に基礎づけるのに寄与する。ただし、非日常的ではなく日常的な此岸の運命が問題になるような状況では、非体系的・功利主義的なわざによる聖化もしくは実際に「やや宿命論的な特徴（キスメット）」が強まる分だけ「仮借なき自己忘却」は抑えられる。[99]ついでながら、ヴェーバーにとってはこのことは、イスラムが反呪術的な基本指向をもちながら、大半の文化宗教と同様に呪術を民衆宗教から完全に根絶しなかった原因でもあった。[100]しかし、そうすると、ヴェーバーがイスラムの教説の心理的‐実践的作用について、同時に分裂しかつ循環的なイメージを提示していることになる。この教説は非日常的状況では統一的・規律化的に作用するのに対し、日常的状況ではこうした生活態度への影響を失うわけである。[101]

世俗内的な英雄倫理・戦士倫理のための宗教的基礎の「取り込み」は、もちろんここでもまた教説――聖戦（ジハード）の教説と、世界はイスラムの家と戦争の家（ダール・アルイスラーム、ダール・アルハルブ）に分裂しているという教説――を前提としていた。しかしこの取り込みはさらに、ここでもまた、教説を習得した階層の非宗教的正当化関心をも前提としていた。だがこの教説がカルヴィニズムの教説と外面的に親和性があったのは、ごく初期の段階だけであった。「その最初のメッカ時代において敬虔な信者の現世離反的な都市の秘密集会にまだ現れていたムハンマドの終末論的宗教心は、すでにメディナで、次いで初期イスラム共同体の発展において、アラブ民族的な戦士宗教、次いでとりわけ身分的指向をもった戦士宗教に変貌をとげた。改宗によってこの預言者の決定的成功をもたらした信奉者たちは、おしなべて有力氏族に属する者たちだった」[102]。だが騎士的な身分感情を身につけていた戦士貴族は、罪とか謙虚さとか救済といった観念によって特徴づけられる表象世界に対して何ら感受性をもたない[103]。そのうえ彼らには世俗内的職業禁欲の理想は完全に縁遠いものだった。彼らがどうにか発展させえたものといえば、「まさに戦陣や戦闘的騎士団の禁欲であって、生活態度の修道士的な禁欲的体系化ではなく、いわんや市民的なそれでもなく、禁欲といっても常に周期的にしか現実に有効とはならず、絶えず宿命論に転化する傾向があった」[104]。ヴェーバーによれば、小市民層を担い手とするスーフィズムにいたってはなおさら、世俗内的禁欲主義を発展させることはまったくなかった。スーフィズムは「狂躁道の技術を身につけた平民層の指導[105]」のもとに瞑想的‐神秘主義的軌道を歩んだのである。

要するにカルヴィニズムとイスラムには類似の神観念と類似の信仰基盤がある。だがこれらの類似した宗教的源泉の実践的‐心理的作用は根本的に異なっている。それらは一方では世俗内的職業禁欲の生活態度、他方では非日常的状況でのわれを忘れた犠牲の準備という生活態度、すなわち英雄的態度――ただしこれは日常化の進行とともに此岸的功利主義へと衰弱してゆくのだが――を可能にしたのである。カルヴィニズムが救済の教説と救済関心の間の内面的緊張を非人間的なものにまで高め、まさにそれによって恒常的な現世支配への動機づけを解き放ったのに対し、イスラムは信者をそのように耐えがたい緊張に置くことはなく、これによって信者を現世征服という形の一時的現世支配には動機づけたものの、とりわけ原罪思想と救済思想の周辺的位置ゆえに、持続的現世拒否は妨げたのである。[106] そのためイスラムは経済心情に革命をもたらすこともなかった。経済心情は封建的、小市民的、冒険資本主義的のいずれかにとどまり、いずれの場合も伝統的な規定を受けていた。すべての文化宗教と同様、イスラムも、政治的指向をもった資本主義の諸形態を含んだ伝統的経済行為の諸形態と調和する。だがイスラムが準備しないのは、経済やその他の生活領域における伝統主義を「心情」のレヴェルで、すなわち動機づけのレヴェルで破砕する、あの内面から「生を変革する力」である。つまり最も重要な文化宗教のなかでほかならぬ禁欲的プロテスタンティズムだけがなしとげたこと、ユダヤ教もカトリシズムもルター派もなしとげなかったことを、イスラムはその反呪術的・能動主義的傾向にもかかわらず、またその知的合理主義にもかかわらず、まさしくなしとげなかった。それは、営利衝動を経済的超人のように膨張させるのではなく、これを合理的に調節し、職業義務の形に押し込めることによってこれを客体化・事象化する、鋼鉄のように意志強固な商工業者の育成にほかならない。

つまりヴェーバーはイスラムの宗教倫理に二重の実践的 - 心理的作用を見出しているわけである。現世征服としての現世支配への動機づけと現世適応への動機づけがそれである。またそれだけではなく、彼はこうした現世関係とそれに結びついた生活態度との間の循環を認めている。それは非日常的状況と日常的状況の間、信仰をめぐる戦闘と「市民化」の間の循環である。[107] イスラムの支配システムには、一極集中的な帝国の政治と多極分散的な部族政治の協力と対立にもとづく安定性と不安定性の独特の循環があり、これが一神教的な倫理的高度宗教と多神教的な儀礼主義的部族宗教の協力と対立によって強められていたという診断を、他の研究者たちがイブン・ハルドゥーンに依拠して下した[108]のに対し、ヴェーバーは同じことを宗教に規定された生活態度について主張しているようである。こういう循環が成立したこと、イスラムがカルヴィニズムと異なって「倫理的な生活全体の体系的・合理的形成」を何ら促進しなかったこと[109]、イスラムがこれを少なくとも萌芽的に行なった場合には生活態度をいわば政治化したこと——これらが意味するのは、イスラムが「経済的に合理的な生活態度の発展[110]」をおそらく必ずしも妨害はしなかったものの、少なくとも促進することはなかったということである。すでに見たとおり、これには内面的根拠があった。決定的だったのは、信者の宗教的利害関心との関係における信仰上の基礎であった。それらはカルヴィニズムに類似した神観念や予定説にもかかわらず、これから「逸脱した」結果をもたらした。イスラムの「ピューリタニズム」としばしば称されるものは、ヴェーバーが考えるピューリタニズムとは外面的な点でしか共通性をもたないのである。

ところで、宗教倫理と生活態度の内面的関係の分析は、イスラム文化圏と西洋文化圏の対立点を経済システムとしての合理的資本主義に対する両者の「態度」という観点のもとで明らかにするために不可欠なステップではあるが、やはり最初のステップにすぎない。内面的関係の研究の後には外面的研究が続かなければならず、経済心情の宗教による規定の研究の後には宗教の階級による規定が検討されねばならない。さて、因果関係のこうした別の面は、宗教的正当化関心と非宗教的正当化関心の交差、つまり相互「同化」について論じられた箇所で、すでに言及されていた。カルヴィニズムとこれを含む禁欲的プロテスタンティズム全体、いやそればかりかキリスト教とユダヤ教は、初めから特に市民的な宗教であったし、しかもそうあり続けたのに対し、イスラムはアジア諸宗教と同様に結局支配者宗教《ヘレンレリギオーン》として成立したのだが、このことはそうした内面的関係に反作用を及ぼす。ヴェーバーは内面的利害関心と外面的利害関心を概念的にまったく意識的に区別しているけれども、これは観念的利害関心と物質的利害関心の区別と混同してはならない[111]。もっとも外面的関係は社会階層以上のものを含んでいて、そこでは体制《フェアファッスング》や秩序、さまざまな形態の社会組織なども問題になる。ヴェーバーは、生活秩序の概念（およびこれと結びついた「価値領域」の概念）を用いないときには、宗教体制・経済体制・社会体制・支配体制、あるいは宗教秩序・経済秩序・社会秩序・支配秩序、あるいはまた宗教団体・経済団体・社会団体・支配団体という言葉を好んで用いるのである。こうした用語法が最終的にどのように標準化されようとも[112]、ここで議論されている文脈にとっては秩序と団体の区別は重要である。秩序概念においては正当化の観点が前面に出るのに対し、団体概念においては組織の観点が前面に出る。ある組織は、ほかならぬ信仰上の基礎と内面的利害関心——これに外面的利害関心がつけ加わる——の関係によって、純内面的に保証されていることがありうる。団体はこうした内面的保証だけを当てにすることは決してない。団体は指導者を通して、また事情によっては行政スタッフを通して秩序を外面的にも保証する。つまり団体の場合は行為の調整に際して、内面的な動因や内面的サンクションの効力だけではなく、外面的な誘因や外面的サンクションの効力が当てにされるのである。しかし、内面的利害関心と外面的利害関心、動因と誘因、内面的サンクションと外面的サンクションといった区別によって、内面的関係が外面的関係に移行する交差点がある程度は特徴づけられる。[113]

ヴェーバーが因果関係の両面に固執するのは、彼が私見によれば動機と「制度」の二重の関係を主張するからである。制度に動機を形成する力があるのとちょうど同じように、動機にも制度を形成する力があるのだ。[114] したがって分析は、内から外へも外から内へも進まなければならないのであって、それも、同時に接合点でもある交差点が明らかになるまで行なわれなければならない。いかなる分析も、行為理論・秩序理論としての理解社会学の前提を正当に評価しようとするなら、理論的価値関係によって選択・構成された「歴史的個体」——これは個々の人物でも文化全体でもありうる——について、双方の道を進まなければならない。[115] したがってヴェーバーには、合理的資本主義の成立について、動機づけのみによる「説明」もなければ制度のみによる「説明」もなく、「上部構造」のみによる説明もなければ「下部構造」のみによる説明もない。あるのはその両方であって、ただし一方の説明が他方の説明を必要とするような概念的準拠枠のなかにおいてである。方法論的意味での唯物論と観念論の対立を時代遅れのものにしてしまうこうした洞察は、新しい研究段階になってはじめて得られた知的財産では決してない。[116] この洞察はすでに一九〇四／〇五年の「プロテスタンティズムの倫理」第一版の構想と執筆に影響を与えていたのである。このことは、この作品の末尾に示されたヴェーバーの補足的・拡張的プログラムや一九〇三／〇四年における歴史的文化科学の方法論的基礎づけだけではなく、とりわけ、この宗教史的作品そのものの有名な結末の文章に示されている。すなわち、「なぜなら、総じて近代人は、いかに努力しても、宗教的意識内容が生活態度や文化や国民性に対してもった意義を実際そうであったのと同じほど大きなものとして想像することができないのが常であるにもかかわらず、一面的に『唯物論的』な因果的文化解釈・歴史解釈の代わりに、同様に一面的に唯心論的なそれを置くことは、もちろん意図していない。両者とも等しく可能であるが、それらが研究の予備作業ではなく結論であることを主張するなら、歴史的真理に貢献することは両者とも同様に少ないのである」[117]というわけである。非還元主義的アプローチに従うならば、いずれにせよ両者とも等しく可能であるばかりか等しく必要なのである。一方の「要因」がもう一方に対して自らの相対的自立性・固有権・固有法則性を失うような歴史的状況があるにせよ、こうしたアプローチは決して「精神」を「形態」から演繹したり「形態」を「精神」から演繹したりすることを望んではならない。だがこれ［上述のような状況があること］は歴史的問題であって方法論の問題ではない。それはこうした要因間の相互関係における歴史上可能な布置状況、ちなみに歴史的に見れば特に頻繁に起こる布置状況について述べたものである。ただしその際、一方的促進のケースと相互促進のケースという二つのケースを相互に峻別しなければならない。最初のケースでは一方の「要因」が他方を「自分の姿に似せて」産み出し、あとのケースでは双方の要因が偶然に出会い、選択的親和関係を結ぶのである。これら両ケースの「促進」に対立するのは無関係および妨害のケースである。［ケース間の］移行はいつもながら流動的である。日常化した永続的構成体《ダウアーゲビルデ》においては一方的促進が特に頻繁に起こる。ここでは通例、「形態」がその「精神」を作り出す。素朴な史的唯物論者や同様に素朴な淘汰理論家が方法論的な前提とする「関数関係」が、ここでは――発展した近代の資本主義、「鉄の時代」の資本主義においてもまたそうだが――時として実際に優勢になる。しかしこの資本主義の成立の説明には、こうした関数関係は役に立たない。この説明についてヴェーバーは前述のような主張を方法論的かつ歴史的に斥けた。というのは、この場合は、宗教的‐倫理的に動機づけられた生活態度とヨーロッパ大陸の工業的内陸都市における初期資本主義制度との間に相互促進、選択的親和性があったと見なされるからである。

要するに宗教的に動機づけられた生活態度は内面的ならびに外面的な関係にあるわけである。だが、外面的関係というのはもっぱら宗教的‐倫理的に規定された動機と経済制度または政治制度との間の関係をさすのだとここから結論づけようと思うなら、それは誤解であろう。外面的関係はもちろん宗教的生活秩序の内部にすでに存在する。「教会制度」の信仰上の基礎から独立した意義について、ヴェーバーはほかならぬ「プロテスタンティズムの倫理」、とりわけその第二版においてはっきりと注意を促しており[118]、この観点について「プロテスタンティズムのゼクテと資本主義の精神」と題する論文を書いている[119]。ここにおいて、右に主張した「動機」と「制度」の二重の関係を特にはっきりと示すことができる。なぜなら、予定説と確証の思想を実践的‐心理的に転回した教説は「再生したキリスト教徒と再生しない、聖礼典を受けるほどに成熟していないキリスト教徒とを区別しようとする……試みから、教会制度の多様な形態を」もたらし[120]、その結果、「形式的」規則がいかなる姿をとろうと、いたるところでゼクテ的な形の教会規律が生まれたのだから。ところが今度はこうした教会規律が——しかも、信者に「仲間たちの間での社会的自己主張」を要求することによって——確証思想を支持したのである。[121] こうした確証思想の外面的支柱の実践的‐心理的作用は、ゼクテ的な教会制度や純粋なゼクテ制度が、カルヴィニズムにおける内面的関係の重要な礎石である予定説にとって代わりうるほど強力であった。[122] これが当てはまるのは、たとえば、手短に論じておいた洗礼派である。

　ヴェーバーによれば、確かにイスラムにはコーランとスンナとりわけ神の法シャリーアを中心とする一種の教権制があった。そしてイスラムにはまた、「宗教倫理の体系化と合理化の担い手」という意味での一種の祭司層もあった。[123] しかしこの「祭司」（ウラマー）はラビと同様に、祭祀祭司ではないうえ、神学者というより法学者である。だがとりわけ、彼らはキリスト教的意味での教会の管理者ではない。イスラムの教権制は、中世のカトリック教会のようなカリスマ的恩寵アンシュタルトでもなければ、禁欲的プロテスタンティズムの教会やゼクテ——これらは信者に内面的重圧から解放される制度的手段を何ら与えず、温和なカトリック的恩寵普遍主義を排除して、厳しい恩寵個別主義や、「有資格者を無資格者から区別し」[124] その際宗教的資格基準を非宗教的資格基準とまさに結びつけないような選別装置をこれにとって替える——のような懲罰の鞭でもない。確かにイスラムもすべての文化宗教と同様に宗教的「達人」と宗教的大衆、信者と非信者を区別する。しかし前者の区別には救済上の意義はなく、後者は身分階層、「信奉者の経済的特権」とかみ合わさっていた。[125] この関連で重要なのは、イスラムの宗教体制においてもまた、日常生活での禁欲的確証への方向に作用するものは何ら見出せないことである。それどころかヴェーバーの見解は、初期イスラムはその厳密な一神論と超現世的創造神の観念にもかかわらず、ユダヤ教と同様に、「禁欲を端的に排撃した。他方、デルウィーシュの宗教性の特徴は、超現世的創造神との関係とはまったく異なる（神秘的・忘我的な）源泉に由来し、その内的本質からしても西洋的禁欲とは遠く隔たっていた」[126]というものであった。最後に次のように付け加えることができる。ウンマ、すなわちイスラム「共同体」、最初にメディナで実現されたような「最良の共同体」は、超地域的なレヴェルでは、宗教と政治、個別主義と普遍主義の中間に位置しつつ、おそらくは日常生活の仮借なく効果的な徹底的規制よりもむしろ、内部分化の進行のなかで一定程度の文化的統一性を保証するのに役立ったのだと。なぜなら初期イスラムもまた、宗教と政治の一種の「有機的」統一性をめざす努力にもかかわらず、また、まずムハンマド、次いで初期のカリフたちにおいて、その法典編纂・正典化の時代にすでに、宗教的機能と政治的機能が結合されたにもかかわらず、宗教と政治の間の緊張、いや抗争を免れなかったからである。この抗争はすでにウマイヤ朝治下において完全に燃え上がっており、シャリーアにも明らかに反映されている。パトリシア・クローンが述べているように、「だがすでに七五〇年までにイスラムは、確立された国家への深い敵意を特徴とする包括的な神聖法としての古典的な姿を獲得していた」[127]。遅くとも当時から、世俗性への非難は政治的支配に対する武器として用いられていた。ただし、宗教と政治の間のこうした緊張・抗争にもかかわらず、西洋の場合のような政治権力と教権制的権力の分離には決して至らなかったし、厳密に神聖政治的な、もしくは純皇帝教皇主義的な、持続的解決にも――神聖政治への傾向がとりわけシーア派イスラムには常にあったとはいえ――至らなかった。

つまり、内面的状況と外面的状況の間の相互関係は、一方的もしくは相互的に促進する、無関係なまま放置する、妨害する、のいずれかでありうるのである。しかし、内面的状況も外面的状況も、各々の内部でもこれらの関係に立ちうる。ヴェーバーがあれほど力説したカルヴィニズムの宗教倫理の統一力は、信者が身を置いているさまざまな内面的状況を一つの効果的な原理のもとに置く点にこそあった。こうした「考えうるかぎり最も強力な『心情倫理』の体系的集中化」にもとづいて、宗教的に動機づけられた行為は全生活領域に、とりわけ経済的領域に影響を与えたのであるが、たとえば政治的生活領域にもまた影響を与えた[128]。だが動機に関して言えることは、制度や「構造」に関しても言える。これらもまた相互に、一方的ないし相互的促進、無関係、もしくは妨害の関係に立つのである。ヴェーバーはとりわけ支配の社会学の第二稿で、政治的支配構造の経済心情への関係とならんで、その経済構造への関係をも常に論じている。そしてその際には常に、合理的資本主義の成立と発展にとっていかなる条件の布置連関が有利でいかなるものが不利かという問いも扱われる。成立・発展しつつある合理的資本主義はまさしく内的条件だけではなく外的条件にも左右されるのであって、精神的抵抗だけでなく制度的抵抗にも遭遇しうるのである。この関連で特に興味深いのは政治的支配関係と法関係である。もちろんこれらには内的側面も同様にある。とはいえ、私はまず内から外への道をたどったので、今度は逆方向の道をたどることにする。

c　イスラムの政治的支配——オリエント的プフリュンデ封建制

イスラムは宗教運動と政治運動という一種の「二重運動」から成立した。決定的なのはこれらの構成要素の「独自の」結びつきである。ムハンマドは倫理預言者でありかつ政治的・軍事的なカリスマ的指導者である。彼はアラブの部族的個別主義を、その多神論と儀礼主義を一神論的・律法倫理的に凌駕し、相争う部族のなかからアラブ民族的征服運動を形成することによって、宗教的かつ政治的−軍事的に克服した。ムハンマドは古代ユダヤ教の預言者たちとは異なり、またとりわけイエスとも異なって、六二二年のヒジュラ［移住］以降、周辺に追いやられた不幸の預言者ではなく、ましてやカリスマ的な遍歴説教師でもなく、宗教的−政治的な指導者であって、しかも特に部族に伝承された紛争産出と紛争処理の手法を器用に利用しながら、自らの宗教的−政治的な意図を一歩一歩実現していくすべを心得ていた。おそらくイグナーツ・ゴルトツィーハーとユリウス・ヴェルハウゼンに依拠しつつ、ヴェーバーは、すでに紹介した引用が示すように、最初のメッカ時代とメディナ時代とを明確に区別した。［ムハンマドが］メッカから移住して成功裡にメディナに「受け入れ」られるとともに、終末論的宗教心が政治宗教、アラブ民族的戦士宗教に転換しはじめたのである。(129)

ムハンマドの経歴——メッカにおける最初の失敗、メディナへの「移住」、そこでの台頭、メッカへの凱旋、「世界征服」の始まり——はしばしば叙述されてきた。イメージは相互に似通っている。

イエスの生涯の研究と異なり、「ムハンマドの生涯の研究」は宗教的留保のほかに史料状況によっても妨げられている。すでにユリウス・ヴェルハウゼンによって始められた聖書の史料批判も、A・ノートによって行われた聖書の形式批判のイスラム史料への転用も、ともに比較しうるような成果をもたらさなかった。(130) これについてカール・ハインリヒ・ベッカーはかつて「宗教的な増殖と対決の乱雑なカオス」(131) という言い方をしたし、パトリシア・クローンは今日「固有の構造」が認められない一種の瓦礫の山と表現している。(132) このことは口伝えで伝承されたスンナに当てはまる。それにひきかえ、コーランはいわば岩のようにしっかりした地盤に立っている。この両者、とりわけスンナから預言者「ムハンマド」のイメージが成立した。スンナは彼の言葉と行動を再現しているのである（ハディース）。それらが権威づけられるのは内容によってではなく、預言者にまで遡る伝承者の作られた系譜学による。この伝承にとっては、口伝で伝えられたことと並んで、その原子論的性格と目まぐるしい変化が特徴的である。個々の言動はいわば文脈を離れて伝承され、宗教的闘争の弾薬となった。スンナはこうした対決を反映する資料集成であって、ムハンマドの物語というよりむしろ編集者とその「党派」の「神学」なのである。だが後方に向かって開かれていた地平は速やかに閉ざされた。典拠の破壊に対応して作り出された伝承が速やかに完結された。伝承は六つの集成［「六書」］に凝集し、一枚岩となった。「自分の現在高を計算に入れよ」とのゴットフリート・ベンの言葉はすでに初期イスラムに当てはまる。すでに九世紀にはカノンが大幅に確定し聖別されていた。(133) こうした状況は教義への欲求を満たしはしても歴史的欲求を満たしはしない。パトリシア・クローンが述べているように、「ムハンマドが西暦六二〇年から六三〇年の間に生存し、戦争で戦い、彼のもっていた信奉者の幾人かは名前が伝えられているらしいということには、もちろん疑問はない。しかし、われわれの解釈がよって立つ正確な時期や事件・人物［に関する情報］については、ラビ風の論争をくぐり抜けていてその結果整頓されてしまった跡がありありと残っているのである(134)」。

だが、伝承がどれほど「神学的色調を帯びて」いようとも、ヴェーバーの言明に含まれる二つの仮定は歴史的に「正しい」ようである。すなわち、メッカからメディナへの移住がムハンマドの経歴のなかで決定的な転機をなしており、彼の倫理預言が彼の政治的実効力の決定的前提条件であるという仮定がそれである。ヴェルハウゼンが言うように、「移住」の結果、ムハンマドは説教者から統治者になったのだが、統治のモデルは人間の王権（ムルク）ではなく後期ユダヤ教の君主制的預言者であった。「支配の権限はその保持者の用益権の及ぶ私有財産ではない。王国はむしろ神に属する。しかし、その意思を知り実行する神の代理人は預言者である。預言者は単に真理の告知者ではなく、地上における唯一正当な統治者でもある。彼のほかにいかなる王も、また他のいかなる預言者もありえない。常にひとりの預言者しか同時に存在しないのである(135)」。

このモデルを貫徹するには、外的および内的な前提条件が必要である。外的前提条件とは、メディナがムハンマドの宗教的‐政治的支配要求にとってメッカに比べてはるかに有利な土地を提供したことである。メッカはアラブの中心地で、宗教的・政治的・経済的に一種の門閥都市であって、とにかく都市の平和を保証する実行力のある門閥の手中にあった。しかも、宗教的祭礼やそれに結びついた市が多神教のおかげで次々に行なわれることから特に経済的利益を引き出していた富裕な都市であった。ムハンマドのラディカルな一神教はこうした状況下では「商売を危険にさらす」ものと映ったに違いない。メッカで彼のメッセージが遭遇した拒絶には、とりわけこうした経済的動機があった。メッカは預言者の最初の登場の時点では宗教的にも政治的ないし経済的にも危機に瀕していなかった。ヴェーバーによればカリスマ的運動の地平を切り開くとされる、内的および外的困窮の状況が存在しなかったのである。メディナの状況は異なっていた。ヤスリブ——ヒジュラの時点ではそう呼ばれていた——は、ギリシア‐ローマ的およびキリスト教的‐アラム的影響のもとにあり、強力なユダヤ教団を伴った周縁都市であって、アラブ的観点からすれば周縁ではないにせよ半周縁であった。都市の平和は後退していた。門閥間の私闘がはびこり、中世の多くの南ヨーロッパ都市に似た状況であった。経済的帰結を伴う政治的危機状況、外的困窮の状況が少なくとも存在した。こうした状況は、調停者に対して開かれていたが、秩序を形成する「中央権力」の助けを借りて不和に責任のある門閥と部族の個別主義を超越するような解釈にも開かれていた[136]。

メッカで獲得した信奉者たち、とりわけ「友人、親類、奴隷たち[137]」に支えられて、ムハンマドは門閥と部族の支配に代わってウンマを樹立した。ただし、彼はこれを部族間の私闘を調停する際の伝統的パターンを用いて——W・モンゴメリー・ワットが述べるように「移民の氏族の長[138]」として——行なった。ともかく、親類関係と部族に「教団」が取って代わったのである。ここでもまた、ユダヤ教とキリスト教のモデルは意義がないわけではなかったようである。その際「教団」への移行は同時に神の平和としての平和の強制《ラントフリーデ》への移行でもあった。単一の神しか存在せず、万人が彼を信仰するため、彼らの間では門閥・部族・氏族への所属にもとづく私闘権も、私闘義務も停止される。対内的平和の義務には対外的戦争の義務が対応した。イスラム以前の法の復讐義務はもはや「兄弟のために兄弟に」課せられるのではなく「信者のために信者に」課せられる。ヴェルハウゼンの観察のとおり、戦争は軍事的になり、(139)さらには信仰戦争になる。とはいえ、教団原理が部族原理に完全に取って代わったわけではない。ウンマに所属するのは個人ではなく団体なのである。古代のポリスと同様に氏族団体が「祭祀」団体と軍事団体に凌駕されたとはいえ、氏族の連帯が完全に打破されたわけではない。ヴェーバーがさらなる発展を念頭において述べているように、「イスラムは、初期のカリフ統治領内の内部抗争の歴史全体が示すように、アラブ諸部族の同郷人団体や部族の絆を実際には克服しなかった。というのは、イスラムが何といっても複数の部族や氏族に区分された侵略軍の宗教でありつづけたからである」(140)。確かに、ラディカルな一神教と普遍神の厳密な超現世的性格からしてもすでに、古代のポリスの場合のように「教団」の下部になおそれと異なった「氏族祭祀」が存在するということはありえなかった。イスラム以前のアラブの多神教は徹底的に排除されたのである。しかし、ウンマはキリスト教の刻印を受けた西洋中世の都市共同体のような性格の誓約共同体的兄弟盟約でもなかった。そしてこのことは、イスラムの宗教・軍事団体がメディナの「市域」を遠く隔たれば隔たるほどますます当てはまったのである。

ウンマはさしあたり、異教徒やユダヤ人、あるいは特定の身分に属する者を排除するという意味で対外的に排他的・対内的に「平等」であったわけではない。ムハンマドがメディナで興隆してから後も、旧来の諸関係は大幅に安全に存続しつづけた。西暦紀元開始の頃のユダヤ教団と同様、メディナのウンマも明らかに等級分けされた「成員資格」を知っていたが、どうやらこれは、古代アラブにおいて完全資格者と無資格者が区別されていたことと[141]、古代オリエントにおいて一般に客人部族が諸団体に組み入れられた仕方とを反映しているようだ。とはいえ、メディナのユダヤ教団に対するムハンマドの関係は、彼が自分のメシア的・預言者的要求がこの教団によって承認されないことを知るに及んで根本的に変化した。この後で初めて彼はユダヤ教から離反し、それどころかこれを攻撃したのである。祈りの方角をエルサレムからメッカに変更したことやその他の象徴的行為は、このことと関連しているようである[142]。歴史的事実がどうあれ、いずれにせよこれは、イスラム以外の二つの一神教的・倫理的な啓示宗教・救済宗教・聖典宗教――アラブの多神教と儀礼主義に対するこれらの優越性は明らかにムハンマドに深い印象を与えていた――に対する象徴的レヴェルでの自立化と「アイデンティティ創出」の過程を示している。しかし、このことはさらに、一神教の一種のアラブ化、新たな教説の「アラブ民族的」宗教としての定義への道の重要な一歩を示している[143]。

というのは、ムハンマドがメッカで開始して展開し、平和「創出」・戦争「創出」の新たな形態を彼に可能ならしめた使命が生まれてきたのは、この緊張から、すなわち一方におけるユダヤ教的・キリスト教的な超現世的普遍神の世界と、他方における商業化された礼拝所や宗教的‐世俗的祝祭を伴うアラブ的機能神・地方神の世界との文化的落差からだったのである。アラブの神々は、たいてい巨大な石がその設備に含まれていたという理由だけですでに、固定された礼拝所をもっていた。ヴェルハウゼンが述べているように、移動するのはアラブ諸部族のほうであって彼らの聖所ではなかった。礼拝所では石のほかにしばしば木や水も崇拝された。石は供儀の祭壇および神性を表現するものとして用いられ、祭祀は元来非具象的なもので、具象性は二次的にしか現れなかった。(144) 前述のように、礼拝所は機能神や地方神に仕えると同時に商業の中心としても用いられた。そのうちいくつかは巡礼地であり、そのことによってまた経済的に優遇された。メッカにもそうした超地域的・「民族的」意義をもつ礼拝所、カーバ［神殿］があった。ムハンマドはメッカ市民としてこれを正確に熟知していた。(145) 彼は未知の聖所や新たに創造された聖所ではなく、カーバを自分の教説の拠り所とした。ここで彼はまた古代アラブの伝統にも準拠した。彼はこの伝統を一神教の観点から異教の祭祀の純化・均一均一化・中央集権化によって変革した。機能神・地方神は排除され、さまざまな礼拝所はカーバを中心に整理され、いわばその支部にされたのである。(146)

こうしてムハンマドは存在する二つの「世界」を相互に関係づけた。古代アラブ的伝統の世界と一神教の世界がそれであって、一方は遊牧民と都市の部族個別主義に結びついており、他方は世界帝国に結びついているか、少なくとも地上における道具を用いて強大な普遍神に統治された世界帝国への展望に結びついている。疑いなくムハンマドは最初からアラブの預言者だった。啓示の言語はアラビア語であり、コーランの他の言語への翻訳は今日に至るまで厳密には禁じられている。彼はアラブ的個別主義を克服したいと思った。だが彼はこれをさしあたりユダヤ教・キリスト教に逆らってではなく、それらと共に行なおうとした。これら二宗教は彼にとって準拠宗教として役立ったのである。[147] 彼はこれらの宗教を本当に知っていたわけではなさそうだが、それらはアラブ的状況の「規制されたアナーキー」から脱出する方途を示唆したようである。そのため最初は彼は、モーセとイエスに優る預言者としてではなくモーセとイエスと同格の預言者として自分を理解していたようでもある。[148] メディナではこれが一変する。ユダヤ教に対して、またキリスト教に対しても象徴的に、かつ事実上対抗することによって、イスラムはもはやユダヤ‐キリスト教的伝統のなかに位置づけられず、それを超えたところに、また同時に、カーバにおけるアブラハムの宗教創始と共に始まったアラブ宗教史の全体的連関のなかに位置づけられることになった。[149]

超現世的で全能の普遍神についての教説は、古代アラブの表象世界のなかでは異物のように映ったに違いない。それはこの世界からのラディカルな断絶を意味した。ムハンマドはこのメッセージを正当化するために、アラブ的伝統を引き合いに出すことはできなかった。捕囚前のユダヤ教の預言者たちが民衆に対して自分たちに課された義務を、つまりその過去の一部たる何かを、想起させる際に行ないえたような意味でさえ、できなかったのである。ムハンマドに残されていたのはただ、伝統からの断絶と、自らの新たな使命のカリスマ的正当化のみであった。当時の記録はこのことを証明する示唆を与えてくれる。回心の体験、ほとんど「市民的に満ち足りた」状況からの「再生」と四〇歳頃の――合理的に加工される――病理的な状態・態度、メッカとの断絶、そして最後にバドルの戦いにおける超自然的能力の実証といったそれらの示唆は、ヴェーバーのカリスマ的指導の類型に分類できる。しかしここに見られるのはむしろ穏健なカリスマ主義である。家族や経済活動からの離脱は見られない。この点でもまたムハンマドは、たとえばイエスと比べて中間的立場を示している。確かに彼は古いものを新しいものに転換したが、古いものから完全には断絶しなかったのである。古いものは「価値を引き上げられる」。「部族の顔をもった一神教」というわけである。[150]

ムハンマドはメッカを攻略してアラビアを広範囲にわたって統一してから死んだ。確かに彼はバドルの戦い以後常に武運に恵まれたわけではなく、リッダすなわち背教が彼の存命中すでに起こっていた。しかし、あらゆる形態のカリスマ的指導と同様に、彼が残した最大の難題は未解決の後継者問題にあった。これを解決しようとする試みのなかで、イスラムはスンナ派とシーア派に分裂し、ペルシアの外部で優勢を保ったスンナ派の支配のもとで急速に伝統化した。ヴェーバーの観察によれば、「ムハンマドが男の子孫を残さずに死んだこと、彼の従者団がカリフ制を世襲カリスマの上に基礎づけず、それどころか、ウマイヤ朝時代にはカリフ制を神聖政治とは正反対の方向に発展させたこと――これらの事情はイスラムの構造に深刻この上ない帰結をもたらした。アリー家の世襲カリスマに立脚し、『イマーム』には不可謬の教説的権威が備わっていると結論づけるシーア派が、伝統と『イジュマー』(信徒の合意 consensus ecclesiae) に立脚する正統スンナ派とあれほど鋭く対立したのは、何といっても支配者の資格をめぐるこうした見解の相違ゆえであった」。[151]

かつてのカリフ制においては指導者はムハンマドの従者団、「使徒」のグループからリクルートされていたが、ここでは宗教的機能と政治－軍事的機能とがまだ結合されていた。このカリフ制はムハンマドのもとで大幅に統一されていたアラブ諸部族を世界征服のために動員した。こうして三〇年もしないうちにメディナの「都市支配」からかなり広範囲に及ぶ領土支配（シリア、イラク、メソポタミア、エジプト、イラン）が発展した。ウマイヤ朝治下にはさらなる領土が加わった（カルタゴ、インダス峡谷、スペイン）。この運動の未曾有の推力は宗教と政治の結合と関連していた。アラーのための闘争は天上の楽園と地上の戦利品を二つながらもたらした。全能・万能にして超現世的な神アラーは歴戦の遊牧民にとっての軍神としてふさわしかった。それゆえ、信仰戦争においては布教は非信徒の征服および経済的搾取と初めから結びついていた。信仰戦士たちの観念的利害と物質的利害とはあまりに強く結びついていたので、宗教上の目的が政治‐経済的目的と融合していたのである。興味深いことに、これには抑制的効果があった。ユダヤ教やキリスト教と共に、確かにイスラムは他の文化宗教と異なって反呪術的・能動主義的特徴を備えた根本的に普遍主義的・倫理的な救済宗教なのだが、この種の宗教の場合、信仰戦争は非信徒に改宗を強制するかもしくは彼らを絶滅させるかのいずれかのために行なわれるのではないかと予想されるだろう。こうした帰結はまぎれもなくキリスト教における「十字軍思想」の特定の流派から導き出されるものである。だがヴェーバーによれば、イスラムではまさしくこの帰結が生じなかった。「非信徒を信徒の政治権力および徴税権のもとに服従させる」ことによって信徒を「優位に置く」だけで十分だったのである。[152] この「優位」はもちろん第一に政治‐経済的効果をもたらしたが、そのために被征服者を寛大に扱うことさえ求められた。こうして信仰戦争においては政治的・経済的利害関心がますます強く前面に押し出されていった。最も重要なのは改宗や伝道では全然なく、いわんや非信徒の救済などではなかった。地代こそが問題であって、それゆえ宗教は身分的階層分化のメルクマールとなった[153]。しかしまさにこの結果、倫理的‐救済宗教的契機が政治宗教的契機の前に後退してゆくことになった。「これに対し、古代イスラムにおける倫理的救済宗教の性格を示す宗教的諸要素は、イスラムが本質的に戦士宗教でありつづける限り、やはり著しく後退した[154]」。

非信徒たちは彼らの住む領土もろとも征服されねばならないばかりでなく、管理されねばならない。そして、支配領域が拡大すればするほど、またアラーの支配下に置かれる民族が増大すればするほど、カリスマ的ならびに伝統的に正当化された支配の根本的な組織問題、すなわち集権化と分権化の問題が、イスラムにとってもまたますます先鋭化していった[155]。こうした伝統的秩序配置の普遍的問題はここではさらに以下の事情によって先鋭化した。というのは、アラーの中核部隊はもともと遊牧する牧畜民の部族を出自としていて、この部族はたとえば定住農耕民と異なって恒常的な領域権力に慣れておらず、彼らはこの種の権力に容易に服従しないばかりか支配者としてもなかなかそこに適応しなかったということである。しかしこの問題、つまり宗教的、またとりわけ政治的な統一の問題は、解決されなければならなかった。そのためには制度的分化および軍事的ならびに文民的な行政スタッフ――これなしには中央権力の支配権要求を広大な領土にわたって貫徹するのは不可能である――の養成が必要だった。制度的分化はとりわけ宗教的機能と政治的機能、教権制的権力と政治権力の相対的自立化、そしてそれらの間および内部での権力分立に関わる。行政スタッフの構成はとりわけ軍人集団と官僚層、およびその「構造」と「精神」に関わる。ヴェーバーによれば、部族単位に編成されたアラブ的‐神政政治的召集軍隊――「その略奪欲に燃えた熱狂的信仰は大きな要求の担い手であった」――はすでに九世紀に解体された[156]。カリフの地位も、アッバース朝時代に宗教的課題と世俗的課題の一種の分業のような形でスルタンの地位から分離された。ただし両者とも、少なくとも形成されつつあった正典の趣旨からすれば、一つの宗教的律法のもとに置かれた。しかし、メディナにおける状況や初期カリフ治下の状況と比べれば、これによって新たな構造布置が成立したのである。「イスラム的オリエント」、「イスラム国家」の合理的資本主義に対する立場を、すなわち〔後者の成立にとっての〕有利な条件の不足、それどころかその阻害、それへの抵抗という関係を十分に理解しようとすれば、とりわけこの構造布置を特徴づけなければならない[157]。

政治的支配に関連したこれらの新しい構造布置を特徴づけるために、ヴェーバーは恣意的家産制、スルタン制、プフリュンデ封建制、さらにはプレベンデ的な自由な封建制など、さまざまな表現を用いている[158]。これにまず驚かされるのは次のような事情からである。すなわち、恣意的家産制――スルタン制もこれに分類できる――が首長の広範囲な恣意を許し、したがってほとんどステレオタイプ化されていないのに対して、封建制が「家産制の特殊な極限的『限界ケース』」をなし、しかもその理由はここでは支配関係のステレオタイプ化がまさしく比較的進行していることなのである[159]。それゆえに、発達した封建制システムは「少なくとも相対的には『法治国家的』構成体」である[160]。したがってこのシステムは首長の権力を整然と分割することによって首長の固有権を拘束力をもって制約する。

ただし、こうした「法治国家性」は客観的法秩序ではなく「主観的」権利、特権に立脚している。それは個人の権利や場合によっては団体の権利（「身分制国家」）、ならびにそこから成立する［諸権利の］分配構造を保護する。他方、家産制のもとでは、他の首長権力に対する首長の固有権は増大しており、首長が恣意的になればなるほどますますそうなる。この固有権は同時に「介入権」でもあって、他者の既得権やそれに結びついた分配構造の前でも停止しない。そして、やはり家産制的構成体が恣意的になればなるほどますますこの傾向が強まる。家産制と封建制に共通するのは、中央権力が他の首長権力と折り合いをつけざるをえないことである。なぜなら両方とも、内部の支配関係のほかに外部の支配関係を、家産制的領域のほかに家産制外的領域をも規制しなければならない領土支配だからである。だが両者はこれらの関係をいかにして規制するかによって区別される。そしてここから言えることは、一つの構成体が同時にスルタン制的であってしかも封建制的であることは明らかに不可能だということである。

ところで、このように表現がどっちつかずなことは、単純に作品史的に説明できるのではないだろうか。ヴェーバーは周知のように『社会経済学綱要』のために二つの版の支配の社会学を書いた。第二稿は第一稿をもとにしているが、思考をより簡潔にまとめ、より精確な概念を用いて書かれている。実際、第二稿ではイスラム的西南アジアはムガール帝国支配と共に、財政的理由に由来するプフリュンデ封建制に分類されているがスルタン制には分類されていない。ただしスルタン制は第一稿と同様ここでもまた、家産制における最高度の首長権力との関連で登場するが、簡単に、かつ歴史上かなり蓋然性の低い極限ケースとして描かれているにすぎない(161)。しかし、表現がどっちつかずなことには内容的な根拠もあったかもしれない。おそらくイスラムの国家構成体は、目のつけどころによってスルタン制的でもありプフリュンデ封建制的でもあったのだ。

ヴェーバーは支配の社会学の第一稿、つまり草稿『経済と社会的諸秩序および諸力』の一部として彼のイスラム研究を最も直接的に反映したテクストのなかで、イスラムの封建制を西洋の封建制と比較しつつ論じている。ここでもまた彼のねらいは、西洋中世のレーエン封建制が、合理的資本主義の成立と発展の基盤となった一般的文化諸条件に属する歴史上の特殊な構成体であることを示すことにあった。この比較は「形態」と「精神」、構造と倫理に等しく及んでいる。この比較に手短に目をとおしておこう。

まず一般的な考察から始めよう。純粋な家産制的関係と比べてレーエン関係は実際に高度にステレオタイプ化され法制化されている。後者には類型論的に見ると二つの起源、つまり家産制的起源とカリスマ的起源がある。家産制的起源は次のような事情に関連している。首長権力は領地を軍事的に保護し管理するためには行政スタッフを必要とし、この「行政スタッフ」は支配権と経済的チャンスを専有しうる、したがって軍事的手段と行政手段を入手しうるのである。こうして行政スタッフは自分が経済的に保証する固有権、ベネフィキウムを発展させる。カリスマ的起源のほうは、首長がその英雄的資質を信じる従者たちに取り巻かれた軍事英雄であることと関連がある。それは物質的ではなく純粋に理念的な性質の献身の関係である。この関係が日常化したとしても、その理念的性格は保持されたままである。首長と行政スタッフの間に特殊な誠実《トロイエ》関係、ホマギウムが成立する。さて、レーエン関係においては物質的構成要素と理念的構成要素、ベネフィキウムとホマギウムが相互に、しかも「レンテを生み出す支配権」が人格的誠実義務と「交換」されるという形で結びついている。このことは、「自由な」契約当事者を厳密には必要とする契約の形で起こる。封臣《レーエンスマン》は家産制的臣民ではなく「自由人」である。こうした契約関係――とりわけ戦争に際して人格的な従士の誠実と引き換えに「それを所有することで首長としての存在が」可能になる、「レンテを生み出す諸権利の複合体」――から細分化されたシステム、中間層を伴うレーエン・ヒエラルヒーが発展しうる。このようなシステムが広大な領土に広がっている場合に、とりわけこれは当てはまる。だがもっと重要なことは、封建制的構成体には経済的・物質的・「家産制的」側面と並んで理念的・倫理的・「カリスマ的」側面があるということである。支配関係は「高度に張りつめた義務と名誉の法典」によって規制され、心情とそれに応じた生活態度――より正確には騎士的生活態度――を上部構造としていた。(162)

　こういうわけでレーエン関係は外的および内的な関係にある。それは特殊な倫理、すなわち誠実と名誉の概念を中核とする封建倫理を必要とする。この倫理が単なるピエテート倫理以上のものであることを明らかにしておくことが重要である。「『名誉』と自発的に捧げられかつ守られる人的な『誠実』に」訴えることが、それと結びついた生活態度にとって構成的である。(163)これに結びついているのが特殊な品位感情と、「最も重要な生活諸関係が厳密に人的な紐帯によって浸透されていること」である。(164)ヴェーバーはこの騎士的生活態度にとって遊戯が教育的意義をもち、この生活態度と芸術家的生活態度の間に親和性があることを示唆している。[165] たとえばプフリュンデ関係のような形をとった家産制的関係にももちろん内的側面、「倫理」がある。そしてこれもまた誠実の理念に立脚している。しかし、「家」における父と子の権威主義的関係を「モデル」とする「ピエテート誠実」は「封臣《ヴァザレ》的誠実」から区別される。「機能」より「存在」を強調することで前者も身分的指向をもちうるけれども、生活を英雄的行為へと「遊戯によって」形成することから生まれる封臣的誠実の貴族主義的基本特性はこれには欠けている。だがピエテート誠実には、レーエン関係の究極的基礎である「自由な」契約という法的構造もまた欠けている。

家産制的な支配構成体はこのようにプレベンデ的にも封建制的にも変容しうる。どちらの変容が起こっているのかは、経済的側面ではなく法的および倫理的側面にのみ示される。しかしいずれの場合も身分的‐家産制的支配に至る。つまり、「行政スタッフ」——彼らはもはや、軍事的性質のものであれ文民的性質のものであれ、物的な行政手段から切り離されてはいない——による支配権と経済的チャンスの専有をとおして首長権力が分割されることになるのである。この観点は構造問題の解明にとって中心的なものである。その際ヴェーバーは周知のように、生産手段への位置がもつ意義に関するマルクスのテーゼをすべての生活領域とすべての時代に移しかえた。さて、首長権力の分割とそれに結びついた首長の固有権の制限の目的は、領土全体の支配、帝国の統一性を維持することである。しかしこの統一性は、この目的が達成される仕方によってまさしく不断に脅かされる。というのは、相対的に自立化した部分諸権力が対抗権力になりうるからである。このため中央権力は、「行政スタッフ」の自立化を排除するか少なくとも「手なずける」べく対抗措置を取らざるをえない。だがこれの意味するところは、中央権力の固有権の拡張もしくは少なくとも「保護」、つまりは家産制――その極端な形態はスルタン制である――への回帰である。

ヴェーバーによれば、すべての伝統的な政治的構成体に共通のこうした中心問題を、西洋は類型論的に見て三つの「段階」を経て克服した。すなわち［第一に］レーエン封建制の助けを借りて、［第二に］レーエン封建制の一種のコルポラツィオーン的形態をなす等族国家の助けを借りて、そして［第三に］等族国家から成立した合理的‐官僚制的家産制国家の助けを借りて克服したというのである。これらすべての形態にとって特徴的なのは――もっともこれは近代的アンシュタルト国家において初めて「完全な発展」に至るのだが――「法治国家的性格」であった。この「法治国家的性格」の中核には契約思想と並んでアンシュタルト思想も含まれていた。後者の思想は決して政治的領域権力の圏域に限定されるものではなく、教会のような教権制的権力や都市的権力をも包含していた。したがって西洋の政治発展の重要な側面は、ここでは領域団体が一部は自律的に、一部はレーエン封建制から形成されたことと関連がある。これらの団体は「自分の足で」立っていたために相互に熾烈な競合関係に陥った。このことが分権化と構造的多元性を促進し、法的ならびに事実上の「あらゆる階梯」の自立性を可能にした。その際、内的・外的支配関係の法制化に向かう強い傾向に支えられて、権力の重心は中間的レヴェルにある程度移動した[166]。この傾向はすでに比較的初期に合理的な制定律《ザッツング》への方向を示していたが、それはとりわけ、西洋ではすでに中世において、他の法体系と比べて神聖法（カノン法）と世俗法（ローマ法・ゲルマン法）が明確に分離されており、神聖法も比較的形式的なものだったからである。そのうえ、教会と「国家」の法的な境界設定も叙任権闘争以来政治的に支持されていた。[167]

こういうわけで、西洋では中世以来、「統一性問題」の解決のために基本的に家産制的「戦略」も、ましてやスルタン制的「戦略」も採られてこなかったのである。西洋の「戦略」はむしろ構造的に不均質な諸単位間の身分的権力分割と制定律の形をとる法制化をめざすものだった。こうした観点でイスラムの国家構成体を見るなら、とりわけ二つの制度が目につく。購買奴隷軍と財政的理由によってできた軍事プフリュンデ制である。双方ともイスラム運動の「戦士的」起源に関連がある。イスラム的国家構成体はヴェーバーの見るところでは第一に「軍事国家」であって、それを構造的に特徴づけるためには軍隊制度の分析が特に重要なのである。

体系にまで拡張された「馬上の奴隷」［奴隷軍人］は、明らかにイスラムの国家構成体に特有である。[168]もちろん――ただちに強調しておかねばならないことだが――この体系はイスラムのなかになんら根拠をもたない。[169]だが、すぐあとで示すように、これらの国家が合理的資本主義に外的な抵抗を行なったことを理解する上で重要なのである。まず、この体系はすでに九世紀初頭には成立していたようである。[170]ともかくそれはアッバース朝時代の政治支配の構造を規定していた。ヴェーバーの観察によれば、「部族を異にするトルコ人奴隷は全生活を挙げて首長の支配に結びつけられているように見えたのだが、アッバース朝は彼らを購入して軍事的に教育することによって、自らを民族的召集軍やその平時における弛緩した規律から独立させ、規律のとれた軍隊をつくり出した」[171]。民族的召集軍とはイスラムの世界征服を成功させたアラブ諸部族の召集軍であった。宗教倫理の刻印をも受けた信仰戦士たちは、新しい領土や民族を征服するたびに自らが「英雄」たることを証明してきた。だが平和の到来とともに規律も諸部族の統一性も過去のものとなった。戦時の非日常的状況から平時の日常的状況へと移行する際に、我を忘れた自己犠牲と「市民化」の循環という前述の過程がこの諸部族のなかで生じた。したがって彼らは帝国における中央支配を保証するのに適した「行政スタッフ」ではなかったのである。異部族人から購買奴隷軍を結成することによって、中央権力は自らを諸部族への依存から、またとりわけ彼らの遠心的・反集権的傾向の吸引力から解放するための手段を調達した。行政スタッフは非家産制的にリクルートされ、家産制的に、それどころかスルタン制的に動員された。確かにこれによって帝国の分裂が妨げられたわけではない。すでにアッバース朝時代の九世紀に分裂は起こっている。だが軍事奴隷システムが部分帝国への分裂期以後、統一再建のための強力な手段であることに変わりはなかった。ただしこれはとりわけ、宗教としてのイスラムが統一思想の活力を保ちつづけたからである。「イスラムのカリフの地位の宗教的根拠にもとづく統一性は、奴隷の将軍の手中で成立した純世俗的なスルタン支配が部分帝国に分解するのを阻止しなかった。しかし規律のとれた奴隷軍の統一性がここでは一旦制定された王位の統一性を維持する方向に働いた。この理由からしてすでに、イスラム的オリエントにおいては［帝国の］分割が定着したことはなかった」[172]。

非家産制的にリクルートされスルタン制的に動員される――したがってまたいかなる種類の文民的

労働からも解放されていなければならない――奴隷軍は、首長の家計から食糧を賄ってもらうことができなかった。それには別の規制が必要だった。この点に関連してカール・ハインリヒ・ベッカーは、明らかにヴェーバーに多大の影響を与えた論文のなかで、オリエントのレーエン制――その決定的発展を彼は十字軍の時代に想定した――が徴税権から成立したというテーゼを唱えた。奴隷将軍たちは徴税人としてますます自前で働くようになったというのである。彼らはまず軍務に対する報酬に加えて課税単位となる土地を与えられ、中央権力に対してこの土地の納税保証人としてふるまった。次に、報酬が支払われなくなった場合には徴税からの事業収益に加えて税金自体を横領した。そもそもここに「現金給付」の形をとる規定があったことが、比較的高度に発展した貨幣経済と関連している。これに対して西洋のレーエン制は当初は自然経済に基礎を置いていた、というのがベッカーのテーゼである。[173]ヴェーバーはこの考えを受け入れたけれども、それをただちにもう一つの考えと結びつけた。「納税する住民がその担税力を質に取った軍隊の恣意に対して法的に極めて不安定であったために、交易やしたがってまた貨幣経済が阻害されるということはありえたし、実際、セルジューク朝時代以降オリエントで交易経済が後退ないし停滞したのは、こうした事情によるところが極めて大であった[174]」。

こうして軍事奴隷システムと財政的目的のための軍事レーエンという二つの制度は、西洋のレーエン封建制と比べて［首長の］恣意の範囲を拡大した。両制度は「行政過程」の計算可能性を低下させた。ヴェーバーによればこのことは興味深い経済的効果をもたらした。財産を家産制的恣意の介入から守るために、とりわけ寄進によって作為的に不動産化することが行なわれたのである。ヴェーバーは再びベッカーに従って、「ワクフ［イスラム固有の財産寄進制度］への拘束」のもとに財産を移転することを家産制的支配の計算不可能性への反応と見なし、この計算不可能性が「宗教法的拘束性の領域を強化する」のに適していたという(175)。それは営利資本主義的に利用できたかもしれない財産をそうした利用から引き離すのにももちろん適していた。ヴェーバーはこの制度の機能を信託遺贈《フィディコミッス》の機能と同じように見ていた。とりわけプロイセンにおいてこれを奨励することに対して、彼はその「反資本主義的帰結」ゆえにこの上なく激しく反対したのだった(176)。

だが財政的目的のための軍事レーエンは厳密にいえばレーエンではない。ここにはホマギウムつまり封臣制《ヴァザリテート》が欠けているのだから、ベネフィキウム［勤務を代償とする土地貸与］はあってもフェウドゥム［封土］はないということをすでにベッカーが指摘していた。ベネフィキウムの授与は元来軍務にはまったく結びついていなかった。ベッカーによれば、むしろ軍隊が「事後的に悪用される形で既存の恩給制に」入り込んできたのだ(177)。こうした基本的布置関係は倫理とそれに結びついた生活態度に現れる。西洋のレーエン封建制と異なり、こうした「下部構造」は結局は騎士的生活態度を伴う封建制的倫理をまったく許さないのである。西洋の騎士層に近い――とはいえその遊戯的性格は欠いていたが――信仰騎士層がはじめて成立したのは、宗教戦争の段階においてであった。ヴェーバーがはっきり述べているように、「十字軍事代にはオリエントのプレベンデ的封建制は騎士的身分感情をもっていたものの、全体としては、その特性は支配の家父長制的性格によって規定されたままだった(178)」。

つまりヴェーバーは、オリエント・イスラムのプフリュンデ封建制と西洋のレーエン封建制の間に比較点を三つにしぼっていて、それらは同時に両者の相違点ともなっている。軍事制度の経済的基盤、その「担い手」、この「構造」の上にかぶさった心情・倫理の三つがそれである。経済的基盤は前者ではもともと簒奪されたプフリュンデ、後者ではもともと契約されたレーエンである。プフリュンデは純財政的に利用される。したがって土地にではなく租税、より正確には貨幣租税にのみ関心が向けられている。このような貨幣指向が支配的になりうることは、西洋と比べてより高度に発達した貨幣経済と関連がある。これはとりわけ、合資会社制度・同業組合制度の強力な発達や、国家の会計制度や商業における小切手や手形の利用に見られるとベッカーは指摘している。[179]「担い手」は前者では購買奴隷、後者では「自由人」だった。購買奴隷の軍隊は訓練された大衆軍、レーエン軍は個人どうしの英雄的闘争に照準を合わせた騎士軍である。購買奴隷軍はどちらかといえば平民的、騎士軍は貴族的な特徴を備えている。もちろん、購買奴隷軍といえども、イスラム的観念世界が十分に浸透していれば、信仰騎士軍へと飛躍することが可能である。[180]しかし、倫理とそれに結びついた生活態度における差異がまだ残っている。これは前者では結局はピエテート［恭順］倫理、後者では封建倫理であった。オリエントの封建制は、西洋やたとえば日本のそれのような、従士制的封建制ではないのである。ヴェーバーは次のような類型論を構成する。オリエントの封建制には従士制的誠実関係《トロイエ》が、日本の封建制には家産制的基盤がそれぞれ欠けており、西洋の封建制だけが両者を結合していて、このことがその歴史的独自性となっている、というのである。[181]

つまり、オリエントのプフリュンデ封建制は西洋のレーエン封建制ほどにはステロタイプ化されていないのである。それにはまた分権化の程度も低かった。さらにこれには西洋的意味での契約思想とアンシュタルト概念も欠けていた。この両者の結合は、西洋のレーエン封建制の等族国家への発展にとって重要だった。行政行為の様態、とりわけ計算可能性の相違はここからもたらされたのである。だが、政治的支配の「形態」と「精神」が合理的資本主義の発展チャンスに影響を与えるのかどうか、またいかにして影響を与えるのかという問題に答えなければならないとき、この相違は重大であろうか。そして実際のところ、家産制の恣意性の程度がどうであれ、また封建制がプレベンデ的であれ従士制的であれレーエン的であれ、こうした相違にかかわらずこれらの支配形態はすべて産業資本主義から培養基を奪い去ってしまうものではないのか。というのは、問題は商業資本ではなく生産資本の発展チャンスだからである。商業資本は「支配構造上の考えうるほとんどあらゆる条件のもとで、たとえ規模の違いはあるにせよ」形成されうるとヴェーバーは再三にわたって強調している。[182]また、営利経営としての工業経営も伝統的な政治的支配の条件のもとでさまざまな頻度で繰り返し生じている。しかし、商業資本や営利経済的需要充足の補足的形態が問題なのではなく、資本主義的経済システムが問題なのである。重要なのは経済の新しい構造原理の発展チャンス、つまり営利資本主義的方法による日常的欲求の充足である。[183]家計原理が営利原理にとって代わり、伝統に好意的な勢力に伝統に著しく敵対的な勢力が置きかわることが重要なのである。[184]

実際、私の見るところ、西洋において合理的資本主義を外面的に促進した要因をいわば直接的に説明するために、ヴェーバーの比較分析を用いようとするなら、それは誤りであろう。伝統的枠組条件のもとでは、行政、税制および——以下に示すように——司法が、営利資本の形成と利用に不可欠な高権的行為（hoheitliches Handeln）の計算可能性が成立するのに十分なほどに規制されていたところはどこにもない。さらには、イスラム的オリエントに比べて西洋で高度に発達していた封建倫理は、あらゆる身分倫理と同様、すぐれて反資本主義的な力と見なしうる。あらゆる目的合理的指向に著しく敵対的なこの「英雄道徳」ほど、資本主義的営業道徳、つまり職能に結びついた職業倫理から遠く隔たっているものはない。[185] もちろん伝統的な政治的支配の「形態」と「精神」は、補足的諸条件が付け加われば高権行為の計算可能性にまで発展するような性質のものでもありうる。だがこうしたことは——ここにヴェーバーの第二の主要テーゼが見出せるのだが——イスラム的オリエントでもなく世界宗教の刻印を受けたその他の文化圏でもなく、西洋においてのみ生じたのである。西洋のレーエン封建制は、たとえば次の二つの「発展能力のある」要素を含んでおり、これらはオリエントのプフリュンデ封建制にはないものだった。それは「レーエン・ヒエラルヒー」——身分制的権力分割の一形態で、妥協によって強いられた計算可能な負担配分を可能にするもの——を手段とする政治的支配の分権化[186]と、レーエン契約の二つである。両者とも西洋のさらなる政治発展に影響を及ぼす一要因となった。しかし、その他の点では、西洋のレーエン封建制は合理的資本主義に対して、伝統的な政治的支配全体と同様の関係にあった。伝統的支配は政治的指向をもつ資本主義に有利に作用したが、経済に指向する資本主義には有利に作用しなかったのである。この通例に対する例外をヴェーバーは支配の社会学の第二稿において、ここでも第一稿に準拠しつつ、特に簡潔に定式化している。「事態が根本的に異なるのは、家産制的首長が自分自身の権力関心と財政的関心から専門官吏層による合理的行政を採用する場合だけである。このためには、(1)専門訓練の存在、(2)十分強力な動機、通常は同じ文化圏内での複数の家産制的部分権力間の熾烈な競争、(3)きわめて特異な契機、すなわち、都市ゲマインデ団体を財政力の支柱として競い合う家産制的諸権力の中に引き込むこと、の三つが必要である[187]」。

イスラムにおいては上記の二つめの契機がわずかしか発達しなかったのだと、ここまでの外面的状況の分析を総括することもできよう。イスラム文化圏と「その内部での」統一と崩壊の政治的循環は確かにあったが、相対的に自立した領土支配権相互間の持続的抗争も、西洋に見られたような、法的に変形された身分制的権力分割の枠内における複数の部分権力間の熾烈な競争も、存在しなかった。このことは「首長」と「行政スタッフ」の関係についても、政治的支配と教権制的支配の関係についてもあてはまる。最初の関係は、プフリュンデ封建制にも当然ひそんでいる自立化傾向にもかかわらず、中央集権的で、そのため競争を弱めるものだったし、二番目の関係は抗争をはらんではいたものの、イスラムには官僚制的権力装置としての教会が欠如していた[188]。しかしながら、第一と第三の契機は相違点となりうるさらなる比較点を示唆している。最後にこれらを取り上げよう。

d　イスラムの政治的支配——都市の自律性の欠如

まず第三の契機、つまり都市ゲマインデ団体の役割から始めよう。都市の場合もヴェーバーは封建制の場合と同様の論じ方をしている。彼は西洋都市、より正確には中世北欧の大陸の内陸都市を、オリエントの都市と類型論的比較の形で対置する。そして、興味深いことに、その際ムハンマド時代およびその後のメッカがオリエント都市の例として用いられているのである。[189] ヴェーバーによる都市の比較分析は、彼が行なった西洋における合理的資本主義の成立と発展の説明にとって中心的意義をもつものだが、ここではそれを完全に叙述することはできない。[190] 私はここでの関連上重要な考察だけを取り出すことにする。第一に問われるべきは、ヴェーバーの見解ではオリエントの都市が、以下のような事情にもかかわらず、合理的資本主義の発展チャンスを促進したというよりはむしろ阻害したとされるのはなぜか、ということである。すなわち、オリエントの都市もまた、通例は商工業が定着する市場所在地であり、自律的「制定規則」をもつ商人ギルドや手工業者ツンフトを収容しており、保護君主や都市君主をもち、社会成層が都市外のそれと異なっていて、とりわけイスラムの影響下において、都市に居住する信者が——しかも都市団体における彼らの社会的地位とは独立に——所属する宗教団体を知っていた、という事情である。

ヴェーバーは都市をなかんずく以下の観点にしたがって分類した。すなわち、いかなる社会層がそこで支配しているか（都市貴族都市や君主都市を含む門閥都市 vs. 平民都市）、それがいかなる経済的機能を一次的に遂行しているか（レンテ生活者都市を含む消費者都市 vs. 工業都市・商業都市を含む生産者都市）、それがいかなる地理的状況にあるか、またこれと関連して、いかなる輸送ルート・輸送手段をそれが優先的に用いたか（沿岸都市vs.内陸都市）、そしてそれがいかなる一次的指向をもっていたか（政治指向都市vs.経済指向都市）、という観点である。したがって、たとえば、西洋古代の多くの都市は門閥都市・消費者都市・沿岸都市・政治指向都市であったのに対し、西洋中世の多くの都市は平民都市・生産者都市・内陸都市・経済指向都市であった。オリエントの都市もこのやり方で分類できるだろうし、そうすればそれは中世西洋の都市よりも西洋古代の都市の近くに位置づけられるだろう。だが、このやり方があまり大した成果をもたらさないことはすぐにわかる。また実際、ヴェーバーは比較をより深いレヴェルで行なっているのである。

　ヴェーバーはまず経済的都市概念を政治‐行政的および法的な都市概念から峻別する。政治‐行政的および法的な意味での都市と、経済的意味での都市とは異なっている。[191] さらには、純経済的観点のもとでは、都市と村落をきれいに区別することが時として難しいのである。両者とも商人や工業経営者が集住する場所でありえ、両者とも日常需要の充足のための市場をもちうるし、両者とも所有地および収支経済をともなう経済団体として、また経済規制団体としてふるまうことがある。だが、政治‐行政的観点のもとでも区別は必ずしも容易でない。都市と同様に村落も、固有の領地や固有の政府、防備施設さえもつことがあるし、守備隊を伴う要塞の一部である場合もある。そしてさらに両者とも――村落は常に、都市は通例――より大きな政治団体の一部である。ただし、村落が発展させなかったものが一つある。政治的・行政的・軍事的・法的な自律性《アウトノミー》と自首性《アウトケファリー》である。もちろん、すべての都市にこれらがあったわけでもない。完全に発達した自律性と自首性を備えた都市は歴史的特殊事例である。ヴェーバーの関心を特に惹いた事例は西洋中世の事例であり、たんに「歴史的間奏曲」[192]をなすにすぎない。彼がここでもまた比較分析を西洋の特殊事例から展開していること、そしてイスラム都市の分析の基準になる比較の観点をそこから得ていることがわかる。

ただし、都市の自律性と自首性はさしあたり特殊な内容を欠いた特徴づけでしかない。両者とも多くの古代ポリス、とりわけ「大勢力」の出発点となったポリスにもあてはまる。[193]だから重要なのは自律性と自首性そのものではなくて、それらがどのように正当化され組織化されているか、要するに、それらの根底に支配のいかなる構造原理が横たわっているのかである。ヴェーバーがこうした観点のもとで特に関心をもった都市はアンシュタルト的に組織された都市ゲマインデである。この構造原理の発明と貫徹は「中世西洋都市の他のあらゆる都市に対する革命的な革新」だった。[194]プレベンデ的ないし封建的に専有された荘園領主・教会・都市の首長権力をこの構造原理が打ち破ったことに、新しい事態がとりわけ現れている。中世西洋の都市発展のこうした簒奪的な契機ゆえに、ヴェーバーは草稿『経済と社会的諸秩序および諸力』における都市の分析に「非正当的支配——都市の類型学」という表題を付けた。一般に都市支配が、また特に中世西洋の都市支配が常に非正当的支配であるかのように、これを理解してはならない。この題はむしろ次の二つの事態を示唆している。すなわち、ヴェーバーの比較都市分析は西洋の特殊事例を中心に組み立てられていること、そして彼の見解ではここで、しかもここでのみ、この新しい構造原理が大きな歴史的帰結をもたらすような仕方で出現したことをである。この出現が意識的に非正当的・革命的な行為として起こったのはごく稀なケースにおいてである。[195] 大多数のケースでは簒奪は漸進的であるか、もしくはまったく起こらなかった。そしてとりわけ、大半の都市はまったく別の動機から成立した。簒奪理論は中世都市の成立理論ではないのである。自律性を完全に達成しえた中世都市もわずかだけだったし、これに成功した都市でも自律性は間もなく再び制約された。だが、後の資本主義発展にとって重要な三つの歴史的「前提条件」を作り出すには、間奏曲で十分だった。その三つとは、「民主主義的」正当化原理または被支配者の意志からの支配の正当化、アンシュタルト的に構成された都市ゲマインデの組織原理、そして営利を指向する都市市民層である。[196]

このように、ヴェーバーの見解では西洋の中世都市は「発展史上の特殊地位」を占めている。このことは「中世の政治的・身分制的諸団体のなかでの都市の全体的地位」に着目してはじめて理解できる。[197] その際、経済的側面は重要ではあるが、だからといって分析をそれに限定してはならない。分析はむしろ政治的側面、支配の側面をも考慮しなければならないし、しかもこれを再び「形態」と「精神」に区分する必要がある。ヴェーバーが都市の比較分析を経済社会学ではなく支配の社会学に組み入れたのは偶然ではない。ここでもまた第一に重要なのは政治的支配であり、それが経済に対していかなる関係にあるかという問題である。

こういうわけで、西洋の中世都市はその「完成形態」においては、被支配者の意志によって正当化されアンシュタルト的に組織されたゲマインデ団体であって、政治的には「革命的」、経済的には営利指向の、高貴なまたは「平民的」な上昇指向をもった市民層を伴っていた。古代と中世の民主制の間には一定の結合線があったにもかかわらず、そのような構成体は西洋古代には欠けていたが、イスラムの国家世界にも欠けていたのはなおさらである。ここでは都市の発展に際して家産制的支配権の破砕も、市民ゲマインデとしての都市ゲマインデの形成も生じなかった。この都市ゲマインデとは、政治‐行政的・法的な——状況によってはまた軍事的な——対外的自立性と、対内的な兄弟盟約《フェアブリューデルング》を備えており、もはや都市外的・「前」都市的に結成された団体にではなく、「自由に」結成された市民団体——個人個人で加入でき、その限りで法的平等の理念に立脚していた——に結びついていた。それというのも、これこそが完全に発展した中世西洋都市にとって決定的だったからである。すなわち、中世西洋都市が旧来属人《ペルゾナール》原理をアンシュタルト原理に置き換え、これによって旧来の首長もしくは臣民の地位を成員の地位に置き換えたことが決定的だったのである。こうした法発展はここでは宗教的確信によって支えられていた。というのは、この世俗的な法的平等は宗教的な法的平等、つまりキリスト教的な聖餐の共同をいわば象徴的土台としていたからである。(198) もちろんだからといって、「ラント法」が「都市法」のなかに作用しつづけていなかったわけではないし、この法的平等が身分編成と両立不可能だったわけでもない。しかし、アンシュタルトとしての都市ゲマインデが都市市民の個人としての法的地位を農民のそれに対してラディカルに変革したこと、(199) 都市市民の兄弟盟約が親族・隣人・同業者のそれの上位に立ち、都市の包括的団体との連帯が、この団体を区分しはするが構成はしない部分団体との連帯の上位に立つことは、ここからかなり確実に言えるのである。

中世西洋の都市構成体のこうした「発展史上の特殊地位」は、なかでもアラブの諸都市、とりわけメッカとの比較によって明らかになる。ヴェーバーはここで、すでに世紀転換期にこの都市を研究していたスヌック・ヒュルフローニエの叙述に従っている。[200] すでに詳述したとおり、メッカはムハンマド時代には一種の門閥都市、より正確には「門閥集落[201]」であり、農村地区から法的に区別されない郊外であった。これは基本的にその後も変わらなかった。そしてさらに、氏族団体、つまりムハンマド時代にすでに戦闘能力と防備の担い手だった部族やクランごとに都市が区分されている状態も持続した。このほかに他の団体、たとえばツンフトも確かに存在した。しかしそれらは決して「都市政府」を獲得しなかった。これはとりわけ、競争しあう都市居住門閥も後には同様に購買奴隷の制度を――この場合は、ここでは「まったく人格的に首長とその家族につなぎ止められた軍隊[202]」でさえあった黒人軍を――利用するようになったからである。確かにアラブ都市は、都市地域をはるかに超えたところでも活動する強力な経済的利害関係者の所在地として役立った。しかしそれはゲマインデ団体ではなかった。なるほど宗教共同体ウンマはゲマインデ団体への発展を妨げなかったかもしれない。だがそれだけでは、都市レヴェルやそれを超えるレヴェルでの政治的支配にとって部族・クランへの拘束がもつ意義を打ち破るには弱すぎた。そのためには決定的な法的制度――コルポラツィオーンとアンシュタルトの概念――からしてすでに欠如していたのである。

このように、イスラム国家においては都市の支配は領土支配の延長なのである。いずれにおいても同じ正当化原理と組織原理が用いられた。ただしここでは、都市の兄弟盟約とこれに結びついた都市ゲマインデは、中国や部分的にはインドの場合のように、氏族の呪術的束縛によって妨げられることはなかった。こうした束縛をイスラムは破砕していた。阻害要因として働いたのはむしろ軍事制度とこれに結びついたプフリュンデ封建制、そして軍事プフリュンデ制であった。その「集権主義」が自律的な都市発展を阻止し、したがってまた営利資本主義的指向をもった都市市民層の発展をも阻止したのである。ヴェーバーは次の一般命題を定式化している。「それゆえ政治団体が統一的に組織されていればいるほど、都市の政治的自律性は展開度は低かった」[203]。

ヴェーバーは「都市メッカの独特のアナーキー」を指摘している。だが彼は、この「アナーキー」はイスラム都市やアラブ都市の特色ではないと付け加えている。むしろこれは世界中いたるところで見出される事態であり、西洋古代にも、それどころか中世西洋都市、ことに南ヨーロッパ都市にさえ見出される事態である。「アナーキー」はここでは「支配権への多数の要求」がぶつかりあって「互いに交錯しながら併存」するという事態に見られた[204]。農村と異なって都市はおそらく経済的利益の追求にとっては確かにより有利な場所であろうが、だからといってそれだけでは自立した社会組織だというわけではないのである。しかし西洋では、後に教会もそうなったように、都市は古代以降自立的組織になっていった。アンシュタルト的に組織された都市団体とアンシュタルト的に組織された教会団体というこの両者がオリエントでは発展しなかった結果、イスラムの国家構成体、イスラムの家産制に対しては「他種の」対抗勢力が成立しなかった。確かにイスラムの家産制は統一性の崩壊に対して絶えず闘った。しかし、崩壊は同じ構造と指向を繰り返し生み出しただけだった。統一体は似通った単位に区分され、似通った単位へと分かれていった。構造の不均質性、中世西洋を特徴づける構造的多元性が欠けていたのである。だがそのために、合理的資本主義の成立・発展の、そこから発生した歴史的「前提条件」もまた欠けていた。したがって、西洋と異なってイスラムの国家構成体においては、政治的支配の布置連関総体が、「形態」と「精神」の双方の点で、合理的産業資本主義の発展チャンスにとって結局障害になったわけである。

e　イスラムの法――神政政治的・家産制的カーディ裁判

これにはさらなる契機が貢献した。法の発展である。これは訓練および知識のあり方と密接に関連していて、これらのあり方は支配の行使、すなわち「行政」――あらゆる支配は最終的にはこの形で機能する――にとって重大な意義をもつものである。ヴェーバーは前に引用した箇所で、伝統的な政治的支配の通例の作用に対する例外が期待できるのは、家産制的首長が自分の権力関心・財政関心のために専門官吏による合理的行政を採用する場合だけだと強調していた。この行政スタッフは技術的・商人的・法学的な訓練を受けていて、しかも「職能倫理」、「業績倫理」としての職業倫理を指向していなければならない(205)。西洋ではこのような形で「世俗化された」行政スタッフは、早くからすでに利用できる状態にあったが、それはとりわけ、神聖法と世俗法の「相対的に明確な二元主義」と、これら双方の法の「固有法則的」発展とに基づいていた(206)。この二元主義は、当初教会の影響下にあった大学の発展にも影響を与えた。絶対君主勢力の時代に都市の自律性と身分制的コルポラツィオーンの力が制約されて以後、西洋の家産制国家はこのポテンシャルに頼ることができ、またこれを、都市の発展に支えられた市民の資本主義的関心との、財政上の動機からの同盟のために利用することもできた。[207] このポテンシャルは——ヴェーバーによれば——イスラムの国家構成体においては同じ程度には存在しなかった。確かにイスラムもまた、中国と同様、西洋のそれに似た大学を知っていた。「しかし、科学の合理的・体系的専門経営、訓練された専門人は、今日では文化を支配するほどの重要性をもっているが、これほどの重要性に達しているという意味でこれらが存在したのは、ただ西洋においてだけだった」[208]。このことは我々の最後の問いに導く——なぜイスラム世界にはこれらが存在しなかったのか。

　前述のように、ヴェーバーには科学と大学の発展に関する一貫した比較分析がない。確かに教育や教育制度についての論及は繰り返し見出されるものの、それらはこの点で彼のアプローチが突きつける理論的要求を非常に限られた程度にしか満たしていないのである。[209] この要求に最も近づいているテクストは法と法発展の比較分析である。そこでヴェーバーはとりわけ法および法思考の諸類型とその担い手を論じている。このため、法訓練を手短に特徴づけておくことも必要になる。彼はその際、自分の関心を惹いたすべての文化圏——中国・インド・ユダヤ・キリスト教・イスラム——をも考察の対象とした。これらの文化圏における初期の発展段階に関する限り、神聖法とその世俗法との関係が特に注意を惹く。この特殊な研究でさえ、またもや西洋の特殊な発展の問題を中心に展開する。というのは、すでに何度も強調したように、キリスト教の神聖法は、神聖な領域と世俗的領域とを比較的明瞭に分離する点で他の神聖法から区別されるのであり、それによって神政政治的な混合形態に対抗しているからである。「キリスト教のカノン法は他のあらゆる神聖法に対して、少なくとも相対的には特殊な地位を占めていた(210)」。

ヴェーバーはとりわけ三種類の法訓練を区別している。経験的‐実践的、理論的‐形式的、神政政治的の三つである。第一のタイプの法訓練はたとえば弁護士の訓練、第二のタイプは（世俗的）大学教育、第三のタイプは祭司の訓練もしくはこれに準拠した法訓練——その際直接的な祭司の指導はなくてもよかった——の形をそれぞれとる。経験的に妥当している秩序を、第一のタイプはその職人的‐実践的諸問題の視角から扱い、第二のタイプは教義学的《ドグマーティッシュ》に扱おうとする、つまり法に内在する形で合理的に体系化しようとするのに対し、第三のタイプはそれ［経験的秩序］に自らを限定せず、規範に訴える。この規範というのは「人間または法秩序に対する理想的な、つまり宗教的‐倫理的な要求を意味するにすぎない」ため、経験的に妥当する（世俗的）秩序に対して、異質な実質的諸前提に立脚している(211)。こうした前提は、たいていは閉ざされた、神聖な伝統に由来している。それゆえここでは同様に体系化が行われているとはいえ、法学的教義学《ドグマーティク》の視点から見れば非形式的なのである。これこそがあらゆる神聖法の特徴であって、神聖法を生み出す教育《レーレ》は合理化を進めはするが法内在的ではなく法超越的な指向をもっているのである。この教育が到達する体系論は、したがって法学的‐形式的なものではなく、神学的‐実質的なものである。なぜなら法は第一に世俗的な目的ではなく神聖な目的に仕えているからである。

ヴェーバーによればイスラム法はこの意味における神聖法である。それは法律家学校の思弁的‐合理的労働の所産、「特殊な『法曹法』」[212]であり、コーランとスンナを基礎とし、法学者たちの合意（イジュマー）と類推による議論（イジュティハード）を利用しつつ形成された。法形成は、ヴェーバーによれば「今日に至るまで強度に、回答活動に従事する神学的法律家たちの手中に」あった。[213]彼らは妥当する教説についての判断（フェトワー）を告げる神聖法の専門家（ムフティ）であり、判決を下す法律家（カーディ）からは区別された。立法者は当初はまだ法預言者であり、その後も法注釈学者でしかなかった。事態が急変したのは神聖な伝統が完結したとき、つまり預言時代・カリスマ的時代が終わったと考えられたときであった。[214]純然たる決疑論《カズイスティク》が法創造としての法形成にとって代わりはじめる。解釈論争が前面に出てくる。四つの法学派の大法律家たちは、ヴェーバーの見解ではまぎれもなくまだ法預言者だった。彼らは聖典と口頭による伝承、つまりコーランとスンナを基盤として、独自の解釈と万人の暗黙の合意（tacitus consensus omnium）を用いて、法と法学（フィクフ）を創造的な仕方で拡張した。しかし神聖な伝統の完結とともに、このカリスマ的法源は枯渇する。法の発展は固定化した。その結果生み出されたのは「ステロタイプ化された法曹法」であり、特にあらゆる手段で世俗化に抵抗した法曹法であった。[215]だが固定化・ステロタイプ化・世俗化拒否というこれら三つの経過は相互に支えあっていた。そのため体系化が可能にはなったものの、結局は法学的‐形式的な体系化ではなく、神学的‐実質的な体系化であった。それだけではない。神聖法はイスラム教徒の「全生活」を規制するため、経験的に妥当する秩序と理想的に要求される秩序とは互いにますます遠ざかっていった。その結果、神聖法が事実上妥当する領域は「特定の基本的諸制度」に限定され、その他の制度は世俗法に委ねられたのだが、この世俗法は「制定規則ないしは合理的法の確実な原理によって」保証されていなかった。神聖法と世俗法の亀裂は調停と策略（ヒヤル）によって、また「論争的な決疑論」によって、つまりは大幅にオポチュニスティックに「克服」された。[216] ヴェーバーはここに「預言によって創出された本来の『聖典宗教』における神聖法の作用を示す模範例」を見出している。神聖法は一貫して執行することも、一貫して除去することもできないのである。[217]

この診断を受け入れるなら、我々の関連にとって重要な三つの論点をそこに結びつけることができる。一つには、神聖法はこれを管理する人間の手中にあって有効な武器となる。それは実際には現実に執行できず、まさにそれゆえに逆説的にも有効な武器なのである。現実の秩序は決して理想の秩序と対応しない。そのために神聖な法伝統の担い手は事実上の秩序の担い手、とりわけ政治的支配者に対して批判的な立場をとることになる。すでにイスラムの初期段階において、ウラマー［イスラムの学者・宗教指導者層］はカリフ制にさえ統合されなかった。[218] 他方で神聖法は法の内的・外的統一性を樹立する上での決定的障害である。それは逆説的にも、まさしく、宗教的義務論としてのその妥当要求はイスラム教徒にとってなるほど無制限であったが、その妥当領域は「身分法」に限定されていたという事態のためであった。[219] その結果、ヴェーバーが観察したように、被征服民族の「法の特殊性」が――しかも「あらゆる形態で」、イスラム教徒の法との困難な関係においても――生き残ることになり、これによって属地法（lex terrae）の創造が不可能にされた。[220] だが最後に、神聖法は計算可能な訴訟手続を作り出す上での決定的障害でもあった。それは逆説的にも、神聖法が、法を倫理・儀礼・礼儀作法論から区別しない宗教的義務論として、その点で十分に機能しなかったためである。これによって神聖法は宗教的司法と世俗的司法の二元性を事実上促進したのだが、世俗的な側面の法学的‐形式的な固有法則的体系化を許すことはなかった。宗教的判決も世俗的判決も法に内在する抽象的な論理に従うことはなく、むしろ両者とも実質的正義、法を超越する具体的な衡平の観点に準拠していたのである。(221)

だがこれが意味するのは次の事態である。神聖法と世俗法、宗教的司法と世俗的司法の間の領域区分が、事実上存在するが規範的に序列化されたままであり、また神聖法の法形成が法創造から法解釈に転換し、その結果固定化したために、世俗法はいわば指針なしに増殖した。神聖法は世俗法に指針を与えず、世俗法が自ら指針を決めることもなかった。双方の法のいずれも法学的形式化の方向には発展しなかった――神聖法は法の外部の前提に根ざしているゆえに、また世俗法は神聖法の支配のもとにとどまったゆえに。したがって、類型論的に見れば、イスラムの裁判は神政政治的・家産制的なカーディ裁判なのである。(222)イスラムの裁判のこの性格は個々の規範というよりその「精神」に起因している。それは法の外部の公準を指向する、実質的正義の「精神」である。この「精神」にはある担い手が対応している。それは「世俗化された」専門人ではなく、一方では世俗的身分倫理を身につけた軍事プフリュンデ受給者および家産官僚、他方では宗教的身分倫理を身につけた神学的法律家である。これが次第に「形式的な法学的概念への法の論理的体系化」を妨げた。(223)イスラム法の実際の作用についてのヴェーバーの見解は、次の逆説的な定式に表現できる。イスラムの神聖法は、ますますステロタイプ化していったがゆえに、オリエント的家産制の軽度のステロタイプ化を緩和することなく、さらに強化したのだと。

西洋の発展との比較点はここでもまた再び相違点となる。これについては最後に手短に触れることになろう。西洋における神聖法と世俗法の、たんに事実上の分化ではなく規範に支えられた分化についてはすでに何度も述べた。もちろんこれもまた双方の領域の間の「架橋構造」を必要とする。しかしこの構造は、イスラムの場合のように、第一に調停と策略、「潜脱行為」を用いて達成されたのではなく[224]、ストア派的伝統に由来する自然法を用いて達成された[225]。領域の分離は教育活動にも表れた。「中世になると、西洋の大学教育は一方における神学の、他方における世俗法の教育活動を、カノン法の教育活動から分離し、そうして、よそではいたるところで生じたような神政政治的混合形態が成立するのを阻止した[226]」。だがとりわけ、カノン法はその発展を神聖な伝統の完結によって妨げられることがなく、世俗法は早くからすでに法伝統と担い手層の双方に関して自立していた。イスラムとユダヤ教の法伝統は相互に似通っているが、そのいずれとも異なって、西洋中世の教会は、法の形成を続ける唯一の道として回答《レスポンゼン》に引きこもることはなかった。それは「公会議、司教や教皇庁の官職装置、とりわけ教皇裁治権や不謬の教導職という形で、他のいかなる大宗教にも見られないような、合理的な法創造のための諸機関を作り出した[227]」。しかし世俗法の発展にはローマ法とゲルマン法の伝統が役に立ったし、その担い手は聖職者・神学的法律家・プフリュンデ受給者のいずれでもなく、イタリアの公証人やイギリスの弁護士、「北欧の大陸の西洋中世の経験的法律家」といったタイプの法名望家であった[228]。こうした世俗法の自律的な発展は中世西洋の都市の発展と緊密に結びついていた。再びここでもまた、ヴェーバーによる西洋の特殊な発展の分析にとって、西洋の秩序配置の構造的不均質性・構造的多元性に関する彼のテーゼがどれほど重要かが明らかになる。

西洋ではこのように神聖法と世俗法が比較的固有法則的・自律的に発展をとげ、両者の発展は相互に妨げあうより促進しあったのである。これは、カリスマ的な法創造・法発見から、聖俗双方の発展に同様に影響を与えたローマ法において予示されていたような、形式的な法技術への指向へと導く発展であった。そこから神聖法の担い手においてさえ、法学的に形式的な法教育の形成を促進する「精神」が生み出された。さらには、ローマ法とゲルマン法はイスラム法圏には完全に無縁なままになったような法制度を提供した。繰り返し主張されているように、その際ヴェーバーは「私法」ないし商法の制度のことを第一に考えているのではない。「公法」の制度を考えているのである。合理的資本主義に有利な商法の制度を発展させたのはまさしくイスラム法圏であった。こうした制度はそこから西洋に到達したのである。だがイスラム法が知らなかったものは、コルポラツィオーンとアンシュタルト制度だった。私はここでヨーゼフ・シャハトに従っている。シャハトはヴェーバーの法社会学に依拠しつつイスラム法を叙述したある文章のなかで、ヴェーバーのイスラム法論を詳細にわたって批判しながらも、彼の下した最も重要な結論は正しいと認めた。「団体の問題から成立する……法人の概念は、コルポラツィオーン的組織やアンシュタルト概念と同様に、イスラム法には知られていない。シャリーアによって承認された唯一の『コルポラツィオーン』は古代アラブの部族組織から引き継がれた血讐権をもつ氏族団体（アキーラ）であり、これにはたいていの場合には殺人の賠償金の支払い義務が課せられていた(229)」。

こうした相違点はきわめて重要ではあるが、オリエントのプフリュンデ封建制と西洋のレーエン封建制を比較した際に述べたことが、ここでもまたあてはまる。神聖法のなかでカノン法が相対的に特殊な地位を占めていたこと、世俗法が相対的に自律的な発展を遂げていたことを主張したところで、西洋における合理的資本主義が有利な状況に置かれていたことを直接説明することにはならないのである。ここでも問題になるのは、イスラムの国家構成体に欠けていたような、発展可能な諸要素である。確かにそれらは、レーエン封建制や等族国家と同様に、行政と司法の計算可能性を高めるとはいえ、ここでも行政と司法はさしあたり依然として伝統的な制約を受けているのである。イスラムの場合のように、あらゆる神聖法は倫理・法・儀礼・儀式にかかわる諸規範を「同列に」扱う傾向があるし、世俗的法発展の自律性を制約してきた。また、あらゆる神聖法はイスラムと同様に、規範的に命じられる規制を事実上無効化するために、というより、それらの無視を容認できるようになるために、調停と策略を用いざるをえなかった――たとえば西洋の教会が暴利と利子を禁止する際にそうしたように(230)。ヴェーバーによれば、こうした「非実際的な」個別規制が合理的‐資本主義的経済行為を阻止したところはどこにもないという。決定的なのは常に、規範複合体の全体的作用でありその「精神」だった。だがこれはあらゆる教権制において類似していた。伝統的な政治的支配と同様、伝統的な教権制的支配も基本的に反資本主義的姿勢をもっている。敵意が向けられたのは政治的指向をもつ資本主義ではなく経済的指向をもつ資本主義、つまり合理的・非倫理的経済システムとしての資本主義だった。「発端は根本的に異なって」おり「発展の運命もさまざま」であるにもかかわらず、文化宗教はその「カリスマ的英雄時代」の終了後は経済生活に対して同じような仕方で作用する。それらは伝統的経済行為、伝統的経済精神、伝統的経済形態に有利に働くのである。このことはたとえばローマ・カトリック教会ともまったく同様に、イスラムにもあてはまる。この通例に対する最も重要な例外は、「事象化の精神」をともなった禁欲的プロテスタンティズムである。

ヴェーバーのイスラム分析の再構成はこれで終わりである。それは難しいパズルであることが明らかになった。しかしパズルの構成要素は見つけ出すことができたし、それらは基本的特徴を備えた一つの像が浮かび上がるような形で配置することができる。そのための導きの糸はヴェーバーによる西洋の発展の分析が与えてくれる。この分析はイスラムの分析を他の文化圏の分析と同様に導く比較点を指定しているのである。これらの比較点はとりわけ相違点でもある。それらは類型論的比較の観点が前面に出ている限り、鋭く視野に入ってくる。だがこうして得られた相違点はそれらの発生に関しても考察しうる。ヴェーバーが計画していたイスラムに関する研究を書くことができたとしたら、この観点はもっと強く前面に押し出されていたに違いない。

再構成から引き出されたのは相互に参照を指示しあう二つの主要テーゼである。一つはイスラムの宗教倫理の作用に関するテーゼ、もう一つはイスラムの政治的支配およびイスラム法の作用に関するテーゼである。最初のテーゼの検証には内部から外部への分析が、二番目のテーゼの検証には外部から内部への分析が必要となる。だがその際常に重要なのは「精神」と「形態」の関係であった。同様に、妨害・無関係・一方的ないし相互的な促進といった、「精神」と「形態」の間の――またそれだけでなく「精神」と「精神」、「形態」と「形態」の間の――相互関係も重要になる。経済・支配・法・宗教――これらは内的側面と外的側面をもった複雑な現象を表す概念である。分析は双方の側面に関連づけられねばならない。それには上述の視角転換も必要だが、「被制約性」と「制約性《レレヴァンツ》」に同時に注目することも必要になる。たとえばある宗教は、経済に制約されつつ政治を制約することもあれば逆の場合もあって、こうした相互作用はあらゆる生活秩序を貫いている。だが内的諸関係と外的諸関係の交点には生活態度がある。人間は自らの歴史を作る、ただし自ら選んだ条件ではなくすでに存在する条件のもとで作るのだというマルクスの有名な文章は、生活態度をこうした「中間的位置」において把握してはじめて正しく解釈できる。

　しかし、ヴェーバーのイスラム分析の再構成だけではなく、合理的資本主義がなぜイスラム文化圏ではなく西洋においてのみ「成功」したのかについての彼の説明もまたパズルである。このパズルにも多くの構成要素――この場合は歴史的「前提条件」――が用いられた。ヴェーバーのテーゼによれば、一連の事情がそれらを西洋においてのみ成立せしめたのである。さらに比喩を用いていうなら、もちろん誰かがそれらを組み立てなければならなかった。それは禁欲的プロテスタンティズムとその自己統制・現世支配の合理主義の方法的生活態度が達成したものであって、こうした生活態度はイスラムにも、またルター派・カトリシズム・初期キリスト教・ユダヤ教にも、そしてアジアのあらゆる文化宗教にも結局は欠けていた。こういう見方には方法論的「観念論」はないものの、内容的な「観念論」がひそんでいる。ただし、それは歴史的に転換された内容的「観念論」である——統覚の超越論的統一性の代わりに生活態度の歴史的統一性、といってもいいだろう。人間の行為にとっては、義務を課す理想やそれとの内面的関係も、外面的「事情」と同じくらい重要である。理解社会学は一つの価値理論の参照を指示するのである。

したがって、ヴェーバーの宗教社会学、いや彼の社会学全体が頂点に達するのは、目的やとりわけ価値に動機づけられた現世関係およびそれと結びついた生活態度の社会学と類型論——あるいは価値論的転回とそれに結びついたパーソナリティおよび人間性の諸類型の社会学と類型論ともいえよう——においてである。宗教的－倫理的に動機づけられた現世関係と生活態度をテーマとする宗教社会学にとっては、このことをきわめて明瞭に示しているのは「序論」と「中間考察」、さらには儒教研究の「結論」やヒンドゥー教研究の結論、体系的宗教社会学〔『経済と社会』の「宗教社会学」の章をさす〕の最後の数段落である。ここで比較論的類型論に含まれるメルクマールの一覧表は並外れて複雑である。その複雑性が特に目立つのは、アジアの文化宗教と西南アジア‐西洋の文化宗教の比較から後者に属するさまざまな文化宗教の相互比較へと分析が方向転換するところである。それはとりわけイスラムを論じる際に明らかになる。イスラムがまさしくカルヴィニズムとの間に示す外面的類似性ゆえに、共通点と相違点を詳細に議論する必要が出てくる。ここから、この一覧表のなかの最

表１　初期ユダヤ教・初期キリスト教・初期イスラム・禁欲的プロテスタンティズム（カルヴィニズム）の比較（『経済と社会』旧稿による）

以下の宗教は、能動主義的・反呪術的傾向を多少とも強く刻印された救済宗教、啓示宗教、倫理的宗教、一神教的・神中心主義的宗教、典籍宗教である点で共通している。

A. 宗教理念

	初期ユダヤ教	初期キリスト教	初期イスラム	カルヴィニズム
1.「啓示」の担い手	政治的意図をもった救済預言者およびとりわけ災いの預言者としての倫理的預言者 （捕囚前の預言）	政治的意図をもたない救済預言者としての倫理的預言者 （ヨハネとイエス）	政治的意図をもった倫理的預言者 （ムハンマド）	旧約聖書の預言の援用
2.「啓示」の体系化の担い手	祭司、後に律法学者と法学者 原型：ラビ	神学者と司教 原型：教父	法学者と宗教学者（法律家と神学者） 原型：ウレマ	神学者 原型：宗教改革者
3. 宗教的「正典」	トーラーと解釈の伝統および補足的な口承伝統、後に固定される（タルムード） 比較的閉鎖的	旧約聖書ととりわけ新約聖書、ならびに解釈の伝統および補足的な教会の伝統（司教会議等） 比較的開放的	コーランと解釈の伝統および補足的な口承伝統、後に固定される（スンナ） 閉鎖的	旧約聖書および新約聖書 閉鎖的
4. 神概念	超現世的な「怒れる」神としてのヤハウェ 全能	恵み深く慈悲深い天上の父としての神 万人への慈悲と恩恵	超現世的な「偉大な」神としてのアラー 全能と絶大さ	二重の神：旧約聖書の神と新約聖書の神 全能と万人への慈悲
5. 神－人間 関係	盟約（同盟）関係 （双務的）	恩恵と愛の関係 （双務的）	服従関係 （片務的）	確証関係 （片務的）
6. 神義論	救世主的終末論	苦難の神義論	宿命としての摂理	予定としての摂理

B. 宗教的利害関心の構造化

	初期ユダヤ教	初期キリスト教	初期イスラム	カルヴィニズム
1. 救済手段と救済方法	禁欲なし 知識（勉学）と呪術的意義のない儀礼的－祭祀的行為 反呪術性	世俗外的禁欲 信仰と呪術的意義のある儀礼的－祭祀的行為（秘蹟） 呪術への固執（昇華された呪術）	禁欲なし 信仰・知識（認識）および呪術的意義のない儀礼的－祭祀的行為 呪術への中立性	世俗内的禁欲 信仰と呪術的意義のない儀礼的－祭祀的行為 急進化した反呪術性
2. 救済目標と救済材	現世における神の王国の到来と、現在の集合的苦難ゆえの集合的救済 「応報」	神の慈悲と恩寵ゆえの来世における個人的救済 「赦し」	信仰と勇敢さゆえの来世（天国）における個人的幸福 「尊敬」	神の自由な決断ゆえの来世における個人的救済 「選び」
3. 救いの確かさ（certitudo salutis）	宗教的律法の厳格な遵守 救済の実在根拠としての行為 厳密な双務性	信仰と信頼ゆえの神の命令の遵守 約束された救済の表現としての行為 緩和された双務性	宗教的律法の厳格な遵守 幸福の実在根拠としての行為 厳密な双務性	神の栄光のための神の命令の厳格な遵守 救済の認識根拠としての行為 双務性なし
4. 宗教的－倫理的指向	「神聖法」 合法性原理 律法倫理的	「神聖な心情」 道徳性原理 心情倫理的（愛倫理的）	「神聖法」 合法性原理 律法倫理的	「神聖な心情」 道徳性原理 心情倫理的（義務倫理的）
5. 宗教的メッセージの射程	宗教的メルクマールと民族的メルクマールの結合――民族的階層分化 選民と他の民族との二元論 弱い宣教意欲 非宗教的個別主義	宗教的メルクマールと非宗教的メルクマールの結合なし――宗教的階層分化 信徒と非信徒の二元論 強い宣教意欲 宗教的普遍主義	宗教的メルクマールと階層メルクマールの結合――身分的階層分化 信徒（征服者）と非信徒（被征服者）、イスラムの家と戦争の家の二元論 大量改宗を伴う強い征服欲 非宗教的個別主義	宗教的メルクマールと非宗教的メルクマールの結合なし――宗教的階層分化 選ばれた者（electi）と呪われた者（reprobati）の二元論 弱い宣教意欲 宗教的個別主義

C. 宗教組織

	初期ユダヤ教	初期キリスト教	初期イスラム	カルヴィニズム
1. 内的関係：教権制的権力	祭司を欠いた宗教的指導下での説教・祈り・歌唱・正典の独唱と解釈を伴う教団	恩寵授与者としての祭司を伴う恩寵アンシュタルトとしての教会 教会に承認された宗教的特殊組織（「ゼクテ」）としての教団	法学者・宗教学者・宗教指導者（イマーム、ムッラー）のもとに置かれた五行（アラーとムハンマドへの信仰告白、一日五度の礼拝、断食、喜捨、巡礼）を基盤とする公的な祈りと説教のための共同体（ウンマ）	言葉（聖書）の告知者および神的な国家理性の管理者としての祭司を伴う規律アンシュタルトとしての教会 「ゼクテ」としての教会
2. 外的関係：教権制的権力の政治権力との関係	政治的に自立した時期には分離されているが神政政治への傾向があり、自立性のない時期には対外的に閉鎖された宗教団体（パーリア的宗教心）	分離されているが神政政治への傾向あり	統合されていて一切の機能が一つの宗教的律法の表現とされるが、分離への傾向あり（カリフ制とスルタン制）	神政政治的だが分離への傾向あり

D. 担い手層

	都市に居住する平民層	都市に居住する平民層	軍事的支配者層	都市の商工業者

E. 結果

1. 宗教に規定された現世関係	現世無関心	現世無関心と現世超克の間での動揺	（現世征服としての）現世支配と現世適応の間での動揺	現世支配
2. 宗教的生活理想	律法に精通した律法学者、「知識人」	信仰の達人	「英雄」とりわけ戦争の英雄	職業人と専門人

も重要なメルクマールを配列して、メルクマールの特徴づけが西南アジア‐西洋の文化宗教にとって実際に弁別力のあるものなのかどうかを吟味するよう我々は促される。これらの文化宗教はすべて草稿『経済と社会的諸秩序および諸力』に絶えず登場するが、ヴェーバーはそれらを、禁欲的プロテスタンティズムおよびユダヤ教への移行期における古代イスラエルの倫理を例外として、モノグラフの形で扱うことはもはやなかった。しかし彼はこうしたモノグラフ的叙述を最後まで計画していた。したがってこのメルクマールの配列においては、書かれずに終わった研究のための最も重要な構成要素が、ヴェーバーの死んだ一九二〇年の時点で実際に存在していたのかどうかをも検討することができる。私の結論は、タルムード的ユダヤ教、古代・中世のキリスト教、およびイスラムについての研究のための予備作業は一九二〇年よりはるか以前になされていたという、マリアンネ・ヴェーバーの報告を裏づけるものである（表1を参照）。

三　ヴェーバーのイスラム分析への批判

マックス・ヴェーバーのイスラム分析はこれまでイスラム学および社会学の文献でほとんど反響を呼んでこなかった。早い時期の例外をなしているのは、すでに引用したイスラム法を扱ったヨーゼフ・シャハトの論文である。シャハトはヴェーバーの法社会学の基本方針に準拠している——彼は同じような考察方法を論じている——けれども、ヴェーバーが西洋の法制史から収集された諸概念をイスラム法の状況に無造作に転用したことや、さらにはイスラムの法制史の時代区分をしなかったことを批判している。また、彼はいくつかの言明を誤りと見なした。それゆえ彼はいくつかの箇所でイスラム法に関するヴェーバーの短い論評を訂正している。とはいえ、全体として見れば彼はイスラム法の社会学的考察に際してヴェーバーと同様の結論に到達しているのである。「イスラム法においては」実質的な法領域の分化が不足していること、実質的合理性が形式的合理性より優位に立っていること、法の啓示と伝統化、開放と閉鎖が継起すること、慣習法的実践をシャリーアに「同化」するうえで潜脱行為（ヒヤル）が重要なこと、神聖法が「混合した性格」をもち、その妥当領域が限定されていて、至高性を要求し、世俗法に浸透する——しかも世俗法が非形式的な軌道に導かれ、自由な発展を妨げられるような形で——傾向があること、こうした指摘を彼は行なっているのである。最後に彼は、西洋の法発展にとって中心的な、法人・コルポラツィオーン・アンシュタルトといった法概念が欠如していることを強調した。古代アラブの部族原理に対するイスラムのゲマインデ原理の役割についても、彼はヴェーバーと同様の評価を下す。シャハトは古代アラブの慣習法がシャリーアのなかで作用しつづけたものの、イスラムのゲマインデ原理によって「矯正」されたと強調している。「……民法上・刑法上の連帯主義を伴った、法関係の根底にある部族組織がまさに押さえ込まれたのである」。しかし、イスラムのゲマインデ原理の作用は限られたものにとどまったし、それどころか「最終的にアッバース朝とともに浸透してきた政治的家産制の家父長制的性格」ゆえに「コルポラツィオーン的組織に敵対して作用し」さえした。[231]

ヴェーバーのイスラム分析がほとんど反響を呼ばなかったのは驚くに当たらない。本章の試みからわかるように、その基本的特徴をあちこちに散らばった彼の論評から発掘するには、結局かなりの労苦を要するのである。それでもなお、シャハトの論文のような性格の、内容の限定された議論のほかに、イスラムとの関連でヴェーバーのアプローチを論じたモノグラフは二つある。一方は一般的、他方は限定的だが、いずれもヴェーバーのイスラム観をテクストから再構成したものに基づいている。両者とも批判的で、修正されたマルクスの視角から書かれている。一方はマクシム・ロダンソン、他方はブライアン・S・ターナーの著書である。[232]これらに簡単に触れておこう。

ロダンソンが立てた問いはこうである。イスラム世界では西洋と異なって、産業資本主義的生産様式、資本主義的な経済的社会構成体（Gesellschaftsformation）――つまり、たんに多数の企業が自由な労働を基礎として利潤のために商品を生産するだけでなく、経済システムが資本主義的セクターによって支配され、自らはその他の社会システムを支配するような状態――が形成されなかったのはなぜか。つまり彼はマルクスの概念を用いてではあるが、ヴェーバーと同じ問いを立てているのである。しかし彼はこの点には――まったく正当なことだが――ヴェーバーとマルクスの間に何ら対立を認めない。[233]対立がはじめてあらわれるのは解答においてである。というのは、ヴェーバーはその際、正しく理解されたマルクスとは異なって、阻害要因ないし促進要因としての理念を援用しているからである。つまり彼は、ロダンソンの見るところでは結局「イデオロギー的」説明を行なっているのだ。しかも二重の意味においてである。一つには経済発展に対するイデオロギー――イスラムの場合にはコーランおよびコーラン以後の「イデオロギー」――の影響力が主張されており、二つ目にはこの主張、この説明アプローチ自体が一つのイデオロギーなのだ。それは西洋にはより高度な合理性、とりわけ、イスラムには欠けているとされる能動主義的・反呪術的宗教倫理があるというイデオロギーである。確かにヴェーバーは法と国家の意義をも強調したが、ここでも同じ西洋的先入観が支配しているという。[234]だが、「ヨーロッパ人の特殊な合理性」についての主張から導かれる、非西洋文化の――したがってまたイスラム文化の――合理性の程度がより低いというテーゼ[235]を科学的、いわば実証主義的に検証するなら、[236]それが方法的にも内容的にも支持できないことがただちに判明する。このテーゼは方法的には循環論法に、内容的にはイスラム「イデオロギー」とイスラム諸制度の合理性水準の過小評価に立脚している。これが循環論だというのは、西洋のより高度の合理性を示すために、「ヨーロッパが非常にはっきりと近代資本主義の道に進みだした」時代よりも遅い時代に生じた事例を引き合いに出しているからである。しかし、合理的と主張される特徴は「資本主義に至る経済発展に起因している」可能性もあるし、「この発展との相互関係のなかで、それとともにある共通の原因から成立したかもしれない」[237]。内容的に誤りだというのは、イスラムは決して反能動主義や呪術に囚われた「イデオロギー」ではないからである。むしろ逆であって、たとえばイスラム教徒の聖典たるコーランを旧約・新約聖書と比べてみれば、コーランの方が高度な合理性を備えているとさえ言えるではないか。「コーラン・イデオロギーは理性的思考、合理性を、旧約・新約聖書に反映しているイデオロギーよりも高度に介入させたかのように思われる。それは予定説の思想を二編の聖書とほぼ同程度に含んでいたものの、個人生活・社会生活において能動的指向をもつようはっきりと勧告していたように思われるし、最後に、それは他の二編の啓示された書物とまったく同じように呪術的技術を神の意志に従属させ、それによって人間がこの技術に――これがどれほどたやすく操作できるにせよ――抵抗する可能性を保持しているかのように思われる」(238)。

方法上の異議はすみやかに処理できる。それは理念が歴史において阻害要因として作用するか促進要因として作用するかという問題とは関係がない。循環論法が説明をもたらさないのは疑問の余地がない。先に起こったことを後で起こったことから説明することはできないし、相関関係は常に、第三の共通要因が原因になっていないかどうかという観点から検証されなければならない。これらは妥当性のある説明の基本的前提であって、間違いなくヴェーバーもそれを知っていた。彼は因果帰属の論理的・方法的問題については、この異議が想定するよりもはるかに進んだ理解力をもっていた(239)。歴史的説明、いやあらゆる因果的説明のこうした基本的前提をヴェーバーが自らの実質的研究のなかで実際にも尊重していたことは、これまでの分析がとりわけ示そうとしてきたことである。ヴェーバーの困難はまったく別の領域にある。それは、リッカートから引き継がれた文化科学的概念形成の論理、つまり「歴史的個体」の選択と構成が同時に行なわれるという問題と関連しており、またこれにつながる問い、つまり彼が定義条件と説明条件をきれいに区別しえたかどうかという問題にも関連している(240)。もちろんこのような困難は、弁証法的概念構成と「実証主義的指向」のいずれをも歴史的説明の問題にとって適合的な解決とは見なさない場合にはじめて生じる。ヴェーバーは実際、弁証法論者でも実証主義者でもなかった。

つまり、ロダンソンが唱えた方法上の異議はいわば的はずれなのである。しかしこのことは残念ながら内容上の異議にもあてはまる。まず、ヴェーバーは類型論的比較研究において合理性のさまざまな水準ではなく、合理主義の諸類型を区別したのだが、このことを彼は見落としているようである。周知のとおり、彼の宗教社会学全体は、宗教の規定を受けた合理主義の社会学と類型論への貢献を意図したものである。[241] 次に、ロダンソンはイスラムの信念体系を論ずる際に論理的帰結と心理的‐実践的帰結との区別を考慮していない。彼にはそのための概念装置もまるごと欠けている。最後に、彼はヴェーバーのそれと大幅に一致する結論に到達している。ただ彼はそのことに気づいていないだけなのだ。なぜなら、ヴェーバーもイスラムにおける信仰と理性の「緊張のゆるんだ」関係を強調しているし、イスラムの予定説の能動主義的ポテンシャルを力説し、この預言的聖典宗教の基本的特徴が反呪術的であることを強調しているのだから。確かにロダンソンの分析には、その助けを借りることでヴェーバーの略述を補完、いや改善できるような多くのディテールがある。しかし、イスラムの経済倫理・経済心情とそれに結びついた経済的生活態度が伝統的性格をもつというヴェーバーの最初の主要テーゼは、これによって何ら変わるわけではないだろう。第二の主要テーゼは、イスラムの国家構成体において支配的だった制度的諸条件は商業資本主義には有利に働いたが経済システムとしての産業資本主義には有利に働かず、その一因は財政的に制約されたプフリュンデ封建制、都市の自律性の欠如、神聖法と世俗法の関係にあるというテーゼだが、ロダンソンの分析はこれにも何ら変更を加えるものではない。ヴェーバーが重要な内的および外的な諸条件をすべて特定したかどうか、またとりわけ、それらの条件が、ある場合には起こったことがなぜ他の場合には起こらなかったのかという歴史的問いに決着をつける説明にうまく適合しているかどうか、これについては確かに議論の余地がある。しかし、少なくともそのような説明への手がかり、内的・外的諸条件の布置連関を特徴づけるための手がかりは存在する。それをロダンソンに求めても無駄である。彼はなるほど次のようなことを断言している。「一定数の構造的条件と原因となる諸事件が与えられていたために、ヨーロッパではこれに対応する資本主義的な経済的社会構成体が発展しえた[242]」と。しかし、彼が繰り返しきっぱりと述べているのは、構造的条件と原因となる諸事件が何であろうとも、宗教やイデオロギーはそれに属さないということである。

　実際、ヴェーバーとの決定的な相違点はここにある。それは方法的・実質的な性質ではなく理論的・方法論的性質の相違である。とりわけ進化理論や、領有《アナイクヌング》の類型（所有の様態）と搾取の類型（剰余生産物の吸収の様態）の関係に関して、正統派マルクス主義のアプローチに対して興味深い修正を行なってはいるものの、ロダンソンは方法論的・理論的には唯物論者としてふるまっている。彼にとって究極的に重要なのは外的諸関係、「土台」だけであって「内的」諸関係、「上部構造」ではないのである。宗教は反映、反響、要するにイデオロギーなのである。だから宗教は自律性もなく、独自の作用を及ぼしえない。それは『ドイツ・イデオロギー』に書かれているとおり、あらゆる支配的思想と同様、「支配的な物質的諸関係の観念的表現以上の何ものでもない」[243]。物質的諸関係を物質的なものとして把握しない説明はそれ自体イデオロギー的である。しかしヴェーバーは、これまで説明してきたように、この土台－上部構造図式を原理的な理由から斥けた。理念や世界像は物質的諸関係の観念的表現でありうるが、常にそうだというわけではない。ここに、あらゆるマルクス主義的視角――どれほど「穏健な」ものであれ――に対する彼の決定的な距離がある。これには方法論的・理論的な根拠がある。それらは行為理論・秩序理論としての理解社会学の前提と関連している。というのは、マルクス主義的アプローチはヴェーバーの見方からすると還元主義的な手順を踏まざるをえないからである。そうしなければ、下部構造を最終的審級とするテーゼを放棄することになり、自らの説明力を失ってしまうのである。この一歩を踏み出すなら――ヴェーバーの著作全体がこの一歩を踏み出すようにとの呼びかけとして理解できる――、新たな方法論的・理論的基礎づけが必要になる。ヴェーバーはそれを提供しようとしたのだった。彼がロダンソンが描いているほどナイーブだとしたら、彼は唯物論的歴史観を単純に観念論的ないし唯心論的歴史観で置き換えることで実際に満足できただろう。しかし彼はまさしくそうしなかったのだ。彼は両者とも克服しようとしたのであり、プロテスタンティズム研究はそれが可能であること、またそれがいかにして可能かを例証した最初のものだった。ロダンソンは自分で何度も引用しているヴェーバー・テーゼのこの決定的な眼目をまったく理解していなかった。そもそも彼は、せいぜいぼんやりとしか知らない著者に対抗しているのである。バッサム・ティビ（Bassam Tibi）はロダンソンの本のドイツ語版新版への序文のなかで、同書のアプローチに土台‐上部構造図式の残滓があるのを遺憾としながらも、このことはこの「記念碑的な研究成果」にもマックス・ヴェーバーについての判断にも影響を及ぼさない、なぜならヴェーバーの著作の研究によって「彼がイスラムの教義に関しても歴史に関しても、これについて確かな判断を下しうるのに必要な専門知識をもたなかったこと」が証明されたのだから、と同時に強調している。(244)後半の主張はヴェーバーのイスラムに関する知識については当たっているかもしれない。ただし、これはロダンソンのヴェーバーに関する知識についてはなおさら当てはまるのだ！

こうしたことはブライアン・S・ターナーの場合には言えない。彼は、ヴェーバーのイスラム観を著作中に散らばった論評から再構成しようとする、真摯に受け止めるべき試みを行なった最初の人だった。ただし彼は私見によればこれを初めから誤った前提のもとで行なったのである。彼はヴェーバーが比較研究との関連で提唱したとされる二つのテーゼを区別する。プロテスタンティズムの倫理のテーゼ（ＰＥテーゼ）――これには二つのヴァージョンがある――とヴェーバー・テーゼ（Ｗテーゼ）である。第一のテーゼはまず有名な一九〇四／〇五年の論文で定式化され、次いで一九二〇年に改訂された形で繰り返されたが、第二のテーゼは、西洋と東洋の文化圏の間の最も重要な差異に関する彼の社会学的研究を規定したものだという。第一のテーゼが宗教を中心に据えているのに対し、第二のテーゼでは宗教はもはやせいぜい従属的な役割しか演じていないし、ともかく主役は演じていない。部分的には第一テーゼの拡張によって、部分的にはそれとは独立に獲得された第二テーゼは、本来のヴェーバー・テーゼであり、制度的諸条件を前面に押し出しているとされる。ターナーは両テーゼの区別と作品史上の仮説やヴェーバーの理論的発展に関する仮説を結びつけていないけれども、第二テーゼを社会学的により実り多く、より成熟したテーゼと見ている[245]。これはとりわけ、ヴェーバーが――彼の主張によれば――これによってマルクスとエンゲルスに接近したからだという。これはまさしくイスラムを論じた箇所で明らかになるそうである。「……ヴェーバーはイスラムを分析するに至った際、家産制的支配形態としてのイスラム社会の政治的・軍事的・経済的性質に焦点を合わせた。彼は価値の役割を二次的でイスラムの社会的諸条件に従属するものとして扱った。ヴェーバーがこうした立場に忠実である限り、彼の分析は、インド・中国・トルコに特徴的なアジア的生産様式が資本主義とは相容れない持続的な社会秩序を生み出したと主張したマルクスとエンゲルスからさほど隔たっていなかった[246]」。

ところで、私が他の箇所で説明を試みたように、ヴェーバーの見解では、中国やインドにおける秩序の安定性の条件には、もちろん内的諸条件も含まれていた[247]。だがはるかに重要なことは、二つのテーゼを対置するのは不適切だということである。PEテーゼとこれから区別できるWテーゼなどありはしない。因果関係の両面があって、そのうちの一つだけがプロテスタンティズム研究で論じられているのである。ヴェーバーが後にはもう一つの側面をも論じたからといって、彼が最初の側面を放棄したわけでもなければ、他の側面の研究を最初から予定していなかったわけでもない。すでに示したとおり、すでにプロテスタンティズム研究は、内的諸関係の分析から外的諸関係のそれに移行する交点が目に見えるようになるように構想されていた。ヴェーバーが新しい研究段階に移行するにあたって自分のアプローチを拡張したことは、『経済と社会的諸秩序および諸力』および『世界宗教の経済倫理』という二つの草稿にも表れているが、この拡張は方法論的ではなく実質的な性質のものである。ヴェーバーがマルクスに接近していると称するのは誤った推論である。こうした見方は彼の方法論的・理論的アプローチ全体を描き損なったことに由来している。

そういうわけで、ヴェーバーのイスラム分析のターナーによる再構成は、イスラムにおける資本主義の未発達を説明するうえで、倫理が社会構造に比べて従属的な意義しかもたないことを証明することを、とりわけ目的としているのである。[248] このために彼は、ヴェーバーの分散した論評を指針として制度的諸要因に関する興味深い——多くの点で本書の分析と一致する——議論を行なった。さらに宗教倫理と生活態度の関係も内容的に論じられる。その際のテーゼは、ヴェーバー・テーゼのこちらの側面は、制度的側面と比べて内容的に弱いというものである。というのは、イスラムの宗教倫理が信仰戦士の観念的・物質的利害関心によって「取り込まれ」、戦士倫理に転化したというヴェーバーの主張は根拠薄弱、あるいは少なくとも単純化されているからだという。なぜならイスラムは「商人と国家官僚の都市的宗教であったし、あり続けた。その中心概念の多くは砂漠と戦士の価値とは対照的な、商人社会の都市生活を反映している。ヴェーバーによって描かれた戦士倫理は、たんに正統派から疑念と敵意をもって見られた一つの宗教的見地にすぎなかった」[249]。それはそうかもしれない。ただ、この言明がヴェーバーの分析と対立していないだけである。とりわけ、ヴェーバーの比較研究が示しているように、商人や官僚の物質的・観念的利害関心はキリスト教的伝統においてさえも、方法的生活態度や現世支配の合理主義を作り出さなかった。担い手の利害状況は決してそれだけで宗教的源泉の作用を決定するものではない。その内容も重要である。ヴェーバーのアプローチのうちのこうした観点はターナーの分析では完全に消えてしまっている。［マルクスとヴェーバーの］収斂テーゼを堅持しようとする場合にも、それは消え去らざるをえないのである。

しかし、社会構造に比べて倫理が、また制度的諸要因に比べて動機づけの諸要因が従属的・二次的な意義しかもたないというテーゼにおいて、決定的な事態が明らかになる。マルクスと「宥和」させるためにヴェーバーのアプローチの中心点を無視した解釈が行なわれているのである。ヴェーバーは一次的要因とか二次的要因とかいう言い方は決してせず、因果的に重要な要因のみを論じた。そこには外的要因と同様に内的要因も含まれていた。それらのウェイトを数量化するのが困難ないしまったく不可能であることは、彼のアプローチに不利な論拠にはならない。すでにラッハファールとの論争において彼はこう述べていた。「歴史的因果帰属に『数字による』分配率がないことは、私にはどうでもよい(250)」と。

それでもなお、ターナーが「ヴェーバーによる」単純化に向けた非難には一理ある。このことはヴェーバーのイスラム観と批判的に取り組んだ他の論考からも明らかである(251)。ヴェーバーの方法論的・理論的立場に立ったとしても、たとえば初期イスラムが戦士宗教だったというテーゼはあまりに大ざっぱである。アイラ・ラピダスによれば、すでに初期イスラムに三つの文化的ミリューを区別する必要がある。宮廷・皇帝文化、都市のスンナ－シャリーア－スーフィズム、農村の神殿スーフィズムの三つであり、このうち少なくとも宮廷・帝国文化は戦士的な色彩をもっていた。概してヴェーバーの分析は、シュムエル・N・アイゼンシュタットが強調しているように、スーフィー兄弟団とその「精神」および組織形態の考慮が足りないことによって、損なわれている。イスラムにおける禁欲的伝統も不当に軽視されている。ルドルフ・ペータースが論じているように、一八・一九世紀のファンダメンタリズムこそはそのような伝統を受け入れたのであって、そこでは救済関心、つまり彼岸での運命への関心が前面に立ち、此岸での共同体形成をそのために利用したのだった。同じようなことはバーバラ・メトカルフが描いている改革運動についても言える。このように、イスラムが発展するにつれてイメージが複雑になってくるのである。ただし、三つの「原ミリュー」もファンダメンタリズム運動や改革運動も、ヴェーバーが最終的に関心を抱いていた世俗内的職業確証の禁欲主義には至らなかった。ともかく、イスラムは西洋の世俗化とは明らかに異なる発展パターンを過去百年間にたどってきたように見える。このことを確かに伝えてくれるのがフランシス・ロビンソンとアーネスト・ゲルナーの論考である。

しかし、初期イスラムが戦士宗教だったとするテーゼは、この世界宗教の救済宗教的ポテンシャルを過小評価しているだけでなく、転換過程を描き損なうことにもなる。このことはネヘミア・レヴツィオンがその論文のなかで証明している。イスラムはアラブ諸部族の影響下に個別主義に退行したのではなく、むしろもともと個別主義的だったのであり、アラブの一神教が拡大とともにはじめて普遍主義化したものなのである。そのうえ、すでに初期から「聖職者」と戦士の対立も、平和的浸透と戦争による征服との対立もあった。とりわけアフリカとインドネシアでは戦争による征服ではなく平和裡の浸透が前面に立っていた。要するに、初期イスラムでさえ、これを戦士倫理に還元してしまうのはあまりに単純なのである。ターナーが正しく述べたように、イスラムのこの変種は正統派からはむしろ不信、いや敵意さえもって認識されていた。

このように、ヴェーバーの描いたイスラムの内的諸関係のイメージにはかなりの修正を加える必要があるのに対して、外的諸関係のイメージについては状況はもっと良い。このことはピーター・ハーディおよびリチャード・イートンの論文が示すとおりであり、マクシム・ロダンソンも最近の考察のなかで、俗流マルクス主義の「段階‐下位段階モデル」に比べてヴェーバーの家産制やその下位類型の理念型がもっている長所を強調している。ヴェーバーの家産制国家の理念型は、彼のカリスマの日常化「説」[252]とともに、ピーター・ハーディとリチャード・イートンがムガル朝の支配とその拡大の諸側面を叙述するのに役立った。ヴェーバーの支配の社会学が提供するこうした可能性は、これまでにもすでにスティーヴン・P・ブレイクによってそのために利用されていた[253]。彼は、ヴェーバーが行なった家産制王国・家産官僚制帝国・近代官僚制アンシュタルト国家の間の類型論的区別を、ムガル朝支配の本質的な構造的特徴と、それに結びついた支配を保証するための戦略を示すために用いたのである。彼はその際に、アクバルが組織した国家と、ヴェーバーが支配の社会学の旧稿で描いた家産官僚制帝国の理念型との間に注目すべき一致があることを突き止めた。ブレイクはこれによって同時にムガル朝支配についての有力なイメージに対抗しようとした。それは「この国家が一九世紀末から二〇世紀初頭の英国治下のインド帝国の、未完成で中心の定まらない一種の原型であった」というものである。[254]ピーター・ハーディはこの分析を引き継いでこれを注目に値する仕方で補完した。ベンガルのイスラム化に関するイートンの興味深い叙述も、ヴェーバーの支配社会学・宗教社会学によって開かれた概念的可能性を、歴史的実態を看破するために利用している。そこにはヴェーバーのやり方の「開放性」、「柔軟性」が示されている。こうした開放性・柔軟性のおかげで、なめらかな移行関係、カテゴリー間の流動的な境界線、重なりあい、拡張、交差といったものを――具体的状況の研究に際しては常に求められるように――顧慮することが可能になるのであり、この点はマクシム・ロダンソンも強調している。

ただし、ロダンソンが最新の論考のなかでヴェーバーにあると証明したこの「開放性」・「柔軟性」は、マイケル・クックとパトリシア・クローンによって否認されている。彼らはこのために例証の対象として二組の対概念――教会とゼクテ、法の形式的合理性と実質的合理性の区別――を用いた。彼らのテーゼによれば、これらはイスラムの宗教発展ないし法発展を捉えるには適していないという。これらの対概念は、第一にそれらが導き出された文脈から十分に抽象されていないし、そのうえ、なされるべきだった区別――つまり、イスラム学者にとって、ヴェーバー流にいうなら、知るに値するという意味で本質的な区別――をするのに適していないというのである。

これらの異議について最後に手短に考えておく必要がある。それらは方法論的な問いに行き着き、ある意味ではこの分析の出発点に戻ることになる。一方の異議は概念構成の理論に、他方は価値関係の理論にかかわる。両者は相互に関連しあっている。というのは、ヴェーバーのアプローチの中心には、前述のように、価値関係的な概念構成があるからである。

教会とゼクテの区別から始めよう。これは疑いなくキリスト教の宗教発展から獲得されたもので、たとえば家父長制的支配といった他の概念と同様、この由来の名残りをなお引きずっている。[255]だが、こうした「文化拘束性」の枠内で二つの事態を区別する必要がある。一つは理念型的類概念という意味でのクラス概念としてこの概念を用いることであり、もう一つは理念型という意味での発生的概念としてそれを用いることである。後者の場合、経験的所与はこの種の概念によってある理想的な極限ケースに関連づけられることによって意識され、「文化拘束性」は概念にとって欠陥ではなく構成的前提である。教会とゼクテはまずあらゆる概念と同様、クラス概念として利用できる。その次には、ヴェーバーが「客観性」論文で詳述しているように、それらは「いくつかのメルクマールの複合体に分解できる。ただしその際、両者間の境界だけでなく概念内容もまた常に流動的なままであるにちがいない」[256]。この意味では、これらの概念は『経済と社会』の新稿中の基礎概念のなかに登場する。それらは団体をアンシュタルトと結社に区別する「事例」である。アンシュタルトとは「その制定秩序が、一定の挙示しうる効力範囲内において、特定のメルクマールにしたがって挙示しうるあらゆる行為に対して（比較的）効果的に授与《オクトロアイーレン》されるような」団体であり、これに対して結社とは「その制定秩序が、個人的加入によって参加者となった者に対してのみ妥当することを要求するような」団体のことである。[257]宗教の領域では教会がアンシュタルトを、ゼクテが結社を「代表する」。これらはクラス概念としてはあらゆる文化圏に適用可能である。その際、当然ながら、ヴェーバーが教会ともゼクテとも呼ばなかった宗教団体――たとえば修道会《オルデン》や教団《ゲマインデ》――がある。[258] それで彼は次のようにもはっきり述べている。「『結社』と『アンシュタルト』が考えうるすべての団体の総体を残らずそのどちらかに分類するものではないことは、ほとんど強調するまでもない。そのうえ、これらはたんなる『対極的』対立にすぎない（宗教の領域では「ゼクテ」と「教会」となる）」[259]。

　教会というクラス概念は、なお第二の点でゼクテというクラス概念から区別できる。教会アンシュタルトは通常、「教権制的地域支配と（教区への）地域編成」を追求するのに対して、ゼクテはこれをしない[260]。このため、ゼクテと異なって教会はたいてい政治権力と競合、さらには抗争関係にある。したがって、政治権力と教権制権力の関係は、とりわけ伝統的な秩序配置の最も重要なメルクマールの一つである。ただし、「教会にとって事実上の地域支配の独占が」政治団体の場合と同じくらい本質的であることは「歴史上なかったし、今日ではなおさらない」[261]。だから「非政治的」教会は存在するし、逆に「政治的」ゼクテも確かに存在する。

　マイケル・クックはヴェーバーのクラス概念としての教会とゼクテを、不正確に定義した上で[262]、イスラムに適用した。その際彼はこの分類が完全であると仮定した。さらに彼は、宗教的構成体が教会かゼクテのいずれかでなければならないと仮定した。たとえばカルヴァン派の「ゼクテ教会」のような混合形態は存在しない。これはクラス概念においてはふつうに行なわれる包摂の手順に対応している。それはイスラムについては特に満足できるような成果をもたらさなかった。たいていの宗教的構成体はいわば二つの概念の間に位置するのである。このことは争えない。ただ、それはキリスト教にも他の文化圏にもあてはまる。これはクラス概念の論理に関連する。状況は、クラス概念から発生的概念、実在の解明（Realexplikationen）へと移行するときにはじめて変化する。(263)

クラス概念と異なって発生的概念は平均概念ではなく極限概念である。発生的概念に対して経験的所与は、これに包摂されるという関係ではなく、さまざまな程度に近似するという関係にある。発生的概念は独自なもの、特殊なものを本質的なものとして際立たせ、価値関係のうえに立脚している。冒頭で言及したヴェーバーの索出的ヨーロッパ中心主義はそこに表れている。ある文化圏の価値理念に拘束されることは避けられないし正当でもある。(264) 他の文化圏の価値理念を代わりに組み込むことは可能だが、拘束を取り除くことはできない。ヴェーバーがゼクテ概念を発生的に規定するやいなや、彼は世俗内的職業禁欲の「精神」に関心をもつ。そして、その場合、イスラムのゼクテにも、それが、このメルクマールにどの程度近似しているかという問いが向けられる。ヴェーバーが「客観性」論文のなかで再び定式化しているように、「だが、私が『ゼクテ』概念を、たとえば『ゼクテ精神』が近代文化に対してもった特定の重要な文化意義に関連づけて、発生的に捉えようとするなら、双方の「概念、つまり教会とゼクテの」特定のメルクマールが、そうした作用に対して適合的な因果関係にあるがゆえに本質的となる。だが当の概念はそのとき同時に理念型的になる。つまり、それらは完全に概念上純粋な形では表わされないか、散発的にしか表わされないのである。どこでもそうだがこの場合も、純粋に分類的でない概念はまさしくいずれも、現実から遠ざかる。しかし、我々の認識の論証的性質、つまり、我々は現実を一連の表象の変化を通してのみ把握するという事情が、そのような概念の速記術を要請するのである」[265]。

マイケル・クックは、教会とゼクテの概念について議論する際、ヴェーバーの概念構成理論にとって基本的に重要なクラス概念と発生的概念の相違も、また同時に問題設定のもつ選択機能も、十分に考慮しなかったけれども、これに対してパトリシア・クローンには、さらに極限概念を実体化して捉える傾向さえある。ヴェーバーにとって、こうした概念は「理論的概念像」でありユートピア的性格をもつ「想像心象」であって、なぜならそれらによって個々の現象がある一面的に際立たされた観点に組み込まれるからである[266]。教会とゼクテの概念の場合と同様、法の形式的合理性・実質的合理性の概念もまた、クラス概念としても発生的概念としても構成できる。ヴェーバーが法の形式的合理性の概念を発生的に構成するとき、彼は法に内在する手続の合理性の「精神」に関心をもっているのである。確かにヴェーバーの著作のなかでは合理性概念は多様な仕方で用いられていて、しかもその用法に標準化も認められないようである。また、この「概念のカオス」を秩序だてるのは、これまでに行なわれてきたさまざまな試みが示すとおり、容易ではない[267]。しかし、ヴェーバーが合理的資本主義の歴史的前提条件を特定する際に、代数的な法やコンピューターのような裁判を歴史的現実として考えていたなどという主張は、理論と歴史の混同にもとづくものである[268]。それだけではない。それは彼の法類型論の不十分な解明にもとづいている。ヴェーバーは分類的な観点のもとでも発生的な観点のもとでも、法体系が外界から隔絶したいわば無内容な純論理的な体系になりうるなどとは主張しなかった。そのようなナイーブさを、職業訓練を受け部分的に実務にも携わった法律家に帰するべきではないだろう。こうしたナイーブさは、純粋法学において最も一貫して発展したような法論理主義さえ導かない[269]。確かに、概念を実体化して、形式上（formell）と形式的（formal）、実質上（materiell）と実質的（material）、法内在的諸関係と法超越的諸関係を区別しないとしたら、右のような想定に駆り立てられる。ヴェーバーの法社会学がこれらの区別に立脚していることを、私は他の著書で詳しく説明しておいた[270]。

実際のところ、ヴェーバーにとって、いかなる法も形式上《フォルメル》の側面と実質上《マテリエル》の側面をもち、法の外部と関連している。したがって法の類型は、形式上の側面と実質上の側面がいかなる性格をもち、これら両側面が互いにいかなる関係にあり、特定の規範様態としての法がどの程度他の規範様態から区切られているか、といった基準にしたがって構成できる。伝統的法は実質上の側面によって支配され、法規範と法外部の規範の混合形成物に立脚している。その限りで実質的《マテリアール》かつ非合理的である。これに対して制定された法は形式上の側面に支配され、法規範と法外部の規範の区別に立脚している。その限りでそれは形式的《フォルマール》かつ合理的である。ヴェーバーがはっきり説明しているように、形式的かつ非合理的な法（呪術的法）もあれば、実質的かつ合理的な法（自然法）もある。さらに、形式的かつ合理的な法は歴史上さまざまな変化形で登場する。それを示しているのがイギリスと大陸ヨーロッパの法発展の相違である。両者とも形式的-合理的な法類型に程度の差はあれ接近している。ヴェーバーの見解ではなぜこれがイスラム法にはあてはまらないのかは、これまでに詳論したとおりである。法発展が常に合理的資本主義を阻害ないし促進する複数の要因の一つにすぎないことも、その際明らかにされた。その限りで、法社会学は孤立させて読んではならないのであり、支配社会学・宗教社会学・経済社会学と関連づけて読まなければならない。そうすれば、パトリシア・クローンが想定しているような単純な分化モデルではなく、互いに妨害・無関係・一方的ないし相互的な促進といった関係にある部分秩序や部分発展の複雑なモデルをヴェーバーが提唱していたことも、明らかになる。

ヴェーバーのイスラム分析には疑いなく多くの欠陥がある。その前提になっている問題設定もまた、適切だったかどうかを議論する余地があるし議論しなければならないものである。問題設定はそのうえ歴史的概念の構成を導く。その際に前提となる価値理念を共有しない者は、これらの概念を批判して別の概念を構成するだろう。これはまさしくヴェーバーの方法論の「精神」に則ったことである。なぜなら、「社会科学の領域において最も射程の長い進歩は、実質的に、実践的文化問題の移動に結びついており、概念構成の批判という形式をとる[271]」からである。ただ、ひとはまず、自分がそこから離脱しようとする実践的文化問題と自分が批判する概念構成とを、関連づけて理解しておかねばならない。パトリシア・クローンは、我々が必要としているのはヴェーバーの精神に則ったより多くの研究であって、彼についてのさらなる研究ではないと考えている。もっとも、この「精神」が十全に捉えられていない限り、この要求は私には時期尚早と思える。だから我々には両方とも必要なのである——ヴェーバーの精神に則った研究と、彼についての研究が。

［原注］

（1）これら六つの文化宗教とは、儒教、ヒンドゥー教、仏教、ユダヤ教、イスラム、キリスト教である。これらの文化宗教は特に多くの信者を獲得しえたために、ユダヤ教を例外として、ヴェーバーには同時に世界宗教と見なされていた。救済宗教の概念を適用すればさらに別の分類ができる。これら諸概念の相互関係については、*Religion und Lebensführung.* Kap. 5（本訳書、第一章）を参照。これら文化諸宗教の各々は、ヴェーバーも特にキリスト教について行なったように、さらに「分解」しうるので、その限りでもちろん六つという数には問題がある。このことは一般的には西欧の特殊な発展への彼の関心に、また特に禁欲的プロテスタンティズムの特殊な形態への関心に、関わっており、それゆえ禁欲的プロテスタンティズムは多くの比較において「切り離されて」独自の文化宗教として現れるのである。比較宗教社会学的分析の問題点は、非西欧の文化宗教の諸潮流に関して特に、分析単位が大きくまとまりすぎたままになっている点にある。このことはイスラムについても当てはまる。この点については、Wolfgang Schluchter（Hg.）, *Max Webers Sicht des Islams. Interpretation und Kritik.* Frankfurt 1987. S. 125ff. および S. 217ff. 所収のアイラ・ラピダス（Ira Lapidus）とルドルフ・ペータース（Rudolf Peters）の論文を参照。

（2）ヴェーバーはいくつかの箇所で文化圏（Kulturkreise）について述べている。彼は今日よく用いられる文明《ツィヴィリザツィオン》という概念を避けた。周知のようにこの概念は、世紀転換期のドイツでは文化概念への「対立概念」として用いられたが、そうした含意はヴェーバーの弟アルフレートの提案した文化過程・文明過程・社会過程の区別にもなお余韻を残している。英米語圏にはこの対立はなかった。今日でもたとえばS・N・アイゼンシュタットの著作に見られるように、ここでは文明概念は「価値自由に」用いられるのである。ヴェーバーにおける文化宗教（Kulturreligion）と文化圏の区別を私が有用と見なすのは、文化宗教が必ずしも民族・宗教・政治上の境界と一致しないことや、一つの文化圏がいくつもの文化宗教を（当然また非宗教的な象徴世界をも）包括しうることが、この区別によって示されるからである。

（3）これについては Marianne Weber, *Max Weber. Ein Lebensbild*, Tübingen 1926, S. 358（大久保和郎訳『マックス・ウェーバー』Ⅱ、みすず書房、一九六五年、二七一頁）を参照。

（4）たとえば、*Die Religionen in Geschichte und Gegenwart. Handwörterbuch in gemeinverständlicher Darstellung*, unter Mitwirkung von Hermann Gunkel und Otto Scheel herausgegeben von Friedrich Michael Schiele und Leopold Zscharnack, 5 Bände, Tübingen 1909ff. および Paul Hinneberg（Hg.）, *Die Kultur der Gegenwart. Ihre Entwicklung und ihre Ziele*, Berlin und Leipzig 1906ff.（とりわけ Teil I, Abteilung II und IV）という二つの大プロジェクトを参照。ヴェーバーはこれらの作品を広範に利用している。

（5）この点は Gottfried Küenzlen, »Unbekannte Quellen der Religionssoziologie Max Webers«, in: *Zeitschrift für Soziologie*, 7（1978）, S. 215ff. において詳述されている。

（6）論争はH・カール・フィッシャーの批判によって一九〇七年に始まった。一九〇九年にはフェリックス・ラッハファールが討論に介入した。ヴェーバーは彼との対決を反批判的結語によって締め括ったのだが、その第二部を彼は次の目的のために利用したのだった。「私の論文をまだ一度もきちんと読んだことのない人たちのためだけに、ラッハファールによってかたくなに無視されている私の本当の『テーゼ』の若干の論点をいま一度数ページにわたって要約すること」というのがそれである。Vgl. Max Weber, PE II, S. 283. 同時に彼は、「私の反批判において述べられたことはすべて、まったく同じくらい明瞭に私の論文のなかにすでに書かれている」（ebd., S. 328）と強調した。一九〇六年のゼクテ論文をも考慮に入れる限りでしか、私はこれに同意できない。ヴィルヘルム・ヘニスによれば、ヴェーバーは反批判のなかではじめて自らの問題設定を最終的に明らかにし、そこで、とりわけ反批判的結語においてはじめて「ヴェーバーにとって『中心的』問題であったもの」が「ようやく」（！）語られるとのことだが、どうしてこんな主張が可能なのかわからない。ヘニスはラッハファールが「『中心的』意図のあれほどの隠蔽や意図的・非意図的な韜晦に対してこれほど平静を保った」ことに感嘆を表している。Vgl. Wilhelm Hennis, *Max Webers Fragestellung. Studien zur Biographie des Werkes*, Tübingen 1987, S. 16, 21f.（雀部幸隆他訳『マックス・ヴェーバーの問題設定』恒星社厚生閣、一九九一年、一五頁、二二頁）. やはり、どうやらヴェーバーは、自らのテーゼを一九一〇年に数ページにわたってもう一度要約しておいて良かったようである。というのも、それを最初の版できちんと読む人は今日でもやはり明らかに「ほんの一握り」だからである。Vgl. PE II, S. 283.

（7）Marianne Weber, *Lebensbild*, S. 346（大久保和郎訳『マックス・ウェーバー』I、みすず書房、一九六三年、二六二頁）.

（8）Max Weber, »Agrarverhältnisse im Altertum«, in: SW、特にI. Einleitung. Zur ökonomischen Theorie der antiken Staatenwelt（渡辺・弓削訳、「I序説。古代国家圏の経済理論」）を参照。これについてはとりわけ、Guenther Roth, »Introduction«, in: Max Weber, *Economy and Society*, hg. von Guenther Roth and Claus Wittich, New York: Bedminster Press 1968, S. XLIVff. さらに、Wolfgang Schluchter（Hg.）, *Max Webers Sicht des antiken Christentums. Interpretation und Kritik*, Frankfurt 1985, S. 72ff., S. 111ff. 所収のユルゲン・ダイニンガー（Jürgen Deininger）とシュテファン・ブロイアー（Stefan Breuer）の論文、ならびにWolfgang Schluchter, *Rationalismus der Weltbeherrschung. Studien zu Max Weber*, Frankfurt 1980, S. 134ff.（『現世支配の合理主義』、二六三頁以下）.

（9）Max Weber, PE II, S. 321.

（10）Max Weber, PE II, S. 322; RS I, S. 12（大塚・生松訳、二三―四頁）およびSchluchter（Hg.）, *Max Webers Sicht des antiken Christentums*, S. 557 に所載の『経済と社会』旧稿（『経済と社会的諸秩序および諸力』）の構想を参照。

（11）Max Weber, PE II, S. 322.

（12）Ebd., S. 324. ここでヴェーバーは「客観的‐政治的」ならびに「客観的‐経済的」前提諸条件について述べており、これらを反伝統主義的「精神」に対置した。英米系の文献にとりわけ起こることだが、制度と動機の間に二者択一の関係を立てることがいかに「ヴェーバー流」でないかがこれを見ればわかる。たとえば Randall Collins, *Weberian Sociological Theory*, Cambridge: Cambridge University Press 1986、特に第二章を参照。また、同書 S. 34 でプロテスタンティズムに関するヴェーバーの最後の言葉と称されているものを参照。さらに Bryan S. Turner, *Weber and Islam. A Critical Study*, London and Boston: Routledge & Kegan Paul 1974（樋口辰雄ほか訳『ヴェーバーとイスラーム』第三書館、一九八六年）. これについてはあとでもっと詳しく論じる。認識論的ならびに社会学的な唯物論と観念論の区別を用いて社会学理論の最も重要な立場を捉え、それらの理論的「成熟度」を多次元性という尺度に基づいて測定しようとするジェフリー・アレグザンダーの試みもまた、以下の分析によって示されるであろうように、明らかにヴェーバーをあまりにあっさりと片づけている。Jeffrey Alexander, *Theoretical Logic in Sociology*, 4 Bände, Berkeley: University of California Press 1982f、特に Band 1 と Band 3.

(13) これらの関係をヴェーバーは「精神」-「精神」、「精神」-「形態」、「形態」-「形態」という三つの方向で論じている。この関連で興味深い考察を含んだ研究は、Michael Schmid の論文 »Struktur und Selektion: Emile Durkheim und Max Weber als Theoretiker struktureller Evolution«, in: *Zeitschrift für Soziologie*, 10 (1981), S. 17ff. である。

(14) Max Weber, PE II, S. 323f.

(15) *Wirtschaftsgeschichte*, S. 17（黒正・青山訳、上、五六―七頁）でなおヴェーバーはそう述べている。この点に関しても私は一九〇四年と一九二〇年の間に何ら変更を認めない。いわゆる史的唯物論への批判には、常に方法論的と実質的という二つの側面がある。方法論的にはあらゆる形態の還元主義の拒否が、実質的には経済的なものに対する政治的なもの、「形態」に対する「精神」の、相対的に自立した意義の過小評価がそれぞれ問題になる。これについてはさらに後述する。さらに *Religion und Lebensführung*, Kap. 1（『マックス・ヴェーバーの研究戦略』、第I部）を参照。

（16）世紀転換期における発展史（Entwicklungsgeschichte）概念の普及については Guenther Roth, »Rationalization in Max Weber's Developmental History«, in: Sam Whimster and Scott Lash (eds.), *Max Weber, Rationality and Modernity*, London: Allen & Unwin 1987, S. 75ff. を参照。現在ではドイツ語版もあり、Guenther Roth, *Politische Herrschaft und personliche Freiheit. Heidelberger Max-Weber-Vorlesungen 1983*, Frankfurt 1987, S. 283ff. に収録されている。ただし、そこではヴェーバーの用語法におけるこの概念の方法論的地位が十分明らかになっていないままである。そのためにはハインリヒ・リッカートを比較しなければならない。発展史の概念に関してもヴェーバーは何よりも彼に依拠しているのである。Heinrich Rickert, *Die Grenzen der naturwissenschaftlichen Begriffsbildung. Eine logische Einleitung in die historische Wissenschaften*, Tübingen und Leipzig 1902, Viertes Kapitel, V（S. 436ff. 特に472f.）を参照。リッカートは七つの発展概念を区別し、彼にとって（ヴェーバーにとっても）とりわけ重要だった四つ目の概念の論理的構造を次のように規定した。この場合「個人の成長過程《ヴェルデガング》は、その独自性が一つの価値に関係づけられることによって、一つの目的論的統一性に結びつけられ、そのようにして歴史的発展過程にいたる成長過程の独自性はその統一性と結びつけられるのである」。Ebd., S. 473. これによってリッカートは、理論的価値関係によって構成された個体を同時的なものから継起するものへと転換させ、発展史を一方では単なる変化から、また他方では進歩的発展から論理的に区別した。ヴェーバーが客観性論文のなかで理念型的な発展構成を歴史との関係において論じ、そのことをマルクス主義的発展法則への批判的評価と結びつけた箇所で、彼がこうした考えに従っていることは容易に見て取れる。Max Weber, WL, S. 203ff.、特にS. 205（富永・立野訳、一三七頁以下、特に一四一頁）を参照（この関連で重要な、リッカートの一次的歴史的個体と二次的歴史的個体の区別をヴェーバーは同様に受け継いでいるのだが、これについては触れないでおく）。このように、発展と進歩を同一視しないからといって、歴史家が発展段階について論じる資格がないというわけでは決してない。逆に、「歴史家は第一に過程をも必然的な統一性として把握できなければならないし、第二にそれを外部に対して区切るだけでなく、内部でもいくつかの段階に区別することができなければならない。つまり、歴史家は、本質的な部分として歴史の経過を構成する、展望可能な一連の段階を常に描かなければならないのである」。Rickert, *Grenzen*, S. 437（2. Auflage, S. 389f. におけるいくらか変更を加えた定式化も参照）。このように、古典的進化主義の誤りに陥ることなく発展や発展段階を論ずることができるのである。ただしこのことは、実践的評価と理論的価値関係が区別しうるという、リッカート（およびヴェーバー）の歴史的現実解明の理論が立脚する考えを前提にしている（この区別が可能であることはある価値理論を前提にしてはいるが、まだ特定の価値理論を前提にしているわけではない）。この発展史概念が普遍史概念に対して投げかける論理的問題については、リッカートはクーノー・フィッシャーの記念論集に寄稿した「歴史哲学」のなかで詳しく論じている。Heinrich Rickert, »Geschichtsphilosophie«, in: Wilhelm Windelband (Hg.), *Die Philosophie im Beginn des 20. Jahrhunderts. Festschrift für Kuno Fischer*, 2. Auflage, Heidelberg 1907（1. Auflage 1904）特に III（S. 396ff.）を参照。ヴェーバーはこれについて「第Ⅲ部に収録されている論文はすべてきわめて魅力的で刺激的です」とリッカートに書き送っている（一九〇七年一一月三日付け書簡）。私自身も拙著 *Die Entwicklung des okzidentalen Rationalismus. Eine Analyse von Max Webers Gesellschaftsgeschichte*, Tübingen 1979（『近代合理主義の成立』）のなかで、ヴェーバーのアプローチを古典的進化主義からも新進化主義的アプローチ——より発展論理的な出自のもの（ハーバーマス）であれ、より機能主義的な出自のもの（パーソンズ、ルーマン）であれ——からも同様に区別するために発展史概念を用いた。特にその序論と結論を参照（英語版では私は「社会史」を一切「発展史」に置き換えた。Wolfgang Schluchter, *The Rise of Western Rationalism. Max Weber's Developmental History*, Berkeley: University of California Press 1981, Translator's Note を参照）。ヴェーバーにとって歴史は諸事情の連鎖として生起するものだったのに、「フリードリヒ・テンブルック、ヴォルフガング・シュルフター、ユルゲン・ハーバーマスほどに相異なった精神の持ち主がヴェーバーの著作の中に進化論的要素を発見せずにはいられない」のは理解しがたいことだとヴィルヘルム・ヘニスは思っているが（Vgl. Hennis, *Max Webers Fragestellung*, S. 204［『マックス・ヴェーバーの問題設定』、二五〇頁］）、その際彼は、これらの異なった精神の持ち主たちの相違点を故意に無視しているばかりか、ヴェーバーが実際に発展理論をもっていたことをとりわけ無視している。これが古典的進化主義と同一でないこと（ヘニスが「発展の内的法則性と目的論的確定性」と不正確に表現したように）は、ほかでもない私がフリードリヒ・テンブルックに反論して証明した。だが、発展理論には古典的進化主義だけしかない（とヘニスは想定しているらしいが）わけではない。歴史が諸事情の連鎖として生起するからといって、歴史を目的論的に再構成しなければならない（リッカートの言う意味で！）というわけではないのである。発展が進歩を意味しないからといって、発展理論を放棄したことにはならない。ヘニスはこの問題やその他の体系的に困難な問題に関して論争《ポレーミク》以外にほとんど何も提供するものをもっていない。それはそうと、ヴェーバーにおいてあらゆる発展理論をこれほどはっきりと拒否していながら、いかにして彼の問題設定を「人間存在の発展（ママ）」に見出しうるのか、私には理解しがたい。Vgl. ebd., S. 8ff.（同訳書、七頁以下）.

　ところで、リッカートの歴史的発展の概念こそは、ある文化圏の普遍史を論じることを可能にするものであって、この普遍史はある価値観点のもとで本質的なすべての発展段階《シュトゥーフェン》を（また発展時期《シュターディエン》もしくは発展局面《ファーゼン》も）包括しなければならない。ヴェーバーは発展史、普遍史、発展段階あるいは発展局面といった概念を常にこのような仕方で用いており、その際彼にとって、発展理論も歴史的個体の個性を際立たせてそれを説明するために役立つのであって、「一般的発展図式」の構成に役立つものではなかった。なかでも»Agrarverhaltnisse«, S. 288（渡辺・弓削訳、五二一頁）を参照。ヴェーバーにおける普遍史の概念に関するヴォルフガング・J・モムゼンの最近の研究は、「普遍史の実質的理論」（形式的理論の対立物か？）、進化主義、目的論、新進化主義、新観念論（新唯物論の対立物か？）、はたまた世界史といった概念が定義もされずに無頓着に錯綜しているため（たとえば「『実質』合理性と『形式』合理性の二律背反の、目的論的ないし発展史的な傾向をもつ解決」という表現が出てくる）、私の見るところでは解明をもたらす以上に混乱を惹き起こしているけれども、ここではこの関連が顧慮されておらず、したがってヴェーバーのアプローチが誤って位置づけられている。Wolfgang

J. Mommsen, »Persönliche Lebensführung und gesellschaftlicher Wandel. Versuch einer Rekonstruktion des Begriffs der Geschichte bei Max Weber«, in: *Geschichte und politisches Handeln. Theodor Schieder zum Gedächtnis*, hg. von P. Alter, W. J. Mommsen und Th. Nipperdey, Stuttgart 1985, S. 261ff. および ders., »Max Webers Begriff der Universalgeschichte«, in: Jürgen Kocka (Hg.), *Max Weber, der Historiker*, Göttingen 1986, S. 51ff. を参照。引用箇所は S. 52 と S. 67.

(17) 私は「両義的」な表現を意識的に行なっている。というのは、ヴェーバーの『学問論集』が一貫して示すように、論理的‐形式的意義を実質的意義から区別しなければならないからである。文化概念や文化意義の概念、さらに発展概念においてもまさに（意味付与と意味の担い手！）、このことは明示されている。

(18) Max Weber, RS I, S. 12（大塚・生松訳、二三頁）での定式化を参照。

(19) ヴェーバーの著作が三つの時期に区分できることは、すでにいくつもの箇所で指摘しておいた。Wolfgang Schluchter, *Rationalismus der Weltbeherrschung*, S. 274（『現世支配の合理主義』、三一四頁）および *Religion und Lebensführung*, Kap. 1, 13 および 14（『マックス・ヴェーバーの研究戦略』、第I部、『ヴェーバーの再検討』、第Ⅳ章、第I章）を参照。一九一〇年頃に行なわれた二番目の質的変化が内容的な性質のものであるのに対し、一九〇二年にハインリヒ・リッカートの『限界』の第四章と第五章が刊行されたことと関連する最初の変化は方法論的なものである。ロッシャー論文以降、ヴェーバーは、経済史・現実主義的経済理論・精密的経済理論というカール・メンガーの区別をリッカートの助けを借りて文化科学的アプローチに転換した。このアプローチは概念構成と概念適用の二重化を要請するものである。

(20) 合理化の問題構成を適切に理解する上での音楽社会学の意義については、*Religion und Lebensführung*, Kap. 6A（本訳書、第二章A）を参照。

(21) Marianne Weber, *Lebensbild*, S. 349（『マックス・ウェーバー』I、二六四頁）.

(22) Max Weber, RS I, S. 4（大塚・生松訳、九頁）.

(23) Ebd., S. 12（同訳書、二四頁）（原典では「比較」だけが強調されている）.

(24) つまり、彼がフライブルクに招聘されて以来専門学科という意味で所属していた国民経済学という専門の外へという意味である。これについては Marianne Weber, *Lebensbild*, S. 349（『マックス・ウェーバー』Ⅰ、二六四頁）も参照。

(25) これについては *Religion und Lebensführung*, Kap. 4（部分訳前掲『ヴェーバーの再検討』、第Ⅲ章）を参照。

(26) Marianne Weber, *Lebensbild*, S. 346（『マックス・ウェーバー』Ⅰ、二六二頁）.

(27) したがってヴェーバーは自分の比較研究のことを非常に控えめに考えていた。彼はそれを包括的な文化分析とは決して見なさなかった。主要なテーマは問題設定の展開であって、すでに「古代農業事情」においてそうであった。たとえば »Agrarverhaltnisse«, S. 280（渡辺・弓削訳、五〇六頁）を参照。こうしたアプローチにおいてもまた図式化は完全に避けることはできない。同所を参照。

(28) これについてはとりわけ、Carl Heinrich Becker, *Islamstudien*, Leipzig 1924, Erster Band 中の特に Kap. 1, 2, 4, 9, 13, 14; Ignaz Goldziher, *Vorlesungen über den Islam*, Heidelberg 1910; Julius Wellhausen, *Reste arabischen Heidentums, gesammelt und erläutert*, Zweite Ausgabe, Berlin 1897; ders., *Das arabische Reich und sein Sturz*, Berlin 1902; Joseph Kohler, »Zum Islamrecht«, in: *Zeitschrift für vergleichende Rechtswissenschaft*, 17（1905）, S. 194ff.; Christian Snouck Hurgronje, *Mekka*, 1. Band, Den Haag 1888 を参照。ゴルトツィーハーとヴェルハウゼンの著作は今なお英訳されていて、たとえば Goldziher, *Vorlesungen* は一九八一年に英訳が出た。

(29) Max Weber, RS I, S. 237（大塚・生松訳、二二二頁）（すでにそれまでに一九一五年一〇月に出版された *Archiv für Sozialwissenschaft und Sozialpolitik*, 41［1916］に公表されたもの）.

(30) 現在では Johannes Winckelmann, *Max Webers hinterlassenes Hauptwerk: Die Wirtschaft und die gesellschaftlichen Ordnungen und Mächte*, Tübingen 1986, S. 36 にも引用されている。

(31) Vgl. ebd., S. 42.

(32) Max Weber, RS I, S. 237（大塚・生松訳、二二二頁）（すでにそれまでに一九一五年に『アルヒーフ』に出たもの）. 興味深いことに、ヴェーバーは一九二〇年に、その間に「序論」ととりわけ『儒教と道教』の最初の部分を改訂していたにもかかわらず、この指摘を最新の状況に合わせただけで削除しなかった。

(33) これについては *Religion und Lebensführung*, Kap. 14（『ヴェーバーの再検討』、第Ⅰ章）. それ以前にはすでに Friedrich H. Tenbruck, »Abschied von Wirtschaft und Gesellschaft«, in: *Zeitschrift für die gesamte Staatswissenschaft*, 133 (1977), S. 703ff.（住谷一彦他訳「『経済と社会』からの訣別」『マックス・ヴェーバーの業績』未來社、一九九七年）.

(34) 往復書簡からのこれに対応した示唆は現在ではヴィンケルマンの著書に見出せる。Vgl. Johannes Winckelmann, *Hauptwerk*, S. 42ff. テクストから引き出された作品史に関する私の推測はこれによって明確化できる。Vgl. *Religion und Lebensführung*, Kap. 6 und 7（本訳書、第二章、第三章）.

(35) Vgl. Max Weber, RS I, S. 237f.（大塚・生松訳、三三三頁）. ここでイスラムは儒教・ヒンドゥー教・仏教・キリスト教およびこれらとは一線を画されたユダヤ教とともに、論じられることになる宗教倫理として挙げられている。

(36) この自著広告は現在は Winckelmann, *Hauptwerk*, S. 45f. にも再録されている。

(37) Max Weber, RS III, S. 7（内田訳、上、一三一四頁）.

(38) Randall Collins, *Weberian Sociological Theory*, Kap. 2 による。『経済史』の編者がヴェーバーの既刊および未刊の著作を用いて隙間を埋めたこと——したがって『経済史』には著作中の他の箇所に見当たらないような考えもまったく現れない——を、コリンズは明らかにわかっていない。

(39) Vgl. *Religion und Lebensführung*, Kap. 13（『ヴェーバーの再検討』、第Ⅳ章）.

(40) Max Weber, WuG, S. 367（武藤・薗田訳、三〇四頁）.

(41) ヴェーバーがまだ書かれていない「宗教社会学を体系的に仕上げること」について述べている『宗教社会学論集』第一巻「序言」における定式化からもこのことは明らかである。同書 S. 15（大塚・生松訳、二八頁）を参照。

(42) Max Weber, WuG, S. 375（武藤・薗田訳、三二二頁）. さらにRS III, S. 7（内田訳、上、二三—四頁）.

(43) Max Weber, RS I, S. 1（大塚・生松訳、五頁）.

(44) これについてはMax Weber, *Wirtschaftsgeschichte*, S. 16（黒正・青山訳、上、五四頁）を参照。ところで、概念に関する序言は『経済史』の英訳では割愛されていて、そのため、相変わらず大勢いるドイツ語を読まないアメリカのヴェーバー研究者には知られていない。ただし、ヴェーバーは通例社会《ゲゼルシャフト》の概念を避けているので、その限りでこの表現は例外的である。

(45) 学問の発展についてヴェーバーがあちこちで述べた所見の意義については、とりわけベンジャミン・ネルソンとフリードリヒ・H・テンブルックがさまざまな論文のなかで注意を促している。中国の科学発展に関するヴェーバーの評価については、Wolfgang Schluchter (Hg.), *Max Webers Studie über Konfuzianismus und Taoismus*, S. 342ff. 所収のネイサン・シヴィンの論文がある。

(46) これについてはコリンズの試み——私は完全に成功しているとは思わないが——がある。Vgl. *Religion und Lebensführung*, Kap. 10（本訳書、第六章）.

(47) Vgl. Max Weber, *Wirtschaftsgeschichte*, S. 239（原典では強調されている）（黒正・青山訳、下、一二一頁）. さらに、WuG, S. 94（富永訳、四三六—七頁）およびRS I, S. 4-9（大塚・生松訳、九—一九頁）.

(48) Max Weber, *Wirtschaftsgeschichte*, S. 239（黒正・青山訳、下、一二〇頁）.

(49) Vgl. Max Weber, WuG, S. 139（世良訳『諸類型』、六三—四頁）. ここにはマルクスとの類似性がある。営利資本のカテゴリーはこれらの条件のもとでいわばなお「ノアの洪水以前の生活」を営んでいる。もちろん、だからといって近代の産業資本主義の成立に関するヴェーバーの説明が原始的蓄積に関するマルクスの説明と同じだというわけではない。

(50) Max Weber, *Wirtschaftsgeschichte*, S. 270（黒正・青山訳、下、一七二—三頁）.

（51）Vgl. Max Weber, RS I, S. 12（大塚・生松訳、二三頁）. ここではとりわけ内的な抵抗、妨害に焦点が合わされている。だが『経済と社会』では外的な抵抗、とりわけ一つの「構造」が他の構造に対して示す抵抗もまた絶えず問題になっている。たとえば、支配社会学の新稿における政治的支配と経済の関係の規定を参照。

（52）プロテスタンティズム研究にはまだ教会制度の分析は含まれていない。これへの最初の接近を示したのは一九〇六年のゼクテ論文である。これを周知のようにヴェーバーは『宗教社会学論集』第一巻のために改訂・推敲し、一二八ページに挿入した文章によって同様に改訂されたプロテスタンティズム研究と対応づけた（「別様の信仰の基礎づけにもかかわらず同様の禁欲的帰結が現れた場合には、それは通例教会制度の結果であって、これについては別の関連で論じることにする」。ゼクテ論文への参照指示がこれに続いている）。したがって内的‐外的の関係——私見ではカント的背景をもつものだが——はまず領域を特定したうえで分析しなければならない。動機と制度の関係についてはWL, S. 188f.（富永・立野訳、一〇七—一〇頁）での有益なコメントを見よ。

（53）前資本主義的という概念はとりわけ『経済史』で用いられている。引用箇所はRS I, S. 12（大塚・生松訳、二三頁）.

（54）ヴェーバーは客観性論文で次のように定義している。「我々の考察にとって『目的』とはある行為の原因となるような、結果の表象である」。Vgl. WL, S. 183（富永・立野訳、九八頁）. これはまったくカントの「精神」に則った定義である。さらにヴェーバーは目的と価値、処世術の規則と道徳規範、目的格率と規範格率、期待指向と価値指向を、すでにシュタムラー論文の中で、つまり彼の行為理論の彫琢の開始期に書かれたテクストの中で、区別している。これによって彼は、まったく歴史化されたカントの意味において、目的合理性と価値合理性という後の区別に向かう方向を定めたのである。これについて詳しくは *Religion und Lebensführung*, Kap. 3（『信念倫理と責任倫理』）を参照。ヴェーバーが行為理論において経済理論の功利主義を克服しえたのはこのカント的背景のおかげなのだが、その意義を私見ではユルゲン・ハーバーマスもグレゴール・シェルゲンも見誤っている。両者ともヴェーバーの行為理論を成果指向ないし労働に還元して、彼が了解指向を成果指向に、生産を実践に同化したとして非難している。もしヴェーバーが経済学的行為理論の枠組の中にとどまっていたならば、これは正しいだろう。だが彼はこの枠組を遅くとも第二期への移行に際して打ち破っていたのである。まさに「プロテスタンティズムの倫理」が、宗教史的分析を例にとってこの「破砕」の研究戦略上の帰結を実証している。これは、心情――経済心情でさえも――の成立が功利主義的行為理論の枠内では把握できないことを主張した唯一の著作である。ヴェーバーの行為概念が狭すぎるとの批判としては、Jürgen Habermas, *Theorie des kommunikativen Handelns*, 2 Bände, Frankfurt 1981、特に »Erste Zwischenbetrachtung«（『コミュニケイション的行為の理論』中、「第一中間考察」）および Gregor Schöllgen, *Handlungsfreiheit und Zweckrationalität. Max Weber und die Tradition der praktischen Philosophie*, Tübingen 1985、たとえば S. 41, 108ff. を参照。ヴェーバーの非功利主義的行為理論の初期の萌芽としては、WL, S. 328ff. 特に S. 334ff.（松井訳『克服』、一四一頁以下、特に一四八頁以下）を参照。

(55) ヴェーバーの人格《ペルゼーンリッヒカイト》概念と密接に関連しているこの概念については、*Religion und Lebensführung*, Kap. 3 und 4（『信念倫理と責任倫理』、『ヴェーバーの再検討』、第Ⅲ章）.

(56) Vgl. ebd., Kap. 6A（本訳書、第二章A）.

(57) Max Weber, RS I, S. 15（大塚・生松訳、二八頁）.

(58) Ebd., S. 82（大塚訳、一三四頁）.

(59) *Archiv*, XX (1905), S. 53.

(60) RS I, S. 37（大塚訳、五一―二頁）.

(61) Ebd., S. 38（同訳書、五二―三頁）. ヴェーバーはこのことをすでに東エルベの農業労働者に関する研究のなかで示そうとした。

(62) Ebd., S. 40, Fn.（同訳書、六〇頁）（ゾンバルトとブレンターノの異論に対して元来の立場を明確化するために一九二〇年に挿入された章句）.

(63) Ebd. S. 111, Fn.（同訳書、一九三頁）（一九二〇年の挿入章句）. おそらくヴェーバーはこの概念を、新カント派の著作に繰り返し登場する「問題の錯綜」とのアナロジーで構成したのであろう。

(64) Ebd. S. 111f., Fn. 4（同訳書、一九二―四頁、注(2)）（この章句では決定的な点は旧稿のままである）.

(65) Ebd. S. 124f.（同訳書、二二六―七頁）.

(66) Ebd. S. 114（同訳書、一九六―七頁）.

(67) これについてはMax Weber, PE II, S. 317. このことは資料の選択に対して興味深い結果をもたらした。必要になるのは第一に教義上の係留点を示しうる資料であり、第二に信徒の心理的問題を明らかにしうる手がかりになる資料である。ヴェーバーが両方の種類の資料を用いたのは「プロテスタンティズムの倫理」においてのみである。これに対し、他の文化宗教については、彼は概してそれらの教義上の係留点を証明することに甘んじた。

(68) Max Weber, RS I, S. 252（大塚・生松訳、五八頁）.

(69) Ebd. S. 125（大塚訳、二二六―七頁）.

(70) Max Weber, WuG, S. 348（武藤・薗田訳、二五八頁）.

(71) Max Weber, RS I, S. 110（大塚訳、一八五頁）（一九二〇年の挿入章句）.

(72) Ebd., S. 105（大塚訳、一七八頁）.

(73) Max Weber, WuG, S. 348（武藤・薗田訳、二五八頁）.

(74) Max Weber, RS I, S. 101（大塚訳、一六六頁）.

(75) これらの利害関心についてはMax Weber, *Wirtschaftsgeschichte*, S. 16（黒正・青山訳、上、五五頁）を参照。彼はここで経済的・呪術的・宗教的・政治的・身分的な利害関心を区別している。これらは物質的および観念的な利害関心を内的および外的な利害関心と組み合わせることによって展開できる。なおそこからは、経済的生活秩序・宗教的生活秩序・政治的‐法的生活秩序・社会的生活秩序といった最も重要な文化諸領域も生じてくる。*Die Entwicklung des okzidentalen Rationalismus*, S. 43f.（『近代合理主義の成立』、四七―八頁）における私の体系化の試み——今日ではいくらか違った表現をするだろうが——を参照。すでに Wolfgang Schluchter, »Gesellschaft und Kultur – Überlegungen zu einer Theorie institutioneller Differenzierung«, in: ders. (Hg.), *Verhalten, Handeln und System. Talcott Parsons' Beitrag zur Entwicklung der Sozialwissenschaften*, Frankfurt 1980, S. 106ff.（改訂版は *Rationalism, Religion, and Domination. A Weberian Perspective*, Berkeley: University of California Press 1989, Kap. 2、さらに *Religion und Lebensführung*, Kap. 2［『マックス・ヴェーバーの研究戦略』、第Ⅱ部］）において修正を行なった。

（76）なお、いわゆるプロテスタンティズム・テーゼを予定説に結びつけることがいかに馬鹿げているかは、これでわかる。コリンズはその一例である。

（77）Max Weber, WuG, S. 346（武藤・薗田訳、二五三頁）.

（78）Ebd., S. 314（同訳書、一七七頁）.

（79）Ebd., S. 315（同訳書、一七八頁）.

（80）Ebd., S. 273（同訳書、七七頁）. 別の箇所で私は、ムハンマドを倫理預言者というより倫理的救世主であると規定するよう提案した。これはヴェーバーの分類とは異なる。Vgl. *Religion und Lebensführung*, Kap. 6B（本訳書、第二章B）. キリスト教と同様、イスラムももともとは個人カリスマ的運動であって、そのことがイスラムの場合は政治的性格によってさらに強められたという事情によって私の提案は正当化される。この点については後段でさらに論じる。

（81）Max Weber, RS I, S. 94（大塚訳、一五七頁）.

（82）Max Weber, WuG, S. 317（武藤・薗田訳、一八四—五頁）.

（83）Ebd., S. 375（同訳書、三三二頁）.

（84）F. Ulrich, *Die Vorherbestimmungslehre im Islam und Christentum. Eine religionsgeschichtliche Parallele*, Gütersloh 1912. これに対するヴェーバーの言及は RS I, S. 102f., Fn. 2 および S. 128, Fn.（大塚訳、一七四—七頁、

注(2)、二二三頁、注(4)にあり、いずれも一九二〇年の挿入章句である。ヴェーバーがこの学位論文を『経済と社会』第一稿の執筆時にすでに知っていたかどうかは不明である。ともかくS. 346ff. での論証によってはこのことを否定できない。イスラムにおける予定思想については、*Max Webers Sicht des Islams*, S. 217ff. 所収のルドルフ・ペータースの論考も参照。

(85) Max Weber, RS I, S. 92, Fn. 1（大塚訳、一五五頁、注(3)）.

(86) F. Ulrich, *Die Vorherbestimmungslehre*, S. 57.

(87) Ebd., S. 67f.

(88) Max Weber, WuG, S. 375（武藤・薗田訳、三二四頁）.

(89) F. Ulrich, *Die Vorherbestimmungslehre*, S. 14.

(90) Max Weber, WuG, S. 347（武藤・薗田訳、二五五頁）.

(91) Ebd., S. 346（同訳書、二五四頁）.

(92) ヴェーバーはこのことの原因を、平信徒カトリシズムについては告解制度に、ルター派については宗教の感情的傾向に求めている。

(93) Vgl. F. Ulrich, *Die Vorherbestimmungslehre*, S. 126ff.

(94) Max Weber, WuG, S. 346（同訳書、二五五頁）.

(95) Ebd., S. 347（同訳書、二五六頁）.

(96) Vgl. F. Ulrich, *Die Vorherbestimmungslehre*, S. 47. イスラムの未来像の乏しさについてはとりわけ John A. Hall, *Powers and Liberties. The Causes and Consequences of the Rise of the West*, Berkeley: University of California Press 1985, S. 84. ただし、本書のヴェーバーに関するコメントは、著者が彼のアプローチについてきわめて限られた理解しかしていないことを反映している。イスラムの信仰の基礎については一般的に Bassam Tibi, *Der Islam und das Problem der kulturellen Bewältigung des sozialen Wandels*, Frankfurt 1985、特に Kap. I und II.

(97) Max Weber, WuG, S. 347（武藤・薗田訳、二五六頁）.
(98) Max Weber, RS I, S. 102f., Fn. 2（大塚訳、一七四―七頁、注(2)）.
(99) Max Weber, WuG, S. 347（武藤・薗田訳、二五七頁）.
(100) この意味でヴェーバーは実際、ユダヤ教と禁欲的プロテスタンティズムだけを成功した反呪術的宗教と見なしている。イスラムの改革運動もまた明らかに呪術的民衆慣行の廃絶から刺激を受けていた。*Max Webers Sicht des Islams*, S. 242ff. 所収のバーバラ・メトカルフ（Barbara Metcalf）の論考を参照。
(101) Max Weber, WuG, S. 347（武藤・薗田訳、二五五―七頁）.
(102) Ebd., S. 375（同訳書、三二一―三頁）.
(103) Ebd., S. 288（同訳書、一一三頁）.
(104) Ebd., S. 376（同訳書、三二六―七頁）.
(105) Max Weber, RS I, S. 240（大塚・生松訳、三七頁）.
(106) インドの文化諸宗教の分析が示すように、持続的な現世拒否が現世支配に至るとはもちろん限らない。ヴェーバーの見解では、とりわけ確証思想の欠如と第一の決定的担い手層とがイスラムを能動的・世俗内的・政治的行為へと駆り立て、それによってイスラムを現世適応への傾向のある「政治的」宗教にしたのである。これについてはRS II, S. 220f.（深沢訳、二八五―六頁）を参照。ここではイスラムは儒教とともに、現世逃避へと至るラディカルな現世拒否的救済宗教としての仏教に対置されている。ただし、ヴェーバーの見解は初期イスラムに関してだけでもすでに単純化されすぎている。*Max Webers Sicht des Islams*, S. 125ff. およびS. 347ff. 所収のアイラ・ラピダスとネヘミア・レヴツィオン（Nehemia Levtsion）の論考を参照。
(107) Max Weber, WuG, S. 347（武藤・薗田訳、二五五―七頁）.
(108) たとえばJohn A. Hall, *Powers and Liberties*, S. 85ff.、特にS. 96、さらにErnest Gellner, *Leben im Islam. Religion als Gesellschaftsordnung*, Stuttgart 1985（宮治美江子他訳『イスラム社会』紀伊國屋書店、一九九一年）

を参照。

(109) Max Weber, RS I, S. 125（大塚訳、二一八頁）.

(110) Ebd., S. 12（大塚・生松訳、一二三頁）.

(111) したがってたとえば社会的名誉はきわめて観念的な利害関心を代表する。注（75）も参照。

(112) 標準化は『経済と社会』の第一稿——正確に言えば「その他の社会的諸秩序および諸力との関係における経済秩序および経済的諸力」——に従うべきである。これについては *Religion und Lebensführung*, Kap. 14（『ヴェーバーの再検討』、第Ⅰ章）を参照。

(113) 動因（Antrieb）と誘因（Anreiz）を区別する必要に注意を喚起したのはラインハルト・ベンディクスである。概念装置全体が転換されたカントの遺産を反映している。

(114) ヴィルヘルム・ヘニスを駆り立てている、人格が生活秩序の前に置かれるべきか生活秩序が人格の前に置かれるべきかという問題を、私が真面目にとりにくいのはこのためである。その際プライオリティ関係から出発するならば、この問題は当然生じざるをえない。しかし、ヴェーバーも現代社会学もそうはしない。問題なのはむしろ相関関係であって、ヴェーバーによって一九一七年秋にラウエンシュタイン城で行なわれた講演の題が、マリアンネ・ヴェーバーが報告しているように「人格と生活諸秩序」であったか、それとも参加者のひとりフェルディナント・テンニースが一九一七年九月二九日に手帳に書いたように「生活諸秩序と人格」であったかということは、したがって原理的にどうでもよいことなのだ。ヴェーバーのアプローチ全体がある価値理論に結びついた単に経験的な人格理論に立脚したものではないことは否定できない。このことは遅くともディーター・ヘンリッヒの学位論文以来知られているし、それ以前にもすでにカール・レーヴィットのヴェーバーとマルクスに関する論文から推測できる。しかし、ヴェーバー「社会学」、特に宗教社会学にとって、人格と生活秩序は相関関係にある。技術的な言い方をすれば、相関関係は+1から-1までのあらゆる価を取りうる（促進・無関係・妨害）。ヘニスは『マックス・ヴェーバー全集』の最初に出た巻（ヴォルフガング・J・モムゼン編、協力者ガンゴルフ・ヒュービンガーによる第I部第一五巻）の書評の中で次のように書いた。「まさしくゲーテとニーチェによってその言語をきわめて深く刻印されたヴェーバーの世代にとって『人格』という言葉がどれほどの重みをもっていたかを知る者は、ヴェーバーが事柄を逆に扱いうるなどとはおよそ想像もできないだろう。しかし現代の社会学者はそう想像できるだけではない、そうせざるをえないのだ。優勢な種類の社会学にとって、『人間』に対する優先権を『生活諸秩序』（普通の言い方では『社会』）に与えることはほとんど死活問題のようなものなのである。あらゆるヴェーバー解釈の決定的問題は、これがヴェーバー『社会学』にも該当するかどうかということでしかありえない」と。もちろんこれはヴェーバー『社会学』には該当しないのだが、かといって逆のことが当てはまるわけでもない（ところでこれは言葉の問題なのかそれとも理論的問題なのか。また、ここでなぜよりによって歴史家モムゼンが現代社会学的な意味での操作をしたと想定されているのか？）。引用文については、Wilhelm Hennis, »Im langen Schatten einer Edition. Zum ersten Band der Max Weber-Gesamtausgabe«, in: *FAZ*, Nr. 207, 1984, S. 10. 人格理論の哲学的側面——私見ではこれもまたカントを背景にして読まねばならないのだが——については、Dieter Henrich, *Die Einheit der Wissenschaftslehre Max Webers*, Tübingen 1952、特に »II. Die Grundlagen der Ethik«. また、ヴェーバー（およびマルクス）における人間の「哲学的」理念については、Karl Löwith, »Max Weber und Karl Marx«, in: ders., *Gesammelte Abhandlungen. Zur Kritik der geschichtlichen Existenz*, Stuttgart 1960, S. 1ff. 特に S. 30ff. および S. 65f.（柴田治三郎他訳『ウェーバーとマルクス』未來社、一九六六年、特に六〇頁以下、一一三―五頁）. この点について詳しくは *Religion und Lebensführung*, Kap. 3 und 4（『信念倫理と責任倫理』、『ヴェーバーの再検討』、第Ⅲ章）. Wilhelm Hennis, *Max Webers Fragestellungen*, S. 59ff.（『マックス・ヴェーバーの問題設定』、七〇頁以下、「マックス・ヴェーバーのテーマ」）も、誤った出発点を度外視し、かつ論争的な響き——これは本書がそのほかに既成の解釈を不必要に力説しているということから明らかに注意をそらそうとするものだ——を消し去るなら、興味深いものである。

(115)『経済と社会』第二稿の「社会学の基礎概念」が明らかにすでに印刷中だった段階の一九二〇年四月二六日に、

ヴェーバーはリッカート宛てに、（四つの意味指向を伴う）主観的に思われた意味という基礎概念と（その妥当の観念を伴う）秩序という基礎概念からほとんどすべてを展開できると書き送っている。つまり彼は、自分の社会学を、理論的価値関係と実践的評価の区別に基づいた行為と秩序の理論として定義づけていたのである。これらの「基礎概念」の公刊された版が示すように、彼は実際には理論的価値関係の構想に固執していた。Vgl. WuG, S. 8（清水訳、二九頁）.

(116) このことは特に英米系の議論ではしばしば見過ごされている。注12を参照。

(117) Max Weber, RS I, S. 205f.（大塚訳、三六九頁）.

(118) Ebd., S. 128（同訳書、二三三頁）.

(119) Ebd., S. 207ff.（中村訳）.

(120) Ebd., S. 121（大塚訳、二〇八頁）.

(121) Ebd., S. 234（中村訳、一一二頁）.

(122) Ebd., S. 128（大塚訳、二三三頁）.

(123) Max Weber, WuG, S. 268（武藤・薗田訳、六二頁）.

(124) Ebd., S. 730（世良訳『支配』Ⅱ、六四五頁）および RS I, S. 233ff.（中村訳、一一一頁以下）.

(125) Max Weber, WuG, S. 708（世良訳『支配』Ⅱ、五六八頁）.

(126) Max Weber, RS I, S. 538（大塚・生松訳、一〇三頁）.

(127) Patricia Crone, *Slaves on Horses. The Evolution of the Islamic Polity*, Cambridge: Cambridge University Press 1980, S. 62.

(128) Max Weber, WuG, S. 348（武藤・薗田訳、二五八頁）. ヴェーバーは民主制の構造原理とゼクテのそれとの選択的親和性および禁欲的プロテスタンティズムのゼクテが他者の良心の自由も含んだ良心の自由という概念の形成に果たした貢献を指摘している。Ebd., S. 732ff.（世良訳『支配』Ⅱ、六五二―六頁）.

(129) Ignaz Goldziher, *Vorlesungen*、特に »1. Muhammed und der Islam«、さらに Max Weber, WuG, S. 375（武藤・薗田訳、三三二頁）を参照。

(130) これについては Patricia Crone, *Slaves on Horses*, S. 13f.

(131) Carl Heinrich Becker, *Islamstudien*, S. 353.

(132) Patricia Crone, *Slaves on Horses*, S. 8.

(133) Ebd., S. 10.

(134) Ebd., S. 15.

(135) Julius Wellhausen, *Das arabische Reich*, S. 5.

(136) Julius Wellhausen, *Reste arabischen Heidentums*, S. 92ff.

(137) Julius Wellhausen, *Das arabische Reich*, S. 2.

(138) W. Montgomery Watt, *Muhammad: Prophet and Statesman*, Oxford: Oxford University Press, 1964, S. 96（牧野信也他訳『ムハンマド』みすず書房、一九七〇年、一一二頁）.

(139) Julius Wellhausen, *Das arabische Reich*, S. 9.

(140) Max Weber, WuG, S. 754（世良訳『都市』、九一頁）.

(141) Julius Wellhausen, *Das arabische Reich*, S. 9.

(142) Ebd., S. 12 および Carl Heinrich Becker, *Islamstudien*, S. 347 を参照。

(143) このことはもちろん、これが一種の退行であったかのように理解してはならない。これについては *Max Webers Sicht des Islams*, S. 142ff. のネヘミア・レヴツィオンの論考を参照。この論文では、イスラムがアラブ的一神教を表現していたため当初はまったく個別主義的であって、アッバース朝のもとで初めて普遍主義へとさらなる発展をとげ、そのことが主としてイスラムの拡散の成功に寄与したことが示されている。

(144) Vgl. Julius Wellhausen, *Reste arabischen Heidentums*, S. 101ff.

(145) 家族は祭祀機能を委ねられていたとされる。
(146) これについては Julius Wellhausen, *Reste arabischen Heidentums*, S. 68ff.
(147) これら両概念は、準拠社会という言葉を用いるラインハルト・ベンディクスに依拠して私が構成したものである。彼の著書、*Könige oder Volk. Machtausübung und Herrschaftsmandat*, Zwei Teile, Frankfurt 1980 特に Zweiter Teil, S. 75ff. を参照。
(148) Carl Heinrich Becker, *Islamstudien*, S. 343 und 347.
(149) イスラムはこの創始を復興し、それがユダヤ教やキリスト教において被っていた逸脱を同時に一掃したとされている。
(150) John A. Hall, *Powers and Liberties*, S. 85 による。
(151) Max Weber, WuG, S. 681f.（世良訳『支配』Ⅱ、四七〇頁）.
(152) Ebd., S. 289（武藤・薗田訳、一一五頁）.
(153) Ebd., S. 708 und 289（世良訳『支配』Ⅱ、五六七頁、武藤・薗田訳、一一五—六頁）.
(154) Ebd., S. 289（武藤・薗田訳、一一六頁）. なお、この定式化からヴェーバーはイスラムがもっぱら戦士宗教であったとは主張していないことが推論できる。戦士以外の担い手層が前面に出てくるに従って、事情によっては救済宗教的な要素も再び前面に現れた。実際ヴェーバーはイスラムの現世関係に関しても一義的な整理を行なっていない。Vgl. Tabelle 2 in *Religion und Lebensführung*, Kap. 6A（本訳書、第二章、表2）.
(155) この点について詳しくは Wolfgang Schluchter, *Die Entwicklung des okzidentalen Rationalismus*, S. 122ff.、特に S. 176ff.（『近代合理主義の成立』、一一八頁以下、特に一七二頁以下）を参照。
(156) Max Weber, WuG, S. 595（世良訳『支配』Ⅰ、一六七頁）. ヴェーバーはここで明らかに、八三二年を転換点とするベッカーに従っている。
(157) 本章の冒頭に掲げた引用文を参照。さらに、WuG, S. 131, 138, 151（世良訳『諸類型』、三八頁、六〇—二頁、一二〇頁）での定式化を参照。イスラムの家産制については、*Max Webers Sicht des Islams* 所収のマクシム・ロダンソン（Maxime Rodinson）、ピーター・ハーディ（Peter Hardy）、リチャード・M・イートン（Richard M. Eaton）、シュムエル・N・アイゼンシュタットの論考も参照。

(158) たとえば WuG, S. 598（世良訳『支配』I、一七四頁）や S. 635（世良訳『支配』II、二九三頁）を参照。

(159) Ebd., S. 632（世良訳『支配』I、二八五頁）.

(160) Ebd., S. 642（同訳書、三三四頁）.

(161) Ebd., S. 151 und 133f.（世良訳『諸類型』、一二〇頁、四六—七頁）. これは、伝統の拘束から完全に自由になることが実際上起こりえないためである。

(162) Ebd., S. 635f.（世良訳『支配』I、二九四頁、三〇四頁）.

(163) Ebd., S. 638（同訳書、三八七頁）.

(164) Ebd.（同訳書、三八八頁）.

(165) Ebd., S. 659（同訳書、三八九—九〇頁）.

(166) これについては、*Religion und Lebensführung*, Kap. 10（本訳書、第六章）および Wolfgang Schluchter (Hg.), *Max Webers Sicht des okzidentalen Christentums. Interpretation und Kritik*, Frankfurt 1988、特にジャンフランコ・ポッジ（Gianfranco Poggi）とシュテファン・ブロイアーの論考。これ以前にすでに Wolfgang Schluchter, *Die Entwicklung des okzidentalen Rationalismus*, S. 204ff.、特に S. 221ff.（『近代合理主義の成立』、一九七頁以下、特に二一五頁以下）. ヴェーバーの著作としては WuG, S. 619ff.、特に S. 621（世良訳『支配』I、二四六頁以下、特に二五〇—二頁）を参照。

(167) Ebd., S. 480f.（世良訳『法』、四二三—七頁）.

(168) パトリシア・クローン（Patricia Crone）前掲書の題による。

(169) クローンの本のほかに、Daniel Pipes, *Slave Soldiers and Islam. The Genesis of a Military System*, New Haven

and London: Yale University Press 1981 を参照。

(170) Vgl. ebd., S. XXIII.

(171) Max Weber, WuG, S. 595（世良訳『支配』Ⅰ、一六七頁）.

(172) Ebd., S. 621（同訳書、二五〇頁）.

(173) Carl Heinrich Becker, *Islamstudien*、特にS. 243を参照。

(174) Max Weber, WuG, S. 595（世良訳『支配』Ⅰ、一六八―九頁）.

(175) Ebd., S. 652（世良訳『支配』Ⅱ、三六七頁）.

(176) Max Weber, »Agrarstatistische und sozialpolitische Betrachtungen zur Fideikomißfrage in Preußen«, in: SS, S. 323ff.、特にⅢ、ならびに私の研究 »Der autoritär verfaßte Kapitalismus. Max Webers Kritik am Kaiserreich«, in: *Rationalismus der Weltbeherrschung*, S. 134ff.、特にS. 159ff.（『現世支配の合理主義』、二六三頁以下、特に二九三頁以下）. ヴェーバーはこの制度がイスラム起源でありスペインを経てヨーロッパに到達したという推測さえ表明している。

(177) Carl Heinrich Becker, *Islamstudien*, S. 240（原文では強調されている）.

(178) Ebd., S. 658（世良訳『支配』Ⅱ、三八八頁）.

(179) Carl Heinrich Becker, *Islamstudien*, S. 236.

(180) ヴェーバーは少年兵徴募の制度をもったオスマン帝国に言及している。Vgl. WuG, S. 596（世良訳『支配』Ⅰ、一六九頁）. これについてはまた Perry Anderson, *Die Entstehung des absolutistischen Staates*, Frankfurt 1979, Kap. 7.

(181) Max Weber, WuG, S. 638（世良訳『支配』Ⅱ、三〇八頁）. ヴェーバーは支配の社会学の旧稿ではプレベンデ的・従士制的・レーエン的封建制をまだ区別していて、レーエン封建制を西洋に限定している。

(182) Ebd., S. 651（同訳書、三六五頁）.

(183) Max Weber, *Wirtschaftsgeschichte*, S. 239（黒正・青山訳、下、二二〇頁）.

(184) 家計原理と営利原理の区別およびこれと関連する経済社会学的基礎概念については、*Rationalismus der Weltbeherrschung*, S. 136ff.（『現世支配の合理主義』、二六六頁以下）での私の試みを参照。改訂版は *Rationalism, Religion, and Domination*, Kap. 9.

(185) Vgl. Max Weber, WuG, S. 658ff. und 661（世良訳『支配』II、三八七頁以下、三九四頁）.

(186) Ebd., S. 138 und 151（世良訳『諸類型』、六一頁、一一一—一二頁）.

(187) Ebd., S. 139（世良訳『諸類型』、六四頁）.

(188) これについてはまた John A. Hall, *Powers and Liberties*, S. 97.

(189) Max Weber, WuG, S. 747（世良訳『都市』、四九頁）.

(190) *Religion und Lebensführung*, Kap. 10（本訳書、第六章）、さらにチョン・ソンウ（Song-U Chon）の優れた学位論文、*Max Webers Stadtkonzeption. Eine Studie zur Entwicklung des okzidentalen Bürgertums*, Göttingen 1985を参照されたい。さらなる文献も含んでいる Klaus Schreiner, »Die mittelalterliche Stadt in Webers Analyse und die Deutung des okzidentalen Rationalismus«, in: Jürgen Kocka（Hg.）, *Max Weber, der Historiker*, S. 119ff. も参照。

(191) Max Weber, WuG, S. 740（世良訳『都市』、二五頁）.

(192) Ebd., S. 812（同訳書、三一五頁）.

(193) Ebd., S. 819（同訳書、三三八頁）. ヴェーバーが言及しているのはディオニュシオス治下のシチリア帝国、アッティカ同盟、カルタゴ帝国およびローマ＝イタリア帝国である。

(194) Ebd., S. 750（同訳書、七五頁）.

(195) ヴェーバーは第一にイタリアのポポロ、そしておそらくはケルンのことも考えていた。

(196) これについてはウィーンでのヴェーバーの国家社会学の講義も参照。一九一七年一〇月二六日付の *Neue Freie*

Presse, S. 10（Nr. 19102）にその報告があり、これによると、ヴェーバーは（伝統的・合理的‐合法的・カリスマ的な正当性思想と並ぶ）第四の正当性思想は民主制的なものであって、その「特殊な担い手は西洋都市という社会学的構成体」であると詳述した。

(197) Max Weber, WuG, S. 804（世良訳『都市』、二八八頁）.

(198) 特に含蓄の深い箇所はRS II, S. 39f.（深沢訳、四九頁）である。

(199) ヴェーバーは「都市の空気は自由にする」という文言への参照を求めている。これについてはとりわけ、Heinrich Mitteis, »Über den Rechtsgrund des Satzes ›Stadtluft macht frei‹«, in: Carl Haase（Hg.）, *Die Stadt des Mittelalters*, 3 Bände, Zweiter Band, Darmstadt 1976, S. 182ff. この論文は特に古代の奴隷と中世の非自由民の法的地位の違いを指摘しており、また主人のいない奴隷という観念がドイツ法には実行不可能な観念だったことも指摘している。Ebd., S. 193f. したがって農村には段階的な自由も存在したわけである。

(200) Vgl. Christian Snouck Hurgronje, *Mekka*, 1. Band: *Die Stadt und ihre Herren*, Den Haag 1888 und Max Weber, WuG, S. 747f.（世良訳『都市』、四九―五二頁）.

(201) Ebd., S. 747（同訳書、五〇頁）.

(202) Ebd., S. 595（世良訳『支配』I、一六七頁）.

(203) Ebd., S. 812（世良訳『都市』、三一四頁）.

(204) Ebd., S. 758（同訳書、一一八頁）.

(205) これについてはWuG, S. 661（世良訳『支配』II、三九四頁）と関連づけてRS I, S. 3（大塚・生松訳、九頁）を参照。

(206) Ebd., S. 480（世良訳『法』、四二三頁）.

(207) Ebd., S. 139（世良訳『諸類型』、六四頁）と関連づけてS. 151（同訳書、一一一頁）.

(208) Max Weber, RS I, S. 3（大塚・生松訳、八頁）.

(209) ヴェーバーから教育・教養の社会学を読み取ろうとする試みとして、Volker Lenhart, »Allgemeine und fachliche Bildung bei Max Weber«, in: *Zeitschrift für Pädagogik*, 32 (1986), S. 529ff.

(210) Max Weber, WuG, S. 480（世良訳『法』、四二三頁）.

(211) Ebd., S. 459（同訳書、三三六頁）.

(212) Ebd., S. 475（同訳書、四〇〇頁）.

(213) Ebd., S. 460（同訳書、三三九頁）.

(214) Ebd., S. 474（同訳書、三九九頁）、より一般的にはS. 460（同訳書、三三七頁）.

(215) Ebd., S. 475（同訳書、四〇一頁）.

(216) Ebd., S. 475f.（同訳書、四〇一―三頁）. ヒヤル文献と、慣習法とシャリーアの相互適応にとってのその意義については、Joseph Schacht, »Zur soziologischen Betrachtung des islamischen Rechts«, in: *Der Islam*, 22 (1935), S. 207ff. 特にS. 218. 私はヴェーバーの叙述を部分的に訂正するためにシャハトを利用している。

(217) Max Weber, WuG, S. 474（世良訳『法』、三九八頁）.

(218) これについてはJohn A. Hall, *Powers and Liberties*, S. 88. これは一般的にウレマと政治的支配の対立を中心に据えている。この問題については*Max Webers Sicht des Islams*, S. 180ff. およびS. 272ff. のロダンソンとゲルナーの論考も見よ。

(219) これについてはJoseph Schacht, »Islamisches Recht«, S. 222およびMax Weber, WuG, S. 476（世良訳『法』、四〇二頁）. シャハトは属人《ペルソナール》原理（ムスリム）と属地《テリトリアール》原理（イスラム国家）の組み合わせについて論じている。

(220) Max Weber, WuG, S. 476（世良訳『法』、四〇二頁）.

(221) Ebd., S. 477（同訳書、四〇八頁）. 法内在的諸関係と法超越的諸関係の区別、および法内在的諸関係内部の領域区分はヴェーバーの法社会学にとって中心的なものであり、形式的《フォルマール》と形式上《フォルメル》、実質的《マテリアール》と実質上《マテリエル》の区別も同様である。このことを顧慮しなければ、ヴェーバーの法社会学は実際に「理解不可能な」テクストになってしまう。これは *Max Webers Sicht des Islams* 所収のパトリシア・クローンの論考を見ればわかる。これについてはさらに後述する。これらの区別を考慮した上で私は法社会学の分析を *Die Entwicklung des okzidentalen Rationalismus*, S. 122ff.（『近代合理主義の成立』、一一八頁以下）において試みた。この関連で興味深いのはS. Breuer/H. Treiber（Hg.）, *Zur Rechtssoziologie Max Webers. Interpretation, Kritik, Weiterentwicklung*, Opladen 1984である。

（222）これについてはMax Weber, WuG, S. 665（世良訳『支配』Ⅱ、四〇八—九頁）. ここでは神政政治的カーディ裁判だけが論じられている。シャハトは細分化の必要性を指摘している。周知のようにヴェーバーにとってカーディ裁判はイスラムに限定された概念ではなかった。

（223）Max Weber, WuG, S. 476（世良訳『法』、四〇四頁）.

（224）Joseph Schacht, »Islamisches Recht«, S. 222.

（225）Max Weber, WuG, S. 480（世良訳『法』、四二三頁）.

（226）Ebd.（同訳書、四二三—四頁）.

（227）Ebd., S. 460（同訳書、三三九頁）.

（228）Ebd., S. 461（同訳書、三四四—五頁）.

（229）J. Schacht, »Islamisches Recht«, S. 236. パトリシア・クローンは、合理的資本主義の発展にとって重要なそうした法制度がイスラムにおいて現れなかったのは、それらが単に忘れられていたからだと述べているが、私はこれは特に説得力のある論拠だとは思わない。*Max Webers Sicht des Islams*, S. 294ff. の彼女の論考を参照。

（230）Max Weber, WuG, S. 349（武藤・薗田訳、二六〇頁）. つまりキリスト教とイスラムの間には暴利の扱いに関して平行現象があるわけである。これに関してある宗教がとる態度はそれ自体としては些細なものである。そうした態度が興味深いのは、いかなる伝統的宗教倫理にも何らかの形で現れる、対内道徳と対外道徳の二元論の存在を示す指標としてのみである。

(231) Joseph Schacht, »Islamisches Recht«, S. 237f.

(232) Maxime Rodinson, *Islam und Kapitalismus*, Frankfurt 1986（山内昶訳『イスラームと資本主義』岩波書店、一九七八年）および Bryan S. Turner, *Weber and Islam. A Critical Study*, London and Boston: Routledge & Kegan Paul 1974. さらに、前著と比べるといくらか異なった方針に従っているが、*Max Webers Sicht des Islams*, S. 180ff. のマクシム・ロダンソンの論考を参照。

(233) Maxime Rodinson, *Islam und Kapitalismus*, S. 26ff.、特にS. 32（『イスラームと資本主義』、一九頁以下、特に二五頁）.

(234) Ebd., S. 146ff.（同訳書、一三六頁以下）.

(235) Ebd., S. 160f.（同訳書、一五〇頁）.

(236) Vgl. ebd., S. 17（同訳書、一一頁）.

(237) Ebd., S. 115（同訳書、一〇三頁）.

(238) Vgl. ebd., S. 140（同訳書、一二九—一三〇頁）.

(239) ロダンソンは客観的可能性と適合的因果連関の学説全体、いやそもそもヴェーバーの方法論的著作全般を知らないようである。

(240) この問題を指摘したのは特にゲアハルト・ヴァーグナー（Gerhard Wagner）とハインツ・ツィプリアン（Heinz Zipprian）である。彼らの論文 »Methodologie und Ontologie — Zum Problem der kausalen Erklärung bei Max Weber«, in: *Zeitschrift für Soziologie*, 14（1985）, S. 115ff. を参照。その中心テーゼによれば、この問題はリッカートに依拠することから生じるという。

(241) これについては *Religion und Lebensführung*, Kap. 6A, 3（本訳書、第二章A三）を参照。

(242) Maxime Rodinson, *Islam und Kapitalismus*, S. 181（『イスラームと資本主義』、一七一頁）.

(243) Karl Marx, *Werke・Schriften・Briefe*, hg. von Hans-Joachim Lieber, Band II, Darmstadt 1971, S. 55（廣松渉編訳・小林昌人補訳『ドイツ・イデオロギー』岩波文庫、二〇〇二年、一一一頁）.

(244) Vgl. Maxime Rodinson, *Islam und Kapitalismus*, S. XXX.

(245) Bryan S. Turner, *Weber and Islam*, S. 8f.（『ウェーバーとイスラーム』、四頁）.

(246) Ebd., S. 20f.（同訳書、二四頁以下）.

(247) これについては *Religion und Lebensführung*, Kap. 5 und 6（本訳書、第一章・第二章）を参照。

(248) Bryan S. Turner, *Weber and Islam*, S. 75（同訳書、一一五頁）.

(249) Ebd., S. 172（同訳書、二六六—七頁）.

(250) Max Weber, PE II, S. 325.

(251) Wolfgang Schluchter（Hg.）, *Max Webers Sicht des Islams. Interpretation und Kritik*, Frankfurt 1987 に収録されている。

(252) もっとも、カリスマの日常化に関するヴェーバーの「学説」はまったくアンビヴァレントなものである。このことは常に十分はっきりと認識されているわけではない。*Religion und Lebensführung*, Kap. 8, 6（本訳書、第四章六）および Kap. 12（『ヴェーバーの再検討』、第II章）において私が行なった、このアンビヴァレンツを発見し取り除こうとする試みを参照。

(253) Vgl. Stephen P. Blake, »The Patrimonial-Bureaucratic Empire of the Mughals«, in: *Journal of Asian Studies*, XXXIX（1979）, S. 77ff.

(254) Ebd., S. 94.

(255) これについてはとりわけ、Gary G. Hamilton, »Patriarchalism in Imperial China and Western Europe. A Revision of Weber's Sociology of Domination«, in: *Theory and Society*, 13（1984）, S. 393ff. を参照。

(256) Max Weber, WL, S. 194（富永・立野訳、一二〇頁）.

(257) Max Weber, WuG, S. 28（清水訳、八五頁）. もちろん、どの点で発生的《ゲネーティッシュ》概念がクラス概念に転化するかは、ヴェーバーの方法論の枠内における困難な問題である。純粋なクラス概念（純粋な類概念）と発生的クラス概念（理念型的類概念）とをもう一度区別する必要がある。歴史的な概念形成の観点は純分類的な概念形成のそれとは異なっているけれども、絶対的に歴史的な概念、相対的に歴史的な概念、発生的な類概念、純粋な類概念は明らかに相互に流動的に移行しあう関係にある。ここで興味を惹く事例をヴェーバーはマイヤー論文の中で論じた。Vgl. WL, S. 241-245（森岡訳、一三九―一四五頁）. 社会学の基礎概念とともに、教会やゼクテといったクラス概念もまた、発生的な類概念として理解できる。したがってそれらもまた完全に「文化中立的」ではない。

(258) これについては *Religion und Lebensführung*, Kap. 8, 3（本訳書、第四章三）を参照。

(259) Max Weber, WuG, S. 28（清水訳、八六頁）.

(260) Ebd. S. 30（同訳書、九一頁）.

(261) Ebd.（同訳書、九一頁）.

(262) あらゆるゼクテが民主制的なわけではないので、成員資格、支配構造、政治的性格という上述の三つの基準のうち、三つ目は疑わしいし、二つ目はありそうもない。祭司層と平信徒層の区別を、位階制（というより官僚制）と直接民主制的行政の区別と同一視してはならない。祭司を伴う民主制的行政もあれば、祭司を伴わない官僚制的行政もありうるのである。

(263) 発生的概念が結局は実在の解明であることは、特にディーター・ヘンリッヒが強調した。Vgl. Dieter Henrich, *Die Einheit der Wissenschaftslehre Max Webers*, S. 83ff.

(264) ヴェーバーは『宗教社会学論集』第一巻への序言の中で、近代ヨーロッパ文化世界の子は、普遍史的問題を「当を得たところではあるが、不可避的に次のような問題設定のもとに論じるであろう――すなわち、いかなる諸事情の連鎖によって、ほかならぬ西洋という土地において、しかもここでのみ、普遍的な意義と妥当性をもつ発展方向をとる――少なくとも我々はそのように考えたがるのだが――文化諸現象が現れるに至ったのか、という問題設定である」と強調した。ここでは二つの主張が注目に値する。一、この問題設定が不可避的かつ正当なことであること（価値関係！）。二、我々はそれを理論的価値関係のもとにとどめておかずに、好んで実践的評価へと滑り込んでいく（普遍的意義と妥当性）けれども、これは「僭越な行為」であって（「少なくとも我々はそのように考えたがるのだが」）、索出的なヨーロッパ中心主義から規範的なそれへの移行を画するものであるということ。

(265) Max Weber, WL, S. 194f.（富永・立野訳、一一〇—一頁）.

(266) Ebd., S. 195, 275, 191（富永・立野訳、一一二頁、森岡訳、一九〇頁、富永・立野訳、一一三頁）.

(267) 数多くの試みのなかで、次のものに触れておく。Stephen Kalberg, »Max Weber's Types of Rationality: Cornerstones for the Analysis of Rationalization Processes in History«, in: *American Journal of Sociology*, 85 (1981), S. 1145ff.; Donald Levine, »Rationality and Freedom: Weber and Beyond«, in: *Sociological Inquiry*, 51 (1981), S. 5ff.; Jürgen Habermas, *Theorie des kommunikativen Handelns*, 2 Bände, Frankfurt 1981, S. 239ff.（『コミュニケイション的行為の理論』上、二四〇頁以下）; Rogers Brubaker, *The Limits of Rationality. An Essay on the Social and Moral Thought of Max Weber*, London: Allen & Unwin 1984. さらに、*Religion und Lebensführung*, Kap. 3, Kap. 5（Tabelle 47）および Kap. 6A（『信念倫理と責任倫理』、本訳書、第一章表4、第二章A）.

(268) Max Weber, WL, S. 195（富永・立野訳、一一二頁）.

(269) これについては Wolfgang Schluchter, *Die Entwicklung des okzidentalen Rationalismus*, S. 145（『近代合理主義の成立』、一四〇—一頁）.

(270) Ebd., Kap. 5.

(271) Max Weber, WL, S. 208（富永・立野訳、一四七頁）.

第六章　宗教、政治的支配、経済および市民的生活態度

——西洋の特殊な発展

「要するに、西洋文化の発展の特殊な萌芽を蔵していたのは、一方では官職カリスマと修道生活との間における、他方では政治権力の封建的および身分制的契約国家的性格と、この政治権力とは独立し政治権力と交錯し合っていて合理的かつ官僚制的な形をもった教権制との間における、緊張と一種独特の調整となのである。」

Max Weber, WuG, S. 721〔世良訳『支配』II、六〇八―九頁〕

「アンティオキアにおいて生じたように、聖餐共同体のために、いっさいの生まれに関する儀礼的な制限を除去することは——宗教的先行条件に注目すれば——、西洋の「市民層」の受胎時にあたった。もっともその誕生は、千年以上も後に、中世諸都市の革命的な『宣誓共同体《コンユーラティオーネス》』の中で生じたのであるけれども。」

Max Weber, RS II, S. 40〔深沢訳、四九頁〕

「禁欲主義は市民的な徳目である。」

Eduard Bernstein et al. (Hg.), *Geschichte des Sozialismus in Einzeldarstellungen*, Stuttgart 1895, I. Band, 2. Teil, S. 681

一　テーマと問題

マックス・ヴェーバーは、その数多くの著作を中世商事会社の歴史に関する研究で開始した(1)。その中で彼は、比較論的および発生的な――後の言い方でいえば発展史的な――パースペクティブで、近代的な合名会社と近代的な合資会社が成立するもととなった「ゲゼルシャフト形成状況(2)」を探求したのであった。その分析は、表題も示しているとおり、基本的には中世の法関係に向けられている。しかしそれは同時に古代も扱っているし、また現在にも手を伸ばしている。中心に位置するのは、「法原理の発生(3)」、――または次のようにも言えるかもしれないが――企業領域と私的領域との空間的な、そしてとりわけ法的な分離を可能にした制度上の発明であった。ヴェーバーは一方でローマのソキエタスの、またゲルマンの家共同体の法形態《レヒツフィグーア》と、中世の結社《ゾツィエテート》、特にイタリアのそれとを比較し、他方で中世イタリアの臨海都市の海上組合《ソキエタス・マリス》と中世イタリアの内陸都市の陸上組合《ソキエタス・テラエ》とを比較した(4)。彼にとってはここですでに、たとえば近代的な合名会社の信用基盤と合資会社のそれとが根本的に異なっているということ、そして両者は異なった歴史的源泉に基づいているということの証明を通して得られた、この二つのものの間の差異がとりわけ重要であったのだが(5)、同時に彼にとってこの分離は、その分離の形いかんにかかわらず、広範な文化史的意義をもった過程と見られたのである。いずれにしてもそれが、後に繰り返し彼がこの自らの処女作を引き合いに出して述べた言葉から得られる印象である。彼のプロテスタンティズム研究の初版に、特に興味深い見解が見られる。その研究の最も重要な帰結をまとめる際に、彼は次のことを示している。つまり、たとえばピューリタニズムに刻印された企業家が、彼に任せられた所有物、つまり「営業《ゲシェフト》」に対して強い責任感の要求される特別な義務を負っているというイメージは、「その起源について見れば、近代資本主義の精神の多数の構成要素と同じく、一つ一つの根は中世まで遡る」のであり(6)、この場合でいえば、営業を「神秘体《コルプス・ミスティクム》」と見るようなイメージに――つまり彼の中世商事会社の研究のなかで分析された、会社や、特別財産としての企業財産や、またそれに関係した有限連帯責任といった法的制度のなかに、制度的な支柱を見出すようなイメージにまで――遡る(7)。もちろん中世に促進された、私的なものと企業的なものとの制度的分離や、私的な家計と企業経営との、また私有財産と企業財産との制度的分離が、超個人的な「責務《ザッヘ》」に従事するという観念をいくら押し進めたといっても、禁欲的プロテスタンティズムによってはじめて、そのための最終的に「一貫した倫理的基礎(8)」が形成されたのである。この基礎はその決定的な形においては、中世ではなく宗教改革後の時代、特に一七世紀に遡るものである。

　この博士論文に続く彼の一連の膨大な出版物を概観すると、西洋中世商事会社史に関する研究の中に、その後繰り返し表れるテーマの一つが、すでに表れているように思われる。そのテーマは次の二つの問いと結びつけられる。つまり、西洋の経済的・社会的独自性を形成しているものは何かという問い、そしてそれはどのように説明されるのかという問いである。その際まずは、この博士論文も示しているとおり、制度的な独自性とその原因に視点が置かれていた。しかし、後に、遅くともプロテスタンティズム研究の頃から、心情や動機に関する独自性も視野に入ってくることになる。ヴェーバーは、西洋の経済的・社会的独自性と宗教倫理の発展とがどのような関係にあるのかということに対する関心を次第に高めていった。実際彼は、一九〇四／〇五年に書いたプロテスタンティズム研究を『宗教社会学論集』に掲載するために校了した後、一九一九年の九月に、まさにこれこそが自分の本来の認識関心であると、いずれにせよ宗教と社会との、特に宗教と経済との普遍史的連関の探求を目指している研究部分にとってはそうであると述べている。[9] すでにプロテスタンティズム研究の初版において彼は、宗教倫理の発展と経済発展との間の関係を、宗教改革後の時代についてだけでなく、宗教改革以前の時代についても主張している。というのも彼はこの未完の研究の最後の方で、「われわれが考察した発展より以前の時期に見られた資本主義の発展に対しても、キリスト教の影響がもちろんいたるところで協働しており、しかも阻止的な影響とともに、促進的な影響も見られた」[10]と、明確に書き記しているからである。そのことがすでにこの時代、つまり一九〇四／〇五年に彼を、禁欲的プロテスタンティズムに関する研究を後の時代だけでなく、とりわけ前の時代に拡大する計画に導いていたのである。そして彼がプロテスタンティズム研究の孤立性を解消するために、キリスト教以外の文化宗教の経済倫理に従事すればするほど、それだけこのプロテスタンティズム研究を、それを越えて西方キリスト教に関する包括的な研究に組み込むことがますます緊要なこととなってきたのである。というのもそのことを通してのみ彼は、プロテスタンティズム研究を「文化発展の総体の中に位置づける」ことができたからである。これはしかし、プロテスタンティズム研究の改訂版から読みとれるように、明言された意図であった。[11] 実際ヴェーバーは、一九一九年九月に彼によって書かれた『宗教社会学論集』の内容と構成に関する告知からもわかるように、そうした研究をまとめようとしていた。四巻本として予定されていた論集の最後の巻として、西方キリスト教に関する研究が企図されていた。[12]

第三巻に予定されていた原始キリスト教やタルムード的ユダヤ教、イスラム、そして東方キリスト教などの場合と同様に、西方キリスト教についても、一九二〇年六月のヴェーバーの死によって、この計画が実現されることはもはやなかった。そしてその他の、計画はされたが完成されることのなかったモノグラフの場合と同様に、このためにもまた、マリアンネ・ヴェーバーの言葉を信用するならば、すでに下準備がなされていたのである。[13] しかしながら、第三巻のために予定されていたものを書いているときとは異なり、西方キリスト教研究のための下準備がなされていたのは、まず第一に、およそ一九一〇年から第一次世界大戦の勃発期まで、つまり経済をその他の社会的諸秩序および諸力との関係において研究しつつ、世界宗教の経済倫理についての遠大なプロジェクトに同時に携わることによって、大きなテーマ上の拡大を伴う、作品史的に見て第三の発展段階が始まる時期だけに当たっていたのではない。計画されていた西方キリスト教の研究のために、ヴェーバーはむしろ作品史上の三つの発展段階のすべての時期に書かれた重要な準備作業に依拠することができたはずなのである。[14] 一九一〇年以前の時期については、博士論文とプロテスタンティズム研究だけでもすでにそれを証明している。それだけではない。西洋の古代・中世・近代における経済発展は、世紀転換期以前に数次にわたって行なわれた「一般（「理論的」）国民経済学」に関する講義――これはある教科書のもとになるはずのものであった――の中で、すでに中心的な位置を占めている。[15] ただし、第三の作品史的発展段階においては、もはや——それも明らかになお問題だったとはいえ——西洋の経済発展だけが問題ではなかった。そこでは、西洋の発展、つまり政治的支配・法・宗教・学問・芸術といった、他の社会的諸秩序・諸力の発展を含めた経済発展が問題になっているのである。さらに言えばそこでは、もはや単に西洋の発展ではなく、むしろより正確には西洋の特殊な発展が問題となっているのである。というのも、地中海－西洋文化圏が他の文化圏、とりわけアジア文化圏と根本的に異なっているということ、このことを、宗教と社会の普遍史的連関に関する彼の比較研究がすでに明らかにしていたからである。仮に西方キリスト教に関する研究が、世界宗教の経済倫理に関するすべての研究と同様に、特に宗教と社会との関連を強調するものであったとしても、それは他の研究と同じく、確実にそれを越えるものであったであろう。それは同時に、私の推測するところでは、外的な変革と内的な変革とが、また制度的な「革命」と心情的な「革命」とが結びついた西洋の特殊な発展を記述することを、しかもそれを宗教的・経済的・政治的・社会的秩序の間の「緊張と独特な調整」を視野に入れた上で行なうことを目指していたであろう。それはまた、近代西洋の主観主義的文化、科学によって生み出された技術を伴う近代の合理的資本主義、形式的－合理的な法を伴う近代的アンシュタルト国家、近代の非国家的なゲマインシャフト形成およびゲゼルシャフト形成の諸形態、そして営利階級と職業身分とを含む「獲得的な」不平等の近代的システム、こうしたもののもつ独自性を描き出すことにまで、そしてとりわけこれらすべてがどのように成立したかということにまで及んでいたであろう(16)。というのもヴェーバーはこの研究で、エルンスト・トレルチの『キリスト教会と教団の社会教説』に関する基本的論述を単に繰り返そうとしたわけではないからである。[17] 周知のように彼はこのトレルチの著作に対し、考えられる限り最大の賛辞を送ったのであり、この著作の刊行によって彼は、プロテスタンティズム研究を続行するという当初の計画をひとまず中断し、そのかわりに地球上のすべての大宗教の経済倫理の問題に取り組もうと動機づけられたのであった。[18] トレルチが西方キリスト教の実践的作用ではなく、その教説を第一に扱ったということは確かである。そしてそのために、行為に対する宗教的に規定された内的および外的な推進力・刺激というものにまさしく関心をもっていたヴェーバーにとって、トレルチの本来の専門領域の中にまだ十分参入の余地を見出すことができたのである。[19] しかしながら経済倫理に関する研究の構想には、経済が宗教によって規定されているその実践的作用に向けられた分析と並んで、宗教の「階級制約性」についての分析が必要とされた。さらにまたその構想には、すべての重要な生活秩序とそれらが置かれている相互関係について、こうした二重の分析が必要とされたのである。[20]

しかしながらこれがいい加減な推測ではないということは、世界宗教の経済倫理についての完成されたモノグラフの構想から明らかになるだけではなく、先に言及した例の告知からも明らかである。とりわけその告知とこの時期に彼がある書簡で述べたこととを重ね合わせてみると、このことはより一層明らかになる。すでに述べたように、ヴェーバーはプロテスタンティズム研究の改訂版を、一九一九年九月に出版社ジーベックに送っている。その際の「添え状」の中で彼はゼクテ論文のことを予告しているのだが、そこで彼は、その後で中国とインドに関する研究を印刷に回せるようにしたいということ、それから頭の中では完成しているが、まだこれから書き下ろさねばならない一編の論文、つまり「西洋の特殊な発展の一般的基礎に関する」論文を付け加えたいということを通知している。そしてその後にユダヤ教研究が続くというわけである。(21)こうした記述を数日後に書かれた告知と比較してみると、その頭の中では完成している論文が、その間に「西洋の社会的独自性の成立に向けられた、古代および中世におけるヨーロッパ市民層の発展に関する素描」になったように思われる。(22)いずれにせよこれらの記述の時間的な近さが、そうした解釈を支持している。確かに告知の中で予告された論文の方が、テーマ的により狭いものに見える。しかし私の目により重要なものとして映るのは、両者において果たされるべき機能が明らかに同一であったということである。この種の論文をつなぎとして、中国およびインドの文化宗教に関する記述は、西南アジア‐西洋の文化宗教に関する記述へと移行することになっていた。そしてこのことは同時に、ある視座の転換と結びついていた。中国とインドの文化宗教に関しては、その独自性と原因に着目した記述が、「次に分析されるべき西洋における発展との比較のための問題点を見つけだすのに必要な」(23)かぎりでのみ進められたのに対して、地中海‐西洋の文化発展の叙述は、古代イスラエルとユダヤの宗教発展に関する研究で始まっていた。ヴェーバーがこれを、告知の中でも示されているように、「エジプトとメソポタミア、そしてゾロアスター教の宗教倫理に関する短い記述」を付け加えて拡大しようとしたことは、発生論的な意図に沿っており、新しいことではない。というのも、この短い記述を彼は、「古代ユダヤ教」の最初の刊行の際に故意に省いているからである。(24)したがっておそらく、挿入されるはずであった論文とともに、視座の転換が行なわれたと考えられる。なぜなら、アジア世界と地中海‐西洋世界との対照性を強調する比較論的視角が、地中海‐西洋世界内部での連続性を問題とする発展史的視角へと方向転換しているからである。確かに、比較論的視角によって明確に規定された視点は、西洋の発展に関する記述にとって重要であった。そうした記述はいわば、このような視点を介して組織化されたものなのである。しかしながら今や中心となっているのは、歴史的前提条件に対する問いであり、因果帰属の問いである。もっともこのことは、発展史的視角が比較論的視角にとってかわったというように理解されてはならない。地中海‐西洋の発展に関する記述に際しても、両者は交互に用いられているのである。そしてここでもまた、発展の独自性を説明するために、まずはその独自性自体を同定することが問題となる。古代経済・社会史に関する彼の膨大な研究、つまり作品史的には第二段階の最後にあたる「農業事情」の中で、ヴェーバーはこのことを、まさに古代と中世における都市発展の（さらに）「いくらか誇張した論述」との関連で強調している。[25] そこには次のように書かれている。「『歴史』の課題は、『すべてはすでに存在していた』こと、そしてすべての、あるいは少なくともほとんどすべての相違は程度の差であること――そのことは確かに正しい――を示すことによって自らを不要なものにしてしまうことにのみあるのではない。そこで、この点にのみ『歴史』の課題があるとは考えない者は、あらゆる平行現象にもかかわらずはっきりと表れてくるズレに力点を置くであろう。そして二つの発展圏の一方が他方に対してもっている特性を見出すためにのみ、両者の類似点を利用するであろう」。[26] しかしながらこのズレ――あるいはこうも言えるが――転換といったものは、古代と中世の発展圏の間にだけあったのではなく、後者とそれに続く地中海‐西洋の文化発展の発展圏との間にもあったのである。もちろんヴェーバーがまさにこうしたズレ、転換というものを強調したとしても、彼は同時に同じ研究の中で、「地中海‐西洋の文化発展の連続体」についても語っている。この文化発展は、「明確に方向づけられた『直線的』な発展」でもなければ、同様に互いにまったく連続性をもたない閉じた循環でもないのである(27)。

西洋の特殊な発展の一般的基礎に関する、あるいは古代と中世における市民層の発展に関する、さらにつけ加えられるはずであった論文は、したがって二重の機能を果たすものでなければならなかった。つまりそれは、中国およびインドの文化圏に対して地中海‐西洋文化圏の独自性を特徴づけねばならなかったし、同時にすでに指摘した近代西洋の文化現象へと至った状況の連鎖をもっともらしいものとして浮かび上がらせるような、発展史的視角を作り上げねばならなかったのである(28)。『社会科学・社会政策アルヒーフ』に掲載されたヒンドゥー教と仏教に関する研究の最後と、古代ユダヤ教に関する研究のはじめの部分が、すでにこの方向を示している。このヴェーバー自身の評価によれば「アジアの文化世界に対する極端に表面的な概観(29)」は、とりわけ次のことを結論としていた。つまり、アジア世界には西洋の経済にとって決定的であったもの――すなわち「西洋においてプロテスタンティズムの『世俗内的禁欲』が、内面的に類似するいくつかの先駆者を継承しつつ遂行したように、営利追求のこの衝動的性格を打破し、合理的に事象化し、そしてそれを行為の合理的・世俗内的倫理の体系に組み込むこと(30)」――が欠けていたことである。こうした特殊「市民的」生活態度はしかし、預言者や思想家の登場に負っているものであるとされる。それらは、「アジアの文化とは異質であった社会的構成体、すなわち都市——これなくしてはユダヤ教もキリスト教も、あるいはギリシア思想の発展も考えられない——の政治的市民身分層の」経済的ではなく「政治的な諸問題[31]」を基礎にしていた。古代ユダヤ教に関する研究は、「『旧約聖書』の創造」なしには、またそれに対するパウロの伝道の選択的かつ構成的な結合なしには、（普遍主義的な）キリスト教会も、（普遍主義的な）キリスト教の日常倫理も決して存在しなかったであろうという確証から出発している。ユダヤ教の宗教的発展がもつこうした「普遍史的影響」のために、その諸条件を分析する際に、我々は「西洋および西南アジアの全文化発展の一つの中心点に」立つことになる。そしてさらに、「歴史的意義の点でユダヤ教のこの発展に匹敵しうるものとしては、ギリシアの精神文化の発展、そして西欧に限っていえば、ローマ法の発展、ローマの官職概念に基づくローマ教会の発展、それからさらに中世的‐身分的秩序の発展、そして最後にその秩序を破壊しつつ、しかもその諸制度を継承発展させてゆく諸影響の流れ、これを宗教の領域でいえば他ならぬプロテスタンティズムの発展を数えうるにすぎないのである[32]」。

　この二つの箇所以外に、さらにまた、アジアの文化宗教の分析と地中海・西洋のそれとを結びつける結節点をより鋭く描き出すために、ヴェーバーが彼の作品の中で西洋の特殊な発展の一般的基礎について、あるいは古代および中世における市民層の発展史について論じた部分を探すのは興味深いことであろう。しかしここではそれは行なわない[33]。前者の一般的基礎の問題については第一に「反批判的結語」や『経済史』などを参照することができるし、また市民層の発展史については、「古代農業事情」の最後の部分や、とりわけ遺稿である「都市」を参照することができる。(34) もっとも、ヴェーバーが一九一九年九月に出版社ジーベックに二大プロジェクトと関連するさらなる計画について報告した時には、告知の中で選ばれた表現に疑いなく最もよく当てはまる「都市」が、すでにかなり以前から彼の引き出しの中に置かれていたであろうことはほとんど確実と言ってよい。この「都市」が、少なくとも部分的には比較的古いものであること、またそれが現在伝えられている形では、一九一〇年以降の支配の社会学の進展と関連があることには多くの証拠がある。場合によってはヴェーバーは「都市」を最終的には——次第に顕著になってくる彼の分業的なやり方に対応して——二大プロジェクト双方のための基礎として用いたかもしれない。どのように考えようとも、一つのことは明らかである。つまり問題の論文が、改訂されたプロテスタンティズム研究の後に、そして古代ユダヤ教、原始キリスト教、タルムード的ユダヤ教、イスラム、東方キリスト教そして西方キリスト教に関する諸研究の前に置かれていたであろうということである。しかしまたそこから次のことが読み取れる。すなわち、改訂されたプロテスタンティズム研究によって、西方キリスト教の叙述が余分なものになったのではないこと、そしてこの叙述が西洋の特殊な発展の一般的基礎の性格づけ、あるいは市民層の発展史だけに限定されなかったであろうことである。ヴェーバーは確かに彼のプロテスタンティズム研究を改訂する機会を利用したけれども——このことはいくら強調してもしすぎることはないが——それは元々の課題の綿密に検討された限定を事後的に取り払って拡大し、そのことを通して場合によってはまったく元のテーゼを変更してしまうという目的のためになされたのではなかった。[35]彼の元々のテーゼは、確かに改訂を通してさらに説明を加えられてはいるが、しかしそれは撤回されたり、修正されたり、また強調点を変更されたりしてはいないのである。それゆえ禁欲的プロテスタンティズムの倫理が、そしてキリスト教の文化宗教的な流れの中では、いくつかの先駆的なものを度外視すればこれだけが、近代資本主義の経済的エートスのおよび近代的な職業文化の構成的要素の一つであったというテーゼは、西方キリスト教に関する研究によってもなんら変更されなかったであろうと考えられる。むしろ反対にこの研究は、キリスト教内部での比較の地平を拡大することによって、またユダヤ教をも組み入れることによって、元々のテーゼを一層鋭く際立たせるものになっていたであろう。しかしながらこの研究はそればかりでなく、プロテスタンティズム研究において行なわれた因果帰属を、他のものと結びつけるということも行なっていたであろう。そのためにはしかし、西洋の特殊な発展の一般的基礎を歴史的前提条件へと変換し、またこれらを互いに「つなぎ合わせる」ような研究がなされねばならなかった。それはすでに、古代ユダヤ教に関する研究の内に読み取ることができる。この中でヴェーバーは、そうした一般的基礎の一つ、つまり旧約聖書を、発展史的視角の中に組み入れたのであった。[36]他の文化圏と比べた時には確かに特殊だが、地中海‐西洋の文化発展にとっては共通な特徴[37]に関してあちこちに書かれた所説を追っていけば、キリスト教的救済宗教の諸潮流とその組織形態について、また西洋の都市的・封建的・身分的・国家的政治諸団体について、あるいは西洋の神聖法・世俗法、西洋の学問や技術、同時にまた、すでに示唆しておいたように、商工業における西洋的な組織形態——これは銀行や証券取引所に関する研究によって補われていたであろう——について、そしてさらには特に教権制的な権力と政治的権力との間の「緊張関係とその独特の調整」について、これに匹敵するような分析が最終巻で行なわれていたと期待することができるであろう。というのも、世界宗教の経済倫理に関する研究の一部として、西方キリスト教に関する研究は、改訂されたプロテスタンティズム研究が依然そうであったように、因果関係の一つの側面に、すなわちある特定の宗教倫理のある特定の経済心情に対する内的な実践的作用にだけ限定されるわけにはもはやいかなかったからである。つまりそれは、すでにプロテスタンティズム研究の初版で展望されていたように、「宗教的思想形態の運命に対する経済的発展の影響[38]」や生活態度に対する「教会制度」の外的な実践的作用をも追求せねばならなかったし[39]、とりわけまた宗教を一つの内的かつ外的な生の力《レーベンスマハト》として、経済との緊張関係においてだけではなく、政治的支配との緊張関係においても示すものでなければならなかったのである。ただしそれ「西方キリスト教の研究」は、これらすべてを『経済と社会』の第二稿との「分業」において、つまり経済社会学・支配の社会学・不平等の社会学・団体の社会学・宗教社会学・法社会学・国家社会学との「分業」においてなすことができたのである[40]。

西洋のキリスト教に関して計画されていた研究の位置に対する作品史的ならびに体系的な視点から得られるこうした診断を受け入れるならば、その研究の中でなされるはずであった「因果関係のもう一つの側面」、つまり制度上の転換に関する説明の再構成に際して、とりわけ『経済と社会』の旧稿、特に宗教社会学・法社会学・支配の社会学の各章に準拠すべきであることは——これは他の計画されはしたがもはや実現されることのなかった諸研究を再構成するに際しても同様だが――容易に理解できる。その際特別に注意が払われねばならないのは、都市の発展、つまり「西洋の市民層とその特性の成立[41]」の分析である。これは、中国研究において中国の家産官僚制の成立とその独自性が、またインド研究においてインドのカースト秩序の成立とその独自性が形成しているような軸を形成していたはずである[42]。しかしすでに述べたようにこの場合は、他の書かれなかった諸研究の場合とは異なり、『経済と社会』の旧稿以外にも、「より古い時期への」、特に古代と中世に関する著作への、また同時に「より新しい時期への」、つまり『経済史』――ヴェーバーが死の数カ月前に、文化史的な視点をも組み込んだ、西洋の社会・経済史の概要を描いたもの――への結節点が存在する[43]。それに対して、「因果関係の一つの側面」にとっては、つまり宗教的‐倫理的な係留点をもつ義務と、それに結びついた動機の上での変革については、『経済と社会』の宗教社会学の章におけるいくつかの箇所を除けば、禁欲的プロテスタンティズムに関する研究の新旧両版を参照することが求められる。実際これら両版の比較によって、第二版が西方キリスト教に関して計画されていた研究に対する独特の言及を含んでいることがわかるのである。

それではヴェーバーは、プロテスタンティズム研究を越えるどのようなテーマを扱うはずだったのであろうか。五つのテーマが際立っている。第一に彼は、キリスト教一般の宗教史的な独自性について検討しようとした。彼はキリスト教の独自性を、教義の基礎がさまざまであるにもかかわらず、「決定的な「救いの」『確証』への関心が組み込まれていること[44]」の中に、つまり、すでに第一版で確認されていたように、労働倫理を伴う西洋の修道生活の宗教史的な独自性にも作用した能動的な行為への傾向の中に見ていたのである。第二に彼は宗教改革以前のカトリシズムをより詳細に記述しようとした。おそらくその際、ヴェルナー・ゾンバルトに刺激を受けた(45)彼の念頭にあったのは、すでに第一版の中で触れていたトマス主義だけでなく、それとは異なる「スコトゥス派、ことに一五世紀イタリアの托鉢修道士派神学者の経済倫理」、つまりとりわけヨハネス・ドゥンス・スコトゥスやシエナのベルナルディヌスおよびフィレンツェのアントニヌスのことであって、それも「カトリックの経済倫理の資本主義に対する積極的関係を描く」ことと関連させてそれらを記述することを考えていたであろう。(46)第三に彼は、禁欲的プロテスタンティズムの数少ない先駆者に、つまり修道士の倫理や「諸ゼクテとウィクリフ－フス派の倫理」(47)に取り組もうとした。第四に彼は、宗教改革後のあるいは反宗教改革的なカトリシズムを、たとえばイエズス会や、また「『職業』に対するポール・ロワイヤルおよびジャンセニスムの原理的な立場」(48)を分析しようとした。そして最後に、プロテスタンティズム研究の第二版以外に、とりわけ『経済と社会』の宗教社会学の章や、(49)また『経済史』からも読み取れるように、(50)彼はユダヤ人とその経済生活をめぐるヴェルナー・ゾンバルトとの論争に踏み込んでいったであろう。しかしこれらすべてのことは、次のことを示唆している。つまり、禁欲的プロテスタンティズムの倫理がやはり、資本主義的心情の展開に関する分析の中心になったであろう軸のうちの一つであることに変わりはなかったということである。(51)

つまりヴェーバーは、地中海－西洋の文化圏の独自性を、またその独自の発展を単に特徴づけるだけでなく、説明しようとしたのである。そのためには、単にこれらの諸関係の存在を確認するだけでは十分ではない。これについては、プロテスタンティズム研究の改訂版の中に示唆的な言葉が見られる。それによれば、禁欲的プロテスタンティズムの諸潮流と資本主義の（近代的）精神との間に多かれ少なかれ「強い」関連の存在することを主張するのは別に新しいことではない。というのもそれは、同時代の研究者にとって、しょせんすでによく知られたことにすぎないからである。新しいのはせいぜいのところ、「それを説明すること[52]」である。しかし説明というのはここでだけ問題になっているわけではなく、彼の作品の歴史的な研究の部分ではどこでもそれが問題になっているのである。たとえば「農業事情」の中の表現では、大富豪の中に、また他の箇所の表現によれば、アッチャジュオリ家やバルディ家、ペルッツィ家、メディチ家、フッガー家といったタイプの経済的超人の中に、さらにはまた初期の巨大な貨幣性資産の蓄積の様式の中に、「中世後期および近世の経済体制の独自性の由来に関する、つまり結局はまた近代資本主義の由来に関する問題が含まれているわけではないのである。そうではなくて、決定的な問題は、一方で市場の発展の中に――中世において、後に資本主義的に組織されることになる工業にとっての購買者層がいかに発展したのか――、他方で生産の秩序の方向性の中に――資本を利用しようとする努力がいかにして、古代には知られていなかったような類の『自由な』労働組織の創造への道にたどりついたのか――あったのである[53]」。たとえば「序言」によれば、経済的観点のもとでの文化の普遍史にとっての中心問題は、商業資本主義や政治を指向する資本主義ではなく、「むしろ自由な労働の合理的組織を伴う市民的な経営資本主義の成立[54]」であり、したがってまたここで「さしあたっては、またもや西洋、なかんずく近代西洋における合理主義の特殊な独自性を認識し、その成立を説明することが問題となってくる」というわけである。(55) 中心にあるのはしたがって、説明の試みである。確かに、経済的生活秩序のみならず他の主要な生活秩序をも貫徹している、そしてまたそのことを通してこれらをある特殊な仕方で「色づけて」いるこの合理主義の独自性が、——上記の引用文も示している通り——まず明らかにされねばならなかった。何よりもまずこのことが彼の比較研究の課題だったのであり、一方ではマルクスとの、また他方では同時代の最も重要な論争相手、つまりゲオルク・ジンメルやルヨ・ブレンターノ、ヴェルナー・ゾンバルトなどとの対決が示しているように、すでにここにおいてヴェーバーは、これらの人々と考えを異にしているのである。(56) しかしながら人が何を独自なものと見なそうとも——それはヴェーバーによれば各自の価値関心から独立したものではない——それは説明されねばならない。そしてこのことは、あるものを定義づける特徴とあるものの原因となる特徴との分離が可能であり、かつ実際に分離されていることを前提としている。(57)

したがって、西方キリスト教の研究においてヴェーバーにとって問題だったのは——すでにプロテスタンティズム研究においてそうであったように——まず第一に説明の試みであったであろう。私見によれば、そのことはとりわけ、先に引用した「序言」——これは改訂されたプロテスタンティズム研究を経済倫理に関する研究に外見上結合している——が疑いなく証明している。この説明の試みは、次のような問いに対する解答に向けられていたであろう。すなわち、なぜ西洋近世だけが、いたる所で見られる種類の資本主義と並んで、「それとはまったく異なった、世界中どこにも発展することのなかったような種類の資本主義、つまり（形式的に）自由な労働の合理的‐資本主義的な組織[58]」を知っていたのかという問いである。この問いはしかし、次のようなさらなる問いの一部である。つまりなぜ中国やインドにおいては、「科学も芸術も国家も経済も、西洋の特色をなしている合理化の軌道に沿って発展することがなかったのか[59]」という問いである。私がさまざまな文脈において示そうと試みてきたように、「西洋文化に特殊な形での『合理主義』」は現世支配の合理主義である[60]。それは経済的領域においては、ある特殊な性質をもった形態の中に、すなわち形式的に自由な労働という基礎に基づく合理的な営業組織の枠内での市場的資本活用という形態の中に、そしてまたある特殊な性質をもった精神の中に、すなわち職業義務という理念を基礎とする世俗内的な能動的禁欲の精神の中に、一言で言えば「市民的」生活態度の中に現れるのである。博士論文への言及が示した通り、ヴェーバーの思考は何らかの形で初めからとりわけ、あるいは普遍的な意義と妥当性をもつとも考えられるこの二つの文化現象の周りを回っていた。しかしながら西方キリスト教に関する研究によって初めて、このことと結びついたテーマや問題が、長い道のりの中で見つけ出されたそれに対する解答とともに、大規模な説明の試みの中に「統合」されていたであろう。

ではこの大規模な説明の試みについては、どんなことが言えるであろうか。またその構成はどのようなものであったのであろうか。つまり、ヴェーバーの西洋近代資本主義に関する、そしてまたそれが経済的合理主義という形で現れてくる限りで、西洋近代合理主義に関する彼の「最後の理論」は一体どんなものであったのであろうか。また別の言い方で言えば、西洋の特殊な発展に対する説明のアプローチは、どのようなものであったのであろうか。

二　西洋の特殊な発展の説明——カロリング朝期以降の三つの大きな転換とその歴史的遺産

a　歴史的前提諸条件と歴史的諸時代

ヴェーバーによる説明のアプローチを略述しようとする前に、彼の研究方法に関する若干の考察が不可欠である。その際、彼の方法論に関する著作を見る必要があるだけでなく、彼が実際に用いた方法もまた関係づけねばならない(61)。

当然のことながら、規範として挙げられたやり方と実際用いられたやり方とは、矛盾していることがありうる。ヴェーバーの場合それらはどちらかといえば、相互補完関係に立っているように見える。

ここで私は、まず実際に用いられた方法の一部に関する考察から始めてみたい。ヴェーバーは遅くともプロテスタンティズム研究以降、またそれに基づき「反批判」の中で再び先鋭化された形で、資本主義の精神と資本主義の経済システムとを区別している。後者を彼はときおり、資本主義の形態、あるいは組織とか組織形態とかとも呼んでいる(62)。こうした区別は客観的（経済的・政治的）な条件と主観的な条件との区別と合致するものであり、したがって経済的な生活秩序だけに限定されるものではない(63)。資本主義というのは、経済的生活秩序にとっては、相対的に一般的なあるいは相対的に特殊なものとして捉えうる――ハインリヒ・リッカートの言い方で言えば、相対的歴史概念または絶対的歴史概念で捉えうる――ある特定の精神と特定のシステムのことをさしている(64)。これを相対的に一般的に捉えると、精神とシステムとしての資本主義から「持続的に同種のものを、概念的に純粋な形で抽出する」ような一般的性格の理念型、つまり理念型的類概念が形成される。またこれを相対的に特殊なものとして捉えると、「ある特定の時代を他の時代との対比において」特徴づける傾向を際立たせるような、個別的性格の理念型が形成され、その際「一般的に存在する傾向は同様に所与のすでに知られたものとして前提にされる(65)」。たとえば家計的経済行為と異なる資本主義的経済行為において持続的に同種のものとは、それが「需要充足」への努力によってではなく、収益性を高める努力によって動機づけられているということ、またそのために形式的に平和な交換機会《シャーンス》を利用し、資本計算の手段を、つまり「いかに原始的な形においてであろうと、営業成果の貨幣評価額と営業元本の貨幣評価額との比較(66)」という手段を活用しているということにある。ヴェーバーがはっきり述べているように、こうした理念型的類概念の意味での資本主義ならば、「資本計算のある程度の合理化をさえ伴いつつ、経済的資料の遡及しうる限りで地球上のあらゆる文化地域に存在した(67)」のである。とはいえ、そうした理念型的類概念の厳密な定式化がそれほど重要である――そして実際『経済と社会』の第二稿の経済社会学がそれをある視点に依存した決疑論として表している――にもかかわらず、結局のところ関心の対象となるのは、地球上のすべての文化地域が生み出したような「資本主義の種類・形態・方向性」ではなく、近代西洋だけが生み出したそれなのである。そしてそのためには、他のすべての種類の資本主義に対する、この近代資本主義の精神とシステムに固有の特性が挙げられねばならない。

さて、しかしながら精神とシステムとは相対的に相互に独立したものである。両者はまたそれゆえ、さまざまに段階づけられた選択的親和関係に立ちうる。ヴェーバーが明確に述べているように、「精神」は「『形態』に対してかなり『適合的』なこともありうるし、またあまり（あるいはまったく）『適合的』でないこともありうる」[68]。このことは、両者が同じ起源をもつものでも、また初めから一つの派生関係に立つものでもないということに起因している。この一方または他方を主張する立場は、その理論的前提如何にまったくかかわりなく、還元主義的な態度をとる。それゆえ、制度の転換と心情の転換、外からの革命と内からの革命は、歴史的現実の中では、めったに同時に生じることがない[69]。このことはまた、ある特定の資本主義の精神が成立するための歴史的前提条件を探求するには、まずある特定の資本主義的経済システムの成立の歴史的前提条件を捨象した上でそうしなければならない理由でもある。というのも、それぞれの「単位」が別々に分析されて初めて、選択的親和関係がどのような段階にあるのかが、つまり精神とシステムとが互いに一方向的あるいは相互的な促進関係にあるのか、または無関係なのか、それとも妨害関係にあるのかが検証されうるからである。そしてまたこのことはさらに、時代に関連づけて、発展領域ごとに行なわれねばならない。

ヴェーバー自身の証言によれば、彼は一九一〇年、つまり作品史上の第三段階にさしかかった頃には、とりわけ資本主義に関する二編の歴史的研究を書き上げていた。すなわち「経済システムとしての古代の『資本主義』」を扱う「古代農業事情」と、「近代資本主義の『精神』と名づけたいと思った事象」を扱うプロテスタンティズム研究とがそれである。(70) つまり、彼は「農業事情」の中で主に制度上の布置連関に携わり、部分的には以前の諸作品に依拠しながらも、古代の宗教史に関する見解ではなく、古代の経済史・社会史に関する見解を完成させたのに対し、プロテスタンティズム研究においては、心情上・動機づけ上の布置連関を前面に押し出したわけである。そしてこの研究は中間報告でも、ましてや結論でもなく、むしろ出発点として考えられていた。この研究は、まずは「宗教改革の時代を通して織り込まれた新しい糸を追求する」ことを目指していたのだが、それが宗教的‐倫理的に基礎づけられた動機づけに関する糸であったことは繰り返し強調されねばならない。(71)

つまり宗教改革の時代、正確に言えば宗教改革に続く時代、特に一七世紀に、内からの転換がもたらされたのである。この時代は西洋の発展パターンに新しい糸を織り込んだのである。その限りでこの時代は、近代の文化発展にとって構成的な歴史的前提条件の一つを作り出したと言える。しかしこれはもちろん唯一の条件ではなく、また近代資本主義の精神――これはまだ他の条件をも前提としている――にとってさえそうではないのである。(72) もっともこの糸は、比喩を続けるならば、資本主義の精神に、「古代とも中世ともいくつかの重要な点で特徴的に異なる」(73) 色合いを与えているのである。それが禁欲的プロテスタンティズムの文化史的意義をなしている。こうした色合いをとりわけ作り出した禁欲的プロテスタンティズムの側にも、内的・外的な、また主観的・客観的な構成的な歴史的前提条件がある。そうした構成的な歴史的前提条件を、生活領域および時代ごとに明らかにし、またそれらを相互に関係づけることは、ヴェーバーがプロテスタンティズム研究の中で、内的・宗教的前提条件に話を限定しながら実行したやり方に対応している。こうした限定は、世界宗教の経済倫理に関する一連の研究の中では放棄されている[74]。地中海‐西洋文化圏の発展史は――結局はすべての発展史がそうなのであるが――各時代に関連づけられた規範的‐動機づけ的ならびに制度的な転換の歴史でなければならない。また次のようにも言える。つまりそれは、規範的‐動機づけ的ならびに制度的な発明と、それらを伝承可能な歴史的遺産に接続し固定化する過程の歴史でなければならないと[75]。

さてここで提示したテーゼ、つまり歴史的前提諸条件は各時代に関連づけて証明されねばならないというテーゼは、意外に思われるかもしれない。ヴェーバーはまさに時代《エポッヘ》・局面《ファーゼ》・時期《シュターディウム》・段階《シュトゥーフェ》といった概念を、それが進化論的なコノテーションをもっているという理由で、文化科学の領域から閉め出したのではなかったのか。また彼は繰り返しそうした諸概念の使用に対して、それが「こうした概念をあたかも生物学が扱う有機体のような現実的存在であるかのように、またはそこから個々の構成要素が『流出』してくるヘーゲルの言う『理念』であるかのように扱うこと[76]」へ導いていくという理由で、警告していたのではなかったのか。

実際ヴェーバーがこうした流出論的な発展概念――それが唯物論的に基礎づけられたものであれ、観念論的に基礎づけられたものであれ――に激しく抵抗したことは疑いない。これはそうした発展概念が、概念と概念によって捉えられるものとの間の非合理的断絶《ヒアトゥス・イラティオナリス》を解消し、また発展を価値の増大と同一視するような概念形成理論に由来しているという理由による。[77] 彼の見解によれば、いたるところで繰り返される諸段階の法則的な継起というものもなければ、ある同一の段階上においても、そこに属する歴史的諸現象をその一般的性格から推論させるような内的統一性は存在しないのである。むしろいたるところで大事なのは、諸要因の事実上の布置連関を捉えることである。またいたるところで、対外関係においては確かに個別的だが対内的関係においては一般性をもつこうした布置連関は、そうなって他のようにはならなかった原因について、他のさまざまな布置連関から説明されねばならない――その際また同時に両者間のずれも問題になる――のである。つまり問題は、我々が時代・局面・時期・段階というものを構成すべきか否かということにあるのではなく――というのも、長期にわたる発展を研究する場合にはこれは避けられないことであるから――、ただそれらがどのような地位を占めるかということにあるのである。これは概念的な叙述手段としての地位であり、推論手続――演繹によるものであろうと、アナロジーによるものであろうと――としての地位ではないのである。それゆえヴェーバーは彼の段階概念を次のように定式化している。「我々がある『文化段階』を構成する場合、この思考の所産は、判断の形に分解するならば、単に我々がその際概念的に要約しようとしている個々の現象が互いに『適合的』であるということ、また相互間に一定程度の内的『親和性』――と表現してよかろう――を有するということを意味しているだけであり、決してそうした諸現象が何らかの法則性をもって相互に帰結しあうということを意味しているのではない」。[78] こうした表現の中に、ハインリヒ・リッカートの発展史の概念から影響を受けた段階概念の方法論的な捉え方が表れている。発展段階は——一方で単なる変化ともまた他方で流出論とも異なり——外的な歴史的諸連関とそうした諸連関の内的区分の価値関係的で条件的‐目的論的な要約から生じるものとされるのである。(79)

したがってヴェーバーは、こうした意味では発展の局面・時期・時代・段階といったものを構成することを許容している。ヴェーバーによってそれらは、リッカートの場合と同様に、価値関係という手段によって形作られた歴史的連関の編成にとって不可欠なものと見られている。彼によって構想された『政治経済学ハンドブック』——後の『社会経済学綱要』——の題材配分のプランが「経済の諸時代と諸段階」——後に「国民経済学の発展諸段階」に変更された——というテーマの論文で始まることになっていたのは偶然ではない。実際この共同研究の一九一四年に出版された第一巻は、カール・ビューヒャーによる、閉鎖的家計経済（オイコス経済・フロンホーフ経済を含む）・都市経済・国民経済（閉鎖的な国家経済と多少とも開かれた資本主義経済を含む）の各段階へのヨーロッパの経済発展の区分で始まっているのである。(80)確かにヴェーバーは——往復書簡からもわかるとおり——この議論をまったく不十分なものと見なしていた。そしてとりわけこうした評価が、彼を『綱要』への寄稿——彼の遺稿の中から『経済と社会』の旧稿として我々に伝えられているもの——の改訂作業の一つへと動機づけることとなったのである。(81)しかしながらヴェーバーがビューヒャーの寄稿を不十分なものと考えたのは、彼が発展段階を使って議論をしたからでは決してなく、彼が［議論に］制限を加える言葉を述べているにもかかわらず、それを非常に図式的に用い、しかもさまざまなゲマインシャフト関係やゲゼルシャフト関係の諸形態を「経済的扶養共同体」として著しく粗雑に、差異を明確にせずに叙述しているにすぎないからである[82]。

したがってヴェーバーにとって局面・時期・時代・段階といった概念は、地中海‐西洋的な文化発展を内的に区分するための、叙述手段として役立つものだったのである。またそこから、歴史的現象の「下位単位」が、一定程度の内的親和性をもって生み出されたのであり、そうした「下位単位」の構成にとって、近代西洋合理主義が（索出的な）目的因《テロス》をなしたのである。この意味で彼は――近代の経済的合理主義が精神とシステムに関して（索出的な）目的因となった経済発展に関係づけながら――、すでにプロテスタンティズム研究において鉄の時代の資本主義と区別される英雄時代の資本主義について、また「反批判」において古代・中世・近代初期・近代あるいは近世の資本主義について、また『経済史』においては、おそらくゾンバルトの提案に沿いながら、資本主義以前の時代と資本主義の時代――後者はさらに初期資本主義の時代と高度資本主義の時代に区分される――の経済について述べているのである。別の種類の区分をすでにエルンスト・トレルチがその「西方キリスト教の倫理の普遍史[83]」において、宗教発展に関して行なっていた。彼の見るところでは、古代教会、中世のカトリシズム、そしてプロテスタンティズムは相対的に閉じた発展圏を形成しているが、にもかかわらずそれらは互いにある連続的関係に立っており、それらにおいてキリスト教の「本質」が互いに関係しつつも相異なる形で表現されたのである。しかしここで決定的なことは、西洋の経済発展を内的に区分する場合でも、また西洋の宗教発展を内的に区分する場合でも、その際得られた段階が、最終的状態へ向かう単なる前段階として相対化されたり否定的に評価されたりしてはいないということである。それはむしろ、その固有の権利において、またその固有法則性において承認されている。エルンスト・トレルチはそのことを、彼の中世カトリシズムの解釈に関して次のように、特に適確に述べている。「中世の宗教とその社会教説は、『キリスト教の本質』の変形物でもなければ、また他の目標に仕えるキリスト教理念の一つの発展局面でもなく、固有の長所と真理とを、そしてまた固有の誤りとおぞましさとをもつ、一般的布置状況に対応した宗教意識の形成物なのである(84)」。

こうして、内部編成は、いわば事象的・時間的な指標をもつ「下位単位」へと導く。この内部編成は事象的には、内的側面と外的側面、規範的‐動機づけ的要素と制度的要素をもつ社会的構造原理に関係し(85)、また時間的には、ある特定の社会的構造原理が優勢を占めるような歴史的期間と関係している。この意味でたとえばヴェルナー・ゾンバルトは、資本主義以前の経済の時代を資本主義経済の時代から区別しているのである。つまり、資本主義以前の時代においては、経験主義的技術と伝統主義的経済運営を伴う需要充足原則（あるいは自給自足経済の原理）が支配しているのに対し、資本主義の時代においては、科学的‐合理的技術と合理主義的経済運営とを伴う営利原則（貨幣による交換経済の原理）が支配している。経済原理がさまざまな形態を許容する——たとえば、需要充足原則は村落共同体の農民経済という形で、または荘園制のフロンホーフ経済という形で実現されうる——ことから、またいくつかの原理が支配的地位をめぐって争い合うような過渡期が構成されることから、さらなる細分化が生じる。そうした過渡期というのは、ゾンバルトによれば、たとえば西洋の都市における交換経済の再生によって始まるものである。しかしながらまずは、少なくとも都市の手工業経済においては、需要充足原則に属する「生計維持」の観点、つまり身分相応の生活という観点が無傷のまま存続する。ようやく徐々に特別な状況の下で、営利原則が伝統的諸関係の中に侵入していき、それにとって代わるようになる。これが初期資本主義時代の始まり——ヴェーバーの言葉で言えば、需要充足原則と営利原則とがあからさまに支配的地位をめぐって互いに争う、資本主義の英雄時代の始まり——である。[86] ヴェーバーがまったくこの通りではないにせよ、およそこのような考察に近づいていたことは、『経済史』から知ることができる。そこで言われているのは、「需要充足が主として資本主義を指向しており、そのためこの種の組織を除外して考えると、需要充足一般が崩壊してしまうような場合に[87]」はじめて、ある経済上の時代を典型的な資本主義の時代と称してもかまわないということである。この意味では確かにヴェーバーにとって、政治的指向をもった資本主義は過去の歴史を通してずっと存在していたし、またさらに、比較的早くから市民的な経営資本主義への萌芽も存在したのだが、資本主義の時代というのは一つだけ、つまり近代だけしかないのである。しかしそのための歴史的前提条件は、さまざまな資本主義以前の経済時代に成立していたのであって、これには初期資本主義の時代だけではなく、古代や中世も含まれるのである。

さてしかしながら経済的生活秩序は、多くの生活秩序のうちの一つにすぎない。そしてヴェーバーが『宗教社会学論集』において企てたような「文化の普遍史」は、「精神」と「形態」に関してまさにその［経済的生活秩序の］発展史にどれだけ関心を向けねばならないとしても、同様に、その際それが他の生活秩序——特に宗教と政治——の発展史に対してもっている「選択的親和関係」を閑却してはならないのである。したがって段階区分あるいは時代区分に際しては、経済的構造原理だけが重要なのではなく、より一般的に、社会的構造原理、ある発展圏全体にとって決定的であるような秩序配置の基礎的布置状況もまた重要となってくるのである。近代文化、特に近代の経済文化は、そうした「一連の」基礎的布置状況（時代）や、歴史的遺産（歴史的前提条件）によるそれらの「結びつき」から、解釈を通して説明されねばならない。それゆえヴェーバーが考えていた文化科学は、互いに独立してはいるが、しかしまた相互に関係しあった四つの課題に直面することになる。第一の課題は理論構成の領域にあり、他のものは歴史的研究の領域にある。それらはしたがって、理論的文化科学と歴史的文化科学とに割り当てられている。理論的文化科学に与えられる課題は、明確な（歴史的）概念の決疑論を発展させ、出来事の一般的規則を見つけ出すことであり、歴史的文化科学に与えられる課題は、（個別的な）布置状況を同定し、因果帰属を行ない、また現在の布置状況に結びつく発展傾向を評価することである。これら四つの課題を、ヴェーバーは「客観性」論文の中で、次のように述べている。「こうした（仮説的な）『法則』や『要因』をつきとめることは、我々にとってはいずれにせよ、求める認識に到達するためになされねばならない多くの課題のうちの第一段階にすぎないであろう。そうした『要因』のその都度歴史的に与えられる個性的な集合や、それによって規定された具体的な、そのあり方において重要な協働作用を分析し、秩序立てて記述すること、またとりわけこの重要性の根拠とあり方とを理解できるものにすることが、第二の課題になるであろう。これは、第一の準備作業を利用しつつ解決すべきものとはいえ、それとは独立したまったく新しい課題である。さらにこうした諸要因の集合がもつ、現代にとって重要なそれぞれの個性的特質の歴史的な成り立ちを、できる限り過去に遡って追求し、そしてそれらの特質を、以前の同様に個性的な布置状況から歴史的に説明すること、これが第三の課題になるであろう。最後に未来がどのような布置状況になりうるかを推測することが、考えうる第四の課題であろう」[88]。

　したがって、段階や時代の区分は、事件史に従うものではない。それはまた、歴史的期間の厳密な指定を可能にするものでもない。にもかかわらずそれは、事件史やおおよその年代と関連しているのである。いずれにせよ、ヴェーバーが所々に書いた見解を通して、このような解釈が導き出される。世界宗教の経済倫理に関する研究の中で、中国と西洋との政治的・経済的秩序を比較した際に、彼は西洋の（政治‐経済的）運命にとって決定的であった革命について、つまり「一二・一三世紀のイタリア、一六世紀のオランダ、一七世紀のイギリス、一八世紀のアメリカとフランスの革命[89]」について注意を促している。『経済と社会』の第二稿のある箇所を、ほとんどこの点に関する解説として読むことができる。そこには次のように書かれている。「近代的・特殊西洋的な資本主義は、（相対的に）合理的な行政をもっていた特殊西洋的な（一二・一三世紀の――シュルフター）都市的諸団体の内部で準備されていた。……この近代的な資本主義は、一六世紀から一八世紀までの間に、市民勢力と営利関心の支配を特徴とする、オランダとイギリスの身分制的な政治団体の内部で、第一次的に発展した。これに反して、純家産制的な、あるいは封建的‐身分制的な影響を受けた大陸諸国における、それの——財政的・功利的な理由からする——第二次的な模倣は、ステュアート朝の独占工業とまったく同様に、後に始まる自律的な資本主義的発展と、真の連続関係に立つものでは
な
か
っ
た」。[90] しかしさらに、政治的‐経済的運命に、それとさまざまな形で絡み合いながらも決して そこから演繹することのできないもの、つまり宗教的な運命が加わる。宗教上の決定的な革命は、宗教改革とりわけ一七世紀におけるその諸結果に際してだけではなく、西方教会と東方教会との分離や、グレゴリオ改革、聖職叙任権闘争などと関係のある一一・一二世紀の大変動においても行なわれた。[91] 政治‐経済的な運命と宗教的運命とを結びあわせると、少なくとも西ヨーロッパの発展史にとっては三つの大転換が明らかになる。すなわち、まず一一世紀から一三世紀にかけての転換——この時期にとりわけ近代の市民的経営資本主義にとっての外的な歴史的前提条件が同時に確立された——、そして一六世紀から一八世紀にかけての転換——この時期にとりわけ近代の市民的経営資本主義にとっての内的な歴史的前提条件が同時に確立され、また「新しい精神」とすでに広範に成立していた「形態」との間に真の選択的親和性が成立し、その結果心情的な障害によって妨げられないような、またその際両者が互いに妨げ合わないどころかむしろ相互に高め合うような発展が始まりえた——、最後に一九・二〇世紀における転換——これによって、形式的に自由な労働の合理的組織を伴う経営資本主義が勝利を収めて機械的な基盤の上に最終的にうち立てられ、またあらゆる宗教的下部構造、さらにはあらゆる倫理的下部構造から「解放」された——。これを別の言葉で言えば次のようになる。すなわち主として

経済的な観点のもとでは、「中世後期の、まだかなり不安定な資本主義の発展過程[92]」が問題になる。そして次の段階で問題になるのは、初期資本主義の発展過程、特に信仰深い中世のカトリックや、同じく信仰深いルター主義者などとは異なり、「自分の行ないとの一致を感じるために[93]」妥協を必要としない職業人を生み出した、「近代の経済発展の心的側面[94]」である。最後の段階で問題になるのは、すべての伝統主義的な経済心情に対する、またゾンバルトの言う需要充足原則に準拠するあらゆる経済システムに対する優位を最終的に獲得した高度資本主義である。これがどれほど最終的なものであるかについて、ヴェーバーはまったく幻想を抱いてはいなかった。ヴェルナー・ゾンバルトは次のように伝えている。「私がかつてマックス・ヴェーバーと未来の展望について話をしたとき、我々は次のような問いを立てた。資本主義諸国において人々が一九世紀の初め以来ずっと演じ続けている大騒ぎは、いったいいつ終わりを迎えるのだろうかと。すると彼は次のように答えた。『最後の鉱石が最後の石炭で精錬され尽くされてしまう時だろう』と[95]」。

さて、こうした解説から次の二つの点が明確になる。一、最終的に近代資本主義（そして近代合理主義）をもたらした決定的な転換を、ヴェーバーがもっぱら宗教改革とその帰結だけに結びつけていたと考えるのは誤りであること。宗教改革は重要ではあるが、それだけがすべての重要な歴史的前提条件を生み出したのではないのである。二、ヴェーバーは確かに第一の転換を西ヨーロッパの発展にとってすべてを決定づけるような方向転換であるとは考えなかったであろうが――最近の研究はそういう見解に傾いている[96]――、すでに引用した「古代ユダヤ教」の冒頭部分からも明らかなように、彼は西ヨーロッパの発展にとって、「ローマの官職概念に基づくローマ教会」および「中世的‐身分制的秩序」の文化意義を、禁欲的プロテスタンティズムのそれと「同等に重要なものと評価し」ていたのであり、経済発展の特殊な観点から見た場合に、彼が中世都市の発展に「教皇革命」以上にさらに大きな意義を与えていたとしてもそうである。(97) しかし、どのように強調点を置こうとも、いずれにせよヴェーバーにとって「中世最盛期」は、西ヨーロッパにとって重要な、特に制度上の転換の局面であった。彼の博士論文がすでにそのことを、小規模にではあるが、示している。ランドル・コリンズが、ヴェーバーは計画されていた中世（ママ）キリスト教に関する研究を書いていたとしたら、その時初めて「中世最盛期」が資本主義への途上におけるすべての制度上の転換点のうち最も重要なものであることに気づいていたであろう——「ヴェーバーはプロテスタンティズムに関する議論の余波にかかわりあったために、もっと以前にこのことに気づくことができなかったのかもしれない」(98)——と推測するとき、我々は『ヴェーバーの社会学理論』を書こうとする著者がヴェーバーの作品に関してもっている知識について、ただ疑念を抱くのみである。というのもヴェーバーは、一般的には西洋の特殊な発展に関して、また特に西洋資本主義の発展に関して、中世最盛期のもつ文化史的意義を見逃したりはしていなかったし、また中世において主として制度上の転換が生じたというテーゼと、宗教改革後の時代に主として心情上・動機上の転換が生じたというテーゼとの間には何の矛盾もないからである。

この関連において、さらに第三の点が重要となってくる。マルクスが西洋の歴史を人類の歴史と同一視しただけでなく、彼の封建的生産様式の概念のために、宗教改革後および中世のいずれの転換の文化史的意義をも見抜けなかったのに対し、ヴェーバーのアプローチは、こうした規範的なヨーロッパ中心主義(99)のみならず、西洋史の誤った時代区分――それによれば、「大転換」は近世の大きな政治的革命、主としてフランス革命と重ね合わされてしまう――をも免れているのである。(100)確かにヴェーバーによる時代区分はあいまいなままである。そしてまたそれは、各々の部分的発展ごとに異なる強調の仕方がされているようにも見える。さらに彼はしばしば、単に古代・中世・近世という三区分ですませてしまっている。しかし彼のアプローチはこの点で、内在的な理由から修正を受け入れるものなのである。とりわけヴェーバーは明らかに宗教改革以前の発展局面について、いくつかの決定的な点を強調している。このことはヴェーバーを批判する者でも認めている。ハロルド・J・バーマンは、西洋の特殊な法の伝統の成立に関する基礎的研究の中で次のように――その際、最後にはマルクスとヴェーバーとの相違があまりにも不明確になってはいるのだが――述べている。ヴェーバーは「本研究の基礎をなす多くの根本的事実を確定した。一一世紀末から一二世紀初頭にかけての聖職叙任権闘争が教会と国家との分離の基礎となったこと、一二世紀の新しいカノン法が最初の近代的な西洋の法体系であったこと、君主と臣下の権利と義務の互恵性によって、西洋の封建制が他の社会のそれから区別されること、一二世紀およびそれ以後の西洋の都市が市民に憲法上の権利を与えている点で特殊であることなどがそれである。しかしながら、一六世紀に中世と近代の、また封建制と資本主義の鋭い断絶を想定する彼の歴史解釈が、ヴェーバーが上記の諸事実から正しい結論を導き出すことを妨げてしまったのである。ヴェーバーにとっては、マルクスにとってそうであったのと同様、西洋の法はブルジョワ的法、資本主義的法――あるいはヴェーバー独自の用語法で言えば――官僚制的法、形式合理的法であったのである」[101]。

西方キリスト教に関する研究は、「もし書かれていたとすれば、」古代ユダヤ教や古代キリスト教に関する研究を引き継ぎながら[102]、ヴェーバーによれば世界史上最初の合理的官僚制とされるローマ教会の形成に、またその正統派の達人宗教的運動との関係、およびその封建制的・身分制的・都市的政治権力との関係の形成に、疑いなく大きな注意をはらっていたであろう。このことはすでに『経済と社会』の第一稿、特に法社会学と支配の社会学が示している[103]。言いかえれば、西方キリスト教に関する研究は、第二の転換、つまりとりわけプロテスタンティズム研究で描かれた転換を論じる前に、まず第一の転換をきっと論じていたはずだということである。すでに述べたように、その際この研究にはプロテスタンティズム研究の孤立性を解消し、因果関係のもう一つの側面を展開するという課題も与えられていたはずである。この意味で、ランドル・コリンズが正当にも推測しているように、「中世最盛期のヴェーバー革命[104]」というものが実際存在するのである。それではこれはどのようなものなのか、これが我々の次の問いになる。

b　説明対象――自由な労働の合理的組織を伴う市民的経営資本主義

この問いに対して答えを出せるようになるには、まずその前に次のことが明らかにされねばならない。つまり近代西洋資本主義を、その種類・形態・方向性に関して、他の種類・形態・方向性をもつ資本主義から区別している特殊な外観というものはそもそも正確にどの点にあるのか、つまり最終的に説明すべき決定的な特徴とは何なのかということである。そのためには、すでに導入されている資本主義という理念型的類概念――交換機会の利用による利得への期待に基づく経済的行為、あるいは常に新たな利得のために資本を利用するような経済的行為――をたよりにすることはできないのであり、資本主義の特徴のうち、「こうした形ではその構成体の他の時代において存在しなかったか、または特に異なった程度において存在していた」[105]ものを個々に明確にせねばならないのである。近代資本主義のような複雑な構成体の定義は、研究の初めから明らかであるなどということはありえず、「一歩一歩積み重ねられていく総合の結果としてのみ可能」[106]であるということを、ヴェーバーは繰り返し強調しているけれども、彼に対しても、記述様式は形式的には研究様式とは区別されるというカール・マルクスの命題があてはまるのである。[107]実際ヴェーバーもまた、一歩一歩積み重ねられた総合の結果を、少なくとも『宗教社会学論集』に関しては、「序言」という形で冒頭に述べている。[108]

特殊近代的な西洋資本主義の定義は、私の考えでは、三つの特徴の複合体――ヴェーバーはこれらを常に区別していたわけではないが——に分かれるように思われる。第一の特徴は近代資本主義的企業に関係し、第二の特徴は近代資本主義的経済秩序に、第三の特徴は近代資本主義的精神に関係している。近代資本主義とは、まずは営利経営による採算性の追求、つまり家計の場合のように需要充足をではなく利得を持続的に目指しているような、また三つの生産要因、すなわち労働・物的な生産手段・管理活動を工場や事務所などで経営にかなった形で組み合わせているような、構成単位による採算性の追求を指している。その際ただし、営利経営という概念は、厳密に言えば、経済的企業と技術的経営とが一致しているような場合だけを含んでいる。[109]ところで、近代的な営利経営は、次の三つの特徴によってさらに厳密に記述できる。一、形式的に自由な労働、およびその機械や装置（「固定資本」）との結合——これは、技術によって媒介された労働の特殊化および労働の結合へと導く。二、営利経営の家計に対する外的・内的な自立化——これは両者の空間的な分離（工場や事務所からの住居の分離）や、法律上の分離（経営資本・企業資本からの私有財産の分離）、計算上の分離（複式簿記を基礎とする資本計算からの、家計（貨幣）計算を基礎とする財産管理の分離）などに表れている。三、個々の所有者の財産の運命からの、経営資本の運命の分離——これは管理活動が物的な生産手段・「固定資本」の所有から分離することに表れており、また「有価証券という形式を通しての株式の商業化」と結びついている。[110]たとえば近代資本主義的な工業経営とは、典型的には株式会社という法形式のもとでの工場経営であり、また近代資本主義的な商業経営の典型は、合名会社という法形式のもとでの事務所経営である。これら自体は、近代資本主義と同時に現れる計算可能性の表現としての資本計算が一般に一切の考慮の中心に置かれるように、「資本計算的企業[111]」のカテゴリーに属している。近代国家の定義に際してと同様、近代資本主義的企業についてもまたヴェーバーは、まず第一にそれがもつ特殊な手段を用いて定義づけを行なっている。前者については正当的な物理的強制力の独占、後者については資本計算としての貨幣計算がそれである。このことから次のことが言える。つまり、近代資本主義的な営利経営の形式合理性の程度は、結局のところその資本計算の合理性の程度によって決まるということである。さてしかしながら、後者の合理性の程度は、先に挙げた諸特徴にだけ左右されるのではなく、流通経済としての資本主義的経済秩序と関連する諸特徴にも左右される。というのも、「生産経営による資本計算の形式合理性が最大限に[112]」達成されるには、先に挙げた三つの特徴以外に、さらに少なくとも三つの特徴が加わらねばならないからである。すなわち、四、すでに言及した、有価証券を通しての株式の商業化——これは家計と営利経営との、また財産と資本との分離を支え、かつとりわけ営利経営の資本装備や資本結合を、「所有者の財産装備や財産の相続運命[113]」から切り離すものである——、五、貨幣秩序を保障し貨幣生産を規制する、国家によって独占された貨幣制度、六、「実質的には単に秩序団体の利害状況を、つまり形式的には単に秩序団体の秩序を指向するような自首的かつ自律的な経済主体の間での流通経済的なサーヴィスの専門化」が現実に成立するために市場（商品市場、労働市場、資本市場、貨幣市場など）が最大限に自由であり、かつ開かれていること。そうした秩序団体としては、もちろん一つの概念上の限界事例ではあるが、「純粋な法治国家」、自由放任主義《レッセ・フェール》国家が挙げられる。しかし実際には近代の立憲国家もまた、他のすべての政治団体と同様、経済規制的団体であり、要するに問題は、単にそのような国家が形式的な規制だけに自己限定するのか、それとも実質的規制までも行なうのかということになってくる。[114] 不自由な労働が支配的な場合や物的な生産手段が単なる道具でしかない場合、また財産と資本、収入と利益、家計と経営といったものの区別が不安定で、経営資本の運命と個々人の財産の運命とが密接に絡み合ったままであるような場合には、特殊近代西洋的な資本主義に特徴的な労働組織は、何らかの形で欠けていることになる。また株式市場が十分に組織されておらず、株式仲買人が十分専門職化されていないような――部分的にはまだドイツ帝国がそうであったのだが――ところ、[115] また貨幣制度の国家による独占が達成されていないところ、しかしまたとりわけ、政治的支配が実質的な経済規制を遂行しているところでは、何らかの形で、「純粋に利害状況のみを通して可能になるような、また交換機会を指向し、交換によってのみゲゼルシャフト関係が取り結ばれるような経済的需要充足」[116] が欠けていることになる。しかしこうした流通経済的需要充足がまだ支配的ではない限り、確かに個々の近代資本主義的な営利経営や資本主義的労働組織は存在しうるけれども、こうした場合それらは、経済生活全体にとって決定的なものではない。それらは「根本的な変化を生じさせることなく」再び消滅しうるのである。[117]

こうしたミクロ経済学的特徴とマクロ経済学的特徴との結合という意味で、ヴェーバーは「序言」の中で、「自由な労働の合理的組織を伴う経営資本主義」について、また資本主義的労働組織について論じている。しかしながら彼はまた、こうした包括的な定義に、市民的という形容詞を付け加えている。[118] それによって彼は、一つの社会層、すなわち「担い手」を、また一つの「精神」、つまり特殊な経済的心情を引き合いに出しているのである。第二の観点から言えば、市民的とは、身分相応の生活を送りたいという貴族的な経済心情や、また農民的ないし職人的な生計維持を求める経済心情でも、資本主義的冒険家の投機的な経済心情でもなく、資本計算に支えられた計算可能性の原理と市場競争の原理によって導き出される利得追求の合理的調節が支配的な状態であることを意味しているのである。それは確証の――より正確に言えば職業確証の――精神であり、これは（形式的に）平和な資本利用に際して、他の目的のためではなく、ただ資本利用のためだけに実現される精神なのである。[119]

ヴェーバーはこうして家計的な経済行為すべてを営利的経済行為から、また後者の中でも暴力的営利を平和的営利から区別している。家計／営利経営、需要充足／採算性、財産／資本、こうした二項図式が第一の区別の基礎に置かれている。政治的営利指向／経済的営利指向、権力機会や暴力機会の利用／市場機会の利用、これらが第二の区別と結びつく最も重要な二項図式である。政治的な営利指向ではなく、この意味での経済的営利指向だけが、形式合理的で資本計算に適合的な軌道へ進むのである。そしてこの軌道上においてのみ、その際工業・商業・銀行業・取引所のいずれが第一に考えられているかとはまったくかかわりなく、市民的経営資本主義に到達するのである。家計的な、また政治的営利指向の経済行為ならば、いつの時代にもそうした形態や精神は存在した。しかし相対的に自由で開かれた市場における資本主義的労働組織を利用した経済行為は、いつの時代にも存在したわけではない。こうした種類・形態・方向をもった経済行為はむしろ特殊西洋的であり、さらにその形式合理性については特殊近代的である。それゆえ『経済と社会』の第二稿で要約的に次のように述べられているのである。「西洋だけが、資本主義的営利経済に基づく、固定資本・自由な労働・合理的な労働の専門化とその結合・純粋に流通経済的なサーヴィスの配分を伴う合理的な資本主義的経営を知っていた。すなわちそれは、労働者の生産手段からの分離と、有価証券所有者による企業の独占という事態を伴う、広範な大衆の典型的かつ支配的な需要充足の形態としての、形式的には純粋に自発的な労働組織の資本主義的形態のことである。また西洋だけが、レンテ証書発行という形での公債や商業化や合理的経営の対象としての発券業務および資金調達業務を知っていたし、また商品や有価証券の取引所での売買・『貨幣市場』や『資本市場』・企業形態での商品生産（商品販売だけではなく）の営利経済的に合理的な組織の形態としての独占団体を知っていた」[120]。またこれに次のことも付け加えうる。すなわち西洋だけが、それらと結びついた職業人・専門人の精神を知っていたと。

資本主義の「システム比較」において、こうした自由な労働の合理的組織を伴う近代的経営資本主義の特性は、それを古代の資本主義――工業的奴隷経営であれ、農業的奴隷経営であれ――と対比してみると、特に明確になる。表面的に見ると、古代のエルガステリオンは、近代の工場とまったく似ているように見えるし、また古代のプランテーションは、近代の農業的小作経営と似ているように見える。というのも、これらすべての場合、形式的に平和な交換機会の利用を指向する大規模経営・持続的経営が問題になっているからである。しかしより厳密に見れば、古代の経済構成体には資本計算の形式合理性にとって決定的な次のような前提が欠けていたことがすぐにわかる。すなわち、自由な労働、器具や機械の技術、およびそれと結びついた技術によって媒介される労働の専門化とその結合、家計を営利経営から、また経営資本の運命を個々の所有者の財産の運命から本当に切り離すための、法的制度や技術的手段、しかしまたとりわけ、政治団体との関係における自律性、これらが欠けていたのである。古代の政治団体は、多様な形をとるとはいえ、近代国家――これは行政手段から厳密に分離された行政スタッフによって取り立てられる貨幣租税と貨幣貢納を主たる収入源としている――（つまり独自の管理権をもつ純粋な貨幣貢納国家）の性格を備えた「秩序団体」というものではない。古代の政治団体はむしろ、実質的に経済を規制する団体なのであり、部分的にはかなり貨幣経済的発展を遂げていたとはいえ、多かれ少なかれかなりの割合で、「従属する」諸団体の現物給付や奉仕の提供に、また農地の賃貸しやプフリュンデ化に、そしていずれにせよ税の徴収に際しての「他団体による管理」といったものに頼らざるをえない状態にとどまっていたのである。それは構造全体から、市場を指向する自律的な資本主義の成立を促進することがなかった――公的負担制度をその唯一の原因と見ることはもちろん誤りであろうが。[121] しかしながら近代の状況にとって特徴的な、経済と国家の機能分化がやはり欠けていた。確かに古代は、すでに比較的合理的な資本主義的大経営・持続的経営を知っていた。しかし近代的工場や近代（英国）の小作農業経営のような類の資本主義的労働組織や、それどころか主に流通経済的な需要充足さえも、古代には知られていなかったのである。[122]

しかし、資本計算の形式的合理性にとっての重要な前提は、西洋中世においても、また西洋近世初期においても、まだ存在しなかったか、あるいは単に萌芽的な形で存在したにすぎない。「農奴や隷農の労働による賦役農場や領主作業場、あるいは領主制下の家内工業における」自由でない労働組織を見れば、ヴェーバーの言うように、それが部分的には古代の「合理性水準」よりも後退さえしていることがわかる。[123]営利経営が大部分、君主や荘園領主の大家計に編入ないし併合されたままであるということ、したがってマクロ経済学的に見れば営利経営が営利原則ではなく、結局のところ家計原則に従属しているということは、総じて資本主義以前の時代の経済様式の「伝統的パターン」に属することである。[124]にもかかわらず、古代と比較した場合、まさに西洋の中世および近世初期において、自由な労働を経営として合理的に組織するような発展方向にある、商工業の新たな組織形態――とりわけ自由な家内工業ないし自由な問屋制度、[125]またすでに少し言及した合名会社など――が発展したのである。商工業の歴史にとって、「商業経営や、労働者家計の一部としての経営（仕事場労働――親方相互間の組織は除く――を欠くもの）が、特殊化されたサーヴィスを提供することで商業経営に、また反対に後者が前者に」結びつけられているような家内工業ないしは問屋制度は、特に興味深いものである。[126]というのも、資本主義的な販売形態（生産形態ではなく）を伴う脱中心化された大経営としての資本計算企業というこのカテゴリーは、エルガステリオンと比べて質的に新しい特性を示しているからである。ただし、この種の資本計算企業にも、近代的工場と比べた場合、「固定資本」や、それに関連して生産過程への資本主義の浸透、労働者の住居から空間的にも分離された工場経営としての大経営における、技術を媒介とした労働の特殊化・結合といったものが欠けてはいた。また仕事場や——家内工業的労働関係の形態しだいでは——労働手段や労働素材なども、労働者が所有したままである。確かに資本主義的販売システムとしての問屋制度は拡大された市場を求めるものであり、付け加えて言えば、これはヴェーバーによればすでに一〇世紀から一二世紀にかけて西ヨーロッパで発展していた。[127] しかしながら、中世的市場関係がさらに質的に古代の市場関係から区別されるものであるとしても、やはりそこでもまた流通経済的需要充足の発展は、中世社会の政治‐社会的組織によって結局妨げられたままだったのである。したがって古代・中世・近代それぞれに経済的な指向性をもった資本主義が、相互に質的にまったく違った経済的構成体を伴いながら存在していたということになる。そしてこのことはまた、それと結びついた経済心情についてもあてはまるのである。

結局、近代西洋の資本主義の特殊性とは、それが自由な労働の形式合理的組織を伴う市民的経営資本主義であるというところに存している。それゆえ、古代には債権者層と債務者層との（地域的および地域間の）対立が、また中世には問屋制前貸人と下請職人との対立が特徴的であるのに対して、近代資本主義だけが、大工場経営者と賃金労働者との対立や、ブルジョワジーとプロレタリアートとの（全国的）階級分裂を知っていたのである。[128] マルクスの場合と同様、ヴェーバーにおいても近代資本主義は、はじめは「有機的に」結びついていたものが分離していくことに基づいている。それはたとえば、労働者の労働手段・労働素材・仕事場からの分離、営利経営の家計からの分離、経営資本の個々人の財産からの分離、経済の国家からの分離などである。しかしその際ヴェーバーにおいては、マルクスの場合のように労働者が自己実現の条件を奪われていくことではなく、むしろ営利経営の独立・自律化の方が第一に問題になっている。またマルクスとは異なり、ヴェーバーはこうした過程の客観的側面を分析するだけで十分だとは考えなかった。その主観的側面にも、つまり営利経営を「神秘体（corpus mysticum）」として、また超個人的な「事象《ザッヘ》」として捉える解釈にも、単に外面的にだけでなく独立した一章を割かねばならないのである。『経済史』さえも「資本主義的心情の展開」を素描した章で終わっているのはこのためである。こうした心情の展開は、単に客観的な経済的条件の顕現あるいは関数としては理解できないということを、彼はこの講義の「概念的序言」[129]でも、またとりわけ『宗教社会学論集』の「序言」でも――つまりは彼の最後のテクスト二編の中で――強調している。特に『宗教社会学論集』の「序言」は、近代西洋資本主義および近代西洋文化に関する一面的に経済的な――あるいは一面的に制度的とも言えるであろうが――説明のあらゆる試みに対するラディカルな拒否を含んでいる。たとえば近代の経済的合理主義の成立を、理解を通して説明しようとするならば、確かに「経済のもつ根本的な意義に応じて、何よりも経済的諸条件を考慮」しなければならない。しかしヴェーバーが続けて言うには、「それについてはまた逆の因果連関も見逃されてはならない」。ところがこの因果連関とは、「特定の種類の実践的‐合理的な生活態度を取りうるような人間の能力や素質」、この場合で言えば、市民的生活態度を取りうるような特定の社会層の能力や素質に向けられたものである。こうした生活態度はしかしながらまた、倫理的に基礎づけられた義務表象に対する信仰と結びついているのである。[130]

c　第一の転換——教皇「革命」、封建「革命」、都市「革命」

aa　「教皇革命」

それでは、右に定義した意味における資本主義的労働組織、近代的流通経済、そして市民的生活態度の成立にとって、第一の転換はいかなる貢献をしたのだろうか。それによって、どのような歴史的前提条件がもたらされたのだろうか。このことが明らかとされるためには、次の点が手短に検討されなければならない。すなわち、この第一の転換によって、いかなるズレが生じたとヴェーバーは考えていたのか、それによって作り変えられたものは何なのか、である。それは簡潔に定式化すれば、ディオクレティアヌス帝やコンスタンティヌス帝からカール大帝に受け継がれていったような古代後期の経済的・政治的遺産、そしてさらには宗教的遺産である。

このライトモティーフは、すでに若き日のヴェーバーによって提示されていた。古代文化の没落についての有名な一八九六年の一般向け学術講演において彼は、——その表現を「農業事情」では部分的に改めてはいるものの——カール大帝をディオクレティアヌス帝の時期おくれの遺言執行人と呼んだ。その当時からすでに彼にとって西洋の経済と支配の歴史とは、古代後期のそれが終わる時点、つまり農村化した内陸文化の成立とともに開始されるものだったのである。青年ヴェーバーの分析では、かつて海に目を向けていた古代地中海帝国の沿岸・都市文化は、構造史的に見たとき、結局のところ自然経済への先祖帰りとそれに伴う農村化のゆえに没落したのであった。[131] これによって、この文化を担ってきた常備軍、有給の官僚、地域間交易、都市といったすべての制度は経済的基盤を失い、農村に基盤を置く荘園制に席を譲ったのである。ここから西ヨーロッパの経済的・政治的発展は始まったのだった。西洋の政治的統一性は、カロリング時代の厳格に自然経済的な基盤のうえで再び覚醒した。「荘園制が文化の担い手である。それは修道院の土台でもある。政治の主役は荘園領主である。荘園領主や、その最大のものである国王自身も、このうえない田舎者で読み書きもできない。その館は辺鄙な地に位置し、したがって宮殿などもたない。支配者である彼は、生活のために近代の君主すら及ばないほどの旅をする。それというのも、その暮らしは館から館を巡って、彼のために貯蔵されているものを手に入れ、消費することによっているからである」。[132] しかし東洋の多くの荘園領主制におけるのとは異なり、最上級の荘園領主は氏族や職業ごとにまとめられた臣民の大群と直接に対峙していたのではない。それはむしろ、「地方の名望家層として自らの郷里で自立した権威を」勝ち得ていた「他の荘園領主と並び、その上に立つ荘園領主なのである」。[133] このように農村的性格をもち、外的な統一性とは裏腹に内的には分権化した中世初期の家産制国家には、都市という特殊行政法的な概念が欠けており、それゆえにそれは古代都市文化のように分化した精巧な性格の文化をもつことができなかった。そのようなものが可能であるには、純経済的に見れば、貨幣経済、そして何よりも流通経済の発展が不可欠の前提だったのである。それゆえにヴェーバーはすでに若き日に、このような農村的内陸文化が「都市化」し国家化することを、西洋の発展にとって決定的な出来事と考えていたのである。この点も彼の講演のなかに示されている。彼は講演を次のように結んでいるのである。「自由な分業と流通を基盤として中世に都市が再建され、それから国民経済への移行によって市民的自由が準備され、封建時代の内外の諸々の権威による束縛が解かれるや、かつての巨人は新たな力を得て身を起こし、古代の精神的遺産も近代の市民文化の輝きへと高められたのである[134]」。

むろん、一八九六年当時のヴェーバーはまだ宗教史を概して顧慮することなく経済史や社会史に携わっていた。とはいえ、講演のなかで彼は、没落の過程で荒療治のプロセスが進行し、そこにキリスト教の参与もあったと述べている。というのも、膨大な非自由民が家族と私有財産を取り戻し、キリスト教は「しゃべる財産（sprechendes Inventar）」の人間界へのこのような回帰に、「強靭な道徳的保障」を提供したというのである[135]。「農業事情」のなかでも、ヴェーバーはその間に見出した宗教史的観点をおおむね留保している[136]。そこでは、キリスト教は社会改革的な、あるいはそれどころか社会革命的な動機から成立したものであって、元来プロレタリア運動であったとの考えに対して抵抗がなされているにすぎない[137]。二つの大プロジェクトに取り組むようになってはじめて、プロテスタンティズム研究を導いた宗教史的観点が、西洋独特の発展について体系的に顧慮され、他の観点と結びつけられるのである。もっとも、コンスタンティヌス帝の政策転換からグレゴリウス改革までの時代については、軽く触れられているにすぎないのだが[138]。

にもかかわらず、次のように言うことができる。対外的には漸次的な拡張によって「統一」され、対内的には分権化した中世初期の家産制国家に相伴って現れたのは、古代後期と比較して地域により密着した教会であったと。トレルチは、西洋における「帝国教会のゲルマン‐ローマ的領邦教会（Landeskirche）への解体[139]」と古代教会とは異なるその新たな現世関係のなかに、古代教会とも東方教会ともはっきりと異なる、普遍教会としての新しい帝国教会が長い発展の末に存立するための決定的な条件の一つを見ている。トレルチにしたがえば——ヴェーバーがここで別様の判断を下しているようには思えない[140]——、古代後期の帝国によってその統一を支えるために普遍化され政治化された教会は、確かに帝国と和解した。しかし両者は内的に結合したわけではない[141]。領邦教会の時代とは、「帝国教会の完全な解体と古代の統一的教会のカノン法の最終的と思われる廃止」を意味するかのような時代であるが[142]、そこではじめて、宗教的なものと世俗的なものの真の融合がもたらされたのである。このことはまずはもっぱら「世俗的なもの」の指導のもとで生じた。それによって、ヴェーバーにとってみれば「かなり広範に皇帝教皇主義的」な宗教的‐世俗的な組織が成立した[143]。トレルチがそれと並行して西洋の内面的なキリスト教化が行なわれたと見なしているのに対して、ヴェーバーは外面的なそれを中心に据えている。というのも、ヴェーバーの見るところ、その際には権力の配分も重要だったし、それどころかそれこそが第一の問題と言えるかもしれないのである。最上級の家産制君主と教会の間の「同盟」が密であればあるほど、地方権力の力は抑制され続ける。ヴェーバーもトレルチも、このような（内的かつ外的な）同盟は、フランク王国の、そして何よりもドイツの領邦教会制のなかで隆盛を見たと考えている。ヴェーバーはたとえば次のように明言している。「特にドイツでは、国王は世俗の名望家層と競合する、教会の政治的な名望家層としての司教の創出を通じて、地方や地域の諸権力に対する対抗勢力を据えることを試み、当初は多大な成果を収めた。非世襲的で、地方で再生産されず、また地方と利害関係をもつものでもない司教は、それゆえに普遍性を指向する利害関心をもち、その点で国王と完全に結託しているように見えるし、国王によって授けられた荘園領主的・政治的な権力は法的にも国王の掌中に完全に握られていた」[144]。このような聖俗両界の外的かつ内的な融合によって、(ゲルマン的・ローマ的な)領邦教会と家産制支配との新しい一体性が、普遍教会とローマ帝国とのかつての並存関係に取って代わることができたのである。ヴェーバーによれば、このことはまさに政治的支配と教権制的支配との皇帝教皇主義的結合のなかにはっきりと現れており、それはフランク王国でカロリング朝によりなし遂げられ、ゲルマン世界の分割後はオットー諸帝と初期ザリアー朝のもとで維持されていったものである[145]。この教会と「国家」との結合、否、融解は広範な影響をもたらすものだった。ハロルド・J・バーマンなどがその研究で看取しているように、「教会と国家の分離という近代的観念とは逆に、西暦一〇〇〇年当時の教会は、政治的権威と対峙した可視的な法人的・法的な構造と見なされていたわけではない。そうではなく、教会、すなわちecclesiaとは、世俗的支配者と聖職の支配者(regnumとsacerdotium)の双方によって統治されるキリスト教徒たち、populus christianusと考えられていたのである」[146]。しかし神聖ローマ帝国——後にはドイツ国民の神聖ローマ帝国——の建立による帝国理念の再生は、普遍教会の理念にも再び吸引力をもたらさないではおかなかった[147]。本書の文脈との関係では次の点が決定的である。領邦教会制によって、(相対的な)キリスト教的統一文化への軌道が設定され、この統一文化のもとで、古代教会や東方教会の発展と比べて歴史的に斬新な、教権制権力と政治権力との間の積極的関係を成り立たせる前提条件が与えられたということである。

外的かつ内的なキリスト教的統一文化への発展は、トレルチによれば、グレゴリウス七世の改革において頂点に達した。トレルチが分析するところでは、グレゴリウス七世とアウグスティヌスとの間には、統一的な司祭教会――ヴェーバーの言う官職カリスマ的恩寵アンシュタルト――の拡充のみならず、「国家との新たな関係の形成」も行なわれていた。「そこにおいて国家は宗教的な生活目的と生活規範を身につけ、自らの組織を教会のそれと内的に結合し、そうすることで社会生活一般をも教会の規範のもとに間接ないし直接に従わせた[148]」のである。ヴェーバーにとってグレゴリウス運動とは、強化された教会による改革運動の一例だった。そのような教会は通常、政治的支配の自律的カリスマを退けようとし、また原則として救済宗教にあっては皇帝教皇主義が厳格な意味では実現困難なために、それを神政政治寄りの方向へとシフトさせようとするものである。これに伴って生じる教権制的支配と政治的支配との間の争いは、ヴェーバーにとっては権力配分の争いを意味していた。つまりこの場合そこでは――少なくともイタリアでは――、高貴な宗教的知識人層が「成立しつつある市民層と共同で、封建権力に対する戦線を形作った[149]」のである。周知のようにこの争いは、カロリング時代ならびに神聖ローマ帝国の最初の局面における教権制的支配と政治的支配との同盟に代えて、権限配分を行なうとの妥協で終焉した。この権限配分によって双方は、その自律的な正当性の源泉を埋没させられることはなかったが、正当性に対して内外両面から特別な制約を課せられた。これによって、条件の変化に応じた旧来の同盟の臨機的刷新が不可能となったわけではない。[150] にもかかわらず、叙任権闘争とその処理は、ヴェーバー社会学の観点からは、一つの転換の事件史的表現と評価されなければならないものである。なぜなら、それは、西洋の地で皇帝教皇主義でも神政政治でもない、政治的支配と教権制的支配との間の緊張関係に富んだ組織上・正当化上の二元性——それは当初はもっぱら身分制的に基礎づけられていた権力分割関係だった——への発展を最終的に可能とするように軌道を設定するものだったからである。ハロルド・J・バーマンの言う「教皇革命」に伴って、西洋中世の文化に比較の観点から見て特別の位置づけが付与されるのは特にこのためである。ヴェーバーが要約しているように、「少なくとも社会学的な考察」においては、「教権制の勝利以後のエジプト、チベット、ユダヤの文化、儒教の最終的な勝利以後の中国の文化、仏教を度外視すれば封建制の勝利以後の日本の文化、皇帝教皇主義と国家官僚制の勝利以後のロシアの文化、カリフ制と支配のプレベンデ的-家産制的ステレオタイプ化との最終的確定以後のイスラムの文化、そして最後に——もちろんかなり意味合いを異にするが——、古代のギリシア・ローマの文化、これら諸文化は内部でさまざまな程度の差はあれ概してかなりの程度『統一文化』であったが、それらに比べて西洋中世は統一文化たる度合いがはるかに小さかった[151]」のである。

さてこの確言は同時に、エルンスト・トレルチの中世＝統一文化説への批判を内包しているように見える。トレルチは相対的統一文化について語っただけであって、しかも現実というよりも理念について語ったのだと認めるにしても、事情は変わらない。とはいえ私は、ヴェーバーがこの確言をもってトレルチの中世カトリシズムの分析を反駁しようとしたのだとは考えない。むしろ逆に、プロテスタンティズム研究の改訂版や、とりわけ『経済と社会』の旧稿からうかがえるように、トレルチの分析は主たる点においてヴェーバーの西方キリスト教観と完全に合致していた。もちろん、引用文自体が証明しているように、彼はそれを社会学独自の方向に転換しようとしていた。この転換は、トレルチがかくも感銘深く叙述した中世の文化理想がヴェーバーの関心を呼ぶものではなかったこと、むしろヴェーバーが興味を抱いていたのはその実際上の作用であり、それに端を発し、特別な制度的規制となって現れ、特別な権力配分と結びついていた緊張関係の調整であったということに見て取れる。

むろん、トレルチのテーゼでも制度的含意が示されていることは強調しておかなければならない。このテーゼとは厳密に言えばすなわち、キリスト教的統一文化は国家から教会が分離したうえでの――教会からの国家の分離ではない（少なくとも同程度にそうとは言えない）――教会的なものとして表現されるということである。このような当為に属し、また部分的には事実でもある非対称性は、トレルチにとっては当然のことながら次の事実を表現するものにしかすぎなかった。すなわち、グレゴリウス的またポスト・グレゴリウス的世界像によれば世俗的なものは宗教的なものの観点から、宗教外的な価値領域は宗教的な価値領域の観点から相対化されなければならなかったこと、しかもあらゆる生活領域はその「固有権」と固有法則性を喪失することなくキリスト教化されえたという事実である。聖俗両界の間の紛争に代置されなければならなかったのは、両者の間の（事象的・時間的・社会的な形で解釈されうる）序列であり、それは秘蹟的アンシュタルト恩寵を準拠点とするものだった。それを通して職業や身分にかかわりなく原理的に誰もが、神性の人間性との「結合」に参与していたのである。救済にあずかるためには、つまるところ改悛の秘蹟を中核とするアンシュタルトへの服従で十分だった。しかしこれは、宗教音痴の人にすら過度の負担にはならなかった。トレルチはグレゴリウスの闘争の成果をまず何よりも、このような意味でのキリスト教的‐教会的な統一文化の貫徹に求めた。一二・一三世紀における教義上の発展がそれを支えた。この発展から三つの新たな教義が導かれ、そのうちの二つは当初は隠然たるものだったが、三つ目のものは正式に公定化された。それらによって、「教会・カノン法・伝統の教義ならびにキリスト論と三位一体論の教義」から構成される、それまでに蓄積されてきた教義学上の財産が拡充された。その三教義とは、「(1)教皇の普遍的司教職（Universalepiskopat）の教義、(2)俗権に対する教権の優位の教義、(3)七つの秘蹟に恩寵が流入しているという教義[152]」である。

ヴェーバーもグレゴリウス改革が、西方教会の秘蹟的恩寵アンシュタルトへの「完全な発展」にとっての決定的な一歩だとみていた[153]。そこでのアンシュタルト恩寵と秘蹟恩寵の連結、「ローマの法技術とゲルマンの人命金（Wergeld）観念との結合」による告解・贖罪システムの彫琢は、彼によれば「西ヨーロッパ世界のキリスト教化を比類のない勢いをもって」完遂するものだった[154]。しかしまさにこのような教会化としてのキリスト教化によって、「具体的・実質的な倫理的義務や方法的に自ら獲得した倫理的達人としての資格証明」ではなく、「称えられるべきアンシュタルトへの服従」が究極の宗教的価値をなすこととなったのだった[155]。それればかりか、それはキリスト教化された部分文化としての騎士的‐荘園領主的、市民的‐都市的、そしてさらには農民的‐農村的文化に比較的大きな展開の余地を与えることにもなった。[156] それゆえに、トレルチの言う相対的に統一されたキリスト教文化の「実効性の限界」は、ヴェーバーが重要と見なす二つの局面においても認められるものである。すなわち、それによって個々人は結局合理的な生活方法論（Lebensmethodik）を強要されることはなかったのであり、[157] また「現世の国家的・経済的権力秩序内部での宗教倫理と生活の没倫理的ないし反倫理的要請との間の緊張」[158] がやわらげられたのである。つまり逆説的なことに、一見そう見えるところとは違って、正当化上・組織上の画一性が強制されたのではなく、キリスト教という象徴的宇宙の天蓋にあたかも覆われた下での正当化上・組織上の多元性がそれによって可能となったのであった。[159]

さて、本章の冒頭に掲げられた第一の引用文から見て取れるように、このことは中世の全体的な秩序配置についてのみならず、宗教的生活秩序そのものにも妥当する。それが看取されるのは、個人カリスマ的で「ゼクテ型の」修道制と官職カリスマ的で「教会型の」祭司制度との間の、古代教会に固有でその統一を常に脅かしていた争いが、いかに中世の教会によって最終的に調整されたかという点においてである。[160] それというのも、グレゴリウス七世のもとでの教会改革運動とは、クリュニーに端を発する修道院の改革運動と結びついたものだった。[161] ここでもトレルチの統一性論は、社会学的に言い換えれば、ヴェーバーの見ていた事柄の核心を衝いている。なぜならトレルチの解釈によれば、禁欲と修道制はこの統一文化の枠内ではもはや自己目的とはなりえず、教会全体の目的に仕える手段となっているからである。[162] このためにも、階層序列と「有機体」の理念が結局は解釈モデルとして打ってつけなのである。教会と「国家」の関係の場合と同様に、トレルチは教会と修道制の関係についても古代後期と中世との間に決定的なズレを見ていた。そしてヴェーバーはここでもトレルチと同じ判断を下していた。修道制と教権制との間の緊張は確かに西方キリスト教に限られたものではないが、彼のテーゼによれば、西洋の教会において「最も純粋に」跡づけられるのである。「その［西洋教会の］内部の歴史はきわめて本質的にまさにそれに満ちており、最終的には首尾一貫した解決が講じられた。『貧困』と『純潔』によって日常的諸条件の拘束から解き放たれ、特別な『服従』によって規律づけられた、単独支配者たる教会の長をいただく軍団として、修道士層を官僚制組織［＝教会］に編入することがそれである」[163]。教権制と修道院の改革が教会の統一文化に結びつけられることによって、福音的勧告（consilia evangelica）を遵守することから生み出される修道士の「剰余業績」は、教会にとって破壊的な力ではなく、創造的な源泉となりうる。それは普通、修道会の新設を通して、教会の日常化とりわけ封建制化を妨げる方向に作用しうるが、その際新設された修道会は、当然のことに、カリスマの時期を経た後でさえ、特に「経済的成果」を通じて通常は日常化を免れない。かくして教会が「不十分なカリスマ的資質しかもたない人々のために管理している」[164]貯蔵庫は拡充され、それによって教会の神通力が高められることもありうる。

トレルチが修道士層の教会化と呼んだものは、ヴェーバーにとっては「教権制的権威のための仕事、すなわち内外への伝道および競合する他の権威との闘争に資するように修道士を作り変えること」[165]を意味した。インノケンティウス三世の政策において頂点に達するこのような統合過程は、社会学的には、「信仰共同体内部の宗教的達人たちからなる精鋭部隊」への修道士層の昇格を可能にした包摂《インクルジオーン》過程として描きうる。[166] 包摂による統合は、同化《アシミラツィオーン》による統合とは区別されねばならない。前者は内的な多様化を助長するが、後者はそうではない。[167] とはいえ、教会内部の特殊な道徳や特殊な組織が承認されたことで、官職カリスマと個人カリスマとの間の正当性をめぐる緊張関係や、あるいは「教会」と「ゼクテ」間の組織上の緊張関係が、たちどころに氷解したわけではもちろんない。逆である。包摂による統合によって、内的緊張の可能性はむしろ増大している。なぜなら、あらゆる文化宗教において通常認められる達人と大衆ないし平信徒との間の宗教的階層分化に加えて、今や相異なる宗教的達人間の階層分化が現れるからである（たとえば高位の聖職者／低位の聖職者、修道士／祭司、修道士／助修士、修道士共同体／第三会員《テルツィアリアー》共同体、男子修道会／女子修道会など）。しかもその場合、このような宗教的階層分化はおそらく、社会的・経済的な階層分化と結びついている（教会および修道院における貴族主義的編成）。それゆえ、分化した諸単位が下位単位として教権制的な生活の規律化と実際に関係づけられ続ける限りにおいてのみ、包摂と結びついた内的多様化は統一文化を損なわない。他方でこの規律化は帰属基準、すなわち「成員役割」の形成に影響を及ぼす。一般的な組織社会学的考察にしたがえば、その形式化ということがまず考えられる。しかしそれが示されるのは、そこに結びつけられた期待が成文化・法制化され、社会的に効果てきめんな排除の脅威によって守られているという点においてである。[168] このことは実際に、グレゴリウス改革の過程で生じているように見受けられる。とりわけ、「強情な不服従者や不信心者に対する破門権」が事実比較的有効に執行されていたことに、それは現れている。[169] グレゴリウスの大きな武器は、トレルチが定式化したように、「秘蹟からの排除、破門であり、彼の後継者のそれは聖務禁止と十字軍の派遣宣言」[170] だった。ところが教会からの排除は通常、社会的かつ経済的にボイコットされることでもあり、いずれにせよそれは、教会外の生活においても破門された者に対して不利な行動をとることの「正当化根拠」だった。[171] ヴェーバーが特に西方キリスト教を視野に入れて展開した考察もこの関連の中に位置づけることができる。他の教権制と比べて豊富な教義を有しているキリスト教会[172] においては、教義の認知、すなわち「開陳された信仰 (fides explicita)」を基準として成員が選別されることは確かにありうる。このことはとりわけ、こうした厳格な帰属メルクマールの過大な要求にとって最も重要な前提である相応の「神学的知性主義」を身につけている、ないし身につけているべきとされる宗教的達人について言えることである。[173] もちろん、このような形式化によって内部の緊張が増幅されるということもありうる。というのも、信仰宗教・教団宗教として、キリスト教には当初からほかでもない反知性主義的性格が備わっていた。そのため、開陳された信仰を黙信的信仰 (fides implicita) へと「軽減」し、少なくとも平信徒には帰属のメルクマールが「アンシュタルトとして組織された権威」への信頼と帰依の表明で十分だと容認するのは自然な成り行きだった。[174] それだけではない。真の信仰的宗教心とは、その決定的な心情の質の点で神学的知性主義とは対立するものである。信仰篤い人々にとって自らの知力とは常に不十分なものであり、その決定的な心情の質とは超知性的なものなのである。[175] それゆえ、成員資格の形式化と結びついた所属の成文化と法制化は、真の信者にとってはまさに皮相化と映りうるものだった。このように、キリスト教に当初から備わっていた信仰的個人主義と心情的個人主義は、内的に多元的な教会統一文化による長期的な抑制がきわめて困難なものだったのである。

女性運動まで含んだヘルベルト・グルントマンの一二・一三世紀の宗教運動についての叙述にしたがえば、ここで主張された包摂戦略は中世のあらゆる宗教運動を、「宗教生活（vita religiosa）の教会的形式に自らを順応させる、すなわち修道会となるか、それとも教会的秩序から自らを切り離し、そうすることで教会と端的に分離する、すなわちゼクテや異端者となるか」という決断の前に立たせた。[176] これが、成文化と法制化の傾向を備えた、内的に多元的な教会統一文化の裏の側面である。「教会の外に何らの救いなし（extra ecclesiam nulla salus）」という原則を破らない限り、順応したキリスト教徒には宗教的感受性の度合いに応じて救済へのまったく特別な道が開かれている一方で、非キリスト教徒は極端な同化や——ユダヤ人のように——極端な隔離の圧力にさらされ、「偽キリスト教徒」には迫害と根絶の脅威が差し迫っていた。キリスト教の宗教運動上のまさに最重要な理念である清貧と使徒的生活は、托鉢修道会さえもが教会統一文化に包摂された後では、教権制にとって特殊な挑戦となってしまった。遍歴カリスマ的な原始キリスト教と同様に中世の遍歴説教師層にも、少なくともその真性カリスマ的局面では、反制度的な気分が含まれていた。そして彼らは、一種の競合的教会へと結集した場合ですら、その出自のゆえに「位階制的教会の位階（*Ordo*）を承認しなかった」のである。[177] したがって、宗教運動が包摂を免れた場合、それは教会統一文化に対抗的に作用せざるをえなかった。そのようなものが存在するというだけですでに、官職カリスマの正当化要求を危うくするものだったのである。このような運動の周辺では同時に、アンシュタルト秘蹟主義に背を向けた――禁欲的プロテスタンティズムによって完全な発展へと導かれる――世俗内を指向する禁欲の希少な先駆形態が成立していた。前述のように、ヴェーバーはこのような異端運動にとりわけ関心を寄せたのではなかったかと考えられる[178]。もっともこの点については、別のずっと重要な連関、すなわち合理化の推進力を忘れてはならない。ヴェーバーによれば、それは中世の相対的に統一的な教会文化の形成に端を発するものだった。

合理化をもたらしたのはまず第一に、教権制による生活規制に仕える修道士層であった。その働きは学問や音楽の領域に加えて、経済の領域でも見られた[179]。ヴェーバーにとって西洋における修道士の共同体とは、「最初の合理的に管理された荘園領主制であり、後には農業や工業の分野における最初の合理的に管理された労働共同体」だったのであり、西洋の修道士とは最初の職業人であった[180]。教会の急進的反対者としての立場に最後まで固執することはせず、そのなかに編入された中世の修道士層は、まさにそれゆえに「経済的にできそうもないこと」をなし遂げることができたのである[181]。これは何よりも、修道士が特別な成果を通じて自らの確証を立てえたこと、すなわち彼らの生活が、救いの確実性（certitudo salutis）を自力で獲得するという倫理的にきわめて実効性の高いカテゴリーと少なくとも部分的に結びつきえていたこと[182]、そして西洋の修道院では禁欲手段としての労働が他のどこよりも、「はるかに首尾一貫し、かつ普遍的に発展し、実践された」ことに起因している[183]。確証の思想と労働禁欲の両者は、キリスト教の宗教史的特殊性そのものと関連している。そしてそれゆえに、この両者はキリスト教の刻印を帯びたものすべてにかかわり合っていた。だがそれらが前景に押し出され、実効力あるものとされるには、独特な布置状況が必要だった。そのような布置状況を作り出したのが、内的に多元的な教会統一文化だったのである。ひとえに修道士の特殊な道徳と修道院という特殊な組織が教会生活の不可欠の構成要素として認容されていたがゆえに、アンシュタルト秘蹟主義の通用にもかかわらず、教会の一部の領域では「倫理的に体系化された生活方法論」が発展しえたのだった。[184]それというのも、告解を中心とするこのアンシュタルト秘蹟主義は、信者の生活態度に対して確かに規律化作用を発揮したにもかかわらず、結局は負担をかけるのではなく、負担を軽減するものであり、したがって生活を統一化するような力ではないからである。托鉢修道士や遍歴修道士としての「自由な」修道士が、反経済的かつ反合理的で完全に自立し自らの救済のみに努める救済追求者の原型をなす一方で、「教会化された」修道士はその特殊道徳を、経営的に組織化された生活態度の合理化のために利用しうる。この生活態度とは、とりわけ労働禁欲のゆえに、経済行為に対してもプラスに作用するものである。「禁欲者の共同体であるというまさにそのことが、修道士層に通常の経済が通例もたらすものを凌駕する驚くべき業績を挙げることを可能にした」[185]。中世の教会が「運動」を続けたのは、とりわけ修道士層のそのように合理的な業績のおかげである。以上のような意味で、教会は政治的支配や異端的宗教運動に対して発展動態的にみて重要な緊張関係にあったばかりでなく、それと制度的に結びついていた特殊組織の個人カリスマ主義に対してもそうだったのである。

しかし合理的業績は、教権制自体によってももたらされた。教権制による領邦教会制の打破、修道制の統合、成員の役割の成文化と法制化、秘蹟主義のみごとな彫琢によって、教権制はとりわけ組織問題において合理的な軌道へと駆り立てられた。前述のように、ヴェーバーは中世のカトリック教会を世界史上最初の合理的官僚制と見なしていた。そのようなものとして、教会は言葉の特別な意味におけるアンシュタルトへと発展していったのである。このような法的構成は、後期ローマの教会法のなかで下準備がなされていたが、グレゴリウス改革によって、それに西洋のさらなる発展にとって決定的な形が付与されたのである。「これに対してカノン法は、叙任権闘争での私有教会法に対する宣戦布告の後、まとまった教会的コルポラツィオーン法を発展させた。それは、社会学的に必然的な、支配団体であってアンシュタルト的という教会の構造のために、結社ならびに身分制的諸団体のコルポラツィオーン法とは不可避的に異なっていたが、それ自身として見れば、中世における世俗的コルポラツィオーン概念の形成に強い影響を与えるものであった[186]」。

bb 「封建革命」

以上のように、普遍史的な比較のなかで見たとき、西洋中世の修道制はその労働禁欲のゆえに、そして西洋中世の教会はそのアンシュタルト的性格のゆえに、特別なニュアンスを有している。労働禁欲に基づいて修道士の個人カリスマ主義（Personalcharismatismus）が、アンシュタルト的性格に基づいて祭司の官職カリスマ主義が、それぞれ合理的な軌道へと導かれたのだった。これに加わったのが、カロリング帝国の解体に伴う政治的支配構造の変容であった。大幅に自然経済的基礎に依っていたカロリング時代の荘園領主制から、一一・一二世紀に西洋的レーエン封建制が登場する。[187] このような展開は確かに、政治的地方権力と中央集権化した教会との対抗関係において、政治的中央権力を組織面で最終的には弱体化させた。しかし同時にその正当化の基盤のもつ固有権を強化しもした。というのも、レーエンの関係は「ヘルとレーエン保有者の関係のステレオタイプ化と固定化の方向での家産制的構造の『限界事例』」のみならず、「家産制的でなくカリスマ的な関係の日常化」の帰結でもあるからであり、ヴェーバーが『経済と社会』の旧稿ですでに述べているように、この観点のもとでのみ「誠実関係という特殊な要素が体系的に正当な『場所』」を見出すからである。[188] 西洋的レーエン封建制のこのような「二重の性格」、すなわち伝統的妥当基盤とカリスマ的なそれとの特殊な結合によってはじめて、従士と首長の関係における、また封臣と封主の関係における独自の名誉の確証によって内側から外側へ統一された生活態度を備えた、西洋的騎士層が可能となったのである。だがこれによって、宗教的カリスマに真に政治的なカリスマが対置された。「教会化された」修道士カリスマは制度的拘束を脱することなしに強度に人的な要素を保持していたが、これと同様にこの政治的カリスマも一種の中間的立場を有していた。それは、「真性ないし世襲カリスマ主義とも、また家産制とも異なった」政治団体を正当化するものだったのである。[189]

しかし封建化した荘園領主的家産制の指標となるのは、宗教的でなく軍事的な起源をもつ「張りつめた義務と名誉の法典」による家産制外的支配関係をそれが規制していることばかりではない。レーエン関係はその最高の、言うならば西洋的発展形態においても、「一見矛盾したことこのうえない諸要素、すなわち一方における厳密に人的な誠実関係、他方における権利・義務の契約による固定化と具体的なレンテ源と結びつくことによるその事象化、そして最後に世襲による資産の保障をきわめて独特な仕方でまとめて」課している。[190] 内的に多元的な教権制と同様、レーエン団体も異様に複雑な内部構成を可能にしていた。そしてそのためにそれは、教権制のように緊張関係によって貫かれた構成体をなしていた。さらに、レーエン団体は軍役や一定限度内での行政役務を請け負う自由人を必要としたばかりでなく、ある程度の「法治国家的性格」をも要するものだった。『経済と社会』旧稿でヴェーバーは周知のように、まだ「自由な封建制」という用語を用いており、「最も重要な」封建制たる西洋のレーエン封建制をもその下位事例として位置づけていた。[191] ところが彼は興味深いことに、この概念ならびにそれと結合した類型論を『経済と社会』の新稿では「是認」しなかった。その理由はおそらく、「特殊的語義での封臣は、どこにおいても、自由な――すなわち、ある首長の家産制的権力に服属していない――家臣」だからである。[192] したがって、レーエン封建制という言葉を用いることが意味をもつのは、この前提がある場合のみなのである。だがそれはさらに、契約、それも不平等な権利を定めているものの、しかし双務的な誠実義務を根拠づけている兄弟契約としての身分契約に依拠している。[193] レーエンが世襲されるものと見なされることによって、あるいはそれどころか「その身分に属する者の扶養の基盤」と見なされて首長が授封を強いられることによって、この自由な契約権が制約を受けると、[194] それに応じて「システム」は確かにその本来の「人間関係主義的《ペルゾナリスティッシュ》」特性を失うことになった。けれども特殊な契約的な権利という性質がそれによって強められたのである。『経済と社会』旧稿でヴェーバーが定式化したように、「レーエン保有者の地位が［封主＝封臣間の］双務契約によって全般的に保障されているという精神――首長による単なる特権付与の域を越えるごとき保障、しかも他方で、プフリュンデ専有の場合とは異なって、純粋に物質的な問題に由来するのではないような保障があるという精神――によって全システムが貫かれていたということが、しかし、まさに、発展史的にみてきわめて重要な意味をもっていたのである。けだし、このことは、二つの領域――一方で伝統と専有された権利とによる被拘束性、他方で自由な恣意と恩寵という二つの領域――の併存に立脚する純粋な家産制的支配に対して、封建的構造を少なくとも相対的に『法治国家的』構成体に近づけるからである。封建制とは『権力分割』を意味している。ただしそれは、モンテスキューの言うような分業的・質的な意味ではなく、首長の権力の単に量的な分割である。政治的な権力配分の基礎としての『国家契約』という、立憲主義をもたらす思想は、ある意味ではすでに萌芽的に形成されているのである[195]」。

つまり、一一・一二世紀の「封建革命」は、中世文化のさらなる多元化をもたらすものだったのである。それによって何よりも、官職カリスマとして正当化される教会の官僚制とは対極的な組織原理・正当化原理が対置された。もちろん宗教生活と政治生活とは、教会の封建化やあるいはレーエン的行政スタッフへの聖職者の組み入れを通じての政治の「官僚制化」などによって、相互に浸透し合っていたし、それどころか修道士と騎士の生活態度は騎士修道会の形で内的に結合していた。とはいえ、両者の対立は発展史的にみて依然として重要だったのである。それというのも、通常「軍事貴族やあらゆる封建勢力は、……容易には合理的な宗教倫理の担い手とはならない」ものだし、[196]そもそも名誉のうえに培われた封建的倫理と救済のうえに培われた宗教倫理とは内的に矛盾するのが常であるし、[197]またレーエン団体とは、それによる「支配の体系的分権化」と相まって、まさに合理的官僚制と対をなすものだからである。[198]しかしとりわけ重要なのは次のことである。レーエン封建制的な組織原理と正当化原理の実現によって、中央権力と遠心的な地方権力との間で絶えざる争いが生じざるをえなかったことである。これは特に、「授与」が団体的な命令権力、とりわけ裁判権力や軍事権力にまで及んだところで言える。かくして、上位の封主は、封臣による無力化の危険に常にさらされることになった。確かに首長は、「システムに合致した」対抗措置を講じることができた。[199]けれどもそれは、首長が家産制的ないし家産制外的にリクルートされる独自の行政スタッフの編制を決断しない限り、どちらかといえば効果のないのが通常であった。レーエン保有者の権利共同体への統合から徐々に身分的コルポラツィオーンが形成され、国家ならざるレーエン団体が身分制国家へと変容していくにしたがってこの争いは熾烈なものとなっていった。しかしまさにこのような発展は、ヴェーバーによれば、西洋のレーエン封建制と結びついたものであり、そしてそれに「帰せられる」ものなのである。「身分制国家、すなわち『王と王国（rex et regnum）』［の並存］」を知っていたのは、西洋だけだったのである。[200]かくして、教皇「革命」および封建「革命」とともに成立し、当初は相対的とはいえ統一的だった中世文化を最終的に破壊したのは、次の三つの争いだった。異端ならびに修道士の個人カリスマ主義と祭司の官職カリスマ主義との間の宗教内的争い、封建契約制と身分制的ないし身分制国家的契約制との間の政治内的争い、そして官僚制的教会とさしあたり官僚制的でなく、それどころか反官僚制的な政治団体との間の争いである。これらこそが、ヴェーバーが本章冒頭の最初の引用文で述べているように、西洋中世の秩序配置が調停しなければならなかった争いなのである。それゆえ、そこから帰結する調整は特殊西洋的発展の原因となるものの一つだった。[201]

もちろん以上のようなイメージはごく大ざっぱに素描されたものであり、第三の「革命」を考慮せずにおくなら、あまりにも不完全なものにとどまるだろう。それは都市「革命」[202]であり、教皇「革命」と封建「革命」に続いて、特殊西洋的発展のためのもう一つの重要な歴史的前提条件、とりわけ自由な労働の合理的組織を伴った市民的経営資本主義のためのそれを創り出すものだった。[203]「教皇革命」は修道士的職業人を決定的な形で育成し、「合理的制定律による法創造」の道を指し示し、[204]さらに相対的に形式合理的な神聖法としてのカノン法と、相対的に合理的な官僚制アンシュタルトとしての官職カリスマ的教会を西洋にもたらした。また、「封建革命」は世俗内的な統一的生活態度を備えた西洋的騎士層を生み出し、何よりも政治権力の契約国家的性格の理念を基礎づけた。これに対して「都市革命」は、世俗的コルポラツィオーン概念のさらなる発展や特殊な性質を帯びた都市市民層の「誕生」に決定的な貢献をなしたのである。ひとえにこのような歴史的前提条件が存在したがゆえに、心情革命を中核とする第二の転換が社会的に広範な影響を及ぼしえたのだった。ひとえに中央権力が後に市民層と同盟を結びえたがゆえに、それはレーエン制的行政スタッフの「末裔」たる身分制的コルポラツィオーンとの争いに最終的に勝利を収めたのだった。それというのもそれらの収奪にとって、「西洋においては純歴史的に与えられた権力の布置状況とならんで経済的諸条件、とりわけ（そこでのみ西洋的な意味での発展を見た）都市を基盤としての市民層の成立、そして合理的（すなわち官僚制的）行政を通じての、また資本主義的利害関係者との財政的理由による同盟を通じての、個々の国家間の権力をめぐる競合が決定的だった[205]」からである。公民・国民的市民・ブルジョワジーへの発展を可能にしたこのような都市市民層の成立にとっての転換期は、一二・一三世紀に求められる。

cc 「都市革命」

ところで都市とは当然のことながら、特殊西洋中世的な構成体ではない。すでに若干引用した古代文化の没落に関するヴェーバーの分析が示しているように、彼にとって地中海の古代「文化」はまさしく、その長期にわたる歴史を通じてまぎれもない都市文化と言えるものだった。しかし古代都市の発展が、たとえば市民やアンシュタルト的ゲマインデとしてのコルポラツィオーン、さらには民主主義といった概念の形成にとってきわめて重要であったとしても、「古代都市という基盤の上では近代的資本主義も近代国家も成育」しなかったし[206]、もちろんカロリング時代の基盤の上でもそうだった。この点はすでに没落についての分析が同様に示している通りである。なぜ育たなかったのかというと、そこでは古代の都市コルポラツィオーンが身分制的構造という一定の独自性を備えた行政区画へと「落ちぶれた」からである。中世の農村文化が一定の都市化を遂げ、都市コルポラツィオーンの概念も「再活性化」されてはじめて、中世の都市発展から「普遍史的な作用」が発生しえたのである。実際ヴェーバーは、カロリング帝国の崩壊後徐々に形成されていった西洋中世の都市に、一つにはアジアの都市、他方で古代都市と比べて「発展史的にみて特別な地位[207]」を付与していた。さらに彼は、流通経済による需要充足を最終的に成し遂げた、身分制国家に後続する近代的家産制国家の都市との関係においてもそのことを認めている。それというのも、そこにおいても都市は、相変わらず行政区画――もちろん、カロリング時代とは異なってコルポラツィオーン的特権や国家団体の法秩序の枠内での制約された自治権を備えているのではあるが――だからである。これに対して、「西洋中世都市の」発展史的特殊性の最も重要な原因は次の点にある。それは、他のあらゆる都市の発展とは異なって、その発展が「革命的な変革[208]」、すなわち市民的でしかも同時に反封建的な兄弟盟約団体としての自律的で自首的なアンシュタルト的に組織化された都市団体を導いたことである。もちろん、固有の政治的行為の枠組としての都市の自律や自首制、すなわち固有の法制定権、固有の裁判所や行政官庁、固有の徴税権、固有の市場権、固有の商工業警察、自律的な形式的・実質的経済統制を基盤とし、非都市市民層を少なくとも都市に経済的に従属せしめんとする固有の経済政策[209]は、西洋中世以外の都市発展においても多かれ少なかれはっきりとした形で存在していた。しかしこれらの部分的発展が「完全な発展」へと高められ、それらの集積の結果、それと並行して生じた組織原理ならびに正当化原理の徹底が、荘園領主あるいは都市君主、世俗的あるいは宗教的首長の首長権《ヘレンレヒト》の侵犯を導かざるをえなかったこと、これは新しいことであった。もちろん、「アンシュタルト的ゲゼルシャフト結合の形をとり、特別の個性的諸機関を備えた『市民たち』の団体、この市民という資格において、もっぱら彼らのみが享受しうる共通の法に服し、したがって身分的な『法仲間』をなしていた者たちの団体[210]」の性格を有していたのは、中世都市がはじめてではなく、すでに古代地中海の西洋都市がそうであった。この点においても古代と中世との間には連続性がある。しかし古代における都市の自律と自首制は、外的状況については中世の都市よりも顕著に「軍事的事情に起因する激変[211]」と連関していたし、内的状況をみても古代のアンシュタルト的ゲマインデは、中世のそれよりも著しく、「氏族相互間の、また氏族外に対しての宗教的排他性[212]」の少なくとも残滓のうえに成立していた。そのため、古代の都市では氏族原理にラディカルに対抗して世俗的なコルポラツィオーン概念を定立することは――その方向への個別的な萌芽は見られるにせよ――最終的に妨げられたし、この概念が純「市民的」な形で、すなわちいかなる門閥支配の形態にも反する形で解釈されることはなかった。中世都市においてこのことが全面的にではないとしてもかなりの程度に生じたことは、とりわけ二つの事情に帰することができる。中世の政治団体の構造とキリスト教である。

　ヴェーバーの西方キリスト教観の中心をなすこのような連関を多少詳細に検討する前に、二つの事態をあらかじめ想起しておくべきだろう。すなわち、簒奪テーゼとも称しうる、首長権の侵犯のテーゼは中世都市の成立についてのテーゼとは言えないこと[213]、そして中世都市は近代資本主義も近代国家も作り出さなかったことである。説明のアプローチとの関係上、ヴェーバーは特にヨーロッパ大陸北部の市民的工業都市に関心を寄せていた[214]（周知のように彼は中世都市を南ヨーロッパの沿岸都市と内陸都市、そして北ヨーロッパの都市に分類し、後者をさらに大陸の沿岸都市、内陸都市、イギリスの都市の三つに分けている)[215]。この北ヨーロッパの諸都市は通常、政治的な動機から成立したのではなく、また軍事的な動機から成立したものですらなかった。そうではなく、経済的な動機や「政治的および荘園領主的な——封建的な軍事・官職団体に組織された——権力保持者による認可」によって成立したのである。それらの諸都市もまた当初は、往々にして都市に居住していない特許業者の経済的利害関心に確かに沿ったままだった[216]。実際またその自律と自首制の進展は、政治的に動機づけられた権力簒奪への欲求というよりもむしろ、独特な権力の布置状況の結果だったのである。それはつまり、都市を効果的にコントロールしえたかもしれない「訓練された官吏装置」の封建勢力の側における欠如と、「権力保有者たち相互間の勢力競争、とりわけ中央権力と大封臣や教会の教権制的権力との間の勢力競争」、すなわちすでに詳述した組織面ならびに正当化の面での多元性といった状況である[217]。一二・一三世紀のイタリア諸都市の歴史のみならず、それよりも以前のたとえばケルン市の歴史からも検証できるように、力ずくでの権力簒奪も確かに存在した[218]。しかしこれら少数の革命的断絶はヴェーバーにとって決定的なものではなかった。決定的だったのはむしろ、ほかでもない一次的に経済を指向していた都市やその商工業従事者が、非都市的権力の構造的弱さに助けられて、組織と正当化の「新しい」原理——都市民主制——へと徐々に転換していったことだったのである。実際ヴェーバーは、デモンストレーション効果が大きな役割を演じた漸次的権力簒奪とか漸進的転換過程についてもはっきりと述べている。それによって一部では、封建的特許業者による都市の特権の自発的拡充が帰結した[219]。しかし何よりも、都市の自律は「歴史的間奏曲」にとどまった[220]。そしてそうであったがゆえに中世都市、より詳しく言えば市民的・工業的内陸都市は、近代資本主義や近代国家にとって「唯一決定的な前段階にも、ましてそれらの担い手にも」ならなかったのである。とはいえ、それは「この両者の成立にとってのきわめて決定的な要因」であり、無視しえないものなのである。[221]

いったい何が、中世都市をそのような決定的な要因たらしめたのだろうか。そして何よりも、その際にキリスト教が果たした役割とは何だったのだろうか。ヴェーバーは地理的、軍事的、そして文化史的事情を挙げている。[222] 地理的な事情と軍事的な事情についてはすでに述べた。たいていの場合都市ではなく城塞に居住している封建領主にとって、内陸諸都市の建設は経済的な営みであって、「軍事的措置」ではなかった。[223] そのようにして設立された都市は、漸次的権力簒奪に際してすら、通常はまず第一に経済的指向をもち続けた。しかしそれは都市コルポラツィオーンの発展のために、上述のような権力競合の結果生じた活動の余地を利用し、そこから反封建制的効果すらもたらした。それは何よりも、「都市」と「農村」との間の身分制的関連の解消という趨勢を通じてのものだった。ヴェーバーが再三強調しているように、騎士的生活態度と市民的生活態度は突きつめていけば相容れないものではある。「職能」に対するセンスを備えた市民と「存在」に対するセンスを備えた騎士とは、異なった世界像とそれに結びつけられた生活態度の担い手であり、互いを結びつけるものは何もない。そのことはとりわけ両者の営利に対する評価の相違に現れている。市民的生活態度がその本領を発揮したところでは、それはまさに騎士的生活態度ではなくして、むしろ修道士的生活態度や教会官吏のそれに「親和性」を示した。それというのも、後者には「遊技的傾向や芸術家気質との親和性の傾向、英雄的禁欲・英雄崇拝・英雄的名誉の傾向、『事務』や『経営』の『即物性』に対する英雄的敵意の傾向などの、封建制が育み保持しているあの諸傾向」が欠如していたからである。[224] 今や個々の都市コルポラツィオーンがこのような意味で市民的方向へと発展し、その際に市民層の経済的、政治的、また身分制的側面をいわば総合したことは、[225] 都市と教会の「同盟」とか教会的コルポラツィオーン概念以上に、[226] 社会的諸関係の相対的な対内的開放性に負うものであった。そのための理念的な基盤を提供したのが、とりわけキリスト教だったのである。キリスト教がそうたりえたのは、何よりもアンティオキア事件とそれに引き続いて起こったパウロとペテロの論争で結局パウロが「勝利」し、生まれに関する儀礼的障壁がキリスト教団や聖餐共同体にとって価値を失ったことによる。[227] このような宗教的前提条件が存在し、「都市」内部の関係における兄弟盟約が呪術的・宗教的障壁によって妨げられなかったがゆえに、都市のアンシュタルト的なゲゼルシャフト結合は、特殊市民的な転回を遂げることができたのである。[228] ヴェーバーはこの発展にとっての教会ゲマインデの重要な役割をはっきりと指摘している。それは、「氏族のきずなを解消し、それによって中世都市の形成にとって根本的に重要な働きをしたキリスト教のこれらの特質が強力に協働しているということの数ある徴候の一つにすぎない」のだと。[229]

ところでここから、中世都市が組織や正当化の点において教会の付属物であったかのように誤解してはならない。「教会ゲマインデから見て完全な資格[230]」、とりわけ聖餐共同体への参加許可が成員の前提条件だったとしても、中世都市はむしろ世俗的団体であり続けたのである。この関連においても、相対的なキリスト教統一文化という社会学的に転換されたテーゼをもち出すことができよう。というのも、ここで示されているのは、内陸の世俗的な市民的工業都市においても依然として存在していた宗教的な参入制限だったからである。教会ゲマインデから見て完全な資格をもたなかった者や、聖餐に与らなかった、ないし与ることを許されなかった者は、完全市民としての個人的な法的地位を取得することができなかった。そうやって市民権の取得を禁じられたのは、たとえば別の土地や部族の商人のようなよそ者ではなく、キリスト教以外の宗教的信仰共同体の成員たちであった。そのような者たちとは当然ながらまず第一にユダヤ人であり、彼らは経済的利益から都市のなかへと招き入れられていたものの、特別な地位にとどまっていた。ヴェーバーは彼らの特殊な位置づけをアジアの客人民族と比較している[231]。分業によって都市の経済と結びついていたにもかかわらず、ユダヤ人は都市市民団体の外部に置かれ続けた。このことは、たいていの場合君主の許可によって商人として国内に呼び寄せられていた、他の「客人民族」にもあてはまる[232]。しかしユダヤ人の場合は、このような参入拒否は特別な意味合いをもつものだった。ヴェーバーのテーゼによれば、彼らは拒まれたばかりではなく、自らそれを望んだという部分もあったのである。篤信な中世のユダヤ人にとって、食事に関する規定ゆえに、キリスト教徒を歓待することは確かに可能だったが、キリスト教的歓待を受け入れることとは不可能だったし、さらに言うとキリスト教徒との通婚は論外だった[233]。つまり、中世の市民的工業都市もまた祭祀団体であり続けたのである。そこには確かに個々人は個々人として参入していたが、まさに個々のキリスト教徒として参入していたのである。しかしキリスト教徒の都市市民の間では、血統原理や氏族原理は兄弟盟約を妨げるものであってはならなかった。かくして血縁団体や氏族団体は、市民ゲマインデを構成する一次的礎石ではなくなっていった。

当然ながらこのことは、市民ゲマインデが部分的諸団体に区分されていなかったとか、あるいはそれが階級的・身分的階層分化を知らなかったということを意味するものではない。逆である。身分的観点においても経済的観点においても、都市市民層は分化したままだった。それどころかヴェーバーはまさにその宗教社会学的諸研究において、市民層が希有な不均質性を示し、そのためにそれに対しては宗教の階級制約性という一定限度内においてきわめて有用なテーゼの適用がとりわけ困難であることを再三再四力説していた。中世の市民的・工業的内陸都市もまた、同質的な構成体だったわけではない。教会的統一文化の事例と同様に、都市的統一文化の場合でも著しい内的多元性は、認容されたり、あるいは勝ち取られたりした参入の結果として理解しうる。都市団体の「自由な」盟約《アイヌング》には、部分的諸団体の「自由な」盟約《アイヌング》が対応しており、そこではこれら諸団体の一次的基盤は宗教的な場合もあれば社交的な場合（兄弟団 confraternitates）[234]もあり、また職業身分的（手工業者ツンフトや商人ギルド）な場合もあれば政治的な場合もあった（「党派」）。そのような盟約団体の間には、絶えざる緊張や紛争があった。教会団体やレーエン団体のように、自律的な都市団体もまた内的な多元性とそれと結びついた独特のダイナミズムによって際立っていたのである。

したがって「完全市民」は、確かに「形式的に等しいもの」として互いに相対していたが、同時にたいていの場合、相互に「実質的に不平等なもの」でもあったし、それどころか——たとえば都市の統治権力への参加のような――形式的平等さえも、終始「民主的」だったわけではない。都市ゲマインデの独特な構成要素としてますます台頭してきたツンフトによる支配の強化が特に原因となって、都市内部ではっきりとした身分制的編制が経済的機会の独占と結びついて発生した。中世の都市ゲマインデも古代のポリスと同様に、民主主義に関してロマンティックな見方を誘発するものではない。しかし職業身分的不平等システムとしてのツンフト制度は、二つの波及的な帰結をもたらした。一つにはそれによって都市外部の身分的相違が無視されたこと、二つ目にはそれが人的な門閥団体や氏族団体を「没人格的」職業団体によって置き換えたことである。ほかならぬ上位のツンフトが「金権制的レンテ生活者コルポラツィオーンに転じる」傾向があったとはいえ、ツンフト制度は全体として「都市内的で商工業に直接従事したり、あるいはそれに利害関係をもった階層、つまりこうした近代的意味における市民層の実権の強化[235]」を導いた。それればかりではない。ツンフト制度によって中世都市は、「合理的経済による営利の方向をきわめて強く指向する構成体」となり、その点では「古代のいかなる都市もポリスの独立が続いていた期間においてははるかに及びようがなかった[236]」。しかし閉鎖性を増していっていたツンフト制度が、自由な問屋制度によって開放の圧力にさらされるにつれて、中世の都市自治という間奏曲の産物である合理性の増大は、営利を指向する商業にとって自由に利用できるものとなった[237]。

したがって、いくつかの都市による自律性と自首性の要求は、中世的秩序配置内部のさらなる緊張の根源となるものであり、その緊張とは発展史的意義をもつに至るものだった。なぜならそれを通じて、レーエン封建制や教会的官職カリスマあるいは修道士的個人カリスマの諸原理とはまた別の組織原理と正当化原理が作用しはじめたからである。すなわち世俗的団体のアンシュタルト的組織化とその民主的正当化である。確かに教会もアンシュタルト的性格を備えてはいた。けれどもそれは政治的な誓約的兄弟盟約とは関係なかった。またレーエン封建制は確かに政治的な兄弟盟約契約に基づいていたが、それはアンシュタルト構成員間の契約ではなく、高貴な自由人どうしの契約だったのであり、彼らはコルポラツィオーンに対する誠実ではなく、人的な誠実関係を義務づけられていた。つまり自律的で自首的な中世都市とは、教権制的団体や封建的団体に対して、民主的な正当化に基礎づけられた政治的アンシュタルトの理念を際立たせるものだったのである。実際ヴェーバーは、一九一七年一〇月にウィーンでなされた国家社会学の諸問題についての講演のなかで、民主的正当化原理を第四の原理として自らの支配の類型論のなかに導入している。これを彼ははっきりと西洋的都市発展の検討と関連づけて行なっているのである。もっとも『経済と社会』新稿のなかでは、それは「カリスマの没支配的な解釈替え」という題のもとに置かれているのだが[238]。

しかしここで議論されている説明モデルにとって決定的なのは次のことである。自律的で自首的な中世都市のおかげで、営利指向の市民層の政治的誕生がもたらされたのだった。都市の自律はいずれにせよ至るところで完遂されたわけではないが、特に政治諸団体の構造変動を背景にして急速に始まったその崩壊の後においても、それは経済面のみならず、政治面でも無視できない要因でありつづけた。自由な家内工業のような新しい工業形態や合名会社のような新しい商業形態のほかに、近代資本主義にとって重要になった法制度の形成にも中世都市は関与していた。その法制度とは年金証書、株式、手形、土地登記簿による保証や担保証券を伴う抵当権であるが、[239]しかし何よりも世俗的なコルポラツィオーン概念である。教会アンシュタルトによって宗教的成員役割が一段と公式化されたように、都市コルポラツィオーンによって「政治的」成員役割の公式化が進んだ。この関連におけるもう一つの重要な発展は、身分制国家による契約思想の相対的「事象化《フェアザッハリッヒュング》」に起因して生じた。加えて、経営上の会計制度が決定的な飛躍を遂げた。それは何よりも、西洋を「貨幣計算の場」とした中世イタリア都市の受容・構成作業の功績である。[240]ところが、この市民層が経済優先的指向に固執しようとするなら、営利経済的利害関心を発展させるためには、都市とその後背地に限定されない制度的枠組がさらに必要になった。都市の経済政策に代わって、いわば国家の経済政策が必要になったのである。それは継続的かつ一貫した形ではまず重商主義によって——ただし経済を指向する資本主義にとって有利な形ではなかったが——遂行された。[241]拡大された市場と大規模な購買力が必要だった。戦争や奢侈を通じて、さらに後には奢侈の民主化や搾取の度合いの縮小によってこの両者をはじめて提供したのが、近代の家産制国家である。それは身分制国家を解体し、またアンシュタルト国家としての近代立憲国家に先んじるものだった。[242]前述のように、このような制度的枠組のなかではじめて、都市市民層が公民に、そして地域的市民層が国民的市民層、すなわちブルジョワジーになりえたのである。それは家内工業・マニュファクチュア・工場の形をとった近代的営利経営のみならず、流通経済を主とする需要充足への移行をも前提としていた。またさらには、そのための特別な経済エートスが必要とされた。それについては確かに、キリスト教的祭儀団体としての中世の市民的・工業的内陸都市が反呪術的な、またとりわけ反封建的な方向性をすでに示していた。しかし宗教的に基礎づけられた市民的な職業による確証の理念は、依然としてそこからも大きく隔たっていた。そのためには第二の転換が必要だった。外からの転換というよりも内からの転換である。それは宗教改革以後の時代に達成されたものであり、それとともに教会的統一文化の崩壊は決定的になった。ヴェーバーは『経済史』では、近代資本主義の説明に際して観念的要因にはもはや副次的な意義しか認めていないと考えられているが、そこで彼は次のように定式化している。「つまるところ資本主義をもたらしたものとは、合理的な持続的企業、合理的簿記、合理的技術、合理的法であるが、それらだけではない。補足的に合理的心情、生活態度の合理化、合理的な経済エートスが加わらなければならなかったのである」[243]。

d　第二の転換——市民的生活態度の倫理的基礎づけ

ヴェーバーが近代資本主義の成立の説明にあたって「観念的要因」、正確には「営利の心理学」[244]を終始保持し、それを西方キリスト教について計画されていた研究においても放棄しようとしなかったことは、すでに詳述された方法上・理論上の考慮のほかに、実質的な考慮にも理由がある。遅くともプロテスタンティズム研究の第一版以来、彼にとっては「機械的生産の技術的・経済的諸前提と結びつけられた近代的経済秩序というあの強力なコスモス」[245]の成立が、倫理的職業概念や特殊な職業エートスの成立とも関連しているのは明らかなことだった。[246]問題のこの側面を把握しようとするならば、「心理的」分析を行なうのみならず、[247]何よりも国民経済学において支配的な心理学の捉え方を乗り超えなければならなかったのである。この二つの観点は、ヴェーバーが「理解心理学」の方法的・実質的な基礎づけを行なっていた作品発展史上のまさしく第二期で重要な役割を演じている。[248]たとえばフェリックス・ラッハファールとの論争における彼の力点は、近代資本主義の形態と精神が「しばしば別々に存立し」[249]うるとのプロテスタンティズム研究ですでに詳述された議論の再説のみならず、精神の分析は形態の分析によって単純には置き換えられないということであった。「ところでこの『心理学』全体に興味をもたず、経済システムの外面にしか関心を示さない人にお願いしたい。私の試論をお読みにならないように、と。そしてまた同時に、次のこともお願いしておきたい。近代的経済発展のもつこうした心的側面とは『職業』、(今日我々が好んで表現しているような)『生活』、『倫理』の間のはなはだしい内面的緊張と葛藤がピューリタニズムにおいて後にも先にも存立したことのない独特の仕方で調停された段階において見られたのであるが、まさにこの心的側面に私自身が興味を抱こうとするかどうかの判断はどうか私に委ねておいていただきたい、と」[250]。このような「『心理学』全体」がその内実を古典的理論経済学にも旧歴史学派にも依拠してはならず、また方法的に限界効用学派をも新歴史学派をもよりどころとするものであってはならなかったことは、ヴェーバーが作品発展史の第二期においてこれらの立場に対して行なっている「[概念]装置の改変」に示されている。

それは、営利衝動ないし営利衝動および社会的衝動に代わって、物質的・観念的な利害関心や外的・内的利害関心［という概念］を採用し、また、文化科学の基礎としての包括的な公理的ないし経験的（社会）心理学に代わって、「一定の動機の特殊な働きを可能な限り『孤立させて』、また内的に一貫した形で分析[251]」し、その際その動機を共同で形成し維持していく理念的係留点に注目しようと試みたのである。動機とは衝動とは異なって、象徴的に構造化された心理状態であり、それが立脚している象徴的宇宙に応じて変容する。それゆえ、ヴェーバーの市民的世界観と生活態度の「心理学」においてはじめから問題となっていたのは、営利衝動の心理学ではなく、営利指向の行為を通じて超個人的事物に仕える観念の生成だったのである。つまり、職業も余暇も含めた生活の全体や企業家も労働者も含んだこの強力なコスモスに関与している者全員の生を、自己抑制という意味で規定している倫理的な義務観念が問題だったのである。問題だったのは、かつての国民経済学がその旧弊な心理学において「営利衝動」と名づけた心理状態の合理的調整であった[252]。しかし合理的調整と名づけられた心的欲動の象徴的構造化の徹底は、資本主義的制度への巧妙で賢明な適応の結果として理解できるものではない。「新型」の企業家および労働者を満たしたとヴェーバーが確信していたこの「精神」が要求したのは、「内からの」審査であった。それというのも問題は次のようなものだからである。そうならなくてもよいのに、人はどうして自己抑制を指向する職業人・専門人になろうと欲することができたのか。つまり問題は、自己強制に基づいてそれ自体のために行なわれる行為であって、外部からの強制に基づきその成果のためになされる行為では――いずれにせよ一次的には――ないのである[253]。

ヴェーバーによれば、伝統的諸条件のうちで宗教的諸勢力は人間の倫理的義務観念に外面から、そして何よりも内面から最も持続的に影響を及ぼすものだった。そのための心理的な梃子となったのが、救済への欲求と人はどこからどこへ、——だがとりわけ——どのようにして救済されうるのかということの宗教的解釈であった。その他の世界宗教とは異なりキリスト教においては、「根源的な悪と罪のもとにおける隷属から、父なる神の膝元での永遠の自由なる慈善へと」救済されることが[254]最終的に求められていたし、さらにそのためには生活のなかで積極的な行為によって自らを確証しなければならないとされた。これが意味するのは、ほとんどすべての宗教倫理の基本にある互酬性の思想にしたがって、救済、というよりむしろ救いの確かさ（certitudo salutis）が最終的に自ら獲得されえたということではない。むしろ、個々人が神の命令を生活のなかで行為によって実現しなければならなかったということであろう。しかし生活のなかには経済的行為もある。それゆえにあらゆる世界宗教に対しては次の問いが提起される。経済的行為はどの程度救済と関連をもつのか、と。遅くともカリスマ的局面に幕が下ろされた後、すべての宗教は当然ながら今や経済という事実と折り合い、それと対峙しなければならない。したがってすべての世界宗教に対して、さらに次のような問いが立てられる。伝統主義的な経済心情に対抗する精神的原動力をそれらがどのくらい助長しているか、と。中世の教会は世界中のほとんどすべての教権制と同様に、その経済倫理でもって伝統主義の「精神」の支えとなった。中世の教会は封建貴族や都市の手工業と同様、近代の経済的合理主義の「精神」とは隔たったものだった。確かに、宗教的に好ましい経済的行為、それもとりわけ営利経済的な行為についての教会の態度はその内的な多元主義に従って統一的ではなかった。そして教会は、特にイタリア諸都市の金銭力と政治的に結託すればするほど、「己のための」利潤追求を反倫理的なものとしてでなく、倫理外的なものとして取り扱い、それを容認するのに吝かでなくなっていったのだった。これはヴェーバーがすでにプロテスタンティズム研究の第一版で適応（Akkommodation）と呼んだ態度である。[255] しかしそこでは結局は、人間に「自分の生活の目的としての営利を」義務づける経済行為のみならず、「物質的生活要求の充足を目的とする手段として営利を人間に」関連づけることですら積極的な救済上の意義をもちえないことに変わりはなかった。『カノン法大全』に収められている命題「神に喜ばれることは難しい（Deo placere vix potest）」[257] とは、ヴェーバーにとってこの基本的事態を表現するものだった。自らの救済を危うくすることなく収益をあげることは確かに可能であろうが、それを通じてわが身に何かを望んではならない。救済上の運命と経済上の運命との内的な結びつきは中世教会においては成立しなかったのである。教会は、「『営利経営』（ちなみにこの概念はまったく不明確なもので、使用しない方がよい）を罪悪視しているのでは決してなく、それをこの世の事物一般と同様に、福音的勧告（consilia evangelica）を遵守しうるカリスマを有しない者のために、放任しているのである。しかし教会は、資本主義的意味での『経営』を指向し、資本主義的収益を『職業』の実質的最終課題と見なし、それによって――これが主要な点なのだが――自分の有能さを測る合理的かつ方法的な態度と、教会倫理の最高度の理想とは架橋できないものと見なしている」[258]。ヴェーバーはたとえば利息禁止ならびに公正価格の教義の実効性をどちらかといえば控え目に評価していたにもかかわらず、宗教改革以前の教会の経済倫理のなかに彼は、前資本主義的勢力の「伝統主義的な『生計維持《ナールング》』政策的施策[259]」のための理念的下部構造を見ていた。もし宗教倫理が経済的伝統主義「精神」の打破に力を貸すとしたら、営利のための営利の宗教的放任に代わって、営利のための営利において宗教的確証が行なわれるようにならなければならなかった。そうしてはじめて、宗教改革以前の時代の「真剣にカトリックに帰依していた人々」を資本主義的経済行為に際して結局巻きこみ続けてきた良心と行為の間の深刻な内的分裂や緊張は、(虚偽の)妥協に陥ることなしに調整されることができたのである[260]。

つまり、制度的布置状況、すなわち外的状況の考察におけると同様、動機づけの布置状況、すなわち内的状況の考察においても、問題となるのは緊張とその独特の調整である。この両者を考慮した場合にのみ、どうやって「金儲けを人間を義務づける自己目的として、すなわち『職業』として把握する[261]」という、まったく「不自然」な、それどころかまことにばかばかしい考え方が可能なのかが理解しうるものになるのである。それに対して、ヴェーバーが歴史的に受け継がれてきた資本主義的諸制度への外的適応《アンパッスング》のテーゼを少なくとも近代資本主義の成立については説得力あるものと考えてなかったことは、すでに強調しておいた[262]。しかし功利主義的ないしプラグマティックな諸前提に結びつけられている限り、内的適応のテーゼも彼にとって満足のいくものではなかった[263]。伝統主義的な経済心情の変容を可能にした心情革命すなわち内面からの革命とは、彼の見るところ宗教的‐倫理的な革命でなければならなかったばかりではない。それは宗教的世界像と救済への関心との間の内面的緊張とその独特な調整——救済への関心が宗教的世界像を一方的に取り込むのでもなく、またその逆でもない形での調整——からも説明されなければならないものだった[264]。

したがってヴェーバーにとって当初から問題だったのは、マルクスのような本源的蓄積ではなく、「市民的な」生活態度だったのである。「それというのも、決定的だったのは単なる資本蓄積ではなく、職業生活全体の」——生活全体の、とつけ足すこともできよう——「禁欲的合理化だったからである[265]」。近代資本主義の「精神」が到来するところでは、「それは自らの活動の手段としての準備金を調達するのであって、その逆ではない[266]」。産業資本主義的に活用するための貨幣は、商業資本ないしは「冒険」資本の形で「市民的」生活態度のずっと以前から存在している。問題は、巨大な貨幣資産が成立しているかどうかということではなく、今ある貨幣資産がいかなる外的な、またとりわけ内的な諸条件のもとで、産業資本主義的水路へと流れ込むかということである。禁欲的合理化と結びつけられた節約の強制、すなわち消費の節制は、あまりに過度になされると需要の低落を引き起こすため、資本主義の発展を危うくする可能性がある。ヴェーバーはそれに対しても主として経済的観点から関心を示すことはなかった。プロテスタンティズム研究は、本源的蓄積に関する心性史的分析ではない。節約の強制とはむしろ、ある一つの立場の表現である。それは、あらゆる生活領域における衝動的生活享楽に反対する立場、また同時に領主的生活態度に反対する立場であり、これは宗教的にいえばともに被造物神化に反対する立場、世俗的にいえば超人間的な事物への無条件の帰依や奉仕と対置される利己主義に反対する立場である。しかし、このような意味での営利経済的な資本主義的行為を解釈しうるためには、宗教的な救済の確かさと世俗内的職業禁欲との強固な統一の確立をひき起こす倫理という媒体が必要だった。それを最終的に可能にしたのは、禁欲的プロテスタンティズムのみだったのであって、カトリシズムやルター派、あるいはユダヤ教でもなければ、また哲学の学説でもなかった。

当初プロテスタンティズム研究において展開され、後に『経済と社会』旧稿の宗教社会学の章においてはより広い比較のパースペクティヴの中に組み込まれたこの「近代的経済発展の心的側面」に関するテーゼ[267]に、ヴェーバーは最後まで固執した。そのことは、プロテスタンティズム研究の第二版に挿入されたルヨ・ブレンターノやヴェルナー・ゾンバルトの議論に対する彼の反批判を見れば明らかである。すなわちブレンターノが近代資本主義の「精神」を金銭追求の脱道徳化の結果と解釈した一方で、ゾンバルトはヴェーバーにならって、少なくとも初期資本主義の局面においては営利追求の道徳的調整の結果としてそれを把握したが、その際、禁欲的プロテスタンティズムを特別に位置づけるというヴェーバーの主張は斥けた。ブレンターノにとって資本主義的精神とは、金銭の無制限の追求であって、宗教倫理による是認を一度として受けたことのない行動なのである。実際また彼は、ピューリタニズムの倫理を「小市民層の伝統主義的経済倫理[268]」と見なしている。彼はヴェーバーが経済的伝統主義からのキリスト教的解放を誤って解釈しており、本来決定的なものである異教的解放を蔑ろにした、と非難している。資本主義の発展は物質的にはまず何よりも商業、金融、そして戦争に依拠しており、理念的には経験論哲学に依っているとブレンターノは言い[269]、そのような哲学の代表として彼はマキャヴェリをもち出す[270]。これに対してゾンバルトは、近代的経済人の精神史を再考した際に、ピューリタニズムとはユダヤ教だとの結論に当初達したが[271]、ほどなくしてこのテーゼをカトリシズム、とりわけトマス主義へと、またフィレンツェのアントニヌスやシエナのベルナルディーノの倫理学へと、そしてさらには哲学的「功利主義」――これを彼はレオン・バッティスタ・アルベルティの家政書からベンジャミン・フランクリンにまで辿った――へと拡張していった[272]。彼のテーゼによれば、アルベルティの徳についての教えは、フランクリンの徳についての規準を先取りしたものであり[273]、ユダヤ教の最も重要な教義と同様に、トマス主義の最も重要な教義もまたピューリタニズムのそれと一致したという[274]。市民的徳の推奨は至るところで見られ、勤勉、功利性、倹約、そして誠実が中心をなしていた。無為徒食に対して勤労、遊惰に対して有益なるものへの従事、放埒に対して節制、贅沢に対して節約、ペテンに対して誠実といったことは、ユダヤ教、スコラ哲学やピューリタンの著述家によってと同様、アルベルティやフランクリンによっても諄々と説かれている。ピューリタニズムがトマス主義につけ足したのは、豪華さ、壮麗（magnificencia）に対する芸術家的欲求の抑制のみだと言う。「倹約（parsimonia）が客嗇（parvificentia）へと発展したことが、ピューリタンやクエーカーの倫理が市民精神を宿した資本主義のために手に入れたおそらく最大の功績だと言えるかもしれない[275]」。

さて、以上のように二つの対立見解を簡単に特徴づけただけでも、ヴェーバーがブレンターノよりもむしろゾンバルトから挑戦を受けていると感じていたに違いないことは明らかであろう[276]。それというのも、ブレンターノにおいては宗教的心情革命が、近代資本主義成立の歴史的前提条件からいわば文字通り抜け落ちていたからである。ブレンターノの場合のように、近代資本主義の精神が貨幣への無制限な追求と等置されると、「概念の厳密さがことごとく」失われるだけではなく[277]、生活態度が、それも市民的な生活態度が、近代文化の構成条件に属することの理解も失われてしまうのである。なぜなら、「何の規範にも内面的に拘束されない仮借なき営利活動とは、そもそもそれが事実上可能であったところならば、歴史上あらゆる時代にみられたものだったのである」[278]。これに対してゾンバルトは、その研究のなかで近代的経済人の成立にとっての道徳的な諸力の意義を認めたのみならず、企業家精神と市民精神とを区別もしていた。企業家精神によって満たされている可能性があるのはたとえば、海賊、封建領主、官僚、投機家、大商人、そして向上心ある手工業者である。ヴェーバーの用語を使えば、先見の明があり、計画的・協同的で危険を顧みないが、にもかかわらず計算高い行為を通じて経済的に成功を収める意思と能力を有するあらゆる経済的超人である。しかしこのような企業家精神とは別に、市民精神というものもある。ゾンバルトによれば、後者が前者のなかへと注入されてはじめて、経済運営の合理化、そしてとりわけ効率化がもたらされるのである。資本主義の精神とはしたがって、企業家精神と市民精神の結合から生まれる。しかし市民精神の形成には、道徳的な力も与っている。それゆえ、ゾンバルトにとっても資本主義的精神とは、生活を合理化し方法化する人生観の枠内で営利追求を倫理的拘束によって抑制することを意味していた。とはいえ、彼ははっきりと次のように述べている。このことは初期資本主義の精神においてのみ言えるのであって、高度資本主義の精神には当てはまらない、と。[279]

したがってゾンバルトは、近代資本主義の精神が市民精神の要素を含み、道徳的基盤に立脚しているとの点でヴェーバーと一致し、ブレンターノとは対立していた。領主的（封建的、家産制的、都市貴族的なそれ）、手工業的、あるいは農民的な仕方で解釈された伝統主義的経済心情の革命にとっての決定的な心理的槓杆とは、利益と幸福の追求ではなく、「意味」の追求に違いなかったのである。ゾンバルトは、初期資本主義の精神を高度資本主義のそれから区別しなければならないという点でもヴェーバーと考えを同じくしていた。けれども両者は、心理的槓杆の分析も、また二つの資本主義の精神の相違の解釈も異にしている。この両者は互いに関連している。ヴェーバーはゾンバルトの近代的経済人の精神史を最終的に誤りと見なしたゆえに、高度資本主義への移行過程における市民的生活態度の転換、すなわちヴェーバーのアプローチによれば第三の転換をも別様に評価したのだった。

ゾンバルトの近代的経済人の精神史の何が誤りなのだろうか。ヴェーバーがまとまった形でそれに取り組んだことは一度としてないが、方法的、理論的、また実質的異論が区別されよう。それらの論議のなかで同時に、「近代的経済発展の心的側面」に対する彼の「最終的な」診断がいかなるものだったのかを示すことができる。

方法上の異論は手短に展開されている。もちろんヴェーバー自身は、それを一度としてはっきりと定式化していない。しかしそれは彼のアプローチから生じて来るものである。それというのも、その近代的経済人の精神史においてゾンバルトは、主として道徳的な教説を考察したからである。その実践的－心理的作用には、せいぜい副次的にしか言及していない(280)。ところがヴェーバーの「心理学」はそこへと向けられていたのである。再三再四彼は、教説や教義学的基盤のみならず、それらの心理的に媒介された諸帰結もまた重要であることを強調していた。現代風にいえば、重要なのはコンテクスト主義であり、そしてまた、象徴的典拠が「信者」の「内面的困窮」がそこに反映されているかどうかという観点のもとで選択されるということなのである。もちろん、このような非難は世界宗教の経済倫理に関するヴェーバー自身の探求のかなりの部分に対しても提起されうる。というのも、彼がこのテーゼから宗教的典拠の選択についての結論を引き出したプロテスタンティズム研究の場合とは異なって(281)、とりわけアジアの文化宗教の研究においてはこの点は、「古典的」テクストの解釈の際に顧みられなかったからである。そのうえそれらテクストの選択はかなり恣意的に行なわれている。

もっと重大なのは理論上の異論である。ここでも私はあえて推論を行ないたい。それは処世訓と倫理の関係についてのものである。ヴェーバーによればそれらの間には、またそれらに結びつけられた心理的槓杆の間には原理的な相違があるのだが(282)、ゾンバルトはそれを完全に無視している。彼は両者を「同一線」上で扱っているのである。そのことは何よりも、彼がイタリア・ルネサンスの「高貴なる」文筆家アルベルティと東海岸の「市民的」アメリカ人フランクリンとの関係をどのように記述しているかということに現れている。アルベルティの助言はフランクリンとは異なり、営利や資本活用よりもむしろ家政や資産投資に向けられているし、彼の読者層は（小）市民的大衆よりもむしろ人文主義的教養の持ち主である高貴な都市貴族から成っているが、それればかりでなく、彼が営利の経済的合理主義を呼びかけているところでは、宗教的－倫理的情念が一切欠如している。そこでなされているのは、「カトーの奴隷賦役農場に関する処世訓を家内工業や分益小作の自由労働に転用[283]」したことである。だがそれによって人間の内面が大きく動かされるということはない。つまりヴェーバーのアプローチの決定的な前提に属するのは、「宗教的拠りどころをもつ倫理は、それによって生み出された態度に対して一定の（経済的性格をもたない）心理的報酬を与え、この報酬は宗教的信仰が生命を保っている限りはきわめて効果的に作用するものであるが、アルベルティのような単なる処世訓ではこのようなことはまったくのところままならない[284]」ということである。ここで言われていることは、心理学的には次のようなことである。規範に同調した行為によって道具感情ないし容器感情のような感情状態が作られ、救済の約束が彼岸かそれとも将来の此岸に向けられているかにはかかわりなくその充足はすでに「今」なされうるということである[285]。このような感情状態は、世俗内での経済的あるいはその他の成果にはまったく左右されないものである。確かにフランクリンにおいても、すでに功利主義的な響きが言外に聞こえる。それをヴェーバーはプロテスタンティズム研究の第一版で強調していた。しかしそれは、ある見解がはじめから処世術以上のものを提供するものでないのか、それともそれが世俗化された宗教倫理を表現しているかの違いである。ヴェーバーによれば、前者にあてはまるのがアルベルティや彼に類する著作家たちであり、後者にあてはまるのがフランクリンである。

つまりフランクリンの教えに含まれるのは、アルベルティとは異なって倫理的な色彩を帯びた生活上の格率であって、技術的－実践的な規則ではなく道徳的－実践的な規則、そしてそれと結びついた［心理的］報酬なのである。ゾンバルトは彼の論述においてこの根本的に重要な相違を見逃している。彼は（宗教）倫理のみによってなし遂げられること、すなわち内面から生活を変革する力たることを、心理的に処世術に帰している(286)。だからといってもちろん、あらゆる（宗教）倫理がそのような力であるわけではないし、また、そうだったとしても、伝統主義的経済心情、すなわち身分相応の生活保障や「生計維持」、（消費）目的のための手段としての営利といった観点が宗教倫理によってそれだけの理由ですでに変革されたというわけでもない。そのためには、特別な宗教倫理とそれを解釈する特別の宗教的実践が必要である。それというのも宗教的－道徳的実践はいわば、宗教倫理的基盤、「教会制度《キルヒェンフェアファッスング》」、そして信者の観念的ならびに物質的利害関心の三者が出会う中心点をなすからである(287)。もしもある文化宗教が経済的伝統主義の精神を変革するとしたら、救済の起点《ヴォーフォン》と目標《ヴォーツー》、そして何よりも方法《ヴィー》が実践的に営利経済的行為と関連づけられていなければならなかったのである。

　さてゾンバルトは処世術や倫理のみならず、ユダヤ教、カトリック、ピューリタン的－クエーカー的倫理をも「同一線上で」取り扱ったが、表面的にはおそらく似通っているそれらの規定が類似した実践にも結びついているかどうかを明らかにはしていない。この点から実質的な異論が導かれる。そしてこの異論が最も重大なものであることは疑いがない。ヴェーバーがゾンバルトの挑戦を受けて立ったのは、彼にとってそれが何よりも、「近代的経済発展の心的側面」の分析にとっての禁欲的プロテスタンティズムの特別な地位を今一度確証する機会を提供したからである。というのは、すでに示唆したように、このテーゼにヴェーバーは最後まで固執していたのだった。プロテスタンティズム研究をその孤立性から脱却させ、文化発展の全体へとそれを組み込もうとする彼の試みは、その相対化をもって終わったのではない。禁欲的プロテスタンティズムはヴェーバーの問題設定のもとでは、一方ですべてのアジアの重要な文化宗教に対して、また他方で中世・近世のユダヤ教、宗教改革以前のカトリシズム、そしてルター派に対して特殊性を有していた。ゾンバルトの分析は処世術と（宗教）倫理の心理的作用を平準化するのみならず、何よりも禁欲的プロテスタンティズムの特別な地位の否定に帰結するものだったが、それゆえに彼の近代的経済人の精神史はヴェーバーにとっては、「言葉の悪しき意味における『綱領文書《テーゼンブーフ》』[288]」にほかならなかった。［ヴェーバーの］「対抗テーゼ」は、中世ないし近世のユダヤ教も宗教改革以前のカトリシズムも――ルター派については見解は一致していた――、市民的生活態度や職業による確証の実践を生み出すことはなかったというものである。

一九一三／一九一四年にすでにヴェーバーは『経済と社会』旧稿の宗教社会学において、すなわち古代ユダヤ教の研究がモノグラフの形で著される以前に、ユダヤ教とはピューリタニズムであるとのゾンバルトの主張に対する自分の立場を表明していた。「近代的経済システムの特別に新しい点も、近代的経済心情の特別に新しい点も、どちらも特殊ユダヤ教的なものではない[289]」。そして一九一九／一九二〇年、古代イスラエルと古代ユダヤ教の歴史的研究に取りかかった後、彼は「近代的経済発展の心的側面」について再度次のように確言した。「ユダヤ教が位置していたのは、政治的ないし投機的指向をもった『冒険家』資本主義の側である。そのエートスは一言で言えば、パーリア資本主義のそれであった。ピューリタニズムが担っていたのは合理的な市民的経営のエートスであり、労働の合理的組織化のそれであった。ピューリタニズムはユダヤ教の倫理からこの枠組に適合するもののみを借用したのである」(290)。古代ユダヤ教についての歴史的研究が明らかにしたユダヤ教の生活秩序が、その神の概念ならびに「呪術やあらゆる形態の非合理的な救済追求から解放されているという意味で高度に合理的な世俗内的行為の宗教倫理」(291)によって、まさに禁欲的プロテスタンティズムにとって重要な歴史的前提条件となっているにもかかわらず、ユダヤ教の中世・近世の宗教的実践からは、職業による確証の精神は導かれず、したがって「大資本家的特質をもつ『廷臣や投機的山師』を倫理的にいかがわしい階級として彼らとの一切の結びつきを(292)」拒むような市民的営業道徳に対する矜持の念ももたらされなかった。逆である。儀礼上の制約にもかかわらず、これら「非市民的」資本主義の担い手たちはまさに、商業、とりわけ金融業、そしてまた国家財政のエキスパートである富裕なユダヤ人の最も重要な経済的パートナーだったのである(293)。確かに、中世・近世のユダヤ人は富裕な階層のみからなっていたのではない。彼らのなかには小市民や疑似プロレタリアート、手工業者層、そして後代の「膨大なゲットー・プロレタリアート」(294)が含まれていた。しかしその広範な経済行為と社会的位置や脱呪術的で世俗内的行為を指向した宗教倫理にもかかわらず、「家内工業、工場制手工業、工場における工業労働の組織化が、完全にとは言えないにしても比較的顕著に(295)」欠落していた。しかし何よりも欠如していたのは、禁欲的プロテスタンティズムに特有な「営利衝動」の合理的調整である。

　その原因とは何なのか。最も重要なものはすでに述べた。それは客人民族としての地位に関連するものである。ヴェーバーの一貫したテーゼによれば、そのような地位は何よりも、法的かつ事実的に不安定な状況や、あらゆる伝統的経済に特徴的な経済行為における対内道徳と対外道徳の二元主義の克服には至らない状況を生み出すものである。信者仲間に対して禁じられていることは、異教徒に対しては許される。そのことは、ゾンバルトが考えたように、対外的関係において形式的合法性という根本原則が欠如しているということを意味しない。むしろこれは、経済心情が伝統主義を克服していないということにほかならない。というのも、対内的関係においては「生計維持」の観点が支配しており、対外的関係では形式的合法性や公正という規範と結びついた「完全に非人格的な業務遂行」[296]の観点が支配しているからである。もっとも後者は、どちらかといえば救済宗教とは関わりのない領域で運動しているものであるが。外的事情がこのような運動を容認しているところでは、上のような業務遂行は権力機会や市場機会の経済的利用に向けられるのが常である。しかし市民的生活態度への動因はそこからは生じない。強調しておくが、市民的生活態度への内面的発展を阻害したのは、ユダヤ人のいわゆる外面的律法遵守でもユダヤ的な外人法でもなく、確証思想の欠如である[297]。ユリウス・グットマンも確認しているように、このような思想はユダヤ教の倫理のなかには含まれていない[298]。敬虔なユダヤ人の宗教的自己評価は、その経済的成功とは完全に独立したものであり続けている。禁欲的プロテスタンティズムにおいてのみ、両者は互いに特別な仕方で結びつけられたのである。

　このような結合関係が宗教改革以前のカトリシズムやルター派においても見られなかったことを、ヴェーバーはすでにプロテスタンティズム研究の第一版で強調していた。そしてゾンバルトによるユダヤ教とピューリタニズムとの等置が、ヴェーバーの見るところ決定的な点で間違いであるように、トマス主義ないし一五世紀の托鉢修道会の神学とピューリタニズムとの等置も決定的な点で誤りだった。その原因は確かにユダヤ教と比較すれば異なっているが、帰結するところは似通っている。急進化した確証思想に端を発し、それと結びついた心理的槓杆ゆえに全存在の一貫した道徳化をもたらす動因が欠如していたか、あるいは市民的生活態度から逸れた方向へ導かれたのである。確かに、ヴェーバーは［機会があれば］宗教改革以前のカトリシズムに関して自分の解釈を精緻化したであろうし、カトリックの経済倫理と近代資本主義との間のプラスの関係についても論じたであろうし、さらにはプロテスタンティズム研究の第一版ですでに確認されていた世俗外的な修道士的禁欲と世俗内的職業禁欲との連続性をさらに掘り下げたであろう。[299] 同時に彼は宗教改革以後のカトリシズムをより詳細に取り扱いたいと思っていた。だが、宗教改革以前のカトリシズムについての中心テーゼは確固たるものだった。それというのも、ヴェーバーがプロテスタンティズム研究の第二版で再度はっきり強調したように、宗教改革以前における異端運動や修道院内の散発的な潮流を除けば、「禁欲的プロテスタンティズムに特徴的な観念である職業による自分の救済の確証すなわち救いの確かさ(certitudo salutis)、つまりこの宗教心が『勤労《インドゥストリア》』に与えた心理的報酬[300]が欠けていたからである。このことは、カトリシズムがそういった方向にまで考えを巡らせなかったからでは決してない。そうではなく、それが秘蹟的な恩寵アンシュタルトであり続けたからである。ヴェーバーがプロテスタンティズム研究の第二版に挿入した文章で、私が核心的と考えているものを引用しておこう。「当然ながらカトリックの倫理は『心情』倫理であった。しかし個々の行為の具体的な『意図(intentio)』

がその行為の価値を決定し、個々の善き行ないないし悪しき行ないは行為者に帰せられ、その者の現世の、また永遠の運命に影響を与えるものとされた。教会はきわめて現実主義に、人間というものが全然迷いなく決定を行ない評価されうるような統一的存在などではなく、その道徳的生活は（通常）、相争うさまざまな動機が影響を及ぼし合う、しばしばきわめて矛盾に満ちた形をとると考えていた。しかしま確かに教会もまた理想としては、原則に合わせて生活を変えることを人間に要求していた。しかしまさにこの要求が、（概していえば）教会の最も重要な権力手段であり教育手段の一つである悔悛の秘蹟によって再び骨抜きにされたのである。そしてこの悔悛の秘蹟の機能は、カトリック的宗教心の最も内奥的な特性と深く結びついていた」[301]。

ゾンバルトが否定した禁欲的プロテスタンティズム、とりわけカルヴィニズムのユダヤ教やカトリシズムに対する特別な位置づけは、したがって確証思想の急進化によってもたらされたものなのである。これには二つの側面がある。理念的側面と制度的側面である。理念的側面は確証思想と予定思想との結合と関連しており、後者はさらに、特定の神概念と結びついている。「絶対的で主権的な意思としての神の性格」であり、神の恩寵は「純粋で無償の恩寵」であるという観念である[302]。制度的側面は秘蹟恩寵とアンシュタルト恩寵の役割に関係している。この恩寵は救済カリスマ［の担い手］としての主張を否認され、脱魔術化・脱呪術化されて残存する。理念的急進化によって倫理的な互酬性思想が、そして制度的なそれによって倫理的に誤った行為の定期的免責の可能性が破砕される。今や倫理的な戒律はひとえに神の栄誉のために、世俗的にいうならば律法の尊重のために遵守されねばならず、そのためにはもはや個々の良き業では足らず、体系へと高められた統一的で方法的な生活態度による神への奉仕、世俗的にいうならば無条件に帰依されねばならない超人間的な事物ないし抽象的価値への奉仕のみが必要とされる。そのような「信仰」があるところでのみ、個々人は環境との間および自分自身との間に距離をとることができるのである。そうした場合にのみ、個々人は言葉の厳格な意味において「内部指向型の人格」となる。このような人生観が経済生活を送る平信徒を捕らえるとき、経済領域が倫理的に重要な確証の場として解釈される公算が大きい。このことは特に、このような平信徒が特権をもつ層に属するわけでなく、経済的上昇の途上にある場合に言える。すでにプロテスタンティズム研究の第一版でヴェーバーは確かに宗教の階級拘束性の分析を意識的に度外視していたが、そこで彼はすでに「資本主義的倫理とカルヴィニズムの教会制度の典型的な担い手」となったのが、大市民層ではなく「興隆する中小市民層」だったという事実を指摘していた。彼らによって、観念的利害状況と物質的利害状況との「統一化」を通じて、当初宗教的に動機づけられた内面からの革命が成し遂げられ、最終的には世俗的にも解釈可能な職業義務や職務遂行、約言すれば職業による確証の精神を伴った特殊市民的生活態度が成立したのである。

　プロテスタンティズム研究から導かれたヴェーバーのテーゼはしばしば再構成され、また歴史的見地からの批判はもっと頻繁になされてきた[303]。私はここでその点には立ち入らないが、その際に私に決定的と思える観点が常に正確に捉えられていたわけではない。つまり、ここでヴェーバーにとって第一に問題だったのは、極端な内面的緊張の証明とその独特の内面的調整だったという観点である。禁欲的プロテスタンティズムは、すべての救済宗教に特徴的な、「現世」と「超現世《ユーバーヴェルト》」としての「背後世界《ヒンターヴェルト》」、約束と履行との間の内面的緊張を先鋭化し、最終的に互酬性の思想、すなわち神の嘉し給う考えや行為が報われるという思想が過去の遺物とさえなるような地点にまで推し進めた。このことは倫理的領域と同様に認知的領域でも行なわれている。根本的に超越的な存在たる隠された神として擬人化された、「超現世」としての「背後世界」は、人間の理解力からはまったく及びもつかないものであり、いかなる人間の行為もこの神を「動かす」ことはできない。その決定は変えようがなく、また失われることもない[304]。このように極度の内面的緊張のなかに信者は置かれている。しかも、さしあたり何らの解放の展望もなく、である。なぜなら教会の秘蹟による救済が、またそもそも「激情的な罪悪意識の定期的『解除』のための」あらゆる内面的手段[305]が失われているからである。それだけではない。ゼクテ教会ないし純粋なゼクテの形をとった「教会制度」は、社会的コントロールを強化し、教会メンバーに不断に「信者仲間の集まりのなかでの社会的自己主張を[306]」強制する傾向があるが、それによってすでに過重となっている内面からの圧力がさらに外面から強められた。そのような内的かつ外的諸条件のもとで残るのが、労働禁欲としての世俗内的禁欲を通じての恒常的な確証なのである。それというのも、「世界の根本的な脱呪術化」はこれと異なった方法を許容しないからである[307]。人間は神に仕える道具へと自らを完璧に変えなければならない。そのことを通じて彼は、それ自体のために何かをなすとはどういうことかを学ぶのである。これが生じるのは、「悲愴な非人間性[308]」、内面的孤立化、そして「冷徹で悲観的な色彩を帯びた個人主義[309]」の雰囲気においてである。そのような内面的緊張の中でそれにくじけずに生きていくには、生活態度の内面的合理化をもってそれに応えていか「なければならない」。

もちろん英雄主義的傾向の持ち主ですら、このような内面的緊張を一切の内面での調整なしに耐え抜くことはできない。この点と関係しているのが、禁欲的プロテスタントたちが見出した特有の調整とは経済的成功を選ばれていることの徴へと解釈替えしたことであるとのヴェーバーの有名な解釈である。それを通じて世俗の職業は救済上の意義を獲得する。ただし、決定的に重要なのは、それが不断の確証への内面的圧力を緩和したり、ましてや職業上の成功を人生の意味と同一化したりするものではないことである。宗教的なルーツが死滅し始めても、またこのような宗教的生活態度が「世俗化」されても、このような内面的布置状況はさしあたり保持されていく。ピューリタンのみならず、すでに大幅に「世俗化」されていたベンジャミン・フランクリンもまた、そうあらねばならないわけではなかったのに、職業人たろうとした。責務《ザッヘ》としての職業のエートス、それこそがここでは重要なのである。[310] 市民的生活態度の中心には職業義務の理念が位置している。したがってそれは、「人間のファウスト的な全能性[311]」からと同様に、領主的・手工業者的・農民的生活態度からも内面的に隔絶したものなのである。

この意味で世俗内的禁欲は中心的な市民的徳である。そこからヴェーバーが分析の中心に据えた「営利衝動」の合理的調整が現れるのである。ユダヤ教は確かに合理的な世俗内的行為を促すが、禁欲主義を促しはしない。西洋の修道制は確かに禁欲主義を促すが、合理的な世俗内的行為を促しはしない。禁欲的プロテスタンティズムがはじめてこの二つの歴史的遺産を結び合わせたのであり、そのためにそれが見出した担い手は、何よりも中世都市の発展のおかげで成立したものだったのである。これにつけ加わったのが、古代に部分的に起源をもつ前述の資本主義的諸制度である。これらすべてが相まって、「内面的にも打ち破られることのない統一性の発展[312]」が第二の転換と共に始まりうるための重要な歴史的前提条件が築かれたのである。それまで資本主義的営利追求の内面的足枷であった「神に喜ばれることは難しい」との考えは除去される。資本主義的営利追求、より一般的には職業労働は、もはや宗教的にみて反道徳的だとか道徳外的なものにすぎないと見なされるのではなく、道徳的に重要なものとされる。このような内面からの転換は、資本主義的経済形態から派生した純然たる適応の所産にすぎないと解釈できるものではない。形態と精神は各々独自の歴史を有している。お互いがこれまでの「パートナー」から、すなわち形態が政治から、精神が宗教から解き放たれ、新しい結びつきに入るためには、この二つの発展路線が交差しなければならなかったのである[313]。

ヴェーバーによれば、この新しい決定的結合は一六・一七世紀に行なわれている。それゆえにこの時代は「資本主義の英雄時代[314]」であり、内面的に強化された資本主義が、個々の近代的な官僚制的家産制国家の形をとった強力な外面的同盟者をも味方につけていた時代である。それはまた同時に、需要充足がまだ主として資本主義的指向をとっておらず、流通経済的な需要充足原則が依然として家計的なそれに対して自己主張しなければならない時代である。この戦いは一九世紀になって、流通経済的需要充足原則に軍配があげられた。資本主義の「鉄の時代[315]」の始まりである。これは第三の転換の指標であり、この転換の結果、諸要因の布置状況が他の二つの転換のそれと比べて再度根本的な変化を被る。最後に我々は、そこで変わったものとはそもそも何だったのかを問うことにしよう。

e　第三の転換――新たなる隷属の檻

このためには再びゾンバルトを一瞥するのが役立つ。前述のように彼は、初期資本主義と高度資本主義、そして旧式のブルジョワと新式のブルジョワとを区別している。彼によれば、旧式のブルジョワにとっては依然として人間が万物の尺度であるのに対して（「万物の尺度である人間 omnium rerum mensura homo」）、新式のブルジョワでは事情が異なっている。ここでは人間ではなく、営利ないしビジネスが前面に出ている。旧式のブルジョワに息づいていた市民的徳は、「ビジネス・メカニズムの構成要件[316]」となった。このような事態は、事象化《フェアザッハリッヒュング》と定式化される。［新旧両ブルジョワの］対置から、ゾンバルトはこのテーゼを得ている。「初期資本主義の時代には企業家が資本主義をつくり、高度資本主義の時代には資本主義が企業家をつくる[317]」。

ヴェーバーに視線を移すと、一見彼も同じように議論しているように見える。彼においても、機械的基盤に立脚する勝ち誇った資本主義があらゆる経済的諸関係、いやそれどころかすべての社会的諸関係を事象化し、市民的生活態度をもはや必要としないことが述べられている。それというのも、このような資本主義は今や事実上、自らが機能するために必要な人間、すなわち企業家と労働者を調達するからである。ピューリタンやベンジャミン・フランクリンのようなタイプのその世俗化した末裔たちが依然として職業人たらんと欲したのに対して、「我々は職業人たらざるをえない」[318]。かくして職業は、初期資本主義期に獲得したその内面的支えの喪失という危険にさらされる。しかもこの危険は、強力な資本主義がその前例のない成功に立脚して新たな隷属の檻の建設に邁進すればするほど増大する。この新しい隷属とは、かつてのものとは異なり、金箔を塗られた鎖による隷属であろう[319]。その表徴とは、「あらゆる即物的な献身とあらゆる距離の（――とりわけ自分自身への距離の――）宿敵」たる虚栄心と結びついた機械化された化石化とひきつったようなうぬぼれである[320]。かつての世俗外的な修道院での禁欲と同様、世俗内的な職業禁欲もそれ自身の成果に押し潰されるかのようである。ただ、前者が絶えず改革を惹起したのに対して、後者は機械化された化石化にさらされている[321]。

だが、類似は表面的なものである。それというのも、宗教的ないし世俗的意味における市民的生活態度そのものの中心に位置する基本的なモチーフとは、事象化だからである。それは資本主義的形態の発展の産物ではなく、自分が信じる「責務」に無条件に従属し、それに責任を負わなければならないという当初の内面的布置状況の帰結である。ピューリタニズムの色彩を帯びた企業家――ゾンバルトの言う旧式のブルジョワ――について、ヴェーバーはまさに次のように述べている。「人間は委託された財産に対して義務を負っており、管理する僕として、あるいはまさに『営利機械』としてそれに仕えるのだという思想は、生活の上に冷ややかな圧力をもってのしかかっている」[322]。市民的生活態度は、それが価値と関係をもち続ける限り、このような感情を内に含んでいる。それが再び失われてしまうのではないか、未来永劫にわたって表面上最も偉大な成果すらもが「被造物としての無価値性という呪い」によって苛まれ続けるのではないか[323]――これが第三の転換にヴェーバーが結びつけた懸念である。この懸念は、勝利を遂げた資本主義の諸条件のもとでの人生の有意味さへの問いへと彼を向かわせるものである。またそれは、資本利用過程の内外に残されている市民的生活態度の可能性を探究するようにも彼を仕向ける。専門教育を受けた職業としての専門家が意味するものとは何なのか。責務としての職業のエートスが勝利を遂げた資本主義の諸条件のもとで依然として実現可能なのはどこにおいて、またいかにしてか。このような意味における召命としての職業が文化的な力として保たれ続けるには、人は何をなしうるのか。それというのも、高度資本主義の発展傾向を成り行きに任せたとすれば、神と無縁な預言者なき時代には結局あの「最後の人間」のみが、すなわちヴェーバーがプロテスタンティズム研究の終わりで、またニーチェが『ツァラトゥストラ』の冒頭で言及しているあの「末人」のみが存在することになるだろうからである[324]。

三　結論――説明アプローチの地位

西洋の特殊な発展に関するヴェーバーの説明の試みの再構成は、これで終わりである。その際私は、『宗教社会学論集』「序言」での彼の要求に従って、とりわけ経済的諸条件やさらには政治的・

宗教的諸条件を――より一般的にいえば制度的諸条件を――考慮したが、「逆の因果連関」、すなわち市民的生活態度をとる人間の能力と性向が近代資本主義の成立に対して果たす因果的役割をも考慮した。たとえばランドル・コリンズによる再構成はヴェーバーのアプローチを作品史的観点から見ても体系的・歴史的観点から見ても描きそこなっていて、説明対象のさまざまな側面を十分考慮していないのだが、これとは異なり、私は完結した因果連鎖を提示しなかったし、彼のように最終的条件・背景条件・媒介条件を区別しなかった。この区別は論理的な区別、時間的な区別のいずれと理解すべきものなのかが不明なままである[325]。というのはヴェーバーはこうした意味での完結した因果モデルも諸条件の分類も知らなかったのである。彼が知っていたのはただ時代順に整理された諸要因の布置連関と外的・内的な歴史的前提諸条件だけであり、これらは、制度的または精神的なレヴェルで一つの結果がそれらに適合的に結びつけられうるか、それとも単に偶然的にしか結びつけられないかによって、重要であったりなかったりするのである。だが何よりも、彼が知っていたのは歴史的遺産であった。特定の諸要因が成立し、歴史的偶然によって諸要因の布置連関に「組み込まれ」るまで「ひそかに」存続するが、この布置連関の中でそれらは突然近代資本主義にとって――そのために「発明」されたわけでもないのに――(現実的)文化意義のあるものとなる。その一例となるのが中世の都市発展である。都市の自治という歴史的間奏曲が生み出した諸制度と市民層とは、ずっと後になって初めて、すなわち都市自治の崩壊のはるか後に、資本主義にとって重要な文化意義を展開した。それは一六世紀、とりわけ一七世紀になってまったく異なる歴史的源泉から市民的生活態度が成立したときである。この意味でヴェーバーの説明アプローチは、外的・内的諸要因の個別的布置連関の時代順に整理された継起を特徴づけることから成り立っている。その際、彼が主張した因果帰属がとりわけ最近の研究成果に照らしてすべてなお妥当かどうかは、もちろん議論の余地がある。だが説明アプローチ自体は私の見るところ依然模範的なものである。理論的概念を理想的極限事例として用い、特殊なものの理解を通した説明を目標とする歴史研究がいかに構想されるべきかを、それは示している。したがって私は少なくとも次の一点ではランドル・コリンズに同意する。「ヴェーバーのモデルは今日のいかなる競合理論よりも洗練された基礎を資本主義の理論に提供し続けている」[(326)]。

[原注]

（1）Max Weber, *Die Geschichte der Handelsgesellschaften im Mittelalter. Nach südeuropäischen Quellen*, Stuttgart 1889（SW, S. 312ff. に再録）を参照。厳密に言えば、ヴェーバーの最初の著作は *Entwickelung des Solidarhaftprinzips und des Sondervermögens der offenen Handelsgesellschaft aus den Haushalts- und Gewerbegemeinschaften in den italienischen Städten*, Stuttgart, 1889 であった。これは最初に挙げた著作の一部をなすものである。このような形になったのは、明らかにベルリン大学の博士論文規定の指示するところと関係している。しかしヴェーバーが博士号を取得した法学部には、最初に挙げた著作がすでに提出されていた。誤解を招きやすい書き方をしているのは Johannes Winckelmann, »Max Webers Dissertation«, in René König und Johannes Winckelmann (Hg.), *Max Weber zum Gedächtnis*, Köln und Opladen, 1963 およびこれに準拠した拙著 *Die Entwicklung des okzidentalen Rationalismus. Eine Analyse von Max Webers Gesellschaftsgeschichte*, Tübingen, 1979, S. 15, Fn. 2（『近代合理主義の成立』、二七二頁）である。この点に関しては訂正しておきたい。

（2）Max Weber, SW, S. 321.

（3）Ebd., S. 322. 興味深いことにヴェーバーはここですでに、分析に際して法的観点と経済的観点とを分離せねばならないという、また経済行為にとって決定的な法原理がまずは経済から遠く離れた領域で成立する場合があることを常に視野に入れておかねばならないという方法上のテーゼを提起している。

（4）この研究はとりわけピサとフィレンツェに及んでいる。その際用いられている資料の今日の視点から見た場合の「一面性」については、Kathryn L. Reyerson, »Der Aufstieg des Bürgertums und die religiöse Vergemeinschaftung im mittelalterlichen Europa: Neues zur Weber-These«, in: Wolfgang Schluchter (Hg.), *Max Webers Sicht des okzidentalen Christentums. Interpretation und Kritik*, Frankfurt, 1988.

（5）Ebd., S. 440 参照。合名会社は、責任問題が生じた場合に、「社員の財産権上の人格全体」を関わらせる人的会社であり、合資会社は、有限責任社員が実際に責任を負うのではなく、彼らが出資額に応じて企業の利益や損失に関与するという参加関係を構成するものである。いずれにせよ、ヴェーバーによれば、彼の分析した中世の法資料はそういうことを示している。

（6）Max Weber, RS I, S. 189（大塚訳、二三九頁）.

（7）この点については、SW, S. 317f.『経済と社会』の第一稿においてヴェーバーは、この分離の過程について独自に考察している。この考察は『経済と社会』の第一稿以来、「家共同体の解体、その機能状況の変化と『計算可能性』の増大。近代商事会社の成立」というタイトルで載せられている。WuG, S. 226ff.（厚東訳、五八四頁以下）参照。もっともこのタイトルを付けたのは、おそらくマックス・ヴェーバー自身ではなく、編者、つまりマリアンネ・ヴェーバーとメルヒオール・パリュイであろうが。彼自身の一九一四年の計画表では、これは単に「家共同体・オイコス・経営」となっていた。この分離過程の文化史的意義についてはまた、SW, S. 268（渡辺・弓削訳、四八六―七頁）を参照。さらにもちろん、WuG, S. 53（富永訳、三四八頁）, S. 229（厚東訳、五八九頁）と RS I, S. 8（大塚・生松訳、一六頁）.

(8) RS I, S. 190（大塚訳、三三九頁）.

(9) この部分は実際には次のように書かれている。「主題となるのは常に、次の問題をどう扱うかということである。つまり、西洋の経済的・社会的特性は何に基づくのか、またそれはどのように成立し、特に宗教倫理の発展とどのような連関をもつものなのかという問題である」。*Religion und Lebensführung*, Kap. 13, Anlage B（『ヴェーバーの再検討』、一六六―九頁）を参照。

(10) Max Weber, RS I, S. 206, Fn. (*Archiv*, XXI [1905], S. 110)（大塚訳、三七〇頁）.

(11) RS I, S. 206, Fn.（同訳書、三七一頁）.

(12) この点については *Religion und Lebensführung*, Kap. 13, Anlage B（『ヴェーバーの再検討』、一六六―九頁）.

(13) これについては、*RS* III, S. V. および *Religion und Lebensführung*, Kap. 8 und 9（本訳書、第四、五章）を参照。後者では上述のことが、原始キリスト教とイスラムの記述に関して示されている。タルムード的ユダヤ教や東方キリスト教、東方教会などに関する言及は比較的乏しい。古代や中世の発展段階におけるタルムード的ユダヤ教に対するヴェーバーの立場は、パリサイ人に関する断章やヴェルナー・ゾンバルトとの論争などから大まかに再構成することができる。これについてはゾンバルトの以下の著作を参照。*Die Juden und das Wirtschaftsleben*, München und Leipzig, 1911（金森誠也他訳『ユダヤ人と経済生活』荒地出版社、一九九四年）, *Der Bourgeois. Zur Geistesgeschichte des modernen Wirtschaftsmenschen*, München und Leipzig, 1913（金森誠也訳『ブルジョワ――近代経済人の精神史』中央公論新社、一九九〇年）. これに対し、東方キリスト教や東方教会の発展に対する彼の見方はより捉えにくい。とはいえ、特にロシアの市民革命に関する著作をも考慮に入れた研究は、試みに値するかもしれない。ともかくこの発展経路がヴェーバーの全プロジェクトにとってどちらかといえば二義的なものであったと仮定してさしつかえあるまい。このことは中世および近世のユダヤ教にはあてはまらない。ヴェーバーのゾンバルトとの論争については、後に触れる。これは、西方キリスト教に関する研究のための「準備作業」に属するものである。

（14）ヴェーバーの著作の発展諸段階への区分については、*Religion und Lebensführung*, Kap. 1（『マックス・ヴェーバーの研究戦略』、第I部）．そこで確認された方法論的・理論的突破やテーマ上の拡大ということは、もちろんここでもあてはまる。ヴェーバーは彼のプロテスタンティズム研究に続いて起った論争の中で、近代資本主義の精神の構成的条件に関する研究への彼の視点が、世紀転換期以前の時期に行われた研究に由来しており、とりわけヴェルナー・ゾンバルトの関連する研究によって触発されたものではないことをはっきりと強調している。Werner Sombart, *Der moderne Kapitalismus. Erster Band: Die Genesis des Kapitalismus, Zweiter Band: Die Theorie der kapitalistischen Entwicklung*, Leipzig, 1902, und ders., *Die deutsche Volkswirtschaft im 19. Jahrhundert*, Berlin, 1903 のほか、PE II, S. 150（住谷・山田訳、八八頁）における *Archiv*, XX (1904), S. 19, Fn. 1 への参照指示を含むヴェーバーの記述を参照。しかしやはりこの時以前には、彼は西洋の発展を特殊な発展——これは制度的な研究と並んで動機に関する独立した研究を、また経済史‐法政史的な研究と並んで宗教史や支配の歴史に関する独立した研究を必要とし、またそのために準備された概念の決疑論を必要とするものであり、またその根は古代イスラエルの規制されたアナーキーにまで遡りうるものである——としてはまだ捉えていなかったことを、多くの事実が示している。またヴェーバーは「古代農業事情」の第三版に取り組むことによってはじめて、古代の資本主義という言葉を、中世や近代初期、または近代ないし近世の資本主義という言葉と同様、ためらわず用いることができると確信した（PE II, S. 186（住谷・山田訳、一一三頁））。この点については、後に詳述する。また次の点はとりわけ重要である。つまり一九一〇年にはまだ認められないが、一九一三年の終わりにはすでにかなり進められていた、地球上のあらゆる大宗教に関してその経済と宗教との関連を考察するという試みにとって、宗教改革以前の時期より前に遡ってキリスト教を叙述することもどうしても必要になったのである。この点についてより詳しくは、*Religion und Lebensführung*, Kap. 13（『ヴェーバーの再検討』、第IV章）

を参照。

（15）この点についてはebd. Kap. 1. 1（『マックス・ヴェーバーの研究戦略』、第Ⅰ部第一章）を参照。印刷され、学生に配布されたこれらの講義の『要綱』の中で、ここで興味を惹く部分は、「国民経済の歴史的基盤」とタイトルのついた第三巻に見られる。その箇所は次のような構成をとっている。「第八節、国民経済の典型的前段階、第九節、古代沿岸文化の経済的発展、第一〇節、中世内陸文化の農業的基盤、第一一節、都市経済と近代的企業形態の起源、第一二節、国民経済の成立」。この構成から、私の考えでは次の三つのことが読み取れる。一、ヴェーバーはまだカール・ビューヒャーの経済段階論に比較的忠実な立場を取っている。二、ここでは記さなかった九節から一三節までの詳細な構成を見ると、そこですでに後の三つの重要な研究が先取りされていたという印象を受ける。その三つとはすなわち、一九〇九年の「最近一〇年のドイツ語文献における古ゲルマンの社会体制の性格に関する論争」と、一九〇九年の「古代農業事情」と、そして「都市」――この正確な成立時期は未だに不明である――の少なくとも一部である。三、一八九八年の『要綱』の構成と、一九一九／二〇年の『経済史』の構成とを比べてみると、確かに多くの共通点はあるが、少なくとも二つの重大な相違が両者の間にはある。まず第一に、『経済史』はもはや通常の経済段階の図式に従ってはいず、また近代資本主義の成立（『要綱』においては、国民経済の成立）に関する章の中に、『要綱』においてはまだ欠けている、資本主義的心情の展開に関する節が見られる。また第二に都市・国家・市民層といった要素が、『経済史』の中では、明らかに『要綱』におけるよりもはるかに重要な役割を果たしている。

（16）こうした部分的秩序の区別、およびそれと結びついた利害関心や指向については、とりわけ Max Weber, *Wirtschaftsgeschichte*, S. 1-17（黒正・青山訳、上、三―三四頁、五三―七頁）および RS I, S. 1-16, S. 536-573（大塚・生松訳、三―二九頁、九七―一六三頁）のほか、*Religion und Lebensführung*, Kap. 2. 5（『マックス・ヴェーバーの研究戦略』、第Ⅱ部第五章）における私の体系化の試み。

（17）Ernst Troeltsch, *Die Soziallehren der christlichen Kirchen und Gruppen*, Aalen 1977 (3. Neudruck der 2. Aufl.,

Tübingen 1922, zuerst Tübingen 1912)（部分訳として次のものがある。高野晃兆他訳『古代キリスト教の社会教説』教文館、一九九九年、高野晃兆訳『中世キリスト教の社会教説』教文館、二〇一四年、堀孝彦他訳『プロテスタンティズムと近代世界』Ⅰ・Ⅱ［トレルチ著作集８・９］、ヨルダン社、一九八四—八五年）および ders., *Aufsätze zur Geistesgeschichte und Religionssoziologie*, Aalen 1981 (zuerst Tübingen 1925)、特にⅠ、Ⅱ、Ⅲ（部分訳として次のものがある。前掲『プロテスタンティズムと近代世界』Ⅰ、住谷一彦他訳『キリスト教と社会思想』［トレルチ著作集７］、ヨルダン社、一九八一年、内田芳明訳『ルネサンスと宗教改革』岩波文庫、一九五九年）を参照。

(18) この点についてはMax Weber, RS I, S. 18, Fn.（大塚訳、一三頁）およびS. 206（同訳書、三七一頁）, PE II, S. 322.

(19) この点についてはPE II, S. 322とRS I, S. 18, Fn.（同訳書、一三頁）における彼の記述を参照。

(20) これについてより詳しくは、*Religion und Lebensführung*, Kap. 9, 2a（本訳書、第五章二ａ）.

(21) こうした関連については、Johannes Winckelmann, *Max Webers hinterlassenes Hauptwerk: Die Wirtschaft und die gesellschaftlichen Ordnungen und Mächte. Entstehung und gedanklicher Aufbau*, Tübingen 1986, bes. S. 45f. を参照。ここで行なった論述は、同書に引用されている一九一九年九月一一日付けの手紙に基づいている。

(22) この告知については*Religion und Lebensführung*, Kap. 13, 2（『ヴェーバーの再検討』、一一三頁以下）および Johannes Winckelmann, *Max Webers hinterlassenes Hauptwerk*, S. 45f.

(23) Max Weber, RS I, S. 12（大塚・生松訳、一四頁）.

(24) この点については*Archiv*, 44 (1917/18), S. 52, Fn. を参照。

(25) Max Weber, SW, S. 269（渡辺・弓削訳、四八九頁）. この「古代農業事情」は、一九〇九年に出版されたが、これは「工業労働の精神物理学」とともに、作品史的発展の第二段階の最後にあたるものである。これについて詳しくは、*Religion und Lebensführung*, Kap. 9. 1（本訳書、第五章一）を参照。

(26) Max Weber, SW. S. 257（渡辺・弓削訳、四六五頁以下）.

(27) Ebd., S. 278（同訳書、五〇二頁）. ヴェーバーは次のように述べている。「一時的には全面的に沈下した古代文化の諸現象は、後になって、古代文化とは異質的な世界において再び浮かび上がった。他方において、工業の領域で古代末期、特にヘレニズムの諸都市が中世の前段階であったように、農業的な領域においては、古代末期の領主制荘園が中世の前段階であった」。

(28) この点についてはMax Weber, RS I, S. 1（大塚・生松訳、五頁）および［『宗教社会学論集』］「序言」全体を参照。

(29) Max Weber, RS II, S. 363（深沢訳、四六一頁）.

(30) Ebd., S. 372（同訳書、四七一頁）.

(31) Ebd.（同訳書、同頁）.

(32) すべて引用は、Max Weber, RS III, S. 6f.（*Archiv*, 44 [1917/18], S. 58）（内田訳、上、二一―四頁）より。私は『アルヒーフ』での句読法に従っている。

(33) これについてはとりわけ、*Religion und Lebensführung*, Kap. 9. 1（本訳書、第五章一）を参照。

(34) たとえばPE II, S. 323-325, *Wirtschaftsgeschichte*, S. 296-297（黒正・青山訳、下、二二八―二三〇頁）, SW, S. 254-271（渡辺・弓削訳、四五八―九三頁）, WuG, S. 735-822（世良訳『都市』）を参照。「都市」というテクストの日付の推定と位置づけとは、編纂上の最も難しい問題の一つである。*Religion und Lebensführung*, Kap. 14（『ヴェーバーの再検討』、第I章）を参照。間違いなくこの草稿の前段階を、「古代農業事情」の最後の章が形成している。しかしそこではアジアの諸都市との比較や、支配者権の侵犯すなわち簒奪を、中世の都市との関連において強調することなどが欠けている。さらにヴェーバーはそこで、工業都市（Gewerbestädte）を産業都市（Industriestädte）と表しているが、これは「都市」のテクストの中には（もはや）見られないものである。これらすべてのことは、次のことを示している。つまり、このテクストは二つの大プロジェクトとの関連において成立したものであり、それもこの両者の内的・外的な分業関係がまだ比較的はっきりしていない時期、したがっていずれにせよ第一次世界大戦の勃発以前の時期に書かれたものであるということである。したがってそれは実際、一九一四年の草稿「経済と社会的諸秩序および諸力」の第八章c「非正当的支配——都市の類型学」のために書かれたものかもしれない（ヴェーバーは確かに、たとえば八一五頁［世良訳『都市』、三二四頁］に出てくる被解放者に関するマックス・シュトラック（Max Strack）の研究のように、一九一四年の文献を用いてもいるが、引用されている書物の大部分は比較的古いものである。これは、ヴェーバーがここで彼の世紀転換期以前にまで遡る下準備——『要綱』がこれを参照している——をまとめたものだということで説明がつくかもしれない）。しかし仮にヴェーバーが一九一四年にまだ「都市」を『経済と社会』の第一稿に組み込もうと考えていたとしても、第二稿においては、かなりの蓋然性でそうはしなかったであろうことが予想される。新稿の支配の社会学は完結しており、その続きとしては特殊西洋的な政治団体——都市的団体を含む——の研究が予定されてはいた（WuG, S. 139［世良訳『諸類型』、六四頁］参照）。しかしヴェーバーはそのために、マリアンネ・ヴェーバーの言うように「おおむね記述的な形式」をとっている、伝えられている草稿を変更せずに用いるようなことはまずしなかったであろう。それゆえ私は次のように推測する。つまりヴェーバーは、『経済と社会』の第二稿を執筆し、それを『宗教社会学論集』と平行して出版することを決定した後に、「都市」をそのままの形でか、あるいはそれに基づきながらも変更した形で、論集の中に組み込んでいたであろうということである。これに関しては、*Religion und Lebensführung*, Kap. 13（『ヴェーバーの再検討』、第Ⅳ章）．このことを、*Wirtschaftsgeschichte*, S. 271-289（黒正・青山訳、下、一七三―二一五頁）における都市と市民層の分析の位置もまた示している。

（35）ここで私は、ヴェーバー自身が「反批判的結語」での第二のラッハファール批判の中で用いた定式化を借用している。PE II, S. 285 を参照。ヴェーバーが課題設定の範囲を広げたのではなく、果たされずに残っていた課題のために別の研究を計画していたということ、さらには彼がプロテスタンティズム研究を世界宗教の経済倫理に関する一連の研究の中に組み入れるのではなく、ただ「序言」とひとまとめにしただけであったということは、私の考えでは純粋に外面的に見てもすでに、ラッハファールが反駁し、それ以来繰り返し反駁されてきた事実を示している。つまりヴェーバーは元々のテーゼを変更しはしなかった。というのも彼はそれを、一九二〇年にもまだ正しいと考えていたからである。彼はそれを単に文化発展の、特には西洋の文化発展の総体の中に位置づけたかっただけなのである。そのため彼は、『宗教社会学論集』（あるいは彼が同様に検討していた、文化宗教の社会学に関する論集）に、西洋のキリスト教に関する最終巻を予定していた。このことはまた、改訂されたテクストに記されている注釈からも明らかである。この点に関しては、すぐ後でより詳しく述べる。

（36）この点に関してより詳しくは、*Religion und Lebensführung*, Kap. 7（本訳書、第三章）を参照。

（37）たとえば、以下を参照。*Wirtschaftsgeschichte*, S. 270（黒正・青山訳、下、一七二―三頁）.

（38）Max Weber, RS I, S. 192, Fn. 1（*Archiv*, XXI [1905], S. 101, Fn. 69）（大塚訳、三四六―八頁）. 彼は一九〇五年に、これ以上望みえないほどの明確さで、「宗教運動の階級的被制約性の問題は、後に別個に扱いたい」［一九二〇年には「……ここでは扱わない（これについては、私の「世界宗教の経済倫理」に関する諸論文を見よ）」となっている］と記している。また彼は一九〇五年と一九二〇年に「経済的解明（遺憾ながら、未だにこれは「唯物論的」などと言われているが）なしには因果的良心を満足させえないような」人々に対して、次のように指摘している。「私は経済発展が宗教的思想形成の運命に与える影響をも非常に重視しており、我々が問題としている事例について、相互間の適応過程や両者の関係がどのような姿を取ったかは、後の機会に述べたいと思っている。ただしそうした宗教的諸思想の内容は決して「経済的なもの」から演繹できるようなものではない。むしろそれ自身が――これはいかんともしがたいところだが――「国民性」の最も強力な造形的な要素であるし、自らの内部に［一九二〇年：純粋に自らの内部にもまた］固有の強制力［一九二〇年：固有法則性と強制力］をもっているのだ」。この箇所から、またヴェーバーがこの箇所を事実上変更せずに改訂版に入れたという事実からしてすでに、次のことは誰にも明らかでありえたはずである。つまりいわゆる唯物論／観念論という二項図式に対するヴェーバーの立場は、一九〇四／〇五年と一九二〇年との間に変わっていないこと、またこの点に関して、プロテスタンティズム研究と世界宗教の経済倫理に関する研究との間には、なんらの相違もないということである。この点についてより詳しくは、*Religion und Lebensführung*, Kap. 1, 4（『ヴェーバーの再検討』、第Ⅲ章）および Kap. 9, 2a（本訳書、第五章二a）を参照。

（39）ヴェーバーはこの課題が、一九〇六年の原型にもはや従わない、ゼクテ論文の新版で、部分的には果たされたと見ていた。なおこのゼクテ論文は、『経済と社会』第一稿の支配の社会学の中の「政治的支配と教権制的支配」の節の参照を求めている。

（40）およそこのような形で、『経済と社会』の新稿は構成されていたかもしれない。これについては *Religion und Lebensführung*, Kap. 14（『ヴェーバーの再検討』、第Ⅰ章）、「分業」については Kap. 13（同訳書、第Ⅳ章）を参照。

（41）Max Weber, RS I, S. 10（大塚・生松訳、一九頁）. 彼ははっきりと、これが資本主義的労働組織の成立と近い関係にあり、しかしそれと単純に同一ではないと述べている。

（42）この点については *Religion und Lebensführung*, Kap. 5, 3（本訳書、第一章三）および Kap. 6B（本訳書、第二章B）、Kap. 13（『ヴェーバーの再検討』、第Ⅳ章）を参照。

（43）そのうえこの本は、西洋だけに限られたものではなく、西洋とアジアとの比較をも含んでいる。ヴェーバーは一九一九／二〇年の冬学期の講義——再構成されたテクストはこれに基づいている——に、「一般社会・経済史概論」というタイトルを付けている。この著作の中にヴェーバーの資本主義に関する最後の言葉、さらには彼の最後の作品（！）を、また同時に今日に至るまで有効な、資本主義の成立に関する最も包括的な一般理論を見出す者もいる。たとえば、Randall Collins, *Weberian Sociological Theory*, Cambridge: Cambridge University Press, 1986, S. 19-21 など。後者の方は説得力のある言い方であり、反論しようとは思わない。ただし、それとの関連でヴェーバーの「円熟した理論」がどのように解釈されるかという点については反論したい。これについては後にまた触れる。

（44）Max Weber, RS I, S. 162, Fn.（大塚訳、二八七頁）.

（45）Werner Sombart, *Der Bourgeois*, S. 303ff.（『ブルジョワ』、三一三頁以下）を参照。

（46）RS I, S. 58, Fn.（大塚訳、八八頁）.

（47）Ebd., S. 58, Fn.（同訳書、八八頁）und S. 41, Fn.（同訳書、六二頁）. 大幅に実現されずに終わったこの局面については、Robert E. Lerner, »Waldenser, Lollarden und Taboriten. Zum Sektenbegriff bei Weber und Troeltsch« および Kurt-Victor Selge, »Max Weber, Ernst Troeltsch und die Sekten und neuen Orden des Spätmittelalters«, in: Wolfgang Schluchter（Hg.）, *Max Webers Sicht des okzidentalen Christentums. Interpretation und Kritik*, Frankfurt, 1988 を参照。

（48）Ebd., S. 72, Fn.（同訳書、一一五頁）. ヴェーバーはここで、主に次の研究を利用しているようだ。Paul Honigsheim, *Die Staats- und Sozial-Lehren der französischen Jansenisten im 17. Jahrhundert*, Darmstadt, 1969（zuerst 1914）.

（49）WuG, S. 367- 374（武藤・薗田訳、三〇四—三一二頁）を参照。

（50）*Wirtschaftsgeschichte* §9（黒正・青山訳、下、二三四—五八頁）を参照。

（51）『経済史』の該当する章が、このことを特にはっきり示しているように私には思われる。その章は、福音的勧告《コンシリア・エヴァンゲリカ》の除去によって得られた宗教改革の文化史的意義、宗教改革の結果として生じた禁欲的プロテスタンティズムによる禁欲概念の変革、また独特の「教会規律」の確立による個々人の倫理的完全性の統制といったことを指摘して終わっている。*Wirtschaftsgeschichte* S. 300ff.（黒正・青山訳、下、二三四頁以下）、特に S. 312ff.（黒正・青山訳、下、二五三頁以下）を参照。私が理解できないことは、ランドル・コリンズが、『経済史』においてウェーバーが「観念的要因を全体的な図式の中で比較的小さな位置に」限定しているなどとどうして言えるのかということである。というのも、結局のところ『経済史』で問題になっているのは社会・経済史であって、宗教史ではないのであり、にもかかわらず後者に関する因果関係の側面も一つの独立した章があてられているというのが、この『経済史』の通常の経済史に対する新しさだからである。またコリンズによれば、ヴェーバーは禁欲的プロテスタンティズムの中に、キリスト教の中に備わっていた動機上の要因——これに対してヴェーバーは、「それがキリスト教の動機上の推進力を経済的合理化からそらしている最後の制度上の障害物の一つを除去するものであるという意味で」、消極的な意義しか与えていないという——の強化しかもはや見出さなかったことにより、元来のプロテスタンティズム・テーゼをここで「大幅に変更した」とされるが、これもやはり理解しがたいことである。それどころか、まさにこのことが元々のプロテスタンティズム・テーゼの決定的な点なのである。つまり、いかなる条件のもとで、カトリックやルター派の経済倫理でもまだ経済関係の事象化に対して妨げとなっていた内的障害が克服されるに至るか、ということである。したがって「変更」の形跡は見られない。引用箇所は Randall Collins, *Weberian Sociological Theory*, S. 20f. および S. 33 を参照。

「反批判」が明らかにしているように、ヴェーバーは前述の五つのテーマの他に、禁欲的プロテスタンティズム諸派の中のさらなる分化——ヴェーバーがプロテスタンティズム研究の第一版の中で強調し、洗礼派の例で描き出したように、このすべての人々が予定説の信奉者というわけではなかった——に関心をもっていた（それゆえまた、ヴェーバーは『経済史』の中で予定説についてもはや言及していないが、これは彼が元々のテーゼを変更したことを示すものだというコリンズの示唆は、まったく根拠のないものである。ebd. S. 33 を参照）。この関連においてヴェーバーはまた明らかに、ユグノーを扱おうとしていた。PE II, S. 322 und S. 320 を参照。ヴェーバーは一九〇八年にすでに、プロテスタンティズム研究を別冊にして刊行したいということ、そしてそのためにこの研究を改訂・補足したいということを表明していた。彼はその出版を一九〇九年の春頃と予告していた。PE II, S. 54 を参照。

（52）RS I, S. 28, Fn. 3（大塚訳、三六頁）を参照。また、これについては Reinhard Bendix, »Die ›Protestantische Ethik‹ im Rückblick« in: PE II, S. 380ff.（ベンディクス／ロート『学問と党派性』みすず書房、一九七五年、第一

六章）の啓発的な見解をも参照。プロテスタンティズム・テーゼをめぐる議論に関して新しいのは、彼によって主張されている連関ではなく、むしろそれが最近になって批判されていることであるとヴェーバーは強調している。ヴェーバーは、そのことが同時代人たちにすでによく知られたことであるということを示すために、ジョン・ウェズレーの文章の引用を第二版に付け加え、これを「今まで述べてきたことすべてに関する標語」としてもよかったと述べている（RS I, S. 196f.（同訳書、三五二頁））。しかし確認された連関は妥当な因果帰属ではない――現代の言い方でいえば、相関関係は説明ではない――。そのことはヴェーバーもよく知っていた。

（53）Max Weber, SW, S. 263（渡辺・弓削訳、四七六頁）．また経済的超人については、PE II, S. 32, S. 160ff.（住谷・山田訳、九四頁以下）, S. 291. 近代資本主義の成立に関する説明としての原初的蓄積の理論に対するこの暗黙の否定については、マルクスを想起する必要があるだけでなく、ルヨ・ブレンターノとヴェルナー・ゾンバルトとの間の論争を思い起こすこともできる。後者においてはとりわけ、商業資本主義の役割とその戦争とのつながり――ヴェーバーの言葉で言えば、政治指向的な冒険資本主義の役割――が問題になっている。ブレンターノの主要テーゼは、「近代資本主義の端緒は商業・金貸し・戦争にあった」というものであった。Lujo Brentano, *Die Anfänge des modernen Kapitalismus*, München, 1916, S. 48（田中善次郎訳『近世資本主義の起源』有斐閣、一九四一年、六七頁）. この論争については、後に再び触れる。

（54）RS I, S. 10（大塚・生松訳、一九頁）.

（55）Ebd., S. 12（同訳書、二三頁）.

（56）マルクスとは異なりヴェーバーは、近代資本主義の特殊性を、資本計算の形式合理性の中に、またその外的・内的な諸前提（そこにはマルクスの場合と同様、形式的に自由な労働や、所有者によるあらゆる生産手段の完全な占有といったことが含まれるが、しかしそれだけではない！）の中に見ていた。またブレンターノと異なりヴェーバーは、持続的な市場的営利・販売チャンスへの指向の中に、また獲得衝動の合理的調節の中にそれを見ていた（つまり、政治指向的な冒険資本主義 vs. 経済指向的な合理的資本主義）。ヴェーバーはジンメルとは、近代資本主義と結びついた社会関係の事象化という視点を共有しているが、彼とは異なって貨幣経済と資本主義とをはっきり区別する。またヴェーバーはゾンバルトとは、近代資本主義と結びついた計算可能性という視点、経営の合理化、経済化、そして国民経済の徹底的合理化（シュンペーター）という視点を共有していたが、彼とは異なって他の発展契機と比べて合理的労働組織を、ゾンバルト以上に強調する。これからわかることは、それぞれの定義は重なり合う部分があるが（少なくともブレンターノの場合には）、まったく同じではないということである。ブレンターノ、ジンメル、ゾンバルトとの違いについては、特に、RS I, S. 4f., Fn.（大塚・生松訳、一二、三頁）を見よ。ヴェーバーはそこで、次の著作を引き合いに出している。Lujo Brentano, *Die Anfänge des modernen Kapitalismus*, Georg Simmel, *Die Philosophie des Geldes*, 2., vermehrte Auflage, Leipzig, 1907（居安正訳『貨幣の哲学』白水社、一九九九年）, Werner Sombart, *Der moderne Kapitalismus*, 2., neubearbeitete Auflage, München und Leipzig, 1916（岡崎次郎訳『近世資本主義』第一巻第一冊・第二冊、生活社、一九四二年［原書第一巻第二分冊第三九章までの訳］）. 最後のゾンバルトの著作は、はじめの二巻で、資本主義以前の経済および初期資本主義の時代におけるヨーロッパの経済生活について扱っている（高度資本主義の時代を扱った第三巻は一九二七年に、つまりヴェーバーの死後に出版された）。興味深いことにヴェーバーは、明らかに事実関係については（方法についてはそうではないが）、ゾンバルトのこの「資本主義に関するすばらしい主著」の第一版に、第二版よりは近い立場をとっていた。というのも管見に入る限りでは、プロテスタンティズム研究の改訂に際して、その第二版はどこにも考慮されていないからである。またシュンペーターの判断については Joseph A. Schumpeter, »Sombarts Dritter Band«, jetzt in: Bernhard vom Brocke (Hg.), *Sombarts ›Moderner Kapitalismus‹. Matelialien zur Kritik und Rezeption*, München, 1987, S. 196ff.，特にS. 205を参照。そこではまたマルクスとの興味深い比較が見られる。

（57）こうした問題をヴェーバーがはっきり意識していたことを、ブレンターノに対する反批判的なコメントが示している。ブレンターノはヴェーバーによって提起された概念上の区別を拒否するばかりでなく、「当面本書の研究目的のために構成された（近代！）資本主義の『精神』という概念についても、私にはまったく不可解なこういう主張を行なっている。ヴェーバーはこれから証明されるべきものをすべて議論の前提としている、と」。RS I, S. 42, Fn. 1（大塚訳、六二頁）. ヴェーバーが実際にこの要請された分離を実行しえているかどうかは、もちろん批判的に検証されねばならない。

（58）Ebd., S. 7（大塚・生松訳、一五頁）.

（59）Ebd., S. 11（同訳書、二二頁）.

（60）Wolfgang Schluchter, *Die Entwicklung des okzidentalen Rationalismus. Eine Analyse von Max Webers Gesellschaftsgeschichte*, Tübingen, 1979（『近代合理主義の成立』）および *Rationalismus der Weltbeherrschung. Studien zu Max Weber*, Frankfurt, 1980（『現世支配の合理主義』）、特に、Kap. 1を参照。さらに、*Religion und Lebensführung*, Kap. 5, 2 および Kap. 6A（本訳書、第一章二、第二章A）も参照。

（61）特にギュンター・ロートが、繰り返しヴェーバーの実際用いたやり方を視野に入れることを試みている。Reinhard Bendix und Guenther Roth, *Scholarship and Partisanship: Essays on Max Weber*, Berkeley: University of California Press, 1971（『学問と党派性』）所収の彼の論文、特に第Ⅵ章と第Ⅷ章および Guenther Roth und Wolfgang Schluchter, *Max Weber's Vision of History. Ethics and Methods*, Berkeley: University of California Press, 1979, 特に Epilogue を参照。さらに、Guenther Roth, *Politische Herrschaft und persönliche Freiheit. Heidelberger Max Weber-Vorlesungen 1983*, Frankfurt, 1987, 特に Anhang。ヴェーバーの場合、方法論《メトドロギー》と方法《メトーデ》との差異は見極めにくい。方法論はリッカートの言う意味で、主に経験科学的概念構成の理論（個別化的および一般化的）と関係しており、方法はたとえば理解社会学のやり方に関係している。『経済と社会』の第二版の「社会学の基礎概念」には（方法論的基礎ではなくて）方法的基礎と書かれている。それゆえ以下で私は、方法という概念を選ぶことにする。

（62）PE II, S. 164, S. 170f.（住谷・山田訳、九七頁、一〇一頁）, S. 263ff. を参照。

(63) この点についてはたとえば ebd., S. 324 を参照。
(64) この点について詳しくは、*Religion und Lebensführung*, Kap. 1, 3（『マックス・ヴェーバーの研究戦略』、第I部第三章）を参照。
(65) この点については PE II, S. 170（住谷・山田訳、一〇〇—一頁）. ヴェーバーははっきりと、両者の場合において理念型的な思考の所産が問題になっていると述べており、したがってここで私が提案した解釈を裏づけている。
(66) この点については RS I, S. 4ff., 特に S. 6（大塚・生松訳、一〇頁以下、特に一三頁）、および WuG, Kap. II, §11（富永訳、三三七—四八頁）を参照。実物計算の手段を用いてさえもこうした比較はなされるが、その場合の合理性の限界は厳しく設定されることになる。Ebd., S. 55（同訳書、三五二—三頁）を参照。
(67) RS I, S. 6（大塚・生松訳、一三頁）.
(68) PE II, S. 171（住谷・山田訳、一〇一頁）. こうしたさまざまな場合を区別するために、私は後の定式化と関係づけながら、一方向的な、また両方向的な促進関係・中立関係・妨害関係という用語を用いている。*Religion und Lebensführung*, Kap. 9, 2a（本訳書、第五章二a）を参照。
(69) これについては、ebd., Kap. 12（『ヴェーバーの再検討』、第II章）も参照。
(70) PE II, S. 170（住谷・山田訳、一〇一頁）.
(71) Ebd.（同右）.
(72) たとえば、ブレンターノの言う経済的伝統主義からの「異教的解放」が挙げられる。これは彼の見方では、マキャヴェリによって始まり、暴利禁止と適正価格とに関するキリスト教に規定された見解を崩壊させた。ブレンターノはヴェーバーがこの伝統主義からの解放を軽視しているとして批判した（*Die Anfänge des modernen Kapitalismus*, 特に S. 132f.［『近世資本主義の起源』、一七五頁以下］を参照）。しかしヴェーバーはこうした側面に、実質的な理由からではなく、方法的‐発見的理由から触れずにおいたのである。プロテスタンティズム研究の第一版の中ですでに彼は、近代の職業文化に対して人文主義的合理主義がもった独自の意義を強調している。

RS I, S. 205 および Fn. 1（大塚訳、三六八—九頁）を参照。

（73）PE II, S. 285.

（74）それゆえヴェーバーはまたある手紙の中で、この一連の研究がプロテスタンティズム研究の方法の一般的実行をもたらすものである、と書いているのである（*Religion und Lebensführung*, Kap. 9, 2a（本訳書、第五章二ａ）を参照）。プロテスタンティズム研究や、またそうしたアプローチと結びついた帰属問題については、Ｍ・ライナー・レプシウスが興味深い形で考察している。M. Rainer Lepsius, »Ideen und Interessen. Die Zurechnungsproblematik bei Max Weber«, in: Friedhelm Neidhardt, M. Rainer Lepsius, Johannes Weiss (Hg.), *Kultur und Gesellschaft*, Opladen, 1986, S. 20ff. を参照。

（75）これについては、とりわけ RS I, S. 37（大塚訳、五一頁）. 歴史的遺産という考え方は、ラインハルト・ベンディクスの著作を貫いている。特に *Könige oder Volk. Machtausübung und Herrschaftsmandat*, 2 Teile, Frankfurt, 1980 および *Freiheit und historisches Schicksal. Heidelberger Max Weber-Vorlesungen 1981*, Frankfurt, 1982（森岡弘通訳『歴史社会学の方法』木鐸社、一九八六年）を参照。

（76）SW, S. 517（世良訳『古ゲルマン』、二〇頁）においてヴェーバーは、古代ドイツ社会史の解釈に関する「領主制仮説」の地位をめぐってなされたクナップ学派とマイツェン学派との間の論争の叙述との関連でそのように論じている。

（77）この点について、詳しくは *Religion und Lebensführung*, Kap. 1, 4（『マックス・ヴェーバーの研究戦略』、第Ｉ部第四章）および Kap. 9, 1（本訳書、第五章一）を参照。

（78）SW, S. 517（世良訳『古ゲルマン』、二〇—一頁）. ヴェーバーはその際同時に、リヒャルト・ヒルデブラント（Richard Hildebrand）の著作、*Recht und Sitte auf den verschiedenen wirtschaftlichen Kulturstufen*, 1. Teil, 1896 における段階概念の使用を、またクナップ学派、特にヴェルナー・ヴィティッヒによるその利用を批判している。

(79) この点については *Religion und Lebensführung*, Kap. 1, 8（『マックス・ヴェーバーの研究戦略』、第Ⅰ部第八章）を参照。

(80) Karl Bücher, »Volkswirtschaftliche Entwicklungsstufen«, in: *Grundriss der Sozialökonomik*, I. Abteilung: Wirtschaft und Wirtschaftswissenschaft, Tübingen, 1914, S. 1ff., 特に S. 10ff. を参照。

(81) 他の箇所でもすでにしばしば引用されている一九一三年一二月三〇日付けの手紙には、次のように書かれている。「ビューヒャー――「発展段階」――がまったく不十分なので、私は完結した理論と記述とを練り上げました。それは主要な共同体の諸形態を経済と関係づけるものです……」。*Religion und Lebensführung*, Kap. 14（『ヴェーバーの再検討』、第Ⅰ章）および Johannes Winckelmann, *Max Webers hinterlassenes Hauptwerk*, S. 36 を参照。

(82) たとえばほぼ同じテーマが扱われているビューヒャーの §6a とヴェーバーの Kap. III（WuG, S. 212ff.［厚東訳、五五四頁以下］）とを、両者の差異を知るために比較してほしい。そのうえ、ビューヒャーが生産と消費との関係に基づいて段階分けをしているのに対し、ヴェーバーは経済的生産・消費単位と結びついた支配・占有関係とその法的形態とに準拠している。さらにビューヒャーが発展段階をヨーロッパの文化民族に限定しているのに対し、ヴェーバーはまた非ヨーロッパの諸事情にも目を向けている。ヴェーバーがビューヒャーの初期の仕事を最後まで非常に評価していたことは、『経済と社会』の第二稿から知ることができる。［彼の］経済社会学はかなりの部分で、次のビューヒャーの基本的研究に従っている。*Die Entstehung der Volkswirtschaft*, 1. Band, 16. Aufl., Tübingen 1922（権田保之助訳『国民経済の成立』栗田書房、一九四二年）（その第一版は一八九三年に、またヴェーバーが彼の書庫に置いていた、大幅に増補された第二版は、一八九八年に出版された）および »Gewerbe« in: *Handwörterbuch der Staatswissenschaften*, vierter Band, dritte, ganz umgearbeitete Aufl., Jena 1909, S. 847-880. ヴェーバーはこれらを「基本的研究」と称している。WuG, S. 63（富永訳、三六九頁）参照。

(83) ヴェーバーは RS I, S. 18, Fn.（大塚訳、一三頁）でこのように定式化している。

(84) Ernst Troeltsch, *Die Soziallehren der christlichen Kirchen und Gruppen*, S. 186（『中世キリスト教の社会教説』、二一一頁）.

(85) この点についてはWolfgang Schluchter, *Die Entwicklung des okzidentalen Rationalismus*, S. 59ff.（『近代合理主義の成立』、六二頁以下）を参照。

(86) これについては、とりわけWerner Sombart, *Der moderne Kapitalismus*, Band 1, Kap. 4-12を参照。彼は手工業を、「経済主体が法的・経済的に自立的で、生計の観念に支配されており、伝統主義的に行為し、かつ全体組織のために働く技術的労働者であるような、扶養の交換経済的組織の形態」と定義している（Ebd., S. 188［岡崎訳『近世資本主義』第一巻第一冊、二一八頁］、原文ではゲシュペルト）。また経済時代の概念については、次のように書かれている。「現実主義的・経験主義的な考え方をした場合に、経済システムの概念に対応するのが、経済時代の概念である。この概念を私は、ある特定の経済システムが、より正確に言うならば、ある特定の経済システムに適合した経済様式が支配的であったような歴史的時期を表すものとして用いている」（Ebd., S. 22［同訳書、二七頁］）。ゾンバルトには一般に経済時代を経済精神――外的諸条件なしには成立することがないが、しかし結局は自らに適した経済的組織形態を獲得する――によって規定する傾向があるが、この経済様式というものは、形態と心情の両方を含んでいる。このことは少なくとも『ブルジョワ』という書物――これに「近代的経済人の歴史」［正確には「歴史」ではなく「精神史」］という副題がついているのは偶然ではない――以降についてあてはまる。この解釈については、Arthur Mitzman, *Sociology and Estrangement. Three Sociologists of Imperial Germany*, New York: Alfred A. Knopf, 1973、特にS. 245ff. も参照。そこでは、資本主義以前・初期資本主義・高度資本主義のそれぞれの時代を区別する際の「精神史的」観点の優位性が描かれている（企業家精神と市民精神との関係について）。

(87) *Wirtschaftsgeschite*, S. 239（黒正・青山訳、下、一一〇頁）.

(88) WL, S. 174f.（富永・立野訳、八一―二頁）.

（89）RS I, S. 349（木全訳、一〇三頁）.

（90）WuG, S. 139（世良訳『諸類型』、六四頁）.

（91）この点については *Religion und Lebensführung*, Kap. 8, 8（本訳書、第四章八）を参照。さらに *Die Entwicklung des okzidentalen Rationalismus*, S. 226ff.（『近代合理主義の成立』、二二〇頁以下）. ヴェーバーはこの点でおそらくトレルチに従っている。*Die Soziallehren der christlichen Kirchen und Gruppen*, 特に II. Kapitel, 4（『中世キリスト教の社会教説』、第四節）を参照。

（92）PE II, S. 324.

（93）Ebd., S. 168（住谷・山田訳、九九頁）.

（94）Ebd., S. 167（同訳書、九八頁）.

（95）Werner Sombart, *Der moderne Kapitalismus*, Band III, S. 1010. RS I, S. 203（大塚訳、三六五頁）にも同様の表現がある。

（96）Harold J. Berman, *Law and Revolution. The Formation of the Western Legal Tradition*, Cambridge: Harvard University Press, 1983（宮島直機訳『法と革命Ⅰ――欧米の法制度とキリスト教の教義』中央大学出版部、二〇一一年）、特に Introduction（「序論」）および Conclusion（「結論」）を参照。さらに Brian Stock, »Schriftgebrauch und Rationalität im Mittelalter«, in: Wolfgang Schluchter (Hg.), *Max Webers Sicht des okzidentalen Christentums. Interpretation und Kritik*, Frankfurt 1988 および ders, »Rationality, Tradition, and the Scientific Outlook: Reflections on Max Weber and the Middle Ages«, in: Pamela O. Long (Hg.), *Science and Technology in Medieval Society. Annals of the New York Academy of Sciences*, 441 (1985), S. 7ff. ストックは、西洋近代合理主義の形成に対して一一世紀から一三世紀までの発展のもつ意義をヴェーバーが過小評価していると論じている。以下で私は、この批判が部分的にしか正しくないということを示すつもりである。ただし、ストックが中心に置いている、文字使用とそれに結びついた諸制度の増大によるコミュニケーション革命について、

ヴェーバーは実際扱っていない。

(97) バーマンは「教皇革命《ペイパル・レヴォリューション》」という言葉を用いており、これによってはじめて西洋の特殊な発展が実際に始まったのだと彼は見ている。そしてこの一一・一二世紀の全ヨーロッパ的革命に宗教改革やイギリス・アメリカ・フランス・ロシアの革命が続く。彼は一〇五〇年から一一五〇年までの時代以前と以後との間に根本的な非連続性を見ている。彼はとりわけ次のように述べている。「この研究の目的の一つは、西洋において近代――近代の法制度や法的価値だけでなく、近代国家・近代の教会・近代哲学・近代の大学・近代文学、その他近代的なるものの多く――が一〇五〇年から一一五〇年までの時代に起源を有しており、それ以前に起源を有しているのではないということを示すことにある」。Ebd. S. 4（『法と革命』I、五頁）．ただし、ヴェーバーならばこの最後の部分を否定するであろう。

(98) Randall Collins, *Weberian Sociological Theory*, S. 33. Fn. 11.

(99) この根拠づけについては *Religion und Lebensführung*, Kap. 1, 8（『マックス・ヴェーバーの研究戦略』、第I部第八章）．

(100) この点についてはHarold J. Berman, *Law and Revolution*, S. 542（『法と革命』I、六八七頁）．彼は、マルクス主義的時代区分をしんらつに批判している。「このマルクスの分析にとってまずいことには、『封建制的生産様式』――すなわち荘園制――は、ヨーロッパ中で一四世紀終わりまでには衰退しており、マルクスの定義するところの『資本主義的』生産様式は一八世紀、あるいはせいぜいさかのぼって一七世紀になって初めて登場してきたとされている。これでは『移行』期が三、四世紀も続いたことになってしまい、その間に中央国家権力、すなわちヨーロッパ絶対王政が発展していたのである」。これについてはMarc Bloch, *Die Feudalgesellschaft*, Frankfurt-Berlin-Wien, 1982, S. 533（新村猛他訳『封建社会』2、みすず書房、一九七七年、一六一頁）も参照。「一三世紀の半ば以降、ヨーロッパの諸社会は封建的形態から決定的に離脱した」。ブロックはまた、その後の影響についても示している。

一八四八年の終わり頃に『新ライン新聞』にマルクスが書いた記事の一つに、彼に特徴的な記述が見られる。「一六四八年と一七八九年の革命は、決してイギリスの革命、フランスの革命ではなく、ヨーロッパ的規模での革命であった。それらは古い政治秩序に対する、ある特定の社会階級の勝利だったのではなく、新たなヨーロッパ社会のための政治秩序を宣言したものであった。それらの革命で勝利をおさめたのはブルジョワジーであったが、当時ブルジョワジーの勝利は、すなわち新たな社会秩序の勝利だったのである。つまりそれは、市民的所有権の封建的所有権に対する勝利、地方気質に対する国民性の勝利、ツンフトに対する競争の勝利、長子相続制に対する領地分配の勝利、土地による所有者の支配に対する土地所有者の勝利、迷信に対する啓蒙の勝利、家名に対する家族の勝利、英雄的怠惰に対する勤勉の勝利、中世的特権に対する市民権の勝利であったのである」。Karl Marx, *Werke· Schriften· Briefe*, hg. von Hans-Joachim Lieber, Darmstadt, 1960, Band III/1, S. 71f.（大内兵衛・細川嘉六監訳『マルクス・エンゲルス全集』第六巻、大月書店、一九六一年、一〇三頁）. ヘーゲルもまた、近代はフランス革命と共に始まったと見ている。トクヴィルはすでに「その先」を見ていた。フランス革命の役割に対するヴェーバーの見解については、以下の議論も参照。Dieter Henrich, Claus Offe und Wolfgang Schluchter, »Max Weber und das Projekt der Moderne«, in: *Max Weber. Ein Symposion*, hg. von Christian Gneuss und Jürgen Kocka, Frankfurt 1988, S. 155ff.（嘉目克彦訳「マックス・ヴェーバーと近代のプロジェクト」『歴史と社会』第一四号、リブロポート、一九九三年）.

(101) Ebd., S. 550（宮島訳『法と革命』I、六九五頁）.

(102) これが基本線である。イスラムと東方キリスト教に関する研究は、発展史的見地からは、おそらくむしろ傍流を扱っていたであろう。イスラムについては *Religion und Lebensführung*, Kap. 9, 1（本訳書、第五章一）を参照。

(103) ここで特に重要なのは、法社会学ではカノン法に関する短い節であり、支配の社会学では政治的支配と教権制的支配に関する比較的長い節である。興味深いことに、宗教社会学の中では、中世キリスト教はほとんど引き合いに出されていない。このことから次のような推測も可能であろう。つまりヴェーバーが西方キリスト教に関する研究を書くという計画を、比較的後になってから、おそらくは世界宗教の経済倫理についての最初の数篇を一九一五年末に公刊して以降、このプロジェクトがますます「自立したものになってきた」後に立てたのではないかということである。

(104) *Weberian Sociological Theory* の第三章（S. 45ff.）のタイトルがそうなっている。またそこでなされている分析も参照。

(105) PE II, S. 170（住谷・山田訳、一〇一頁）.

(106) Ebd., S. 171（同訳書、一〇一頁）. プロテスタンティズム研究においては、ベンジャミン・フランクリンの助言を引き合いに出すことは、「ここで資本主義の『精神』と呼んでいるもの」の暫定的な例示として役立っていた。RS I, S. 31（大塚訳、三九頁）を参照。

(107) Karl Marx, *Werke· Schriften· Briefe*, Band IV, S. XXXf. を参照。「ただし記述様式は、形式的には研究様式から区別されねばならない。研究は扱う素材を詳細にわたってわがものにし、そのさまざまな発展形態を分析し、それらの間の内的なつながりを見つけださねばならない。この作業が終了して初めて、実際の動きがそれに対応して記述されうるのである。このことがうまくいき、研究素材の生命が理念的に反映されてくるならば、あたかも先験的に構成されたものと関わっているかのように見えてくるのである」。

(108) ところでこのことは、『宗教社会学論集』だけではなく、『経済と社会』の第二稿にもあてはまる。そこでは「社会学の基礎概念」に続いて「経済行為の基礎範疇」が掲載されているが、ある意味で、資本主義のさまざまな種類・形態・方向性を定義した第三〇節、第三一節がその圧巻となっている。そこでは同時に、西洋の資本主義とその他の種類・形態・方向性をもった資本主義との間の差異は「経済的原因だけでは不可能な説明」を必要としているとされるのである。WuG, S. 96（富永訳、四四〇頁）を参照。ヴェーバーは、彼の経済社会学がただ自明なことがらを少々特殊な表現で述べただけのものであり、単に一般的によく知られた事実を強調点をいくらか鮮明にして表しただけであるということを強調している。しかし私の考えではまさにこの点に、魅力的ではあるが疑わしい純粋に経済学的な説明方法も含めた他の説明方法から彼のアプローチを区別する価値関心が表れていると思われるのである。Ebd., S. 63（同訳書、三六九頁）.

(109) この点についてはebd., S. 63f.（同訳書、三七二頁）での議論を参照。「特定の労働サーヴィス相互間の、またこれと物的生産手段との持続的な結合という形」で特徴づけられる、経営という技術的概念の反対概念は、不安定もしくは技術的に持続性のない経済行為である。また経済学的な企業の概念の反対概念にあたるのは、家計《ハウスハルト》あるいは家政《ハウスハルトゥング》である。

(110) 引用箇所はebd., S. 97（同訳書、四四一頁）. こうした構成要素のリストについては、ebd., S. 94（§30）とS. 85（同訳書、四三六頁、四一八頁）以外に、特にRS I, S. 7ff.（大塚・生松訳、一五頁以下）.

(111) WuG, S. 64（富永訳、三七三頁）.

(112) Ebd., S. 94（同訳書、四三六頁）.

(113) Ebd.（同訳書、四三七頁）.

(114) Ebd., S. 68（同訳書、三八一—二頁）. 純粋な法治国家を原型とする秩序団体の概念については、ebd., S. 38（同訳書、三一五—六頁）。ヴェーバーはもちろん、近代国家だけでなく、労働組合や雇用者団体といった部分団体も、実質的経済統制という経済政策をとる傾向があることを知っていた。そしてこのことは彼の見解ではいたるところで資本主義的営利経済のもつ自律性の制限と結びついていた。秩序団体と経済規制団体との区別、および形式的経済統制と実質的経済統制との区別については、近代の干渉主義国家をめぐる最近の議論と結びつけて考えることもできよう。ヴェーバーは、彼のもちろん気づいていた近代国家の干渉主義的傾向の中に、形式的な経済合理性の原理的制約の一つを見出していた。近代的流通経済においては、形式的合理性と実質的合理性は必然的に分解せざるをえない。というのも市場の自由と開放性とは決して絶対的ではありえないし、仮に完全であるとするならば、重大な社会問題が発生してくるはずだからである。なぜなら、市場メカニズムは自らの内から商品生産の効率性と分配の公正との均衡を生み出すことはないからである！

（115）これについては、SS, S. 256ff.（中村・柴田訳、五頁以下）、特にS. 285ff.（同訳書、四五頁以下）におけるヴェーバーの証券取引所と取引所制度に関する初期の分析を参照。

（116）WuG, S. 59（§14）（富永訳、三六〇頁）.

（117）*Wirtschaftsgeschichte*, S. 239（黒正・青山訳、下、一二〇頁）を参照。

（118）RS I, S. 10（大塚・生松訳、一九頁）を参照。

（119）平和的というのはもちろん、闘争を伴わないということではない。むしろ反対である。ヴェーバーによれば、資本計算はその最も形式合理的な形においては、「人間の人間に対する闘争」を前提にしている。WuG, S. 49（富永訳、三四〇頁）を参照。市場価格とは闘争価格のことである。しかしながら、こうした闘争が平和的な手段をもって行なわれ、また秩序を指向している（規制された競争）か、あるいは政治的資本主義の場合のように、利用されるチャンスが「純粋に非合理的‐投機的な性格」のものであるか――さらには、利得追求が暴力的手段を利用して掠奪を、つまり「戦争による強奪ないし長期にわたる財政的収奪（隷属民の苛斂誅求）」を行なうものであるか――ということの間には違いがある。WuG, S. 20（Kap. 1, §8）（富永訳、三二八頁）およびRS I, S. 7（大塚・生松訳、一五頁）を参照。

（120）WuG, S. 96（富永訳、四四〇頁）.

（121）この点についてより詳しくは、ebd., S. 117（Kap. II, §39）（同訳書、四七七頁）を参照。

（122）ヴェーバーは工場を、「一、物的生産手段が所有者によって完全に占有されており、労働者による占有はまったくない、二、内部的な労働の専門化が行なわれている、三、人間が『操作をする』必要のある機械的動力源と機械とが使用されている」ような仕事場経営として定義している。WuG, S. 76f.（富永訳、四〇一頁）を参照。

（123）RS I, S. 7（大塚・生松訳、一五―六頁）を参照。

（124）私がこの区別を、需要充足原則と営利原則との区別よりも優先させているのは、ヴェーバーが需要充足の概念を家計経済との関連においてのみ用いているのではないためである（流通経済的需要充足！）。Wolfgang Schluchter, *Rationalismus der Weltbeherrschung*, S. 136ff.（『現世支配の合理主義』、二六六頁以下）および ders., *Rationalism, Religion and Domination. A Weberian Perspective*, Berkley: University of California Press, 1989, Kap. 9を参照。

（125）これについては*Wirtschaftsgeschichte*, S. 145ff.（黒正・青山訳、上、二九七頁以下）およびとりわけKarl Bücher, »Gewerbe«, S. 867を参照。ビューヒャーは次のように定義している。「問屋制度とは、企業家が自らの作業場以外で、規則的に比較的多数の労働者を彼ら自身の住居で働かせるような形の工場経営のことである」（原文ではゲシュペルト）。さらに、「当然のことながら、問屋制度の労働関係だけが家内工業と呼ばれうる」。また Werner Sombart, »Verlagssystem（Hausindustrie）«, in: *Handwörterbuch der Staatswissenschaften*, dritte, gänzlich umgearbeitete Auflage, Achter Band, Jena, 1911, S. 233も参照。「問屋制度（家内工業）とは、労働者を自らの住居または作業場で働かせているような資本主義的企業の経営形態のことである。生産の指導者は資本主義的企業家であり、問屋制前貸人と呼ばれる。そうした企業家は、生産の指針と規模とを決定し、それぞれの住居あるいは作業場で働く労働者に注文を与えるのである」。ヴェーバーによれば、自由でない労働力の問屋業としての家内工業は確かに一般に普及していたが、しかし自由な家内工業は、特にその最終的段階においては、つまり「労働用具の配給や個々の生産段階の管理が問屋制前貸人によって行なわれる」という形態のものとしては、それほど普及していたわけではなかった。こうした形態は、西洋以外では「やはりどちらかといえば達成されることが稀であった」のである。*Wirtschaftsgeschichte*, S. 146（黒正・青山訳、上、二九九頁）を参照。

（126）PE II, S. 323f. を参照。また、引用はWuG, S. 64（富永訳、三七三頁）.

（127）*Wirtschaftsgeschichte*, S. 123ff.（黒正・青山訳、上、二六一頁以下）を参照。

（128）RS I, S. 9（大塚・生松訳、一九頁）. また*Wirtschaftsgeschichte*, Kap. 4, §7（黒正・青山訳、下、一七三頁以下）も参照。そこでは、市民層概念の経済的・政治的・身分的意味が区別されている。この概念の問題性と歴史的意味論については、Jürgen Kocka（Hg.）, *Bürger und Bürgerlichkeit im 19. Jahrhundert*, Göttingen 1987. 特に、ユルゲン・コッカ、M・ライナー・レプシウス、ハンス＝ウルリヒ・ヴェーラー（Hans-Ulrich Wehler）の論文を参照。

(129)『経済史』の「概念的序言」の中に、とりわけ次のような記述が見られる。「それゆえ経済史はまた、経済外的な種類の諸要素をも考慮に入れねばならない。それには次のものが含まれる。呪術的・宗教的要素――救済財の追求――、政治的要素――権力の追求――、身分的関心――名誉の追求――など」。さらに「最終的にまた強調されねばならないことは、経済史（『階級闘争』の歴史ともなればなおさらである）が――唯物史観が信じこませようとしているように――文化全体の歴史と同じものではないということである。文化全体の歴史は、経済史から流出してくるものでもなければ、また単にその関数であるのでもない。むしろ経済史は一つの下部構造を示しているにすぎず、その知識なしには、いずれにせよ文化の重要な領域に関するいかなる研究も、実り多いものにはならないというだけのことなのである」。*Wirtschaftsgeschichte*, S. 16f.（黒正・青山訳、上、五五頁以下）.

(130) RS I, S. 12（大塚・生松訳、一二三頁）および *Wirtschaftsgeschichte*, Kap. 4, §9（黒正・青山訳、下、二三四頁以下）.『経済史』のこの最後の段落は、他のいかなる箇所にもまして、ヴェーバーがいかに一貫して一九〇四／五年に定式化した基本的立場を保持していたかということを示すものであると言えるであろう。

(131) この点について詳細には、Wolfgang Schluchter, *Rationalismus der Weltbeherrschung*, Kap. 4（『現世支配の合理主義』、第四章）.

(132) SW, S. 309（堀米訳、三九―四〇頁）.

(133) この点についてはWuG, S. 622（世良訳『支配』I、二五五頁）参照。

(134) SW, S. 310f.（堀米訳、四一頁）.

(135) Ebd., S. 310（同訳書、四〇頁）.

(136) ところでまさにこの点から判明するのが、『経済史』を宗教社会学と対立させる見解がいかに間違っているかということである。というのも、そこでは宗教史的観点は除外されることなく取り上げられており、密接にとは言えないにしても経済史的・社会史的観点と結びつけられているからである。ヴェーバーがたとえばプロテスタンティズム研究、「古代農業事情」、そして『世界宗教の経済倫理』を相次いで著しえたことが意味するのは、マルクス主義の影響を受けた一部の読者が考えるように、彼が唯物論と観念論との間を不断に行ったり来たりしたことではなくて、観点の何たるかを彼が知悉していたことにすぎない。この点については「客観性論文」の該当個所、WL, 特にS. 169f.（富永・立野訳、七一頁以下）を参照。

(137) SW, S. 189f.（渡辺・弓削訳、三三九—四一頁）、ならびにたとえばWuG, S. 712（世良訳『支配』Ⅱ、六〇一頁）を参照。

(138) この点について、*Religion und Lebensführung*, Kap. 8, 7（本訳書、第四章七）における私の試論を参照。

(139) Ernst Troeltsch, *Die Soziallehren der christlichen Kirchen und Gruppen*, S. 195（『中世キリスト教の社会教説』、三二一頁）.

(140) この点についてWuG, S. 360（武藤・薗田訳、二八六頁）を参照。そこでヴェーバーは古代の教会と中世の教会が「国家」との間に有していた関係を比較しており、はっきりとトレルチに従っている。ヴェーバーによれば、トレルチの考察はこの事実関係を「みごとに解明した」ものだった。この件についてさらにたとえば、ebd., S. 622f.（世良訳『支配』Ⅰ、二五五頁以下）の一節を参照。

(141) Ernst Troeltsch, *Die Soziallehren der christlichen Kirchen und Gruppen*, S. 194（『中世キリスト教の社会教説』、二九—三〇頁）を参照。

(142) Ebd., S. 195f.

(143) WuG, S. 698（世良訳『支配』Ⅱ、五三二頁）参照。

(144) WuG, S. 622（世良訳『支配』Ⅰ、二五六—七頁）.

(145) Ebd., S. 699（世良訳『支配』Ⅱ、五三二頁）参照。

(146) Harold J. Berman, *Law and Revolution*, S. 91（『法と革命』Ⅰ、一一七頁）.

(147) この点についてはErnst Troeltsch, *Die Soziallehren der christlichen Kirchen und Gruppen*, S. 195（『中世キリスト教の社会教説』、三一頁）参照。「ドイツの王権は普遍的皇帝権によってその領邦教会的宗教理念から引き離され、全キリスト教世界を保護するよう導かれることによって、普遍教会的な教皇理念を再び復権させた。この教皇理念が、五百年もの間の領邦教会による教会的なものと国家的なものとの融合、また宗教的なものと社会的なものとの融合がそれにもたらした遺産を手にするのである」。また普遍教会の理念については、S. 206f.「最も強力で最良の形で組織化され装備されたドイツの教会を中核としていた領邦教会制に対して、一〇世紀以後再び普遍教会の思想が、禁欲的理想の新しい波やドイツの教会の優位に対抗してローマ世界を再興させようとする動きと密接に結びついて立ち現れた。それと結びついていたのは、領邦教会法に対するカノン法の、そして私有教会に対するカノン法的教会財産概念の再興である」。

(148) Ebd., S. 192f.（同訳書、二八頁）.

(149) WuG, S. 312（武藤・薗田訳、一七〇頁）およびS. 697（世良訳『支配』Ⅱ、五二七頁）参照。

(150) Ebd., S. 722（世良訳『支配』Ⅱ、六〇九―一〇頁）参照。ヴェーバーはここで再度次のように明言している。同盟は「カロリング帝国とローマ‐ドイツ的皇帝権がその勢力の最高潮に達したある時期において」二回頂点を極めた、と。

(151) WuG, S. 721（世良訳『支配』Ⅱ、六〇九頁）.

(152) Ernst Troeltsch, *Die Soziallehren der christlichen Kirchen und Gruppen*, S. 209（『中世キリスト教の社会教説』、四七―八頁）. トレルチ自身、最初の二つは第一バチカン公会議で完成したと述べている。ルトガー・ホンネフェルダーは、トレルチが（そしておそらくヴェーバーも）中世のカトリシズムを新スコラ主義的哲学と第一バチカン公会議の概念装置の眼鏡を通じて読み取っていることに注意を促している。その点はとりわけトマスの解釈において、またアンシュタルト概念についても（消極的な意味で）窺えるという。Ludger Honnefelder,

»Die ethische Rationalität des mittelalterlichen Naturrechts. Max Webers und Ernst Troeltschs Deutung des mittelalterlichen Naturrechts und die Bedeutung der Lehre vom natürlichen Gesetz bei Thomas von Aquin« in: Wolfgang Schluchter（Hg.）, *Max Webers Sicht des okzidentalen Christentums. Interpretation und Kritik*, Frankfurt 1988 を参照。

(153) WuG, S. 339（武藤・薗田訳、二三七頁）参照。秘蹟主義の拡充と適度の偶像崇拝（神と人間を媒介するものとしての図像＝移行 Transitus）との間には明らかに連関がある。いずれにせよこの点は、七世紀から一三世紀までの図像問題に関する議論を追跡したジャン＝クロード・シュミットの分析が示唆している。Jean-Claude Schmitt, »Vom Nutzen Max Webers für den Historiker und die Bilderfrage«, in: Wolfgang Schluchter（Hg.）, *Max Webers Sicht des okzidentalen Christentums. Interpretation und Kritik*, Frankfurt 1988 を参照。媒介者としての図像の神学的正当化は、スコラ学においてはじめて徹底した形でなされた。異端運動は反秘蹟主義的であったのみならず、聖画像破壊主義的な指向ももっていたのである。

(154) Ebd. S. 340（武藤・薗田訳、二三八頁）.

(155) Ebd.（同訳書、二四〇頁）. ヴェーバーはグレゴリウス以降のカトリック教会の特殊な立場を次のように定式化している。「神の要求するところを、施されたアンシュタルト恩寵が加われば救済に十分になる程度まで遂行することは、原理的にあらゆる人間に可能でなければならない。したがって各人に要求される倫理的所業の水準は、そこではもっぱら平均的資質にもとづき、かなり低く定められるほかはない。それ以上のことを成し遂げる者、つまり達人は、そのことによって自らの救い以外に、さらにアンシュタルトの蓄財に寄与する業を成就しているのであり、これをもとにしてアンシュタルトは、貧しい人々への施しを行なうのである」。Ebd. S. 339（同訳書、二三六―七頁）.

(156) この点については *Religion und Lebensführung*, Kap. 11（『ヴェーバーの再検討』、第Ⅵ章）も参照。

(157) ヴェーバーは、恩寵アンシュタルトにおいては、それが呪術的にかそれとも倫理的‐救済論的に把握されるかにかかわらず、「救いの確実性を自らの力で勝ち取らなければならない」との要請が抜け落ち、「このような倫理的にきわめて有効なカテゴリー全体の意義がそもそも後退している」と断言している。WuG, S. 339（武藤・薗田訳、二三八頁）を参照。トレルチが書いているところによれば、「身分制的雰囲気と有機体的考え方は、プロテスタント的ならびに近代的な個人主義が要求するような統一された『完全性の理想』をまったく知らない」のである。*Soziallehren*, S. 232（『中世キリスト教の社会教説』、七五頁）を参照。

(158) WuG, S. 360（武藤・薗田訳、二八七頁）.

(159) この点についてはWolfgang Schluchter, *Die Entwicklung des okzidentalen Rationalismus*, S. 251ff.（『近代合理主義の成立』、二四六頁以下）参照。ヴェーバーはWuG, S. 708（世良訳『支配』Ⅱ、五六八頁）で次のように定式化している。「西方キリスト教世界は少なくとも理念的には政治的な統一体でもあったし、それには若干の実際上の帰結も伴われていた」。ここには、上述のような意味における統一文化を語ることの正当性が見て取れる。

(160) Ebd., S. 701f.（世良訳『支配』Ⅱ、五四三頁以下）および*Religion und Lebensführung*, Kap. 8, 7（本訳書、第四章七）参照。

(161) この点については基本的にHerbert Grundmann, *Religiöse Bewegungen im Mittelalter*, Darmstadt 1970, Kap. I を参照。さらに、Helmut Richter (Hg.), *Cluny. Beiträge zu Gestalt und Wirkung der cluniazensischen Reform*, Darmstadt 1975、ならびにBarbara H. Rosenwein, »Reformmönchtum und der Aufstieg Clunys. Webers Bedeutung für die Forschung heute«, in: Wolfgang Schluchter (Hg.), *Max Webers Sicht des okzidentalen Christentums. Interpretation und Kritik*, Frankfurt 1988.

(162) Ernst Troeltsch, *Die Soziallehren der christlichen Kirchen und Gruppen*, S. 230ff.（『中世キリスト教の社会教説』、七三頁以下）を参照。トレルチはこれを修道院の教会化の観点のもとで取り扱っている。もっともバーバラ・H・ローゼンヴァイン（Barbara H. Rosenwein）は最近の研究と関連づけて、修道院の改革運動の多様性や、クリュニーが自らの改革の方向を広めるためにはいかなる権力とも協働しようとしたという事実に鑑みて、教権制的生活統制のために修道制が利用されたことをこのように一般的に語ることはできないと強調している。

(163) WuG, S. 703（世良訳『支配』Ⅱ、五四八頁）. 祭司層と修道士層の制度的結合について、Harold J. Berman, *Law and Revolution*, S. 210-211 の図を参照。

(164) WuG, S. 702（世良訳『支配』Ⅱ、五四七頁）.

(165) Ebd., S. 702f.（同訳書、五四七頁）.

(166) Ebd., S. 705（同訳書、五五七頁）.

(167) この区別についてはTalcott Parsons, *Sociological Theory and Modern Society*, New York: The Free Press 1967, Kap. 13、特にS. 429f.（新明正道監訳『政治と社会構造』上、誠信書房、一九七三年、第十一章、三八一頁以下）を参照。

(168) この点について一般的には、Niklas Luhmann, *Funktion und Folgen formaler Organisation*, Berlin 1964（沢谷豊他訳『公式組織の機能とその派生的問題』上・下、新泉社、一九九二—九六年）とWolfgang Schluchter, *Aspekte bürokratischer Herrschaft. Studien zur Interpretation der fortschreitenden Industriegesellschaft*, Frankfurt 1985, S. 163ff. ならびに、ders., »Modes of Authority and Democratic Control«, in: Volker Meja, Dieter Misgeld, Nico Stehr (Hg.), *Modern German Sociology*, New York: Columbia University Press 1987, S. 291ff. を参照。興味深いことにヴェーバーは、たとえば糾問訴訟のなかに、後代の世俗の刑事訴訟の指針ともなる訴訟手続の合理化を認めている。「神政政治的な裁判というものは、不法が行われた場合の贖罪も、真実の探究も、当事者の任意に委ねることができない裁判である。それは『職権にもとづいて』手続を進め（職権主義）、現実に起こった事実を最善の形で確定する保障を与えてくれると思われる証拠手続を作り出す。この証拠手続が、西洋においては『糾問訴訟』であり、これはその後、世俗的な刑事裁判によっても受け継がれた」。WuG, S. 481（世良訳『法』、四二七頁）を参照。

(169) Ebd., S. 730（世良訳『支配』Ⅱ、六四五—六頁）を参照。ヴェーバーはこの点を一般的にあらゆる「強力な教会的生活」について述べている。

（170）Ernst Troeltsch, *Die Soziallehren der christlichen Kirchen und Gruppen*, S. 219（『中世キリスト教の社会教説』、五九頁）. 彼は秘蹟主義の拡充と法制化との関連に一般的に注意を促している。

（171）WuG, S. 701（世良訳『支配』Ⅱ、五四三頁）を参照。これは、ラインハルト・ベンディクスが初期キリスト教を例にして分析した、内へ向けての寛容と外へ向けての絶対性の要求との間のあの背反状態の一変種として理解できる。Reinhard Bendix, »Der Anspruch auf absolute Wahrheit im frühen Christentum«, in: Wolfgang Schluchter (Hg.), *Max Webers Sicht des okzidentalen Christentums. Interpretation und Kritik*, Frankfurt 1988 参照。

（172）ヴェーバーによれば、キリスト教は他の文化宗教と比較したとき何よりも、「知性主義の侵入が増大してそれとの対決が厳しくなるにつれて、合理的にして拘束力ある公式の教義を、すなわち一つの神学者信仰を、他には見られないほど顕著に発展させた」ことによって特徴づけられる。WuG, S. 341（武藤・薗田訳、二四二頁）参照。

（173）WuG, S. 343（同訳書、二四五—六頁）参照。

（174）Ebd., S. 342（同訳書、二四五頁）.

（175）ヴェーバーはアウグスティヌスを引き合いに出している。アウグスティヌスにとってもろもろの認識を真と認めることは、たかだか信仰の最も低い段階であるにすぎなかった。Ebd., S. 342（同訳書、二四五頁）参照。キリスト教における信仰と知の間の葛藤について一般的には、*Religion und Lebensführung*, Kap. 8, 2（本訳書、第四章二）を見よ。不条理なことへの信仰の定型表現の解釈もこの関連に属する。

（176）Herbert Grundmann, *Religiöse Bewegungen im Mittelalter*, Darmstadt 1970, S. 6.

（177）Ebd., S. 23 参照。そこには教会がそのような諸運動に対して戦ったその他の理由も記されている。

（178）この点について批判的な Kurt-Victor Selge, »Max Weber, Ernst Troeltsch und die Sekten und neuen Orden des Spätmittelalters (Waldenser, Humiliaten, Franziskaner)«、また、Caroline Walker Bynum, »Mystik und

Askese im Leben mittelalterlicher Frauen. Einige Bemerkungen zu den Typologien von Max Weber und Ernst Troeltsch«、さらに、Robert E. Lerner, »Waldenser, Lollarden und Taboriten. Zum Sektenbegriff bei Weber und Troeltsch«（すべて Wolfgang Schluchter (Hg.), *Max Webers Sicht des okzidentalen Christentums. Interpretation und Kritik*, Frankfurt 1988 に所収）も参照。

(179) 周知のように、ヴェーバーの未完に終わった音楽社会学の中心をなしていたのがこのテーゼである。この点の解釈につき、*Religion und Lebensführung*, Kap. 6A, 1（本訳書、第二章A一）を参照。

(180) WuG, S. 704（世良訳『支配』Ⅱ、五五四頁）. 修道院的規律と工場的規律との間の相似性について、フーベルト・トライバーとハインツ・シュタイネルトの見事な業績 Hubert Treiber und Heinz Steinert, *Die Fabrikation des zuverlässigen Menschen. Über die ›Wahlverwandtschaft‹ von Kloster- und Fabrikdisziplin*, München 1980 を参照。修道院的規律と軍隊的規律との間の相似性については、WuG, S. 693（世良訳『支配』Ⅱ、五一二頁）を見よ。

(181) WuG, S. 704（世良訳『支配』Ⅱ、五五四頁）を参照。

(182) Ebd., S. 339（武藤・薗田訳、二三八頁）.

(183) Ebd. S. 705（世良訳『支配』Ⅱ、五五六頁）. ただしヴェーバーはここでプロテスタンティズム研究のテーゼを継続しているにすぎない。

(184) この点についてはWuG, S. 339（武藤・薗田訳、二三七頁）参照。ヴェーバーも確認したこの事実関係をトレルチは以下のように定式化している。「それはその他の秘蹟の前提条件としてその一部と巧妙に結びつけられた、無限に重要な悔悛の秘蹟であり、宗教による現世支配の支柱である。キリスト教的教会倫理の全体がそこから生じている。すなわちそれは、良心の探究と助言を行ない、罪を取り払い、贖いと功徳へと手引きし、生活上の業績を統一する責任を個人から奪って引き受けている教会の権威を通じてあらゆる倫理的問題や対立を統一するものである。それを通じて再び、教会の倫理は単なる理論から実践的な力となる。それによって偉大な良心も矮小な良心も、高貴な良心も卑しい良心も等しく助言を与えられ、罰せられ、浄罪され、そして何よりも人生の真の価値の実現へと、すなわち罪に満ちた現世からの魂の救済へと導かれる」（*Soziallehren*, S. 220〔『中世キリスト教の社会教説』、五九―六〇頁〕）。これについては同時に、Max Weber, RS I, S. 113ff.（大塚訳、一九一頁以下）．したがってトレルチとヴェーバーが――ここでも彼と一致して――、告解の実践と結びついた生活態度の不断の統制を否定したなどということはないのである。とりわけ、「特殊化された形での罪の告白」とこのような統制が結びつけられているところでそうである。WuG, S. 339（武藤・薗田訳、二三八頁）を参照。しかしおそらくヴェーバーが特に支持するのは次のようなテーゼであろう。一般的な、それどころか集合的な罪の告白と結びついた贖罪は、告解による不断の統制がもつ規律化作用を無効にするということ、そもそも定期的な贖罪は心の負担を軽くするため、結局は倫理的に合理的な生活態度、すなわち内面から外面へ向けての統一化の発展は一切のアンシュタルト恩寵や秘蹟の恩寵が欠けている場合にしか現れなくなるということである。類型論的に見れば、中世の修道士はこのような観点においてはまさにカトリックの平信徒と禁欲的プロテスタントのいわば中間に位置している。中世の修道士にはアンシュタルト恩寵が残存しているが、同時に彼は確証思想と結びついた統一化の圧力のもとに置かれている。告解の実践の統制作用についてはまた Alois Hahn, »Zur Soziologie der Beichte und anderer Formen institutionalisierter Bekenntnisse: Selbstthematisierung und Zivilisationsprozeß«, in: *Kölner Zeitschrift für Soziologie und Sozialpsychologie*, 34（1982）, S. 408ff.、さらに、ders., »Sakramentale Kontrolle«, in: Wolfgang Schluchter（Hg.）, *Max Webers Sicht des okzidentalen Christentums. Interpretation und Kritik*, Frankfurt 1988 を見よ。もっともこのような（外的な）秘蹟的統制と（内的な）倫理的統制の評価には、トレルチとヴェーバーにあっては（プロテスタント的な）個人主義的先入観が反映しているかもしれない。

（185）WuG, S. 705（世良訳『支配』II、五五六頁）．

（186）Ebd., S. 444（世良訳『法』、二一五―六頁）．この複合的な過程の全体については、Harold Berman, *Law and Revolution*、特に S. 215ff.（『法と革命』I、二八六―九二頁）を見よ。

(187) この点についてはStefan Breuer, »Der okzidentale Feudalismus in Max Webers Gesellschaftsgeschichte«, in: Wolfgang Schluchter (Hg.), *Max Webers Sicht des okzidentalen Christentums. Interpretation und Kritik*, Frankfurt 1988を参照。ブロイアーは、ヴェーバーは西洋のレーエン封建制に近代西洋文化の形成にとっての特別な意義を帰しているが、「封建革命」の時期設定を誤っていると指摘している。ブロイアーはジョルジュ・デュビーと同様、それを九・一〇世紀にカロリング帝国が解体して強固な地方的支配層が成立した後の一一世紀に移し、貴族の根本的な構造変容と結びついたこの「新しい」支配形態の完全な発展を一二世紀に移している。かつてのヴィリカツィオーン経済・フロンホーフ経済［古典荘園制］に代わって［純粋］荘園制的生産様式が登場し、かつての戦士貴族と農民層との間の結びつきに代わって、ますます経済的に不可欠になってきた農民層と騎士軍団との分離が進展する。ヴェーバーがカロリング帝国をレーエン封建制的なものとすでに特徴づけているのに対して、その後の研究成果においては、それはむしろレーエン法的諸特徴を帯びた家産制国家であって、本来的なレーエン封建制はカロリング帝国の解体後にはじめて「完全な発展」に達したことが示唆されている。この点については、マルク・ブロックによる封建時代の二段階の区別の提案を参照。それによれば、第一期はカロリング帝国の没落以後の人口の減少、商業や貨幣流通の衰退の時代であり、第二期は一〇五〇年頃から一二三〇年頃までの期間で、人口の増加、「内的」植民地化、商業や貨幣流通の拡大、すなわち流通の著しい緊密化、そして都市における手工業者・商人身分の力強い発展の時代である。Marc Bloch, *Die Feudalgesellschaft*, 特にS. 81ff.（『封建社会』1、みすず書房、一九七三年、五八頁以下）を参照。したがって「教皇革命」と若干時代的に隔たって、「封建革命」が現れている。すぐ後で論じる「都市革命」と相まって、それは第一の転換の決定的な礎石を形作る。ヴェーバーの封建制分析については、Gianfranco Poggi, »Max Webers Begriff des okzidentalen Feudalismus«, in: *Max Webers Sicht des okzidentalen Christentums* ならびに、Heino Speer, *Herrschaft und Legitimität. Zeitgebundene Aspekte in Max Webers Herrschaftssoziologie*, Berlin 1978も参照。

(188) WuG, S. 633（世良訳『支配』Ⅱ、二九〇頁）.

(189) この点については、Ebd., S. 148（世良訳『諸類型』、一〇五頁）およびS. 631（世良訳『支配』Ⅰ、二八三頁以下）を参照。そこでヴェーバーは、西洋の封建的騎士層の生活態度は「一方では内面から発する原理的に統一的な態度決定によって、また他方で首長との関係のあり方によって規定された身分的名誉の唯一の類型である封建的名誉概念によって、また翻ってこの封建的名誉概念は封建家臣の封臣的誠実によって」その核心が規定されてきたと述べている。したがってヴェーバーによれば、西洋の騎士的生活態度は内部指向的パーソナリティのうえに立脚している。ただ、この内部指向は本来宗教的な基礎をもつものではない。

(190) Ebd., S. 636（世良訳『支配』Ⅱ、三〇四頁）.

(191) Ebd., S. 635（同訳書、二九三頁）.

(192) Ebd., S. 641（同訳書、三三四頁）.

(193) 完全に発達したレーエン関係は、以下のような構成要素を内包している。一、軍事的および／または行政的功績と引き換えに行なわれる首長としての権力や権利の（期間限定的な）授与。二、純粋に人的な授与。三、契約による授与。それは自由人間の契約ではあるが、通常の取引（目的契約）ではなく、両契約当事者に不平等な権利と誠実義務を与える兄弟契約（身分契約）である。四、授与に当たっては特殊身分制的で騎士的な生活態度が前提とされ、同時に授与によってそれが支えられる。この点についてEbd., S. 148（世良訳『諸類型』、一〇六頁）を参照。授与された首長権の「客体」、すなわち一、所領、奴隷、隷属民、二、租税と貢租、三、裁判権と徴兵権――これらは通常、自由人に対する支配とも関連している――に応じて、さまざまなヴァリエーションが生じる。

(194) ヴェーバーは、前者は「中世のかなり初期に、後者はその後の経過のなかで現れた」と考えている。Ebd., S. 149（世良訳『諸類型』、一〇七頁）参照。

(195) Ebd., S. 641f.（世良訳『支配』Ⅱ、三三三頁以下）.

(196) Ebd., S. 288（武藤・薗田訳、一一三頁）.

(197) 封建的倫理の特徴づけについては特に Ebd., S. 658ff.（世良訳『支配』Ⅱ、三八七頁以下）を見よ。

(198) Ebd., S. 639（世良訳『支配』Ⅱ、三三〇頁）. それゆえにヴェーバーははっきりと、レーエン団体も身分制国家も「家産制から官僚制への発展過程における不可欠の中間項」ではないと語っている。Ebd., S. 645（世良訳『支配』Ⅱ、三四九頁）を参照。

(199) この点についてはヴェーバーが ebd., S. 150f.（世良訳『諸類型』、一〇九頁以下）で掲げているリストを参照。

(200) RS I, S. 3（大塚・生松訳、九頁）ならびに WuG, S. 150f.（世良訳『諸類型』、一〇九頁以下）および S. 644ff.（世良訳『支配』Ⅱ、三四五頁以下）を参照。

(201) シュムエル・N・アイゼンシュタットも構造的多元主義と結合した特殊なダイナミズムを同様に強調している。彼の論考 Shmuel N. Eisenstadt, »Max Webers Überlegungen zum okzidentalen Christentum«, in: *Max Webers Sicht des okzidentalen Christentums* を参照。

(202) キャスリン・L・ライアソンが一一世紀から一四世紀にかけて起こったとする都市革命については Kathryn L. Reyerson, »Der Aufstieg des Bürgertums und die religiöse Vergemeinschaftung im mittelalterlichen Europa: Neues zur Weber-These«, in: Wolfgang Schluchter (Hg.), *Max Webers Sicht des okzidentalen Christentums. Interpretation und Kritik*, Frankfurt 1988 を参照。

(203) ブライアン・ストックにしたがえば、さらに第四の革命、コミュニケーション革命が存在し、それは文書使用の増大と結びついている。貨幣経済や流通経済の再生とともに、文書使用に依拠するますます多くの諸制度が成立していく。もちろん問われるべきなのは、この革命がどの程度他の革命の一部となっているかということだろう。この点はたとえば法の発展からうかがえる。Brian Stock, »Schriftgebrauch und Rationalität im Mittelalter«, in: *Max Webers Sicht des okzidentalen Christentums* および ders., *The Implications of Literacy. Written Language and Models of Interpretation in the Eleventh and Twelfth Centuries*, Princeton: Princeton University Press 1983 を参照。

（204）WuG, S. 480（世良訳『法』、四二四頁）を参照。

（205）Ebd., S. 151（世良訳『諸類型』、一一二頁）. 同様のことは、ebd., S. 139（世良訳『諸類型』、六三頁以下）にも見られる。

（206）Ebd., S. 796（世良訳『都市』、二五八頁）.

（207）Ebd., S. 804（同訳書、二八八頁）.

（208）Ebd., S. 750（同訳書、七五頁）.

（209）この点については、ebd., 796ff.（世良訳『都市』、二五九頁以下）での都市の自律の最盛期における「中世都市の全体状況」の論述を参照。ヴェーバーは、中世都市がかなりの構造上の差異を示しており、きわめて多様であることをはっきりと強調している。

（210）Ebd., S. 751（世良訳『都市』、七七頁）.

（211）Ebd., S. 813（世良訳『都市』、三一八頁）. ヴェーバーは、中世都市はそのようなものを知らないと記している。中世都市は一次的には経済的指向をもつものなのであって、古代都市のように政治的指向をもたない、というわけである。

（212）Ebd., S. 753（世良訳『都市』、八五頁）.

（213）この点については同時に *Religion und Lebensführung*, Kap. 9, 2d（本訳書、第五章二 d）も参照。

（214）*Wirtschaftsgeschichte*, S. 302（黒正・青山訳、下、二三七頁）では簡潔に、「資本主義が生まれたのは西洋の内陸工業都市においてであって、海商都市においてではない」と述べられている。

（215）この点については、『経済史』、第七節の構成も参照。ヴェーバーは次のように分類している。一、東洋の都市（例――メッカ）――西洋の地中海都市。二、後者について、古代都市（例――ギリシアの都市、ローマ）――中世都市。後者について、南欧都市（例――沿岸都市としてのヴェネツィアとジェノヴァ、内陸都市としてのフィレンツェとミラノ）――北欧都市。後者について、大陸都市（例――沿岸都市としてのハンザ都市、内陸都市としてのケルン）――イギリスの都市。イギリスの都市が特別に扱われるのは、地域団体的なゲマインデ概念が欠けているからである。WuG, S. 772（世良訳『都市』、一六九頁）を参照。

(216) Ebd., S. 811f.（同訳書、三一三頁以下）.

(217) Ebd., S. 812（同訳書、三一四頁）.

(218) Ebd., S. 784（同訳書、二一三頁）を参照。そこでヴェーバーは次のように定式化している。「イタリアのポポロは、単なる経済的概念ではなく、一つの政治的概念であった。すなわち、それは、コムーネ内部の一つの政治的な特殊ゲマインデであり、固有の官吏・財政・軍事組織を備えていた。それは、語の最も本来的な意味における国家内国家であり、完全に意識的に非正当的で革命的な最初の政治団体であった」。ヴェーバーによれば、イタリア中世都市の発展はもちろん一つの循環運動であるが、その運動は北部と異なって、「循環的発展」をもたらすものでは本来ない。Ebd., S. 796（世良訳『都市』、二五七頁）ならびにシュテファン・ブロイアーの興味深い研究、Stefan Breuer, »Blockierte Rationalisierung. Max Weber und die italienische Stadt des Mittelalters«, in: *Archiv für Kulturgeschichte*, 66 (1984), S. 47ff. を参照。ここで関心を惹くケルンの発展は、一〇七四年の大司教に対する反乱によって始まり、一一〇六年に自律的な都市政府と都市法を生み出した。

(219) WuG, S. 763（世良訳『都市』、一三四―五頁）を参照。

(220) Ebd., S. 812（同訳書、三一五頁）.

(221) Ebd., S. 796（同訳書、二五八頁）.

(222) 古代と中世の都市民主制の対置に際して、S. 811（同訳書、三一二頁）を参照。

(223) Ebd., S. 812（同訳書、三一八頁）.

(224) Ebd., S. 661（世良訳『支配』Ⅱ、三九四頁）.

(225) 市民層概念のこれら三つの意味の次元については、*Wirtschaftsgeschichte*, S. 270f.（黒正・青山訳、下、一七三頁以下）参照。

(226) ヴェーバーはこの関連ではっきりと、ゲルマンの法伝統や「『裁判集会仲間《ディングゲノッセ》』としての法仲間、つまりほかでもない裁判集会団体《ディングゲマインデ》の積極的参与者としての法仲間」という捉え方をするゲルマンの裁判制度についても参照を指示している。Ebd., S. 757（世良訳『都市』、一〇七頁）参照。

(227) 本章の第二の題辞を参照。さらには、*Wirtschaftsgeschichte*, S. 277（黒正・青山訳、下、一八四頁）、また、誤解されやすい——少なくとも簡略化した——定式化をされているが、WuG, S. 753（世良訳『都市』、八五頁）を参照。初期キリスト教の発展史におけるこれと結合した普遍主義ならびに異邦人の異教徒への解釈替えについてはReinhard Bendix, »Der Anspruch auf absolute Wahrheit im frühen Christentum«, in: Wolfgang Schluchter (Hg.), *Max Webers Sicht des okzidentalen Christentums. Interpretation und Kritik*, Frankfurt 1988 を参照。

(228) WuG, S. 752ff.（世良訳『都市』、八一頁以下）.

(229) Ebd., S. 754（同訳書、九一頁）.

(230) Ebd., S. 755（同訳書、一〇二頁）.

(231) ヴェーバーのパーリア概念の基礎となっているこのような構成の問題点については、*Religion und Lebensführung*, Kap. 7, 5（本訳書、第三章五）を参照。

(232) ユダヤ人のほかにヴェーバーはカオール人やロンバルディア人（すなわちあらゆる形態の南方人）、そしてシリア人を挙げている。*Wirtschaftsgeschichte*, S. 193（黒正・青山訳、下、三三一—四頁）参照。中世における反ユダヤ主義の第一の波の原因については、同書を見よ。

(233) Ebd., S. 305f.（黒正・青山訳、下、二四四頁）参照。

(234) この点についてはLester K. Little, »Laienbruderschaften in norditalienischen Städten«, in: Wolfgang Schluchter (Hg.), *Max Webers Sicht des okzidentalen Christentums. Interpretation und Kritik*, Frankfurt 1988 も参照。さらに、中世的都市文化の危機から成立した都市の特殊な精神性に関する彼の書物 Lester K. Little, *Religious Poverty and the Profit Economy in Medieval Europe*, London: Paul Elek 1978、特にPart IV を参照。

(235) WuG, S. 809（世良訳『都市』、三〇五頁）.

(236) WuG, S. 819（同訳書、三三七頁）.

(237)［本来なら］ここで中世工業史についての補論を挿入しておかなくてはならないところであろう。［だが］紙幅の都合によりそれは不可能である。したがって、以下の指摘で満足しておかなくてはならない。ヴェーバーは初期には、近代資本主義的営利経営の成立にとって自由な家内工業あるいは自由な問屋制度が果たす役割を強調している。すでに「農業事情」のなかで（S. 8［渡辺・弓削訳、一五頁］）彼は、古代の経済生活をどれほど近代的なものとして頭に描いても十分すぎることはないというエドゥアルト・マイヤーのテーゼに反駁していた。そこでは何よりも次のように指摘されていた。「すでに一三世紀には存在したような概念的意味での自由な『家内工業』、すなわち、『問屋制度』の契約的諸形態（それゆえ、古代にも当然あったような、市場の事情に精通した商人が生産者に対して行なう単なる事実的な搾取という意味での問屋制度ではない）を備えた自由な『家内工業』が存在したこと」が古代についてはこれまで立証されていない、と。彼の見るところ、このような工業形態は明らかに発展史的に大きな意義をもつものであった。PE II, S. 324、さらに WuG, S. 73（富永訳、三九三―四頁）および S. 85（同訳書、四一八頁）も参照。ツンフト制度と自由な問屋制度との関係については、*Wirtschaftsgeschichte*, §5（黒正・青山訳、上、二九〇頁以下）. 重要なのは、ヴェーバーが問屋制度もマニュファクチャーないし工場（この区別を彼は作為的なものと考えている）も手工業から成立したものであるとか、手工業の犠牲のうえに成立したものであるとは考えていないことである。Ebd., S. 157f.（黒正・青山訳、上、三一四頁以下）参照。工場の成立にとって不可欠なのは、生産過程の機械化だったのであり、それを促進したのは、都市における自由な手工業でも自由な家内工業でもなく、鉱業だった。ところでヴェーバーは、その工業史的論述のなかで決してマルクス的な発展論理（単純な協働、マニュファクチャー、工場！）には従っていない。ヴェーバーのアプローチのこの側面については、ヤーコプ・シュトリーダーの重要な著作、Jakob Strieder, *Studien zur Geschichte kapitalistischer Organisationsformen. Monopole, Kartelle und Aktiengesellschaften im Mittelalter und zu Beginn der Neuzeit*, München/Leipzig 1914 も参照。そこでは何よりも鉱業の役割が詳細に考察されている。またこれ以前の著作、ders., *Zur Genesis des modernen Kapitalismus. – Forschungen zur Entstehung der großen bürgerlichen Kapitalvermögen am Ausgang des Mittelalters und zu Beginn der Neuzeit*, zunächst in Augsburg, Leipzig 1904 も参照。これはゾンバルトの地代蓄積のテーゼに対する批判を含んでいる。シュトリーダーの言葉によれば、始めに商業ありき！である。

(238) この点については、*Neue Freie Presse*, Nr. 19102, 26. Oktober 1917, S. 10 および WuG, S. 156（世良訳『諸類型』、一三八頁以下）参照。さらに、*Religion und Lebensführung*, Kap. 8, 6（本訳書、第四章六）および Kap. 12（『ヴェーバーの再検討』、第Ⅱ章）.

(239) *Wirtschaftsgeschichte*, S. 292（黒正・青山訳、下、二二〇頁）参照。

(240) この点については、ebd., Drittes Kap. §4、引用は S. 199（黒正・青山訳、下、四三頁）参照。ヴェーバーはここでも依然として部分的に彼の博士論文に依拠している。

(241) Ebd., S. 293ff.（黒正・青山訳、下、二二四頁以下）参照。

(242) この点については、Ebd., S. 265ff.（黒正・青山訳、下、一六四頁以下）参照。もっともヴェーバーは、戦争の画一化した大量需要を近代資本主義発展の決定的な条件に含めるゾンバルトのテーゼを批判している。このことは、戦争による需要がますます国家の自己管理のもとで充足されるようになったことからすでに誤りであるという。人口増加と貴金属の流入も決定的な役割を演じたものではないが（ebd., S. 300f. [黒正・青山訳、下、二三四頁以下]）、搾取の度合いはそうだったようである。それが大量購買力に決定的な影響を与えるものだからである。ここで箇条書き的に示唆したにすぎない、レーエン団体から身分制国家を経て近代的家産制国家への発展であるが、これはもちろん貴族の構造変動とも結びついていた。この点については特に、Norbert Elias, *Über den Prozeß der Zivilisation. Soziogenetische und psychogenetische Untersuchungen*, 2 Bde., 2. Aufl., Bern 1969（赤井慧爾他訳『文明化の過程』上・下、法政大学出版局、一九七七―七八年）. そこでは騎士貴族から宮廷貴族への変容が、とりわけフランスを例にして記述されている。エリアスがとりわけ礼節《クルトワジー》、作法《シヴィリテ》、文明《シヴィリザシオン》といった概念の推移として描いている事態の心性史的側面については、Marvin B. Becker, »Der Umschwung zur Zivilität in Westeuropa vom späten 13. bis zum 16. Jahrhundert. Eine Untersuchung ausgewählter Regionen«, in: Wolfgang Schluchter (Hg.), *Max Webers Sicht des okzidentalen Christentums. Interpretation und Kritik*, Frankfurt 1988 も見よ。

(243) *Wirtschaftsgeschichte*, S. 302（黒正・青山訳、下、二三七頁）.

(244) PE II, S. 166（住谷・山田訳、九八頁）参照。

(245) RS I, S. 203（大塚訳、三六五頁）.

(246) ヴェーバーは第二版では倫理という概念の代わりに、しばしばエートスという概念を用いている。生きられた倫理、人倫的生活態度が問題だからである。

(247) ヴェーバーは目的－手段図式にしたがって、すなわちプラグマティックに把握できる事態の分析をさすのに「心理学」なる表現を用いることには、確かに用語法上の疑念を抱いている。しかしそのことは、彼自身に「心理学」が欠けているということではない。ただし彼の「心理学」は、当時の実験心理学とも「欲動心理学」とももちろん異なったものである。カール・ヤスパースはそれを世界観の心理学と名づけた。ヴェーバーの心理学に対する立場については、これまでのところ本格的な考察はなされていない。用語法上の疑念については、PE II, S. 184ff.（住谷・山田訳、一一一―二頁）参照。

(248) この点で重要だったのが、たとえばエルンスト・クレペリンと彼の学派が主張したような自然科学的指向の実験心理学が文化科学上の問題の解明に有効なものかどうかを精確に検討することだった。もっともその際結局問題となったのは、ヴェーバーが流行りものと見なしていた「性格学」である。この関連でたいてい看過されている決定的に重要な業績が、閉鎖的大工業労働者の淘汰と適応についての研究と工業労働の精神物理学についてのそれである。SS, S. 1-60 および S. 61-255（鼓訳、一―七六頁、七七―三二四頁）参照。ヴェーバーはそこで何よりも、プラグマティックな理解と心理学的理解の相違や観察的説明と了解的説明の相違を明確化している。これらの相違は、作品史の第三期において理解社会学の方法的基礎の中心的要素へと高められることになる。そこへと至る途上においては、ヴェーバーとの密接な精神的交流のなかで成立し、ヴェーバーによってその成果を「是認」されたカール・ヤスパースの精神病理学も重要である。Karl Jaspers, *Allgemeine Psychopathologie. Ein Leitfaden für Studierende, Ärzte und Psychologen*, Berlin 1913（西丸四方訳『精神病理学原論』みすず書房、一九七一年）を参照。「性格学的」という流行語についてはSS, S. 395を参照。

(249) RS I, S. 49（大塚訳、七二頁）.

(250) PE II, S. 167（住谷・山田訳、九八―九頁）.

(251) Ebd. 古典派理論経済学の心理学や旧歴史学派に対するヴェーバーの批判は、ロッシャー論文に見られる。ヴェーバーの批判は同時に、主として功利主義的基礎をもつ社会理論に対するものとも理解できる。WL, S. 30ff.（松井訳、六三頁以下）参照。文化科学における演繹的ないし帰納的な心理学的還元主義に対する批判は、とりわけ客観性論文において提示されている。たとえばWL, S. 187ff.（富永・立野訳、一〇六頁以下）参照。同書S. 189（富永・立野訳、一〇九頁）での制度と動機の関係についてのヴェーバーの規定も参照。

(252) この点についてはたとえばPE II, S. 165（住谷・山田訳、九七―八頁）を参照。

(253) このことは少なくとも労働者に関しては皮肉に聞こえるかもしれない。というのも、外的な必要から来る適応以外に彼らに残されているものが何かあったというのだろうか。にもかかわらずヴェーバーははっきりと述べている。「形成期の資本主義は、自分の良心のために経済的搾取をも甘受するような労働者を必要としていた。今日では資本主義は磐石なものとなっており、来世での報奨がなくとも、彼らに労働意欲を強制することが可能である」と。RS I, S. 201, Fn.（大塚訳、三六三頁）を参照。外的な必要は確かに強力な教化手段である。しかしそれはあらゆる外的強制と同様、人間を「外側から」作り上げるものでしかない。ヴェーバーによれば、剰余価値生産のためにも大衆の教化がなされなければならない。そしてそのためには、伝統的な環境のなかでは外的な必要と外的な強制のみでは不十分だったのである！　この二つの行為類型の区別とそれらの理論的背景については、*Religion und Lebensführung*, Kap. 3, 3a（『信念倫理と責任倫理』、第二章一）を参照。

(254) RS I, S. 252（大塚・生松訳、五八頁）.

(255) Ebd., S. 56ff.（大塚訳、八二頁以下）. ヴェーバーは第一版ではこの箇所で「醜いこと（turpitudo）」というトマスの言葉を引き合いに出して補足していた。すでに第一版ではフィレンツェのアントニヌスについて言及されており、また、カトリックの経済倫理のなかで資本主義的利潤追求を宗教的に最も認容していたこの修道士倫理ですら、最終的には自己目的としての営利に寛容となったわけではないことが指摘されている。

(256) Ebd., S. 35f.（大塚訳、四八頁）.

(257) Corpus Iuris Canonici, Decretum Gratiani, Pars I c. II. Dist. LXXXVIII. *Wirtschaftsgeschichte*, S. 305（黒正・青山訳、下、二四二頁）にはこの文が以下のように完全な形で再録されている。商人はおそらく行なうて罪なきを得べし。されどそれは神の思召には適わざるべし（homo mercator vix aut numquam potest Deo placere）。

(258) WuG, S. 720（世良訳『支配』Ⅱ、六〇五頁）.

(259) この点については、WuG, S. 718ff.（世良訳『支配』Ⅱ、五九九頁以下）を参照。引用はS. 720（同訳書、六〇四頁）. 利息禁止については、Benjamin Nelson, *The Idea of Usury. From Tribal Brotherhood to Universal Otherhood*, Second Edition, Enlarged, Chicago and London: The University of Chicago Press 1969も参照。暴利禁止についての反対の議論やそれに関する正当的ならびに異端的思潮のさまざまな立場、ならびにヴェーバーやネルソンへの批判についてはKathryn L. Reyerson, »Der Aufstieg des Bürgertums und die religiöse Vergemeinschaftung im mittelalterlichen Europa: Neues zur Weber-These«, in: Wolfgang Schluchter (Hg.), *Max Webers Sicht des okzidentalen Christentums. Interpretation und Kritik*, Frankfurt 1988を参照。暴利禁止それ自体がヴェーバーの議論においてはまったく周辺的な役割しか演じていないことは、この議論のなかで当然ながら往々にして看過されている。全体的な問題点についてはLester K. Little, *Religious Poverty and the Profit*

Economy in Medieval Europe, London: Paul Elek 1978、特にPart III も参照。

(260) PE II, S. 168（住谷・山田訳、一〇〇頁）および RS I, S. 55（大塚訳、八二頁）参照。

(261) Ebd., S. 56（大塚訳、八五頁）．

(262) この点についてはebd., S. 55f.（同訳書、八一頁以下）も参照。

(263) 興味深いことに、デュルケームも功利主義とプラグマティズムとの間に連関を認めている。*Schriften zur Soziologie der Erkenntnis*, hg. von Hans Joas, Frankfurt 1987 所収のプラグマティズムと社会学についての彼の講義、とりわけS. 121ff.（福鎌達夫訳『プラグマティズム二十講』関書院、一九六〇年、一五九頁以下）を特に参照。

(264) この点についてはRS I, S. 112, Fn.（大塚訳、一九三頁以下）を参照。そこではウィリアム・ジェームズが批判されているが、この点についてより詳細には*Religion und Lebensführung*, Kap. 9, 2b（本訳書、第五章二b）．

(265) RS I, S. 193, Fn.（大塚訳、三四八頁）．

(266) Ebd., S. 53（大塚訳、七七頁）．

(267) ゾンバルトのテーゼを下敷きにしてユダヤ人、カトリック教徒、ピューリタンを比較しているWuG, S. 367-374（武藤・薗田訳、三〇四―三一二頁）を参照。ヴェーバーはそこで何よりも以下のゾンバルト批判を利用している。Julius Guttmann, »Die Juden und das Wirtschaftsleben«, in: *Archiv für Sozialwissenschaft und Sozialpolitik*, 36 (1913), S. 149ff.

(268) Lujo Brentano, *Die Anfänge des modernen Kapitalismus*, München 1916, S. 153（『近世資本主義の起源』、二一八頁）．

(269) たとえばブレンターノは、資本主義は攻撃戦争を経て封建制度へと浸透していったと見なしている。彼にとって、十字軍は戦争制度と資本主義の融合の事例であり、第四回十字軍は「近代資本主義の正真正銘の狂躁」である。Ebd., S. 42（同訳書、五七頁）を参照。

(270) ちなみにヴェーバーは、ブレンターノの言うような異教的心情が近代的経済発展の精神的側面にとって有意義なものだったということには全然異論をはさんでいない。生活態度に対する宗教倫理の影響の分析にそれが混入してくることを否定しているにすぎない。さらに加えて、異教的心情の作用は宗教倫理とは異なったものだった。「(生成期市民層)の生活態度にではなく、政治家や君主の政策にそれは影響を与えた。そしてこの両者の因果系列は、部分的には重複しているとはいえ、すべての場合にそうであるわけではなく、まずは明確に区別しておかなければならない」RS I, S. 41, Fn.（大塚訳、六二頁）参照。当初の計画では、プロテスタンティズム研究の続編でさらにこの連関が取り扱われる予定だった。Ebd., S. 205（同訳書、三六八頁）参照。

(271) Werner Sombart, *Die Juden und das Wirtschaftsleben*, München-Leipzig 1911, S. 293（『ユダヤ人と経済生活』、三八三頁）を参照。「再考」と述べたのは、一九〇二年の『近代資本主義』初版がすでに、この点についての考察を含んでいるからである。最も重要な「中間的結論」は、『ユダヤ人と経済生活』と『ブルジョワ』に書き記されている。これらの著作は、ヴェーバーのプロテスタンティズム研究から特に刺激を受けたものである。

(272) Werner Sombart, *Der Bourgeois. Zur Geistesgeschichte des modernen Wirtschaftsmenschen*, München-Leipzig 1913, S. 136ff., S. 153ff. および die Kapitel 17 bis 22（『ブルジョワ』、一四六頁以下、一六二頁以下、第一七—二二章）参照。カトリックの倫理の論述にあたってゾンバルトは、トレルチのほかに、とりわけ次の小著（博士論文）に依拠している。Franz Keller, *Unternehmung und Mehrwert. Eine sozial-ethische Studie zur Geschäftsmoral*, Paderborn 1912. これはカトリックの観点からの弁明の書で、ヴェーバーによって酷評されている。RS I, S. 27, Fn. 2（大塚訳、三四—五頁）および ebd., S. 57, Fn.（同訳書、八五頁以下）を参照。

(273) 徳についての規準は *Bourgeois*, S. 154f.（『ブルジョワ』、一六四—五頁）に見られる。以下の徳が含まれている。中庸、沈黙、秩序、強固な意志、寡欲、勤勉、誠実、正義、節制、清廉、冷静、純潔、謙譲である。

(274) Ebd., S. 338（『ブルジョワ』、三四九頁）参照。「ピューリタニズムと同様に、ユダヤ教はわれわれにとって本質的な点において何かトマス主義と異なる教えを説いたわけではない」。

(275) Ebd. S. 333（同訳書、三四四頁）.

(276) このことはもちろん、ヴェーバーがゾンバルトの著作に大きな共感を抱くことなく相対していたことを意味するのではない。エルンスト・トレルチと同様、彼は数多くの実質的相違点にもかかわらず、ヴェルナー・ゾンバルトをも自分の課題における共闘者だと見なしていた。『近代資本主義』における資本主義的精神の起源論を自己修正しはじめたゾンバルトの論文、「資本主義的企業家」（»Der kapitalistische Unternehmer«, in: *Archiv für Sozialwissenschaft und Sozialpolitik*, 29 (1909), S. 689ff. 特に S. 752 を参照）について、ヴェーバーはたとえば、［それが自分の議論と］「あらゆる本質的な点において顕著な一致、すなわち方法上の一致」を示しており、［そのおかげで］「詳論する義務が免除された」と語っている。PE II, S. 170（住谷・山田訳、一〇〇頁）参照。プロテスタンティズム研究の第二版では彼は、ゾンバルトに対するブレンターノの批判を確かに実質的にはかなりもっともであるが、それを除けばきわめて不当と考え、ゾンバルトを擁護しようとした。RS I, S. 18 Fn.（大塚訳、一二頁）参照。ブレンターノのゾンバルトに対する評価は全否定的なものだった。「一九一一年のこのゾンバルトの書物は、ドイツの学問分野における最も嘆かわしい現象の一つである。前節でマックス・ヴェーバーの学説と対決したが、それは最大限の決意を要することだった。それというのも、彼のことを私は非凡な頭脳、例をみない学殖、そして厳しい学問的誠実の持ち主として尊敬するからだ。だが、私は彼の資本主義の『精神』についての学説を誤りと考え、その誤りがそれに続く学問的誤謬の起点だと判断したので、個人的な尊敬の念を度外視して彼の学説と戦うべきだと考えたのである。ゾンバルトについてはそうではない。第一節で示したように、一九〇二年の彼の著作ですでに、資料の語るところが、自分の学説と整合するように一再ならずきわめて恣意的に取り扱われている。一九一一年の彼の書物では、その程度がさらにはなはだしくなっている。……この本は自分自身を超人と思っている高慢な男の軽薄さに満ち満ちている。それは、思いつきのシャボン玉を、才気煥発な振る舞いにあきれ返った読者の顔に尊大な侮蔑の念で吹きつけ、その思いつきを『反論不能なほど正しい』学問的命題と見なすように要求する男の軽薄さである」。Brentano, *Die Anfänge des modernen Kapitalismus*, S. 159f.

（『近世資本主義の起源』、二三〇―一）参照。

(277) RS I. S. 5 Fn.（大塚・生松訳、一三頁）.

(278) Ebd., S. 42f.（大塚訳、五四頁）.

(279) Werner Sombart, *Der Bourgeois*, S. 355（『ブルジョワ』、三六七―八頁）参照。ゾンバルトが主張するところでは、ユダヤ人はよそ者の扱い方ゆえにはじめて人倫上の制約を打破し、高度資本主義に特徴的な仮借ない営利に道を開いた。Ebd., S. 340ff.（同訳書、三五一頁以下）参照。彼は初期資本主義と高度資本主義の企業家類型、すなわち旧型と新型のブルジョワを区別している。グットマンは、ゾンバルトがユダヤの異人法を正しく解釈していないという。対内的な関係では実質的な法である経済的連帯が妥当する一方で、対外的な関係で前面に出てくるのは形式的な法、すなわち形式的合法性であって、仮借ない営利ではないという。Julius Guttmann, »Die Juden und das Wirtschaftsleben«, S. 197を参照。ユダヤ人の対内道徳と対外道徳というヴェーバーの区別は、ゾンバルトの解釈よりもむしろグットマンの解釈に符合している。加えて、彼にとって「二重の経済道徳」とはユダヤ教に限定されるものではなく、あらゆる伝統的経済生活の構成要素である。

(280) たとえば、個々の著作の普及を指摘することを通じて。

(281) たとえばヴェーバーは、禁欲的プロテスタンティズムの倫理の研究のなかで、バクスターの『キリスト教指針』がイギリス・ピューリタニズムに対して、シュペーナーの『神学的考察』がドイツの敬虔主義に対して、バークレイの『弁証』がクエーカー派に対してそれぞれ有する卓越した地位を理由づけている。そこで問題となっているのは、司牧の実際の経験を反映している著述、すなわち信者の宗教上の生活問題に神学的な解答を与える著述である。これによって私が、これ以外の選択はありようがないとか、ヴェーバーがそれらに分析を限定したとか主張しているわけではもちろんない。実際の司牧活動から情報を与えられた著述の研究の前提には、「原初的」カルヴィニズムの教義的基礎の研究がある。また、それはさらに、はるかに包括的な「二次」文献、たとえば『ピューリタン聖職者著作集』（*Works of the Puritan Divines*）に関する該博な知識に立脚している。

ヴェーバー以降のシンボル理論の発展は特に、文化的発展とりわけ宗教的発展の精神的側面の理解にとっての象徴的表象の分析へとさらに研究の注意を向けていったのだが、この点をヴェーバーはいずれにせよ第一には考えていなかった。この点についてはたとえば Jean-Claude Schmitt, »Vom Nutzen Max Webers für den Historiker und die Bilderfrage«, in: Wolfgang Schluchter (Hg.), *Max Webers Sicht des okzidentalen Christentums. Interpretation und Kritik*, Frankfurt 1988 を参照。「食事の問題」については、たとえば Caroline Walker Bynum, *Holy Feast and Holy Fast. The Religious Significance of Food to Medieval Women*, Berkeley: University of California Press 1987 を参照。

(282) この点について詳細には *Religion und Lebensführung*, Kap. 3, 3a（『信念倫理と責任倫理』、第二章一）を参照。

(283) RS I, S. 39, Fn.（大塚訳、五八頁）.

(284) Ebd., S. 40, Fn.（大塚訳、六〇—一頁）.

(285) この点についてより詳細には、*Religion und Lebensführung*, Kap. 6A, 2（本訳書、第二章A二）.

(286) このヴェーバーのテーゼが処世訓にしか妥当しないのか、それとも非宗教的な倫理にも妥当するのかというのは、興味深い問題である。彼の見るところ非宗教的な倫理のもつ心理的槓杆は、宗教的な倫理のそれよりも実効性の乏しいものであることは疑いがない。救済の要求と救済の約束がそこではいわば認知主義的に弱められているからである。この点については *Religion und Lebensführung*, Kap. 3, 3c（『信念倫理と責任倫理』、第二章三）を参照。

(287) クリフォード・ギアーツによる宗教の定義と彼によるその構成要素の説明の仕方は、このような宗教的実践の概念と比較的近似している。「(1) シンボルの体系であり、(2) 人間のなかに強力で浸透力のある永続的なムードと動機づけを成立せしめるもので、そのために (3) 存在の一般的秩序についての概念を定式化したり、(4) これらの概念に事実性《ファクチュアリティ》の雰囲気をまとわせることで、(5) 上のようなムードや動機づけに独特の現実性があるかのように見せかけたりするもの」。Clifford Geertz, *The Interpretation of Cultures. Selected Essays*, New

York: Basic Books 1973, S. 90（吉田禎吾他訳『文化の解釈学』I、岩波書店、一九八七年、一五〇—一頁）を参照。特に第四点は、内的状況と外的状況の連関をも同時に指し示している。
(288) RS I, S. 57, Fn.（大塚訳、八七頁）.
(289) WuG, S. 369（武藤・薗田訳、三〇九頁）.
(290) RS I, S. 181（大塚訳、三二〇頁）.
(291) RS III, S. 6（内田訳、上、二一頁）.
(292) RS I, S. 202（大塚訳、三六一頁）.
(293) この点についてはWirtschaftsgeschichte, S. 303ff.（黒正・青山訳、下、二三九頁以下）参照。この観点においても、このテクストは同書の他の箇所で見られることの繰り返しにすぎない。
(294) WuG, S. 369（武藤・薗田訳、三〇八頁）. ヴェーバーは中近世のユダヤ教の特殊な経済的業績として以下のものを挙げている。「質屋から諸大国の資金融資にまでおよぶ金銭貸付、雑貨商や行商および特殊農村的な『現地直売商』の出現をきわめて盛んにした特定種類の商品取引、相当部分の卸売業と、なかんずく有価証券の売買、特にこのいずれをも仲買所取引の形で行なうこと、貨幣交換と通常これに関連する金銭振替業務、さまざまな国家事業の受託、戦時資金融資、ならびに植民地設立のために行なわれるきわめて大規模な資金融資、租税の賃貸借契約（もちろん、ローマ人に対するそれのような、厳禁された租税の賃貸借は行なわないが）、またあらゆる種類の信託ならびに銀行業務、および公債発行による資金調達」。Ebd., S. 368（武藤・薗田訳、三〇六頁）.
(295) WuG, S. 369（武藤・薗田訳、三〇八頁）.
(296) Julius Guttmann, »Die Juden und das Wirtschaftsleben«, S. 197.
(297) WuG, S. 370（武藤・薗田訳、三一一頁）参照。
(298) Guttmann, »Die Juden und das Wirtschaftsleben«, S. 189f. 参照。
(299) RS I, S. 116ff.（大塚訳、二〇〇頁以下）、またブレンターノに対する反批判、ebd., S. 117, Fn. 2（大塚訳、二〇三頁注(三)を参照。

(300) Ebd., S. 58, Fn.（大塚訳、八九頁）.

(301) Ebd., S. 113f.（大塚訳、一九一頁以下）.

(302) Ernst Troeltsch, *Die Soziallehren der christlichen Kirchen und Gruppen*, S. 615による。ヴェーバーも実質的に同じように述べている。この点について *Religion und Lebensführung*, Kap. 9, 2b（本訳書、第五章二b）を参照。そこでは、イスラムの予定説とカルヴィニズムの予定説も比較されている。確証思想のほうが予定説よりも重要であり、それどころか後者は蔑ろにされうること、しかしだからといって急進化が大きく弱められるとは限らないことをヴェーバーはプロテスタンティズム研究の第一版ですでに強調している。

(303) 延々と続く再構成の試みのなかから、最近のものとして次の二点を挙げておこう。Gianfranco Poggi, *Calvinism and the Capitalist Spirit. Max Weber's Protestant Ethic*, London: MacMillan 1983 および Gordon Marshall, *In Search of the Spirit of Capitalism. An Essay on Max Weber's Protestant Ethic Thesis*, New York: Columbia University Press 1982.「建設的 - 批判的」性格ゆえにさらに膨大になっている一連の歴史的検証のなかでは、Gordon Marshall, *Presbyteries and Profits. Calvinism and the Development of Capitalism in Scotland, 1560-1707*, Oxford: Clarendon Press 1980（大西晴樹訳『プロテスタンティズムの倫理と資本主義の精神——スコットランドにおけるウェーバー・テーゼの検証』すぐ書房、一九九六年）、そしてとりわけ、Hisao Otsuka, *The Spirit of Capitalism. The Max Weber Thesis in an Economic Historical Perspective*, Tokyo: Iwanami Shoten 1982. Hartmut Lehmann, »Asketischer Protestantismus und ökonomischer Rationalismus: Die Weber-These nach zwei Generationen«, in: Wolfgang Schluchter (Hg.), *Max Webers Sicht des okzidentalen Christentums. Interpretation und Kritik*, Frankfurt 1988 も参照。移行期の社会構成体としてのマニュファクチュアに関するマルクスから影響を受けた理論とヴェーバーの家産制の理論を結合して、イギリス革命を説明しようという興味深い試みは、Mark Gould, *Revolution in the Development of Capitalism. The Coming of the English Revolution*,

Berkeley: University of California Press 1987 に見られる。

(304) この点についてはRS I, S. 93（大塚訳、一五三頁以下）参照。

(305) Ebd., S. 97（第二版での加筆部分）（大塚訳、一五九頁）.

(306) Ebd., S. 234（中村訳、一一二頁）.

(307) Ebd., S. 158（第二版での加筆部分）（大塚訳、二七九頁）.

(308) Ebd., S. 93（大塚訳、一五六頁）.

(309) Ebd., S. 95（大塚訳、一五八頁）. この関連で一義的に明らかなのは、ヴェーバーがこの概念に懐疑の念をもっているにもかかわらず、個人主義の新たな歴史的形態を視野に入れていることである。この点について、トレルチに大いに依拠した次の興味深い分析を参照。Louis Dumont, »A modified view of our origins: the Christian beginnings of modern individualism«, in: Michael Carrithers et al. (eds.), *The Category of the Person. Anthropology, Philosophy, History*, Cambridge: Cambridge University Press 1985, S. 93ff.（厚東洋輔訳「現代人の起源・再考」厚東他訳『人というカテゴリー』紀伊國屋書店、一九九五年、一七七頁以下）. ヴェーバーの議論においては、文化人の歴史的解釈としての個人主義と自律ないし人格とを区別しなければならない。後二者の概念は、文化科学の超越論的前提に属するものでもある。

(310) このような職業概念は、「職業としての学問」と「職業としての政治」の二講演でも前提とされている。

(311) RS I, S. 203（大塚訳、三六四頁）参照。

(312) PE II, S. 171（住谷・山田訳、一〇一頁）.

(313) 私は選択的親和性の定理をこのような意味に解釈する。

(314) RS I, S. 183（大塚訳、三二四頁）.

(315) *Wirtschaftsgeschichte*, S. 315（黒正・青山訳、下、二五八頁）参照。

(316) Werner Sombart, *Der Bourgeois*, S. 236（『ブルジョワ』、二四五頁）.

(317) Ebd., S. 250（同訳書、二五七頁）.
(318) RS I, S. 203（大塚訳、二六四頁）.
(319) この点について詳細にはWolfgang Schluchter, *Aspekte bürokratischer Herrschaft. Studien zur Interpretation der fortschreitenden Industriegesellschaft*, Frankfurt 1985, Einleitungを参照。
(320) PS, S. 534（中村・山田他訳、2、五九七頁）.
(321) RS I, S. 195f.（大塚訳、二五一頁以下）参照。前者における「貴族化」と後者における「金利生活者化」が所有の典型的な「世俗化」作用である。前者における修道院改革と後者における「原理主義」が典型的な反動である。
(322) RS I, S. 189（大塚訳、二三九頁以下）.
(323) PS, S. 536（中村・山田他訳、2、五九九頁）. ヴェーバーはこのことを、自分の信ずる課題に仕えない政治家について述べている。
(324) ヴェーバーの現状診断は当然ながらもっと複雑なもので、精神的側面とならんで制度的側面をも含んでいる。機械化した化石化の分析の鍵となるのが官僚制化で、それは高度資本主義の時代の秩序配置上の部分秩序すべてに波及するものである。この点について詳しくは、Wolfgang Schluchter, *Aspekte bürokratischer Herrschaft* 特にEinleitung, Kap. 3 および Schlußbemerkung、さらに、ders., *Rationalismus der Weltbeherrschung*, Kap. 3 および 4（『現世支配の合理主義』、第三・四章）を参照。高度資本主義の条件下での意味と自由の喪失の危険に対するヴェーバーの反応を規範的に基礎づけているものについて、*Religion und Lebensführung*, Kap. 3, 4 und 4（『信念倫理と責任倫理』、第三章、『ヴェーバーの再検討』、第Ⅲ章）. »Max Weber und das Projekt der Moderne. Eine Diskussion mit Dieter Henrich, Claus Offe und Wolfgang Schluchter«, in: *Max Weber. Ein Symposion*, hg. von Christian Gneuss und Jürgen Kocka, München 1988, S. 155ff.（「マックス・ウェーバーと近代のプロジェクト」）も見よ。
(325) Randall Collins, *Weberian Sociological Theory*, S. 28を参照。［コリンズの主張とは異なって］『経済史』は資本

主義に関するヴェーバーの最後の言葉ではなかったし、彼は後期の著作でいわゆる理念的諸要因の制度的諸要因に対する重要性を低下させもしなかった。さらに彼は近代資本主義の成立にとっての盛期中世の意義を看過しているわけでもない。

(326) Ebd., S. 21.

訳者あとがき

本書はヴォルフガング・シュルフター著『宗教と生活態度』第二巻『マックス・ヴェーバーの宗教社会学および支配の社会学の研究』（Wolfgang Schluchter, *Religion und Lebensführung, Band 2: Studien zu Max Webers Religions- und Herrschaftssoziologie*, Frankfurt a. M.: Suhrkamp Verlag, 1988）のうち、分量で八割弱に相当する第五章から第一〇章までの翻訳である。これら六編は同書の第Ⅲ部「合理主義の諸類型と発展史に関する論考」（Beiträge zu den Typen und Entwicklungsgeschichten des Rationalismus）に含まれている。第Ⅲ部にはこのほかに第一一章「宗教の未来」と第一二章「カリスマの変形」が収録されているが、これらの日本語訳は『W・シュルフター著作集』第六巻『ヴェーバーの再検討』（河上倫逸編、風行社、一九九〇年）にすでに収録されている（ただし第一二章については注が訳出されておらず、テクストに若干の異同が見られる）。なお、第Ⅲ部に続く「付録」の第Ⅳ部「作品史の研究」（Studien zur Werkgeschichte）は第一三章「宗教社会学」と第一四章「『経済と社会』」から成るのだが、これら二編の日本語訳も前掲『ヴェーバーの再検討』で読むことができる。『宗教と生活態度』第一巻の日本語訳として『W・シュルフター著作集』第三巻『マックス・ヴェーバーの研究戦略』（佐野誠・林隆也訳、風行社、二〇〇九年）、第四巻『信念倫理と責任倫理』（嘉目克彦訳、風行社、一九九六年）および「『神々の闘争』」（『ヴェーバーの再検討』所収）がすでに刊行されているので、本書の刊行をもって『宗教と生活態度』の日本語訳がようやく完成したことになる（『宗教と生活態度』全体の構成については『マックス・ヴェーバーの研究戦略』二〇三―四頁を参照されたい）。

本書所収の六編の論文は、『世界宗教の経済倫理』を中心としたヴェーバーの比較宗教社会学的研究に対して、その後関連する諸分野で一九八〇年代までに進展した研究の成果を踏まえて総合的に解釈と批判を加えたものである。『世界宗教の経済倫理』を構成する三部作「儒教と道教」、「ヒンドゥー教と仏教」、「古代ユダヤ教」のみならず、これらに続くモノグラフとして構想されたものの実際には書かれることなく終わった古代キリスト教、イスラムおよび西方キリスト教の研究についても、その社会学的特徴や歴史的意義についてのヴェーバーの見解が、『経済と社会』や「古代農業事情」をはじめとする他の著作に基づいて再構成されている。シュルフターは『西洋合理主義の発展』（嘉目克彦訳『近代合理主義の成立』未來社、一九八七年）を刊行した直後の一九七九年から八六年にかけて、ヴェーバーの比較宗教社会学を歴史学・宗教学・社会学など各分野の専門家を交えて批判的に検討するための学際的なシンポジウムを六回にわたって主宰し、その成果を六冊の編著として刊行する[1]にあたって各巻の冒頭に総論を執筆したのだが、それを再録したのが本書の各章である[2]。

＊

本書の各章において、シュルフターはヴェーバーの宗教社会学的研究の解釈と批判を、他の研究者の見解を逐一検討しながら進めているのだが、この作業を通じて、ヴェーバーの業績の中で何がその後の研究によって否定され、何が批判に耐えてなお意義を失っていないのかを慎重に見極めようとしている。これが本書において著者が取り組んだ第一の課題である。しかし、ヴェーバーの遺した三つのモノグラフを論じた前半の三章よりも、実現しなかった三つの研究を論じた後半三章に多くのページが割かれていることからもわかるように、本書の特徴は、ヴェーバーの比較宗教社会学を単に今日の研究水準に照らして評価／批判するだけでなく、実現しなかった部分まで含めて再構成することに相当な重点を置いている点にある。未刊の部分も含めた『世界宗教の経済倫理』の再構成としては類書がないのではないかと思う。ヴェーバーの読者には言うまでもないことだが、『世界宗教の経済倫理』には『経済と社会』において展開された宗教社会学・支配の社会学・都市社会学・法社会学・経済社会学の理論的研究の成果が反映されており、シュルフターはこの再構成にあたってこれらの分野（特に支配の社会学）に関するヴェーバーの概念装置を、彼が独自に考案した概念によって補完しつつ、縦横に駆使している。その意味では、本書において再構成されているのは宗教社会学にとどまらないヴェーバーの比較歴史社会学（著者自身はこの用語を用いていないが）の全体像であるといえよう。こうした本書の特徴が最もよく表れているのは最後の第六章であり、この章では中世・近世ヨーロッパにおける宗教・政治・経済とそれらに規定された人間の生活態度がヴェーバー的パースペクティヴから総合的に分析されている。

シュルフターによって再構成されたヴェーバーの比較宗教社会学のプロジェクトは、「西洋の特殊な発展《ゾンダーエントヴィックルング》」とはいかなる特徴をもつものか、そしてそれはどのように因果的に説明できるのかという二つの問いに答えることを課題としていた。第一の問いへの解答は周知のように合理性・合理主義の概念を軸として探求されたもので、西洋近代に固有の合理的文化や制度、とりわけ合理的資本主義と合理的官僚制の成立が焦点となる。中国とインドの事例は、これらの合理的制度の成立にとって客観的に有利な条件が多々あったにもかかわらず、なぜそれらが成立しえなかったのかを説明するために、西洋との比較対象として取り上げられる。古代ユダヤ教の研究では、古代イスラエルの宗教倫理が西洋の文化発展にとって有する本質的意義とその限界が論じられる。しかしヴェーバー自身が生前に書き残したのはここまでであって、古代ユダヤ教から禁欲的プロテスタンティズムに至る発展を彼がどのように描き出そうとしていたのかは空白のまま遺されたのである。

本書全体を通じてシュルフターが試みたのは、ヴェーバーの著作全体の読解にもとづく推論を通してこの空隙を埋めることによって、彼のプロテスタンティズム研究を孤立から抜け出させ、後期ヴェーバーの「より広い比較のパースペクティヴ」の中に位置づけなおし、禁欲的プロテスタンティズムを西洋の文化発展の総体の中に位置づけることであった。「プロテスタンティズムの倫理」論文第一版と『世界宗教の経済倫理』との間には、近代資本主義から近代合理主義への中心テーマの一般化、キリスト教圏内の比較から普遍史的比較への視野の拡大、「精神」から「制度」への一方的因果分析から双方向の因果分析への移行といった変化があり、後期ヴェーバーにおいては禁欲的プロテスタンティズムと比較される対象が時間的にも空間的にも拡大されたのみならず、客観的諸条件が宗教倫理のあり方を規定する因果連関が分析対象に加えられている。『世界宗教の経済倫理』が完成していれば、禁欲的プロテスタンティズムに対しても儒教やヒンドゥー教の分析と同じ枠組による分析が加えられていたはずなのである。シュルフターはすでに前著『西洋合理主義の発展』第六章において、禁欲的プロテスタンティズムの文化意義に関するヴェーバーの歴史社会学的分析を、社会倫理・法・支配・宗教の類型論を踏まえて再構成することを試みていたが、本書ではヴェーバーの比較宗教社会学的モノグラフに関するより詳細な検討に立脚しつつ、理論的体系化よりも類型論的比較と歴史的因果帰属の方に相対的にウェイトのかかった再構成が試みられている。そのための準拠枠として、諸宗教の構成要素（現世関係、神観念、宗教組織、宗教的達人、宗教の担い手階層等）に関する詳細な類型論が整備されているのだが、ヴェーバーの社会学的分析をこうした類型論的整理を通して再構成する手法はシュルフターの初期の研究から一貫しており、彼の最も得意とするところである。

ヴェーバーが比較宗教社会学において採用したアプローチは、シュルフターによれば、比較論的パースペクティヴと発展史的パースペクティヴを使い分けること、「精神」と「形態」（あるいは「システム」、制度）とを相互に独立したものとして扱うこと、（経済的・政治的・宗教的等の）諸要因間の一方向の因果連関だけに優先権を与えるのではなく逆の因果連関も考慮に入れること（あらゆる還元主義の拒否）、といった基本的特徴をもつものであった。諸事例の比較に際して対象となる要因の選択はヴェーバーの主観的な価値観点に規定される（「索出的ヨーロッパ中心主義」）。アジア諸社会との比較を通してヴェーバーが解明した近代西洋的な合理化の諸要因の中でも、シュルフターが特に強調するのは「市民的生活態度」である。本訳書を含む全二巻の論文集が『宗教と生活態度』と題されていることからも、シュルフターのヴェーバー解釈にとっての「生活態度」概念の中心的意義は明らかであろう（なお、本訳書の副題に原書全体のタイトルを充てたのは、本著作集の他の巻にこれが使われていなかったこともあるが、四巻中でこのタイトルに最もふさわしいのが本訳書だという私の判断による）。「西洋の特殊な発展」およびそれ以外の地域における発展史のヴェーバーによる因果的説明は、もとより単一要因への単純な還元を斥けた非常に複雑なものであるが、シュルフターはその複雑さを維持しつつ社会学的図式化によってその全体像を可能な限り明確に描き出そうとしている。一方におけるヴェーバーのテクストの緻密な読解と文献学的・作品史的検討、ヴェーバーが論じた歴史的事例への詳細な目配りと、他方における現代社会学理論の成果を取り入れた概念化とその適用を、これほどまでに高いレヴェルで両立させ総合しえた研究は、他に類例を見ないものである。

　本訳書はシュルフターの半世紀近くに及ぶヴェーバー研究全体の中でも、特にヴェーバーの歴史社会学的業績を最も詳細に検討した著作であり、この分野における彼のヴェーバー研究を代表するものである。昨年行われたインタビューの中で、彼は自分の最も重要な著作は何かと訊かれて、『西洋合理主義の発展』（一九七九年、改訂版は『近代合理主義の成立』[3]［一九九八年］）、『宗教と生活態度』（一九八八年）、『社会学の基礎』[4]（二〇〇六／〇七年、第二版二〇一五年）の三編を迷わず挙げている[5]。また、私が本書に関する彼の自己評価について先日質問した際も、本書は自分の「第一期の主著」であって、ヴェーバーに関する理論的研究はその後も進展したのに対して、ヴェーバーの経験的《ザッハリッヒ》研究についてここで書いた内容については現在でもあまり修正の必要を感じていないと語っていた。実際、シュルフターの最新著『文脈の中の行為』に収録されている概説的論文「マックス・ヴェーバーの宗教社会学――比較と発展史」[6]では、ヴェーバーの宗教社会学を解説するにあたって、合理的選択理論から借用されたマクロ－ミクロ－マクロ・モデルや行為指向／行為調整／文化（超個人的意味連関）をキー概念とするヴェーバー社会学の再構成といった新たな要素が理論面では見られるものの、西洋近代固有の合理主義の成立に関する歴史的説明に関しては、本訳書のテーゼが繰り返されている。「ヴェーバーの時代に確実な知識と思われていた多くのことが今日では時代遅れになっている。だからヴェーバーの宗教社会学の時代遅れの、それどころか誤ってさえいる結論に注目するよりは、むしろ彼のアプローチ、つまり関係論的社会学（relationale Soziologie）のアプローチに目を向けたほうがよい」[7]とこの論文の最後に述べられているが、これはシュルフターのヴェーバー宗教社会学に対する評価の変化というよりは、『宗教と生活態度』以降の彼の関心がヴェーバー社会学の最も基礎的な部分（研究プログラム）に傾斜していったことを反映したものではないかと思われる。

実際、一九九〇年代以降もきわめて精力的に展開されているシュルフターの研究は、『マックス・ヴェーバー全集』の編纂とも関連する文献学的研究と並んで――残念ながら日本ではあまり関心を呼んでいないように見受けられるが――ヴェーバー的な「研究プログラム」（いわゆる「ヴェーバー・パラダイム」）の探求を中心とする理論研究を主軸とするものになってきており、その集大成が前述の『社会学の基礎』である。これは著者自身の言によれば、パーソンズの『社会的行為の構造』およびハーバーマスの『コミュニケーション的行為の理論』に比肩しうる、理論構築を目指した社会学史（「体系的意図にもとづく理論史」）である。パーソンズやハーバーマスが異質な社会学理論の総合ないし「収斂」を主張したのに対し、シュルフターの立場はあくまで「収斂」ではなく「分岐」であって、ヴェーバー的研究プログラムの他の研究プログラムとの差異を強調するとともに、ヴェーバー的アプローチへの明確なコミットメントを表明するものである。ただし、シュルフターの第三の主著ともいうべきこの本では、ヴェーバー以外の社会学者（マルクス、デュルケーム、パーソンズ、ミード、ハーバーマス、ルーマンら）をもヴェーバーと同等に論じているため、ヴェーバー論はおおむね概説的なものとなっており、ヴェーバーに関する彼のより詳細な研究成果はこれ以外の論文集[8]において知ることができる。なお、『宗教と生活態度』および『社会学の基礎』に関しては、それぞれについて主としてドイツの社会学者が論じた論文集が刊行されていることも付け加えておきたい[9]。

＊

本書の翻訳を我々のグループがお引き受けしたのは、今から四半世紀以上も前のことで、途中で訳者の部分的な交代があったものの、章ごとに分担された最初の下訳はかなり早い時期に出来上がっていた。原稿全体に目を通して訳文をチェックするとともに訳語や書式を統一する作業を田中が引き受けることになったのだが、これがやりはじめてみると当初の予想をはるかに超える難題であることがわかり、そのほかにも諸般の事情が加わって結局ここまで遅延してしまった。ハーバーマス、ルーマンなど社会学系のドイツ語文献の日本語訳に誤訳が目につくのを日頃から残念に思っていたので、自分の翻訳には速さより正確さを優先させたいと考えて慎重に仕事を進めた結果でもある。ヴェーバーの業績全体の中でも、特に本書が論じている歴史社会学的研究は、本著作集の他の巻と比べてカバーする地域・時代・領域がきわめて広いため、特殊な用語の訳語を調査して確定するのに手間取った上に、各章の訳文を逐一原文と照合して無数の誤訳や誤記を訂正し、全体を形式的に統一するのに膨大な時間を費やすことになった（章によってはほとんど全面的に訳し直したものもある）。ただ、翻訳が長期化したためにヴェーバーの著作の日本語訳の改訳・改版が出版されるたびに該当する引用ページを調べ直すといった余分な作業が加わったものの、インターネットの発達による文献調査の進展によって解決した問題も多く、時間をかけたおかげで誤訳をかなり減らすことはできたように思う。とはいえ、常軌を逸した長期間の遅延によってご迷惑をおかけした風行社の犬塚満社長、原著者のシュルフター教授、ならびに共訳者の各氏にはまことに申し訳なく、まったくお詫びの申し上げようもない。

特にシュルフター教授には、一九九三年から九五年にかけてのハイデルベルク大学留学（前半の一年間は共訳者の沼尻正之氏も彼の演習で同席した）に際して指導教官としてお世話になって以来、折に触れて進捗状況を尋ねられていたのだが、そのたびに翻訳の遅延を報告せねばならず、大変心苦しく思っていた。その後も断続的に少しずつ仕事を進めていたところ、今年四月から一年間研究休暇をとってハイデルベルクを再訪することが昨年夏に決まり、それと前後して残っていた作業に集中的に取り組んだ結果、どうにか渡独前に脱稿にこぎつけた。最後まで残っていた疑問点に関してはシュルフター教授から直接お答えいただき、また原文の誤植についても確認して訳文を訂正することができた。

なお、本訳書に収録した論文の英訳として、Wolfgang Schluchter (trans. Neil Solomon), *Rationalism, Religion, and Domination : A Weberian Perspective* (University of California Press, 1989)（本訳書第一章〜第四章の英訳を収録）および Wolfgang Schluchter (trans. Neil Solomon), *Paradoxes of Modernity : Culture and Conduct in the Theory of Max Weber* (Stanford University Press, 1996)（本訳書第五章・第六章の英訳を収録）があり、適宜参照した。これらは原文の解釈に際して大いに役立ったものの、最も翻訳の難しい箇所などでは節や文、段落が（時には数ページにわたって）省略されていることがしばしばあり、肝心のところでは必ずしも参考にならなかった。また、お名前を挙げることは控えさせていただくが、本書の翻訳にあたってさまざまな分野の研究者から専門知識を提供していただいた。厚くお礼を申し上げたい。

翻訳の分担は左記の通りである。

田中紀行　第一章、第五章、第六章（三）
永谷健　第二章
水垣源太郎　第三章、第四章

沼尻正之　　第六章（冒頭から二bまで）
瀧井一博　　第六章（二cから二eまで）

前述のとおり、共訳者が作成した各章の原稿を田中が逐一原文と照合し、推敲と全体の統一を単独で行なった。基本概念や人名表記、注の中での文献の記載方法などは極力統一したが、文体までは統一しきれていない。いずれにせよ翻訳に関する最終的な責任は田中にある。

ともかく原書が出版されてからちょうど三〇年という年に、しかも二度目のハイデルベルク滞在中にようやく本訳書の刊行にこぎつけることができ、感慨もひとしおである。ヴェーバーも没後一〇〇年が近づき、かつてのように多くの読者から熱心に読まれることはなくなってきたようだが、本書が宗教社会学や歴史社会学に関心のある読者にもヴェーバーの（特に後期の）著作に親しむきっかけとなってくれればありがたいと思う。

訳者を代表して　田中紀行

［注］

（1）これらの編著は下記の通りである（刊行年順）。
Wolfgang Schluchter（Hg.）, *Max Webers Studie über das antike Judentum. Interpretation und Kritik*, Suhrkamp Verlag, 1981.
Wolfgang Schluchter（Hg.）, *Max Webers Studie über Konfuzianismus und Taoismus. Interpretation und Kritik*, Suhrkamp Verlag, 1983.
Wolfgang Schluchter（Hg.）, *Max Webers Studie über Hinduismus und Buddhismus. Interpretation und Kritik*, Suhrkamp Verlag, 1984.
Wolfgang Schluchter（Hg.）, *Max Webers Sicht des antiken Christentums. Interpretation und Kritik*, Suhrkamp Verlag, 1985.
Wolfgang Schluchter（Hg.）, *Max Webers Sicht des Islams. Interpretation und Kritik*, Suhrkamp Verlag, 1987.
Wolfgang Schluchter（Hg.）, *Max Webers Sicht des okzidentalen Christentums. Interpretation und Kritik*, Suhrkamp Verlag, 1988.

（2）ただし第六章の論文を掲載した編著*Max Webers Sicht des okzidentalen Christentums*だけは『宗教と生活態度』より後に刊行されている。

（3）Wolfgang Schluchter, *Entstehung des modernen Rationalismus. Eine Analyse von Max Webers Entwicklungsgeschichte des Okzidents*, Suhrkamp Verlag, 1998.

（4）Wolfgang Schluchter, *Grundlegungen der Soziologie. Eine Theoriegeschichte in systematischer Absicht*, 2 Bde., Mohr Siebeck, 2006/2007（2. Aufl., 2015）.

（5）Interview für die Zeitschrift: Revista en Tese, UFSC, Prof. Dr. Wolfgang Schluchter（Interviewer: Elizangela Valarini, Datum: 26.07.2017）.（原著者から監訳者に提供された原稿）

（6）Wolfgang Schluchter, "Max Webers Religionssoziologie – Vergleich und Entwicklungsgeschichte", in: *Handeln im Kontext. Neue Studien zu einem Forschungsprogramm im Anschluss an Max Weber*, Mohr Siebeck, 2018.

（7）Ebd., S. 99. なお、「関係論的社会学」とは方法論的ホーリズムとラディカルな方法論的個人主義の中間に位置するヴェーバー社会学の立場をさす。

（8）これまでに挙げたもの以外に左記の著作がある。

Wolfgang Schluchter, *Unversöhnte Moderne*, Suhrkamp Verlag, 1996.

Wolfgang Schluchter, *Individualismus, Verantwortungsethik und Vielfalt*, Velbrück Wissenschaft, 2000.

Wolfgang Schluchter, *Handlung, Ordnung und Kultur. Studien zu einem Forschungsprogramm im Anschluss an Max Weber*, Mohr Siebeck, 2005.

Wolfgang Schluchter, *Die Entzauberung der Welt. Sechs Studien zu Max Weber*, Mohr Siebeck, 2009.

Wolfgang Schluchter, *Max Webers späte Soziologie*, Mohr Siebeck, 2016.

（9）Agathe Bienfait und Gerhard Wagner（Hg.）, *Verantwortliches Handeln in gesellschaftlichen Ordnungen. Beiträge zu Wolfgang Schluchters »Religion und Lebensführung«*, Suhrkamp Verlag, 1998; Hans-Peter Müller und Steffen Sigmund（Hg.）, *Theoriegeschichte in systematischer Absicht. Wolfgang Schluchters "Grundlegungen der Soziologie" in der Diskussion*, Mohr Siebeck, 2017.

人　名　索　引

（マックス・ヴェーバーを除く。nは当該人名が注の中にあることを示す）

ア　行

アイゼンシュタット、シュムエル・N（Eisenstadt, Shmuel N.）　42, 57n, 145n, 150n, 194, 234n, 238n, 323n, 441, 450n, 473n, 627n
アラーベック、クラウス（Allerbeck, Klaus）　53n
アルベルティ、レオン・バッティスタ（Alberti, Leon Battista）　571, 574, 575
アレグザンダー、ジェフリー（Alexander, Jeffrey）　453n
アンダーソン、ペリー（Anderson, Perry）　473n
イートン、リチャード・M（Eaton, Richard M.）　442, 443, 472n
ヴァーグナー、ゲアハルト（Wagner, Gerhard）　137n, 478n
ヴァッサーシュタイン、アブラハム（Wasserstein, Abraham）　323n
ヴィティッヒ、ヴェルナー（Wittich, Werner）　606n
ヴィンケルマン、ヨハネス（Winckelmann, Johannes）　49n, 141n, 219n, 241n, 458n, 459n, 590n, 595n, 607n
ヴィンデルバント、ヴィルヘルム（Windelband, Wilhelm）　312n, 455n
ウェズレー、ジョン（Wesley, John）　602n
ヴェーバー、アルフレート（Weber, Alfred）　158, 219n, 450n
ヴェーバー、マリアンネ（Weber, Marianne）　305, 332, 336, 339, 340, 429, 451n, 452n, 457n, 458n, 467n, 488, 591n, 597n
ヴェーバー＝シェーファー、ペーター（Weber-Schäfer, Peter）　46, 54n, 57n, 58n
ヴェーラー、ハンス＝ウルリヒ（Wehler, Hans-Ulrich）　616n
ヴェルハウゼン、ユリウス（Wellhausen, Julius）　160, 214n, 216n, 217n, 339, 382-384, 386, 388, 458n, 470n, 471n
ウルリヒ、F（Ulrich, F.）　365-368, 464n, 465n
エーバーハルト、ヴォルフラム（Eberhard, Wolfram）　41, 46, 57n, 59n
エメット、ドロシー（Emmet, Dorothy）　223n
エリアス、ノルベルト（Elias, Norbert）　632n, 633n
エルヴィン、マーク（Elvin, Mark）　46
エンゲルス、フリードリヒ（Engels, Friedrich）　438
大塚久雄（Otsuka, Hisao）　642n

オッフェ、クラウス（Offe, Claus） 611n, 644n
オフラハーティ、ウェンディ（O'Flaherty, Wendy） 123, 148n, 149n
オベーセーカラ、ガナナート（Obeyesekere, Gananath） 143n, 150n
オルデンベルク、ヘルマン（Oldenberg, Hermann） 121, 148n

カ 行

カウツキー、カール（Kautsky, Karl） 250, 310n
カント、イマヌエル（Kant, Immanuel） 461n, 467n, 468n
カーンマン、ヴェルナー・J（Cahnmann, Werner J.） 239n, 240n
ギアーツ、クリフォード（Geertz, Clifford） 640n
キッペンベルク、ハンス・G（Kippenberg, Hans G.） 238n, 326n, 327n
キュエンツレン、ゴットフリート（Küenzlen, Gottfried） 52n, 451n
キルヒハイマー、オットー（Kirchheimer, Otto） 191, 232n
キンブロー、S・T（Kimbrough, S. T.） 225n
クック、マイケル（Cook, Michael） 443, 445, 447
グットマン、ユリウス（Guttmann, Julius） 239n, 579, 636n, 639n, 641n
クラウス、ハンス＝ヨアヒム（Kraus, Hans-Joachim） 233n
クラーゲス、ルートヴィヒ（Klages, Ludwig） 140n
クルケ、ヘルマン（Kulke, Hermann） 147n, 149n
グールド、マーク（Gould, Mark） 642n
グルントマン、ヘルベルト（Grundmann, Herbert） 543, 620n, 622n
クレペリン、エルンスト（Kraepelin, Ernst） 633n
クローン、パトリシア（Crone, Patricia） 380, 383, 443, 447, 449, 469n, 470n, 472n, 477n
ゲージャー、ジョン・G（Gager, John G.） 311n, 322n, 323n
ゲーテ、ヨーハン・ヴォルフガング・フォン（Goethe, Johann Wolfgang von） 62, 132, 140n, 141n, 468n
ケラー、フランツ（Keller, Franz） 637n
ゲルナー、アーネスト（Gellner, Ernest） 441, 466n, 476n
コース、アントナン（Causse, Antonin） 172, 173, 225n, 228n
コッカ、ユルゲン（Kocka, Jürgen） 457n, 474n, 611n, 616n, 644n
コーラー、ヨーゼフ（Kohler, Joseph） 339, 458n
コリンズ、ランドル（Collins, Randall） 453n, 459n, 460n, 464n, 517, 519, 589, 590, [599-601] n, 610n, 644n

ゴルツィオ、カール＝ハインツ（Golzio, Karl-Heinz） 146n, 148n
ゴルトツィーハー、イグナーツ（Goldziher, Ignaz） 339, 382, 458n, 470n
コールバーグ、スティーヴン（Kalberg, Stephen） 55n, 481n

サ 行

シヴィン、ネイサン（Sivin, Nathan） 42, 44, 57n, 59n, 460
ジェイムズ、ウィリアム（James, William） 221n, 358
シェーファー、クリスタ（Schäfer, Christa） 213n, 225n
シェルクレ、カール・ヘルマン（Schelkle, Karl Hermann） [313=314] n, 314n, 319n, 326n
シェルゲン、グレゴール（Schöllgen, Gregor） 461n, 462n
ジークリスト、クリスティアン（Sigrist, Christian） 225n
ジーベック、パウル（Siebeck, Paul） 332, 340, 490, 495
シャハト、ヨーゼフ（Schacht, Joseph） 421, 429-431, [476-478] n
シュタイネルト、ハインツ（Steinert, Heinz） 623n
シュテンベルガー、ギュンター（Stemberger, Günter） 54n, 240n, 323n
シュトラック、マックス（Strack, Max） 597n
シュトラートマン、H（Strathmann, H.） 326n
シュトリーダー、ヤーコプ（Strieder, Jakob） 631n, 632n
シュネーメルヒャー、ヴィルヘルム（Schneemelcher, Wilhelm） 283, 324n
シュペーア、ハイノ（Speer, Heino） 625n
シュペーナー、フィリップ・ヤーコプ（Spener, Philipp Jakob） 639n
シュミット、ジャン＝クロード（Schmitt, Jean-Claude） 619n, 640n
シュミット、ミヒャエル（Schmid, Michael） 453n
シュミット＝グリンツァー、ヘルヴィヒ（Schmidt-Glinzer, Helwig） 37, 42, 56n, 57n
シュムエリ、エフレイム（Shmueli, Efraim） 224n, 225n
シュライナー、クラウス（Schreiner, Klaus） 474n
シュルツェ＝ゲーヴァニッツ、ゲルハルト・フォン（Schultze-Gaevernitz, Gerhard von） 134n
シュルマン、デイヴィッド（Shulman, David） 148n, 149n
シュンペーター、ヨーゼフ・A（Schumpeter, Joseph A.） 603n
シルズ、エドワード・A（Shils, Edward A.） 223n
ジンメル、ゲオルク（Simmel, Georg） 501, 602n, 603n

ストック、ブライアン（Stock, Brian） 609n, 627n
ストルムサ、ゲダリアフ・G（Stroumsa, Gedaliahu G.） 327n
ゼルゲ、クルト＝ヴィクトル（Selge, Kurt-Victor） 600n, 622n
ゾーム、ルドルフ（Sohm, Rudolf） 325n
ゾンバルト、ヴェルナー（Sombart, Werner） 154, 155, 213n, 238n, 322n, 355, 357, 462n, 499, 501, 510-512, 516, 570-574, 576, 577, 579, 581, 586, 587, 592n, 593n, 600n, 602n, 603n, 608n, 609n, 615n, 632n, [636-639] n, 643n

タ　行

ダイスマン、アドルフ（Deissmann, Adolf） 260, 316n
タイセン、ゲルト（Theißen, Gerd） 251, 257, 262, 311n, [313-317] n, 320n, 325n
ダイニンガー、ユルゲン（Deininger, Jürgen） 452n
タウベス、ヤーコプ（Taubes, Jacob） 239n
タウラー、ヨハネス（Tauler, Johannes） 143n
タドムル、ハイム（Tadmor, Hayim） 225n
ターナー、スティーヴン・P（Turner, Stephen P.） 137n
ターナー、ブライアン・S（Turner, Bryan S.） 136n, 431, 437, 439, 440, 442, 453n, 478n, 479n
タルモン、シェマリヤフ（Talmon, Shemaryahu） 310n
タンバイア、スタンリー（Tambiah, Stanley） 142n, 148n, 150n
チョン、ソンウ（Chon, Song-U） 474n
ツィプリアン、ハインツ（Zipprian, Heinz） 137n, 478n
ティビ、バッサム（Tibi, Bassam） 436, 465n
デ・フロート、ヤン・ヤーコプ・マリア（de Groot, Jan Jakob Maria） 31
デュビー、ジョルジュ（Duby, Georges） 625n
デュモン、ルイ（Dumont, Louis） 643n
デュルケーム、エミール（Durkheim, Emile） 55n, 162, 163, 165, 181, [220-223] n, 228n, 271, 320n, 636n
デレット、J・ダンカン・M（Derrett, J. Duncan M.） 147n, 149n, 324n
テンニース、フェルディナント（Tönnies, Ferdinand） 467n
テンブルック、フリードリヒ・H（Tenbruck, Friedrich H.） 222n, 241n, 455n, 456n, 459n, 460n
杜維明（Tu, Wei-ming） 42
ドライヴァース、ヤン・J・W（Drijvers, Han J. W.） 325n, 327n

トライバー、フーベルト（Treiber, Hubert） 477n, 623n
トレルチ、エルンスト（Troeltsch, Ernst） 81, 142n, 219n, 266, 272, 292, 293, 295, 298-300, [318-320] n, 324n, 325n, 327n, 340, 489, 490, 510, 511, 533, 535-540, 542, 594n, 608n, 609n, 617n, 618n, 620n, [622-624] n, 637n, 638n, 642n, 643n

ナ 行

ニーダム、ジョゼフ（Needham, Joseph） 44
ニーチェ、フリードリヒ（Nietzsche, Friedrich） 227n, 312n, 313n, 468n, 588
ネルソン、ベンジャミン（Nelson, Benjamin） 44, 460n, 635n

ハ 行

バイナム、キャロライン・ウォーカー（Bynum, Caroline Walker） 622n, 640n
パイプス、ダニエル（Pipes, Daniel） 472n
バウムガルテン、エドゥアルト（Baumgarten, Eduard） 133n, 134n
バーガー、ピーター・L（Berger, Peter L.） 225n, 235n
パーキン、フランク（Parkin, Frank） 145n, 238n
バクスター、リチャード（Baxter, Richard） 639n
バークレイ（Barcley） 639n
パーソンズ、タルコット（Parsons, Talcott） 9, 51n, 53n, 141n, 221n, 226n, 241n, 455n, 621n
ハーディ、ピーター（Hardy, Peter） 442, 443, 472n
ハーバーマス、ユルゲン（Habermas, Jürgen） 55n, 138n, 139n, 146n, 455n, 461n, 462n, 481n
ハフモン、ハーバート・B（Huffmon, Herbert B.） 225n
バーマン、ハロルド・J（Berman, Harold J.） 518, 534, 536, 609n, 610n, 618n, 621n, 624n
ハミルトン、ゲーリー・G（Hamilton, Gary G.） 60n, 479n
パリュイ、メルヒオール（Palyi, Melchior） 50n, 591n
ハルナック、アドルフ・フォン（Harnack, Adolf von） 254, 266, 282=283, 283, 301, 313n, 315n, 318n, 321n, 323n, 324n, 326n
ハーン、アロイス（Hahn, Alois） 624n
ビューヒャー、カール（Bücher, Karl） 509, 594n, 607n, 615n
ヒュービンガー、ガンゴルフ（Hübinger, Gangolf） 468n
ヒュルフロニェ、クリスティアン・スヌック（Hurgronje, Christian Snouck） 339,

458n, 475n
ビュンガー、カール (Bünger, Karl)　39, 41, 46
ヒルデブラント、リヒャルト (Hildebrand, Richard)　606n
ファクター、レジス・A (Factor, Regis A.)　137n
ファン・デア・シュプレンケル、ジビレ (van der Sprenkel, Sybille)　46
フィッシャー、H・カール (Fischer, H. Karl)　451n
ブーバー、マルティン (Buber, Martin)　236n
ブラウン、ピーター (Brown, Peter)　325n
プラトン (Platon)　141n
フランクリン、ベンジャミン (Franklin, Benjamin)　571, 574, 575, 584, 587, 612n
ブルーベイカー、ロジャース (Brubaker, Rogers)　137n, 481n
ブレイク、スティーヴン・P (Blake, Stephen P.)　442, 479n
フレーシュマン、ユジェーヌ (Fleischmann, Eugène)　54n, 232n, [238-240] n, 323n
ブレンターノ、ルヨ (Brentano, Lujo)　138n, 357, 462n, 501, 570-573, 602n, 603n, 605n, [636-638] n, 641n
ブロイアー、シュテファン (Breuer, Stefan)　452n, 472n, 477n, 625n, 629n
ブロック、マルク (Bloch, Marc)　610n, 625n
ヘーゲル、ゲオルク・ヴィルヘルム・フリードリヒ (Hegel, Georg Wilhelm Friedrich)　507, 611n
ページェルズ、エレーヌ (Pagels, Elaine)　327n
ヘースターマン、ヤン・C (Heesterman, Jan C.)　[147-149] n
ペータース、ルドルフ (Peters, Rudolf)　441, 450n, 465n
ベッカー、カール・ハインリヒ (Becker, Carl Heinrich)　339, 383, 401-403, 458n, 470n, 471n, 473n
ベッカー、マーヴィン・B (Becker, Marvin B.)　633n
ベッヒャート、ハインツ (Bechert, Heinz)　150n
ヘニス、ヴィルヘルム (Hennis, Wilhelm)　452n, 455n, 468n
ベラー、ロバート (Bellah, Robert N.)　173, 224n, 226n, 231n
ベン、ゴットフリート (Benn, Gottfried)　383
ベンディクス、ラインハルト (Bendix, Reinhard)　59n, 163, 219n, [221-223] n, 241n, 314n, 320n, 321n, 467n, 471n, 601n, 604n, 606n, 622n, 630n
ヘンリッヒ、ディーター (Henrich, Dieter)　467n, 468n, 480n, 611n, 644n

ポッジ、ジャンフランコ（Poggi, Gianfranco） 472n, 625n, 642n
ホーニヒスハイム、パウル（Honigsheim, Paul） 600n
ホール、ジョン・A（Hall, John A.） 465n, 466n, 471n, 474n, 476n
ホンネフェルダー、ルトガー（Honnefelder, Ludger） 618n

マ 行

マイヤー、エドゥアルト（Meyer, Eduard） 49n, 214n, 480n, 631n
マキャヴェリ、ニッコロ（Machiavelli, Niccolò） 129, 571, 605n
マクニール、ウィリアム（McNeill, William） 59n
マーシャル、ゴードン（Marshall, Gordon） 213n, 642n
マラーブ、エイブラハム・J（Malherbe, Abraham J.） 316n
マラマート、アブラハム（Malamat, Abraham） 223n, 231n
マルクス、カール（Marx, Karl） 147n, 397, 424, 431, 438-440, 460n, 467n, 468n, 479n, 501, 517-520, 528, 529, 569, 602n, 603n, [610-612] n, 642n
マンハイム、カール（Mannheim, Karl） 140n
ミークス、ウェイン（Meeks, Wayne） 258, 269, 274-276, 313n, 315n, 316n, 319n, 321n
ミッタイス、ハインリヒ（Mitteis, Heinrich） 475n
ミッツマン、アーサー（Mitzman, Arthur） 134n, 608n
メッツガー、トーマス（Metzger, Thomas） 42, 44, 57n, 59n, 60n
メトカルフ、バーバラ（Metcalf, Barbara） 441, 466n
メンガー、カール（Menger, Carl） 457n
モース、マルセル（Mauss, Marcel） 220n, 221n
モムゼン、ヴォルフガング・J（Mommsen, Wolfgang J.） 456n, [456=457] n, 457n, 467n, 468n
モンテスキュー、シャルル゠ルイ・ド（Montesquieu, Charles-Louis de） 549

ヤ 行

ヤスパース、カール（Jaspers, Karl） 73, 139n, 140n, 633n, 634n
ヤッフェ、エトガー（Jaffé, Edgar） 355
ユベール、アンリ（Hubert, Henri） 220n, 221n
ヨセフス、フラウィウス（Josephus, Flavius） 310n

ラ 行

ライアソン、キャスリン・L（Reyerson, Kathryn L.） 591n, 627n, 635n
ラート、ゲルハルト・フォン（Rad, Gerhard von） 233n
ラッハファール、フェリックス（Rachfahl, Felix） 331, 440, 451n, 564, 597n, 598n
ラーナー、ロバート・E（Lerner, Robert E.） 600n, 623n
ラピダス、アイラ（Lapidus, Ira） 440, 450n, 466n
ラファエル、フレディ（Raphaël, Freddy） 54n, 239n, 323n
リッカート、ハインリヒ（Rickert, Heinrich） 136n, 433, [454-457] n, 469n, 478n, 504, 509, 604n
リッズ、ヴィクター（Lidz, Victor） 226n
リトル、レスター・K（Little, Lester K.） 630n, 635n
リーベシュッツ、ハンス・G（Liebeschütz, Hans G.） 240n
ルター、マルティン（Luther, Martin） 98, 109
ルーマン、ニクラス（Luhmann, Niklas） 319n, 455n, 621n
レヴィ、ヘルマン（Levy, Hermann） 133n
レーヴィット、カール（Löwith, Karl） 467n, 468n
レヴィン、ドナルド・N（Levine, Donald N.） 55n, 481n
レヴツィオン、ネヘミア（Levtsion, Nehemia） 441, 466n, 470n
レーゼル、ヤーコプ・A（Rösel, Jakob A.） 146n
レプシウス、M・ライナー（Lepsius, M. Rainer） 51n, 606n, 616n
レーマン、ハルトムート（Lehmann, Hartmut） 642n
レンハルト、フォルカー（Lenhart, Volker） 476n
ロストホルン、アルトゥーア・フォン（Rosthorn, Arthur von） 50n, 51n
ローゼンヴァイン、バーバラ・H（Rosenwein, Barbara H.） 620n
ロダンソン、マクシム（Rodinson, Maxime） 431, 434-437, 442, 443, 472n, 476n, 478n, 479n
ロート、ギュンター（Roth, Guenther） 221n, 452n, 454n, 601n, 604n
ロビンソン、フランシス（Robinson, Francis） 441

ワ 行

ワックス、マレイ（Wax, Murray） 224n, 231n
ワット、W・モンゴメリー（Watt, W. Montgomery） 385, 470n

専攻分野：宗教社会学
主要業績：「宗教市場理論の射程——世俗化論争の新たな一局面」『社会学評論』第210号（2002年）、「ムスリムと出会う日本社会」（共著）三木英・櫻井義秀編『日本に生きる移民たちの宗教生活』（ミネルヴァ書房、2012年）、「現代日本における「ハラール」をめぐる諸問題」三木英編『異教のニューカマーたち——日本における移民と宗教』（森話社、2017年）

瀧井　一博（たきい　かずひろ）
1967年生まれ　京都大学大学院法学研究科博士課程単位取得退学　博士(法学)
現職：国際日本文化研究センター教授
専攻分野：国制史・比較法史
主要業績：『ドイツ国家学と明治国制——シュタイン国家学の軌跡』（ミネルヴァ書房、1999年）、『文明史のなかの明治憲法——この国のかたちと西洋体験』（講談社選書メチエ、2003年）、『伊藤博文——知の政治家』（中公新書、2010年）、『明治国家をつくった人びと』（講談社現代新書、2013年）、『渡邉洪基』（ミネルヴァ書房、2016年）

◉訳者紹介

田中　紀行（たなか　のりゆき）［監訳］
1962 年生　京都大学大学院文学研究科博士課程単位取得退学
現職：京都大学大学院文学研究科准教授
専攻分野：社会学史・社会学理論・知識社会学
主要業績：「ドイツ教養市民層の社会学的考察」『社会学評論』第 162 号（1990 年）、「論壇ジャーナリズムの成立」青木保ほか編『近代日本文化論　第 4 巻　知識人』（岩波書店、1999 年）、「現代日本における歴史社会学の特質」鈴木幸壽ほか編『歴史社会学とマックス・ヴェーバー（上）』（理想社、2003 年）、「ヴェーバー受容と現代社会学」『社会学雑誌』第 27･28 号（神戸大学社会学研究会、2011 年）、『モダニティの変容と公共圏』（共編、京都大学学術出版会、2014 年）

永谷　健（ながたに　けん）
1963 年生　京都大学大学院文学研究科博士課程単位取得退学　博士（文学）
現職：三重大学人文学部教授
専攻分野：文化社会学・歴史社会学
主要業績："The Acceptance of Simmel in Japan," in *Jahrbuch für Soziologiegeschichite*, 2005、『富豪の時代――実業エリートと近代日本』（新曜社、2007 年）、「近代日本における実業エリートの可視化過程と行動様式」『人文論叢：三重大学人文学部文化学科研究紀要』第 34 巻（2017 年）、「明治後期における「成功」言説と実業エリート」『人文論叢：三重大学人文学部文化学科研究紀要』第 35 巻（2018 年）、「富豪」『江戸川乱歩事典』（勉誠出版、近刊）

水垣　源太郎（みずがき　げんたろう）
1967 年生まれ　京都大学大学院文学研究科博士課程単位取得退学
現職：奈良女子大学研究院人文科学系教授
専攻分野：地域社会学・組織社会学
主要業績：『日本官僚制の連続と変化』（共著、ナカニシヤ出版、2007 年）、『ベネディクト・アンダーソン　奈良女子大学講義』（共編、かもがわ出版、2014 年）、"Japanese "new" religious movements (1930-present)," David A. Snow et al. (eds.), *The Wiley-Blackwell Encyclopedia of Social and Political Movements*, Chicester: John Wiley and Sons, Inc., 2013; Mizugaki, G. et al. "Redesigning farming communities for an aged society (2): The geographical and sociological context of the project," The Proceedings Book of the 5th International Conference of the Asian Rural Sociological Association, 2014

沼尻　正之（ぬまじり　まさゆき）
1965 年生まれ　京都大学大学院文学研究科博士課程修了　博士（文学）
現職：追手門学院大学地域創造学部教授

〈W. シュルフター著作集　5〉
マックス・ヴェーバーの比較宗教社会学
——宗教と生活態度——

2018年7月20日　初版第1刷発行

著　者　W. シュルフター
監訳者　田　中　紀　行
訳　者　永谷健・水垣源太郎・沼尻正之・瀧井一博
発行者　犬　塚　　満
発行所　株式会社 風　行　社
〒101-0052 東京都千代田区神田小川町3－26－20
Tel. & Fax. 03-6672-4001
振替 00190-1-537252
印刷・製本　中央精版印刷株式会社

ISBN978-4-86258-122-8